Clevischer Ring

Innerer Grüngürtel/ Venloer Straße

200 Jahre
Kölner Grünanlagen

in Köln von
Wilhelm Ley
Baumschulen
Baumschulenweg 20
53340 Meckenheim

www.Ley-Baumschule.de
Ley-Baumschule@t-online.de

Schildergasse

Friesenplatz

Rheingarten/ Aufgang Heinrich-Böll-Platz

Innenhof Groß-Sankt-Martin

Vom Botanischen Garten zum Großstadtgrün
200 Jahre Kölner Grün

Stadtspuren – Denkmäler in Köln
Band 30

Stadtspuren –
Denkmäler in Köln
Herausgegeben von der Stadt Köln

Der Oberbürgermeister / Stadtkonservator
Redaktion: Ulrich Krings

Band 30

Werner Adams/Joachim Bauer (Hrsg.)

Vom Botanischen Garten zum Großstadtgrün

200 Jahre Kölner Grün

Stadtspuren – Denkmäler in Köln
Band 30

Mit Beiträgen von:

Werner Adams, Dr. Joachim Bauer, Dr. Johannes Ralf Beines,
Gerd Bermbach, Markus Bouwman, André Dumont,
Alexander Hess, Bernd Kittlass, Thomas Kleineberg,
Carmen Kohls, Dr. Henriette Meynen, Bernd Pniewski,
Sabine Reichwein, Ingrid Römer, Dr. Gertrud Scholz,
Heinz Storms, Peter Strunden, Petra Weingarten,
Heinz Wenz, Dr. Heinz Wiegand, Jürgen Wulfkühler

J.P. Bachem Verlag

Danke!

Wir danken sehr herzlich den Förderern – Unternehmen, Institutionen, Personen und Vereinen – für ihre großzügige Unterstützung. Ohne sie wären weder die Veröffentlichung dieses Buches noch die Veranstaltungen im Rahmen des Jubiläums *„200 Jahre Kölner Grün"* möglich gewesen.

- **Gas-, Elektrizitäts- und Wasserwerke Köln GEW**
- **Galeria Kaufhof**
- **Esch-Fonds**
- **Rheinische Gas- und Wasserwerke Köln RGW**
- **Claudius-Therme Rheinpark**
- **Kölner Stadt-Anzeiger**
- **Radio Köln**
- **Abfallverwertungsgesellschaft Köln**
- **KölnKongress**
- **Kreisjägerschaft Köln e.V.**

Ein besonderer Dank gilt auch den inserierenden Unternehmen. Widmen Sie bitte dem Firmenverzeichnis im Anhang Ihre freundliche Aufmerksamkeit.

Abbildungen Schutzumschlag

Titelbild: Stadtwald, 1997 *(Foto: J. Bauer)*, kl. Bild: Botanischer Garten am Dom, um 1850. Ölgemälde von G. Fischer 1910 nach D. Dienz *(Abb.: KSM/RBA)*
Rückseite: Oben links und rechts: Sachsenring um 1910 *(Abb.: Stadtkonservator)*, Flora um 1910 *(Foto: Sammlung H. Herrmann)*
Mitte links und rechts: Rheinpark Ende der 1950er-Jahre, Rheingarten, Ende der 1980er-Jahre *(Fotos: Archiv ALG)*
Unten links: Innerer Grüngürtel *(Foto: J. Bauer, 1999)*

Abbildungen Einband:

Titelbild: Rheingarten, Ende der 1980er-Jahre *(Foto: Archiv ALG)*
Rückseite: Oben: Stadtwald 1997 *(Foto: J. Bauer)*
Mitte links und rechts: Botanischer Garten am Dom, um 1850. Ölgemälde v. G. Fischer 1910 nach D. Dienz *(Abb.: KSM/RBA)*, Französisches Parterre der Flora, 1990 *(Foto: Grüner Winkel, Nümbrecht)*
Unten links und rechts: Rhein mit Rheinpark, 1997 *(Foto: Archiv ALG)*, Innerer Grüngürtel, 1999 *(Foto: J. Bauer)*

Autoren und Verlag danken allen, die Abbildungen für dieses Buch lieferten oder die Erlaubnis gaben, rechtsgeschütztes Material abzudrucken. Wir haben uns größte Mühe gegeben, alle Inhaber solcher Rechte ausfindig zu machen; sollten uns dennoch Irrtümer oder Versäumnisse unterlaufen sein, werden diese selbstverständlich korrigiert.

Abkürzungen bei den Bildnachweisen:
ALG — Amt für Landschaftspflege und Grünflächen, Köln
HAStK — Historisches Archiv der Stadt Köln
KSM — Kölnisches Stadtmuseum
RBA — Rheinisches Bildarchiv der Stadt Köln

Für ihre Mitarbeit bei diesem Projekt geht ein besonderer Dank an: Ulrich Markert, Johanna Heller, Elvira Steffens, Barbara Meisner, Katharina Tilemann, Henriette Meynen

Die Deutsche Bibliothek – CIP-Einheitsaufnahme

Adams, Werner:
Vom Botanischen Garten zum Großstadtgrün : 200 Jahre Kölner Grünanlagen
Werner Adams/Joachim Bauer. – 1. Aufl. – Köln : Bachem, 2001
(Stadtspuren – Denkmäler in Köln ; Bd. 30)
ISBN 3-7616-1460-08

1. Auflage 2001
© J. P. Bachem Verlag, Köln
Redaktion dieser Ausgabe: Joachim Bauer, Katharina Tilemann
Schutzumschlag, Innengestaltung und Satz: Barbara Meisner, Düsseldorf
Umschlag: Kathrin Johannisson
im Auftrag des Presse- + Bürgeramtes der Stadt Köln
Reproduktionen: Reprowerkstatt Wargalla, Köln
Druck: Druckerei J. P. Bachem GmbH & Co. KG Köln
Printed in Germany
ISBN 3-7616-1460-8

Inhalt

Zu Beginn – „Grüne Stadtspuren"	11
Grußwort des Oberbürgermeisters	13
Einführung	15

1. Die Anfänge des Stadtgrüns 1801-1853 — 16

Köln unter französischer und preußischer Herrschaft	18
Die Botanischen Gärtner	20
Spaziergänge	*25*
Werthchen/Rheinau-Anlage	*26*
Wall- und Glacispromenaden	*27*
Eigelstein-Glacis	*29*

2. Vom Stadtgrün zum Volksgrün 1853-1903 — 30

Kommunale Selbstverwaltung in der heranwachsenden Großstadt	32
Die Stadtgärtner	35
Landschaftsgärten für Köln – Adolf Kowallek	42
Volksgarten	*42*
Stammheimer Schlosspark	*51*
Stadtgarten	*52*
Ringanlagen	*54*
Rathenauplatz	*63*
Römerpark	*65*
Südpark	*67*
Stadtwald	*68*
Gremberger Wäldchen	*71*

Botanische Gärten

Botanischer Garten am Dom	*72*
Botanischer Garten an der Vorgebirgsstraße	*74*
Flora und Botanischer Garten in Riehl	*76*

Vom Kirchhof zum Zentralfriedhof – Das Friedhofswesen — 80

Kirchhof Esch	*97*
Friedhof Melaten	*98*
Nordfriedhof	*100*
Südfriedhof	*101*
Westfriedhof	*102*
Ostfriedhof	*103*
Mülheimer Kommunalfriedhof	*104*
Alter Friedhof Deutz	*107*
Friedhof Holweide	*109*

3. Vom Volkspark zum Grünsystem 1903-1933 — 112

Ausbau der kommunalen Selbstverwaltung — 114
Die Gartendirektion — 115
Volksgärten für Köln – Fritz Encke — 121

Klettenbergpark — *122*
Vorgebirgspark — *123*
Blücherpark — *125*
Anlagen auf den Festungswerken (inn. Festungsgürtel) — *127*
Stadtplätze — *129*
Innerer Grüngürtel — *134*
Äußerer Grüngürtel — *134*
Stadtwalderweiterung — *135*
Sportpark Müngersdorf — *135*
Volkspark Raderthal — *137*
Anlagen auf den Festungswerken (äuß. Festungsgürtel) — *139*

Mülheimer Stadtgarten — *146*
Lindenthaler Kanal — *147*
Stadtgarten Kalk — *149*

Innerer und Äußerer Grüngürtel — 150

Merheimer Heide — *159*

Kleingärten – Gärten für die Arbeiter — 160

4. Stagnation und Zusammenbruch 1933-1945 — 172

Die Gartenverwaltung im Nationalsozialismus — 174
Reichsarboretum und Maifeld — 178

Botanischer Garten und Reichsarboretum — *178*
Maifeld – Fest- und Aufmarschplatz — *181*

5. Trümmerlandschaft und Wiederaufbau 1945-1975 — 184

Die Gartenverwaltung vor neuen Aufgaben — 186
Grüne Medizin für Köln – Kurt Schönbohm — 198

Grünzug Rheinufer — *209*

Der Innere Grüngürtel in Gefahr – Die Stadtautobahn — 218
Von der Ausstellung zum Festival – Die Bundesgartenschauen 1957 und 1971 — 222

6. Die kommunale Gebietsreform 1975-1982   240

    Die Gartenverwaltung – Dezentralisierung der Aufgaben   242

        Finkens Garten   *246*
        Grünzug Süd   *247*

    Die Stadt und ihr Wald   251

7. Aufbau der Landschaftsplanung 1982-1993   268

    Die Gartenverwaltung – Landschaftsplanung als Herausforderung   270
    Straßenbäume   276

        Grünzug Nord   *285*
        Grünzug Chorweiler   *293*

    Der Kölner Landschaftsplan   300

8. Neuorientierung 1993-1997   310

    Die Gartenverwaltung – Rezentralisierung der Grünpflege   312

        Planungen für den Zoologischen Garten   *314*

    Das Friedhofswesen – Spiegelbild der sich verändernden Gesellschaft   316
    Die Kleingärten in der modernen Stadt   323

9. Großstadtgrün heute 1997-2001   334

    Perspektiven für die Gartenverwaltung   336
    Zukunft des Großstadtgrüns   344
    Umgang mit dem historischen Erbe   354
    Städtische Gartendenkmalpflege   372

Autoren   376

Register   380

Das Französische Parterre
der Flora
*Foto: Klaus Barisch,
um 1988*

Zu Beginn – „Grüne Stadtspuren"

Mit Band 30 der seit 1984 erscheinenden, vom Kölner Stadtkonservator herausgegebenen wissenschaftlichen Reihe „Stadtspuren-Denkmäler in Köln" übernimmt erstmals ein anderes städtisches Amt die Herausgeberschaft eines neuen Buches: das Amt für Landschaftspflege und Grünflächen. 200 Jahre öffentliche, städtische Grünflächen-Politik und Freiraum-Gestaltung werden dargestellt, ihre Erfolge und Niederlagen, ihre Zukunftsaussichten zum Thema gemacht.

Als vor gut zwei Jahren die Kollegen des genannten Amtes bei mir nachfragten, ob ein solches „Gastspiel" in der Stadtspuren-Reihe möglich sei, habe ich spontan zugesagt, und zwar angesichts der Tatsache, dass den Inhalt des geplanten Jubiläums-Bandes sehr wesentlich die „grünen Denkmäler" Kölns, ihre Geschichte, ihr Bestand und die Sorge um ihre Zukunft bilden würden. Also: Der große Bereich der Gartendenkmalpflege, der in Köln seit nunmehr über 20 Jahren in enger, kollegialer Zusammenarbeit von den beiden Ämtern bzw. Fachdienststellen betreut und bearbeitet wird, der zuvor schon in den Stadtspuren-Bänden 16 und 9.II. teilweise thematisiert worden war, dieses ureigene Aufgabengebiet auch des städtischen Konservators erhält nunmehr hier in Band 30 umfassend Raum. Zahlreiche Fachautoren, davon drei aus dem Hause des Stadtkonservators, breiten das weite Spektrum des Wissenswerten zum „Kölner Grün" aus, begleitet von einer verschwenderisch großen Zahl von Illustrationen.

Der Kölner Stadtkonservator führt seit 1980 in seiner Denkmalliste 34 öffentliche Parkanlagen (gezählt sind hierbei der Innere und der Äußere Grüngürtel im linksrheinischen Köln jeweils als eine Anlage, auch wenn sie in verschiedenen Stadtbezirken liegen und so adressenmäßig in der Auflistung mehrmals aufgeführt werden), sodann 65 grüne Platzanlagen, 4 Kleingartenanlagen, 156 Alleen, 26 Baumreihen und 14 parkartige bzw. baumbestandene Straßenerweiterungen. Als Folge der konkreten Geschichte des Kölner Grüns handelt es sich ausschließlich um Grünanlagen aus dem 19. und 20. Jahrhundert.

Seit Dr. Henriette Meynen 1978 ihre groß angelegte Forschungsarbeit über die Geschichte der Kölner Grünanlagen vorlegte, betreut sie beim Stadtkonservator – neben anderen Aufgabenfeldern – den Bereich der oben angeführten „allgemeinen" grünen Denkmäler; zahlreiche Publikationen aus ihrer Feder, bzw. unter ihrer Ägide entstanden, folgten bis in die Gegenwart.

Dr. Gertrud Scholz und Dr. Johannes Ralf Beines wirken ebenfalls seit vielen Jahren – neben ihrer Betreuung von Denkmälern in einzelnen Stadtteilen – als städtische Denkmalpfleger im Bereich der 47 unter Schutz gestellten Kölner Friedhöfe, der zweiten großen Gruppe historischer Grünanlagen, deren Entstehung z.T. hinter die Epochenschwelle dieses Stadtspuren-Bandes, das Jahr 1801, zurückgeht. Hier bildet die Denkmalpflege an historischen Grabstätten einschließlich des erfolgreichen Patenschaftssystems den Schwerpunkt konservatorischer Arbeit.

Zusätzlich zu diesen insgesamt 47 zumeist „aktiven" Friedhöfen (in städtischer, aber auch in konfessioneller, christlicher und jüdischer, Trägerschaft) fallen in das besondere Aufgabengebiet von Dr. Gertrud Scholz zusätzlich weitere 9 aufgelassene Friedhöfe, heute städtische Grünanlagen, sowie 13 Kirchhöfe, ehemals katholische Begräbnisstätten in engster Umgebung eines denkmalgeschützten Kirchengebäudes, auf denen ebenfalls zahlreiche historische Grabdenkmäler zu finden sind. Dr. Johannes Ralf Beines betreut den traditionsreichen „Geusenfriedhof" sowie die nicht mehr neuen Bestattungen dienenden historischen jüdischen Friedhöfe.

Auch hier hat die praktische Arbeit ihren Niederschlag in zahlreichen Publikationen zu der angesprochenen Thematik gefunden, wie nicht zuletzt die Beiträge beider Autoren in diesem Band belegen.

Bundesweit ist in den letzten Jahren das Bewusstsein für die Bedeutung (aber auch für die permanente Gefährdung) historischer Grünanlagen als Teil des Bestandes an Kulturdenkmälern gewachsen. Prominente historische Gartenanlagen, aber auch ganze kulturlandschaftlich geprägte Bereiche sind unter Denkmalschutz gestellt, einige sogar in die Liste des Weltkulturerbes der UNESCO eingetragen worden; sie werden aufwändig und kundig gepflegt. Köln besitzt als viertgrößte Großstadt der Republik einen unvergleichlichen Schatz „grüner Denkmäler". Sie zu erhalten, zu pflegen und ihren Bekanntheitsgrad wie ihre Wertschätzung zu steigern, das ist die gemeinsame Aufgabe unserer beider Ämter im Dienste der Menschen, die dort Erholung und Lebensfreude suchen. Mögen die kommenden 200 Jahre dieses großartige Erbe ebenso zu bewahren und zu mehren verstehen wie die vergangenen!

Köln, im August 2001

Ulrich Krings

Grußwort

Liebe Leserinnen und Leser,

ich freue mich sehr, Ihnen das Buch „Vom Botanischen Garten zum Großstadtgrün – 200 Jahre Kölner Grün" präsentieren zu können.

Das städtische Grün in unserer Stadt blickt im Jahre 2001 auf eine 200-jährige Geschichte zurück. Kaum eine andere Stadt in Deutschland kann eine solch lange Tradition kommunalen Grüns vorweisen. Das Besondere an dieser Entwicklung ist die Tatsache, dass Köln niemals herrschaftliche Gärten und Parks hatte, die später in öffentliche Grünflächen umgewandelt wurden, weil Köln nie Residenzstadt war. Das gesamte Grün der Stadt entstand vielmehr aus dem Engagement und Weitblick der Bürgerschaft und ihrer jeweiligen politischen Vertreter selbst.

Weit über Köln hinaus bekannte Gärtner haben dazu beigetragen, dass die Stadt heute über ein Grünsystem verfügt, das in seiner Ausprägung einmalig im deutschsprachigen Raum ist. In diesem Zusammenhang kann mein Vorgänger Konrad Adenauer, der für die Grünentwicklung der Stadt Einmaliges geleistet hat, nicht unerwähnt bleiben. Seine Vision eines durchgrünten Stadtorganismus ist auch heute noch Leitlinie der Kölner Stadt- und Grünplanung. Der Innere und Äußere Grüngürtel sowie der Grünzug Lindenthaler Kanal sind im Bewusstsein der Bürgerinnen und Bürger fest mit seinem Namen verankert.

Das grüne Erbe dieser Zeit sowie die zahlreichen Parkanlagen der Nachkriegszeit bieten heute den Kölner Bürgerinnen und Bürgern vielfältige Möglichkeiten für Freizeit und Erholung. Als Dokumente ihrer Entstehungszeit prägen sie ganz besonders das Bild der Stadt, verbessern merklich das Stadtklima und sind für die Lebensqualität der Stadtbewohner unentbehrlich. Schließlich sind sie auch Lebensraum

für Pflanzen und Tiere und vermitteln so dem Städter die Verbindung mit der Natur. Der Landschaftsplan dokumentiert die Bedeutung der großen zusammenhängenden Grünflächen für Natur und Landschaft in der Großstadt Köln.

Mit den historischen Grünanlagen hat die Stadt ein grünes Erbe übernommen, das es nicht nur auf Dauer zu pflegen gilt, sondern das auch nach Bedarf instandgesetzt werden muss. Der natürliche Alterungsprozess der Anlagen, aber auch veränderte Nutzungsansprüche erfordern bei einer Vielzahl der historischen Anlagen einen erheblichen Sanierungsbedarf. Ein von allen politischen Kräften getragenes Sanierungskonzept gewährleistet, dass die gartendenkmalpflegerisch bedeutsamen Grünanlagen Schritt für Schritt wiederhergestellt werden und somit das historische Erbe langfristig erhalten bleibt. Ein Schwerpunkt des Konzeptes liegt in der Aufwertung der historischen grünen Stadtplätze.

Ganz besonders aber liegt mir der Erhalt und die Sanierung des Rheinparks am Herzen. Mit der Anlage dieses Parks nach dem Zweiten Weltkrieg wurde nicht nur der Innere Grüngürtel bis auf die rechte Rheinseite ausgedehnt, sondern auch die Vorgabe von Fritz Schumacher nach einem innerstädtischen Grünsystem erneut aufgegriffen. Bis in unsere heutige Zeit ist diese Vorgabe Grundlage der städtischen Grünplanung. Unser Blick ist jedoch verstärkt auch auf die Vernetzung des städtischen Grüns mit den Freiflächen des Umlandes gerichtet. Wichtige Impulse für dieses Ziel erhoffe ich mir aus der Diskussion um das Profil und die Entwicklung der Region Rheinland.

Fest steht, die Kölner Bevölkerung schätzt die Bedeutung des städtischen Grüns sehr hoch ein. Dennoch waren die letzten Jahre durch einen Abbau von Personal im Grünbereich und damit verbunden einer Reduzierung der Pflege und Unterhaltung der Anlagen geprägt. Ich habe gemeinsam mit dem Rat jedoch ein deutliches Signal zur Umkehr gesetzt! Durch den Einsatz moderner Maschinen und Geräte, der Umsetzung einer optimierten Organisationsstruktur sowie deutlich mehr Finanzmitteln sollen die Funktionen der Grünanlagen als Stätten von Freizeit und Erholung für die Bürgerinnen und Bürger erhalten und verstärkt werden.

An dieser Stelle gilt mein Dank den Autorinnen und Autoren und allen, die zum Erscheinen dieses Buches beigetragen haben. Das vorliegende Buch ist ein einmaliges Dokument, das die Entwicklung des Kölner Grüns in lebendiger Weise wiedergibt.

Fritz Schramma
Oberbürgermeister der Stadt Köln

Einführung

200 Jahre Kölner Grün sind Anlass für eine große Zahl von Veranstaltungen und Festen in diesem Jahr. Das Ereignis ist aber auch Anlass, das bisher Geschehene festzuhalten und zu dokumentieren sowie auf Kommendes hinzuweisen. Hierzu will das vorliegende Buch einen Beitrag leisten. Es baut auf der im Jahre 1979 erschienenen Veröffentlichung von Frau Dr. Henriette Meynen über die Kölner Grünanlagen auf, mit der erstmals die Entwicklung des städtischen Grüns zusammenfassend dargestellt worden ist.

Neue Erkenntnisse und Daten über die Geschichte der Grün- und Parkanlagen sowie das Anliegen, den Beitrag der Gartenverwaltung und der jeweiligen Akteure an dieser Entwicklung zu dokumentieren, förderten den Entschluss, diesen „Stadtspuren"-Band herauszugeben. Hinzu kam die Tatsache, dass inzwischen auch die Geschichte des Kleingarten- und die des Friedhofswesens als bedeutende Teilbereiche des Kölner Grüns erstmals aufgearbeitet vorlagen.

Die Ausführungen zur Geschichte der Kölner Gartenverwaltung und des Stadtgrüns reichen zurück bis in die Zeit, als französische Revolutionstruppen das Rheinland besetzten und in Köln eine völlige Neuordnung der politischen Verhältnisse etablierten. Von dem ersten Botanischen Garten, der damals entstand, bis hin zu den jüngsten Entwicklungen werden die in diesen zwei Jahrhunderten geschaffenen Park-, Friedhofs- und Kleingartenanlagen ausführlich beschrieben und mit zahlreichen, zum Teil bisher unveröffentlichten Abbildungen illustriert. Ergänzt werden diese Ausführungen durch Schilderungen der jeweiligen gesellschaftlichen und politischen Hintergründe sowie gesonderter biografischer Darstellungen herausragender Stadtgärtner und Gartendirektoren.

Das vorliegende Buch bietet einen umfassenden Überblick über die wesentlichen Aspekte der 200-jährigen Geschichte des Kölner Grüns – und doch musste einiges unerwähnt bleiben. Dies trifft insbesondere auf die vielen Mitarbeiterinnen und Mitarbeiter in der Gartenverwaltung und den anderen beteiligten Ämtern zu, die in der Vergangenheit und in der heutigen Zeit mit ihrem Einsatz und Engagement dazu beigetragen haben, dass Köln eine grüne und lebenswerte Stadt ist. In gleicher Weise gilt dies auch für die jeweiligen Politikerinnen und Politiker, durch deren mutige und zum Teil weit über die eigene Zeit hinausblickende Entscheidungen erst die Voraussetzungen zur Umsetzung des gesamten Grünsystems geschaffen wurden.

An dieser Stelle einen herzlichen Dank an die Autorinnen und Autoren, die mit fundierten Kenntnissen und großem Engagement zum Gelingen dieses Projektes beigetragen haben, sowie an die ehemaligen Mitarbeiter des Amtes, die uns bei den Vorbereitungen und Recherchen eine unersetzliche Hilfe waren. Ein großer Dank gilt auch dem Verlag und seinen Mitarbeiterinnen für die fachliche und reibungslose Unterstützung. Ohne die unermüdliche Mitarbeit von Freunden, Kolleginnen und Kollegen hätte ein solches Vorhaben nicht gelingen können – ihnen sei hier noch einmal ganz besonders gedankt .

Köln, im August 2001

Werner Adams   Joachim Bauer

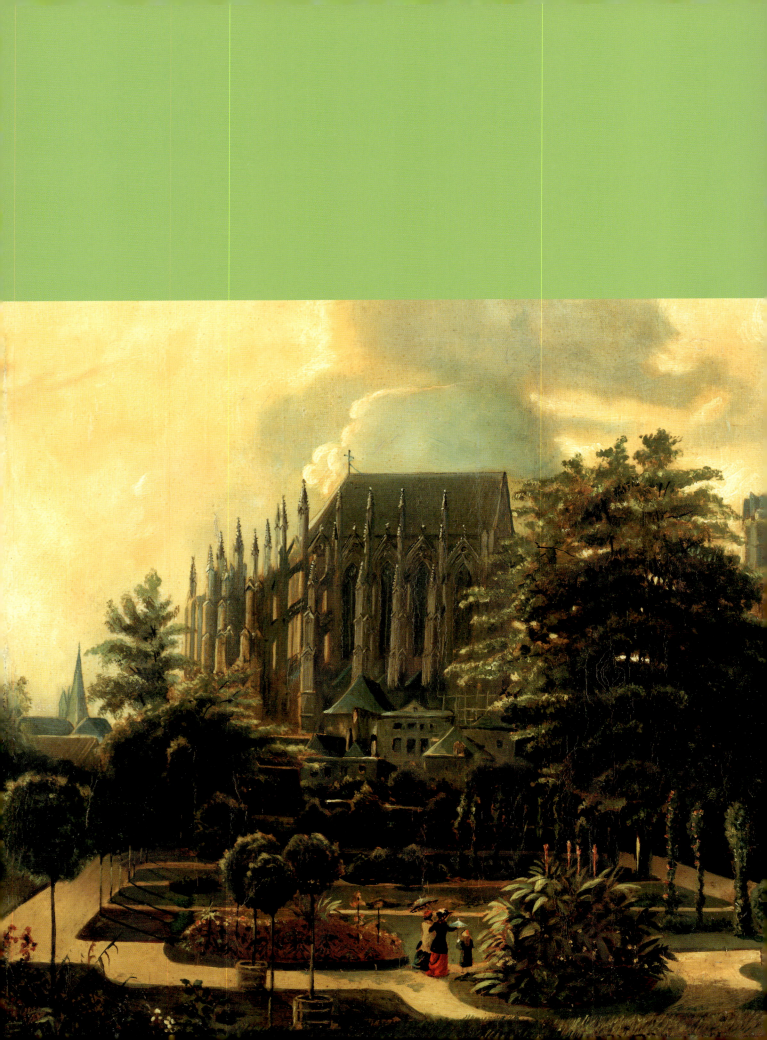

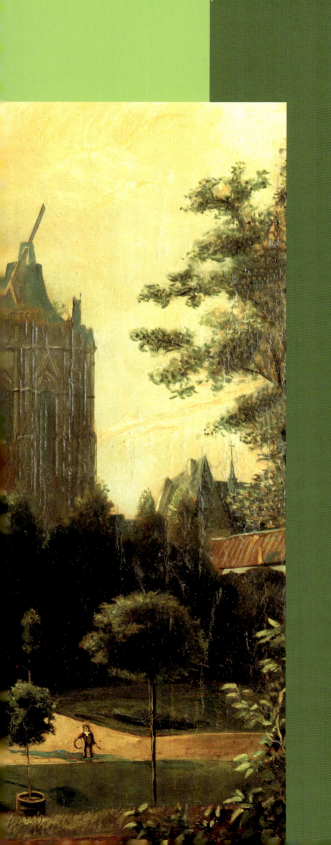

1

1801–1853

Die Anfänge des Stadtgrüns

Köln unter französischer und preußischer Herrschaft

Joachim Bauer
Carmen Kohls

Die räumliche Entwicklung Kölns ist maßgeblich durch ihre aus dem Mittelalter stammende Befestigungsanlage bestimmt worden. Im Jahre 1180 hatte die Stadt einen halbkreisförmigen Wall und Graben anlegen lassen. 1200 begann man auf dem Wall eine Mauer mit 12 Stadttoren zu errichten, von denen heute noch das Eigelstein-, das Hahnen- und das Severinstor erhalten sind. Betrachtet man alte Stiche und Pläne aus dieser Zeit, so fällt auf, dass weite Teile des von der mittelalterlichen Stadtmauer umschlossenen Gebiets durch Gärten, Felder oder Obstwiesen geprägt waren. „In diesem weiten Raum der Stadt ist wie in Brüssel und Aachen viel Leeres, und bis mitten in die Stadt hinein laufen Gärten. Die ganze südwestliche Landseite an der Mauer hin nichts als Gärten und kleine Bauernhütten, und selbst Strohdächer findet man in dieser Mutter aller teutschen Städte. Mancher dieser Halbbürger baut Korn und Wein innerhalb der Mauern soviel, dass er davon oft verkaufen kann."[1] Diese Situation bestand noch im Jahre 1794, als französische Truppen die Stadt besetzten – ein Datum, mit dem für die immer noch mittelalterlich geprägte Reichsstadt eine neue Zeitepoche beginnt, die auch für die im Folgenden zu beschreibende Entwicklung des öffentlichen Grüns von grundlegender Bedeutung war.

In den ersten Jahren dieser Besatzung ließ das französische Militär die vorhandene Verwaltung der Stadt zunächst noch so bestehen, wie sie war. Sie hatte vor allem dafür Sorge zu tragen, dass die Soldaten verpflegt und der Krieg der Besatzer finanziert wurde. Die Grundlage für entscheidende Neuerungen, welche die Entwicklung der Stadt und deren innere Struktur wesentlich veränderten, wurde erst 1797 mit der Einrichtung eines Generalkommissars für die eroberten Gebiete am Rhein gelegt. Mit der Einführung dieser ersten „Verwaltungsebene" begann der radikale Umbau der gesamten Kölner Verwaltung, die Reform der bestehenden Stadtverfassung und des Rechtswesens sowie die Aufhebung der Zünfte, der Gaffeln. Die Universität und die Gymnasien der Stadt wurden geschlossen und das französische Unterrichtswesen mit Primär-, Zentral- und Spezialschulen etabliert. 1802 setzte die Beschlagnahmung des Besitzes von Kirchen und Klöstern ein. Die Gewerbefreiheit wurde eingeführt und ein einheitliches Rechtssystem geschaffen, von dem die Zivilgesetzgebung, der Code Civil, in Köln von 1804 bis zur Einführung des Bürgerlichen Gesetzbuchs im Jahr 1900 rechtsgültig blieb. Im Frieden von Lunéville war der Rhein als völkerrechtlich verbindliche Grenze zwischen Deutschland und Frankreich anerkannt worden, sodass Köln seit 1801 zu Frankreich gehörte.

Köln im Jahre 1815, gez. v. Piquet.
Weite Teile des Stadtgebietes sind unbebaut.
Quelle: Archiv Stadtkonservator

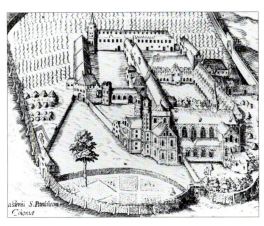

Die Abtei St. Pantaleon mit Wein- und Obstgärten; K. Stengelius, 1638
Foto: Archiv Stadtkonservator

Vorhergehende Seite:
Botanischer Garten am Dom, um 1850. Ölgemälde v. G. Fischer nach D. Dienz. *Quelle: KSM Repro: RBA, W. Meier*

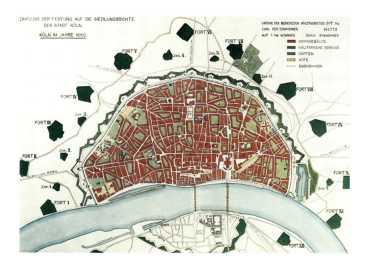

Stadtgrundriss Köln 1880. Vor der mittelalterlichen Befestigung liegt ein Verteidigungsgürtel, bestehend aus Forts und Lünetten.
Quelle: KSM

Links: Das Weyertor Aquarell von J.Scheiner, 1878
Quelle.: KSM

Seine neue Stadtverfassung hatte Köln 1800 erhalten. Diese so genannte „Bürgermeisterverfassung" sah vor, dass an der Spitze der Stadtverwaltung der Maire (Bürgermeister) stand, dem zwei Adjunkten (Beigeordnete) und ein Polizeikommissar unterstellt waren. Diese Verwaltungsspitze wurde direkt vom Präfekten ernannt und vom Pariser Innenminister in ihren Ämtern bestätigt. Der Maire selbst handelte im Auftrag der Zentralregierung und war gebunden an deren Weisungen. Der Conseil municipal (Rat der Gemeinde) bestand aus 30 Mitgliedern, die auf Vorschlag des Präfekten vom Innenminister ernannt wurden. Für die Auswahl orientierte sich der Präfekt an einer Liste mit den 100 am höchsten besteuerten Männern. Sie besaßen keine Beschluss- und Kontrollbefugnis, sondern nur das Recht der Beratung. Die Verwaltung der Stadt wurde erstmals in einzelne Fachressorts – 1. Sekretariat, 2. Polizei, 3. Kontributionen (Kriegssteuern), 4. Finanz- und Rechnungswesen, 5. Zivilstand, 6. Öffentliche Arbeiten, 7. Unterstützungswesen und öffentlicher Unterricht, 8. Handel, Schifffahrt und Gewerbe – aufgeteilt. [2]

Nach dem Ende der französischen Besatzungszeit (1814) wurde das Rheinland auf dem Wiener Kongress am 8. Februar 1815 dem Preußenkönig Friedrich Wilhelm III. zugesprochen. Die preußische Staatsregierung erklärte die Stadt wegen ihrer strategischen Bedeutung zur Festung. Damit verbunden war das Fortbestehen der mittelalterlichen Stadtmauer und der Bau weiterer Befestigungsanlagen. Auch Deutz wurde als Brückenkopf in den Ausbau zur Festung mit einbezogen. „In einem Gürtel von 500 - 900 m Tiefe vor der Stadtmauer lagen die Forts und Lünetten der Befestigung, teils auf städtischem Gebiet, teils vor dem Bischofsweg. Die rayongesetzlichen Bestimmungen untersagten im ersten Rayon jegliche Bebauung und beschränkten im zweiten Rayon die bauliche Nutzung noch sehr stark." [3] Mit Rayon wurde zu jener Zeit das Vorfeld von Festungen oder auch das Schussfeld bezeichnet. Die Festungsanlagen und der Rayon waren Besitz des preußischen Militärfiskus. 1841 umfasste das städtische Hoheitsgebiet ca. 770 ha, davon ca. 405 ha innerhalb der Stadtmauern. Von der Eigelstein- zur Severinstorburg betrug die Entfernung ca. 3 km, vom Ehrentor bis zum Rhein ca. 1,5 km. Das gesamte städtische Hoheitsgebiet entsprach ungefähr dem Verlauf der äußeren Wallstraßen, von denen die meisten heute noch existieren. Als Beispiele seien der Oberländer Wall am Fort I (Friedenspark) im Süden und der Neusser Wall am Fort X im Norden der Innenstadt genannt.

Eine Veränderung der Verwaltungsstruktur war mit der neuen politischen Situation jedoch in den folgenden Jahrzehnten nicht verbunden, sowohl das bewährte französische Verwaltungssystem als auch der Code Civil wurden beibehalten. Erst am 19.12. 1846 trat die neue rheinische Gemeindeordnung in Kraft. Sie bestimmte zunächst, dass die Stadt durch einen vom König auf Lebenszeit ernannten Bürgermeister und vier Beigeordnete vertreten wurde. Diese Regelung wird aber schon 1850 durch eine Neufassung aufgehoben. Nunmehr wird der Bürgermeister nicht mehr vom König ernannt, sondern vom Gemeinderat gewählt. Der Rat bzw. die so genannte Stadtverordnetenversammlung selbst wiederum wurde von der Bürgerschaft gewählt und konnte bin-

1. Köln unter französischer und preußischer Herrschaft

Botanischer Garten am Dom. Stahlstich von H. Winkles nach einer Zeichnung von Theodor Verhas, um 1820
Aus: Udo Mainzer: Köln in historischen Ansichten. Wuppertal 1977, S. 71

Maximilian Friedrich Weyhe
* 15.2.1775 in Poppelsdorf bei Bonn
† 25.10.1846 in Düsseldorf

1789-1792 lernte er bei Lenné in Brühl, Reisen ins Ausland – 1801-1803 Botanischer Gärtner der Stadt Köln – 1803 Berufung nach Düsseldorf als Hofgärtner – 1826 königlicher Garteninspektor in Düsseldorf – 1834 königlicher Gartendirektor, zusätzlich private Tätigkeit als planender und beratender Landschaftsarchitekt

Werke in Köln:
Plan zur Verschönerung der Domumgebung 1816 – Bepflanzungsplan für das Eigelstein-Glacis 1822 – Erweiterungsplan Friedhof Melaten 1826 – Entwurf Stammheimer Schlosspark – Parkanlage an der Kitschburg zusammen mit Gartendirektor Greiß
(Foto aus: Schildt, H.: M.F. Weyhe und seine Parkanlagen.1987, S.2)

dende Beschlüsse für alle Angelegenheiten der Stadt fassen. „Das Gesetz vom 11. März 1850 hat die Gemeinden der Bevormundung des Staates fast ganz enthoben und den Vertretern derselben die selbstständige Verwaltung des wichtigsten Bestandtheiles, des Finanz-Haushalts, überantwortet."[4] Dem Rat war es von nun an möglich, die Verwaltung zu kontrollieren und den Finanzhaushalt der Stadt selbstständig, d.h. losgelöst von der preußischen Staatsregierung, zu verwalten.

Neben den beschriebenen politischen und gesellschaftlichen Veränderungen zu Beginn des 19. Jahrhunderts ist dieser Zeitabschnitt vor allem durch die einsetzende Industrialisierung geprägt. Die ersten Betriebe siedelten sich schon in den 1820er-Jahren außerhalb der Stadtmauer an, eine nennenswerte Industrialisierung begann dann ab 1850 mit der Gründung von Unternehmen wie Heinrich Auer (erste Dampfmühle für Getreide, 1850), Ferdinand Kohlstadt (1857) und Franz Clouth (1862) Gummiproduktion und der Firma N. A. Otto & Cie. (1864), der ersten Motorenfabrik der Welt. Als Folge bildete sich neben dem besitzenden Bürgertum eine städtische Arbeiterschaft, die ihre Interessen in Vereinen und Politik durchzusetzen versuchte. Aufkommende industrielle Produktionsweisen führten zur Trennung von Wohn- und Arbeitsbereichen und damit zu einem Anwachsen des Personenverkehrs. Die Verkehrsfunktion der Straße nahm zu und damit entstand die Notwendigkeit der Pflasterung, Pflege und Beleuchtung der Wege.

Die Botanischen Gärtner

Die Recherche nach den Anfängen der Kölner Gartenverwaltung führt zu einem nicht mehr existierenden Botanischen Garten, der sich auf dem Gelände des heutigen Hauptbahnhofs und dessen Vorplatz befand (vgl. S. 72-74). Er gehörte zur städtischen Zentralschule in der Marzellenstraße, die 1798 nach Auflösung der Universität an dieser Stelle von den Franzosen gegründet worden war. Der Unterricht sollte im Sinne der Aufklärung und der Französischen Revolution abgehalten werden. Entsprechend der Vorgaben des neu eingeführten Bildungssystems kam der Botanik als Naturwissenschaft hierbei große Bedeutung zu, sodass im Jahre 1801 der auf dem Gelände der Schule bereits existierende Garten in einen Botanischen Garten für Lehrzwecke umgestaltet wurde. Der Universitätsprofessor für Mineralogie, Botanik und Zoologie, Johann Stoll, der an der Zentralschule lehrte, erwirkte zu diesem Zweck bei der Schulverwaltungskommission „die Anstellung eines wissenschaftlich gebildeten Gärtners".[5] Daraufhin wurde im Jahre 1801 der später bekannt gewordene Landschaftsgärtner Maximilian Friedrich Weyhe im Alter von 26 Jahren nach Köln berufen und als erster „Botanischer Gärtner" von der Stadt angestellt.[6]

Seine Lehrjahre hatte Weyhe bei seinem Onkel, dem berühmten Hofgärtner Peter Joseph Lenné, absolviert. Weyhe blieb jedoch nicht lange in Köln, bereits zwei Jahre später ging er als Hofgärtner mit einem Jahresgehalt von 300 Talern und Dienstwohnung nach Düsseldorf. 1817 wurde er dort zum Professor der Botanik ernannt; 1826 folgte die Beförderung zum königlichen Gartenbauinspektor und 1834 zum königlichen Gartendirektor.[7]

Neben seiner Tätigkeit als Hofgärtner war Weyhe jedoch auch als planender und beratender Landschaftsarchitekt für andere Auftraggeber tätig. So schuf er eine Vielzahl von Landschaftsparks, Promenaden und Gärten im gesamten Rheinland.[8] Auch für die Stadt Köln fertigte Weyhe verschiedene Entwürfe an wie zum Beispiel einen Erweiterungsplan für den Friedhof Melaten von 1826; einen Plan für das so genannte Eigelstein-Glacis (eine Parkanlage nördlich des Sicherheitshafens von 1822[9] zwischen

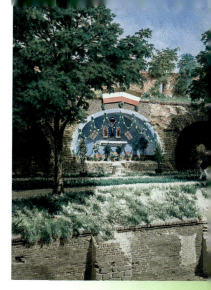

Stadtmauer am Türmchenswall, Stadtseite. Aquarell von W. Scheiner, 1889
Quelle: KSM

heutigem Theodor-Heuss-Ring, Riehler und Sedanstraße); für die Bepflanzung der weiteren Glacisanlagen von 1822[10] sowie für den Stammheimer Schlosspark.[11]

Weyhes Nachfolge als Botanischer Gärtner in Köln trat 1804 Wilhelm Anton Berkenkamp an. Seine Anstellung geht ebenfalls auf die Initiative von Prof. Stoll zurück. Die Hauptaufgabe Berkenkamps bestand zunächst ebenso wie bei seinem Vorgänger in der Pflege des Gartens sowie dem Unterricht im Fach Botanik. Darüber hinaus konnte Berkenkamp den Botanischen Garten 1810 erweitern und 1816 einen neuen Pflanzenkatalog über den gesamten Bestand des Gartens aufstellen.[12]

In einer Auflistung aller städtischen Angestellten aus dem Jahre 1814 wird Berkenkamps Stelle noch mit der Bezeichnung „Botanischer Gärtner" geführt,[13] ab ca. 1816 bis zum Ende seiner Dienstzeit 1826 wird er in den Sitzungsprotokollen der Stadtverordnetenversammlung jedoch als „Stadtgärtner" betitelt.[14] Die neue Bezeichnung lässt darauf schließen, dass sich sein Aufgabengebiet etwa seit diesem Zeitpunkt erweitert hatte. Der Grund hierfür liegt im Ausbau Kölns zur preußischen Festungsstadt und dem damit verbundenen Neubau zahlreicher militärischer und öffentlicher Gebäude. Dieses ehrgeizige Bauprogramm führte zunächst dazu, dass der damalige Stadtbaumeister Peter Schmitz im Jahre 1816 einen Gehilfen, Johann Peter Weyer, bekam, der 1822 die Nachfolge von Schmitz antrat. Neben einer Vielzahl von Aufgaben, „die heute von einem ganzen Heer von Beamten und Angestellten verwaltet werden ... wurden dem Stadtbaumeister alle öffentlichen Hoch- und Tiefbauarbeiten einschließlich der Arbeiten am Rheinufer übertragen."[15] Nach einer Dienstanweisung für den Stadtbaumeister, ebenfalls aus dem Jahre 1822, hatte er die „Aufsicht über alle der Stadtgemeinde zugehörigen Häuser und Gebäude mit Inbegriff der Elementarschulgebäude, Anlagen, Werften, Hafen, Sicherheitshafen, über das Straßenpflaster, Canäle sowie den Bach von den Quellen bis zu dessen Ausfluß und über alle sonstige der Stadt zugehörigen Gerätschaften".[16] Demzufolge oblag dem Stadtbaumeister auch die Aufsicht über alle Anlagen inklusive der Grünanlagen. Da diese Aufgabenfülle nicht von ihm alleine bewältigt werden konnte, zog er bei der Neuanlage der Außenanlagen an öffentlichen Gebäuden sowie für die Pflanzung von Bäumen Berkenkamp zu Hilfe. Somit war dieser nicht mehr nur für den Botanischen Garten, sondern auch für Planung und Ausbau städtischer Grünanlagen und Pflanzungen zuständig. Als Beispiele für die Zusammenarbeit zwischen Stadtbaumeister und Stadtgärtner seien die seit der Mitte der 1820er-Jahre entstandenen Gebäude des rheinischen Appellhofs, des Theaters an der Komödienstraße und der Regierung in der Zeughausstraße genannt. Neben diesen Aufgaben hatte Berkenkamp darüber hinaus für den Ausbau und die Pflege der Glacisanlagen Sorge zu tragen. Mit Glacis wurde der Teil der mittelalterlichen Befestigungsanlagen bezeichnet, der als Erdaufschüttung vor dem Festungsgraben die Stadtmauer umgab. Zwischen Mauer und nach außen gerichteten Erdwerken führte ein mit Bäumen bestandener „Spaziergang", der auch wegen seiner erhöhten Lage bei den Bewohnern der Stadt sehr beliebt war.[17] Für diesen Bereich der Befestigung hatte Weyhe im Jahre 1822 auf Initiative der im gleichen Jahr gegründeten „Kommission für öffentliche Anlagen und Verschönerungen der Stadt Köln" einen Bepflanzungsplan mit 11 Zeichnungen angefertigt.[18] Aus dem Schriftverkehr zwischen dem Verschönerungsverein und dem Oberbürgermeister geht hervor, dass Weyhes Pläne für Stadtgärtner Berkenkamp verbindlich waren und dieser daraufhin mit den Arbeiten im Bereich zwischen Bayenturm und Severinstor begann. Inwieweit er die Bepflanzung der Glacisanlagen zum Abschluss bringen konnte, ist nicht belegt. Am Ende des Jahres 1826 verstarb Berkenkamp im Alter von 57 Jahren.[19] Bis

Wilhelm Anton Berkenkamp
* 1769 in Neuhaus,
† 11.2.1826 in Köln

1804-1826 Botanischer Gärtner der Stadt Köln – Erteilung von Botanik-Unterricht bis zu seinem Tode 1826 – ab 1822 Zusammenarbeit mit Stadtbaumeister Johann Peter Weyer – 510 Taler Jahresgehalt und freie Wohnung

Werke in Köln:
Erweiterung des Botanischen Gartens am Dom 1805-1810 – Beginn der Glacisbepflanzung ab 1822 – Gartenanlagen am Eigelstein-Glacis ab 1822

Links: Parkanlage an der Marienburg, um 1903
Postkarte: Sammlung H. Herrmann

Unten: Ehemalige Anlagen der Kitschburg
Aus: H. R. Jung: Der Stadtwald zu Köln. In: Zeitschrift für Gartenbau und Gartenkunst, 1896

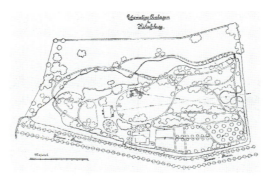

Jakob Greiß
* 20.9.1800 in Pempelfort,
† 14.9.1853 in Baden-Baden

Schüler von F. M. Weyhe 1826-1853 erster Gartendirektor Kölns, ernannt von Minister von Altenstein – Erteilung von Botanik-Unterricht bis Ende der 1830er-Jahre – ab 1850 der „Commission für städtische Bauten und Wege ..." gegenüber verantwortlich – 850 Taler Jahresgehalt und Wohnhaus an der Maximinenstraße am Botanischen Garten

Werke in Köln:
zusammen mit F. M. Weyhe Parkanlagen an der Kitschburg – Anlage des Stadtgartens inklusive der Baumschule 1826/27 – Werthchen um 1840 – Anlagen an der Marienburg – Park zu Hohenlind
(Foto: ALG)

zur Neubesetzung der Stelle wurde Weyhe, damals gerade zum königlichen Gartenbauinspektor in Düsseldorf ernannt, mit der vorübergehenden Übernahme der Aufgaben beauftragt. Er führte sie jedoch nicht selbst aus, sondern schickte seinen Gehilfen Hackspiel nach Köln.[20] Diese Übergangslösung war aber nicht von langer Dauer, da der preußische Minister von Altenstein noch im selben Jahr dem Gärtner Jakob Greiß die Stelle des Stadtgärtners in Köln übertrug.[21] Greiß war ein Schüler Weyhes und hatte in Düsseldorf unter seiner Aufsicht den alten Hofgarten am Schloss Jägerhof betreut.[22] Mit ihm zusammen hatte er auch die Pläne für die Parkanlage an der Kitschburg in Köln, die später in den Stadtwald integriert wurde, erarbeitet.[23]

Die Ernennung von Greiß war verbunden mit dem Titel „Gartendirektor". Zu seinen Aufgaben gehörte, wie schon bei seinen Vorgängern, zunächst die Betreuung des Botanischen Gartens sowie bis Ende der 1830er-Jahre „die Lehre von Botanik und damit zusammenhängendem übrigem Unterricht". Darüber hinaus war er aber auch verantwortlich für „die Aufsicht und die Unterhaltung der städtischen Promenaden, Plätze, Wege und des Gottesackers".[24] Greiß bewohnte ein Haus an der Maximinenstraße auf dem Grundstück des Botanischen Gartens.[25] Die gärtnerischen Arbeiten vergab er an Tagelöhner. Er beriet den Verschönerungsverein in der Wahl von Pflanzungen und stellte hierfür auch Pflanzen aus dem Botanischen Garten zur Verfügung. Inwieweit Greiß den Ausbau der Glacisanlagen weiter betrieben hat, konnte nicht geklärt werden. Eindeutig seine Handschrift trägt jedoch der 1827 ebenfalls auf Initiative des Verschönerungsvereins angelegte Stadtgarten vor den Toren Kölns, das um 1840 angelegte Werthchen, der Park an der Marienburg, den er im Auftrag des Kölner Kaufmanns Paul Joseph Hagen anlegte, sowie der Park zu Hohenlind. Die letzten Jahre der Amtszeit von Gartendirektor Greiß waren bestimmt durch die Einführung der Gemeindeordnung von 1846 und 1850. Diese übertrug dem Gemeinderat nun auch das Kontrollrecht gegenüber der Verwaltung. Zur Wahrnehmung dieser Aufgabe und zur Vorbereitung der notwendigen Beschlüsse wurden verschiedene Kommissionen gebildet. Zu den „ständig vorarbeitenden Commissionen" zählte 1847 „eine Commission für städtische Bauten und Wege, Unterhaltung der öffentlichen Gebäude, des Pflasters, des Baches, der Canäle, der Promenaden und des Kirchhofes", bestehend aus fünf Mitgliedern des Gemeinderates.

In der Sitzung dieser Kommission vom 3.1.1850 wurde der Gartendirektor aufgefordert, eine Aufstellung über die voraussichtlichen Ein- und Ausgaben seines Aufgabenbereichs einzureichen. Greiß stellte daraufhin für die zurückliegenden Jahre 1830 und 1840 die abgerechneten sowie für das kommende Jahr 1851 die geplanten Unterhaltungsausgaben jeweils gegenüber. In der Sitzung vom 22.5.1851 wurde diese Aufstellung beraten. Inwieweit die von Greiß aufgeführten Posten jeweils Material- und Lohnkosten beinhalteten, konnte wegen unvollständiger Angaben nicht geklärt werden. Die Daten zeigen jedoch eine deutliche Steigerung der Ausgaben und sind letztendlich als ein Indiz für die wachsende Bedeutung zu werten, die dem städtischen Grün inzwischen zukam. In der Diskussion über die Kostenaufstellung schlug die Kommission u.a. vor, sämtliche Arbeiten mit Ausnahme des Stadtgartens einer

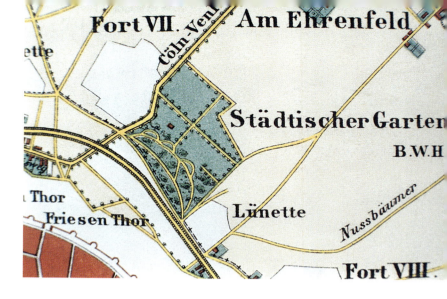

Ausschnitt aus: Karte des Rheinstroms im Königreich Preußen. Berlin 1879
Quelle: Privatbesitz

„öffentlichen Verdingung auszustellen, statt, wie bisher an geschehen, dieses dem Gartendirektor ... zu überlassen". Ferner sollte für das Eigelstein-Glacis und den Sicherheitshafen ein Gärtner angestellt werden und die Instandhaltung des Gottesackers an den Totengräber Spiegel gegeben werden. Greiß nahm dazu ausführlich Stellung und lehnte die Anstellung weiterer Gärtner und die Auftragsvergabe an Unternehmer vorwiegend aus Kostengründen ab. Seiner Meinung nach konnte „nicht jede Arbeit, und darunter gehören namentlich die Kulturarbeiten lebender Gegenstände, wie Pflanzungen, ... in Verding gegeben werden".[26] In den folgenden Jahren konnte Greiß seinen Dienst wegen häufiger Krankheit nur begrenzt ausüben. Nach 27-jähriger Tätigkeit verstarb er im September 1853.

Mit dem Tod von Greiß endet eine Zeitspanne, die gekennzeichnet ist durch die erstmalige Einstellung eines Botanischen Gärtners in den Dienst der Stadt Köln sowie der stetigen Ausweitung der Aufgabenbereiche. Die jeweiligen Berufsbezeichnungen – Botanischer Gärtner, Stadtgärtner bzw. Gartendirektor – spiegeln diese Ausweitung von Inhalt und Umfang der Aufgabe und der damit verbundenen Verantwortung wider. Über die Einstellungen des Botanischen Gärtners Weyhe, des Stadtgärtners Berkenkamp sowie des Gartendirektors Greiß entschied nicht der Gemeinderat, sondern die Staatsregierung, die sie beorderte, berief oder ernannte. Erst nach Umsetzung der Gemeindeordnungen von 1846 und 1850 war die Situation der kommunalen Selbstverwaltung und damit die Möglichkeit für den Stadtrat, über alle städtischen Angelegenheiten selbst zu entscheiden, gegeben. Auch die für die Gartendirektion zuständige Kommission für städtische Bauten und Wege konnte ihre Arbeit sowie die Kontrolle der Verwaltung erst ab dieser Zeit ausüben. Der im Historischen Archiv der Stadt Köln einsehbare, mehrseitige Sitzungsbericht vom 22.5.1851 über die Beratung der Kostenaufstellung von Gartendirektor Greiß verdeutlicht, wie wichtig diese Kommission ihre Aufgabe nahm.[27]

	1830	1840	1851
Gottesacker	60	300	565,23
Stadtgarten	160	250	300,00
Plätze		878	967,27
Bayenwerft	900	340	362,60
Sicherheitshafen		76	164,18
Eigelsteinglacis	-	64	594,16
sämtl. Beaufsichtig.	182	275	605,23
Summe	1302	2183	3558,67
Kostenanschlag nach Greiß	1400	2115	3375,00

Links: Unterhaltungsausgaben für einzelne Grünanlagen nach Jacob Greiß
Quelle: Sitzung v. 22.5.1851

1 Ernst Moritz Arndt, 1799, zitiert in: Häßlin, J. J. (Hrsg.): Köln. Die Stadt und ihre Bürger. Köln 1996, S. 67-68
2 Stelzmann, A.: Illustrierte Geschichte der Stadt Köln. Köln 1978, S. 227; Gothein, E.: Die Stadt Köln im ersten Jahrhundert unter preußischer Herrschaft. Band 1, Köln 1916, S. 37
3 Stadt Köln (Hrsg.): 100 Jahre stadtkölnisches Vermessungs- und Liegenschaftswesen. Köln 1975, S. 13
4 Hist. Archiv d. Stadt Köln, Sitz. v. 12.12.1850, Rede des Oberbürgermeisters Graeff
5 Napp-Zinn, K.: Die „Kölner Botanik" zwischen alter und neuer Universität. In: Studien zur Geschichte der Universität zu Köln. Band 2, Köln 1985, S.129
6 vgl. Ritter, M.: Biographien europäischer Gartenkünstler. Maximilian Friedrich Weyhe. In: Stadt und Grün. Jg. 49, Heft 3, 2000, S.186-191
7 Schildt, H.: Maximilian Friedrich Weyhe und seine Parkanlagen. Düsseldorf 1987
8 vgl. Dehio, G.: Handbuch der deutschen Kunstdenkmäler, Rheinland. 1967
9 Kleinertz, E.: Alte handgezeichnete Kölner Karten. Ausstellung des Historischen Archivs. Köln 1977, S. 31 u. 34
10 Hist. Archiv d. Stadt Köln, Sitz. v. 29.5.1826, S. 289
11 Vogts, H.: Das Kölner Wohnhaus bis zur Mitte des 19. Jahrhunderts. Band 1 und 2, Neuß 1966, S. 118
12 Napp-Zinn, K., a.a.O., S. 133-137
13 Hist. Archiv d. Stadt Köln, Best. 400, IV-23A-3
14 Hist. Archiv d. Stadt Köln, Sitz. v. 22.5.1851
15 Bollenbeck, K. J.: Der Kölner Stadtbaumeister Johann Peter Weyer. Bonn 1969, S.4, 35

1. Köln unter französischer und preußischer Herrschaft

Spaziergang auf dem Gereonsdriesch, St. Gereon
Kupferstich von Ch. Dupuis, um 1790
Foto: RBA

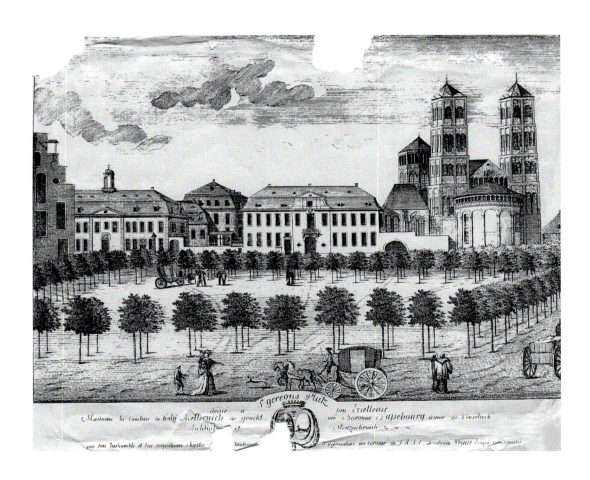

16 Hist. Archiv d. Stadt Köln, Best. 730, Findbuch S. 3
17 Encke, F.: Die öffentlichen Anlagen. In: Die Stadt Cöln im ersten Jahrhundert unter preußischer Herrschaft 1815 bis 1915. Cöln 1915, S. 292
18 vgl. Hist. Archiv d. Stadt Köln, Best. 400, Bl.4, I-4A-6 u. Best. 3/1/2, Sitz. 29.05.1826
19 Hist. Archiv d. Stadt Köln, Best. 3/1/2, Sitz. v. 22.12.1826
20 Schildt, H., a.a.O.
21 Napp-Zinn, K., a.a.O., S. 134
22 Meynen, H.: Die Kölner Grünanlagen. Düsseldorf 1979 (Anhang); Schildt, H., a.a.O., S. 38
23 Zey, R.: Parks in Köln. Köln 1993, S.170
24 Hist. Archiv d. Stadt Köln, Sitz. v. 29.5.1826 u. 22.5.1851
25 Hist. Archiv d. Stadt Köln, Sitz. v. 14.5.1839 u. 22.3.1855
26 Hist. Archiv d. Stadt Köln, Sitz. v. 29.5.1826 und 22.5.1851
27 Hist. Archiv d. Stadt Köln, Sitz. v. 22.5.1851, S. 420-425. Vgl. auch Gröning,G./Wolschke-Bulmahn, J.: Von der Stadtgärtnerei zum Grünflächenamt. Hannover 1990, S.15

SPAZIERGÄNGE

Henriette Meynen

Öffentlich nutzbare Grünräume kamen in Köln und Umgebung erst sehr spät auf. So heißt es in einem Führer über Köln und Bonn aus dem Jahre 1828: „Im Vergleich mit anderen Städten von demselbem Umfange und derselben Einwohnerzahl hat Köln nur wenige Spaziergänge ... Auch hielt man in Köln noch im 18. Jahrhundert wenig vom Spazierengehen, der beschränkte Raum des Hauses genügte, der Gang zur Kirche am Sonntage, ein Spaziergang zu Verwandten in die Klöster reichte vollkommen hin. Selten wurde eine größere Spazierfahrt nach dem Weidenpesch, der Kitschburg, dem Tönishäuschen, Rodenkirchen, nach der Poller Weide, nach Melaten oder einem anderen Orte in der Umgegend unternommen." [1] Im 19. Jahrhundert änderte sich dieses Verhalten. Der Sonntagsspaziergang mit Einkehr in eine Restauration gehörte einfach dazu, in den meisten Familien war er ebenso obligatorisch wie der Kirchgang am Vormittag. Nicht der Ausflug in die Natur, sondern zu den begrünten Plätzen und Parks war das Ziel. Sehen und gesehen werden mag dabei eine Rolle gespielt haben. „Unter Kölns öffentlichen Plätzen eignet sich der Neumarkt am meisten zum Spaziergange." [2] In einem Führer von 1844 steht unter dem Abschnitt Spaziergänge: „Der vorzüglichste derselben, im Innern der Stadt, ist der Neumarkt. Nach ihm folgen der Gereonsdriesch, der Appellhof, die Promenade des Apostelnklosters, der botanische Garten, der Blaubach, die Umgebung des bonn-kölner Bahnhofs, der Waidmarkt, das St. Georgs-Kloster, der Marienplatz, der Heumarkt und der Altmarkt; ferner das Kuniberts-Kloster, das Rheingestade von Baienthurm bis zum Thürmchen, die Rheinaue mit ihrer Speise-Wirthschaft, die schöne Promenade am Sicherheits-Hafen und dem Bahnhof der rheinisch-belgischen Eisenbahn, zur schönen Aussicht." [3] Für „Spaziergänge" nutzte man zu jener Zeit mit Bäumen bepflanzte Plätze oder Promenaden, die gepflegt, bekiest, besprengt und mit Bänken bestückt waren. Der Neumarkt besaß bereits seit 1740 eine vierfache Baumreihe aus Kastanien, Linden und Ulmen und war neben seiner Bestimmung als Paradeplatz auch der Ort für Spaziergänge. Vom Gereonsdriesch heißt es 1844, er sei „mit 6 Reihen Linden besetzt und dient als Promenade, wird jedoch wenig besucht." [4] Seit Beginn des 19. Jahrhunderts engagierte sich die Kölner Bürgerschaft, derartige Grünplätze im Stadtgebiet anzulegen. So wurde beispielsweise der Laurenzplatz 1817 durch Abbruch einer Kirche geschaffen und kurz darauf mit Linden bepflanzt. Am Domhof wurden um etwa die gleiche Zeit 23 Linden gesetzt.

Spaziergang auf dem Neumarkt
Foto: Stadtkonservator; aus einem Album F. Ch. Wolter, 1887

1 Jacob, K.G./de Noel, M. J./Nöggerath, J. J.: Köln und Bonn mit ihren Umgebungen. Köln 1828, S. 206-207
2 ebd., S. 207
3 Malten, H.: Köln und seine Umgebungen, 1844, S.119
4 ebd., S. 52

Das ehemalige Werthchen Rheinau-Anlage

Henriette Meynen

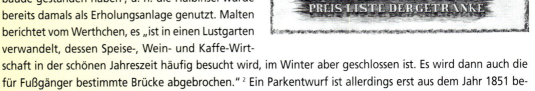

Links: Das Werthchen, um 1860. Ausschnitt aus: Karte des Rheinstroms im Königreich Preußen. Berlin 1879. Quelle: Privatbesitz

Rechts oben: Entwurfszeichnung der Gartenanlage von J. Greiß, um 1840. Quelle: HAStK

Rechts unten: Sommerwirtschaft Rheinau, 1840
Foto: RBA

Das so genannte „Werthchen", später Rheinau-Anlage genannt, war eine dem Rheinufer vorgelagerte, vom Bayenturm bis St. Maria Lyskirchen sich erstreckende Insel. Auf der 700 m langen und ca. 30-35 m breiten Anlage wuchsen einst Pappeln, Erlen und Weiden. Bereits 1833 muss hier ein Restaurationsgebäude gestanden haben[1], d. h. die Halbinsel wurde bereits damals als Erholungsanlage genutzt. Malten berichtet vom Werthchen, es „ist in einen Lustgarten verwandelt, dessen Speise-, Wein- und Kaffe-Wirtschaft in der schönen Jahreszeit häufig besucht wird, im Winter aber geschlossen ist. Es wird dann auch die für Fußgänger bestimmte Brücke abgebrochen."[2] Ein Parkentwurf ist allerdings erst aus dem Jahr 1851 bekannt. Die rheinwärtige Seite des Werthchens wurde bis 1851 zur Hafenanlage ausgebaut, weil der von Napoleon 1811 angelegte Sicherheitshafen am Eigelsteintor für die Dampfschifffahrt nicht recht nutzbar war.

Nach Abschluss des Hafenbaus versuchte der Hafenbaumeister, mit Bürgerspenden die Gartenanlage zu schaffen. 1855 wurde sie nach einem Entwurf aus dem Jahr 1854 von Stadtgärtner Anton Strauß zu einer Gartenanlage in landschaftlichem Stil mit seltenen Gehölzen umgestaltet.[3] „Strauß hatte auf diesem verhältnismäßig langen und sehr schmalen Streifen vermittelst geschickter Bodenbewegung und äußerst mannigfaltiger Bepflanzung schöne landschaftliche Bilder zu schaffen gewusst. Die Anlage war in ihrer Mittelachse mäßig vertieft; sanft nach den Seiten hin aufsteigend, zeigte sie dem Auge somit ein langes, schmales Thal, auf welches hohe Bäume, Blütensträucher und dunkle Koniferen ihre Schatten warfen. Vor der ... (östlich am Rheinufer gelegenen) Festungscarponiere lag nach dem ursprünglichen Plane ein ovales Rasenstück mit verschiedenen Blumenbeeten. Bei der im Jahre 1868 vorgenommenen, durch notwendige Auslichtung der allzu dicht gewordenen Baumbestände bedingten teilweisen Umänderung ließ der Verschönerungsverein vor der Carponiere ... einen Springbrunnen anlegen und denselben mit einem eisernen Einfriedungsgitter umgeben."[4] Die Rheinau-Anlagen mit ihren gewundenen Spazierwegen an Bäumen und Sträuchern vorbei besaßen so in ihrem Mittelteil eine ausgesprochene Zieranlage. Die Benutzerordnung für die Rheinau, die in der Stadtverordnetensitzung vom 14.2.1856 beschlossen wurde, schrieb vor, dass das Reiten und Fahren sowie das Gehen außerhalb der Wege verboten war und Bänke und sonstige Anlagen nicht zu beschädigen und

„Die Promenade auf der Rheinau ist unter den Spaziergängern sehr beliebt geworden. Es wird an der Zeit sein, durch die Errichtung einer Kaffeewirtschaft, mit Ausschluß geistiger Getränke, den Aufenthalt auf derselben zu erleichtern"
Ratsprotokoll aus dem Jahre 1857

Das Werthchen, 1850
Aquarell von Tillmann Wattler
Foto: RBA

Böschungen nicht zu betreten seien. In der Sitzung vom 29.5.1856 berichtete der Stadtverordnete Roggen von der starken Frequentierung der Anlage. Er machte darauf aufmerksam, „... dass an Sonntagen nur einer der beiden Durchgänge am nördlichen Abschluss des Rheinauhafens geöffnet sei, sodass sich der starke Zug von Spaziergängern, Reitern und Wagen durch eine Thoröffnung durchdrängen müsse". 1891 musste die Rheinau größeren Hafenanlagen weichen, denn im Frühjahr 1892 begannen die Arbeiten zur Anlage von neuen Hafen- und Werftanlagen, wobei eine Verschiebung und Verbreiterung der Halbinsel rheinwärts erfolgte. Als Ersatz entstand ab 1895 im Rahmen der Stadterweiterung der Römerpark an der Trajan- und Titusstraße. Während einige der Bäume zum Rathenauplatz verpflanzt wurden, fand der Springbrunnen im Stadtgarten eine Neuaufstellung.

Entwurf der ursprünglichen Anlage von Stadtgärtner Strauß
Aus: H. Jung: Die ehemalige Rheinau-Anlage (vgl. Anm. 3)

1 Zeichnung in Kleinertz, E.: Alte handgezeichnete Kölner Karten, 1977, Abb.14
2 Malten, H.: Köln und seine Umgebungen, 1844, S. 31
3 Jung, H. R.: Die ehemalige Rheinau-Anlage zu Köln a. Rh.. In: Zeitschrift für Gartenbau und Gartenkunst, 1896
4 ebd.

Wall- und Glacispromenaden

Henriette Meynen

Da bis ins 19. Jahrhundert hinein innerhalb der mittelalterlichen Stadtmauern nur fleckenhaft verteilt kleinere Grünpartien wie private Gärten, von Grün umgebene Kirchen oder Bäume auf Plätzen existierten, konnten die Kölner Bürger zuvor nur außerhalb ihrer Stadt im Grünen spazieren gehen. Einen Ersatz boten seit jeher die Festungsbauten am Stadtrand mit ihrem die fortifikatorischen Anlagen vor feindlichen Einblicken schützenden Grünbestand. So war in einem Führer von 1828 zu lesen: „In früheren Zeiten diente der Wallgang zwischen dem mit Bäumen bepflanzten Stadtgraben und den alten Erdwerken, sowie auch der Wallgang innerhalb der Stadtmauer zu öffentlichen Spaziergängen. Diese Spaziergänge hörten bei der neuen Befestigung auf; dafür werden die Glacis vor den neuen Erdwerken zu diesem Zwecke eingerichtet und mit

Land vor der Stadtmauer am Eigelsteintor
Tuschzeichnung von Laporterie, 18. Jh.,
Aus: Altkölnisches Bilderbuch. 1952, S.16

Gereonstor, Feldseite
Aquarell von J. Scheiner,
1877
Foto: RBA

Hahnentor um 1830
Lithographie von Friedrich
Schnorr von Carolsfeld
nach D. Quaglio,
Aus: Udo Mainzer: Köln in
historischen Ansichten.
1977, S. 31

schnellwachsenden Sträuchern und Nutzholzarten bepflanzt. Vom Bayenthore bis über das Gereonsthor hinaus sind die Anlagen bereits vollendet, ein Hauptweg mit einigen Nebenwegen zieht sich durch die Anlagen um die ganze Stadt, an passenden Stellen sind Sitzbänke angebracht, an anderen befinden sich Ausgänge auf den durch eine Dornenhecke begrenzten Glacis. Längs dieser Hecke läuft ein 8 Fuß breiter bekiester Fahrweg."[1] Ergänzend hierzu lesen wir in einer rückblickenden Beschreibung vom Jahre 1919: „Das Glacis war ein etwa 5,5 km langer Weg, der sich an der Feldseite der zwischen 1818 und 1830 hergestellten Befestigungswerke hinzog, in winkeliger Form den 19 Bastionen und 7 Enveloppen folgend, die auf dem mittelalterlichen Walle jenseits des 30 m breiten zugehörigen Stadtgrabens angelegt und mit weiteren neuen Gräben umgeben waren; von ihrem Rande fielen Rasenflächen sanft zu dem Wegstreifen ab, während ihm andererseits Garten- oder Ackergelände benachbart waren. Strauchwerk, dichtes wie lichtes, verteilte sich auf die ganze Strecke, schöner Laubholzbestand aus Linden, Buchen und Ulmen überschattete sie."[2] Vom Glacis aus boten sich unterschiedliche Ausblicke in das offene umgebende Land und streckenweise stadtwärts auf die mittelalterliche Stadtbefestigung. Der Chronist kam so in seinem Artikel zu folgendem Schluss: „So lange das Tagesgestirn in das Glacis hineinleuchtete, war es der schönste und eigenartigste Spaziergang Kölns, hatte auch seine ständigen Besucher ... Wenn aber die späten Abendschatten sich herabsenkten, wandelte sich die ‚Prumenad' zum Aufenthalt lichtscheuen rohen Gesindels, das bei Mutter Grün nächtigte und die Umgebung unsicher machte."[3] Zu Beginn des Deutsch-Französischen Kriegs 1870 wurde der Baumbestand auf dem westlichen Glacisabschnitt zwischen Hahnen- und Weyertor voreilig abgeholzt. Mit der Aufgabe dieses Festungsrings und der so möglich gewordenen Anlage der Neustadt beseitigte die Stadt Köln 1881 dann das riesige Festungsbauwerk mit dem umgebenden Grün fast vollständig. Lediglich am Sachsenring wurde die Lindenallee der Glacisanlage in das Ringstraßengrün mit einbezogen.

1 Jacob, K. G./de Noel, M. J./Nöggerath, J.: Köln und Bonn mit ihren Umgebungen. 1828, S. 208-209
2 Heimann, F.C.: Das alte Köln im Grünen. In: Kölnische Volkszeitung vom 22. 8.1919
3 ebd.

EIGELSTEIN-GLACIS

Henriette Meynen

Das Eigelstein-Glacis, das 1826 nach dem Entwurf von Maximilian Friedrich Weyhe entstand, war wohl der „stattlichste"[1] Teil der Glacisanlagen. Die 3 ha große, von leicht gewundenen Wegen durchzogene, erhöht gelegene Parklandschaft dieses Glacisabschnitts verdankte ihren besonderen Reiz der Lage entlang dem 1824 angelegten Sicherheitshafen. Der Erdaushub dieses Hafenbeckens ermöglichte eine erhabene Parkanlage, die wiederum einen weiten Blick ins Umland bis ins Bergische Land freigab. Inmitten der Grünfläche befand sich ein „von schlanken Pappeln eingekreistes kleines Vorwerk, dessen umgebende Böschungen willkommene Rutschbahnen für die Jugend bildeten. Anziehend war die Aussicht hinweg über den klaren Spiegel des selten von Schiffen besetzten Sicherheitshafens nach den Wällen und der hinter Bäumen sich verbergenden Stadtmauer."[2] Bei Anlage der Neustadt wurde die 130 m breite und 900 m lange parkartige Straßengestaltung des Deutschen Rings (heute Theodor-Heuss-Ring) als Ersatz für das Eigelstein-Glacis geschaffen.

Ausschnitt aus: Karte des Rheinstroms im Königreich Preußen. Berlin 1879
Quelle: Privatbesitz

1 Heimann, F.C.: Das alte Köln im Grünen. In: Kölnische Volkszeitung vom 22.8.1919
2 ebd.

Sicherheitshafen mit Glacisgelände, im Hintergrund St. Kunibert und die Domtürme
Foto: RBA

2

1853-1903
Vom Stadtgrün zum Volksgrün

Kommunale Selbstverwaltung in der heranwachsenden Großstadt

Joachim Bauer
Carmen Kohls

Hafenanlagen auf der Rheinau, vor 1898
Quelle: Archiv der Häfen und Güterkehr Köln AG
Foto: R. Dohmen

Vorhergehende Doppelseite:
Stadtansicht von
J. Scheiner, 1886
Foto: RBA

Am 13.6.1856 wurde die Kommunalordnung von 1850 durch die Städteordnung für die Rheinprovinz abgelöst. Die neue Städteordnung hob die bis dahin geltende rechtliche Gleichstellung von Stadt- und Landgemeinden auf. Köln wurde zur kreisfreien Stadt, die nun unmittelbar dem Regierungspräsidenten unterstellt war. Bis 1856 war der Landrat als Aufsichtsbehörde dazwischengeschaltet gewesen. Die Städteordnung für Orte mit über 10 000 Einwohnern blieb bis 1933 bestehen.

Auch das Dreiklassenwahlrecht behielt noch bis 1918 seine Gültigkeit, sodass die Interessen der Arbeiterschaft in der Stadtverordnetenversammlung allenfalls spärlich vertreten waren. Der Gemeinderat setzte sich vornehmlich aus Angehörigen der wirtschaftlich führenden Kölner Familien zusammen. Die am stärksten vertretenen Berufsgruppen waren Industrielle, Kaufleute und Juristen. Lag die Zahl der Stadtverordneten im Jahre 1846 noch bei 30, so wurde sie bedingt durch die Eingemeindung von Vororten und des damit verbundenen Bevölkerungsanstiegs 1875 auf 36 und 1888 auf 45 Personen angehoben.[1]

Gleichzeitig führte die beschleunigte Industrialisierung und Urbanisierung dazu, dass der Gemeinderat vor immer vielfältigere Aufgaben gestellt wurde. Nunmehr hatten die Stadtverordneten „nicht mehr nur über einen mit Armenfürsorge und Schulen weitgehend festgelegten städtischen Haushalt zu beschließen, sondern konnten beim Aufbau von Versorgungsbetrieben, bei der Einrichtung einer Berufsfeuerwehr (1871), beim Ausbau des öffentlichen Verkehrsnetzes und dem Bau von Hafenanlagen (Rheinauhafen 1898 und 1906, Deutzer Hafen 1904-1906 und 1913)" etc. aktiv mitwirken.[2] Der Gemeinderat verstand sich hierbei als Vertretungsorgan der Bürgerschaft. Er musste die erforderlichen Beschlüs-

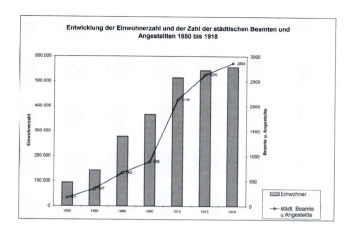

Entwicklung der Einwohnerzahl und der Zahl der Städtischen Beamten und Angestellten 1850-1918, erstellt nach Angaben des Ausstellungskatalogs „Stadtrat, Stadtrecht, Bürgerfreiheit" (vgl. Anm. 1), S. 222

se fassen und deren Ausführung kontrollieren. Zur Bewältigung dieser Aufgaben und zur vorbereitenden Meinungsbildung wurden verschiedene Kommissionen (heute Fachausschüsse) gebildet.³ Verbunden mit dem Anstieg der gemeindlichen Aufgaben stieg auch die Zahl der Kommissionen von 8 im Jahre 1856 über 16 im Jahre 1876 auf 35 im Jahre 1886.⁴

Spätestens seit 1896 gab es eine eigene „Commission für öffentliche Anlagen und deren Aufsicht, Friedhofs- und Begräbnisangelegenheiten".⁵ In dieser Kommission wurde die Verwaltung durch den Beigeordneten Mann vertreten, der gleichzeitig die Aufsicht über die Verwaltungsstelle Köln-Lindenthal hatte. Bis dahin waren die Grünflächenangelegenheiten in der Baukommission behandelt worden, die von dem Beigeordneten Stübben geleitet wurde.⁶ In der Loslösung von der Baukommission und der Bildung einer eigenen Kommission ist in jedem Falle eine Stärkung der Interessenvertretung der Gartengegenüber der Bauverwaltung zu sehen.

Mit der Zunahme der städtischen Aufgaben und der Verantwortlichkeit des Stadtrats für die öffentlichen Angelegenheiten wuchs auch die städtische Verwaltung. Im Jahre 1847 bestand die Stadtverwaltung noch aus 22 Personen, die auf die Bereiche Stadtsekretariat, Bauamt, Finanzamt, Zivilstandsamt, Einquartierungsamt, Grundsteuer, Gewerbesteuer, Stadtkasse, Elementar- und Armenschulwesen aufgeteilt waren. Darüber hinaus gab es weitere Angestellte, die mit besonderen Aufgaben betraut wurden.⁷ Die Zahl der städtischen Beamten und Angestellten wuchs in den folgenden Jahren stetig, von 171 im Jahre 1850 auf 347 im Jahre 1880. Im gleichen Zeitraum stieg der städtische Haushalt von 1,3 auf 4,9 Millionen Mark.⁸ Betrachtet man die Steigerung des städtischen Haushalts und die Zunahme der Beamten in dem Zeitraum von 1850 bis 1918, so lag in beiden Fällen der Zuwachs weit über dem im gleichen Zeitraum registrierten Bevölkerungsanstieg.

Im Jahre 1876 wurde das durch Eingemeindungen vergrößerte Stadtgebiet in 52 Ortsbezirke aufgeteilt. Den einzelnen Bezirken stand je ein Bezirksvorsteher bzw. dessen Stellvertreter vor. Als ehrenamtlich Beauftragte des Oberbürgermeisters hatten sie einen eigenen Geschäftskreis und mussten dessen Aufträge umsetzen.⁹

Die Mauer fällt

Trotz Eingemeindung der Vororte war die Siedlungsfläche der Festungsstadt seit mehr als fünf Jahrhunderten durch die aus dem Mittelalter stammende Stadtmauer begrenzt geblieben. Die Einwohnerzahl hatte sich hier in dem Zeitraum von 1816 mit 49 276 Personen bis 1881 auf 145 800 Personen fast verdreifacht; die Fläche betrug nach wie vor 405 ha. Die Einwohnerdichte lag mit 345 Personen pro Hektar im Jahre 1870 im Vergleich zu Ham-

Abbruch der Stadtmauer am Gereonstor 1881
Foto: RBA

2. Kommunale Selbstverwaltung in der heranwachsenden Großstadt

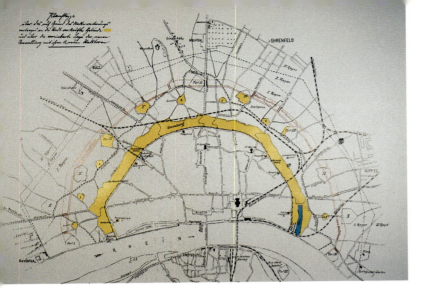

Entwicklung der inneren Befestigungsanlagen: Mittelalterliche Stadtbefestigung, Fortanlagen, neue Umwallung Planskizze um 1881
Aus: 100 Jahre stadtkölnisches Vermessungs- und Liegenschaftswesen. Köln 1975, S. 77-78

Rechts Mitte: Köln 1886, Vogelschau von Südwesten Aquarell von J. Scheiner (Ausschnitt)
Foto: RBA

Rechts unten: Die Stadterweiterung von 1881 Entwurf von J. Stübben Schwarzplan
Aus: J. Bauer (vgl. Anm. 11), S. 63

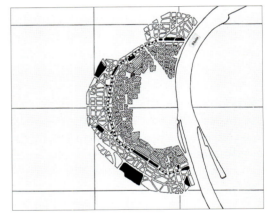

burg mit 260, Paris mit 236, Berlin mit 112 und London mit 96 Einwohnern sehr hoch.[10] Eine weitere Verdichtung war innerhalb der Stadtmauer nicht mehr vertretbar.

Diese Tatsache sowie die mittlerweile verbesserte Technik von Geschützen mit einer größeren Reichweite hatte schon im Jahre 1861 die Forderung nach einer Erweiterung der Befestigungsanlagen aufkommen lassen. Erst 1881 konnte aber eine Einigung mit dem zuständigen preußischen Kriegsministerium erzielt werden. Für den Preis von 12 Millionen Goldmark kaufte die Stadt der Regierung das 600-700 Meter breite Festungsgelände ab. Per Kabinettsbeschluss wurde das Areal 1883 zum Stadtgebiet erklärt, sodass sich dieses von 770 auf 1 006 ha vergrößerte. Die mittelalterliche Mauer wurde niedergerissen, stattdessen ein Wall am äußeren Rand des frei gewordenen Geländes errichtet. Ein neuer Befestigungsgürtel, bestehend aus einzelnen Fort- und Zwischenwerken, wurde entlang der Militärringstraße angelegt.

Für das erworbene Gelände sollte ein Plan zur baulichen Ausgestaltung der Stadterweiterung aufgestellt werden. Zu diesem Zweck wurde im Jahre 1880 ein städtebaulicher Wettbewerb ausgeschrieben, den der Aachener Stadtbaumeister Josef Stübben und der Aachener Städtebauer Professor Karl Henrici gewannen. Stübben wurde daraufhin am 15.6.1881 zum Oberingenieur der Stadterweiterung berufen und übernahm ab 1885 zusätzlich die Leitung des städtischen Tiefbauwesens.

Die 1883 begonnene Stadterweiterung, die so genannte Neustadt, befriedigte in erster Linie die Wohnraumbedürfnisse des mittleren und gehobenen Bürgertums der aus allen Nähten platzenden Altstadt. Erstmalig lag diesem Vorgehen ein städtebauliches Gesamtkonzept zugrunde, das Ausdruck des zeitgemäßen Städtebaus war. Da die Ausweisung von Grünanlagen mittlerweile zum integralen Bestandteil des Städtebaus geworden war, waren in der Neustadt von vornherein schon Grünflächen vorgesehen.[11] Nach dem Wiener und Pariser Vorbild entstand die Ringstraße mit ihren Alleen, Schmuckanlagen und parkartig aufgeweiteten Bereichen. Darüber hinaus wurden in etwa gleichmäßigem Abstand einzelne Grünanlagen ausgewiesen.

Der Ausbau der Neustadt konnte die Wohn- und Freiflächenprobleme der Kernstadt weitestgehend entschärfen. Die strukturellen Unterschiede zwischen Kernstadt und eigenständigen Vororten blieben jedoch bestehen. In Letzteren war seit Beginn des Jahrhunderts die Einwohnerzahl stark angestiegen. Darüber hinaus hatten sich die Industriebetriebe hier angesiedelt, da in der Kernstadt nicht ausreichend Fläche zur Verfügung stand und die Bodenpreise stark gestiegen waren. Aus dem gleichen Grund waren auch die städtischen Versorgungsbe-

Entwicklung der Eingemeindungen
Aus: 100 Jahre stadtkölnisches Vermessungs- und Liegenschaftswesen. Köln 1975, S. 21-22

triebe vornehmlich in den Vororten errichtet worden. Ein Erlass des zuständigen Ministeriums aus dem Jahre 1886 schuf schließlich die Voraussetzung für die Schaffung einer einheitlichen Infrastruktur und zur Steigerung der Steuereinnahmen der Stadt. Zwei Jahre später erfolgte die Eingemeindung der Vororte. Hierdurch vergrößerte sich das Stadtgebiet um das Zehnfache von 1 006 auf 11 106 ha. Auf der linken Rheinseite verlief die Stadtgrenze ungefähr entlang der Militärringstraße, rechtsrheinisch umschloss sie Deutz und Poll. Köln war somit zur flächengrößten deutschen Stadt geworden. Die Bevölkerungszahl stieg auf 261 444 Einwohner.

Die Stadtgärtner

In den letzten Jahren seiner Dienstzeit war Greiß wegen Krankheit häufiger ausgefallen und in diesen Fällen von seinem Obergehilfen Anton Strauß vertreten worden. Nach dem Tod des Gartendirektors übernahm Strauß 1853 auch vorübergehend die Geschäfte.[12]

Aufgrund der neuen Gemeindeordnung oblag es dem Gemeinderat, über die Neubesetzung diesmal selbst zu entscheiden. Dieser beschloss dann auch in der Sitzung vom 18.5.1854, die Stelle des Gartendirektors Anton Strauß zu übertragen. Damit war Strauß der erste Gartendirektor, der vom Rat der Stadt Köln eingestellt wurde. Strauß erhielt eine Dienstwohnung im Stadtgarten und ein Jahresgehalt von 540 Talern sowie eine vorübergehende Zulage von 60 Talern. Er bezog 250 Taler weniger als Greiß, zu dessen Aufgaben noch die Unterrichtserteilung in Botanik gezählt hatte. Dem Gartendirektor untergeben waren „der Kirchhofaufseher ... sowie die Aufseher auf der Rheinau, am Museum und im Eigelsteiner Glacis".[13] Im gleichen Jahr wurde das

Anton Strauß
* 12.6.1823 in Köln
† 1.7.1888 in Köln

Schüler von Greiß – 1854-1888 erster Stadtgärtner, der auf Beschluss des Kölner Stadtrates angestellt wurde – Vorlage seiner Pläne und Kostenanschläge in der Baukommission obligatorisch – 600 Taler Jahresgehalt und Dienstwohnung im Stadtgarten – 1859 Mitbegründer des Kölner Vereins für Gartenkultur und Botanik

Werke in Köln:
Teile der Ringanlagen der Neustadt 1885 – Pläne zur Erweiterung des Friedhofs Melaten 1854 – Bepflanzungsplan Lichhof 1854 – Appellhof 1855 – Umgestaltung der Rheinau (Werthchen) 1855 – Umgestaltung des Stadtgartens 1858 – Minoritenplatz 1863 – Umgestaltung Eigelstein-Glacis – Zoologischer Garten – Friesenplatz – Augustinerplatz (Foto: ALG)

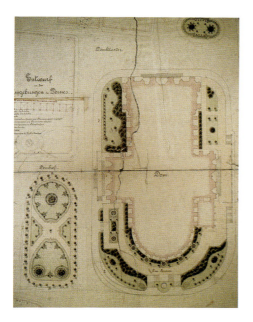

Entwurf zur Gestaltung der Domumgebung von A. Strauß, 1887. Quelle: HAStK

Entwurf für den Augustinerplatz von A. Strauß, 1879
Quelle: HAStK

2. Kommunale Selbstverwaltung in der heranwachsenden Großstadt

Rechts: Das Antilopenhaus im Zoologischen Garten
Foto: Archiv Stadtkonservator
Unten: Gartenanlage am Appellhofplatz, um 1913
Foto: Sammlung H. Herrmann

Adolf Kowallek
* 27.12.1851 in Wongrowitz/Posen
† 16.5.1902 in Köln

1866 Lehre in Branitz/Cottbus – 1869 Königliche Gärtner-Lehranstalt Potsdam – 1871 Gärtner der Stadt Berlin – 1871-1877 Militärdienst, freiberufliche Tätigkeit – 1877 Gärtner der Stadt Berlin – 1880-1887 Garteninspektor in Nürnberg – 1887-1902 Gartendirektor in Köln mit Jahresgehalt zwischen 4 500 und 6 500 Mark, Dienstwohnung und -räume im Volksgarten – 1890-1902 Mitbegründer und Vorsitzender der Kölner Gartenbaugesellschaft

Werke in Köln:
Volksgarten 1887 – Umgestaltung Stadtgarten 1888 – Theodor-Heuss-, Sachsen- und Kaiser-Wilhelm-Ring – Hansaplatz – Anzuchtgarten an der Vorgebirgsstraße 1889 – Römerpark 1895 – Stadtwald 1895-98 – Südpark 1898 – Nord- u. Südfriedhof – Volksgarten – Königsplatz – Stadtwald

(Foto: ALG)

Stadtbauamt in zwei Aufgabenbereiche aufgeteilt und Julius Raschdorff als zweiter Stadtbaumeister angestellt. „Das Stadtbauamt I unter der Leitung von Julius Raschdorff wurde zuständig für alle Hochbauten, das Stadtbauamt II unter der Leitung von Bernhard Wilhelm Harperath für alle Tiefbauten."[14] Der Schriftverkehr zwischen Harperath und Strauß hinsichtlich der Umwandlung der Rheinaue und der Vergrößerung des Hafens dokumentiert die enge Zusammenarbeit von Stadtbaumeister und Stadtgärtner. Die von beiden ausgearbeiteten Pläne und Vorschläge wurden zunächst zur Beratung der „Commission für städtische Bauten und Wege" vorgelegt. Der Gemeinderat beschloss abschließend über die Ausführung der Arbeiten. In seiner Amtszeit konnte Strauß folgende Gartenanlagen, Alleen und Plätze neu anlegen oder umgestalten: Platz am Lichhof, Appellhofplatz, Minoritenplatz, Augustinerplatz, Umgebung des Domes, die Allee zwischen Holztor und Bayentor, die Parkanlage der Rheinau, den Stadtgarten, Erweiterung des Melatenfriedhofs, Zoologischer Garten, Baumpflanzungen auf dem Hansa- und Habsburgerring sowie Gartenanlagen auf dem Hohenstaufenring.[15]

Die eingangs beschriebene Stadterweiterung und die kurz darauf durchgeführten Eingemeindungen in den 1880er-Jahren stellten für die städtische Gartenverwaltung einen umfangreichen Aufgabenzuwachs dar. „Die Mehrarbeiten, welche durch die Erweiterung der öffentlichen Anlagen in der Neustadt, durch die infolge der Festungsbauten und Eisenbahn-Anlagen nothwendig werdende Umgestaltung des alten Stadtgartens sowie durch die bevorstehende Anlage des neuen Volksgartens der Stadt auf gärtnerischem Gebiete erwachsen"[16], veranlassten die Stadt dazu, einen weiteren Gartendirektor einzustellen. Am 2.12.1886 wurde die Anstellung von Adolf Kowallek beschlossen, der seit 1880 Garteninspektor in Nürnberg war. Am 10.5.1887 trat er sein Amt in Köln an. Mit seiner Einstellung war gleichzeitig eine Neuverteilung der Aufgaben der Gartenverwaltung verbunden: Der seit 1853 als Stadtgärtner beschäftigte Strauß sollte sich nur noch um die Unterhaltung der Anlagen und Anpflanzungen in der Altstadt und des Eigelstein-Glacis kümmern, während Kowallek „die Verwaltung der gesamten in der Neustadt gelegenen Gartenanlagen einschließlich des alten Stadtgartens, der Baumpflanzungen und Vermehrungshäuser, sowie die Anlage der Baumschule und des neuen Volksgartens, endlich die Aufsicht über die Anlagen auf dem Friedhofe zu Melaten übertragen wurde."[17] Kowallek erhielt eine Dienstwohnung im Volksgarten.

Mit der Berufung von Kowallek waren erstmals in der Geschichte der Gartenverwaltung zwei Fachleute gleichzeitig für die Grünanlagen im Stadtgebiet zuständig. Hiermit verbunden war eine räumliche und inhaltliche Trennung der Arbeitsgebiete, wobei Strauß ein wesentlich kleineres Areal zu betreuen hatte und nur für die Unterhaltung der Anlagen zuständig war. Kowallek hingegen war vor allem die Planung und Ausgestaltung der Anlagen in der Neustadt übertragen worden. Nach mehr als 34 Dienstjahren bekam Strauß also einen Vorgesetzten, wurde in seinem Verantwortungsbereich eingeengt und war für den Stadtgarten, in dem er seine Dienstwohnung hatte, nicht mehr zuständig. Auch wenn Überlegungen zur Nachfolge von Strauß - er war in

Oben: Gartenanlage auf dem Friesenplatz, um 1910
Postkarte: Sammlung H. Herrmann

Platanen gesucht.

500 **Platanus occidentalis**, möglichst starke, tadellose, mehrfach verschulte Bäume mit glatten Stämmen, gesunder, reicher Bewurzelung u. vollen Kronen werden sofort gesucht. Dieselben müssen gegen Frost, Austrocknen der Wurzeln und jede andere Beschädigung durch vollständige Verpackung geschützt sein und franco Pflanzstelle hier abgeliefert werden. [155

Angebote mit genauer Angabe der Höhe, des Stammumfanges (ein Meter über der Wurzel gemessen), sind bis längstens zum 10. November an den Unterzeichneten einzusenden.

Köln, den 28. October 1885.
A. **Strauss**, Stadtgartendirector.

Links: Anzeige von Stadtgartendirektor Anton Strauss, 1885
Quelle: HAStK

jenem Jahr 63 Jahre alt - bei der Anstellung Kowalleks eine Rolle gespielt haben mögen, so liegen hier die Wurzeln einer sich in den Folgejahren weiter differenzierenden Aufgabenverteilung der Gartenverwaltung. Ein umfangreicher Schriftwechsel zwischen Stübben und Strauß sowie zwischen Stübben und Kowallek aus den Jahren 1885 bis 1889 ist im Historischen Archiv der Stadt Köln, Bestand 730 Nr. 383, einsehbar. Budgetentwürfe, Kostenanschläge, Skizzen und Notizen, die sich alle auf die Gestaltung und Bepflanzung der Ringstraßen beziehen, dokumentieren die enge Zusammenarbeit des Stadtbaumeisters mit dem Stadtgärtner und dem Gartendirektor. Die Briefe zwischen Stadtbaumeister und Gartendirektor tragen im Briefkopf die Bezeichnung „Stadtbau-Amt II". Diese Bezeichnung lässt vermuten, dass die Gartenverwaltung diesem Amt II angegliedert war. Strauß selbst unterzeichnete mit „Stadtgartendirector" und so lautete auch die Anrede in den an ihn adressierten Schreiben.

Die Aufgaben der Gartenverwaltung im Rahmen der Stadterweiterung waren sehr vielfältig. Neben der Planung und dem Ausbau der Grünanlagen – Volksgarten, Römerpark, Königsplatz (heutiger Rathenauplatz) – war sie zuständig für die Begrünung der Plätze und die Pflanzung der Straßenbäume. Vor allem auf den platzartigen Erweiterungen der Ringstraße wurden aufwändige, geometrisch gestaltete Schmuckbeete angelegt. Die mit Rasen angelegten Bereiche mussten feucht gehalten und wöchentlich mit Maschinen gemäht werden. Um die mit Kies belegten Wege in den Anlagen frei von Staub zu halten, wurden diese regelmäßig mit Wasser besprengt."[18]

„Der Zeit gemäß bestand die Erholung damals weniger in einer allgemeinen aktiven Betätigung im Freien, sondern in erster Linie in der Möglichkeit, sich im Grünen aufzuhalten."[19]

Neben diesen repräsentativen Grünanlagen, die auch zur Verbesserung der hygienischen Situation in der Stadt beitrugen, erlangte zunehmend die soziale Funktion des Grüns an Bedeutung. Die ersten Kin-

Schmuckbeete auf dem Heumarkt, um 1910, Postkarte
Foto: Archiv Stadtkonservator

Gartenanlage auf der Frankenwerft, um 1916
Postkarte: Sammlung H. Herrmann

2. Kommunale Selbstverwaltung in der heranwachsenden Großstadt

Promenade am Kaiser-Friedrich-Ufer um 1916
Postkarte: HAStK

Rechts: Gartenanlage vor der Post an der Kalker Hauptstraße, um 1903
Postkarte: HAStK

Baumpflanzungen auf der Volksgartenstraße, um 1910
Postkarte: HAStK

derspielplätze entstanden in Köln ab den Jahren 1886/87 auf dem Gelände des ehemaligen Stadtgrabens an der Ulrepforte, am Sachsenring und hinter der Gereonsmühle am Hansaring.[20] Über den Spielplatz am Sachsenring schrieb Stübben: „Eine Verbindung von offenem und geschlossenem Spielplatz zeigt ein Theil des Sachsenringes: der obere Kinderplatz ist in zwei Eingängen offen, der untere, aus einem Theile des alten Stadtgrabens gebildete, von einem Rest der alten Stadtmauer geschützte Platz wird dagegen nur zeitweilig geöffnet und erfreut sich alsdann des lebhaftesten Besuches. In Deutschland sind solche Spielplätze noch wenig verbreitet, desto mehr in England, wo Behörden und Vereine deren Einrichtung im Interesse der öffentlichen Gesundheitspflege lebhaft pflegen."[21]

In den folgenden Jahren wurden weitere Spielplätze angelegt, 1891 gab es insgesamt sieben Stück in Köln, einen in der Altstadt und sechs in der Neustadt. Im gleichen Jahr entstand auch der erste Jugendspielplatz für Ballspiele vor dem Lindentor. „Außer einigen Volksschulen der näheren Umgebung diente er namentlich den städtischen höheren und mittleren Lehranstalten als Spielplatz."[22] 1900 waren es bereits siebzehn Spielplätze, davon zwei in der Altstadt, neun in der Neustadt und sechs in den Vororten.[23] Auch Bäume am Straßenrand gewannen in dieser Zeit immer mehr an Bedeutung. „Durch umfangreiche Neupflanzungen von Bäumen auf öffentlichen Plätzen, Straßen und Schulhöfen wurde ferner für die Verschönerung des Straßenbildes und für eine Verbesserung der gesundheitlichen Verhältnisse innerhalb der Stadt gesorgt. Am 1. April 1891 waren 166 Straßen in einer Gesamtlänge von 74 918 m mit Bäumen bepflanzt, im Jahre 1900 dagegen bereits 270 solcher Straßen in einer Länge von 96 240 m. Insgesamt wurden, wie vorstehend angegeben, 9 991 Bäume neu gepflanzt."[24]

Aufgrund der Stadterweiterung und des Ausbaus der Infrastruktur gingen jedoch auch in großem Umfang Grünflächen verloren. Der Eisenbahnstrecke um die Neustadt fielen Teile des Stadtgartens zum Opfer, durch den Ausbau des Rheinauhafens ging das Werthchen verloren und die mit Bäumen bestandenen Glacisanlagen wurden durch die Schleifung der Stadtmauer vernichtet. Über diese Verluste fertigte Strauß im August 1886 eine „Summarische und vergleichende Zusammenstellung der luftverbessernden Flächen in und bei der Stadt Köln in den Jahren 1858 und 1886" an. In dieser Auflistung stellt er den im Jahre 1858 „vorhandenen Flächen" die im Rahmen der Stadterweiterung „weggefallenen Flächen" und die „neu entstandenen" Anlagen im Jahre 1886 gegenüber: 1858 existierte ein Bestand von 144 ha, von denen 131 ha auf die Glacisanlagen fallen; 1886 umfasste die Gesamtfläche nur noch 97 ha, in denen noch ca. 64 ha Glacisanlagen enthalten sind. Diesen Zahlen stellt Strauß die Einwohnerzahl gegenüber

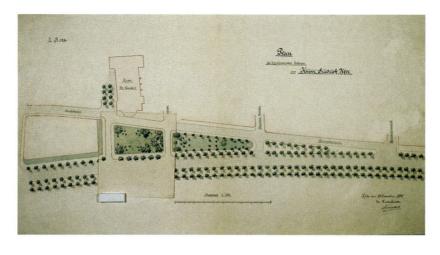

Gartenanlage und Baumpflanzungen am Kaiser-Friedrich-Ufer. Entwurf von Adolf Kowallek 1898
Quelle: HAStK

und zieht daraus das Resümee: Da im Jahre 1858 auf 113 000 Einwohner insgesamt 144 ha Fläche fallen, müssten es im Jahre 1886 insgesamt 206 ha sein, es fehlen jedoch 109 ha. Für die Bedürfnisse einer Bevölkerung von 250 000 Einwohner berechnete Strauß den Bedarf an „luftverbessernden Flächen" auf 300 ha.[25]

Die Fortschreibung der von Strauß gegenübergestellten Zahlen bis zum Jahre 1913 zeigt, dass der Grünanteil im Stadtgebiet in den darauf folgenden Jahren noch weiter abnahm. Erst 1913 konnte die von Strauß geforderte Hektarfläche erreicht werden, jedoch bei einer doppelt so hohen Bevölkerungszahl.

staltung des Stadtgartens, den heutigen Theodor-Heuss-, Sachsen- und Kaiser-Wilhelm-Ring, den Hansaplatz, den Botanischen Garten an der Vorgebirgsstraße, den Römerpark, den Königsplatz, den Nord- und Südfriedhof und den Stadtwald. Darüber hinaus sind Pläne für die Anlage am Wallraf-Richartz-Museum und das Kaiser-Friedrich-Ufer erhalten.[26] Die erste Parkanlage, die nach Plänen von Kowallek umgesetzt wurde, war der Volksgarten. Um die Ausführung der Arbeiten zu beaufsichtigen, wurde der Gartenkünstler Jensen in der Position eines Obergärtners eingestellt[27] – eine Stellenbezeichnung, die erstmals im Verwaltungsbericht von 1888/89 erscheint.

"Summarische und vergleichende Zusammenstellung der luftverbessernden Flächen in und bei der Stadt Köln in den Jahren 1858 und 1886"
Ergänzt nach Strauß 1886

	Bestand Grünanlagen	davon Befestigungsanlage	Einwohner	qm/Einwohner
1858	144 ha	131 ha	113.000	12,7 m²
1886	97 ha	64 ha	162.000	5,9 m²

Resümee Strauß - Bei gleichem Verhältnis Grünanlagen/Einwohner müßten 1886 insgesamt 206 ha Grünanlagen vorhanden sein. Fehlbestand = 109 ha.

	Bestand Grünanlagen	davon Befestigungsanlage	Einwohner	qm/Einwohner
1891	37 ha		286.900	1,3 m²
1898	148 ha		344.000	4,3 m²
1900	226 ha		367.000	6,1 m²
1906	235 ha		436.500	5,4 m²
1913	308 ha		544.430	5,6 m²

Hist. Archiv, Best. 730, Nr. 383, S. 93 und 94

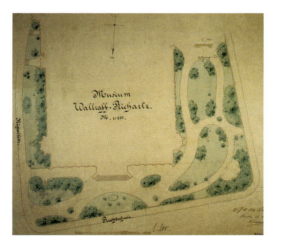

Gartenanlagen am Wallraf-Richartz-Museum. Entwurf von Adolf Kowallek 1896
Quelle: HAStK

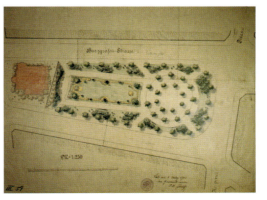

Gartenanlage auf dem Lindenthalgürtel. Entwurf von Adolf Kowallek 1903
Quelle: HAStK

Nach einer etwas mehr als ein Jahr andauernden Zusammenarbeit zwischen Stadtgärtner und Gartendirektor starb Strauß am 1.7.1888 und Kowallek übernahm sämtliche Aufgaben. Laut der Bestimmungen über die dienstlichen Verhältnisse und Besoldung der Beamten des Jahres 1897 lag das Jahresgehalt des Gartendirektors bei 4 500 Mark (Höchstgehalt 6 500 Mark). In seiner Amtszeit entwarf Kowallek so bedeutende Anlagen wie den Volksgarten, die Umge-

2. Kommunale Selbstverwaltung in der heranwachsenden Großstadt

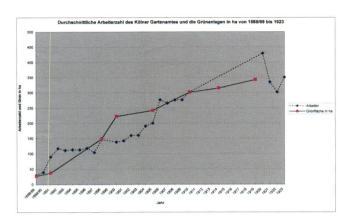

Durchschnittliche Arbeiterzahl des Kölner Gartenamtes und die Grünanlagen in ha von 1888/89 bis 1923. Zusammengestellt aus Verwaltungsberichten der Stadt Köln.

Rechts unten: Kölner Grünanlagen um 1900
Aus: J. Giesen: Kölner Grünanlagen. 1927

Hermann Robert Jung
* in Amorbach (Odenwald)

27.3.1879 Lehre in der Herzoglich Coburgschen Schlossgärtnerei zu Greinburg, Oberösterreich, mehrjährige Gehilfenzeit – 1.2.1889 Obergärtner und Lehrer der Gartenbauschule und der Flora
1.4.1890 Obergärtner der Stadt Köln – 16.5.1902-1.4.1903 Kommissarischer Leiter der Gartenverwaltung – 1917 in Anerkennung seiner Verdienste für den deutschen Gartenbau wurde ihm vom preußischen Landwirtschaftsministerium der Titel Gartenbaudirektor verliehen.

Jensen, der noch eine zeitlich befristete Stelle hatte, gab diese jedoch schon Ende 1890 wieder auf. Die Nachfolge trat der bisherige Obergärtner der Flora, Hermann Robert Jung, an.[28] Die Stelle von Jung war nun nicht mehr befristet und gleichzeitig auch für den Bereich der Alt- und Neustadt sowie für die rechtsrheinischen Gebiete zuständig. Eine zweite Obergärtnerstelle konnte ab dem 1.10.1898 mit Günther besetzt werden, der seit dem 11.11.1896 die Aufsicht über die Arbeiten am Stadtwald führte. Günther war für die linksrheinischen Stadtgebiete außerhalb des Walls um die Neustadt – ohne den Botanischen Garten an der Vorgebirgsstraße – zuständig. Letzterer wurde seit 1892 von Dr. Peter Esser als Vorsteher betreut.[29]

Die vielfältige Tätigkeit der Gartenverwaltung zeigt sich insbesondere bei der ersten Zusammenstellung eines „finanziellen Ergebnisses für die öffentlichen Anlagen des Jahres 1887/88". In dieser Auflistung sind erstmals alle Einnahmen und Ausgaben den jeweiligen Positionen zugeordnet. Das finanzielle Ergebnis ist sortiert nach Einnahmen, gewöhnlichen und außergewöhnlichen Ausgaben. Unter den gewöhnlichen Ausgaben finden sich Kosten, die für die Unterhaltung der bestehenden Anlagen notwendig waren, unter den außergewöhnlichen Ausgaben sind Kosten für die Neuanlage oder den Neuerwerb von Grünanlagen und nicht beweglichen Einrichtungen aufgeführt.[30] Ein Vergleich dieser Angaben mit den finanziellen Ergebnissen der Jahre 1897 bis 1899 zeigt eine starke Zunahme der aufgeführten Positionen.

Mit der Zunahme der Aufgaben waren auch strukturelle und organisatorische Veränderungen in der Gartenverwaltung selbst verbunden. Die bis 1886 bestehende Organisationsform des „Ein-Mann-Betriebs", dem Gartendirektor bzw. Stadtgärtner, dem die Arbeiter und Tagelöhner sowie der Friedhofsaufseher unterstanden, reichte nicht mehr aus. Eine Differenzierung der Aufgaben und Zuständigkeiten

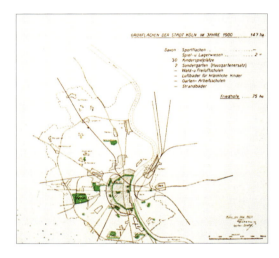

auf verschiedene Personen erfolgte, wie beschrieben, erstmals zwischen Kowallek und Strauß. Die Einrichtung zweier Obergärtnerstellen führte zu einer weiteren Untergliederung. In den folgenden Jahren wurde diese Struktur durch die Einstellung des Leiters des Botanischen Gartens an der Vorgebirgsstraße und je eines Försters für den Stadtwald und das Gremberger Wäldchen weiter ausgebaut. Gleichzeitig ist eine kontinuierliche Zunahme der Arbeiter zu verzeichnen. Das obenstehende Diagramm verdeutlicht diese Entwicklung und stellt die Anzahl der Arbeiter der jeweiligen Gesamtgröße der Grünflächen für den Zeitraum von 1888/89 bis 1923 gegenüber.[31] Demnach stieg die durchschnittliche Zahl der bei der Gartenverwaltung beschäftigten Arbeiter zwischen 1888/89 und 1903 um mehr als das 6-fache von 30 auf 190 Personen an. 1895 hatte ein Arbeiter weniger als einen Hektar Stadtgrün zu betreuen. 1898 war das Verhältnis dann 1:1, bis zum Jahre 1900 steigt es auf 1,5 ha Grünfläche pro Arbeiter.

Nach Kowalleks Tod übernahm der erste Obergärtner Hermann Robert Jung am 16.5.1902 für ein knappes Jahr die kommissarische Leitung der Gartenverwaltung.[32] Er hatte zuvor die Umgestaltung des Gremberger Wäldchens zu einem Erholungswald geleitet.

Finanzielles Ergebnis der öffentlichen Anlagen des Jahres 1887/88

7. Financielles Ergebnis

Einnahme	Angaben in Mark
Witwen- und Waisengeldbeiträge	170
Pacht des Wirtschaftsgebäudes im Stadtgarten	1.500
Pacht des Kaffee-Pavillons auf dem Kaiser Wilhelm-Ring	375
Insgemein	83
	2.128

Ausgabe
a. Gewöhnliche Ausgaben

Gehälter, Drucksachen, Schreib- und Zeichenmaterialien	8.238
Unterhaltung und Ergänzung der Anpflanzungen und Lohn der Arbeiter:	
Anlagen in der Altstadt	12.806
Unterhaltung des Stadtgartens	7.460
Unterhaltung der sonstigen Anlagen in der Neustadt	10.420
	30.686
Unterhaltung der Einfriedigungen, Bänke und Barrieren	860
Unterhaltung und Ergänzung der Arbeitsgeräte und Utensilien	739
Unterhaltung der Wasserleitungs- und Berieselungsgeräte	204
Unterhaltung der Baumschule, Mistbeete und Glashäuser	1.648
Beschaffung von Mähmaschinen und Berieselungsgeräten	2.006
Insgemein	473
	44.854

b. Außergewöhnliche Ausgaben

Für Anlage einer Baumschule	5.898
Für Beschaffung neuer Bänke	584
Für Beschaffung eiserner Baumeinfassungen	903
Für Beschaffung neuer Einfriedigungen	1.007
Für Anlage von 4 Berieselungshähnen im Eigelsteinglacis	923
	9.315

c. Neuanlagen in der Neustadt

Grunderwerb für den Volksgarten	77.424
Anlage des Volksgartens	76.482
Baumpflanzungen	4.812
Gartenanlagen	30.457
Beschaffung von Ruhebänken	4.134
Alter Stadtgarten	590
Wirtschaftsgebäude im Stadtgarten	1.004
Kaffee-Pavillon auf dem Kaiser Wilhelm Ring	17.258
Springbrunnen	124
Insgemein	585
	212.870

Zusammenstellung

a. Gewöhnliche Ausgaben	44.854
b. Außergewöhnliche Ausgaben	9.315
c. Anlagen in der Neustadt	212.870
Zusammen	267.039

Finanzielles Ergebnis der öffentlichen Anlagen des Jahres 1887/88
Quelle: Verwaltungsbericht der Stadt Köln 1887/88, S.156f.

---

1 Stadt Köln (Hrsg.): Stadtrat, Stadtrecht, Bürgerfreiheit. Ausstellungskatalog des Historischen Archivs, Köln 1996, S.183
2 ebd., S.188
3 ebd., S.159
4 ebd., S.192
5 Hist. Archiv d. Stadt Köln, Best. 750, S. I
6 Hist. Archiv d. Stadt Köln, Best. 424, Nr. 563
7 vgl. Neuhaus, G.: Die Stadt Köln im ersten Jahrhundert unter preußischer Herrschaft, Band 1, 2. Teil. Köln 1916, S. 96f.
8 Stadt Köln (Hrsg.): Stadtrat, Stadtrecht, Bürgerfreiheit. A.a.O., S. 222
9 Verwaltungsbericht der Stadt Köln 1876/77, S.14
10 Kier, H.: Bürgerbauten der Gründerzeit in der Kölner Neustadt. Köln 1973, S. 5
11 vgl. Bauer, J.: Entwicklung städtischer Freiflächensysteme als integraler Bestandteil des Städtebaus, 1850-1930. Schriftenreihe des Fachbereichs Landschaftsarchitektur und Umweltentwicklung der Universität Hannover, Band 45, Hannover 1996
12 Hist. Archiv d. Stadt Köln, St.V.V., Jg. 1854, Allgemeine Verwaltungs-Angelegenheiten
13 Hist. Archiv d. Stadt Köln, St.V.V., Jg. 1863, Verwaltungsbericht der Stadt Köln
14 Hist. Archiv d. Stadt Köln, Best. 730 Findbuch S. 4
15 Hist. Archiv d. Stadt Köln., Best. 730 Nr. 383
16 Verwaltungsbericht der Stadt Köln 1886/87, S.139
17 ebd.
18 Kowallek, A.: Die öffentlichen Anlagen der Stadt Köln. In: Köln in hygienischer Beziehung, Festschrift. Köln 1898, S. 99
19 Meynen, H.: Die Kölner Grünanlagen. Düsseldorf 1979, S.18
20 Hist. Archiv d. Stadt Köln, Best. 730, Nr. 383, S.125 u. Verwaltungsbericht der Stadt Köln 1886/87, S.140
21 Stübben, J.: Der Städtebau. 1890, S.152
22 Verwaltungsbericht der Stadt Köln 1901-1905
23 Verwaltungsbericht der Stadt Köln 1891-1900, S. 337, 338
24 Verwaltungsbericht der Stadt Köln 1891-1900, S. 332
25 Hist. Archiv d. Stadt Köln, Best. 730, Nr. 383, S. 93 u. 94
26 Hist. Archiv d. Stadt Köln, Best. 730, Nr. 383
27 Hist. Archiv d. Stadt Köln, Verwaltungsbericht der Stadt Köln 1888/89, S. 20
28 Verwaltungsbericht der Stadt Köln 1889/90, S.144
29 Napp-Zinn, K.: Die „Kölner Botanik" zwischen alter und neuer Universität. In: Studien zur Geschichte der Universität zu Köln, Band 2. Köln 1985, S.144; und Verwaltungsbericht der Stadt Köln 1898, S.16
30 Verwaltungsbericht der Stadt Köln 1887/88, S.156f.
31 Eigene Zusammenstellung nach den Verwaltungsberichten der Stadt Köln
32 Verwaltungsbericht der Stadt Köln 1891-1900, S. 331

Landschaftsgärten für Köln – Adolf Kowallek

Petra Weingarten

Adolf Kowallek wurde 1851 als Sohn des Landgerichtsrats Kowallek in Wongrowitz bei Posen geboren. Als 15-Jähriger begann er eine Gärtnerlehre auf dem Gut Branitz bei Cottbus, dessen Besitzer Fürst Hermann von Pückler-Muskau insbesondere mit seiner Anlage in Muskau berühmt geworden war. Nach einer zweijährigen Lehrzeit und anschließender Beschäftigung als Gärtnergehilfe besuchte Kowallek ab 1869 die „Königliche Gärtner-Lehranstalt in Potsdam", die erste öffentliche Schule dieser Art in Deutschland. Im April 1871 wurde er als Gärtner in den Dienst der Stadt Berlin übernommen, die ein Jahr zuvor mit Gustav Meyer ihren ersten Gartendirektor einberufen hatte. Hier wurde Kowallek durch die Volksparkprojekte Friedrichshain, Treptower Park und Humboldthain mit Gartenanlagen vertraut, die für die Bauaufgabe eines öffentlichen Gartens neue Maßstäbe setzten. Die Mitarbeit Kowalleks war jedoch nur von kurzer Dauer: Ab August übernahm er im Auftrag Meyers die Ausgestaltung von Privatgärten in Kyritz und Gera. Nach seinem Militärdienst 1874/75 verblieb er zunächst, mit Ausnahme zweier Unterbrechungen, in denen er als Gehilfe in Stuttgart und Dresden tätig war, als frei arbeitender Gartenkünstler in Polen. Doch bereits 1877 berief ihn Gustav Meyer nach Berlin zurück.[1]

Nach dem Tode Meyers (1877) betreute Kowallek unter dessen Nachfolger Hermann Mächtig den Treptower Park und wurde in die Planungs- und Ausführungsarbeiten für die Berliner Gewerbe-Ausstellung einbezogen. Diese Erfahrungen werden die Voraussetzungen gewesen sein für seine erfolgreiche Bewerbung um die Stadtgärtnerstelle in Nürnberg, die er 1880 antreten konnte.[2] Seine erste größere Herausforderung galt der Konzeption der ers- ten „Bayrischen Landes-, Industrie- und Gewerbeausstellung 1882". Seine Verdienste um die Gewerbeausstellung erbrachten Kowallek seitens der Stadt Nürnberg den Titel des Garteninspektors.[3] Wenige Jahre später folgte eine Auszeichnung mit dem Ritterkreuz 3. Klasse und dem königlichen Kronenorden.[4] Seine fachliche Reputation blieb nicht ohne Folgen. Von 1882 an wurde Kowallek von verschiedenen Städten als Preisrichter zu den alljährlich stattfindenden Gartenbauwettbewerben berufen und 1887 von Köln in die Position des Gartendirektors abgeworben. Daraufhin ersuchte Kowallek den Nürnberger Magistrat um Entlassung aus dem Dienst.[5] Das hohe Ansehen Kowalleks in Köln spiegelt die in der Stadtversammlung geführte Diskussion um sein Gehalt wider. Auf Anregung des Oberbürgermeisters wurde das ursprünglich fixierte Gehalt um 500 Mark auf zunächst 4 500 Mark pro Monat angehoben und die Option einer nochmaligen Erhöhung auf 5 000 Mark ausgesprochen.[6]

Kowallek oblag die planerische Konzeption und „Verwaltung der gesamten in der Neustadt gelegenen Gartenanlagen einschließlich des alten Stadtgartens, der Baumpflanzungen und Vermehrungshäuser, sowie die Anlage der Baumschule und des neuen Volksgartens, endlich die Aufsicht über die Anlagen auf dem Friedhofe zu Melaten".[7] Seine Dienstwohnung mit angeschlossenen Wirtschafts- und Verwaltungsräumlichkeiten bezog er 1888 im Volksgarten.

Im Rahmen der ersten Stadterweiterung galt der Volksgarten als Hauptwerk Kowalleks.

Der Volksgarten

Die Planungs- und Entstehungsgeschichte des Volksgartens steht in engem Zusammenhang mit der Planung der Neustadt, deren Umsetzung mit der Niederlegung der mittelalterlichen Festungsmauer ab 1880/81 begann und kraft „allerhöchster Kabinettsorder" vom 12. November 1883 auf ein ringförmig um die Stadt gelegtes Areal von 236 ha eingegrenzt wurde. In den von Josef Stübben erarbeiteten Fluchtlinienplänen war eine öffentliche Gartenanlage zu-

Weiher mit Fontäne
im Volksgarten
Foto: ALG 1988

nächst in den Grenzen der heutigen Dassel-, Boisserée- und Meister-Gerhard-Straße, einer damals als Weyer- oder Kreuzkuhl bekannten Senke im Westen der Stadt, geplant, mit der die erheblichen Flächenverluste des alten Stadtgartens aufgrund der neuen Eisenbahntrasse kompensiert werden sollten. Zähe Verhandlungen um den endgültigen Verlauf der Eisenbahntrasse und die Eingemeindung umliegender Ortschaften verhinderten eine zügige Umsetzung des Fluchtlinienplanes. Trotz steigender Bodenpreise in Zusammenhang mit Spekulationsgeschäften beharrte Stübben für den westlichen Abschnitt auf der Idee einer Grünanlage, die er nun mit dem Begriff des Volksgartens ansprach.

Hilfe zur Umsetzung dieses Projektes erwuchs aus der Privatinitiative eines Kölner Bürgers. Wilhelm Kaesen, langjähriger Stadtverordneter Kölns, kaufte 1886 auf eigene Rechnung ein im Preis noch günstiges Terrain im Süden der Neustadt und überließ es der Stadt zum Preis von 680 000 Mark unter der Bedingung, dort den gewünschten Volksgarten einzurichten. Den Erlös in Höhe von 10 000 Mark stiftete Kaesen zum Zwecke späterer Verschönerungen des Volksgartens.[8] Die Stadt sollte es ihm später durch die Aufstellung eines Denkmals danken. Das zunächst ca. 10 ha große Gelände stockte die Stadt durch weitere Grundstückskäufe auf, sodass sich der Volksgarten in den bereits mit dem Fluchtlinienplan von 1884 festgelegten Grenzen der Volksgarten-, Vorgebirgs- (ehemals Brühler Straße), der Eifelstraße und dem Vorgebirgswall auf nunmehr ca. 15 ha ausdehnen konnte. Das Grundstück beherbergte mit der Lünette III und dem Fort IV gleich zwei Elemente der alten Wehranlage und war geprägt durch ein Gefälle von rund 10 m, das sich aus einer alten, das Gelände quer durchziehenden Rheinrinne ergab. Obwohl bereits verbindliche Kontakte zu Kowallek als neuem Gartendirektor geknüpft worden waren,

2. Landschaftsgärten für Köln – Adolf Kowallek

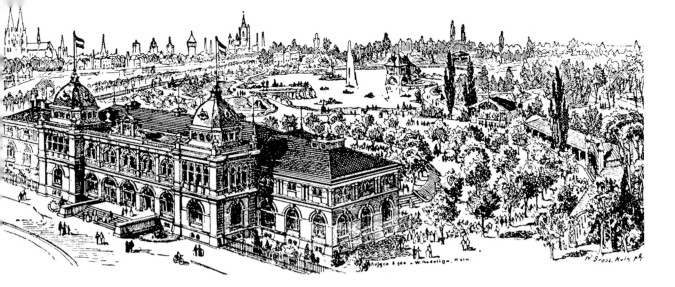

Parkrestaurant am Volksgarten, Eifelplatz
Zeichnung von Gross
Aus: J. L. Algermissen:
Kölner Führer. 1889, S. 45

nahm die weitere Entwicklungsgeschichte des Volksgartens den Umweg über einen im März 1887 ausgeschriebenen Wettbewerb mit eng gesetzten Zielvorstellungen. Angesichts des hohen Ansehens, das Kowallek in Köln genoss, muss diese zu jener Zeit neu aufkommende Form der Planfindung als Versuch seitens der Stadterweiterungsdeputation gewertet werden, ihren Einfluss auf die Ausgestaltung des Volksgartens geltend zu machen. Ein Verfahren, das in den eigenen Reihen durchaus auf Kritik stieß. Aus den prämierten Entwürfen sollte Kowallek schließlich einen optimalen Entwurfsplan zusammenstellen. Die Bedingungen an einen geeigneten Entwurfsplan lauteten wie folgt: [9] Von allen Zugangsstraßen aus sollte ein freier Zutritt in den Garten möglich sein. Der Hauptzugang sollte am Eifelplatz eingerichtet werden, wo zugleich ein Restaurations- und Konzertgebäude vorgesehen war. An höchster Stelle des Geländes gelegen, sollte von der Terrasse der Restauration ein Überblick über den Garten möglich sein. Für die Ausgestaltung des Parkinnern wünschten sich die Stadtverordneten einen Fahrweg für Droschken und Privatwagen, der in Höhe des Eifelplatzes in den Park ein- und an der heutigen Vorgebirgsstraße (ehemals Brühler Straße) wieder austreten sollte. Zu den empfohlenen Einrichtungen zählten eine offene Reitbahn, eine Wiese für Kinder- und Volksspiele, ein schön gelegener Platz zur Aufstellung eines Denkmals, ein Teich von 1-1,5 ha Oberfläche mit Springstrahl und einem Schwanen- und Entenhaus. Die Wasserzufuhr in den See aus dem nahegelegenen Duffesbach und der städtischen Kanalisation sollte mittels einer kunstvoll gestalteten Quelle verschleiert werden. Sowohl die Bereitstellung einer Gärtnerwohnung mit entsprechenden Nebenbauten als auch die Nutzung der Festungsanlagen standen frei zur Disposition.

Im Rahmen des Wettbewerbs wurden 44 Entwürfe eingereicht, unter denen aufgrund einer „geometrischen Zergliederung des Geländes und ... vorwiegend regelmäßige(r) Wegführung", einer „fast vollständige(n) Verzichtleistung auf Schaffung landschaftlich schöner Bilder" eine Reihe „Architekten-Entwürfe" zu finden waren.[10] Einige von ihnen wurden zwar in die engere Auswahl gezogen. Aussicht auf Prämierung hatten sie indes nicht, wurde doch die Bauaufgabe eines Volksgartens eng mit einer landschaftlichen Gestaltungsweise in Verbindung gebracht. Erwartet wurde eine Anlage, die sich an einer Hauptachse entwickelte, bei der auf ausgedehnte Freiflächen zugunsten einer malerischen Wirkung Verzicht geleistet wurde, und deren schlanke Wegführung die Anlage nicht unnötig zerschneiden würde.[11] Zur Prämierung kamen schließlich der Entwurf des in Bockenheim tätigen Obergärtners Ernst Finken (Erster Preis) und des aus Berlin kommenden Garteningenieurs Eduard Hoppe (Zweiter Preis).[12] Keiner der beiden Entwürfe wurde jedoch umgesetzt, vielmehr wurde Kowallek beauftragt, aus beiden Entwürfen das Beste herauszunehmen und zu einem optimalen Plan zusammenzustellen. Dieses Ansinnen wies er jedoch entrüstet zurück: weder entsprächen die prämierten Pläne den an einen Volksgarten zu stellenden Bedingungen, noch sei es ihm als Gartenkünstler möglich, einen Entwurf nach fremder Vorlage zu fertigen.[13] Kowallek legte einen eigenen Entwurf vor. Da dieser im Original nicht mehr vorhanden ist, muss auf einen bei Stübben ver-

Gesamtplan des
Volksgartens, 1928
Foto: Archiv ALG

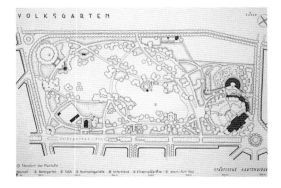

öffentlichten Nachdruck [14] sowie einen noch erhaltenen Erläuterungsbericht zurückgegriffen werden. Ein weiterer um 1890 entstandener Plan zeigt den Zustand der ausgeführten Anlage. [15] Bei aller Ähnlichkeit, die sich beim flüchtigen Vergleich mit den Konkurrenzplänen zeigt, wirkt der Plan Kowalleks gerade dort überzeugend, wo er Unterschiede zu den Entwürfen Finkens und Hoppes aufweist. Ähnlich wie in diesen beiden Entwürfen ist die Geländegliederung bei Kowallek entsprechend der topografischen Vorbedingungen in der Diagonalen des Gartens entwickelt, wirkt jedoch in der Binnengliederung großzügiger und damit beruhigter. Deutlich zeigt sich dies an der Reduktion auf lediglich zwei dominante Freiflächen – den See auf der einen und der anschließenden Spielwiese auf der anderen Seite. Das Erschließungssystem des Gartens ist im Gegensatz zu den Entwürfen von Finken und Hoppe durch den im Randbereich entlanggeführten Rundweg als in sich geschlossen und von der Terrassenanlage unabhängig gestaltet. Sein Ausgangspunkt liegt sogar unterhalb der Terrasse, wo er von dem Fahrweg tangiert wird. Entgegen den Vorgaben der Stadterweiterungsdeputation ist er, in der Absicht, ein Umfahren des Gartens zu ermöglichen, quer durch diesen hindurch verlegt, die Volksgarten- und Wallstraße verbindend. In dem weiteren Verlauf des Hauptweges führen Nebenwege in den Binnenbereich des Gartens, kreuzen diesen oder werden wieder in ihn zurückgeführt. Bezeichnend für die Linienführung der Wege ist ihre Bewegungsrichtung, die insbesondere im Vergleich zu dem Plan Hoppes stringenter und zielgerichteter den Garten erschließen. Unabhängig von der Struktur des Geländes wirken sie in ihrer Dynamik allein zu dem Zweck geschaffen, die Besucher nicht erst zu zwingen, „die schönen Punkte des Parks zu suchen, sondern (sie) den schlanken Wegezügen folgend zu allen sehenswerten Punkten" hinzuführen. [16] Mit Blick auf den wenige Jahre später entworfenen Stadtwald ist diese Form der Geländegliederung für Kowallek charakteristisch und weist voraus auf die nachfolgende Gartenkunstepoche, in der verschiedene Punkte des Gartens durch großzügige Wegführung miteinander verbunden wurden.

Am 18. November 1887 bewilligte die Stadtverordnetenversammlung den von Kowallek erarbeiteten Plan und die angesetzte Bausumme von 483 000 Mark. Die Arbeiten am Volksgarten konnten am 1.12.1887 beginnen. [17] Abgesehen von dem ohnehin höher gelegenen nördlichen Teilabschnitt, auf dem das Fort lag und der Bau der Restauration vorgesehen war, wurde das gesamte Gelände aufgefüllt und die Randbereiche durch sanft ansteigende Dammaufschüttungen von bis zu 6,5 m dem umliegenden Straßenniveau angeglichen. Gegen Ende des Jahres 1888 waren die Geländearbeiten abgeschlossen [18] und die Pflanz- und Bauarbeiten im Garten so weit vorangetrieben, dass dieser bereits im Frühjahr 1889 eröffnet werden konnte.

Für die Pflanzungen wurden ca. 400 ältere Bäume aus Fortanlagen in den Volksgarten versetzt, um so dem Garten von Beginn an den Charakter einer älteren Anlage zu verleihen. Das architektonische Ausstattungsprogramm war mit dem Gondelhäuschen lediglich im Zentralbereich des Gartens fertiggestellt. Der Restaurationsbetrieb wurde hingegen bis zur Eröffnung der Hauptrestauration im Jahre 1891 (seine

Spielplatz im Volksgarten
1994
Foto: J. Bauer

Parkrestaurant
Entwurf von H. Weyer
und F. C. Heimann
Zustand um 1903
*Postkarte: Sammlung
H. Herrmann*

endgültige Fertigstellung erfolgte 1894) in einem Provisorium aufgenommen.[19] Eine zweite Restauration wurde 1890 in dem Fort eingerichtet. Schließlich kam es noch zur Errichtung des endgültigen Musikpavillons und eines offenen Unterstandes in Verbindung mit der Reitbahn. Während Kowallek seit 1888 auf dem Gelände der ehemaligen Lünette III wohnte und hier auch seine Wirtschaftsgebäude eingerichtet waren, erhielt der Gartenaufseher 1898 im westlichen Randbereich des Gartens ein kleines Wohnhaus.[20]

Der Volksgarten hat bis in die heutige Zeit keine einschneidenden Strukturveränderungen erfahren. Wohl aber wird sich bei einem beschreibenden Rundgang durch den Garten zeigen, dass wirkungsästhetisch relevante Gartenpartien trotz umfangreicher Restaurierungsmaßnahmen in den 1980er-Jahren verloren bzw. durch Eingriffe der Nachkriegszeit zerstört sind.

Die Bilderwelt des Kölner Volksgartens

Den Auftakt für einen Besuch des Volksgartens bildete die am Eifelplatz gelegene, dem Stil der Renaissance verpflichtete Restauration. Sie ging auf die Planentwürfe des damaligen Stadtbaumeisters Hermann Weyer zurück und wurde durch dessen Nachfolger F. C. Heimann erst 1894 aufgrund notwendig gewordener Umbaumaßnahmen im Innenbereich fertiggestellt.[21] An der rückwärtigen Front des Gebäudes leitete eine dreistufige Terrassenanlage in den Garten über. Mit dieser Konzeption, die im ersten Entwurf Kowalleks nicht vorhanden war, wollte die Stadterweiterungsdeputation jedem Besucher einen freien Blick in den tiefer liegenden Garten gewähren.[22] Die über die gesamte Fläche unregelmäßig gesetzten Linden boten ein reges Spiel aus Licht und Schatten. Mit der in die Tiefe des Gartens ausgerichteten Sichtachse zog Kowallek ein Element landschaftlicher Gestaltung auf die architektonische Platzanlage hinauf. Gleichsam wie im Gegenzug wurde der gesamte Restaurationsbereich mittels der breit ausladenden Treppenanlage in den Garten eingebunden und gestalterisch aufgewertet.

Gegen das westlich angrenzende Gelände des Forts wurde die Terrasse auf ihrem untersten Absatz mit einem offenen Musikpavillon abgegrenzt. War von Kowallek an dieser Stelle zuvor ein freier Übergang zum Fort und in den Garten projektiert, kanalisierte nun die Treppenanlage den weiteren Rezeptionsverlauf des Besuchers. Sie führte ihn hinab in den Garten zu jenem Kreuzungspunkt, an dem der Fahrweg mit dem um die Terrasse gelegten Promenadenweg, über den noch heute wie damals ein unmittelbarer Eintritt in den Garten möglich ist, zusammentrafen. Hier eröffnete sich allen Besuchern gleichermaßen ein Blick in den Garten, der die Regeln malerischer Landschaftsgartengestaltung zu erkennen gab. Strauchwerk und in Kübeln eingelassene Zierpflanzen verschleierten die Sicht auf den linken Uferverlauf. Auf der gegenüberliegenden Seite fiel der Blick auf das Gondelhäuschen, das sich kulissenartig in den Mittelgrund des Prospektes schob. Ursprünglich als funktionsneutrale Staffage geplant, wurde in ihm ein dritter Getränkeausschank für Wasser und Bier eingerichtet sowie ab 1889 ein Bootsverleih betrieben. Der Entwurf des Gondelhäuschens geht auf den unter Hermann Weyer zwischen 1887-89 als Assistent arbeitenden Felix Genzmer zurück.[23]

Mit der tiefenräumlichen Staffelung des Gartenprospektes sollte im Sinne landschaftlicher Gartengestaltung der Betrachter über die tatsächlichen Raumverhältnisse getäuscht, der Garten illusionistisch erweitert werden. Gleichzeitig war ihm durch geschickt gewählte Anpflanzungen der Moment der Überraschung im weiteren Verlauf seines Weges gewiss, so wie es die als Gebirgsbach mit kleineren Wasserfällen ausgeformte Szenerie gleich zu Beginn des Rundweges anzeigt. Als Quelle gedacht, ergießt sich

Oben: Terrassenanlage des Parkrestaurants, 1891
Abb.: RBA

Links: Anzeige des Parkrestaurants, 1892
Aus: Klara Eyll: In Kölner Adressbüchern geblättert. 1978, S.103

der Bach über die von Kowallek als „Schlucht" bezeichnete Felsformation unterhalb der Felsenbrücke in den See.[24] In der Brücke war die Pumpstation zur Speisung der Quelle und des inmitten des Weihers ca. 25 m hoch aufsteigenden Springstrahls untergebracht. Die aus Muschelkalkstein auf Ziegelmauerwerk künstlich ausgeformten Felsen waren ein Werk des Grottenbauers Peter Baum, der in Köln bereits durch seine Arbeiten für die Gartenbauausstellung in der Flora, die Grünanlage auf dem Sachsenring und eine Felsanlage im Zoologischen Garten bekannt war.[25] Vielerlei angesiedelte Stauden und Gebirgssträucher verstärkten die Assoziation einer Gebirgslandschaft. Wenige Schritte später erreicht man den Felsgarten. Seine konvex in den See ausschwingende und von einer steinernen Balustrade begrenzte Aussichtsterrasse trug ein geometrisches Blumenbeet. In dem architektonischen Gartenelement der Aussichtsterrasse findet die städtische Kultur in Verlängerung der Hardenfußstraße einen exponierten Abschluss in der „Natur" des Gartens, die ihrerseits wiederum eine Aufwertung ihrer naturhaften Wirkung in der Kombination von „Natur" und „Kunst" erfährt.[26] Die Aussichtsterrasse gab dem Besucher den Blick frei auf das jenseits des Sees gelegene Gartenpanorama, in dem das Gondelhäuschen zum zentral gelegenen Kristallisationspunkt der pittoresken Szene erhoben wurde. Diese Rolle übernahm es ebenfalls von der über eine hölzerne Brücke zu erreichenden Insel. Ein kleiner, mit hölzernem Gitter umfriedeter und von Bäumen beschatteter Platz auf der Insel lud zum Verweilen ein. Hatte man zuvor noch einen weit gefächerten Blick über den See genossen, begrenzten nun die rahmend gesetzten Bäume den Blick auf einen eng inszenierten Bildausschnitt.

Als letzte Station des Rundgangs erreichte der Besucher den Rosengarten am Fort, der durch dichte Anpflanzungen gegen den landschaftlichen Binnenbereich abgegrenzt ist. Nach der Beschreibung Kowalleks differenzierte sich der Rosengarten in zwei verschiedene Segmente. Der höher gelegene Bereich war dem Kernwerk im Sinne eines „pleasure-ground" vorgelagert. Jung beschreibt es als ein „liebliches Fleckchen Erde ..., geweiht der duftigen, farben-

See mit Gondelhäuschen Blick auf das Parkrestaurant, um 1910
Postkarte: HAStK

2. Landschaftsgärten für Köln – Adolf Kowallek

Links: Aussichtsterrasse am See, um 1890
Foto: RBA

Rechts: Fortanlage mit vorgelagertem Rosengarten, um 1990
Foto: ALG

schönen Blumenkönigin Rose ... Auf dem großen Mittelstück erhebt sich aus dem Rasen eine Gruppe starker Musa Ensete (Bananengewächse), an welche sich kleinere Gruppen von Caladium, Canna und anderen dekorativen Blattpflanzen anschließen. Die hochstämmigen Rosen sind auf verschiedenen Feldern durch Festons von Clematis miteinander verbunden"[27] und wechselten mit niedrig wachsenden Sorten ab. Dem Zeitgeschmack folgend, säumten sie die Ränder der Beete, wodurch sie aus nächster Nähe betrachtet werden konnten.

Das zweite Segment des Rosengartens erstreckte sich innerhalb des tiefer gelegenen Wallgrabens und sollte zur „Erinnerung an seine frühere Bestimmung" an seinen Mauern „mit blühenden Schlinggewächsen sowie allerhand Bäumen und Sträuchern"[28] bepflanzt werden. Verwirklicht wurde schließlich eine symmetrische Anpflanzung kegel- bzw. kugelförmig geschnittener Gehölze. Abgeschlossen durch ein Tor aus Lattenwerk erhielt der Wallgraben das Ansehen eines barocken „Ruhegartens".[29]

Das Kernwerk wurde zu einer Restauration mit Milch- und Bierwirtschaft umgebaut, mit der die ärmere Bevölkerungsschicht angesprochen werden sollte.[30] Zu diesem Zweck wurden eine Pergola auf der Plattform errichtet und die beiden Treppentürme erhöht, von wo aus ein Blick über den Garten und die Stadt zu genießen war. Über den ihm zugeordneten Rosengarten, die kostbarste Form eines Zierbeetes, erfuhr der Bau eine Nobilitierung und vermittelte den Anschein eines verkleinerten, mittelalterlicher Burgenromantik verpflichteten Schlossbaus des 19. Jahrhunderts.

Der Kölner Volksgarten galt bereits den Zeitgenossen als „Schulbeispiel" deutscher Gartenkunst des 19. Jahrhunderts.[31] Besonderen Anklang fanden die malerischen Szenen, der Abwechslungsreichtum der Gehölzpflanzungen und nicht zuletzt der Teich mit seiner Fontäne und dem Wasserfall, der nach Hoffmann „zu den gelungensten landschaftlichen Bildern im Park" gehörte.[32] Der malerische Wert des Volkgartens wurde aber selbst zu jener Zeit gewürdigt, als im Zuge der Reformbewegung zu Beginn des 20. Jahrhunderts die Gartenkunst einer architektonischen Formensprache folgte. Kritik am Volksgarten richtete sich in erster Linie auf ein die Bedürfnisse der unteren Bevölkerungsschichten missachtendes Nutzungsprogramm zugunsten eines großbürgerlichen Repräsentationswillens.

Um dem Volksgarten jedoch vor dem Hintergrund dieser Kritik in seiner Bewertung gerecht zu werden, bedarf es der Trennung verschiedener Anspruchshorizonte. Auf der einen Seite stand die Stadterweiterungsdeputation, die ihr Interesse an einer repräsentativen Aufwertung des Volksgartens anhand mehrerer Aspekte durchgesetzt hatte. Einer ist mit der Restauration und dessen wirkungsästhetischer Anbindung an den Garten bereits erläutert. Ein anderer ergibt sich aus der städtebaulichen Einbindung des Gartens. Nach Festlegung seines Bauplatzes war für das Quartier zwischen Eifel-, Lothringer und Volksgartenstraße eine offene Bebauung vorgeschrieben worden.[33] Das so entstandene Villengebiet wurde mittels Alleen und beidseitig der Straßen angelegten Vorgärten im Sinne einer parkbezogenen Bebauung gestalterisch an den Volksgarten angebunden. Der sich daraus konstituierende Eindruck der einseitigen Inanspruchnahme des Volksgartens seitens der hier wohnhaften, gehobenen Bevölkerungsschicht konnte nicht ausbleiben.

Abzuheben von den Ansprüchen der Stadterweiterungsdeputation sind die im Garten selbst zum Ausdruck kommenden Ideen und die daraus ableitbaren Intentionen Kowalleks. Das Bestreben der Deputation nach repräsentativer Aufwertung des Volksgartens über die Restauration und ihrer gewichtigen Einbindung in den Garten anhand der Treppenanlage hat Kowallek durch strukturelle und gestalterische Elemente zu verschleiern vermocht. Die Restauration

Felsenbrücke aus Ziegelmauerwerk mit Muschelkalksteinverkleidung, um 1890
Foto: RBA

sollte weder für den Eintritt in den Garten noch für den weiteren Rezeptionsprozess innerhalb der entwickelten Anlage eine gewichtige Rolle spielen – ein Umstand, der dem Volksgarten auch nach dem Abriss des Bauwerks in den 1950er-Jahren zugute kommt. Das Hauptinteresse Kowalleks lag auf der bildhaften Inszenierung des Volksgartens mit den Mitteln malerischer Landschaftsgartenkunst. Kristallisationspunkt der von verschiedenen Standpunkten aus erlebbaren Gartenbilder bildete das Gondelhäuschen, das mit der überhängenden Trauerweide einen melancholischen Charakter verliehen bekommen hatte.

Die Absicht, den Volksgarten formal-ästhetisch im Sinne klassischer Landschaftsgärten zu gestalten, hatte mehrere Konsequenzen. Sie wirkte sich aus auf die Bepflanzung, den Aspekt der Umfriedung und der Berücksichtigung des Nutzungsprogramms hinsichtlich geforderter Spielmöglichkeiten. In den theoretischen Auseinandersetzungen über die pflanzliche Ausgestaltung von Volksgärten wurden eher robuste und damit heimische Pflanzen favorisiert.[34] Der Kölner Volksgarten zeichnete sich hingegen durch einen faszinierenden Artenreichtum aus. Das Grundgerüst der Anpflanzungen bildeten die noch in der heutigen Anlage anzutreffenden Platanen, Rosskastanien, Ahorn, Buchen und Eichen. In wechselnder Zusammenstellung wurden sie vornehmlich um die Wegkreuzungen gruppiert. Ihr eher steifer Habitus wird aufgelockert durch die in geringerer Zahl in den Bestand eingestreuten Linden, Eschen, Birken und Ulmen, denen der Eindruck der Leichtigkeit und Zierlichkeit anhaftet. Als dekorative Besonderheiten wurden in exponierter Lage auf den Wiesenflächen und in Ufernähe exotische Arten eingebracht, zu denen die Magnolie, der Amberbaum, die Parrotie, die Robinie, die Zerr-Eiche, die Sumpfzypresse, der Schnurbaum, die Schwarznuss und, in größerer Zahl vertreten, die Flügelnuss gehören. Die „landschaftlich wirkungsvollen Baumgruppen" dienten weder der Darstellung bestimmter geografischer Vegetationszonen, wie sie Kowallek im Humboldthain kennen gelernt hatte, noch der Widerspiegelung heimischer Naturräume, die Encke nur wenige Jahre später im Klettenbergpark suggerierte. Leitgedanke Kowalleks war der einer malerischen Gartenkunst. Ob seiner Ausdehnung und eingepasst in die Grenzen eines Stadtquartiers, ist der Volksgarten dabei weniger Assoziationsmittler von „Natur" als vielmehr von dessen ästhetisierter Form, dem Landschaftsgarten.

Wie sehr Kowallek den Volksgarten im Sinne eines Gesamtkunstwerks wertschätzte, verdeutlicht nicht zuletzt die von ihm initiierte Umfriedung des Gartens mit einem zwei Meter hohen Gitter. Damit wurde nicht nur eine Schutzfunktion vor mutwilligen Zerstörungen wahrgenommen;[35] die Alternative einer Abzäunung einzelner Rasenflächen hätte zu einem Verlust der bildästhetischen Gesamtwirkung des Gartens geführt.

Diese Gesamtwirkung überhaupt erst zu verwirklichen scheint der Grund für den verhaltenen Umgang mit geometrischen Platzstrukturen als Stätten sportlicher und spielerischer Betätigung zu sein. Scheinbar ungeachtet der ihm bekannten Volksgartenprojekte Meyers in Berlin verbannte Kowallek die geometrischen Anlagen des Reitplatzes und eines Spielplatzes in die Randbereiche des Gartens. Die von den Stadtverordneten eingeforderte Spielwiese hingegen projektierte er auf die zentrale Freifläche und ließ sie damit im ästhetischen Gesamtkonzept des Gartens aufgehen. Freigegeben wurde die Spielwiese indes erst durch die Intervention Enckes zu einer Zeit, als die Aufgabe öffentlichen Grüns einer neuen Bestimmung überführt und nicht mehr länger auf die Schaffung ästhetischer Gartenbilder fokussiert war.

Festzuhalten ist, dass der Auftrag, der dem Landschaftsgarten im 18. Jahrhundert zugeschrieben war, noch am Ende des 19. Jahrhunderts für die Anlage

2. Landschaftsgärten für Köln – Adolf Kowallek

Volksgarten aus der Vogelperspektive, 1886
Aquarell von J. Scheiner
(Ausschnitt)
*Aus: Denkmalpflege Köln IV,
Vista Point Verlag*

eines Volksgarten ernst genommen wurde. Es war der Glaube an die bildende Wirkung eines Landschaftsgartens als Stellvertreter von Natur. Ein Gartenerlebnis konnte so „zu einem subjektiven Akt der menschlichen Erkenntnis werden."[36] Kowallek stellt heraus, dass der „Park dem Publikum nicht zur Erholung dienen, sondern auch bildend auf das Gemüth wirken soll".[37]

Inwieweit dieses Ansinnen die Besucher des Volksgartens nachzuempfinden vermochten, sei dahingestellt. Auch lassen die Angaben Jungs erkennen, dass der Garten nicht allein Vergnügungsstätte der Bewohner des angrenzenden Villenviertels war, denn „der Volksgarten (war) einer der beliebtesten und meistbesuchtesten Vergnügungsplätze des Kölner Publikums, an schönen Sonntagen zählt der Garten oft 30 000 Besucher und mehr. Eine große Anziehungskraft übt der Teich mit seiner zur Nachenfahrt einladenden Wasserfläche aus; an Wintertagen ist die Eisbahn von tausenden von Schlittschuhläufern besucht."[38]

1 Stadtarchiv Nürnberg, Akte G7/GR Nr. 11182, 16. Okt. 1882
2 ebd.
3 ebd.
4 Stadtarchiv Nürnberg, Akte Cz/1 Nr 39192, Zeugnis vom 5.6.1887
5 Stadtarchiv Nürnberg, Akte G7/I GR, Nr. 11182, 16. Okt. 1882
6 Stadtverordnetenversammlung vom 17. Februar 1887
7 Hist. Archiv der Stadt Köln, Verwaltungsbericht 1886/1887, S. 139
8 Stübben, J.: Öffentliche Gärten und Pflanzungen. In: Köln und seine Bauten. Festschrift zur VIII. Wanderversammlung des Verbandes deutscher Architekten- und Ingenieurvereine in Köln. Köln 1888, S. 330
9 Stadtverordnetenversammlung vom 31. März 1887
10 Möllers Deutsche Gartenzeitung, 1887, S. 352
11 ebd., S. 352
12 ebd., S. 353-355
13 Kowallek, A.: Erläuterungsbericht. Hist. Archiv d. Stadt Köln, Abt. 36/38, Bd. II, Nr. 90
14 Stübben, J., a.a.O., S. 331, Fig. 187
15 Rheinisches Bildarchiv der Stadt Köln, Nr. 143713
16 Kowallek. A., a.a.O.
17 Hist. Archiv d. Stadt Köln: Abt. 36/38, Bd. I, Nr.100
18 Hist. Archiv d. Stadt Köln: Abt. 36/38, Bd. I, Nr. 27, 38 und 68
19 Stadtverordnetenversammlung vom 20. Dez.1894
20 Stadtverordnetenversammlung vom 9. Dez.1898; Hist. Archiv d. Stadt Köln, Akte Hochbauamt H2
21 Stadtverordnetenversammlung vom 20. Dez.1894
22 Stadtverordnetenversammlung vom 20. Nov.1890
23 Hist. Archiv d. Stadt Köln, Abt. 36/38, Bd. I, Nr.124, 129 a-d; Schabe, P.: Das architektonische Früh- und Hauptwerk von Felix Genzmer, Diss. 1994, S. 27
24 Kowallek, A., a.a.O.
25 Hist. Archiv d. Stadt Köln, Abt. 36/38, Bd. I, Nr. 84 u. Nr. 91
26 Meyer, G.: Lehrbuch der schönen Gartenkunst, Berlin (2) 1873, Sp. 158
27 Jung, H. R.: Der Volksgarten zu Köln am Rhein. In: Die Gartenwelt, Bd.14, 1898, S.164
28 Kowallek, A., a.a.O.
29 Meynen, H.: Zur Geschichte und Charakteristik des Volksgartens. In: Landschaftsverband Rheinland, Rheinisches Amt für Denkmalpflege (Hrsg.): Denkmalpflege im Rheinland, Jg. 9, Heft 2, 1992, S. 55
30 Hist. Archiv d. Stadt Köln: Abt. 36/38, Bd. I, Nr. 119
31 Heicke, C.: 40. Jahresversammlung der Deutschen Gesellschaft für Gartenkunst. In: Die Gartenkunst, Bd. 40, 1927, S.169
32 Hoffmann, A.: Hygienische und soziale Betätigung der deutschen Städte auf dem Gebiet des Gartenbaus. Im Auftrag des Vorstandes der Internationalen Kunstausstellung und großen Gartenbauausstellung Düsseldorf. Düsseldorf 1904, S.152
33 Kier, H.: Die Kölner Neustadt – Planung, Entstehung, Nutzung. Düsseldorf 1978, S. 82
34 Meyer, G., a.a.O., Sp.146
35 Kowallek, A., a.a.O.
36 Herzog, G.: Hubert Robert und das Bild im Garten. Worms 1989, S.129
37 Kowallek, A., a.a.O.
38 Jung, H. R., a.a.O., S.164

Stammheimer Schlosspark

Henriette Meynen

Den Stammheimer Schlosspark, einst Teil des von Freiherr Frank Egon von Fürstenberg 1818 erworbenen mittelalterlichen Ritterguts, kaufte die Stadt Köln Ende der 1920er-Jahre. Nach dem Zweiten Weltkrieg wurde er von den Bayer-Werken verwaltet, bis ihn 1983 die Stadt Köln schließlich wieder übernahm. Ältester Teil des Parks ist die bereits 1822 angelegte Lindenallee, die aufgrund umfangreicher Schäden nach 1980 völlig neu gepflanzt wurde. Diese Lindenallee, die früher auf das im Zweiten Weltkrieg zerstörte Schloss zuführte, sowie der zwischen 1828 und 1832 angelegte Park sind von dem königlichen Gartenbauinspektor Maximilian Friedrich Weyhe entworfen worden. 50 Personen waren 1829-1832 mit der Anlage des Gartens, dem Bau des verzweigten Wegenetzes und der Anpflanzung von 600 Bäumen und 500 Sträuchern beschäftigt. In seiner Parkbeschreibung aus dem Jahre 1951 weist Löhr auf den vielseitigen „Reichtum von Gehölzgattungen: Ahorn, Akazien, Trompetenbaum, Ulmen, Eschen, Sumach, Eßkastanien ... Christusdorn, Zürgelbaum, Tulpenbaum, japanische Magnolie ... Maulbeerbaum, amerikanische Weideneiche, verschiedene Wildrosen" hin, eine Zusammenstellung, die auf „einen hervorragenden Gehölzkenner" deute.[1] Die Pflanzen stammen aus dem „Kgl. Forst- und Thiergarten zu Cleve", ein weiterer Teil aus Düsseldorf und Bonn sowie aus dem damaligen Botanischen Garten an der Maximinenstraße. Den Weyhe'schen Plan kennzeichnen geschwungene „Brezelwege", zwei kleine Rondells, ein erhöhter südlich gelegener Aussichtsstandort, eine parallel zum Rhein verlaufende Allee, die zum Schloss führte, und ein Diagonalweg vom Parktor südlich der Kirche zur Schlossanlage. Die Lindenallee mit diesen beiden Hauptwegen gliederte den Park in zwei annähernd dreieckige, im Landschaftsstil gehaltene Parkteile. Vor dem Schloss lag die obligatorische regelmäßige Gartenpartie. „Der Glanzpunkt des Parks ist seine Rheinaussicht. Im Rücken den Schatten vielhundertjähriger Baumriesen und vor dem Auge den silbern im Sonnenschein flutenden Strom."[2] „Es muß in der Glanzzeit des Parkes, ich denke etwa 1860-80, so um die Zeit der Domvollendung, ein herrliches Bild gewesen sein, von dem erhöht verlaufenden Rundweg in der Nähe der alten Kirche in den Park hinein, oder von dem in Ost-West-Richtung jetzt an der Mauer verlaufenden Randweg das den ganzen westlichen Horizont jenseits des Stromes beherrschenden Bild des fernen Domes in sich aufzunehmen, von Weyhe klug vorausschauend schon 1831 ein 5 m breiter Streifen des Hochufers abgetrieben und damals scheint man die jetzige Lindenreihe am Rheinufer gepflanzt zu haben."[3] Durch Besitzerwechsel, Kriegsereignisse etc. ist im Laufe des 20. Jahrhunderts nicht nur das Schloss mit seinem vorgelagerten Ziergarten, sondern auch die Wegeführung zu Teilen und manch ein Gehölz verloren gegangen. Durch Neupflanzungen vor allem von Roteichen sind heute einige Blickachsen Weyhes verschwunden.

Der Eingang zum Stammheimer Schlosspark, Postkarte um 1957
Foto: Archiv Stadtkonservator

---

1 Löhr, Th.: Der Schloßpark in Stammheim. In: Alt-Köln, 5. 1951, S. 28
2 Zeitungsbericht, zitiert nach: 75 Jahre Pfarre St. Mariä Geburt, 1984, S. 73
3 Löhr, Th., a.a.O., S. 32

STADTGARTEN

Henriette Meynen

Lageplan des Stadtgartens mit Grundriss der Stadterweiterung und ehemaliger Fortanlage, um 1883
Quelle: HAStK

Restaurant und Biergarten im Stadtgarten, um 1905
Postkarte: HAStK

Der Stadtgarten, der älteste noch erhaltene Kölner Park, geht auf die Initiative der „Commission für öffentliche Anlagen und Verschönerungen der Stadt" zurück. In der Sitzung des Stadtrats vom 29.5.1826 betonte der damalige Oberbürgermeister Steinberger den „allgemein beklagten Mangel an öffentlichen Anlagen" in Köln. Auf Empfehlung des Verschönerungsvereins kaufte die Stadt am 18.12.1826 von der Festungsbehörde das so genannte Ziegelfeld, ein 11 ha großes, außerhalb der Umwallung liegendes Gelände, das an den Bischofsweg und die Venloer Straße angrenzte. In den beiden darauf folgenden Jahren legte Jakob Greiß eine 3 ha große Parkanlage mit westlich angrenzender, 8 ha großer Baumschule an. Die Parkanlage war anfangs mehr ein „Blumengarten mit wenigen Wegen"[1] und vermutlich einigen Platanen, Lärchen, Kiefern und Kastanien.[2]

Von 1827 bis 1837 unterhielt und bewirtschaftete die Stadt den Garten und die Baumschule, die sie am 2.9.1839 der königlichen Regierung zur „temporären Benutzung als Central-Baumschule für die Regierungsbezirke Köln, Aachen und Düsseldorf" übertrug. „Die Baumschule genoß einen ausgezeichneten Ruf, insbesondere die Rosenzucht war über die Stadtgrenzen hinaus bekannt."[3] Die privatwirtschaftliche Konkurrenz führte in den 1850er-Jahren zu Einnahmeverlusten bei der Baumschule, sodass ihr Areal 1864-1866 in eine Gartenanlage mit Waldcharakter umgewandelt wurde. Diese Veränderung plante und beaufsichtigte der damalige Stadtgärtner Anton Strauß. Kurz zuvor, im Jahre 1857, waren bereits seltene Bäume aus dem früheren Botanischen Garten an der Maximinenstraße, der dem Bau des Hauptbahnhofs weichen musste, in den Stadtgarten umgesetzt worden. Der öffentliche Parkteil wurde nun von Strauß zu einer Schmuck- und Zieranlage umgestaltet. 1866-1867 errichtete Stadtbaumeister Raschdorff hier ein Restaurationsgebäude in Fachwerkbauweise. Gleichzeitig wurde das vorhandene alte Oekonomiegebäude renoviert, erhielt einen Aufbau und war nunmehr Wohnung des Stadtgärtners.

1882 musste die Stadt 2 ha und 72 Ar an die Militärbehörde zur Herstellung der damaligen Umwallung abtreten und 1889 einen ähnlich großen Teil an die Eisenbahnverwaltung für die neue Führung der Eisenbahnlinie parallel zur Umwallung. Der knapp 6 ha große verbliebene Parkteil, der nunmehr in der seit 1881 entstandenen Neustadt lag, wurde von Kowallek 1888-1890 neu gestaltet. Er gab Straußens sehr kleinteilige Gliederung auf, auch wenn die geschwungene Wegeführung weiterhin prägend blieb. Ein Spielplatz für Kinder mit Brunnen und Spieltischen kam hinzu. Der Park selbst wurde damals zu den Straßen (Süden und Osten) hin durch ein eisernes Gitter, zu den Baugrundstücken im Norden durch eine Mauer und zum Eisenbahnwall im Westen durch eine Hecke abgegrenzt.[4] Die Anzahl der Parkeingänge wurde von drei auf fünf erhöht.

Blick in den Stadtgarten
Foto: J. Bauer, 1998

Eine Obergärtnerwohnung wurde im östlichen Parkbereich an der Spichernstraße errichtet. 1890 wurde ein neues Restaurationsgebäude mit anliegendem Gartenplatz erstellt. Schon von Beginn seines Bestehens an war der Stadtgarten bei den Kölnern sehr beliebt. In der Literatur wird der Stadtgarten jeweils entsprechend gepriesen, so beispielsweise im Stadtanzeiger vom 16.8.1896 als „Gartenanlage mit schönen landschaftlichen Bildern". In der Zeitschrift Gartenwelt von 1906 wird die Verwendung von Stauden im Stadtgarten als „mustergültig" herausgestellt. Weiter heißt es hier: „die großen Farngruppen unter den Bäumen, die malerische Anordnung schattenliebender Stauden, die buntblühenden Stauden vor den Gehölzgruppen, wie prächtig das alles ist." [5] Encke bemerkt 1908: „So ist der Stadtgarten durch seinen alten Baumbestand gekennzeichnet, unter welchem sich glatt geschorener üppiger Rasen ausbreitet. Ebenso zeichnet ihn das Bestreben aus, den zahlreichen auf kleinem Raume zusammengedrängten Besuchern eine reiche Auswahl schön belaubter oder blütenprächtiger Kräuter zu zeigen und so durch Reichhaltigkeit an Pflanzenschätzen die geringe Ausdehnung zu ersetzen." [6] In einem Führer von 1911 heißt es: „Wie herrlich lässt es sich hier auf wohl gepflegten Wegen unter alten, teils seltenen Bäumen mit breitästigen Kronen lustwandeln oder auf den Bänken ausruhen! Dort steht eine Platane, die zwei Männer kaum umspannen können, hier duftet ein Lindenbaum; eine Paulownie breitet ihre großen Blätter schirmförmig aus; ja sogar der in China und Japan heimische Gingko biloba, der den Übergang zwischen Laub- und Nadelholz bildet, ist hier vertreten." [7]

Entwurfsplan von A. Kowallek zur Umgestaltung des Stadtgartens 1888
Quelle: HAStK

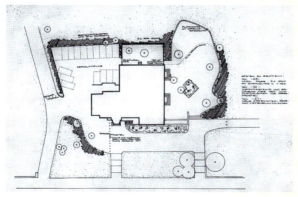

Umgestaltung der Außenanlagen der Gartenrestauration. Entwurf: Gartenverwaltung 1961
Foto: Archiv ALG

Skizze von A. Strauss (21.12.1885) zur Ausgestaltung des Bahndammes im Stadtgarten. Ausschnitt aus einem Brief an die Königliche Eisenbahndirektion
Quelle: HAStK

1 Kölner Tageblatt vom 24.3.1926
2 Kölner Stadtanzeiger vom 16.8.1896
3 Bieger, H.: Das Finanzwesen der Stadt Köln. Köln 1968, S. 75
4 Hist. Archiv der Stadt Köln, Verwaltungsbericht 1887/88, S.155
5 Gartenwelt, Jg. 10, 1906, S. 564
6 Encke, F.: Die öffentlichen Anlagen. In: Naturwissenschaft und Gesundheitswesen in Cöln, 1908, S. 138
7 Klinker, W.: Heimatkunde des Stadtkreises Cöln, 1911, S. 62-63

RINGANLAGEN

Henriette Meynen

Hahnentor, um 1900
Postkarte
Foto: Archiv Stadtkonservator

Die städtebauliche Gestalt der Kölner Ringstraße ist Teil der Neustadtplanung von Hermann Josef Stübben. Die gärtnerischen Entwürfe der ersten der zehn Ringabschnitte fertigte Anton Strauß, die weiteren ab 1888 Adolf Kowallek. 1901 waren die Ringanlagen mit ihren sehr unterschiedlich gehaltenen Teilstücken fertiggestellt. Die relativ großräumigen, dekorativ gehaltenen Grünbereiche des Ubier-, Sachsen-, Kaiser-Wilhelm- und Deutschen Rings (Theodor-Heuss-Ring) wurden durch einzelne Straßenabschnitte, die mit zwei bis drei Baumreihen bepflanzt waren, zu einem durchgehenden geschmückten Grünzug verbunden.

Der dekorative Charakter der Ringanlagen wurde u. a. durch Blumenschmuck, Festons zwischen den Bäumen (Rankpflanzen, die sich an zwischen Bäumen aufgehängten Drähten entlangrankten) sowie durch Brunnen und Standbilder betont. Bereichert wurde die Ringstraße durch in die Abfolge eingepasste dekorativ bepflanzte Plätze (z. B. heutiger Ebertplatz, Barbarossaplatz) oder anliegende platzartige, ebenfalls begrünte Straßenerweiterungen vor mittelalterlichen Torburgen oder Kirchen. Bereits 1898 wird die Kölner Ringstraße als eine der „schönsten der Welt" bezeichnet, „da sie, obwohl als einheitlicher Straßenzug gehalten, doch nicht in gleicher Breite und Profilierung durchgeführt ist. Ihre 10, alle in sich verschiedenen Strecken haben in wechselnder Breite (zwischen 32 und 130 m) eine Gesamtlänge von 5 930 m."[1]

Vom einstigen Schmuckreichtum der Ringstraße berichtet folgender Artikel des Kölner Stadtanzeigers vom 7.9.1907: „Beginnt man den Spaziergang am Frankenwerft und geht rheinabwärts die schöne Rheinuferstraße entlang, so erreicht man bald den Deutschen Ring. Seit der Baumbestand, der als Hintergrund des Denkmals des Kaisers Friedrich gepflanzt wurde, zu ziemlicher Höhe aufgewachsen ist, wirkt das Reiterstandbild erheblich plastischer als früher. Wir schreiten hinter dem Denkmal auf schön gepflegten Wegen weiter; zu beiden Seiten zeigen sich uns schön entwickelte Rasenpartien und herrliche Ziersträucher, Nadelhölzer und sonderbar geformte Dornengewächse, dazwischen Akazien. Vorwiegend ist aber die Eiche vertreten, die nicht nur die inneren, sondern auch die äußeren Wege einfasst. Nach Passieren der vorgenannten Anlage erreicht man einen still und tief gelegenen Weiher, der von kräftigen und hohen Weidenbäumen, Akazien usw. eingefasst ist. Bald darauf zeigt sich das große Wasserbassin mit dem Springbrunnen. Das Bassin ist von kräftig blühenden Pflanzen eingefasst, unter denen vorwiegend weiß blühender Flox auffällt, der hochaufgeschossen seine Blütendolden zeigt; auch etwas violett blühender Flox ist eingestreut verwandt. Dazwischen sind Blattpflanzen, Sonnenblumen, sogar einige auf den Rheinwiesen heimische Blumenarten geschickt verteilt. Rabatten, die mit grellrot blühendem Salve bepflanzt sind, schließen sich an das Bassin an. Links und rechts des Bassins zeigt sich frischgrüner Rasen mit Rabatten, die mit Begonien, Löwenmaul und Georginen bepflanzt

Deutscher Ring (Ebertplatz), 1899
Foto: RBA

sind, deren Einfassung aus mattgrünen oder silberfarbigen Zwergblattpflanzen besteht; günstig zur Aufstellung gebrachte Lorbeerbäume tragen ebenfalls viel zur Verschönerung der Anlage bei.

Nachdem man den Deutschen Ring verlassen hat, schreitet man auf dem Hansaring unter den noch kräftiges grünes Laub zeigenden Platanen auf schattigem Wege weiter, nach kurzer Zeit links eine Rasenlandschaft erblickend. Blumenschmuck ist hier nicht vertreten, aber geschickt angelegte Gehölzgruppen verfehlen auch hier ihre Wirkung nicht. Interessantes bietet diese Anlage insofern, als sie sich nach Osten zu an einen Überrest der alten Kölner Stadtbefestigung anschließt. Ein Halbturm, ein Stück Stadtmauer und ein Teil Wallgraben zeigen sich in ihrer alten Verfassung, für jeden Kölner, der das alte Köln nicht mehr gesehen, und für jeden Fremden gewiss ein interessantes Bild. Es zeigt, wie eng die Stadt bis zur ersten Stadterweiterung Jahrhunderte lang eingeschnürt war.

Wieder die Allee auf dem Hansaring benutzend, erreicht man bald den Kaiser-Wilhelm-Ring. Vorerst erblicken wir das Kaiser-Wilhelm-Denkmal, dessen Sockel auf einer mit dunklem Moos und Lattichpflanzen bewachsenen Felspartie aufgebaut ist. Das das Denkmal umgebende Wasserbassin ist von einem sehr anheimelnden Blumenarrangement eingefasst, das man in seiner Eigenart in der Neuzeit selten mehr in städtischen Anlagen findet. Außer verschiedenen Lilienarten, schilfartigen Gewächsen und weißgrün gestreiften Gräsern sind allerhand Blumen vertreten, die man bis in die sechziger Jahre zurück in den meisten Hausgärten vorfand, z. B. Malve, Mohn, blauer und roter Fingerhut, Kasper, Rittersporn, Kamille, Nelke, Fette Henne, kleine Sonnenblume, sogenannte Studentenblume, Brennende Liebe, weiße und blaue Gebirgs-Herbstastern usw. Die Fortsetzung der Anlage am Denkmal bildet eine von Buchsbaumkugeln flankierte Rasenanlage. Eine größere Rasenanlage, die zu beiden Seiten von einer Lindenallee eingefasst ist, bildet die Fortsetzung des Kaiser-Wilhelm-Ringes. Von Reben gebildete Girlanden ziehen sich von Baum zu Baum. Eine mit Efeu bepflanzte sanfte Böschung begrenzt die etwas tiefer als die Promenade gelegene Rasenanlage. Herrliche Rabatten und Medaillons treten mit ihrer Blumenpracht freundlich aus dem saftigen Grün hervor. Die Ecken der beiden gleichmäßig gehaltenen Rasenpartien, die durch das Kaiserin-Augusta-Denkmal unterbrochen sind, nehmen plattgehaltene Buchsbaum-Pyramiden ein. Den Glanzpunkt auf dem südlichen Teile des Kaiser-Wilhelm-Ringes bildet das Kaiserin-Augusta-Denkmal: Das Marmor-Monument ist von einem sanft aufstrebenden Rondell umgeben, das mit hell

Kaiser-Wilhelm-Ring, um 1901
Postkarte: HAStK

Das Denkmal der Kaiserin Augusta am Kaiser-Wilhelm-Ring, um 1900
Postkarte: Sammlung E. Martin

Barbarossaplatz, um 1900
Foto: Archiv Stadtkonservator

und dunkel blühenden Begonien bepflanzt ist, zu dessen Einfassung rostbraune und hellgrüne Blattpflanzen benutzt wurden.

Nach kurzer Wanderung über den Hohenzollenring, dessen Ulmenallee schon etwas licht geworden ist, zeigt sich uns auf der linken Seite das bis fast zur halben Höhe mit Efeu bewachsene Hahnentor; vor ihm ist eine von allerhand Gehölz, wie Akazien, Tannen, Hartriegel usw. eingefasste Rasenpartie angelegt worden, die nach dem Ring zu mit einem Blumenrondell abschließt. Nur wenige Schritte weiter erblickt man gegenüber dem Opernhaus zehn sehr schön ausgeführte, mit grellroten Geranien besetzte Rabatten, die besonders deshalb sich dem Beschauer wirksam zeigen, da sie von keinem Baumbestand umgeben sind. Von hier aus unter einer noch gut belaubten Platanenallee über den Habsburgerring nach dem Hohenstaufenring gelangend, dessen Kastanienbäume schon zum größten Teil ihren Blätterschmuck verloren haben, erreicht man die schöne Anlage an der Herz-Jesu-Kirche. Der Pflanzenschmuck, der den der Ringstraße zu gelegenen Chor der Kirche umgibt, erregt die Bewunderung aller nicht achtlos Vorübergehenden. Im Vordergrund, an der Stelle, wo an der Kirche die Christusfigur angebracht ist, strahlt alles im schönsten Blumenflor, alle Arten sind wie achtlos durcheinander dicht zusammen angepflanzt, dahinter eine etwas erhöhte Rabatte mit Begonien und hochstämmigen blassroten Fuchsien. Der übrige Teil ist mit Blattpflanzen, Taxus, Lebensbaum usw. besetzt. Aus allem diesem Strauchwerk ragen hohe Palmen aller Art hervor, an den leergebliebenen Flächen hat man eine hellblaue Lilienart angebracht, die eine harmonische Wirkung erzielt. Nur wenige Schritte, und eine hochstrahlende Fontaine zeigt uns den Barbarossaplatz. Das Bassin der Fontaine ist mit Efeu eingefasst, eine Blumendekoration schaut man dieses Jahr da nicht. Ein Versuch dazu scheint gemacht worden zu sein, das Angepflanzte sieht aber sehr kläglich aus.

Schreitet man weiter auf dem Salierring, der zwar keine Anlagen aufweist, so wird man doch entschädigt durch die herrliche Dekoration der Balkone und Vorgärten, die stellenweise wirklich großartig genannt werden kann. Hat man den Salierring hinter sich, so betritt man den Sachsenring: wohl die schönste und größte Anlage der Neustadt. Gleich beim Betreten des Sachsenrings hört der aufmerksame Beobachter das Murmeln einer Quelle, die er bald aus einem künstlichen Felsen hervorspringend entdeckt. Dieser Quell speist einen kleinen mit Goldfischen belebten Teich, in dessen Mitte eine kleine Fontaine – ein wasserspeiender Kranich – für etwas Abwechslung sorgt. Die Pestpflanze mit ihren großen, auf langen Stielen sitzenden Blättern säumt die Ufer des Teiches ein. Die anliegenden Rasenflächen sind mit hohen Weidenbäumen, Birken, stellenweise auch mit Rhododendron besetzt. Der herrlichen Lindenallee, die seinerzeit aus dem alten Festungsterrain für die Neustadt gerettet wurde, zuschreitend, gelangt man bald an einen Rest der alten Umwallung – ähnlich der am Hansaring –, nur hat dieser Rest für die kölnische Geschichte eine sehr große Bedeutung. Ein Weg längs der alten Stadtmauer führt zu einem offenen Pfeilerbogen der Mauer. Dieser Bogen, die Ulrepforte, ist wieder freigelegt worden zur Erinnerung an die Zeit früherer Jahrhunderte, als Feinde der freien Stadt Köln einen Bewohner des neben dem Bo-

Hahnentor und Rudolfplatz, um 1900
Foto: RBA

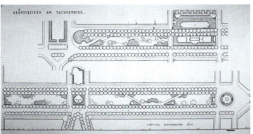

gen liegenden Halbturms gewonnen hatten, diesen jetzt sich offen zeigenden Bogen freizulegen, um durch diesen von außen zur Nachtzeit in die Stadt einzudringen. Der nächtliche Überfall gelang zwar, aber die Feinde wurden nach schweren Kämpfen wieder zurückgedrängt. Viele edle Herren blieben auf dem Schlachtfeld. Ein neben dem Durchbruch an der Mauer angebrachtes, in der Neuzeit wieder aufgefrischtes Steinbild, das Ulredenkmal, zeigt uns die Kämpfe der betreffenden Nacht. Das Bild musste mit einem Drahtnetz überzogen werden, um es vor Verstümmelung zu schützen. Den schattigen Weg weiterschreitend, den Blick etwas nach rechts wendend, zeigt sich abermals eine herrliche Anlage vor der noch im Rohbau begriffenen Pauluskirche. Hier hat die Gärtnerkunst auch etwas Schönes geschaffen. Rondells mit Rosen, Begonien, Fuchsien, Geranien wechseln mit pyramidenförmig geschnittenen Taxussträuchern ab, zwei große Lebensbäume ragen über das Ganze hoch hinaus. Der Blumen- und Gartenfreund ist überwältigt von all dem Schönen, das mit dieser Anlage geboten wird. Doch weiter in der Wanderung. Es ist noch viel Herrliches zu schauen!

Den Sachsenring wieder betretend, an schönen Baumpartien, Kinderspielplätzen und saftigem Wiesenplan vorüber nach dem Karolingerring und von kräftigen Platanen beschattetem Wege zum Chlodwigplatz. Vorher sei aber noch der an beiden Seiten der Anlagen des Sachsenringes erbauten Villen mit deren Vorgärten gedacht, die sich gegenseitig, was Blumenfülle und Blattpflanzenschmuck anbelangt, überbieten. Der Chlodwigplatz, im Hintergrunde das altehrwürdige Severinsthor, bietet in seinem Blumenflor etwas dort nie Gesehenes. Rund um die Anlage führen reichbesetzte Rabatten. Die Namen aller dort zur Verwendung gekommenen Blumen zu nennen, würde zuviel Raum einnehmen. Die nach dem Tor zu angebrachte Rosette zeigt auf ihrer Mitte eine schön entwickelte Anpflanzung von Geranien, ebenso die dem Ring zu angelegte. Die Mittelrosette, die

Rechts: Sachsenring, um 1900
Abb.: Stadtkonservator

Links: Lageplan des Sachsenrings, um 1910
Foto: Archiv ALG

Grünanlagen auf dem Chlodwigplatz um 1900, im Hintergrund das Severinstor
Postkarte: HAStK

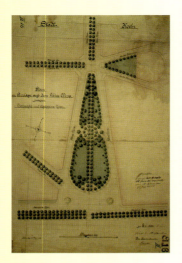

Entwurf A. Kowalleks für den Ubierring 1899
Quelle: HAStK

höher liegt, ist mit kräftigen Blattpflanzen besetzt. Eine mit noch recht kräftigem Blätterschmuck versehene Ulmen-Allee führt den Ubierring entlang, der sich dem Rhein zuwendet und den Schluss der Wanderung bildet. Bis zu einem Drittel ist kein Platz für Anlagen, aber je mehr sie sich dem Rhein nähern, desto breiter sind sie angelegt. Wer noch den alten Platz gekannt hat, auf dem der Ubierring angelegt wurde, sieht mit Staunen die üppige Vegetation, die sich dort, wo sonst nur Baumaterial lagerte, entwickelt. Die letzten zwei Drittel des Ubierringes sind zu einer Schmuckanlage ersten Ranges geworden. Breite Rasenflächen, besetzt mit allerhand Gehölzgruppen, nach der Ulmen-Allee zu mit Efeu- und Immergrün eingefaßt, und je mehr man sich dem Rhein nähert, zu beiden Seiten der rechts- und linksseitigen Anlagen herrlicher Rosenflor, wie man ihn sich im Juni nicht schöner denken kann.

Also, wollt Ihr wandern, versucht es einmal, bereuen wird es keiner. Dem städtischen Gartenbaudirektor und dessen Mitarbeitern werdet Ihr ein uneingeschränktes Lob für ihre Bemühungen um die Verschönerung der Stadt aussprechen müssen."

Während der 1920er- und 30er-Jahre nahm der Schmuckreichtum der Anlagen ab. Die Festons beispielsweise am Kaiser-Wilhelm-Ring wurden entfernt und die Blumenbeete nicht mehr so reichhaltig bepflanzt. Im Zweiten Weltkrieg wurden die Grün- und Platzanlagen sowie der Baumbestand auf den Ringen sehr stark zerstört oder zum Teil auch gänzlich beseitigt. Im Rahmen der nach dem Krieg einsetzenden Aufräum- und Wiederherstellungsmaßnahmen wurden fast alle Anlagen umgestaltet. Die Gründe hierfür liegen zum einen in einer

Kaiser-Wilhelm-Ring 1887
Foto: RBA

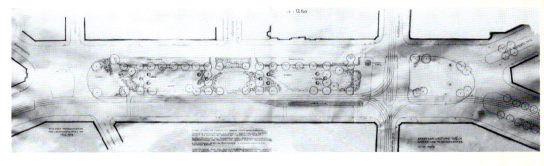
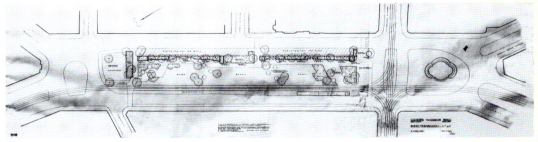

Gestaltungspläne für den Kaiser-Wilhelm-Ring aus den Jahren 1945 (oben), 1953 (Mitte), 1964 (unten)
Foto: Stadtkonservator

neuen stadt- und grüngestalterischen Auffassung, zum anderen aber vornehmlich in der wachsenden Bedeutung des Straßenverkehrs. Die ersten Instandsetzungsarbeiten von Grünanlagen überhaupt begannen schon 1945 am Kaiser-Wilhelm-Ring direkt vor dem Allianzgebäude, das als provisorisches Rathaus eingerichtet war. Kurze Zeit später wurden am Hansaplatz ein Mahnmal für die Opfer des nationalsozialistischen Regimes geschaffen und die Anlagen am Sachsenring wiederhergestellt.[2]

Mit der Neugestaltung einzelner Abschnitte konnte erst Mitte der 1950er-Jahre begonnen werden.[3] Im Zuge dieser Maßnahmen wurde der Brunnen auf dem Ebertplatz wiederhergestellt und der von der Toto-Gesellschaft gestiftete Fischbrunnen an der Clever Straße aufgestellt. Aufgrund des Ausbaues des Hansaringes musste eine Baumreihe des erhalten gebliebenen alten Baumbestandes zwischen Ebertplatz und Kaiser-Wilhelm-Ring gefällt werden.

Auch die Grünanlage auf dem Kaiser-Wilhelm-Ring wurde in dieser Zeit neu gestaltet. Die Anlage hatte

Kriegsschäden am Kaiser-Wilhelm-Ring, 1943/44
Foto: RBA

Ringanlagen

Links:
Kaiser-Wilhelm-Ring
Aus: T. Feldenkirchen.
Freundschaft mit Köln

Rechts:
Kaiser-Wilhelm-Ring 1956
Aus: *„Garten und Landschaft"*, Heft 12, 1956, S. 344

zuvor nur wenige Veränderungen erfahren. So war im nördlichen Teil 1887 zunächst ein städtisches Kaffeehaus errichtet worden, das 1897 dem Kaiser-Wilhelm-Denkmal wich und in den Römerpark versetzt wurde. Der schon projektierte und genehmigte Springbrunnen wurde nach der definitiven Planung des Kaiser-Wilhelm-Denkmals „mit Wasserkünsten" 1892 aufgegeben und an seiner Stelle ein Blumenbeet angelegt. 1903 wurde hierhin, durchaus in Stübbens Konzept passend, das Denkmal der Kaiserin Augusta gestellt. Ein „Stilbruch" war dagegen die Aufstellung des Vater-Rhein-Brunnens, der für den Hansaplatz in direkter Anlehnung an die alte Stadtmauer entworfen worden war, 1922 aber am Südende des Kaiser-Wilhelm-Ringes aufgestellt wurde. Im Jahre 1938 gab es erste Überlegungen, die gesamte Anlage neu zu gestalten. Der damals angefertigte Entwurf sah vor, dass die abgerundeten Abschlüsse der lang gestreckten Grünanlage rechtwinklig ausgeführt werden. Anstelle der zur Innenstadt gelegenen Allee war nur noch eine Baumreihe vorgesehen. Die symmetrische Einteilung der Anlage in eine kleine zentral gelegene Fläche und zwei größere daran anschließende blieb jedoch erhalten.

1945 wurde aufbauend auf dieser Planung ein neuer Entwurf erarbeitet, der im Rahmen der durchgeführten Instandsetzungsarbeiten jedoch nur in reduzierter Weise umgesetzt wurde. Die mittlere Grünanlage wurde nunmehr beidseitig nur noch von jeweils einer Baumreihe eingefasst.

Anfang der 1950er-Jahre war der 1945 instand gesetzte Brunnen vor dem Allianzgebäude sanierungsbedürftig. Die für eine Wiederherstellung notwendigen Kosten führten zu der Überlegung, die gesamte Anlage des Kaiser-Wilhelm-Rings neu zu gestalten und einen „gartenbaulichen Akzent" zu setzen.[4] Der erste Entwurf aus dem Jahre 1953 sah eine völlige Überplanung der vorhandenen Anlage vor. Anstelle der symmetrischen Aufteilung der Anlage in drei Teilflächen wurde diese nun als eine zusammenhängende Fläche ausgebildet. Geschwungene Wege sowie die Auflösung der Baumreihen sollten der Gartenanlage einen landschaftlichen Charakter verleihen. Dieser Entwurf wurde jedoch verworfen und an seiner Stelle der Entwurf einer asymmetrischen Anlage mit eckiger Formgebung umgesetzt. Zur stadtauswärtigen Seite blieb eine Baumreihe bestehen, Hochbeete schützten hier die Erholungsuchenden vor dem Verkehr. Zur Stadtinnenseite öffnete sich die Anlage. Die Wege wurden vornehmlich im Bereich der Hochbeete entlang gelegt. Rosenbeete, farbig ge-

Springbrunnen und Pflastermuster auf dem Kaiser-Wilhelm-Ring 1956
Aus: „Garten und Landschaft", Heft 12, 1956, S. 342

musterte Wege- und Platzbereiche sowie 12 kleine Springbrunnen belebten die Anlage. Nach Aussagen von Schönbohm wurde die neu geschaffene Anlage weit über Köln hinaus beachtet und gelobt.[5] Bis Mitte der 1980er-Jahre blieb diese Grünanlage bestehen. Der geplante Bau der U-Bahn unter dem Ring machte die Neuplanung des gesamten Abschnittes zwischen Ebertplatz und Zülpicher Platz erforderlich. Den für die Gestaltung der Ringe ausgeschriebenen Wettbewerb gewann die Architektengemeinschaft van Dorp und Schmid/Hansjakob. Nach diesen Plänen wurde 1987 auch der Kaiser-Wilhelm-Ring erneut umgestaltet. Eine veränderte Verkehrsführung erlaubte nun den Ausbau eines großzügigen Grün- und Fußgängerbereichs, der in Anlehnung an die ursprünglichen Gestaltungsmerkmale mit Wasserbecken und Schmuckpflanzungen ausgestattet wurde.[6] Im Zuge des Baus der U-Bahn und einer Tiefgarage musste eine Platanenreihe vollständig entfernt werden, insgesamt wurden jedoch 80 Bäume neu gepflanzt. Trotz der großen technischen Schwierigkeiten, die durch die Anlage der Wasserflächen als auch der meisten Baumpflanzungen auf dem Dach der Tiefgarage bedingt waren, konnte die rund 10 000 qm große Anlage mit Gesamtkosten von ca. 3 722 000 DM rechtzeitig fertiggestellt werden.

Mit einem großen „Ringfest" im September 1988 wurde der Kaiser-Wilhelm-Ring der Öffentlichkeit übergeben. Mit der neuen Grünanlage verfügt Köln nunmehr über einen urbanen Boulevard von großer Attraktivität.

1 Algermissen, J. L.: Neuester Kölner Führer. 9. Aufl. 1898, S. 131
2 vgl. Verwaltungsbericht der Stadt Köln 1945/47
3 vgl. Verwaltungsbericht der Stadt Köln 1955/56
4 vgl. Verwaltungsbericht der Stadt Köln 1958/59
5 vgl. Schönbohm, K.: Köln: Grünanlagen 1945-1975. Stadtspuren - Denkmäler in Köln. Stadt Köln (Hrsg.) Band 16, Köln 1988
6 vgl. Verwaltungsbericht der Stadt Köln 1985 und 1987

Links: Kaiser-Wilhelm-Ring, um 1988
Foto: ALG

Übersichtsplan der heutigen Anlage
Zeichnung um 1988/89
Quelle: Stadtplanungsamt Köln

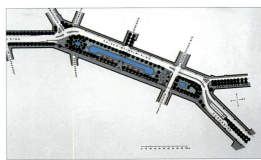

Kölnische Rundschau vom 6.3.1985

● Um vier Uhr am Dienstag begann die Räumung der besetzten Grünanlage am Kaiser-Wilhelm-Ring, ein Großeinsatz für die Polizei. Für die wenigen Demonstranten kam die Aktion überraschend (Foto oben).

● Zehn Stunden später fiel der letzte schwarz beflaggte Ast der 13 Bäume (rechts). Neun Besetzer hatte die Polizei zuvor von den Platanen abseilen müssen: Sie leisteten keinen Widerstand.

Polizei holte Besetzer von den Bäumen

Kaiser-Wilhelm-Ring: U-Bahn-Bau beginnt

Die Stadt ist dunkel und menschenleer, als Schutzpolizeidirektor Heinz Stork um vier Uhr den Einsatzbefehl gibt. „Kolkrabe" heißt das Stichwort für die 60 Polizisten des Spezialeinsatzkommandos (SEK). Sie springen am Kaiser-Wilhelm-Ring aus getarnten Lastwagen, stürmen blitzschnell, fast lautlos die besetzte Grünanlage — eine Sache von Sekunden. Aus dem Schatten der Häuser tauchen 400 Polizisten auf, eine dichte Reihe umringt das Camp der Demon-

SEK-Beamten dem letzten Demonstranten hinterherklettern. In zwanzig Metern Höhe kauert er auf einem dünnen Ast zwischen Himmel und Erde. Die Polizisten können nicht näher an ihn heran, es ist zu gefährlich. Ein Sprungtuch wird aufgespannt, ein Rettungswagen alarmiert.

Eine Stunde hockt der Mann in der Krone, unter ihm auf dikkeren Ästen zwei Beamte. „Verhindert, daß die Sägen kommen", schreit der Besetzer von

Ringanlagen

RATHENAUPLATZ (KÖNIGSPLATZ)

Joachim Bauer

Der heutige Rathenauplatz entstand im Zuge der ersten neuzeitlichen Stadterweiterung nach der Niederlegung der mittelalterlichen Stadtmauer.[1] Mit der Planung und Ausgestaltung des neu entstehenden Stadtgebiets wurde 1880 der Aachener Stadtbaumeister Josef Stübben beauftragt.

Stübben hatte für den Bereich zwischen der Aachener und Zülpicher Straße zunächst die Anlage eines zweiten Stadtgartens mit landschaftlichem Charakter vorgesehen[2], der dann jedoch durch Anlage des Volksgartens im südlichen Abschnitt realisiert wurde. An dem ursprünglich vorgesehenen Standort weist er stattdessen eine rechteckige Platzfläche mit einer Größe von ca. 28 000 qm aus – ein Platz, der somit größer war als der Neumarkt mit ca. 27 000 qm.[3] Nach den Vorstellungen von Stübben sollte hier ein Festplatz mit einem Königsdenkmal und einem Springbrunnen entstehen.[4] Dieser Plan wurde jedoch nicht verwirklicht, sondern es entstand nach Plänen des damaligen Gartendirektors Kowallek ein Schmuckplatz, der die Bezeichnung Königsplatz erhielt.

Im Jahre 1890 konnte mit den Erdarbeiten begonnen werden, 1891 waren die Arbeiten beendet. „Die im Vorjahre begonnene, ca. 2 Ar große Anlage auf dem Königsplatze wurde fertiggestellt und erfreute sich auch bereits eines regen Besuches. Zahlreiche Bänke bieten Gelegenheit zum Sitzen, und durch Anlage von freien Plätzen und breiten Wegen ist Raum zum Spielen und zum Ergehen geschaffen. Die von der Rheinauanlage (Anm.: Werthchen) dorthin verpflanzten älteren Bäume schlugen gut ein und gewährten schon einigermaßen Schatten."[5] Aus der Zeichnung von J. Scheiner aus dem Jahr 1896, der die Stadterweiterung in einem großen Schaubild darstellte, sowie aus Stadtplänen[6] jener Zeit lässt sich die Gestaltung des Platzes nachvollziehen als eine von großen Bäumen umstellte Fläche, an deren Kopfenden jeweils ein großes Baumrondell angeordnet war. Zwischen diesen liegt ein rechteckiger, größerer offener Bereich, der an seinen Längsseiten ebenfalls mit Bäumen eingefasst ist.

Eine fotografische Aufnahme der Synagoge an der Roonstraße aus der Zeit um 1900 zeigt Teile des Rathenauplatzes. Auf ihr ist zu erkennen, dass zwischen den Bäumen Seile gespannt waren, an denen Schlingpflanzen emporwuchsen. Aus der Aufteilung des Platzes und seiner Erschließung durch Wege kann vermutet werden, dass das Innere der Baumrondells mit mehr oder weniger farbenprächtigen Blüten- und Blattpflanzen dekoriert war, während die innere Rasenfläche von Blütensträuchern oder Stauden gesäumt war.

In den folgenden Jahren wurde der Königsplatz öfter umbenannt: von 1923 bis 1933 in Rathenauplatz, 1933 in Horst-Wessel-Platz und 1945 wieder in Rathenauplatz. Trotz der mehrfachen Namensänderungen behielt die Anlage bis nach dem Zweiten Weltkrieg nahezu ihre ursprünglichen Form bei. Der Plan aus dem Jahre 1942 belegt die von Kowallek vorgegebene Grundstruktur. Im Krieg wurde die Platzanlage jedoch so stark in Mit-

Luftaufnahme vom Rathenauplatz, um 1990
Foto: ALG

Plan des Rathenauplatzes von 1947 (links) und Zustand um 1900 (rechts) Nachzeichnung um 1985
Aus: H. Kokenge: Der Rathenauplatz (vgl. Anm. 1) S. 74

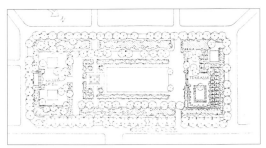
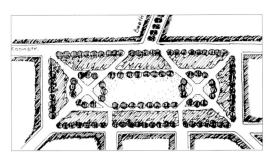

Links: Isometrie des Rathenauplatzes 1947
Foto: Archiv ALG

Rechts: Blick vom Rathenauplatz auf die Synagoge, um 1913
Aus: Köln. Ein Führer für Einheimische und Fremde. Köln 1913, S.75

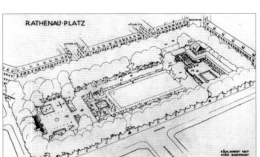

Sitzplatz mit Pergola am Transformatorenhaus. Entwurf: Gartenamt 1948
Foto: Archiv ALG

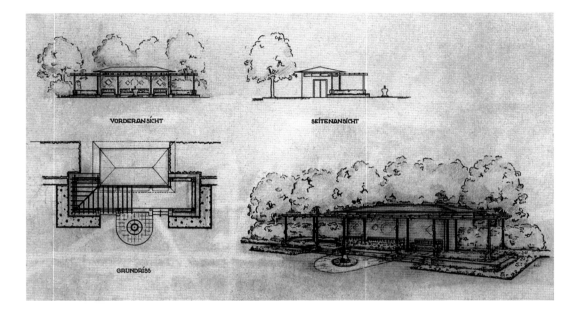

leidenschaft gezogen, dass eine Neugestaltung durchgeführt wurde. Die Schrägansicht aus dem Jahre 1947 zeigt, dass der Platz nun in drei Bereiche gegliedert wurde: einen Kinderspielplatz im Süden, einen erhöhten Terrassenplatz im Norden und eine dazwischen liegende lang gestreckte und von Blumenrabatten gesäumte Fläche, an deren südlichem Ende ein kleines, quadratisches Wasserbecken angeordnet ist. Die den Platz umgebenden Bäume wurden erhalten.

Diese Grundform hatte der Platz, abgesehen von einigen Ergänzungen wie der Errichtung eines Bolzplatzes auf der zentralen Fläche, bis in die 1990er-Jahre beibehalten. 1994 wurde der Rathenauplatz, in Anlehnung an die Nachkriegsgestaltung, mit Gesamtkosten von 700 000 DM saniert und in Teilen umgestaltet.

1 Vgl. Kokenge, H.: Der Rathenauplatz in der Kölner Neustadt. In: Freundeskreis Botanischer Garten Köln e.V. (Hrsg.): Flora Colonia, Band 2, 1985, S. 70-79
2 Kier, H.: Die Kölner Neustadt. Düsseldorf 1978
3 Stübben, J.: Der Städtebau. Darmstadt 1890
4 Kier, H., a.a.O.
5 Verwaltungsbericht der Stadt Köln 1891-1892
6 Westfehling, U. (Bearb.): Jakob und Wilhelm Scheiner. In: Borger, H./Steuer, H. (Hrsg.): Wissenschaftliche Kataloge des Kölnischen Stadtmuseums. Köln 1980; Verlag de J.G. Schmitzschen Buch- und Kunsthandlung (Hrsg.): Köln. Ein Führer und Ratgeber für Einheimische und Fremde. Köln 1913

RÖMERPARK

Henriette Meynen

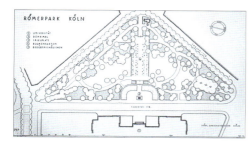

Römerpark nach der Umgestaltung durch F. Encke, um 1912
Foto: Archiv ALG

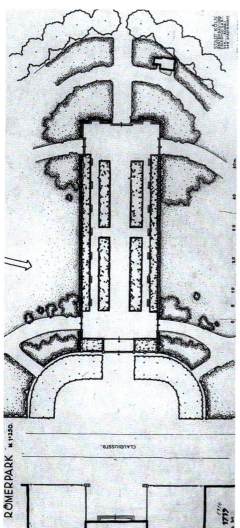

Neu gestaltete Hauptachse
Entwurf: F. Encke, um 1912
(Ausschnitt)
Foto: Archiv ALG

Der Römerpark entstand 1895-1898 auf einem zunächst zur Bebauung vorgesehenen dreieckigen Straßenblock als Ersatz für die benachbarte Rheinau-Anlage, die den Hafenbauten weichen musste. Auch flächenmäßig sollte der 2 ha und 32 Ar große Park der Rheinau-Anlage entsprechen, was rechnerisch erst durch Hinzuziehung des baumbestandenen Straßenlandes knapp möglich wurde. „Der Park selbst liegt zwischen den drei Straßen (Titus-, Trajan- und Claudiusstraße) in einer sanften Senkung und ist als ein von dichtem Grün umschlossener Garten mit inneren Spaziergängen und Ruheplätzen eingerichtet. Ein schmiedeeisernes Gitter grenzt diesen Park wie auch manch anderen öffentlichen Grünraum ab. Am Westeingange ist das Kafehaus wieder aufgestellt, das bis Ende 1896 auf dem Kaiser Wilhelm Ringe an der Stelle des heutigen Denkmals stand."[1] Dieses Restaurationshäuschen in Fachwerk ist heute allgemein unbekannt. Adolf Kowallek legte zunächst einen mehr landschaftlich gestalteten Park an, der 1912 durch Fritz Encke in eine relativ strenge symmetrische Form gebracht wurde. Aus dieser Zeit der Umgestaltung stammt auch die 1913 von den Stadtverordneten genehmigte Muschelbalustrade, die eine repräsentative Überleitung zum höher gelegenen Eingangsbereich der ehemaligen Universität, der heutigen Fachhochschule, bildet. Die auf diesem erhöhten Podest im Halbrund wohl gleichzeitig mit dem Balustradenbau gepflanzten

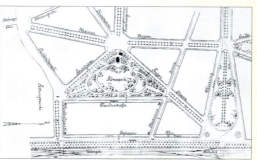

Situationsplan Römerpark
Landschaftliche Gestaltung des Parks durch A. Kowallek, um 1900
Foto: RBA

Oben: Blick über den Römerpark zur Südbrücke, 1998
Foto: J. Bauer

Rechts: Blick 1996 über die Hauptachse auf die Fachhochschule
Foto: J. Bauer

Platanen nehmen die gekurvte Balustraden- und Treppenführung auf. Von hier aus führt senkrecht, gleichsam als Mittelachse, ein breites Wegeband, einst von vier langrechteckigen Blumenbeeten, heute von Beeten mit Eiben und Rasen bepflanzt, unterbrochen, zum westlichen etwas erweiterten Platz, sodann vorbei an Sträuchern zum Hauptausgang des Parks. Von beiden Seiten der Balustrade aus führen leicht geschwungene Wege zu den nördlichen und südlichen Enden der Parkanlage.

1 Algermissen, J. L.: Neuester Kölner Führer. 9. Aufl. 1898

Blick auf die ehemalige Universität, um 1910
Foto: Archiv Stadtkonservator

Römerpark

SÜDPARK

Henriette Meynen

Der knapp 5 ha große Südpark entstand inmitten eines im offenen Ackerland gelegenen Kiefernwäldchens auf dem Gelände der Kölnischen Immobiliengesellschaft, die 1896 in ihrem Rechenschaftsbericht über die Entwicklung des Ortes Marienburg schrieb: „Wir dürfen von diesen Fortschritten eine lebhaftere Baulust und Wertsteigerung für unsere, durch hervorragend schöne und gesunde Lage begünstigte Villenvorstadt Köln-Marienburg umsomehr erwarten, als wir der Stadt Köln auf deren Wunsch ein inmitten unseres Areals gelegenes 50 000 qm großes Grundstück zur Anlage eines geschmackvollen, öffentlichen Stadtparks unentgeltlich abgetreten haben."[1] Die Stadt Köln ließ daraufhin durch Kowallek einen Park entwerfen und in den Jahren 1898-1901 für 75 300 Mark anlegen. Durch die im Bebauungsplan festgelegte Straßenführung bildete der Parkgrundriss ein Kreissegment, das durch die mitten durch den Park verlaufende Prachtstraße Marienburgs, die Goethestraße, in zwei annähernd gleich große Parkpartien geteilt wurde. Von der Goethestraße, aber auch von der Straße Am Südpark an den Straßenkreuzungen mit der Rondorfer Straße bzw. der Tiberiusstraße führen zudem leicht geschwungene Wege in den Park.

Südpark, um 1915
Postkarte: Sammlung H. Herrmann

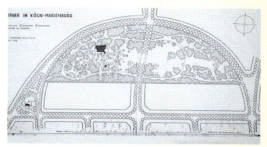

Gesamtplan der Parkanlage
Zeichnung vor 1930
Foto: Archiv ALG

Im westlichen Parkrand liegt ein größerer Spielplatz. In der Mitte des östlichen Parkteils hatte der städtische Baurat Johannes Kleefisch 1900/01 ein Restaurationsgebäude errichten lassen. Anstelle des kriegszerstörten „Südpark-Restaurants" wurde in der Nachkriegszeit ein weiterer Spielplatz angelegt. Den landschaftlich gestalteten Park kennzeichnet ein von Busch- und Baumbewuchs nach außen geschlossener Bereich mit einzelnen, offenen Binnenräumen, deren „wohltuende(s) Rasengrün dehnt sich weit in sanfter Bodenbewegung."[2] Kowallek hatte den Kiefernbestand weitgehend bestehen lassen, in den Halbschatten pflanzte er „Rhododendron in großen Mengen ... und einige andere immergrüne Gehölzarten."[3] Ein Zeitungsartikel beschreibt in schwärmerischen Worten den Pflanzenbestand folgendermaßen: „Vielarmige, weitgreifende niedrige Kiefern säumen den Weg ... Eng schmiegt sich immergrünes Strauchwerk von Stechpalme, Alpenrose, Zwergmispel, Buxus, Eibe unter das schattige Nadeldach; die roten Vogel- und Traubenholunderbeeren, der weiße schlanke Stamm einer Birke treten davor in lebhaften Farbengegensatz zum dunklen Grün."[4] Aus zeitgenössischen Berichten erfahren wir, dass der allgemein als stimmungsvoll und malerisch empfundene Südpark sehr bald nach seiner Fertigstellung bereits ein beliebtes Ziel der Kölner war.

---

1 zitiert nach Hagspiel, W.: Köln-Marienburg. Bauten und Architekten eines Villenvorortes – einschließlich der Villengebiete von Bayenthal. Stadtspuren - Denkmäler in Köln, Bd. 8/1, S. XXX
2 Kölner Stadtanzeiger vom 30. 8. 1908
3 Encke, F.: Die öffentlichen Anlagen. In: Naturwissenschaft und Gesundheitswesen in Cöln, 1908, S. 139
4 Kölner Stadtanzeiger vom 30.8 1908

STADTWALD

Joachim Bauer

Entwurf von A. Kowallek, 1895
Quelle: HAStK

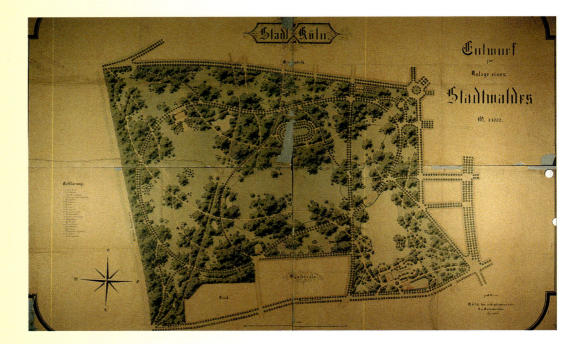

Mit der Niederlegung der Stadtmauer am Ende des 19. Jahrhunderts verschwanden auch die davor liegenden Wälle und Gräben sowie die Promenade auf dem Glacis. Der Verlust dieser Grünanlagen sollte durch die Anlage eines größeren Parks als Erholungsort für die breite Bevölkerungsschicht ausgeglichen werden. Trotz konkreter Verhandlungen lehnte die Stadtverordnetenversammlung zunächst jedoch den Ankauf geeigneter Flächen am 20.6.1890 ab. Seitens der städtischen Verwaltung wurden die Vorbereitungen zur Anlage eines Stadtwalds aber nicht unterbrochen und am 4.7.1895 genehmigte der Rat dann doch den Ankauf der erforderlichen Grundstücke in einer Größe von 105 ha.[1]

Das Gelände lag von der Altstadt ebenso weit entfernt wie der Zoologische Garten und die Flora und schloss die Gartenanlage und das Gebäude der ehemaligen Kitschburg mit ein. Über zwei Pferdebahnlinien auf der Aachener und der Dürener Straße war der geplante Stadtwald leicht zu erreichen. Bereits am Tage der Übergabe der Ländereien, dem 11.11.1895, konnte mit den Ausführungsarbeiten begonnen werden. Durchschnittlich waren etwa 80-300 Arbeiter beschäftigt.[2] Die Gesamtherstellungskosten des Stadtwaldes betrugen 2 538 501 Mark. Der von Gartendirektor Kowallek ausgearbeitete Entwurf sah zwei unterschiedliche Bereiche für die Bepflanzung vor. So wurde der stadtwärts gerichtete Teil um den großen See parkartig mit einer Vielzahl ausländischer Baumarten bepflanzt,[3] der übrige Teil dagegen als Eichen-, Buchen-, Tannen-, Kiefern- und Mischwald angelegt, um einen einheimischen Waldcharakter zu erzielen.[4] Die von den Baum- und Waldbeständen umschlossenen Wiesen waren als Nutzwiesen zur Heugewinnung angelegt. Der Bevölkerung wurde lediglich die große zentrale Volkswiese zur Nutzung überlassen. „Auf Grund der erfreulichen Erfahrungen, die bisher mit der Überlassung eines Teiles der Rasenflächen als Spielwiesen gemacht worden waren", wurden später weitere Wiesenflächen freigegeben.[5]

Luftbild vom Stadtwald
Foto: J. Bauer, 1996

Wildpark im Stadtwald
Foto: J. Bauer, 1994

Sportplätze Anfang des 20. Jahrhunderts
Aus: Verwaltungsbericht der Stadt Köln 1901-1905

Unmittelbar an das Gebäude der ehemaligen Kitschburg angrenzend wurde der große Weiher angelegt. Mit dem Aushub des Sees wurde am 9.3.1896 unter Einsatz einer Feldeisenbahn mit Dampfbetrieb begonnen. Insgesamt wurde eine Bodenmasse von 54 000 Kubikmetern bewegt. Da der Bodenaushub vornehmlich zur Auffüllung vorgefundener Ziegeleigruben benutzt werden musste, konnten mit dem gewonnenen Material keine größeren Bodenmodellierungen geschaffen werden. Die Speisung des Teiches erfolgte zunächst durch Einleitung des Frechener Baches. Da hierdurch jedoch zu viele Abwässer und Sinkstoffe eingeleitet wurden, wurde das Verfahren eingestellt und 1899 eine Pumpstation errichtet. „Diese wurde zugleich in solchem Umfange geplant, dass sie einen kräftigen Springstrahl im großen Teiche von etwa 150 cbm stündlichem Wasserverbrauch betreiben kann. Zur Belebung des landschaftlichen Bildes wird diese Anlage jedenfalls wesentlich beitragen."[6] Neben dem großen Weiher wurde ein kleinerer See in der Nähe der Waldschänke angelegt. Auf beiden Teichen war ein Kahnbetrieb eingerichtet. Im Jahre 1920 wurden beide Seen durch einen Kanal miteinander verbunden, um hierdurch die Möglichkeiten für den Eissport zu verbessern.[7]

Feste Einrichtungen zur Ausübung von Sport waren von Anfang an in dem Konzept von Kowallek vorgesehen. Im nördlichen Bereich zur Friedrich-Schmidt-Straße lagen eine Reitbahn sowie ein Sportplatz mit einer Radreigenbahn, einer Radfahrbahn von 400 m Länge sowie 11 Tennisplätze mit den dazugehörigen Umkleidehäuschen. In der ehemaligen Villa der Kitschburg wurde eine viel besuchte Restauration mit einer Terrasse und Restaurationsplatz von ca. 8 000 qm eingerichtet. Darüber hinaus eröffnete man am 1.5.1898 „tief im Wald, auf dem tiefer liegenden Teil der Volkswiese ... eine gegen nördliche und westliche Winde geschützte Waldschänke".[8]

Die Anlage des Stadtwalds weit außerhalb der bebauten Stadt war für Köln ein bedeutendes Ereignis. Erstmals wurde ein großes und zusammenhängendes Waldareal geschaffen, das gleichzeitig ein umfangreiches Angebot an Erholungseinrichtungen für alle Schichten der Bevölkerung beinhaltete. Der damalige Obergärtner Jung drückte die Bedeutung des neuen Stadtwalds wie folgt aus: „Wenn nach Jahren einmal der Wald herangewachsen und Tausenden nach des Tages Last und Mühe Waldesschatten, Erholung und Erquickung biete, dann tragen jene 2 1/2 Millionen, welche heute die Gesamtanlage kostet, in ästhetischer, hygienischer und sozialer Beziehung der Stadt unzählbare Zinsen, dann wird die Großstadt mit ihren Hunderttausenden, sich aus Zimmerdunst und staubigem Straßengewirre nach frischer, freier Luft sehnenden Lungen erst des Waldes Wert ermessen."[9] Für Jung war der Stadtwald „ein Werk, genial ersonnen und zweckentsprechend in allen Tei-

Links oben: Blick über den Stadtwaldweiher, um 1995
Foto: J. Bauer
Rechts oben: Stadtwald-Schänke und Stadtwald-grundriss, um 1910
Postkarte: Archiv Stadtkonservator

len gelöst". Auch Kurt Schönbohm stimmt diesem Urteil bei. Für ihn vergrößerte die Anlage des Stadtwalds den Ruhm des Gartendirektors Kowallek, den dieser sich schon durch die Errichtung des Volksgartens erworben hatte. Im Protokoll der Ratssitzungen vom Jahre 1896 war bereits festgehalten worden: „Herr Kowallek habe bei der Ausführung der Anlage eine ... glänzende Dispositionsfähigkeit bewiesen und alle Maßregeln mit einer solchen Sicherheit getroffen." [10]

In den Jahren nach der Jahrhundertwende wurde der Stadtwald nur in geringem Maße verändert. So wurde 1908 ein Wald- und Wiesengelände von etwa 8 ha inmitten des Walds umfriedet und darin ein Wildgehege für Dam- und Rehwild eingerichtet. [11] Im Zweiten Weltkrieg wurde der Wildpark geschlossen und erst 1951 auf Drängen der Bevölkerung mit dem Einsatz von Damwild (1 Spießer und 3 Muttertiere) wieder eröffnet. [12] Er hat bis heute Bestand. Ungefähr zeitgleich mit der Einrichtung des Wildparks wurde 1909 auf der Rasenfläche hinter der Waldschänke ein Planschweiher gebaut. Dieser erste Kölner Wasserspielplatz erfreute sich, wie der damalige Gartendirektor Encke feststellte, von Anfang an „einer großen, ja leider zu großen Beliebtheit" und galt, da er im Gegensatz zu Amerika in Deutschland eine noch höchst seltene Einrichtung war, als „Sehenswürdigkeit".

Mit der von Encke durchgeführten Stadtwalderweiterung in den Jahren 1919-1924 wurden auch in der Anlage Kowalleks Veränderungen vorgenommen. Dennoch blieb der Stadtwald in seinem Charakter und mit seinen vielfältigen Baumarten erhalten. Kurt Schönbohm hat 1964 den dendrologisch interessanten Baumbestand des Stadtwaldes in dem Büchlein „Rund um den Stadtwaldweiher – Ein Brevier für Spaziergänger" eindrucksvoll dokumentiert.

Stadtwald, Blick in einen Teil des ehemaligen Gutsparks
Aus: F. Encke: Die Grünanlagen der Stadt Köln, 1926, S. 29

1 Verwaltungsbericht der Stadt Köln 1891-1900
2 Verwaltungsbericht der Stadt Köln 1897
3 vgl. Schönbohm, K.: Rund um den Kölner Stadtwaldweiher. 1964; vgl. auch Deutsche Dendrologische Gesellschaft (Hrsg.): Mitteilungen der Deutschen Dendrologischen Gesellschaft 1933. Jahresversammlung in Köln. Auflistung von Gehölzarten im Stadtwald Köln, S. 460-461
4 Jung, H. R.: Der Stadtwald zu Köln. Zeitschrift für Gartenbau und Gartenkunst. 14. Jg., 1896, S. 313-316, S. 319-320, S. 325-326
5 Ratssitzung 1900: zitiert von A. Praßer im Rahmen eines Vortrages anlässlich der 3. Sitzung der Arbeitsgruppe „Biotopkartierung im besiedelten Bereich" am 22. / 23.09.1981 in Köln und Bonn. Unveröffentlichtes Manuskript
6 Verwaltungsbericht der Stadt Köln 1899, S.177
7 Verwaltungsbericht der Stadt Köln 1919
8 Jung, H. R.: Der Stadtwald zu Köln, a.a.O., S. 319
9 ebd., S. 326
10 vgl. Protokoll der Ratssitzungen vom Jahre 1896. Abschrift Amt für Landschaftspflege und Grünflächen
11 Verwaltungsbericht der Stadt Köln 1908
12 Verwaltungsbericht der Stadt Köln 1950/51

GREMBERGER WÄLDCHEN

Henriette Meynen

Das Gremberger Wäldchen, ein ältere etwa „72 ha große Waldparzelle", enthielt „früher in achtzehnjährigem Umlauf abgetriebenen Niederwald mit einem Schirmstand alter Eichen und Buchen".[1] Im Jahre 1899 kaufte die Stadt Köln den Wald vom Forstfiskus, einschließlich des Forsthauses und des dazugehörigen Oekonomiegebäudes (dem Gremberger Hof) für 400 000 Mark, „beim Ankauf befand sich der Wald in einem vollständig ungeregelten Zustande ... Das Unterholz des Waldes, bestehend aus Stockausschlag von Linden, Hainbuchen und Eichen, war zu einem wirren Dickicht verwachsen, über welches sich die Laubkronen uralter, prächtiger Eichen und Buchen breiteten."[2] Im Spätherbst 1901 erhielt der Obergärtner Hermann Robert Jung den Auftrag „zur Instandsetzung und Aufschliessung des Waldes ... Galt es hier den vorhandenen Waldcharakter in jeder Weise zu wahren, durch vorsichtige Ausholzung neue landschaftliche Schönheit zu erschliessen und vor allem durch Anpflanzung geeigneter Nadelhölzer dem Laubwalde wirkungsvolle Abwechslung zu verleihen. Demnach wurde minderwertiges oder unterdrücktes Unterholz auf Stockausschlag gehauen, an dessen Stelle traten in möglichst hainartiger Anordnung Anpflanzungen von Birken, Lärchen, Kiefern, Fichten, Tannen, Douglas-Tannen, Sittka-Fichten, Weymouths-Kiefern usw."[3] Nach Anlage eines dichten Wegenetzes, der Aufstellung einiger Bänke, der Anstellung eines Försters sowie der Errichtung eines neuen Försterhauses im Jahre 1912 und dem Betrieb einer Gastwirtschaft im Forsthaus wurde das Gremberger Wäldchen zum Ausflugsziel zahlreicher Kölner. Seinen besonderen Reiz entwickelte der gelichtete Waldpark im Frühjahr. „Da gucken allerlei Kräuter neugierig aus dem Waldboden hervor. Das lieblichste dieser Frühjahrskinder ist das Windbuschröschen. Zu Tausenden und Abertausenden erblühen sie ... Sternchen an Sternchen leuchtet und blinkt aus der Laubdecke heraus."[4] Im Zuge des Ausbaues der rechtsrheinischen Autobahn Anfang der 1970er-Jahre wurde das Wäldchen in seiner Mitte von dem östlichen Autobahnzubringer durchschnitten und erhielt als Ausgleich im Osten eine Erweiterung um das bereits bewaldete Zwischenwerk IXb.

Frühlingsblüte der Buschwindröschen, um 1995
Foto: J. Bauer

Forsthaus im Gremberger Wäldchen, um 1916
Postkarte: HAStK

1 Encke, F.: Die öffentlichen Anlagen. In: Naturwissenschaft und Gesundheitswesen in Cöln, 1908, S. 137
2 Jung, H. R.: Der Stadtwald Gremberg bei Köln a. Rh. In: Die Gartenwelt, Jg. 7, 1903, S. 182
3 ebd.
4 Kölner Stadtanzeiger v. 25.7.1908

Botanische Gärten

Carmen Kohls

Lageplan des Botanischen Gartens am Dom.
Ausschnitt aus: Plan von Thiriart 1815, Archiv Stadtkonservator

Der Botanische Garten am Dom

Das wissenschaftliche Interesse an der Botanik hat in Köln eine lange Tradition. Bereits im Mittelalter beschäftigte sich der Dominikaner Albertus Magnus intensiv mit der Botanik. Mit seinen naturwissenschaftlichen Erkenntnissen über die „Blumentreiberei" und seinem „Rezept für einen Lustgarten" war er bahnbrechend in Europa. Für seinen Lustgarten sah er eine Rasenfläche vor, die durch Bäume und Weinreben zur Sonnenseite hin geschützt wird. In der Mitte war eine in Stein gefasste Quelle vorgesehen. Rasenbänke, seitlich mit Blumen bepflanzt, sollten den Übergang zum dazugehörigen Kräuter- und Blumengarten bilden.[1] 1530 legte Johannes Echt, Professor für Botanik an der medizinischen Fakultät der Universität Köln, einen botanischen Garten zwischen Zeughausstraße und Gereonstraße an, den Professor Wallraf fortführte, bis 1798 die Universität aufgelöst und Wallraf durch die französische Regierung abgesetzt wurde.[2] Vielleicht war dieser Garten der erste seiner Art in Europa; der Botanische Garten in Padua wurde erst drei Jahre später gegründet. Als Ersatz für die Kölner Universität eröffneten die Franzosen 1798 im ehemaligen Jesuitengymnasium an der Marzellenstraße – auf dem Gelände des heutigen Hauptbahnhofs – eine Zentralschule. Die Verwaltung oblag dem so genannten städtischen „Gymnasialschulfond".[3] Neben der Zentralschule befand sich ein Garten, der 1633 von Jesuiten angelegt worden war. Dieser wurde 1801 unter Leitung des Botanik-Professors Stoll in einen Botanischen Garten umgestaltet, denn das französische Gesetz sah vor, dass zu jeder Zentralschule ein solcher Garten gehörte. Zu bestimmten Zeiten war der Garten auch für die Öffentlichkeit zugänglich.[4] Der Eingang lag im „Hexengässchen", einer Sackgasse, die von der Trankgasse in nördliche Richtung verlief.[5] Der wissenschaftliche Botanikunterricht wurde von Professor Stoll und bis 1817 von Professor Cassel erteilt.

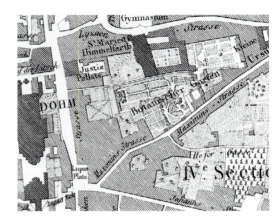

Als „wissenschaftlich gebildeter Gärtner" wurden auf Drängen Stolls erst Maximilian Friedrich Weyhe im Jahre 1801 und 1804 dann Wilhelm Anton Berkenkamp angestellt. 1802 erwirkte Stoll auch den Bau eines heizbaren Gewächshauses. 1806 erschien ein „Katalog der Pflanzen und Sträucher des botanischen Gartens zu Köln", der 3 934 im Garten kultivierte Pflanzen, nach dem Linnéschen System geordnet, aufwies.[6] 1810 wurde der Garten durch das benachbarte Areal des abgerissenen Maximenklosters und des dazugehörigen Gartens erweitert. 1816 gab Berkenkamp einen neuen Pflanzenkatalog in lateinischer Sprache mit deutschem Vorwort heraus, der gegenüber dem Ersten eine geringere Zahl an Pflanzen aufwies.[7]

Mit dem Bedeutungsverlust der naturwissenschaftlichen Fächer in preußischer Zeit und dem Weggang von Professor Cassel 1817 nahm der Unterricht an Umfang und Qualität ab, auch wenn ihn Berkenkamp noch bis zu seinem Tode 1826 fortführte. Diese Tendenz setzte sich unter Greiß fort, bis der Unterricht Ende der 1830er-Jahre ganz eingestellt wurde.[8] 1842 wurde in einem Teil des Gartens ein Mineralwasserausschank eröffnet, was dazu führte, dass sich der Botanische Garten bald danach zu einem Vergnügungsort entwickelte. „Die Anlage gliedert sich in den Oberen und Unteren Garten, zwischen denen

Oben: Der Botanische Garten auf einer Zeichnung von Lasinsky, 1852
Foto: RBA

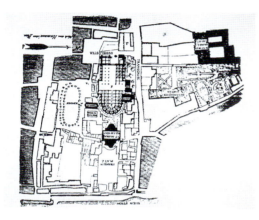

Links: Lageplan des Botanischen Gartens am Dom
Aus: H. Jung: Die Gartenanlagen am Dom zu Köln einst und jetzt. In: „Zeitschrift für Gartenbau und Gartenkunst", Jg. 14, 1896, S.3-4

der Höhenunterschied knapp vier Meter beträgt. Neben Resten der botanischen, systematischen Anlage gibt es zwischen zahlreichen alten Bäumen eine Vielzahl von Schmuckbeeten, einen Springbrunnen, das Kurhaus mit Colonnaden und einige Gewächshäuser." [9]

In der Gemeinderatssitzung vom 5. 4.1849 wurde eine Kommission zur „genauen Prüfung der bestehenden Verhältnisse", bestehend aus Gartendirektor Jakob Greiß und je einer Person aus dem Gemeinderat und dem Gymnasialschulfond, gebildet. Ferner sollte Greiß bis zur Anstellung eines Professors für Botanik den Unterricht an den Lehranstalten erteilen, die Pflanzensammlung vervollständigen und eine Etikettierung mit botanischen Bezeichnungen vornehmen. In der Gemeinderatssitzung vom 14.3.1850 heißt es im Untersuchungsbericht dieser Kommission über den Botanischen Garten: „Aus der statt gefundenen Untersuchung gehe hervor, daß besonders in der letzten Zeit 1) hinsichtlich der Anfertigung neuer dauerhafter Etiquetten, 2) einer zweckmäßigeren Vertheilung und Anordnung vieler Gewächse, 3) der Ergänzung und Vermehrung des Pflanzenvorrathes von Seiten der Direktion des Gartens eine außerordentliche und preiswürdige Thätigkeit entwickelt worden, auf welchem Wege nur fortzufahren sei, um dieses herrliche Institut dem Zwecke, weshalb es angelegt worden und lediglich aus den Mitteln der Stadt unterhalten werde, immer näher zu bringen und fruchtbarer zu machen für den Unterricht, die Wissenschaft und ihre Jünger. In dieser Beziehung sei im verflossenen Jahre verhältnismäßig viel geschehen. Nicht bloß ein Inventar des Vorhandenen liege bereits vor, sondern – was weit mehr bedeute – ein systematisches Verzeichnis aller im Garten vorhandenen Gewächse, wie solches seit einer langen Reihe von Jahren nicht mehr in den Händen der Vorgesetzten gewesen, und zu welchem der vorliegende Bericht der Commission und die künftige Fortsetzung desselben einen nothwendigen und fortlaufenden Commentar bilde, damit man erfahre, was vorhanden sei und wie sich das im Verzeichnis Aufgeführte bei der Untersuchung an Ort und Stelle auch in der Wirklichkeit ausgewiesen habe. Die Revision im verflossenen Jahre habe sich erstreckt über 976 einjährige, 121 zweijährige, 1921 perennirende und 471 Holz-Pflanzen, also über eine Summe von 3 489 Gewächsen. Dann habe sie wegen vorgerückter Jahreszeit geschlossen werden müssen; aber eine noch größere Anzahl als die genannte sei noch zu revediren übrig. Wenn diese schwierige Arbeit vollendet, ... dann sei der Zeitpunct eingetreten, den so lange ersehnten Catalog anzufertigen und demnächst der Öffentlichkeit übergeben zu können ... Der botanische Garten gehöre mit zu den vorzüglichsten Zierden unserer Stadt; außer der Universität Bonn habe keine andere der Rheinprovinz seines Gleichen aufzuweisen." Aus den Sitzungsbeiträgen geht eindeutig hervor, dass der Gemeinderat fest entschlossen war, den Botanischen Garten als solchen zu erhalten und das Unterrichtsfach Botanik an den Gymnasien zu fördern.

1857 beantragte die Rheinische Eisenbahngesellschaft den Erwerb des Grundstückes, auf dem der Botanische Garten lag. Der Verwaltungsbericht begründete den Verkauf mit der Bedeutung des Brücken- und

Lage des Botanischen Gartens an der Vorgebirgsstraße
Aus: Köln. Ein Führer und Ratgeber für Einheimische und Fremde, 1913

A. Kowalleks Plan für den Pflanzenanzuchtsgarten aus dem Jahre 1898
Quelle: HAStK

Eisenbahnbaus für Köln. Als Ersatz wurde die öffentliche Nutzung der Baumschule am Stadtgarten vorgeschlagen. Nach Beendigung der Pachtzeit im Juli 1859 – die preußische Regierung hatte die Baumschule gepachtet – wäre dies möglich gewesen.[10] Dieser Plan wurde jedoch nicht umgesetzt.

Der Wert der Pflanzen des Botanischen Gartens wurde auf 14 600 Taler geschätzt, die von der Rheinischen Eisenbahngesellschaft nach Durchführung einer Pflanzenversteigerung an die Stadt gezahlt wurden. Des Weiteren berechnete man für das Treibhaus 5 500 Taler sowie einen Betrag für weitere Gebäude, die vom Stadtbaumeister geschätzt werden sollten. Das Grundstück schließlich wurde für 2 Taler pro Quadratfuß verkauft.[11] Die Inbetriebnahme des „Central-Personen-Bahnhofes" erfolgte 1859.

Botanischer Garten an der Vorgebirgsstraße

Ein neuer Botanischer Garten wurde ab 1889 an der Vorgebirgsstraße angelegt. Im Jahre 1887 hatte der damalige „Realschullehrer Thome einen begründeten Antrag" an den Oberbürgermeister gerichtet, „ein mehrere Hektar großes Gelände vor dem Vorgebirgstor für die Neuanlage eines botanischen Gartens und für den planmäßigen Anbau derjenigen Pflanzen zur Verfügung zu stellen, die laufend für den Unterricht an Kölner Schulen benötigt werden."[12] Bis dahin waren diese Pflanzen auf dem Festungsglacis gesammelt worden.

Daraufhin entstand ab 1889 nach einem Entwurf von Gartendirektor Adolf Kowallek die 2,2 ha große Anlage eines „Pflanzen-Anzucht-Gartens" an der Vorgebirgsstraße auf dem Gelände der heutigen Raderthaler Brache.[13] Der Entwurf der Anlage benennt in der Legende folgende Einrichtungen: Baumschule, Schattenhalle, Teich, Sumpf, Unterstandshalle, Büro und Laboratorium, Wärterhäuschen, Ruheplätze, Platz für Kästen und Kompost.[14] Als Leiter dieses Gartens wurde 1892 Dr. Peter Esser, promovierter Botaniker mit Lehrerfahrung, angestellt. Er unterstand direkt dem Gartendirektor. 1893 gestaltete Esser den Anzuchtgarten in einen Botanischen Garten um: 1 ha als biologische Abteilung mit Arboretum und erläuternden Tafeln; 1 ha mit Nutzpflanzen; auf 2 ha ein natürliches System mit Bassin für Wasserpflanzen; auf 600 qm Heil- und Giftpflanzen sowie 500 qm Alpinum.[15] Dass die Summe dieser Flächen mit über 5 ha um 2 ha höher als andere Quellenangaben liegt, ist möglicherweise auf einen Umrechnungsfehler der Maße zurückzuführen. Die Namen der Pflanzen und weiterführende Erläuterungen waren auf Porzellantafeln angebracht.

Ab 1892 war der Garten für Besucher geöffnet. Im Jahre 1898 wurden beispielsweise 81 000 Besucher

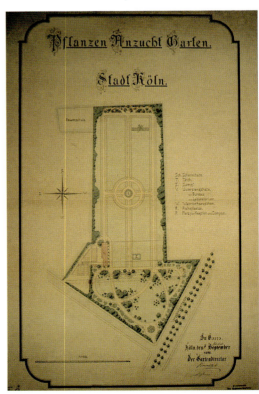

Eindrücke aus dem Botanischen Garten an der Vorgebirgsstraße
*Links: Aquarell von Theo Blum aus: Cöln in Wort und Bild 1914. Köln 1914
Rechts oben und unten: Fotos aus dem Verwaltungsbericht der Stadt Köln 1906-1910, S. 398*

ohne Schulklassen gezählt. Der Verwaltungsbericht von 1899 führt 203 Schulklassen, gleich 9 400 Kinder, auf, die sich an 2 650 Pflanzenarten „erfreuen konnten". Im gleichen Jahr erfuhr der Anzuchtgarten eine Vergrößerung um 7 293 qm; „er kam dadurch unmittelbar an die Vorgebirgsstraße zu liegen."[16]
Zwischen 1899 und 1904 wurde ein 160 qm großer Hörsaal mit 80 Sitzplätzen errichtet, der gleichzeitig auch als Gewächshaus und Labor diente. Ab 1904 unterrichtete Dr. Peter Esser hier Schüler der Handelshochschule.
Gartendirektor Fritz Encke beschrieb den Garten folgendermaßen: „Ein zum Teile parkartiger Garten, welcher am Tage dem Publikum offen steht, ist der 1889 von Kowallek geschaffene, 3,3 ha große botanische Garten in Cöln-Zollstock, vor dem Vorgebirgstore. Seine Aufgabe liegt hauptsächlich in der Beschaffung des Pflanzenmaterials für den botanischen Unterricht der Volks- und höheren Schulen der Stadt und in der Vorführung der bei uns aushaltenden Pflanzen nach verschiedenen Gesichtspunkten. ... Die Belehrungen der Schüler erfolgen z.T. durch die Lehrer, z.T. durch den Vorsteher des Gartens, sowohl im Garten selbst als auch in dem daselbst errichteten Hörsaale."[17] Neben dem Hörsaal befand sich ein Vorbereitungszimmer für Versuche, das Amtszimmer des Direktors und ein Verwaltungsbüro. An dieses Verwaltungsgebäude schloß sich die 30 Ar große Gärtnerei mit Anzuchthäusern, Mistbeeten und dergleichen an. Etwa 1 ha Fläche nahmen die Anzuchtfelder der Lieferpflanzen für den botanischen Unterricht ein. „Diese Pflanzen werden täglich morgens früh durch besondere Boten mit Wagen, Fahrrädern oder mit Benutzung der Straßenbahn den Schulen zugestellt. Es erhalten sämtliche höheren und mittleren Schulen wöchentlich zweimal 3-5 Arten in je 50 bis 500 Exemplaren, während den Volksschulen eine einmalige Lieferung von 2-3 Arten in je 50 bis 200 Exemplaren wöchentlich zugeht."[18]

Am 1.4.1909 bekam dieser Botanische Garten eine selbstständige Verwaltung.[19] Mit dem Ausbau der Eisenbahn am Güterbahnhof Bonntor verlor er an Fläche, „bis schließlich (1908) nur noch 1 oder 2 ha übrig blieben. Auf Drängen von Esser entschloss sich die Stadt, für Ersatz zu sorgen und erwarb zu diesem Zweck ein unmittelbar nördlich an die ‚Flora' angrenzendes Grundstück von 4,7 ha."[20] Auf einem Grünflächenplan der Stadt Köln aus dem Jahre 1926 ist der Botanische Garten an der Vorgebirgsstraße, Ecke Bischofsweg, als „Universitätsgarten" eingezeichnet. Unterlagen des Jahres 1937 listen ihn als „alten botanischen Garten an der Vorgebirgsstraße" mit einer Fläche von 2,62 ha auf. Am 6.4.1942 wurden das Botanische Institut an der Vorgebirgsstraße und der Riehler Garten durch einen Bombenangriff zerstört.
Nach dem Zweiten Weltkrieg begann man auf dem Gelände an der Vorgebirgsstraße Notwohnungen zu errichten. In der Folgezeit entwickelte sich hier bis Anfang der 1960er eine wilde Gartenkolonie. Wegen Ausweisung der Brachfläche als zukünftiges Gelände für die geplante Bundesgartenschau 1971 wurde die Kolonie um 1967 aufgelöst, die Gebäude abgerissen und zum Teil Erdaufschüttungen ausgeführt.[21] Ab 1969 lag das Gelände dann brach; die Bundesgartenschau fand im Rheinpark in Köln-Deutz statt.

Gerd Bermbach

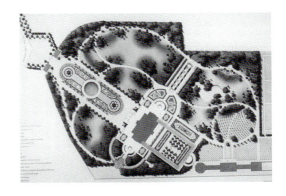

Oben: Peter Joseph Lennés Entwurf für die Gartenanlagen der Flora, September 1862
Abb.: RBA

Der Botanische Garten aus der Vogelperspektive, um 1990
Abb.: ALG

Flora und Botanischer Garten in Riehl

Die Flora, die „alte Dame" unter den Kölner Gärten und Parks, blickt auf eine wechselvolle Geschichte zurück [22], die am 5. September 1862 ihren Anfang nahm. An diesem Tag trafen sich in der Privatwohnung des Bankiers Eduard Oppenheim zwölf einflussreiche, in der Kölner Wirtschaft führende Männer und beschlossen das Statut einer „Actien-Gesellschaft zur Anlage eines Botanischen Zier- und Lustgartens". Sie folgten hiermit dem in der Bevölkerung immer lauter werdenden Wunsch nach einer solchen Institution. Der alte Botanische Garten war drei Jahre zuvor dem Bau des Central-Bahnhofs am Dom zum Opfer gefallen. Am 6. März 1863, dem offiziellen „Geburtstag" der Flora, erfolgte der „definitive Gründungsakt", woraufhin Wilhelm I., König von Preußen, durch allerhöchsten Erlass die Statuten der privaten Aktiengesellschaft genehmigte und seine Gemahlin Königin Augusta durch ein „huldreiches Schreiben" am 18. Mai 1863 das Protektorat „einem Unternehmen gewährt, das von allen Anstalten in Coeln den Stempel einer gemeinnützigen und tatkräftigen Gesinnung tragen wird". Schnell wurde ein Gelände gefunden. Vor den Toren der Stadt erwarb die Flora AG für 22 130 Thaler das 22 Morgen umfassende Pilgram'sche Grundstück, das – zwischen den Dörfern Riehl und Nippes gelegen – zur Bürgermeisterei Longerich gehörte. Für die Planung des Flora-Gartens wurde einer der bedeutendsten Gartenkünstler, der königliche General-Garten-Director Peter Joseph Lenné, gewonnen. Sein Schüler Julius Niepraschk übernahm die Ausführung der Lennéschen Planung und wurde der erste Garten-Director der Flora.

Mittelpunkt der Gesamtanlage war der Glaspalast, ein für damalige Verhältnisse kolossales Gebäude aus Eisen und Glas, dem eine dem Geschmack der Zeit entsprechende schlossartige Stilfassade vorgesetzt war. Der von dem Kölner Architekten Max Nohl entworfene und dem Königlichen Hofbaurat von Arnim überarbeitete Gebäudeentwurf lehnte sich in seiner Gestaltung an den Londoner Crystal Palace und den Pariser Jardin d' Hiver an. Das Gebäude liegt auf einer sich 2,50 m über dem Gelände erhebenden Terrasse, deren Stützwände durch Ziegelmauerwerk gegliedert sind. Mit weiß gestrichenen Holzspalieren für reich blühende Kletterpflanzen, einer mächtigen Freitreppe und seitlich angeordneten Brunnen bietet die Terrassenwand den grandiosen Eindruck einer „blühenden Mauer", aus der sich der Kristallpalast erhebt. Von der Terrasse aus schweift der Blick über das dem französischen Barockstil Ludwigs XIV. nachempfundene Parterre, das mit seiner Blütenfülle an einen ornamentreichen Teppich erinnert. Gerahmt von einer Allee rotblühender Kastanien, liegt im Mittelpunkt des Parterres ein Wasserbassin mit einer Fontäne, die mittels einer Dampfmaschine auf die Höhe von 30 m getrieben werden kann. Das Französische Parterre ist ein wichtiger Bestandteil von Lennés Konzept, in der Flora die „Geschichte der Gartenkunst in den verschiedenen Stylarten zur lebendigen Anschauung zu bringen". In diesem Sinne wurde an den Querseiten des Wintergartens die italienische Renaissance dokumentiert. Erhalten ist heute noch die Kaskade (Wassertreppe) mit den sie begleitenden Laubengängen. An ihrem Endpunkt stand der erst zu Beginn der 1950er-Jahre abgerissene Flora-

Oben links: Die Kaskade mit Floratempel, vorne die „Farbenbeete" von Joseph Maria Olbrich, um 1910

Oben rechts: Das Französische Parterre mit dem Glaspalast, um 1864
Beide Abb.: RBA

Tempel, der nach antikem Vorbild gestaltet, eine aus carrarischem Marmor gefertigte Statue der Göttin Flora beschirmte. Von einer weinumrankten Pergola flankiert, bildete der Tempel den Abschluss einer Achse, die vom Wintergarten über einen Terrassenbrunnen, das „Holländische Parterre" und die Kaskade verläuft.

An der Nordgrenze der Flora, dort, wo heute der Botanische Garten anschließt, waren die Palmen- und Gewächshäuser angeordnet. An der Westgrenze lagen die Handelsgärtnerei und die Gärtner-Lehranstalt, die der Aktiengesellschaft guten Gewinn bringen sollten. Zwischen dem Wintergarten und der parallel dazu gebauten Orangerie entstand nach dem Deutsch-Französischen Krieg 1870/71 der so genannte Friedensgarten, dessen Mittelpunkt eine von Königin Augusta gestiftete kolossale Zinkgussvase mit vergoldetem Medaillon bildete. In allen weiteren Teilen des Parks herrscht der „englische Landschaftsstil". Weite Rasenflächen, der Flora-Weiher, malerisch angeordnete Einzelbäume und Baum-Strauch-Gruppen sowie elegant geschwungene Wege erinnern an die großen Landschaftsgärten, die im England des 18. und 19. Jahrhunderts entstanden sind.

Am 14. August 1864 wurde die Flora mit einem großen Ball, mit Konzert, Feuerwerk und Illumination des Gartens feierlich eröffnet. Die „oberen Zehntausend" gaben sich hier ein Stelldichein. Denn die Flora verstand sich bis zu Beginn des 20. Jahrhunderts als ein „Etablissement", dessen Besuch nur den priviligierten Schichten vorbehalten war und auch bleiben sollte. Bei einem durchschnittlichen Tageslohn von 20 Silbergroschen war das Entree mit 15 Silbergroschen für den Großteil der Kölner Bevölkerung unerschwinglich. Diese Situation wurde von Lis Böhle treffend und lebensnah beschrieben: „ ... und vor dem Gitter draußen beobachteten wir Pänz mit klopfendem Herzen die Auffahrt der eleganten Droschken, aus denen schöne Damen mit Schleppenkleidern stiegen, begleitet von Kavalieren in hohen, steifen Pitschkragen und Lackstiveletten, die schwere goldene Uhrkette quer über die Blömchesweß drapiert. Hier tanzte die kölsche Gesellschaft bis in die frühen Morgen."[23] Neben mehrmals wöchentlich stattfindenden Musik- und Festveranstaltungen gab es in den folgenden Jahren drei große „Internationale Gartenbau-Ausstellungen", die ähnlich den heutigen Bundesgartenschauen große Publikumserfolge wurden, aber in der gärtnerischen Fachpresse wegen ihres Rummelplatzcharakters umstritten waren.

Ein großes Ereignis war auch die „Deutsche Kunstausstellung" von 1906. Um den Flora-Weiher herum entstanden drei Ausstellungsbauten, in denen die zeitgenössische Kunst – der Jugendstil – in Architektur, Skulptur, Gemälden und Kunsthandwerk, also allumfassend, präsentiert wurde. Dauerhaft erhalten geblieben aus dieser Zeit ist der aus rotem Mainsandstein erbaute „Frauen-Rosenhof", der von dem bedeutenden Architekten Joseph Maria Olbrich in den vorhandenen Baumbestand hineinkomponiert wurde. Er trägt seinen Namen nach den hier ausgestellten, hauptsächlich dem Schmuck der Damenwelt dienenden Pretiosen und nach den im Innenhof liegenden Rosenbeeten. Leider war von dem Mythos des geheimnisvoll Magischen und Anheimelnden,

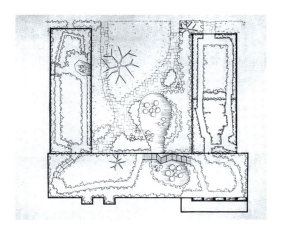

Nach dem Zweiten Weltkrieg entstanden die neuen modernen Gewächshäuser mit dem Tropischen Hof. Lageplan zum Entwurf der neuen Anlagen
Abb.: ALG

2. Botanische Gärten

Der Frauen-Rosenhof vom Flora-Weiher aus gesehen, um 1907
Foto: RBA

Rechts oben: Der Plan aus den 1920er-Jahren zeigt den nördlich der Flora angelegten neuen Botanischen Garten.
Abb.: ALG

Rechts unten: Das historische Entree mit den beiden Torhäusern, um 1900
Foto: RBA

den dieses idyllisch gelegene Bauwerk auf die Zeitgenossen ausübte, durch Kriegszerstörungen und die Veränderungen der Nachkriegszeit über Jahre nicht mehr viel zu spüren.

Mit Beginn der 1890er-Jahre schrieb die Flora AG rote Zahlen. Sie wurde mehr und mehr von der Stadt Köln bezuschusst und nach langen Verhandlungen 1920 in städtischen Besitz übernommen. Da diese Entwicklung bereits 1910 abzusehen war, beschloss der Rat der Stadt, das nördlich der Flora liegende Kiesgrubengelände für die Anlage eines städtischen Botanischen Gartens zu erwerben. Der neue Botanische Garten an der Flora wurde in den Jahren 1912 bis 1914 nach Entwürfen des damaligen Leiters des Botanischen Gartens der Höheren Handelsschule in Zollstock, Dr. Peter Esser, angelegt und am 30.5.1914 eröffnet.[24] Die Anlage sollte vorwiegend der Forschung und Lehre dienen und ist dementsprechend nach funktionalen Gesichtspunkten streng formal gestaltet. Zwischen einem ovalen Rundweg, den die auf das Alpinum zulaufende Hauptachse durchschneidet, sind rasterförmig die Schaubeete angeordnet. Mit der malerischen Anordnung von Bäumen und Sträuchern in den Randbereichen des Gartens hat sich Esser an das Gestaltungskonzept Lennés angelehnt. Die Flora AG selbst geriet Anfang des Jahrhunderts in so große finanzielle Schwierigkeiten, dass die Stadt im Jahre 1909 Floraaktien kaufte und am 1.4.1911 den gärtnerischen Betrieb der Flora ganz übernahm. Gegen Ende des Ersten Weltkriegs stellte die Flora AG ihren gesamten Wirtschaftsbetrieb aus Rentabilitätsgründen ein. Schließlich einigten sich im Jahre 1919 die Aktionäre mit der Stadt auf einen Pachtvertrag über 30 Jahre unter der Bedingung, die Verwaltung ab dem 1.4.1920 der Direktion des Botanischen Gartens zu unterstellen. „Mit der Übernahme der Flora in die Verwaltung der Stadt Köln erlischt offiziell auch deren Name. Die Gesamtanlage heißt lt. Beschluß der Stadtverordnetenversammlung nur noch 'Botanischer Garten der

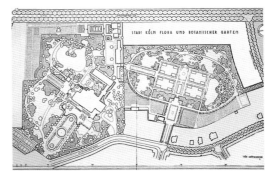

Stadt Köln'."[25] Der Restaurantbetrieb wurde eingestellt, Gartendekorationen wie Vasen und Skulpturen wurden entfernt. Der Wintergarten wurde Gewächshaus und Ausstellungshalle. Im jetzt der Universität zugeordneten Botanischen Garten wurde schwerpunktmäßig wissenschaftlich gearbeitet.

Nachfolger von Esser wurde 1928 Hermann Sierp, erster Ordinarius für Botanik an der neuen, 1919 gegründeten Universität. Die Leitung des Botanischen Institutes, des alten und neuen Botanischen Gartens (inklusive der Flora) lag nun in einer Hand. Unpraktisch war das Hin- und Herfahren der zu Lehr- und Forschungszwecken benötigten Pflanzen zwischen dem neuen und dem alten Botanischen Garten an der Vorgebirgsstraße.

Der Zweite Weltkrieg verursachte an den Bauten und im Freiland schwere Schäden, die in den Nach-

Blick über die Längsachse des Botanischen Gartens zum Alpinum
Foto: J. Bauer, 2000

kriegsjahren durch Abriss des Flora-Tempels und Niederlegung der Eisenkonstruktion des Dachgewölbes des Glaspalastes noch verstärkt wurden.

Im Laufe der 1950er-Jahre erspross auch in der Flora wieder Leben. An Stelle der zerstörten und abgerissenen alten Gewächshäuser entstanden nach und nach um den hufeisenförmig angelegten Tropischen Hof mit Wasserbecken das kleine und das große Tropenhaus sowie das Sukkulentenhaus. Ergänzend kam 1963 das Kalthaus hinzu.

In den 1980er-Jahren wurde eine umfassende Revitalisierung der Parkanlagen ins Werk gesetzt, auf die gesondert eingegangen wird (s. S. 367-371).

1 Stadt Köln, Botanischer Garten: Gedenkschau zum 800. Geburtsjahr A. Magnus. 1993
2 Praßer, A.: unveröffentliches Vortragsskript, 1981, Amt für Landschaftspflege und Grünflächen
3 Hist. Archiv d. Stadt Köln, Sitzungsprotokoll vom 8.6.1854
4 Napp-Zinn, K.: Die „Kölner Botanik" zwischen alter und neuer Universität. In: Studien zur Geschichte der Universität zu Köln, Band 2. Köln 1985, S.119-168, S.130
5 vgl. Lageplan des Bot. Garten; Hist. Archiv d. Stadt Köln, Sitzungsprotokoll vom 26.9.1850
6 Heimbüchel, B./Pabst, K.: Kölner Universitätsgeschichte. Band II, Köln 1988, S. 35-39
7 Napp-Zinn, K., a.a.O., S.135
8 Hist. Archiv d. Stadt Köln, Sitzungsprotokoll vom 8.6.1854; Napp-Zinn, K., a.a.O., S.135
9 Bermbach, G.: Die „Flora" zu Köln am Rhein. Landeskonservator Rheinland (Hrsg.). Arbeitsheft 29. Köln 1991, S. 95
10 Hist. Archiv d. Stadt Köln, Sitzungsprotokoll vom 31.8.1857; Verwaltungsbericht der Stadt Köln 1857
11 Hist. Archiv d. Stadt Köln, Sitzungsprotokoll vom 23.12.1857
12 Napp-Zinn, K., a.a.O. S.144
13 Verwaltungsbericht der Stadt Köln 1891-1900
14 Hist. Archiv d. Stadt Köln, Plan 2/1056
15 Napp-Zinn, K., a.a.O., S.144
16 Verwaltungsbericht der Stadt Köln 1899, S.178
17 Encke, F.: Die öffentlichen Gartenanlagen von Cöln. In: Die Assanierung von Cöln. Leipzig 1906, S.176
18 Hist. Archiv d. Stadt Köln, Abt. 19 Nr.54/1, Ausstellungskatalog, S. 335
19 Verwaltungsbericht der Stadt Köln 1906-1910, S. 398
20 Napp-Zinn, K., a.a.O., S.153
21 Verwaltungsbericht der Stadt Köln 1964, S.174f.
22 Vgl. Bermbach, G.: Die FLORA zu Köln am Rhein. In: Stadt Köln (Hrsg.): 125 Jahre Kölner Flora. Festschrift zum Jubiläumsjahr. Köln 1988, S. 49-54
23 Böhle, L.: „Neger – die Attraktion im Treibhaus", Kölner Stadtanzeiger, 8.9.1964
24 Esser, P.: Der botanische Garten. In: Handbuch von Köln. Köln 1925, S. 98-104, S.103
25 Bermbach, G., a.a.O., S.103

Gusseiserne Vasen, Blumengirlanden und üppige Blumenpracht im restaurierten Französischen Parterre
Foto: J. Bauer, 2000

Vom Kirchhof zum Zentralfriedhof

Thomas Kleineberg

„Willst Du wissen, wie eine Stadt ist, schau Dich auf ihrem Friedhof um."
J. W. v. Goethe

Die Beisetzung der Toten gehört zum Wesen, zur Kultur der Menschheit und seit der Mensch sesshaft wurde, hat er für diesen Zweck besondere Plätze angelegt. Im Stadtgebiet von Köln lassen sich Gräber bis zurück in die Jungsteinzeit (Hügelgräber aus dem Neolithikum um 3000 bis 500 v. Chr.) nachweisen. Auch die Römer hinterließen zahlreiche Spuren ihres Begräbniswesens. Sie legten ihre Bestattungsplätze an den großen Ausfallstraßen vor den Toren der Stadt an. Köln weist somit eine besonders lange Tradition im Bestattungswesen auf und betreut ein großes kulturelles Erbe. Mit den Veränderungen in der Gesellschaft wandelte sich auch die Bestattungskultur und mit ihr deren direkte Ausprägung: der Friedhof.

Römischer Sarkophag auf dem Südfriedhof
Foto: Th. Kleineberg, 1999

Im frühen Mittelalter lagen die christlichen Friedhöfe vornehmlich innerhalb der Stadtmauern. Ein Grab in der Kirche und in unmittelbarer Nähe zu einem Märtyrer zu erhalten war eine besondere Auszeichnung. Als der Platz in den Kirchen nicht mehr ausreichte, legte man mit Hecken oder Mauern eingefriedete Kirchhöfe um die Kirchen an, auf denen die Toten beerdigt wurden. Dies waren die ersten Fried- bzw. Lichhöfe. Der Platz um die Kölner Kirche St. Maria im Kapitol heißt noch heute so.[1]

Diese ersten gemeinschaftlichen Begräbnisanlagen waren aber nicht ausschließlich der Bestattung vorbehalten, vielmehr spielte sich hier oftmals ein Großteil des städtischen Lebens ab, so zum Beispiel Gerichtsbarkeit, Handel und Markt. Die frühmittelalterliche Gesellschaft lebte mit ihren Toten in der Gemeinschaft der Gläubigen. Karl der Große erließ 785 im Zuge seiner Eroberungs- und Missionspolitik mit dem „Capitulare de partibus saxonae" ein Gesetz, das die Beerdigung auf Kirchhöfen („ad cimitera ecclesiae") sogar ausdrücklich vorschrieb und Bestattungen auf freiem Feld („non ad tumulos pagaorum") unter Strafandrohung verbot. Mit der Synode von Tibur im Jahre 895 erhielten die Pfarren nicht nur das Recht, sondern die ausdrückliche Pflicht, ihre Gemeindemitglieder auf dem Kirchhof der Pfarrkirche zu begraben. Ausschließlich diese Form der Bestattung war das „Ehrliche Begräbnis". Aufgrund von Aufzeichnungen in Kölner Kirchbüchern wird geschätzt, dass die Hälfte der Toten in der Kirche und die andere Hälfte auf dem Kirchhof beigesetzt wurden. Dies führte wegen der anwachsenden Bevölkerung dazu, dass die Kirchen ständig vergrößert werden mussten. Beispiel eines alten, vom frühen Mittelalter bis heute in Gebrauch befindlichen Kirchhofs ist der Friedhof Zündorf an der Kirche St. Michael. Die Folgen dieser beengten Verhältnisse waren eine starke Überfüllung der Beerdigungsstätten und extrem kurze Ruhefristen von höchstens 5 Jahren.[2] Gravierender waren aber die katastrophalen hygieni-

Friedhofsmauer Melaten
Foto: Th. Kleineberg, 2000

schen Folgen für Kirchenbesucher und Anwohner der Kirchhöfe, da diese „im Laufe der Zeit zu kleinen Anhöhen (anwuchsen)" und zu „verderblichen Seuchenherden für die Bevölkerung" wurden.[3] Ein besonderer Seuchenherd waren Gemeinschaftsgruben, in welche die Leichen einfach hineingeworfen wurden. Sie mussten für jede Bestattung neu geöffnet und danach wieder zugeschüttet werden, was zu massiven hygienischen Problemen und, da die Leichen hier direkt neben- und übereinander lagen, zu einer Behinderung des Verwesungsprozesses führte. War ein Friedhof mit Leichen gefüllt, wurde für weitere Beerdigungen häufig einfach nur neue Erde aufgeschüttet.

Ohne die Beerdigungsregelungen der Katholischen Kirche anzutasten, hatte der Rat der Stadt Köln mit der Begräbnisverordnung vom 8. August 1578 die ersten allgemein gültigen Bestimmungen zum Beerdigungswesen erlassen.[4] Ziel war die Beschränkung pompöser Begräbnisfeiern, die immer wieder Anlass zu sozialen Unruhen waren. Von nun an war den ärmeren Schichten der Stadtbevölkerung gestattet, statt teurer Kerzen nur ein Kreuz oder ein einfaches Holzbrett mit aufgemaltem Kreuz zu benutzen. Mit dieser Verordnung wurde gleichzeitig auch die „Leichenschau" (Spiegeltest) eingeführt. Der Grund lag in der damals weit verbreiteten Angst vor Scheintoten und „Wiederkehrern". Um auch den Armen und Mittellosen der Stadt ein „Ehrliches Begräbnis" zu ermöglichen, wurden 1597 die Tarife für die Totengräber vom Rat verbindlich festgeschrieben.

Die Kommunalisierung des Friedhofs unter Französischer Herrschaft

Mit der Besetzung Kölns durch die Franzosen (1794-1815) wurde auch das französische Friedhofswesen auf die Stadt übertragen. Es basierte auf einem Erlass Ludwigs XVI. aus dem Jahre 1776, der besagte, dass die Beerdigung der Toten innerhalb von Städten, Kirchen und Klöstern aus hygienischen Gründen verboten war. Auf dieser Grundlage wurde am 28. Januar 1805 von Napoleon das „Kaiserliche Dekret über die Begräbnisse" für das gesamten Departement und somit auch für die Stadt Köln erlassen.[5] Diese Verordnung, auf die die heutigen Friedhofsgesetze in Nordrhein-Westfalen noch Bezug nehmen,[6] war der Anfang vom Ende der jahrhundertelangen Monopolstellung der katholischen Kirche in Bezug auf das Beerdigungswesen. Die neuen Vorgaben stießen sowohl in der Bevölkerung als auch in der lokalen Verwaltung auf massive Widerstände, sodass vielerorts, insbesondere in den ländlichen Gebieten, die Umsetzung der Rechtsvorschriften verschleppt wurden.

Das französische Dekret verbot nicht nur die Bestattung in der Stadt, sondern verpflichtete die Kommune gleichzeitig zur Errichtung neuer „Todesäcker". Das Areal, das Köln für seinen neuen Friedhof wählte, war der Melatener Hof, eine Stiftung für Leprakranke an der Aachener Chaussee, etwa 2 km vor der Stadtmauer (auf kurkölnischem Gebiet) in Richtung Westen. Die internierten Leprakranken (französisch „malade" – krank) wurden nach dem Tode auch hier begraben. Erstmalig erwähnt wurde Melaten 1180, existierte mit Sicherheit jedoch schon früher.[7]

An der Standortwahl beteiligt war der damalige Stadtbaumeister Peter Schmitz sowie der Botanische Gärtner Wilhelm Anton Berkenkamp. Die Auswahl des Grundstücks war begründet durch die günstigen Bodenverhältnisse und die Möglichkeit zur Erweiterung. Gleichzeitig konnte die existierende Pfarrkirche der Ortschaft Melaten (aus dem 13. Jahrhundert) mit in die Fläche einbezogen werden. Mit Spenden aus der Bevölkerung wurde die Kirche restauriert und in eine Friedhofskapelle umgewandelt. Der Kauf des Grundstücks von der Armenverwaltung erfolgte im Jahr 1807. Die Planung des neuen „Katholischen Friedhofs" wurde dem ehemaligen Universi-

Hauptweg auf dem Friedhof Melaten („Millionenallee")
Foto: J. Bauer, 1996

tätsrektor Ferdinand Franz Wallraf übertragen. Wallraf teilte die projektierte Fläche nach einem geometrischen Grundriss auf, sodass sechs gleiche Teilflächen entstanden. Mit etwa 3 ha Größe war der Friedhof (bei der damals zugrunde gelegten Sterbeziffer von 1 600 pro anno) ca. dreimal größer, als dies Artikel 6 des Dekrets vorschrieb.[8] Die schlichte Aufteilung des Geländes hatte pragmatische Gründe: Man wollte die Gräber unkompliziert lokalisieren können. Dabei handelte es sich zunächst um Reihengräber, die der Idee der „Gleichheit nach dem Tode" am besten entsprachen.

Das Gewerk zum Ausbau wurde an den Kölner Bauunternehmer Leisten vergeben, der kurze Zeit später auch mit dem Bau einer 130 m langen Friedhofsmauer zur Aachener Straße hin beauftragt wurde. Die Kosten für sämtliche Arbeiten, inklusive Anpflanzung von 380 Bäumen, beliefen sich auf 12 100 Franken.

Mit dem Bau der Friedhofsanlage wurde gleichzeitig eine hölzerne Leichenhalle errichtet, wo die Leichen aus den ärmsten Bevölkerungsschichten, Fundleichen oder Katastrophenopfer bis zur Beerdigung untergebracht wurden, wenn sie wegen zu beengter räumlicher Verhältnisse nicht zu Hause aufgebahrt werden konnten.[9] Die Akzeptanz der Leichenhalle bei der Bevölkerung war jedoch gering. Am 29. Juni 1810 konnte der Friedhof Melaten vom Bürgermeister feierlich eröffnet werden; die kirchliche Weihung erfolgte durch den Pfarrer des Doms, DuMont. Parallel dazu wurden alle Friedhöfe an Pfarrkirchen, die in der Regel auch vollständig belegt waren, geschlossen. In den links- und rechtsrheinischen Vororten Kölns blieben die Beerdigungsplätze um die Kirchen zunächst weiterhin in Betrieb. Obwohl die Bestimmungen des Dekrets auch für sie galten, wurden hier erst viele Jahre später kommunale Friedhöfe angelegt:

- Der Friedhof Deckstein wurde von der Gemeinde Efferen im Jahre 1869 eröffnet und war damit Ersatz für den Kirchhof um das „Krieler Dömchen" (St. Stephan).
- Der Friedhof Lövenich wurde Ende 1896 eröffnet und ersetzte den Kirchhof um St. Severin.
- Der Kirchhof St. Brictius in Merkenich wurde 1867 durch den Friedhof an der Jungbluth-Straße ersetzt.
- Der Kirchhof des „Niehler Dömchens" Alt St. Katharina wurde durch den 1868 an der Hermesgasse von der Bürgermeisterei Longerich eröffneten Kommunalfriedhof ersetzt.
- Der Kirchhof Rheinkassel um Sankt Amandus wurde durch den seit 1847 angelegten kommunalen Friedhof Feldkasseler Weg / Römerstraße in Worringen ersetzt.
- Der Kirchhof um die Sankt Maternus Kapelle in Rodenkirchen wurde 1854 geschlossen und durch den Friedhof an der Frankenstraße ersetzt.
- Der Kirchhof an Sankt Mauritius in Buchheim entwickelte sich durch die Erweiterungen von 1844 und um 1870 zum Friedhof (an der Sonderburger Straße). Dieser blieb bis heute kontinuierlich in katholischer Trägerschaft.
- Der Kirchhof um die Kapelle Sankt Nikolaus in Westhoven war ein Begräbnisplatz für Arme und wurde nach der Säkularisation bis zur Schließung im Jahre 1929 als Kommunalfriedhof weitergeführt.
- Der Kirchhof der Kirche Sankt Nikolaus (ehemaliges Prämonstratenserinnen-Kloster) in Dünnwald wurde 1860 durch den von der Bürgermeisterei Merheim (rrh.) eröffneten Kommunalfriedhof am Holzweg ersetzt.
- Der Kirchhof von Flittard (Sankt Hubertus) wurde 1901 vom angrenzenden Kommunalfriedhof an der Hubertusstraße ersetzt, der 1941 erweitert wurde.
- Der Kirchhof Heumar (um Sankt Cornelius) wurde 1850 durch den Kommunalfriedhof Rath-Heumar ersetzt.

Grabmal auf dem Friedhof Melaten, 1987
Foto: Archiv ALG

- Der Kirchhof von Sankt Gereon in Merheim (rrh.) erhielt seine Gestalt durch die Erweiterungen 1854/55 und blieb bis zur Schließung 1915 in Benutzung.[10]

Zeitgleich mit dem Bau des Friedhofs Melaten wurde ein erster Entwurf für eine Beerdigungsordnung aufgestellt, die Ausdruck der neu gewonnenen Kompetenz der politischen Gemeinde für das Friedhofs- und Beerdigungswesen war. Bis zu diesem Zeitpunkt galt bis auf einige wenige Ratsedikte das überkommene kirchliche Bestattungsrecht.[11] Zentraler Punkt dieses Entwurfs war Artikel 13, der die künftigen Gebühren festlegte und zwischen der lokalen Kölner Kirchenverwaltung, deren vorgesetzter Kirchenleitung (damals dem Bischof von Aachen) und dem Bürgermeister äußerst umstritten war. Die Kirchenvertreter, die für ihre Leistungen während der Beerdigungszeremonien eine eigene Gebührenordnung erlassen hatten (8.4.1809), befürchteten durch das Reglement massive Einnahmeverluste. Außerdem verlangte der Bischof Einfluss auf die Besetzung der nach dem Reglement neu zu schaffenden Stellen. Trotz dieser Einwände wurde der Entwurf zunächst dem zuständigen Innen- und Kultusministerium in Paris vorgelegt. Das Ministerium forderte jedoch eine Überarbeitung, die der Bürgermeister daraufhin am 27.8.1812 dem Unterpräfekten des Departements mit der Bitte um Genehmigung vorlegte. Aber auch dieser Entwurf geriet in einen Diskussionsprozess zwischen den beteiligten Parteien, sodass er bis zum Abzug der Franzosen im Jahre 1814 nicht genehmigt wurde.

Erster Geistlicher für den Friedhof Melaten war Kanonikus Xaver Metternich, der auch die Einsegnung der unvermögenden Toten zur Aufgabe hatte. „Nichtarme" Leichen wurden weiterhin von den Pfarrern ihrer Pfarrei begleitet. Das Leichenfuhrwesen, also der Transport der Leiche vom Sterbehaus zum Friedhof, wurde am 18.5.1810 an den Fuhrunternehmer Hittorf verpachtet, da er von den Einkünften für den Leichentransport 22,5% und von den „Verziehrungen" (Sargschmuck, Kränze, Tücher, Sänger, Kerzen) 70% an die Stadt und an die so genannten „Kirchenfabriken" (Kirchenverwaltungen) abführte. Die Leichen von armen Mitbürgern hatte er kostenlos zum Friedhof zu bringen. Dies geschah in der Regel in Sammeltransporten, zumeist in den späten Abendstunden ohne Trauerbegleitung. Die Anzahl dieser kostenfreien Beerdigungen lag in etwa bei 900 im Jahr. Im Jahre 1818 wurde der Vertrag verlängert. Das Amt des Friedhofsaufsehers übernahm der Totengräber J. Spiegel, der zudem „für die Instandhaltung des Gottesackers" zuständig war.[12] Die Familie Spiegel (Nachfolger: Everhart Spiegel, danach dessen Witwe und dann Heinrich Spiegel) behielt dieses Amt bis zum Jahre 1891 inne. Darüber hinaus wurden zwei Leichenzugführer (Ordonnateure) eingestellt. In ihren jeweiligen „Beerdigungsbezirken" waren sie für den reibungslosen Ablauf der Begräbnisse zuständig, zogen die fälligen Gebühren ein und wurden vom Friedensrichter vereidigt. Ihnen kamen somit eindeutig hoheitliche Aufgaben zu. Ausdrücklich stellt der Bürgermeister in einem Briefwechsel mit dem Aachener Bischof fest, dass die Leichenzugführer, aber auch die Träger und Totengräber aus städtischen Mitteln bezahlt werden und deshalb auch städtische Angestellte seien.

Die anfängliche Skepsis der Kölner gegenüber dem neuen Friedhof verschwand im Laufe der Zeit und Melaten wurde zur bevorzugten Beerdigungsstätte. Viele bekannte Künstler und Kunsthandwerker schufen bedeutende Grabmäler. In Anlage und künstlerischer Ausgestaltung wurde der Friedhof Melaten zum Vorbild für eine ganze Reihe von Friedhöfen im gesamten Rheinland.

Alter Deutzer Friedhof
Foto: J. Bauer 1998

Das Kölner Friedhofswesen in Preußischer Zeit

Durch die Zuschlagung des Rheinlandes zum Preußischen Königreich änderte sich zunächst in Bezug auf das Friedhofswesen nichts Grundlegendes. Da die Bestimmungen des französischen Dekrets von 1804 weiter ihre Gültigkeit behielten, traten in der Folgezeit jedoch immer mehr konfessionelle Konflikte auf. Vor allem Artikel 15, in dem festgelegt war, dass für jede Konfession ein eigener Friedhof anzulegen sei, führte vor dem Hintergrund einer verstärkt einsetzenden Zuwanderung protestantischer Militärpersonen und Arbeiter in die rein katholischen rheinischen Städte zu Problemen. Überlegungen des Kölner Bürgermeisters, den seit dem Jahre 1584 belegten protestantischen Geusenfriedhof zu erweitern, sowie die Idee des evangelischen Kirchenvorstandes, an der Grenze des Friedhofs Melaten ein Grundstück für Beerdigungszwecke zu kaufen,[13] wurden jedoch gegenstandslos, als Artikel 15 durch Kabinettsbefehl von König Friedrich Wilhelm III. vom 27.8.1820 ersatzlos gestrichen wurde.

In der Bürgermeisterei Deutz, die damals noch nicht zu Köln gehörte, wurde daraufhin im Jahre 1824 ein kommunaler Friedhof (heute Grünanlage an der Deutz-Kalker-Straße) eröffnet, auf dem gleich zu Beginn beide Konfessionen gleichberechtigt nebeneinander begraben wurden. Da für die Stadt Köln Melaten der einzige Friedhof blieb, musste er erweitert werden. Gleichzeitig beschloss man, die vorhandene Begräbnisordnung zu überarbeiten, um die rechtlichen Voraussetzungen für die Bestattung anderer Konfessionen zu schaffen. Dieses neue „Beerdigungsreglement für die Christlichen Confessionen der Stadt Köln" trat am 16.8.1829 in Kraft, und in § 3 wurde festgelegt, dass „der Begräbnißplatz zu Melaten … für die Beerdigung der Leichen aller Christlicher Konfessionen bestimmt" ist. Nun durften hier auch evangelische Bürger begraben werden.

Außerdem wurde in § 8 die Ruhefrist für Reihengräber aus hygienischen Gründen von 5 auf 15 Jahre erhöht. Diese Erhöhung, verbunden mit einer anhaltend hohen Zuwanderung sowie einer hohen Sterblichkeitsrate (insbesondere Säuglings- und Kindersterblichkeit), ließ den Platz auf Melaten noch knapper werden. 1831-1833 wurde der Friedhof daher nach einem bereits 1826 im Auftrag von Oberbürgermeister Steinberger erstellten Plan des damaligen Düsseldorfer „Königlichen Gartenbauinspektors" und ehemaligen „Botanischen Gärtners" der Stadt Köln, Maximilian F. Weyhe, erweitert.

Im gleichen Jahr, in dem Weyhe den Plan für Melaten fertigte, wurde Jakob Greiß die Führung des Botanischen Gartens übertragen. Darüber hinaus oblag ihm auch die „Aufsicht und die Unterhaltung der städtischen Promenaden, Plätze, Wege und des Gottesackers". Alle gärtnerischen Arbeiten, auch die auf dem Friedhof, wurden an Tagelöhner vergeben.

Das Leichenfuhrwesen für den katholischen Teil der Bevölkerung blieb weiterhin in privater Hand.[14] Auch außerhalb der Stadt Köln in den umliegenden Gemeinden wurden verschiedentlich private Unternehmer mit diesen Aufgaben betraut.[15] Die protestantische Kirchenverwaltung (Presbyterium) Köln dagegen organisierte seit der Franzosenzeit den Leichentransport und die Beerdigungen ihrer Verstorbenen nach eigenen festgelegten Tarifsätzen in eigener Regie.

Wie in der Gesellschaft, so hatte das Militär auch im Beerdigungswesen eine Sonderstellung. Die Soldaten bildeten in der Stadt eine eigene „Militärgemeinde", die auch für die Beerdigung ihrer Toten verantwortlich war. Anders als andere Garnisonsstädte, wie beispielsweise das später eingemeindete Wahn, hatte Köln jedoch keinen eigenen Militärfriedhof,[16] sodass verstorbene Militärpersonen ebenfalls auf Melaten beerdigt wurden. Für die Armen, Mittellosen, Bettler und Tagelöhner gab es eine so genannte und in den Verwaltungsberichten auch so

Stadt Köln 1815 - 1888 zu Melaten beerdigte Personen											
Etat-Jahr	Beerdigungen				Gräber				Konfession		Gebühren	
	Erwachsene		Kinder (unter 8 Jahren)		Gesamt	davon auswärt.	Reihe		Privat / Familien		kath.	ev.	zahlend	gratis
1815	*				1727								
1825	*				1590								
1835	*				2034								
1845	*				2693								
1856					2996							1093	1607
1879	1672	43,8%	2143	56,2%	3815	(62)	3288	86,2%	527	13,8%	3370	445	1867	1503
1880	1699	39,8%	2573	60,2%	4272	(60)	3695	86,5%	577	13,5%	3773	499	1992	1728
1881	1767	44,6%	2193	55,4%	3960	(78)	3413	86,2%	547	13,8%	3469	491	1906	1563
1883	1698	42,2%	2328	57,8%	4026	(58)	3497	86,9%	529	13,1%	3559	467	1937	1622
1884	1811	43,7%	2329	56,3%	4140	(91)	3677	88,8%	463	11,2%				
1885	1857	43,0%	2465	57,0%	4322	(75)	3927	90,9%	395	9,1%				
1886	1932	43,3%	2530	56,7%	4462	(89)	3935	88,2%	527	11,8%				
1887	1865	43,3%	2441	56,7%	4306	(74)	3807	88,4%	499	11,6%				
1888	1906	44,9%	2342	55,1%	4248	(104)	3717	87,5%	531	12,5%				

* geschätzt nach Pieper

Statistische Zusammenstellung der Beerdigungen 1815-1888 auf dem Friedhof Melaten
Quelle: Verwaltungsberichte der Stadt Köln

bezeichnete „Gratis-Beerdigung" an der Peripherie des Friedhofs ohne namentliche Nennung oder gar Grabschmuck.[17] Überführt wurden diese Toten in anonymen Massentransporten. Später gestattete die Stadt nur noch den gleichzeitigen Transport von zwei Leichen. Die Gräber wurden sehr schnell wieder neu belegt.

Im Jahre 1884 führte die Stadt die ärztliche Leichenschau ein. Die Feststellung der Todesursache war in einer Zeit, in der Tuberkulose und andere Infektionskrankheiten noch regelmäßig auftraten, hauptsächlich wegen der Vorbeugung von Seuchen von Bedeutung. Vor dem Hintergrund einer anhaltend hohen Sterblichkeitsrate bedingt durch Krankheiten, Kindersterblichkeit und eine allgemein geringe Lebenserwartung wurde der Friedhof Melaten in den Jahren 1884 bis 1886 erneut erweitert. Mit der etwa 17,5 ha umfassenden Vergrößerung wurde die Gesamtfläche verdoppelt. Das Grundstück für den neuen Teil erwarb die Stadt von der Armenverwaltung, den Morgen (ca. 2 500 qm) für 4 000 Mark. Anfangs sollte der neue Abschnitt „in landschaftlichem Stil mit Rasenpartien, Gehölz und Coniferen-Pflanzungen angelegt werden", ganz dem Ideal der Zeit entsprechend.[18] Um den Gesamteindruck der Anlage jedoch nicht zu stören, wurde auch dieser Teil des Friedhofs in regelmäßiger Weise ausgebaut. Der Bedarf zur Erweiterung des Friedhofs war so stark, dass die erste Beerdigung bereits am 15.7.1886, also noch unter provisorischen Bedingungen, durchgeführt wurde. Im Jahre 1887 war der Ausbau des Neuen Teils mit Gesamtkosten von 126 957 Mark vollendet.[19]

Grabfeld auf dem Friedhof Melaten
Foto: J. Bauer 1999

Die hohen Kosten für den Ausbau des Friedhofs engten die finanzielle Situation des Kölner Friedhofs- und Beerdigungswesen stark ein. Für das Rechnungsjahr 1888/89 weist die Bilanz ein Defizit von 131 136 Mark aus.[20] Im Jahr zuvor hatte das Defizit dagegen nur 73 271 Mark betragen. Das Beerdigungswesen war für die Stadt ein Zuschussposten.

Die Entwicklung des städtischen Friedhofswesens im ausgehenden 19. Jahrhundert ist in besonderem Maße durch die umfangreichen Eingemeindungen im Jahre 1888 geprägt. Linksrheinisch wurden Longerich, Nippes, Kriel, Ehrenfeld und Müngersdorf vollständig, Efferen und Rondorf in Teilen in das Stadtgebiet eingegliedert. Durch die gleichzeitige Eingemeindung von Deutz und Poll wuchs Köln nun über den Rhein hinweg auf das rechtsrheinische Ufer. Mit in die neue kommunale Verbindung brachten die eingemeindeten Ortsteile ihre Friedhöfe. Diese 12 Friedhöfe (ohne den jüdischen Friedhof Deutz) waren allesamt Kirchhöfe, hatten zusammen eine Fläche von ca. 50 ha und waren größtenteils belegt. Erweiterungsmöglichkeiten waren keine vorhanden, da sich die dörflichen Vororte mittlerweile baulich stark entwickelt hatten. Aus diesem Grund wurden einige Friedhöfe geschlossen und zumeist in Grünflächen umgewandelt. (z.B. Friedhof Deutz 1896; Kirchhof Longerich, Friedhof Nippes und Friedhof Merheim lrh. zwischen 1896-1899). Durch die abrupte Vergrößerung des Stadtgebietes sowie die Zunahme der Friedhöfe war der bislang uneinheitliche, zum Teil durch private Unternehmer geregelte Leichentransport sowie die Verwaltung des Friedhofs allein durch den Friedhofsaufseher Heinrich Spiegel nicht mehr aufrechtzuhalten. Spiegel wurde deshalb in Rente geschickt und die Stadt kaufte ihm am 1.1.1891 sein Anwesen auf Melaten mitsamt Gärtnerei für 100 000 Mark ab, um von nun an die Geschäfte der Friedhofsverwaltung selber zu übernehmen. Mit dem Kauf der Gärtnerei gab es erstmals eine eigene kommunale Friedhofsgärtnerei, deren Einnahmen und Ausgaben von nun an in den jährlichen Verwaltungsberichten detailliert aufgelistet wurden. Sie war von Anfang an ein wirtschaftlicher Erfolg, denn „von der Befugnis sein Grab selbst oder durch einen privaten Gärtner anzulegen und zu pflegen, wird indessen nur wenig Gebrauch gemacht".[21] Wegen des ständig steigenden Bedarfs an Pflanzen wurde die Gärtnerei bereits 1897 um 6 000 qm erweitert. Weiterhin wurden bis 1900 drei zusätzliche Gewächshäuser errichtet und der Bau weiterer angekündigt. „Außerdem wurde daselbst eine (Pflanzen-)Überwinterungshalle und an der Mechternstraße ein Verbrennungsofen für verwelkte Kränze erbaut."[22]

Die Eingemeindungen hatten auch zur Folge, dass im Jahre 1892 die 63 Jahre alte Begräbnisordnung von 1829 (samt Nachträgen) den neuen Verhältnissen angepasst wurde.[23] Bis zu diesem Zeitpunkt galt die alte Ordnung lediglich für die Verwaltung des Friedhofs Melaten; für die 12 Friedhöfe der eingemeindeten Vororte dagegen waren sechs verschiedene Reglements maßgebend. Dies wurde nun vereinheitlicht. Gemäß der neuen Begräbnisordnung erfolgten die Beerdigungen entweder in den allgemeinen Reihengräbern, die für eine Verwesungsfrist von 15 Jahren bei Erwachsenen und von 10 Jahren bei Kindern unentgeltlich hergegeben wurden, oder in Privatgräbern. Die Privatgräber, die von allen Einwohnern des jeweiligen Bestattungsbezirks zu festgelegten Tarifen erworben werden konnten, unterteilten sich in Familiengräber zu je sechs Grabstellen, die an besonders schönen Stellen der Friedhöfe gelegen waren, sowie Gräber I. und II. Klasse, die meist in den ersten Reihen an den breiten Wegen lagen. Das Nutzungsrecht der Privatgräber erlosch nach 50 Jahren, konnte aber, solange der Friedhof noch seinen Zweck erfüllte, jedes Mal auf eine weitere gleich lange Periode durch Zahlung der halben dann gültigen Kaufgebühr erworben werden. Mit der neuen

Begräbnisordnung verbunden war auch eine Neueinteilung des Stadtgebietes in einzelne Bestattungsbezirke.[24] Die Aufsicht über die Verwaltung der Friedhöfe oblag zu dieser Zeit dem Oberbürgermeister bzw. dem zuständigen Beigeordneten, ab 1898 war dies der Beigeordnete Mann. Seiner Hauptdienststelle untergeordnet war die Abteilung 7 Friedhofswesen mit insgesamt vier Unterabteilungen: Begräbniswesen im Allgemeinen; Friedhöfe und deren Baulichkeiten; Grabstätten und Denkmäler; Angestellte. Von politischer Seite wurde die Verwaltung von der „Commission für öffentliche Anlagen und deren Aufsicht, Friedhofs- und Begräbnisangelegenheiten" kontrolliert.

Auf allen städtischen Friedhöfen wurden nun Friedhofsverwalter eingesetzt. Melaten erhielt einen Friedhofsinspektor. 1892 wurde Johannes Ibach Verwalter von Melaten und dadurch auch Friedhofsinspektor für das gesamte Beerdigungswesen der Stadt Köln. Damit unterstand ihm das gesamte Friedhofspersonal und die Verwaltung der Friedhofskassen. Seine Aufgaben umfassten u.a. die Einziehung der Gelder für die Grabpflege und die Auszahlung der Löhne. Das Gehalt von Ibach lag 1897 bei 4 000, später bei 5 800 Mark im Jahr. 1909 veröffentlichte Ibach erstmals einen „Wegweiser bei dem Eintritt eines Sterbefalles". Zum Preise von 25 Pfennig konnte man diese 57 Seiten starke Broschüre erwerben, in der sämtliche Fragen im Zusammenhang mit einer Beerdigung detailliert behandelt und geklärt wurden.

Die neuen Großfriedhöfe

Da die letzte Erweiterung des Friedhofs Melaten von 1886 bei weitem nicht ausreichte und die eingemeindeten Friedhöfe auch keine potentiellen Erweiterungsflächen besaßen, sah sich die Stadtverwaltung vor dem Hintergrund des anhaltenden Bevölkerungswachstums genötigt, drei neue Friedhöfe anzulegen. Die geplanten Friedhöfe Nord und Süd sollten die Funktion des Melatenfriedhofs als städtischer Zentralfriedhof aufheben und gleichzeitig eine zu den jeweiligen Wohnquartieren nähere Friedhofsversorgung gewährleisten. Die Neuanlage eines Friedhofs in Deutz erfolgte ausschließlich zur Deckung des rechtsrheinischen Bedarfs. Neben diesen neuen Friedhöfen wurden in den ländlich geprägten Stadtteilen nur wenige Ortsfriedhöfe kleineren Ausmaßes gebaut, 1899 in Longerich (7 000 qm), 1900 in Volkhoven-Weiler.

Der etwa 5,5 ha große Deutzer Friedhof (mit Leichenhalle) am Rolshover Kirchweg wurde am 9.4.1896 eröffnet und ersetzte den 2 Tage zuvor geschlossenen alten Friedhof an der Kalker Straße. Die geringe Größe erschien zunächst ausreichend, da der Bevölkerungsschwerpunkt Kölns damals eindeutig auf der linken Rheinseite lag. Die Gesamtausbaukosten betrugen 35 000 Mark. Leiter der zeitgleich neu eingerichteten Verwaltung des Friedhofs Deutz war der

Friedhof Deutz
Foto: J. Bauer 1994

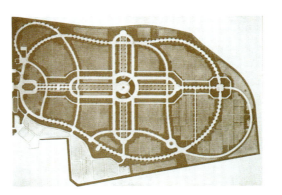

Nordfriedhof
Aus: J. W. Giesen: Kölner Grünanlagen. 1927

Plan des Südfriedhofs
Entwurf von Kowallek, um 1900
Quelle: Stadtkonservator

spätere Friedhofsinspektor (ab 1916) Xaver Meindorfner. Mit der Gestaltung des Nord- und des Südfriedhofs wurde der seit 1887 angestellte Gartendirektor Kowallek beauftragt. Kowallek hatte schon vor seiner Tätigkeit in Köln als Friedhofsgestalter in Magdeburg Anerkennung erhalten. Nach Kowalleks Vorstellungen sollten die geplanten Friedhöfe im Stil des Landschaftsgartens angelegt werden. In der Konsequenz bedeutete dies, dass die Friedhöfe flächenmäßig insgesamt großzügiger geplant wurden, der Anteil an Wegen und sonstigen Flächen überproportional anstieg. Die Belegungsdichte wurde dadurch reduziert. Um den landschaftlichen Charakter zu unterstreichen, sollten nicht nur die geschwungene Wege als Alleen mit Bäumen (in erster Linie Nadelgehölze) bepflanzt werden, sondern auch die Gräber selbst. Der geplante Nordfriedhof sollte den Friedhof Melaten entlasten und zu einem neuen Zentralfriedhof ausgebaut werden. Das ausgewählte etwa 28 ha große Gelände lag an der Merheimer Straße im Stadtteil Nippes. Die Kosten für die Anlage des Friedhofs (inklusive der Erweiterung des Jahres 1920 um 12,2 ha) beliefen sich auf 775 000 Mark. Am 18.5.1896 wurde die Anlage eröffnet; anfangs war sie mit der Pferde-, später dann mit der elektrischen Straßenbahn zu erreichen. Der mit der Errichtung des Nordfriedhofs neu definierte Beerdigungsbezirk umfaßte drei Altstadtpfarreien sowie eine Neustadtpfarrei und die Stadtteile Nippes, Riehl und Merheim (lrh.). Erster Friedhofsdirektor und Chef der Verwaltung des Nordfriedhofs wurde Georg Beitz, der bis etwa 1920 im Amt blieb. Ihm folgte Franz Schönwald.

Für die Neuanlage des Südfriedhofs galten die gleichen Planungsvoraussetzungen wie für den Nordfriedhof. Auch er sollte Melaten entlasten und gleichzeitig Friedhof für die stark wachsenden südlichen Stadtteile sein. „Die Eröffnung des ebenfalls landschaftlich, in einer Größe von 195 700 qm hinter dem Vororte Cöln-Zollstock angelegten Südfriedhofes konnte erst ... am 1.10.1901 erfolgen, weil die Zufahrtsstraßen noch nicht fertiggestellt waren."[25] Ein undatierter (etwa um die Jahrhundertwende) Kostenanschlag der Verwaltung für die gärtnerischen Arbeiten beläuft sich auf 78 357 Mark und 10 Pfennige. Auch dieser Friedhof erhielt eine eigene Verwaltung mit eigenem Verwaltungsgebäude. Erster Friedhofsverwalter wurde Carl Nilgen, unterstützt von Obergärtner Christoph Schlömer. Ihnen unterstanden im Jahr 1913 20 Arbeiter. Bereits 1914 wurde der Südfriedhof erweitert, neun Jahre später abermals – auf über 50,7 ha in Richtung Westen.

1910 und 1914 wurden die Gemeinden Kalk, Vingst und Merheim (rrh.) sowie die Stadt Mülheim in das Stadtgebiet von Köln eingemeindet. Damit kamen folgende Friedhöfe hinzu:

Links oben: Friedhof
Dellbrück
Foto: J. Bauer, 1994

Rechts: Südfriedhof,
Eingangsbereich Hönninger
Platz, um 1910
Foto: RBA

- Friedhof Stammheim Scharfensteinstraße, eröffnet 1888
- Friedhof Brück
- Friedhof Dellbrück, eröffnet 1888
- Friedhof Holweide, eröffnet 1907 [26]

Mit der Zunahme der Friedhofsflächen erfolgte eine personelle Aufstockung der Friedhofsverwaltung auf insgesamt 29 Personen. [27]

Selbst die Inbetriebnahme der beiden Großfriedhöfe Nord und Süd vermochte die Beerdigungsprobleme der Stadt Köln jedoch nicht zu lösen. Das Bevölkerungswachstum in der sich ausdehnenden Stadt war ungebrochen, eine weitere Steigerung der Einwohnerzahl wurde prognostiziert. Vor diesem Hintergrund sowie aufgrund der Tatsache, dass man auf Melaten trotz der Ruhefrist von 15 Jahren noch nicht verweste Leichen gefunden hatte, fasste die Verwaltung den Beschluss, einen weiteren noch größeren Friedhof zu bauen. Er sollte Melaten, den man aufgrund der Funde für nicht mehr „absorptionsfähig" hielt, und später alle anderen Friedhöfe des linksrheinischen Stadtgebietes ersetzen.

Die Leitlinien für den Neubau des Friedhofs wurden im Jahre 1910 vom Beigeordneten Fuchs in einer Stadtverordnetenversammlung ausführlich vorgetragen und in einer Denkschrift zusammengefasst. [28]

„Der Charakter des Friedhofs soll möglichst unserem heutigen sozialen Empfinden Rechnung tragen und den Gedanken der Versöhnung im Tode sinnbildlich zum Ausdruck bringen. Reihen und Kaufgräber müssen sich mehr als bisher üblich mischen. Vielleicht wird sich eine Auflösung der Gesamtanlage in verschiedene kleinere Anlagen wechselnden Charakters empfehlen. ... Ein großer Teil des Friedhofs soll aufgeforstet und als Waldfriedhof angelegt werden." [29]

Der vorgesehene Platz lag zwischen den Orten Esch, Pesch und Volkhoven und sollte eine Größe von etwa 200 ha haben. Eine bis zu 53 m breite Zufahrtsstraße zum Hauptfriedhof, inklusive „Electrischer

Links unten: Pappelallee
auf dem Friedhof Deutz
Foto: J. Bauer 1994

Im Jahre 1910
- Friedhof Kalk (in Merheim), am 3.11.1904 eröffnet (Ersatz für den alten Kalker Friedhof), Anfangsgröße 7,1 ha, später auf 15,7 ha erweitert. Nach der Eingemeindung eine eigene Verwaltung; Leiter wurde Ernst Martini.
- Friedhof Vingst mit 0,4 ha

Im Jahre 1914
- Friedhof Mülheim, am 26.9.1904 eröffnet, mit ca. 4 ha. Nach der Eingemeindung eigene Verwaltung, ab 1916 Friedhofsverwalter Johann Josef Vincentz.
- Friedhof Rath-Heumar 1889 mit 3,1 ha angelegt
- Friedhof Dünnwald 1860 eröffnet mit 3,1 ha
- Friedhof Flittard 1901 mit 0,8 ha
- Friedhof Stammheim Stammheimer Ring, Größe bei Übernahme 0,3 ha

2. Vom Kirchhof zum Zentralfriedhof

Westfriedhof, Eingang Venloer Straße, 1982
Foto: Stadtkonservator (Körber-Leupold)

Lageplan des Westfriedhofes, „Größe der ausgeführten Teile 31 ha"
Aus: J. W. Giesen: Kölner Grünanlagen. Köln 1927

Bahn", Fahrbahn, Radweg, Reitweg, Allee und zwei Bürgersteigen war ebenfalls projektiert. Doch da die Festungsbehörde Widerspruch einlegte, konnte der Plan auf dem vorgesehene Standort nicht realisiert werden. Ein neues Areal musste gesucht werden. Am 7.6.1912 beschloss der Rat den Ankauf eines Geländes zwischen Bocklemünd und Bickendorf nördlich der Venloer Straße. Da man sich über die Ausgestaltung des bedeutungsvollen Zentralfriedhofs nicht einigen konnte, wurde im Juni 1913 reichsweit ein Ideenwettbewerb ausgeschrieben.[30] Die Vorgaben des Wettbewerbs waren: Gärtnerische Gestaltung und Wegeerschließung von anfangs 59 ha Friedhofsfläche; ein Hauptgebäude mit großem Versammlungssaal für 400-500 Personen und zwei kleinere für je 250 Personen und zwei Warteräume für Trauergefolge und Priester; ein Aufenthaltsraum für das Friedhofspersonal, Toiletten, Zentralheizung, Stuhllager; eine Leichenhalle mit zunächst 30 Zellen, später auf 150 erweiterbar, samt Nebenräumen; ein Leichenschauhaus mit Lagerungskammern und Kühlkammern für je 6 Leichen; eine Gärtnerei mit Überwinterungshaus; Gestaltung des Haupteingangs mit Warteraum von 150 qm für das Publikum; im Anschluss Pförtnerzimmer und -wohnung; eine Friedhofskapelle mit Küster und Pfarrerwohnung; eine Wohnung für den Friedhofsverwalter.

Das Preisgericht unter der Leitung von Oberbürgermeister Wallraf und dem Beigeordneten Dr. Berndorff bestand aus den führenden Kapazitäten der damaligen Grünflächen- und Friedhofsplanung. Neben Encke und Ibach (beide Köln) waren die Herren Schumacher (Hamburg), Grässel (München), Bromme (Frankfurt/Main), Erbe (Breslau) und weitere beteiligt.[31] Die eingereichten Arbeiten konnten die Jury jedoch nicht überzeugen, sodass auch kein 1. Preis vergeben wurde. Vor allem im Hinblick auf die gartengestalterischen Aussagen der eingereichten Arbeiten konnte sich die Jury nicht einigen. Auf der einen Seite zeigten die Entwürfe noch den landschaftlich gestalteten Friedhof, wie er um die Jahrhundertwende für den Nord- und den Südfriedhof zur Anwendung kam, auf der anderen Seite den des aufkommenden architektonisch-geometrisch gestalteten Friedhofs. Dennoch oder gerade wegen des vielfältigen Ergebnisses wurden die Arbeiten des Wettbewerbs in einer viel beachteten Ausstellung präsentiert und in den einschlägigen Fachzeitschriften ausführlich besprochen. Aus den angekauften Wettbewerbsbeiträgen entwickelten Friedhofsdirektor Ibach und Professor Karl Wach aus Düsseldorf, der ebenfalls am Wettbewerb teilgenommen hatte, den Plan für den neuen Westfriedhof. Ende 1914 begann die Bauausführung mit bis zu 300 Arbeitern, darunter auch etwa 200 Kriegsgefangene aus Russland.[32] Nach Ende des Kriegs wurden die Arbeiten insbesondere durch Notstandsarbeiter („Produktive Erwerbslosenfürsorge") und Kriegsversehrte fortgesetzt. Die Bauleitung hatte der Gartenbautechniker Linnekuhl. Aufgrund des Kriegs bzw. der nachfolgenden Krisenzeiten wurde die ursprünglich geplante Ausstattung stark reduziert. So wurde beispiels-

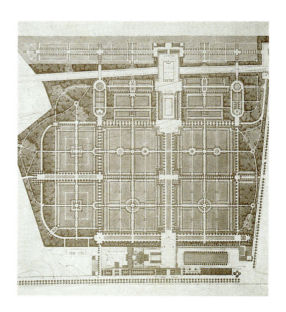

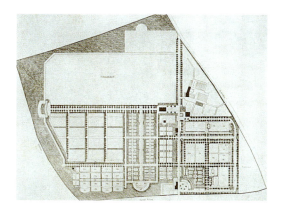

Lageplan Friedhof Deutz, „Größe der ausgeführten Teile 15 ha"
Aus: J. W. Giesen: Kölner Grünanlagen. Köln 1927

weise die Bitte der Stadt Köln um Zuteilung von Zement für den Bau der Leichenhalle 1917 in einem Telegramm der Kriegsamts – Kriegsrohstoffabteilung Zement – Berlin abschlägig beschieden.[33] Friedhofsdirektor Ostertag gab 1926 die Anlagekosten des Friedhofs inklusive der Gebäude mit 600 000 Mark an.[34] Die erste noch unter provisorischen Bedingungen durchgeführte Beerdigung fand am 1.10.1917 statt.

Mit der Eröffnung des Westfriedhofs wurde nach über einem Jahrhundert der Friedhof Melaten außer Dienst gestellt. Bis zu diesem Zeitpunkt hatten hier schätzungsweise 500 000 Kölner ihre letzte Ruhe gefunden.[35] Seine Schließung machte eine Neuabgrenzung der Beerdigungsbezirke notwendig. Insgesamt wurden sechs Beerdigungsbezirke (zu jedem der sechs Hauptfriedhöfe: Nord-, Süd-, Westfriedhof, Friedhöfe Deutz, Kalk und Mülheim) neu zugeschnitten. Die Verwalter dieser Friedhöfe erhielten die Dienstbezeichnung „Friedhofsinspektor". Sie bekamen zudem die Oberaufsicht über die Vorortfriedhöfe in ihrem jeweiligen Beerdigungsbezirk übertragen. Gleichzeitig wurden die Aufgabenbereiche und die Verantwortlichkeiten der einzelnen Friedhofsverwaltungen weiter ausgedehnt. So wurde die Leitung der neu geschaffenen Friedhofsdirektion Ibach übertragen, der zugleich den Titel „Friedhofsdirektor" erhielt. Er verwaltete seine Dienststelle vom Friedhof Melaten aus. Sein Nachfolger wurde im Jahre 1922 Jakob Ostertag. Die Leitung der Friedhofsverwaltung Melaten erhielt Everhard Strotmeyer. Aufgrund starken Drucks aus der Bevölkerung wurde auf der Sitzung der Stadtverordnetenversammlung vom 12.6.1923 die Wiedereröffnung des Friedhofs Melaten beschlossen. Einen Monat später wurden dort wieder Nutzungsrechte für alle Grabarten vergeben.

Das Friedhofswesen in der Weimarer Republik

Die ursprünglich geplante Schließung des Friedhofs Melaten sowie die Notwendigkeit, Notstandsarbeiten durchzuführen, führten in den ersten Jahren der Weimarer Republik zum Ausbau der vorhandenen Friedhöfe. Die größte Erweiterung war für den Südfriedhof vorgesehen, der um 200 172 qm vergrößert werden sollte. Durch Grenzregulierungen reduzierte sich die tatsächlich ausgebaute Fläche jedoch auf 178 688 qm. Der neue Teil wurde im architektonischen Stil gestaltet, so dass auf dem Südfriedhof nebeneinander geschwungene landschaftliche und streng architektonische Anlagen zu finden sind. Weiterhin ist die im Mai 1920 begonnene Erweiterung des Deutzer Friedhofs um insgesamt 198 736 qm (davon 28 991 qm für Beerdigungsfelder, 3 320 qm zur Vergrößerung der Gärtnerei) zu nennen. Die Arbeiten wurden über ein Jahr lang mit mehr als 400 Notstandsarbeitern durchgeführt.

Auch der Nordfriedhof wurde mehrmals erweitert, zuerst 1920, allerdings nur um 5 366 qm, im Jahr darauf dann um weitere 119 200 qm.[36] Dieser neue Teil des Friedhofs führte über die noch heute existierende Schmiedegasse hinaus und wurde im Gegensatz zum alten Gelände im architektonischen Stil errichtet. Am Mülheimer Friedhof war es der Verwaltung durch die Übernahme eines 34 880 qm großen privaten Grundstücks möglich, zunächst 10 880 qm Friedhofsfläche neu anzulegen. Aufgrund von Anregungen aus der Bevölkerung wurde 1931 auf dem Friedhof ein Gräberfeld für Urnen angelegt. Größere Erweiterungen gab es schließlich noch in Kalk und Rath-Heumar. Kleinflächigere Erweiterungen (unter 0,5 ha) wurden auf den Friedhöfen Dellbrück, Flittard und Worringen durchgeführt.

Eine Vergrößerung der städtischen Gesamtfriedhofsfläche erfolgte 1922 durch die Eingemeindung der Landgemeinde Worringen, wodurch der Stadt Köln

Lageplan Friedhof Mülheim, Größe 15 ha
Aus: J. W. Giesen: Kölner Grünanlagen.
Köln 1927

Rechts: Britischer Soldatenfriedhof auf dem Südfriedhof, 1999
Foto: Th. Kleineberg

noch die Friedhöfe Worringen (0,6 ha); Fühlingen, eröffnet 1899 mit 0,38 ha Fläche (später auf 0,54 ha erweitert); Rheinkassel (0,3 ha); Merkenich (0,3 ha); Volkhoven-Weiler (Übernahme der anderen Hälfte von Worringen) zufielen.

Zeitgleich mit der Eröffnung des Westfriedhofs war der Erlass der „Begräbnis- und Friedhofsordnung für die städtischen Friedhöfe von Cöln vom 19.7.1917"[37] herausgegeben worden. Hiermit verbunden waren grundlegende Veränderungen und Erneuerungen im Friedhofswesen. Zunächst übernahm die Verwaltung linksrheinisch das gesamte Leichenfuhrwesen, das bis zu diesem Zeitpunkt von einem privaten Fuhrunternehmer betrieben wurde.[38] Die ebenfalls angestrebten Transporte für die jüdische Gemeinden scheiterten an deren Widerstand. Mit der Übernahme des Leichenfuhrwesens wurden auch die zehn existierenden privaten Leichenwagen übernommen, 1918 noch drei zusätzliche angeschafft. Am 10.12.1920 stellte die Stadt Köln ihr erstes Leichenauto in Dienst. In den Jahren 1926/27 übernahm die Stadt auch im rechtsrheinischen Stadtgebiet die Leichentransporte, sodass das gesamte Kölner Leichenfuhrwesen jetzt in städtischer Hand lag.

Eine Vereinfachung brachte die neue Friedhofsordnung für das Begräbniswesen. Die Zahl der Beerdigungsklassen wurde von vorher sechs auf eine einheitliche Klasse reduziert. Für diese Leistung wurde ein nach Einkommen des Verstorbenen gestaffelter Betrag festgesetzt.

Mit der neuen Begräbnisordnung wurde auch eine Friedhofsberatungsstelle eingerichtet. Angesiedelt war diese Stelle beim Stadtbauamt für Städtebau und hatte das Genehmigungsrecht für die Aufstellung von Grabdenkmälern. Im Berichtsjahr 1921 wurden beispielsweise 3 844 Anträge gebührenpflichtig überprüft, um „minderwertige Fabrik- und Schundware und Photographien vom Friedhof fernzuhalten". Für das gleiche Jahr werden Mustergrabanlagen erwähnt, die sich großer Beliebtheit erfreuten

und sich durch „eine große Fülle guter Modelle auf den Gräbern" auszeichneten.

Die Neuorganisation der gesamten Stadtverwaltung und damit verbunden der Gartenverwaltung in den Jahren 1920/21 betraf auch die Friedhofsverwaltung. Für die Friedhöfe, das Beerdigungs- und das Leichenfuhrwesen war nun der Beigeordnete Bergmann zuständig. Ein Geschäftsverteilungsplan von 1925 ordnete die Aufgaben des Friedhofswesens der Friedhofsverwaltung und dem Dezernatsbüro zu. Demnach war die Friedhofsverwaltung für die Unterhaltung der Friedhöfe einschließlich Rechnungswesen, Kriegergräber, Umbettung von Leichen, Grabpflege, Einnahme der Beerdigungsgebühren sowie für das Leichenfuhrwesen und Beerdigungsangelegenheiten zuständig. Das Dezernatsbüro dagegen hatte für das Begräbnis-, Friedhofs- und Gebührenwesen im Allgemeinen, den Neubau von Friedhöfen, die Aufstellung von Friedhof- und Denkmalordnungen sowie für den Erwerb- und den Wiedererwerb des Nutzungsrechts an Eigengräbern Sorge zu tragen. Im Zuge der Reform der Stadtverwaltung von 1928 wurde die Verwaltung des Friedhofswesens abermals neu geordnet.[39] Die städtischen Friedhöfe wurden nun als einer von insgesamt 14 städtischen Betrieben geführt. Bis 1933 war die Friedhofsdirektion nicht mehr direkt der Gartenverwaltung unterstellt. Der Neu- und Ausbau der Friedhöfe verblieb jedoch

Oben: Kriegsgräber aus dem Zweiten Weltkrieg auf dem Südfriedhof
Foto: J. Bauer, 1989

Unten: Ehemaliges Verwaltungsgebäude auf dem Friedhof Kalk
Foto: Th. Kleineberg, 1999

bei der Gartenverwaltung. Der Pflanzeneinkauf und ähnlich gelagerte gärtnerische Aufgaben wurden von der Friedhofs- und Gartenverwaltung gemeinsam erledigt. Die Lohnbuchhaltung für die Friedhofsangestellten war schon früher mit der des Arbeitsamtes zusammengelegt worden.

Der Erste Weltkrieg und dessen Folgen stellte die Friedhofsverwaltung vor neue Aufgaben. Die große Anzahl der zivilen und militärischen Opfer dieses ersten „industriellen" Krieges traf die Verwaltung vollkommen unvorbereitet. Nach dem Krieg, mit der Besetzung des Rheinlands, wurde von den britischen Truppen ein Teil des Südfriedhofs, auf dem in Gefangenschaft gestorbene britische Soldaten bestattet worden waren, beschlagnahmt, 1922 dann der Stadt zum Preis £ 900 (damaliger Wert: 294 808 635 Mark) abgekauft. Anfangs waren auf diesem 3 624 qm großen Gräberfeld 1 694 englische, schottische, walisische und irische Soldaten bestattet. Im Laufe der Zeit wurden dann alle auf deutschem Boden gefallenen Briten dorthin umgebettet. Auch die Verstorbenen der britischen Besatzungstruppen und ihre Angehörigen fanden hier ihre letzte Ruhe, sodass die Zahl der Beerdigten auf 2 669 stieg. Die italienische Regierung erwarb für die Gefallenen ihres Landes Anfang der 1920er-Jahre ebenfalls ein Grundstück (6 156 qm) auf dem Südfriedhof, wo 1 917 italienische Krieger begraben wurden. Die Gebeine der gefallenen französischen und belgischen Soldaten, die auf Kölner Friedhöfen lagen, wurden exhumiert und in ihre Heimatländer zurückgebracht.

1928 trat die Stadt dem Volksbund Deutscher Kriegsgräberfürsorge e.V. bei. Damit verbunden war die Übernahme einer Patenschaft für den Kriegerfriedhof in Thiaucourt in Frankreich mit über 14 000 Gräbern deutscher Gefallener.[40] Für die „würdige Ausgestaltung" des Friedhofs bewilligte der Rat der Stadt Köln 75 000 Mark. Aufgrund wirtschaftlicher Schwierigkeiten wurde dieses Maßnahme jedoch bereits mit dem Rechnungsjahr 1931/32 eingestellt.

Kriegszerstörungen auf dem Friedhof Melaten, um 1945
Quelle: HAStK

Die Kölner Friedhöfe zur Zeit des Nationalsozialismus

Nach der nationalsozialistischen Machtübernahme im Jahre 1933 kam es zur Gleichschaltung der Verwaltung und zum Ende des Jahres fand eine vollständige Umstrukturierung der Verwaltung statt, die auch das Friedhofswesen betraf. Die seit 1928 als städtischer Betrieb geführte Garten- und Friedhofsverwaltung wurde dem Tiefbauamt zugeordnet. Paul Thyssen erhielt 1933 kommissarisch die Stelle des Gartendirektors. Mit dem Verlust der Eigenständigkeit sank auch die Bedeutung der Garten- und Friedhofsverwaltung. Neuanlagen oder Erweiterungen wurden nicht mehr begonnen, künstlerische Diskussionen und offene Wettbewerbe mit konkurrierenden Ideen zu Gartenkunst und Friedhofsgestaltung, wie es sie bisher gegeben hatte, fanden nicht mehr statt. Vielmehr sollten mit den am 18.1.1937 vom Reichsminister des Inneren herausgegebenen „Richtlinien für die Gestaltung des Friedhofs" die unterschiedlichen Gestaltungen vereinheitlicht werden.[41] Das Hauptaugenmerk der Friedhofsverwaltung konzentrierte sich nun auf andere Bereiche wie die Erneuerung verwitterter Kriegergedenksteine auf den Ehrenfriedhöfen, die Gestaltung pompöser Rahmen für Parteiveranstaltungen und die Übernahme von Gräbern von „NS-Märtyrern" in die ewige Pflege. Die Darstellung der laufenden Geschäfte der Friedhofsverwaltung reduzierte sich in den Verwaltungsberichten auf ein Minimum und endete kurz nach Kriegsbeginn für das Rechnungsjahr 1940/41.

Mit dem Beginn des Krieges wurde auch das Friedhofs- und Beerdigungswesen den „Notwendigkeiten des Krieges" untergeordnet. Zuerst stellte man große Flächen der Friedhofsgärtnereien auf die Anzucht von Gemüse und Obst um, mit dem die städtischen Krankenhäuser beliefert wurden. Zur Versorgung der Rüstungsindustrie mit Metallen wurde die „Reichsmetallspende" in den Jahren 1938/39 auf Kölner Friedhöfen durchgeführt. Grabkreuze und Einfriedungen aus Metall wurden abmontiert, eingeschmolzen und zu Waffen verarbeitet. Dieser Vorgang verlief teils freiwillig, teils unter Zwang.

Von einer intakten Stadtverwaltung konnte in den letzten Kriegsjahren keine Rede mehr sein. Einerseits war die Verwaltung gegenüber dem Gauleiter der NSDAP Josef Grohé direkt weisungsgebunden; andererseits wurde Köln als Verkehrsknotenpunkt, Industriestadt und Ausgangsbasis für den Nachschub an die Westfront zum Ziel zahlreicher amerikanischer und britischer Luftangriffe, sodass es zu einer kontinuierlichen „Chaotisierung des öffentlichen Lebens" und damit auch der Stadtverwaltung kam. Zeitgleich setzte die Flucht und Evakuierung der Bevölkerung in das nähere Umland ein. Bis zum Ende des Krieges sank die Zahl der Einwohner im linksrheinischen Stadtgebiet auf ca. 40 000 und im rechtsrheinischen auf 60 000, die in der Trümmerlandschaft (ca. 55% der Gebäude wurden zerstört) ums Überleben kämpften. Die Beerdigung der zahlreichen Luft-

Trauerkapelle auf dem Westfriedhof mit dahinter liegendem Krematorium, 1999
Foto: Th. Kleineberg

angriffsopfer in Massengräbern auf den Ehrenhainen der Großfriedhöfe wurde unter großem propagandistischem Aufwand der NSDAP und ihrer Organisationen vollzogen. Nach dem „Peter und Paul Angriff" vom 28./29. 3.1943 mussten beispielsweise kurzfristig über 4 300 Tote begraben werden.[42] Zusätzlich wurden einige Notfriedhöfe angelegt wie z.B. am Hansaring, an der Kirche St. Paul, St. Georg und am „Krieler Dömchen".[43] Die meisten Notfriedhöfe wurden aber schon bald nach dem Krieg geschlossen und die Leichen auf die Ehrenhaine der Großfriedhöfe verbracht.

Eine Vielzahl der insgesamt 39 städtischen Friedhöfe wurde durch die Bombenabwürfe der Alliierten sehr stark beschädigt. Dies gilt insbesondere für die innerstädtischen Friedhöfe, wie etwa Melaten (Angriffsnächte 30./31.5.1942 und 30./31.10.1944), den Südfriedhof und den Friedhof Deutz. In einer internen Aktennotiz des Gartenamtes von 1947 wird festgestellt, dass der Friedhof Melaten mit ca. 400 und der Friedhof Süd mit ca. 320 großen Bombentrichtern übersät war.

Das Kölner Krematorium

Der Bau des Krematoriums der Stadt Köln hat, wie die gesamte Feuerbestattung in den katholisch geprägten Regionen Deutschlands, eine lange, wechselvolle Vorgeschichte. Insbesondere die katholische Kirche stand dem Verbrennen von Leichen und der anschließenden Bestattung der Aschereste in einer Urne lange Zeit strikt ablehnend gegenüber. Mit der Französischen Revolution wurde die Feuerbestattung wieder zum Thema und fand Anhänger beim aufgeklärten Bürgertum und bei den Freidenkern.

Die Hauptgründe für die Leichenverbrennung waren hauptsächlich hygienischer Art (propagiert von einer Reihe von Ärzten, u.a. Dr. Jakob Grimm 1849) und in der Rückbesinnung auf römisch-klassizistische Vorbilder bzw. auf germanische Bestattungsriten begründet. Zum Teil führten die Anhänger der Leichenverbrennung auch ökonomische Zwänge wie Platz- und Kosteneinsparungen an. Die Vorkämpfer dieser Ideen gründeten weit vor der Jahrhundertwende so genannte „Feuerbestattungsvereine", deren Mitglieder vornehmlich den höheren Bevölkerungsschichten angehörten. Schwerpunkte dieser Bewegung waren die östlichen protestantischen Teile des Reiches. In Gotha wurde zum Beispiel 1878 das erste Krematorium auf deutschem Boden gebaut. In Köln konstituierte sich im Jahre 1902 der erste Feuerbestattungsverein, der zeitweise bis zu 1 200 eingetragene Mitglieder hatte. Als Mitglied dieses Vereins vermachte Oberlandesgerichtsrat Paul Rothschild am 6.1.1906 der Stadt Köln 100 000 Mark mit der Auflage, dieses Geld für den Bau eines Krematoriums auf Melaten zu verwenden. Die Stadt nahm zwar das Erbe an, fühlte sich jedoch nicht an die Verpflichtung gebunden, ein Krematorium zu bauen, da es keine rechtliche Grundlage hierfür gab. Diese wurde erst 1911 durch das Preußische Feuerbestattungsgesetz geschaffen. Doch auch jetzt verhinderte die in der Stadtverordnetenversammlung dominierende (katholische) Zentrums-Partei wiederholt entsprechende Anträge von SPD, KPD und den liberalen Parteien. Einäscherungen mussten weiterhin in anderen Städten durchgeführt werden.

Mit dem „Reichsgesetz über die Feuerbestattung" von 1934 änderten sich die Rahmenbedingungen erneut und sämtliche Hürden zum Bau einer Feuerbestattungsanlage wurden beseitigt. Kurze Zeit später wurde die Verwaltung mit der Planung und der Errichtung eines Krematoriums auf dem Westfriedhof beauftragt und ein Wettbewerb unter den Architekten des Gaues Köln-Aachen ausgeschrieben, aus dem der Architekt H. H. Lüttgen aus Köln als Preisträger hervorging. Der Bau begann im Frühjahr 1936. Die Zeitung „Westdeutscher Beobachter" bewertete in ihrem Artikel zur Eröffnung des Krematoriums am

11.4.1937 die Architektur als „Ausdruck nationalsozialistischer Baugesinnung". Das Krematorium war das 116. im Deutschen Reich und das Letzte, das in einer Großstadt gebaut wurde.

1 Praßer, A.: Alte Friedhöfe in und um Köln. Köln 1967
2 Vogts, Hans: Die alten Kölner Friedhöfe. Köln 1932
3 Ibach, J.: Die Friedhöfe und das Beerdigungswesen der Stadt Köln im 19. Jahrhundert. Köln 1915, S. 300f.
4 Pieper, P.: Entwicklung des Beerdigungswesens der Stadt Köln. Tübingen 1905, S. 6
5 Haupt, F.: Melaten. Friedhof und Kulturdenkmal. Köln 1978, S. 2
6 Gaedke, J.: Handbuch des Friedhofs- und Bestattungsrechts. Berlin 1992
7 Beines, R.: Vom Friedhof Melaten zum Nordfriedhof. Köln 1995
8 Pieper, P., a.a.O., S. 54
9 Pieper, P., a.a.O., S. 73
10 Auflistung vgl. Scholz, G./Beines, R.: Colonia Romanica. Jahrbuch des Fördervereins Romanische Kirchen Köln e.V. 1993 und 1994
11 Meunier, W. H.: Das kirchliche Begräbnißwesen mit besonderer Berücksichtigung der Erzdiöcese Köln. Düsseldorf, ohne Jahrgang (1900)
12 Verwaltungsbericht der Stadt Köln 1851
13 Schulz, Elisabeth: Die Aufhebung des konfessionellen Begräbnisses. In: Protestanische Begräbnisse und Begräbnisplätze in Köln. Köln 1957
14 Ibach, J., a.a.O.
15 Hist. Archiv d. Stadt Köln, Standort HA 750/
16 Beines, R., a.a.O.
17 Verwaltungsbericht der Stadt Köln 1879-1883
18 Jung, H./ Ibach, J.: Der Friedhof zu Köln-Melaten. Köln 1898
19 Verwaltungsbericht der Stadt Köln 1887/88
20 Verwaltungsbericht der Stadt Köln 1888/1889
21 Verwaltungsbericht der Stadt Köln 1891-1900
22 Verwaltungsbericht der Stadt Köln 1901-1905
23 Verwaltungsbericht der Stadt Köln 1891-1900
24 Pieper, P., a.a.O.
25 Verwaltungsbericht der Stadt Köln 1901
26 Wilken, Holger: Überblick über die Entwicklung im Friedhofs- und Beerdigungswesen vom Ende des 19. Jh. bis 1937. Köln 1988
27 Verwaltungsbericht der Stadt Köln 1910
28 Stadt Köln (Hrsg.): Denkschrift für die Anlage eines Hauptfriedhofes als Ersatz für den Friedhof Melaten. Köln 1910

29 ebd.
30 Öffentliches Ausschreiben zur Erlangung von Entwürfen für die gärtnerischen Anlagen und die Gebäude für einen neuen Friedhof in Cöln. Kölner Universitätsbibliothek (5L860)
31 Bestand des Stadtarchivs 750/ 87
32 Hist. Archiv d. Stadt Köln, Best 750 / Nr 88 (Artikel einer nicht mehr identifizierbaren Kölner Zeitung)
33 Hist. Archiv d. Stadt Köln, Telegramm in Best 750/ Nr.88
34 Die Friedhöfe in Köln. Nachdruck von 1926
35 Stadtarchiv (Zeitungsausschnitt von 1914 nicht mehr identifizierbar)
36 Verwaltungsbericht der Stadt Köln 1921
37 Universitätsbibliothek RhR 1184
38 Verwaltungsbericht der Stadt Köln 1919
39 Verwaltungsbericht der Stadt Köln 1928
40 Verwaltungsbericht der Stadt Köln 1928/29
41 Gaedke, J., a.a.O.
42 Wagner, G.: Memento Mori – Gedenke des Todes. Köln 1995
43 Aussage Beines, Stadtkonservator Köln

Rechts: Kirchhof Esch
Foto: J. Bauer, 1995

Rechts unten: Mitarbeiter der Schlosserei des Grünflächenamtes sanieren das Tor auf dem Kirchhof Esch.
Foto: Herrmanns

Kirchhof Esch

Johannes Ralf Beines

Der Kirchhof Esch, der noch heute als Begräbnisstätte mittelalterlichen Ursprungs genutzt wird, ist trotz mehrerer Erweiterungen zumindest im ältesten Teil, also an der Südseite der St. Martinus Kirche, ein anschauliches Beispiel katholischer Begräbniskultur, wie sie ehemals auch in der Freien Reichsstadt Köln vorhanden war. Da bis ins 19. Jahrhundert die Kirche Träger der Kirchhöfe war, kümmerte sich die Zivilgemeinde weder um die Gestaltung noch um die Belegung.

Die napoleonische Bestattungsordnung von 1804 verbot zwar den Weiterbetrieb von Kirchhöfen innerhalb von Wohngebieten, auch wurde den Kirchengemeinden die Trägerschaft der Begräbnisstätten entzogen und diese auf die Zivilgemeinde übertragen, sodass die Anlage des Friedhofs Melaten erforderlich wurde. Doch auf dem Lande blieb es lange Zeit weitgehend noch so, wie es war; so auch in Esch. An der Erscheinungsform des Kirchhofs änderte sich selbst dann wenig, als durch Erlass des Kölner Regierungspräsidenten von 1862 (als endgültiger Vollzug der Verordnung von 1804) der Kirchhof im Handstreich der Zivilgemeinde (damals Sinnersdorf) übergeben wurde.

Eindeutiges Zentrum der Anlage ist nach wie vor die Kirche, um sie herum sind die Gräber gruppiert, bei denen sich auf immerhin noch 22 jene typisch rheinisch-katholischen Grabmäler aus der Zeit des frühen 16. bis zum späten 18. Jahrhundert befinden. Kraftvoll umfriedet ist der Kirchhof durch eine jahrhundertealte Mauer, bereichert durch Kreuzwegstationen, um 1870 im rheinisch neugotischen Stil entstanden. Ausdrucksstark ist das Kriegerehrenmal an der Ostseite der Kirche, 1928 von der Kölner Bildhauerin H. Domizlaff in Kalkstein geschaffen. In dessen unmittelbarer Nähe erhebt sich (wieder) ein tragisches Zeugnis der Zeitgeschichte; das im „Reformstil" von unbekannter Hand entworfene Denkmal erinnert an die ersten zivilen Opfer des Ersten Weltkriegs im Kölner Umland, nämlich an 12 Kinder, die 1916 durch eine explodierende Bombe ums Leben kamen und hier beerdigt wurden. Den Eingang von der Kirchgasse aus bildet – mittlerweile eine Seltenheit – ein Kirchhofportal, entstanden um 1790, mit einer Kreuzigungsgruppe aus der Zeit um 1550. In einem umfassenden Restaurierungsprogramm ab 1989 wurden das Portal, die Mauer, die Kreuzwegstationen und die Kirche wieder instand gesetzt. Mit dem Bepflanzungsprogramm von 1991/1992, das vom Stadtkonservator initiiert und vom Amt für Landschaftspflege und Grünflächen, vom Amt für Umweltschutz sowie von vielen Privatpersonen unterstützt wurde, konnte dem Kirchhof auch die Bauernflora zurückgegeben werden, die ihn bis zur Mitte des 19. Jahrhunderts geprägt hatte.

Belegungsplan des Friedhofs, 1998
Quelle: ALG

Kirchhofsportal mit der Kreuzigungsgruppe
Foto: J. Bauer, 1995

FRIEDHOF MELATEN

Johannes Ralf Beines

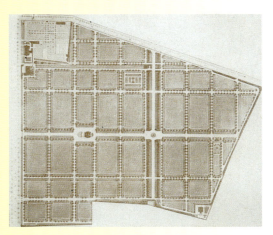

Lageplan Friedhof Melaten (Alter Teil)
Aus: J. W. Giesen: Kölner Grünanlagen.
Köln 1927

Am 29.6.1810 wurde der neue (bis 1829 ausschließlich katholische) Zentralfriedhof eröffnet, und zwar auf dem Gelände des ehemaligen Leprosenhauses zu Melaten (malade = krank).
Der Haupteingang an der Aachener Straße, 1810 als klassizistischer Portikus errichtet, wurde mit Inschriften von Kanonikus Ferdinand Franz Wallraf versehen, die den Ort als Friedhof kennzeichnen. Die flankierende Mauer, im Verlauf des 19. Jahrhunderts in mehreren Abschnitten erweitert und mit zwei weiteren Eingangsportalen versehen, konnte in den letzten Jahren in ihrer originalen Formgebung und Putzgliederung wiederhergestellt werden. Rekonstruiert wurden hier auch zwei weitere Inschriftentafeln (1810) von Wallraf, deren Inhalt in blumenreicher Sprache den Betrachter nachdenklich stimmen soll. Neben dem alten Haupteingang steht das Pförtnerhäuschen, 1904 entworfen von Friedrich Carl Heimann, 1942 schwer beschädigt und 1985 in alter Form wieder aufgebaut. Die erste Kapelle auf diesem Gelände wurde wohl gegen Ende des 12. Jahrhunderts errichtet. Urkundlich überliefert ist, dass ein Bau durch Konrad von Hochstaden dem heiligen Dionysius geweiht wurde. Er diente fortan dem Leprosenhaus auf Melaten als Kapelle. 1474 zerstört, entstand er neu als zweischiffige Hallenkirche. Seit der Auflösung des Leprosenheims (1767) dem Verfall ausgesetzt, ging diese Kapelle 1804 ins Eigentum der Stadt Köln über und wurde auf Initiative Ferdinand Franz Wallrafs 1810 renoviert, zur Friedhofskapelle bestimmt und, ebenfalls 1810, durch den Kanonikus Xaver Metternich auf eigene Kosten im Inneren instandgesetzt. 1850 bis 1872 wurde sie im Stil der rheinischen Neugotik unter Vincenz Statz umgebaut und die Innenausstattung erneuert. Unter der Leitung von Hans Verbeek wurde dies 1909 entfernt und durch eine neue im Jugendstil ersetzt. Nach Kriegsschäden (1942 bis 1945) baute die Stadt Köln die Kapelle unter Fortfall der Umbauten von Statz und Verbeek 1954 wieder auf. Heute steht sie leer; ihre Zukunft ist ungewiss.

Abgesehen von dem stadt- und familiengeschichtlichen Wert, den das auf Melaten erhaltene Ensemble von Grabstätten aus dem 19. und 20. Jahrhundert besitzt, ist vor allem der künstlerische Rang der Grabdenkmäler besonders hoch anzusetzen. Neben Werken bedeutender Kölner Bildhauer wie beispielsweise J. Mannebach, P. J. Imhoff und C. Mohr finden sich auch zahlreiche wertvolle Arbeiten von Künstlern, die ihre Ausbildung an der Berliner und Düsseldorfer Akademie der Künste genossen hatten, beispielsweise H. Lederer, K. Janssen und D. Meinardus.
Die ältesten Grabsteine und -stelen auf Melaten zeigen sich dem antiken Vorbild verpflichtet, so der in einer Kopie erhaltene Obelisk für J. Heister, 1817 (Lit I) oder der trauernde Genius für C. Hamm, 1821 (Flur A). Der 1842 wieder aufgenommene Weiterbau des Domes hatte das Aufkommen einer Fülle von Grabmonumenten im Stil der rheinischen Neugotik zur Folge, zu denen auch die jeweiligen Dombaumeister und -bildhauer Entwürfe lieferten; so beispielsweise die Grabdenkmäler Schmits-Meurer, 1855 (Lit G), E. F. Zwirner, 1861 (HWG) und die Grabplatte für J. D. Herstatt, 1879 (HWG).

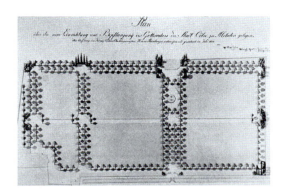

Bepflanzungsplan von
Maximilian F. Weyhe, 1826
Quelle: HAStK

Gräberflur auf dem
Friedhof Melaten
Foto: J. Bauer, 1996

Gegen Ende des 19. Jahrhunderts wurden, vor allem an den Hauptwegen, die Grabanlagen monumentaler, sodass nunmehr auch zunehmend Architekten mit Entwürfen beauftragt wurden, wie zum Beispiel die Grabanlage Deichmann (MA) von H. Pflaume/ H. Band, 1879. Unterschiedliche historische Stile frei interpretierend, sind sie oftmals mit Jugendstilelementen versehen. Im Gefolge der Kölner Werkbundausstellung 1914 tauchte schließlich eine Reihe sehr qualitätvoller „Reformgrabmäler" auf, die in ihrer straffen Formgebung und bewussten Einbindung ins Grün dezent das neue Jahrhundert auf Melaten einläuteten, zum Beispiel das Grabmal E. Euskirchen, von J. Moest, 1906 (Flur 60A). Auch nach 1945 entstanden eine Reihe künstlerisch bemerkenswerter Denkmäler, unter anderem für Oppenheim von H. Calleen, 1970 (MA) und für Huppertz, von F. Meyer, 1982 (Flur A).

Allegorie des Todes –
Grabmonument
Foto: J. Bauer, 1996

Friedhof Melaten

NORDFRIEDHOF

Johannes Ralf Beines

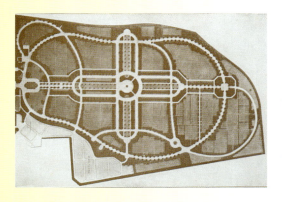

Plan des Nordfriedhofs, Größe 15,5 ha
Aus: J. W. Giesen: Kölner Grünanlagen.
Köln 1927

Grabfeld auf dem Nordfriedhof, 1995
Foto: Stadtkonservator (Körber-Leupold)

Am 9.5.1895 wurde die Anlage des neuen Friedhofs als „Entlastungsfriedhof" für Melaten durch die Stadtverordneten beschlossen. Die Grünplanung übernahm A. Kowallek, die Planung der Hochbauten F.C. Heimann. Bereits am 18.5.1896 konnte der Friedhof, zwischen Nippes und Merheim/linksrheinisch (heute Weidenpesch) gelegen, feierlich eröffnet werden. Nach dem Vorbild des Ohlsdorfer Friedhofs in Hamburg handelt es sich um einen landschaftlich angelegten „Parkfriedhof", mit einer deutlichen Mittelachse vom Haupteingang ausgehend. Hiervon zweigen geschwungene „Brezelwege" ab, die zusammen mit den flankierenden Grabanlagen den „malerischen" Charakter der Anlage ausmachen. Künstlerisch bemerkenswerte Grabmäler vor allem aus der 1. Hälfte des 20. Jahrhunderts kennzeichnen den Denkmälerbestand. Als interessante Zeugnisse der „Reformkunst" um 1920 können die Grabanlagen Contzen, von P. Kribben, Flur B und Mühlens, von J. Simonis, Flur 1a angesehen werden, der Expressionismus ist recht anschaulich mit den Gräbern Fischer/ Gasten, von Wings & Iltgen, Flur B und natürlich Seiwert, Flur 14b, von Franz W. Seiwert selbst entworfen, vertreten. Der vorzugsweise im Stil des Neoklassizismus arbeitende Bildhauer L. Lindelauf hat mit dem Grabmal Gülich, Flur B, ein qualitätvolles Werk hinterlassen.

Der Eingangsbereich mit der Einfriedigung, dem Gebäude der Friedhofsverwaltung und der Wohnung des Verwalters wurde von dem damaligen Leiter des Hochbauamtes, F. C. Heimann, in der ihm bestens vertrauten Form der rheinischen Neugotik errichtet. 1994 konnte das Eingangsportal mit seiner Rahmenarchitektur in alter Form wiederhergestellt werden, nachdem die vier Tore, die um 1960 in Privatbesitz gelangt waren, aufgekauft und instand gesetzt worden waren. Auch die alte Trauerhalle am Eingang, ein edel proportionierter Bau im Stile des Neoklassizismus (um 1920, möglicherweise von H. Verbeek, Städtisches Hochbauamt), der jahrelang sehr stiefmütterlich behandelt worden war, wurde restauriert und fand in einer orthodoxen Kirchengemeinde einen neuen Nutzer.

SÜDFRIEDHOF

Johannes Ralf Beines

Als zweiten „Entlastungsfriedhof" für Melaten beschloss die Stadtverordnetenversammlung bereits am 13.5.1897 die Anlage des Südfriedhofs. Auch hier wurde, wie am Nordfriedhof, eine landschaftliche Gestaltung gewählt und auch hier übernahm A. Kowallek, der 1902 hier auch begraben wurde (Flur 2), die Grünplanung.

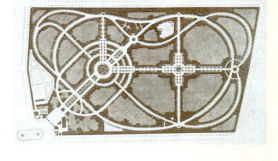

Plan des Friedhofs, Entwurf Kowallek
Aus: J. W. Giesen: Kölner Grünanlagen. Köln 1927

Den klaren Mittelpunkt der Hauptachse markiert das Hochkreuz, 1905 von F. Bolte (Hochbauamt) entworfen. Er machte einen glücklichen Griff, indem er einen der bedeutendsten Kölner Bildhauer der Zeit, J. Moest, damit beauftragte, die Reliefs zu modellieren und in Bronze zu gießen. Die privaten Grabanlagen sind zum Teil erheblich aufwändiger gestaltet als auf dem Nordfriedhof. Ein schönes Beispiel der ausgehenden Gründerzeit ist das Grab Bräckerbohm mit einer dramatisch konzipierten Skulptur, entworfen vom Bildhauer C. F. Echtermeier. Besonders eindrucksvolle Grabanlagen im Stil der Reformkunst sind zweifellos das Grabmal Ganser von Architekt L. Paffendorf, Flur 3, und das Grabtempelchen Müller-Grah von dem Architekten G. Eberlein, Flur 12. Distanzierte Würde vermitteln die neoklassizistischen Grabanlagen, so beispielsweise die Denkmäler Schwan von Muschard & Walk, Flur 15, Schröder von B. Peters, Flur 17, und schließlich Günther von dem Architekten und Bildhauer F. Brantzky, Flur 28.

Der ab 1920 geschaffene deutsche Ehrenfriedhof, dominiert von der hohen Stele nach dem Entwurf von A. von Hildebrand und begleitet von sehr unterschiedlich geformten Einzeldenkmälern, blieb nicht ohne Widerspruch, da insbesondere seitens des Volksbunds Deutscher Kriegsgräberfürsorge ansonsten bei solchen Anlagen eher einheitlich gezeichnete Denkmäler favorisiert wurden. Diesem gestalterischen Ideal entsprechen der englische (1922) und der italienische (um 1920) Ehrenfriedhof eher.

Der Eingangsbereich wurde ebenfalls, wie beim Nordfriedhof, von F. C. Heimann konzipiert, mit Unterstützung seines jüngeren Kollegen F. Bolte. Im Stil folgte man der speziellen Vorliebe Kaiser Wilhelms II. für öffentliche Bauten, nämlich der rheinisch geprägten Neuromanik, wobei hier Baudetails mit Elementen des Jugendstils versehen wurden. Während

Allee auf dem Südfriedhof, 1989
Foto: ALG

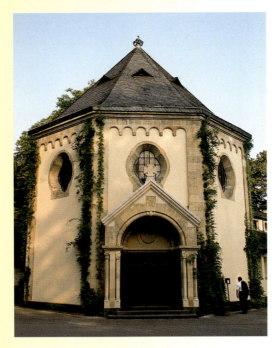

Trauerhalle auf dem Südfriedhof, 1989
Foto: ALG

das Pförtner- und Gärtnerhaus weitgehend original erhalten ist bzw. in den letzten Jahren stilgerecht instand gesetzt werden konnte, haben sich das Gebäude der Friedhofsverwaltung und das früher mit einem markanten Walmdach versehene Toilettenhaus (1922 von H. Verbeek) bis heute noch nicht von den Kriegs- und Nachkriegsschäden erholt. Die aufwändig skulptierte und geschmiedete Einfriedigung hingegen konnte ebenfalls vor einigen Jahren wieder hergestellt werden. In diesem Zusammenhang unterzog man die Außenseite der Trauer- und Leichenhalle, 1906 bis 1912 von F. C. Heimann errichtet, ebenfalls einer denkmalgerechten Restaurierung; dabei wurden auch die Bleiverglasungen des Vorderbaus rekonstruiert. Das Innere der Halle vermittelt zur Zeit noch einen traurigen Eindruck, doch die Planungsvorbereitungen zur Renovierung in originaler Farbgebung sind bereits angelaufen.

WESTFRIEDHOF

Johannes Ralf Beines

Nach ersten Diskussionen über die Neuanlage eines „Kölner Zentralfriedhofs" 1910 wurden 1912 Finanzmittel für den Ankauf eines Geländes in Vogelsang bereitgestellt. Angesichts der geplanten Größe der Anlage, aber auch angesichts der seit etwa 1910 einsetzenden künstlerischen Diskussion über die Notwendigkeit einer Reform der öffentlichen wie privaten Friedhofskunst, die mit wahrhaft missionarischem Eifer zwischen Friedhofsverwaltern, Architekten, Bildhauern und Denkmalpflegern ausgetragen wurde und an der auch der 1906 in Köln gegründete „Rheinische Verein für Denkmalpflege und Heimatschutz" (dem auch prominente Vertreter des Kölner Rates und der Stadtverwaltung angehörten) regen Anteil hatte, schrieb der Rat 1913 einen reichsweiten Wettbewerb zur gärtnerischen und baulichen Gestaltung der neuen Friedhofsanlage aus. Mitglied des Preisgerichts war übrigens auch Hans Grässel als Leiter des Münchener Stadthochbauamtes, damals berühmt wegen seiner Neuanlagen einiger Münchener Friedhöfe, die ganz den Vorstellungen der Reformkünstler entsprachen. Leider sind in Köln die Akten zur Werdung des neuen Friedhofs nicht vollständig, doch lässt sich nachvollziehen, dass es für die Jurymitglieder nicht einfach war, einen ersten Preisträger zu ermitteln, wohl nicht zuletzt auch deshalb, weil für 1914 die „Werkbundausstellung" für Köln avisiert war, eine künstlerische Leistungsschau aller deutschsprachigen Länder und Landesteile mit einer Friedhofsabteilung, in denen der Anteil der Reformkünstler deutlich überwog.

In diese Ausstellung einerseits und in die Diskussion um die eingesandten Entwürfe für den neuen Friedhof andererseits brach der Beginn des Ersten Weltkriegs. Die „Werkbundausstellung" wurde unverzüglich abgebrochen und für den neuen Friedhof eine schnell durchführbare Version angesteuert. Friedhofsverwalter Johannes Ibach arbeitete den Grünplan aus, der Düsseldorfer Architekt Karl Wach lieferte einen „abgespeckten" Entwurf seines Wettbewerbbeitrages. Noch 1914 wurde mit dem Bau der Anlage begonnen, ebenso, allerdings

„Jünglinge im Feuerofen" – Gedenkstein von H. Calleen im Ehrenhain des Westfriedhofs, 1969
Foto: Stadtkonservator

kriegsbedingt nur sehr zögerlich, mit dem der Verwaltungsbauten am Eingang Venloer Straße. Beide waren im Oktober 1917 so weit fertig gestellt, dass sie eingeweiht werden konnten. Die Trauerhalle und der Verbindungsgang zwischen den beiden Verwaltungsgebäuden waren erst 1921 vollendet.

Die Grüngestaltung zeigt sich als Kompromiss zwischen einer regelmäßigen Gestaltung und waldartig angelegten Randstücken. Die Grabmäler aus der Zeit um 1918 bis etwa 1940 treten zwar, den Forderungen der Reformkunst gemäß, dezent in den Grünbereichen zurück, doch sind sie vielfach künstlerisch, oftmals auch zeitgeschichtlich bedeutende Zeugnisse ihrer Entstehungszeit. Anschauliche Beispiele neoklassizistischer Ausrichtung sind die Grabmäler Honecker von M. Färber, Flur C, Kirsch von A. Dunkel, Flur J, und Thelen von L. Lindelauf, Flur J. Der Expressionismus, in reiner Form auf Kölner Friedhöfen eher selten anzutreffen, hat mit dem Grabmal Arenz von unbekannter Hand, Flur J, ein damals gewiss als gewagt angesehenes Objekt hinterlassen. In der Mitte der Eingangsachse erhebt sich das 1935 bis 1937 von Hans Heinz Lüttgen in gemäßigt moderner Formgebung errichtete Krematorium, das erst nach langer und zäher Diskussion im katholisch geprägten Köln möglich wurde. Der Bau konnte umfassend wiederhergestellt werden; im Inneren wurde dabei die originale Farbigkeit rekonstruiert. Beeindruckend und nachdenklich stimmend sind die Gräber der Opfer von 1933 bis 1945 - mit den Skulpturen von H. Calleen „Jünglinge im Feuerofen", von O. Zadkine „Die Gefangenen" und dem Wandrelief „Pietà" von K. Lehmann.

OSTFRIEDHOF

Johannes Ralf Beines

Bereits 1945 wurden erste Überlegungen zur Anlage eines neuen Entlastungsfriedhofs für Dellbrück, Brück und Holweide angestellt. Im Februar 1946 lag die erste „Planung eines Waldfriedhofes auf der Iddelsfelder Hardt" vor, die im November 1947 durch einen weiteren Plan ergänzt wurde, in dem nun die ersten Grabfelder im südlichen Teil des späteren Friedhofs, im Übrigen die vorgeschichtlichen Hügelgräber des Geländes, eingetragen sind.

Am 1.7.1948 fand die Einweihung des ersten Gräberfelds statt, 1951 war die Hälfte der vorgesehenen Friedhofsfläche fertig gestellt und im November 1955 konnte die Trauerhalle mit den künstlerisch bemerkenswerten Bleiverglasungen in Betrieb genommen werden. Bedingt durch die äußeren Vorgaben, also die vorgeschichtlichen Hügelgräber einerseits, den bereits vorhandenen und behutsam ergänzten Wald andererseits, wurde eine großzügige Friedhofsanlage geschaffen, in die die einzelnen Grabanlagen samt ihren Denkmälern wie „eingestreut" wirken. Ein bedrückendes Dokument der Zeitgeschichte, fast der Vergessenheit anheimgefallen, findet sich ebenfalls hier, am Nordende des Friedhofs (Rademacherweg): 1943 wurde dort ein Zwangsarbeiterlager errichtet. Eine Gedenkplatte des Bildhauers Joseph Höntgesberg von 1993 erinnert daran.

Mülheimer Kommunalfriedhof

Gertrud Scholz

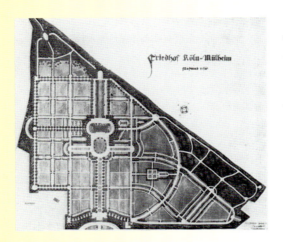

Plan der Gesamtanlage, 1922
Aus: J. W. Giesen: Kölner Grünanlagen. Köln 1927

Die Entstehung des Kommunalfriedhofes Mülheim fällt in jene Zeit, in der Mülheim, seit 1816 Hauptstadt des Kreises Mülheim am Rhein im Regierungsbezirk Köln, soeben (zum 1.5.1901) den Status der kreisfreien Stadt erhalten hatte. Feierlich eröffnet am 30.9.1904,[1] war dieser Friedhof für die ersten etwa zehn Jahre seines Bestehens – bis zur Eingemeindung von Mülheim zum 1.4.1914 – der moderne Kommunalfriedhof der mittelgroßen Industriestadt, zu der sich die alte Bergische Rivalin des „Heiligen Köln" im Laufe des 19. Jahrhunderts entwickelt hatte. In dieser historischen Hinsicht vergleichbar ist unter den größeren Friedhöfen des heutigen Köln nur der Kalker. 1816 noch eine kleine Siedlung in der Bürgermeisterei Deutz/Landkreis Köln, hatte Kalk im Zuge der Industrialisierung derart an Wirtschaftskraft gewonnen, dass es 1881 zur Stadt erhoben wurde; und es war die Stadt Kalk – eingemeindet 1910 –, die – im gleichen Jahre wie die Stadt Mülheim – 1904 einen Großfriedhof errichten ließ als Ersatz für den als stimmungsvolle Grünanlage fortbestehenden ersten Kalker Friedhof an der Kapellenstraße.

Der heutige städtische „Friedhof Mülheim" wird in den Quellen seiner Entstehungszeit aus gutem Grund Mülheimer „Hauptfriedhof" genannt, denn in der Gemeinde Mülheim gab es und gibt es – nach zeitweiliger Schließung – bis heute in Gebrauch befindlich zwei weit in die Zeit vor der Französischen Revolution zurückreichende christliche Begräbnisstätten: den zu unbekannter Zeit vor dem 13. Jahrhundert entstandenen Kirchhof von St. Mauritius an der Sonderburger Straße – ehemals Buchheim –, der ersten Pfarrkirche der Mülheimer,[2] und den evangelischen Friedhof an der Bergisch Gladbacher Straße, eröffnet bald nach der Gründung der reformierten und der lutherischen Gemeinde im Jahre 1610.[3] Zumindest erwähnt sei hier auch der nicht zur Vorgeschichte des Mülheimer Kommunalfriedhofes gehörende, um 1770 am Neurather Ring angelegte Friedhof der jüdischen Gemeinde Mülheim, dessen Geschichte mit der Verfolgung, Deportation und Ermordung der Mülheimer Juden sein gewaltsames Ende fand.

Der heutige Besucher des Mülheimer „Hauptfriedhofes" trifft auf die annähernd original erhaltene, respektgebietende Eingangssituation an der Frankfurter Straße: Auf einer kleinen Straßeninsel, die den Friedhof gegen den Verkehr der breiten Ausfallstraße abschirmt, markieren zwei mächtige Trauerbuchen die aus der Bürgersteigflucht in flachem Bogen zurückgenommene symmetrische, in einer Art gotisierendem „Heimatstil" gestaltete Gesamtanlage der Baulichkeiten des Friedhofseinganges: eingeschossiger Portalbau mit Durchfahrt und zwei Eingängen, flankiert von zweigeschossigen Backsteinhäusern mit hohen Walmdächern. Beide Häuser dienten ursprünglich als Verwaltungs- und Wohnbauten; in dem rechten befand sich neben dem Friedhofsbüro die Dienstwohnung des Friedhofsverwalters. Bereits im Sommer 1904 zog Johann Joseph Vincentz ein, der erste Mülheimer Friedhofsverwalter, seit 1916 stadtkölnischer Friedhofsinspektor.

Architekt der Eingangsbauten war vermutlich eben der Regierungsbaumeister Raabe, der im August 1903 die Bauleitung für alle Friedhofsneubauten übernahm und dessen Urheberschaft für den funktional wichtigsten Hochbau des neuen Friedhofes feststeht: die „Leichenhalle".[4] Der hier abgebildete Grundriss der Gesamtan-

Auf dem Friedhof
Mülheim um Allerheiligen
1949
Quelle: HAStK

lage[5] zeigt das Gebäude, von dem nach Kriegseinwirkung nichts geblieben ist, überbreit quergestellt zu der auf das markante Grünoval führenden breiten Eingangsachse. Wir haben noch Raabes (allerdings schwer beschädigte) Fassadenzeichnung. Da die Stadt Mülheim offenbar einen Bau haben wollte, der sowohl Leichenhalle als auch Kapelle sein würde, konnte Raabe den Angst und Abwehr erregenden Hauptzweck des Gebäudes – kontrollierte Aufbahrung der Leichen in den gesetzlich vorgeschriebenen 72 Stunden zwischen dem Eintritt des Todes und der Bestattung – dadurch optisch kaschieren, dass in der streng symmetrischen Fassade die mittig traufständige eigentliche Leichenhalle flankiert war von zwei für die Andachtsräume bestimmten quergestellten Baukörpern mit gotisierend gestalteter Giebelfassade und wie Kirchtürme wirkenden hohen Dachreitern.

Die Stadt Mülheim hatte für ihren neuen Hauptfriedhof von Anfang der Planung (1901) an das ganze Gelände des heutigen Friedhofes ins Auge gefasst; 1904 für Begräbniszwecke fertig gestellt wurde jedoch zunächst nur das lang gestreckte Rechteck von der Frankfurter Straße mit den Eingangsbauten bis hin zu einem Streifen hinter der Leichenhalle mit den je zwei Grabfeldern beiderseits der breiten Hauptachse, den heutigen Fluren A und D links, B und C rechts. Die gärtnerische Gestaltung der neuen Anlage ging aber offensichtlich von vornherein über diesen Bereich weit hinaus. Leider ist die Pflanzplan-Zeichnung, auf die sich der Mülheimer Kunst- und Handelsgärtner Sigismund Fasbender in seinem Angebot bezieht, nicht erhalten geblieben. Eindrucksvoll ist aber allein schon die Menge an Bäumen und Sträuchern, die zu liefern und anzupflanzen er am 14.5.1902 den Auftrag erhielt: „150 Stück Platanen, Linden, Ahorne oder Ulmen, und Glydischen [d.h. Gleditschien] von 10-18 cm Umfang 1m über der Erde gemessen ... 5 800 Ziersträucher von 1/2-2 m Höhe ... 1200 Stück Ziersträucher in verschiedener Laubschattierung von 1-3 m Höhe, worunter etwa 50 Stück hochstämmige, pyramidenförmige Sträucher." Ferner waren laut Angebot und Auftrag „2 800 qm Rasenfläche mit schönem

Leichenhalle
Rechte Seite der symmetrischen Fassade. Ausschnitt aus der beschädigten Bauzeichnung von Regierungsbaumeister Raabe, 1903
Quelle: HAStK

Die Eingangsbauten an der Frankfurter Straße, 2001
Foto: Stadtkonservator
(D. Heiermann)

dunklem Gras zu besäen, ... 943 Stück gut verschulte mit Ballen versehene Rottannen von 1.00-1.50 m Höhe entlang der Einfriedigung zu verpflanzen". [6] 1925/26 schrieb Friedhofsdirektor Ostertag: „Die Anlage ist fast durchweg in gerader Linienführung erfolgt. Die Kapelle mit Leichenhalle liegt im Mittelpunkte des Friedhofes. Die bis jetzt fertigen Anlagen und Baumpflanzungen künden heute schon das Entstehen einer stimmungs- und eindrucksvollen Anlage an." [7]

Da der neue Hauptfriedhof einen katholischen und einen evangelischen Friedhof ablöste – beide wurden für Reihenbestattungen zum 1.10.1904 geschlossen [8] –, konnten die Mülheimer Stadtverordneten anscheinend ohne Protest der Königlichen Regierung nach Konfessionen getrennte Grabfelder durchsetzen; und zwar wurde „gemäß Stadtverordneten-Beschluss für die Beerdigung der Evangelischen die linke Hälfte und der Katholischen die rechte Hälfte bestimmt". [9] Zahlreiche gut gestaltete Grabmale vor allem aus Mülheimer, Kalker und Kölner Steinmetz- und Bildhauerwerkstätten bilden – neben den Eingangsbauten, dem Zuschnitt der Grabfelder und der prachtvollen Platanenallee der breiten Hauptachse – originale Zeugnisse einer städtischen Friedhofsanlage des frühen 20. Jahrhunderts.

1 Hist. Archiv d. Stadt Köln: Bestand 870; Nr. 1471, Bl. 162
2 vgl. Beines, Johannes Ralf: Der Kirchhof an St. Mauritius in Buchheim; Bellot, Christoph: Matrix est in Bocheim ecclesia. Die ehemalige Pfarrkirche von Buchheim. Beides in: Colonia Romanica. Jahrbuch des Fördervereins Romanische Kirchen Köln e.V. IX, 1994
3 vgl. Bendel, Johann: Die Stadt Mülheim am Rhein. Mülheim a. Rh. 1913, S. 344ff.
4 Zu dieser problematischen Bauaufgabe vgl. Zacher, Inge: Friedhofsanlagen und Grabmäler der kommunalen Friedhöfe. In: Trier, Eduard/Willy Weyres (Hrsg.): Kunst des 19. Jahrhunderts im Rheinland, Bd. 4, S. 399ff.
5 aus: Giesen, Josef W.: Kölner Grünanlagen. Köln 1927
6 Hist. Archiv d. Stadt Köln: Bestand 870; Nr. 1471, Bl. 258
7 Deutschlands Städtebau. Köln, Berlin-Halensee 1926, S. 190
8 Begräbnisordnung der Stadt Mülheim a.Rh. von 1904, § 2, Original des gedruckten Heftchens: Hist. Archiv d. Stadt Köln: Bestand 868, Nr. 442, Bl. 117 (a ff.)
9 Hist. Archiv d. Stadt Köln: Bestand 868, Nr. 442, Bl. 115

ALTER FRIEDHOF DEUTZ

Gertrud Scholz

Grünanlage Deutz-Kalker Straße/ Gummersbacher Staße

Fragen nach der Vorgeschichte dieser mit ihrem prachtvollen alten Baumbestand beeindruckenden Anlage führen tief in die Geschichte von Deutz.

Zu Beginn des 19. Jahrhunderts bestatteten die Deutzer ihre Toten noch wie von alters her bei der Pfarrkirche St. Urbanus, die, im Laufe des Mittelalters und der frühen Neuzeit häufig zerstört und immer wieder aufgebaut, mitsamt dem Kirchhof westlich der Benediktinerabtei und ihrer Kirche (Alt-) St. Heribert dicht am Rheinufer lag. Nach der Aufhebung der Abtei Deutz im Januar 1804 wurde der Deutzer Pfarrgemeinde noch im gleichen Jahre die ehemalige Abteikirche offiziell als Pfarrkirche zugewiesen – Ersatz für die durch den Eisgang von 1784 schwer beschädigte Kirche St. Urbanus. Deren Kirchhof jedoch blieb als Begräbnisplatz weiterhin in Benutzung. Nicht etwa seine dem Rheinhochwasser ausgesetzte Lage, auch nicht primär, wie sonst üblich, Platzmangel durch Bevölkerungszunahme haben zur Aufgabe dieser uralten Begräbnisstätte geführt, sondern die Bedürfnisse des preußischen Militärs.

Seit 1816 in den Ausbau der Festung Köln einbezogen,[1] wurde Deutz überdies Garnisonsort. Bereits 1816 wurde im ehemaligen Abteigebäude eine Artilleriewerkstätte eingerichtet; 1819/20 entstand – auf dem Gelände des heutigen Landeshauses – eine Kaserne, belegt zunächst von Dragonern, später von Kürassieren. Das 1930 errichtete Kürassier-Denkmal am heutigen Kennedy-Ufer steht auf uraltem Friedhofsgrund. Am 31.1.1818 trat eine aus Militär-, Gemeinde- und (katholischer) Kirchenverwaltung bestehende Kommission zusammen, von der einvernehmlich (unter anderem) „anerkannt" wurde, dass der Kirchhof von St. Urbanus „zum Gebrauch der Artilleriewerkstätte durchaus unentbehrlich" sei, daher die Gemeinde „den Kirchhof an die besagte Werkstätte ab[trete]" und auf eigene Kosten einen neuen Friedhof außerhalb der Umwallung anlegen werde.[2] Einzigartig ist auf heutigem Kölner Stadtgebiet dieses martialische Ende einer Begräbnisstätte mittelalterlichen Ursprungs!

Als der Deutzer Bürgermeister Neuhöffer 1819, „einverstanden mit dem Ingenieur Capitain vom Platz Herrn von Uthmann", ein für den neu anzulegenden Friedhof geeignetes Grundstück gefunden hatte – eben das Grundstück unserer heutigen Grünanlage –, ergab sich ein neues Problem: Es handelte sich um „Domainenland", also preußischen Staatsbesitz, herrührend aus den von der französischen Verwaltung im Zuge der Säkularisation vollzogenen Enteignungen. Die Entscheidung über die Angelegenheit fiel im böhmischen Karlsbad. Am 20.7.1820 erließ die gerade in dem vornehmen Kurort weilende Majestät, König Friedrich Wilhelm III., die „Allerhöchste Cabinettsordre", „daß der Gemeinde Deutz das ... zwischen Deutz und Kalk liegende Grundstück von einem Morgen zu einem auch für die Todten der evangelischen Gemeinde und des Militairs anzulegenden neuen Kirchhofe ... überlassen werde". Angesichts der Tatsache, dass hier der König selbst mit Rücksicht auf seine Soldaten den Beerdigungsmodus dekretierte, kann es nicht verwundern, dass es über die Frage, ob eine evangelische Leiche neben einer katholischen Leiche liegen dürfe, um den ersten Deutzer Kom-

Spielende Kinder am Friedhofskreuz, 1977
Foto: Stadtkonservator

Der Plan zeigt die Lage des Kirchhofs St. Urbanus am Rhein.
Aus: P. Clemen (Hg.): Die Kunstdenkmäler der Stadt Köln, Bd. 2. Köln 1934, S. 241

Eine Flurkarte aus den frühen 1920er-Jahren zeigt noch Wegeführung und Baumreihen der Friedhofsanlage.
Quelle: Stadtkonservator

Rechts: Vom Kirchhof St. Urbanus auf den „alten" Friedhof Deutz versetzt: das Grabmal der Eheleute J.G. Overweg (+ 1757) und H.C. Weischede, das heute verschollen ist.
Foto: Stadtkonservator 1957

Blick in die stimmungsvolle Grünanlage, 1998
Foto: J. Bauer

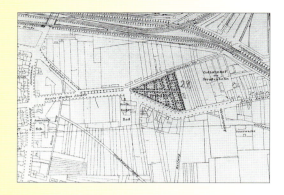

munalfriedhof nicht die aus der Vorgeschichte späterer Friedhofsgründungen bekannten heftigen und langwierigen Auseinandersetzungen gegeben hat.[3] Eröffnet wurde der neue Begräbnisplatz 1822; er hat der Gemeinde bzw. – seit 1856 – Stadt Deutz, nach der Eingemeindung 1888 dem Stadtteil Köln-Deutz gedient bis zur Eröffnung des 1894 im heutigen Stadtteil Poll angelegten neuen Friedhofes „Deutz" – dies die erste stadtkölnische Neugründung seit 1810 (Melaten)! Mit der Eröffnung dieses Friedhofes wurde der alte Friedhof für Reihenbegräbnisse geschlossen; in Privatgrabstätten durfte wie üblich weiter bestattet werden. Endgültig geschlossen für jegliche Bestattung wurde der „alte" Friedhof Deutz zum 1. Juli 1922.

Seine heutige Grünflächen-Gestalt erhielt der Friedhof 1956/57 im Zuge der Vorarbeiten für die erste Kölner Bundesgartenschau 1957. „In der Friedhofsschau auf dem 18 500 qm großen alten Deutzer Friedhof zeigten die Friedhofsgärtner, wie man ein- und mehrstellige Grabstätten schön und zweckmäßig bepflanzt; bildende Künstler, Handwerker und Industrie waren mit Beispielen gut gestalteter Grabzeichen aus Holz, Stein und Eisen vertreten."[4] Bestandteil der Friedhofsschau waren auch einige altehrwürdige Grabmale des 16.-18. Jahrhunderts – das älteste datierte von 1581 –, die offenbar in den 1820er-Jahren vom St.-Urbanus-Kirchhof auf den neuen Kommunalfriedhof hinübergerettet worden waren. Alle diese Grabsteine sind inzwischen verschollen. Als Beispiel stehe hier ein Stein, der an die bis 1866 bestehende pfarrliche Verbindung von Deutz und Westhoven erinnert:[5] das Grabmal für den 1757 verstorbenen Johann Georg Overweg, laut Inschrift „gewesener Bürger in Westhofen", und seine Ehefrau Helena Catharina Weischede.

An die Friedhofsvergangenheit der heutigen Grünanlage erinnern einige wenige stehen gebliebene Grabmale, die Einfriedung aus der Zeit um 1910 sowie das Hochkreuz bzw. die als solche um 1849 geschaffene Kreuzigungsgruppe. Die Assistenzfiguren sind auf 1849 datiert, das recht schwache Werk eines mit „IW" (oder „LW") signierenden Bildhauers. Das ältere Corpus Christi am eigentlichen Hochkreuz stammt mit Sicherheit aus einer anderen, feiner arbeitenden Hand.

---

1 vgl. Voigtlaender-Tetzner, Gerhard/Gebhard Aders: Die rechtsrheinischen preußischen Befestigungen Kölns. In: Rechtsrheinisches Köln 5, 1979, S.109ff.; Pohl, Stefan/Georg Mölich: Das rechtsrheinische Köln. Seine Geschichte von der Antike bis zur Gegenwart. Köln 1994, S.108 f.

2 Hauptstaatsarchiv Düsseldorf: Regierung Köln, Nr. 975; nach dieser Quelle auch das Folgende.

3 vgl. Verf.: Alte Friedhöfe in Westhoven und Ensen. Zur Geschichte des Bestattungswesens im rechtsrheinischen Köln, Teil 2. In: Rechtsrheinisches Köln 21, 1994, S. 9ff. (Wiederabdruck in: Der Stadtkonservator (Hg.): Köln: 85 Jahre Denkmalschutz und Denkmalpflege 1912-1997. Köln 1998, S.193ff.)

4 Verwaltungsbericht der Stadt Köln 1957/58

5 vgl. Verf.: wie Anm. 3 (Teil 1 in: Rechtsrheinisches Köln 20, 1994, S. 1-36)

Friedhof Holweide

Gertrud Scholz

Schnellweider Straße, Schweinheimer Straße, Wichheimer Straße, Im Wichheimer Feld, Wichheimer Kirchweg, - alle diese Straßennamen erinnern bis heute an Ortschaften, die im 19. und frühen 20. Jahrhundert zusammen mit Holweide die Kataster-Gemeinde Schweinheim-Wichheim in der Bürgermeisterei Merheim/Landkreis Mülheim am Rhein bildeten. 1910 wurde diese Gemeinde in „Holweide" umbenannt; daher „Köln-Holweide" seit der Eingemeindung der Bürgermeisterei Merheim 1914. Der im Jahre 1907 angelegte und am 31.10, also rechtzeitig zu Allerheiligen eröffnete Holweider Friedhof ist von seiner gärtnerischen Anlage wie von seinen Baulichkeiten her gewiss einer der schönsten der Kölner Ortsfriedhöfe. Schon der erste Blick auf Einfriedungsmauer und Toranlage zeigt eine für einen kleinen Ortsfriedhof ungewöhnlich einfallsreiche Planung, die am zeitgenössischen im Übergang zum Neuklassizismus begriffenen „geometrischen Jugendstil" orientiert ist.

Die Gemeinde Wichheim-Schweinheim (Holweide) hatte gegen Ende des 19. und zu Beginn des 20. Jahrhunderts vor allem durch die Nachbarschaft zu dem wegen hoher Mietpreise als Wohnort ärmerer Leute ungeeigneten Mülheim einen rasanten Bevölkerungsanstieg erlebt:[1] 2 017 Einwohner 1890, 3 735 im Jahre 1900; nur fünf Jahre später bereits 5 141.

Der Ausschnitt der Flurkarte aus den frühen 1920er-Jahren zeigt den Friedhof in der Südzone der dörflichen Siedlungen, aus denen sich Holweide zusammensetzt.
Quelle: Stadtkonservator

Der Friedhofsplan aus dem Jahre 1915 zeigt die im Wesentlichen bis heute erhaltene Anlage.
Quelle: HAStK

Die unmittelbare Vorgeschichte[2] des Holweider Friedhofes beginnt im Jahre 1905. Wie für die linksrheinischen Teile des heutigen Köln durch das Napoleonische Dekret über die Begräbnisse von 1804, so war für das Rechtsrheinische als Teil des „Großherzogtum Berg" genannten französischen Satellitenstaates seit 1807, in der preußischen Zeit fortwährend geltendes Recht, dass für die Anlage von Begräbnisplätzen ausschließlich die Zivilgemeinde zuständig sei.[3] Gleichwohl blieb es in den noch lange bei weitem überwiegend katholischen Rheinlanden üblich, dass die Initiative in Friedhofsdingen von der katholischen Gemeinde ausging. So auch in Holweide. Hier jedoch gab es um 1900 noch keine Pfarrgemeinde; vielmehr gehörte das Gebiet pfarrlich von alters her zu dem recht weit entfernten Merheim. Der Kirchhof von St. Gereon in Merheim, erhalten geblieben als idyllische Grünanlage mit wertvollen Grabmalen des 17. bis 19. Jahrhunderts[4], war 1884[5] für Reihenbegräbnisse geschlossen und abgelöst worden durch den Kommunalfriedhof am Kratzweg – heute die schöne Grünanlage gegenüber der Einmündung Soester Straße.

1895 wurde ein Kirchbauverein Schnellweide gegründet, 1898 entstand auf dem Gelände der jetzigen Pfarrkirche St. Mariae Himmelfahrt eine Notkirche, die 1905 mit den Rechten eines Pfarr-Rektorates ausgestattet wurde. Am 9. August 1905 nun richteten einige Gemeindeverordneten der Bürgermeisterei Merheim und

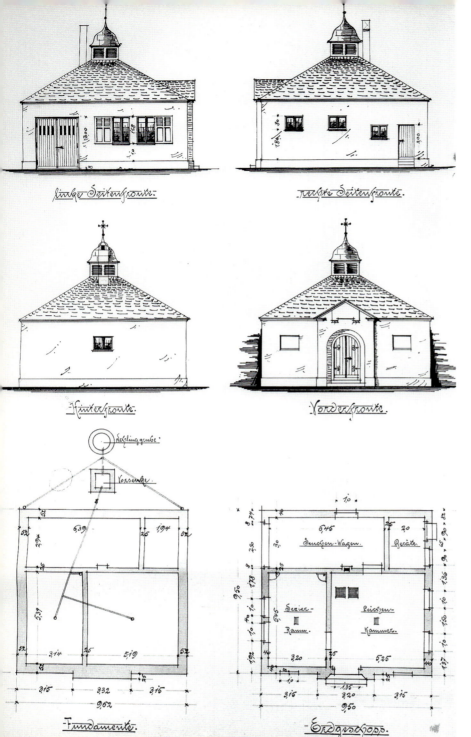

Die Friedhofskapelle, ursprünglich Leichenhaus
Bauzeichnung des Architekten Karl Klein, 1907
Quelle: HAStK

Vorstandsmitglieder des Kirchbauvereins Schnellweide an den Bürgermeister das „Gesuch um Anlage eines Friedhofes für die hiesige Kapellengemeinde". Die Formulierung ist mentalitätsgeschichtlich höchst aufschlussreich: Der beantragte Friedhof wäre als kommunaler natürlich nicht „für die ... [katholische] Kapellengemeinde" bestimmt, sondern für alle Einwohner des Gebietes, aber die Existenz von evangelischen Einwohnern wird von der katholischen Mehrheit im Jahre 1905 eben noch ignoriert. Zur Begründung ihres Antrages führen die Herren u.a. aus: „1. Die stetig zunehmende Bebauung in unserem Filialbezirke dürfte die Erstehung eines geeigneten Platzes inbezug auf Lage und Preis sehr erschweren. 2. Die Entfernung eines Teiles der Randbezirke unserer Kapellengemeinde bis zum neuen Friedhofe in Merheim ist eine beträchtliche."

Ende Dezember 1906 lag, nachdem der Gemeinderat sich bereit erklärt hatte, auf die zunächst geforderte konfessionelle Teilung der Grabflächen zu verzichten, die Genehmigung des Regierungspräsidenten zur Anlage des neuen Begräbnisplatzes auf dem in Aussicht genommenen Grundstück an der heutigen Burgwiesenstraße vor.

Der Friedhof Holweide hat eine auffallend schöne „Kapelle". Dies ist jedenfalls nach dem optischen Eindruck die Zweckbestimmung des anmutigen, auf quadratischer Grundfläche errichteten Putzbaus mit schiefergedecktem Walmdach, dessen Türmchen mit geschweifter Haube der benachbarten Isenburg Reverenz erweist. Tatsächlich war die ursprüngliche Funktion dieses Bauwerks eine ganz andere: Der Merheimer Gemeinderat hatte beschlossen, den neuen Holweider Friedhof mit einer „Leichenhalle" bzw. einem „Leichenhaus" auszustatten, d.h. mit einem Gebäude, in dem die Leichen für die gesetzlich vorgeschriebenen 72 Stunden zwischen dem Eintritt des Todes und der Bestattung aufgebahrt werden sollten.[6] Zugleich sollte mit diesem Bau ein in der Bürgermeisterei Merheim seit einiger Zeit akutes Problem gelöst werden: In Preußen bestand seit einem Erlass des Ministers des Inneren vom 23.11.1890 eine Verpflichtung der lokalen Polizeibehörden, den Gerichtsbehörden einen Obduktionsraum zur Verfügung zu stellen.[7] Einen solchen Raum gab es in der Bürgermeisterei Merheim bisher nicht; 1904 hatte ihn die Stadt Mülheim an oder in der Leichenhalle des neuen Kommunalfriedhofes einrichten lassen.[8] Nachdem die Merheimer einige Male verlangt hatten, den Mülheimer Sezierraum mit benutzen zu dürfen, und es darüber zu Auseinandersetzungen zwischen den beiden Gemeinden gekommen war, sollte das neue Holweider „Leichenhaus" auch diesem Zwecke dienen können.

Rechts: Der Friedhofseingang mit Einfriedungsmauer, Toranlage und Trauerbuchen. Blick in die Hauptachse, 1987
Foto: Stadtkonservator

Links: Detail der Einfriedung von 1907, Zustand 1987
Foto: Stadtkonservator

Die Bürgermeisterei beauftragte den Kölner Architekten Karl Klein,[9] der im Februar 1907 seinen Entwurf einreichte. Nach Überarbeitung aufgrund von Einwänden des Kreisarztes erfolgte die Ausschreibung. Den Auftrag erhielt schließlich am 15.4 – als der „Mindestfordernde" – der Schreiner Theodor Greis / Schnellweide.

Am 26.4. beschloss der Merheimer Gemeinderat , „dass an dem neuen Begräbnisplatze von Wichheim-Schweinheim am Wege entlang" – die heutige Burgwiesenstraße hatte damals noch gar keinen Namen – „eine Abschlussmauer ohne Gitter hergestellt werden wird. Im Uebrigen soll der Begräbnisplatz eine starke Drahteinfriedigung erhalten." Auch für diese Bauaufgabe fertigte Architekt Karl Klein Entwurf und Kostenvoranschlag. Mit der Herstellung der Mauer wurde der Dellbrücker Maurermeister/Bauunternehmer Jean Gatz beauftragt; Einfahrtstor und Nebentüren lieferte der Holweider Schlosser Severin Aufdermauer, dem bei Auftragsvergabe mitgeteilt wurde, die Auszahlung erfolge „nach geschehener Lieferung und endgültiger Abnahme durch den Architekten, dessen spezielle Anordnung für die Arbeit im Uebrigen zu befolgen sind". Dies ein Indiz für die Richtigkeit der direkt bisher nicht belegbaren Annahme, dass auch der Entwurf für Einfahrtstor und Türen von dem Architekten Karl Klein stammt.

Die gartenarchitektonische Gestaltung des Holweider Friedhofes hat mit den den Eingang markierenden prachtvollen Trauerbuchen, der überbreiten, von seitlich gepflanzten Platanen beschatteten Hauptachse und den beiderseits dieser Achse angelegten sechs Grabfeldern Ähnlichkeit mit der 1904 in Gebrauch genommenen ältesten Partie des Mülheimer Kommunalfriedhofes; hier darf direkter Einfluss des Mülheimer Friedhofsverwalters Vincentz vermutet werden.

Längs der Einfriedungsmauer an der Burgwiesenstraße wurden – vermutlich erst um 1915 – Robinien/Scheinakazien gepflanzt, die nunmehr wegen Altersschwäche unfallträchtig sind. Sie werden demnächst im Einvernehmen zwischen Grünflächenamt und Stadtkonservator gefällt. Als voraussichtlich langlebigerer Baum wurde die für den Friedhof Mülheim bereits 1904 vorgesehene Gleditschia gewählt, von der schon der populäre Name „Christusakazie" erkennen lässt, dass ihr Erscheinungsbild der Robinie ähnlich ist.

---

1 S. Kleinertz, Everhard: Die Eingemeindung der Bürgermeisterei Merheim und ihre Voraussetzungen. In: Rechtsrheinisches Köln. Jahrbuch für Geschichte und Landeskunde, 22, 1996, S. 81-130

2 Das folgende, sofern keine andere Quelle angegeben wird, nach: Hist. Archiv d. Stadt Köln: Bestand 868, Nr. 442

3 vgl. Verf.: Alte Friedhöfe in Westhoven und Ensen. Zur Geschichte des Bestattungswesens im rechtsrheinischen Köln, Teil 2. In: Rechtsrheinisches Köln 21, 1995, S.1ff. (Wiederabdruck in: Der Stadtkonservator (Hg.): Köln: 85 Jahre Denkmalschutz und Denkmalpflege 1912-1997. Köln 1998, S.188f.

4 vgl. Verf.: Der Kirchhof in Merheim. In: Colonia Romanica IX, 1994, S.103-108

5 vgl. Triphaus, Grete: Kirchhof und Friedhöfe in Merheim. In: Merheim. Ein Dorf zwischen Heide und Bruch. Streifzüge durch die Merheimer Geschichte. O.O., o.J. [Köln 1997], S.122

6 Zu diesem problematischen Bautypus vgl. Zacher, Inge: Friedhofsanlagen und Grabmäler der kommunalen Friedhöfe. In: Trier, Eduard/Willy Weyres (Hrsg.): Kunst des 19. Jahrhunderts im Rheinland, Bd. 4, S. 399ff.

7 vgl. Pieper, Paul: Entwicklung des Beerdigungswesens der Stadt Köln. Worms a.Rh. 1905, S. 75

8 Hist. Archiv d. Stadt Köln: Bestand 870; Nr. 1471

9 In den Kölner Adressbüchern mit der Anschrift Ursulagartenstr. 27 nachweisbar von 1895 bis 1938; gest. Ende 1937 oder 1938

3

1903-1933

Vom Volkspark zum Grünsystem

Ausbau der kommunalen Selbstverwaltung

Joachim Bauer
Carmen Kohls

Der Anfang des neuen Jahrhunderts ist im Wesentlichen gekennzeichnet durch einen weiteren Anstieg der Einwohnerzahl sowie durch den Ausbau der städtischen Verwaltung und deren Einrichtungen. Der Ausbruch des Weltkriegs 1914 war das einschneidende Ereignis in dieser Zeit. Wegen der Nähe zur Westfront wurde Köln zur Drehscheibe für die militärische Versorgung. Wirtschaft, Verwaltung und die Kölner Bevölkerung mussten sich auf die Kriegsverhältnisse einstellen. Die schlechte Versorgungslage einerseits und der blühende Schwarzmarkt sowie die Haltung der Arbeitgeber andererseits führten 1917 zu Streiks, die erstmals von gewerkschaftlichen und politischen Kräften unterschiedlicher Richtungen gemeinsam unterstützt wurden.

Im Verlauf der Kriegsjahre gewannen die in Köln seit 1895 organisierten Sozialdemokraten an kommunalpolitischer Bedeutung, sodass sie zum Ende des Jahres 1917 erstmals im Stadtrat vertreten waren. Die Zusammenarbeit zwischen Zentrum und SPD, die sich in den Kriegsjahren bezogen auf die Versorgungsfrage bewährt hatte, wurde von Konrad Adenauer, der am 18.9.1917 zum Oberbürgermeister gewählt worden war, und von Wilhelm Sollmann, dem späteren Vorsitzenden der Kölner SPD, in den folgenden Jahren fortgeführt. Adenauer und Sollmann wurden in kürzester Zeit die beiden bestimmenden Personen der Kölner Kommunalpolitik.

Mit dem Untergang des Kaiserreichs am Ende des Ersten Weltkriegs wurde am 9.11.1918 die Deutsche Republik ausgerufen und am 11.11. ein Waffenstillstandsabkommen mit den Alliierten geschlossen, in dessen Folge über Köln ein Belagerungszustand verhängt wurde, der fünf Jahre andauerte. Die britische Besatzungsmacht ließ die Stadtverfassung bestehen. Mit der Weimarer Reichsverfassung führten die Gemeinden am 24.1.1919 das allgemeine freie Wahlrecht ein. Am 21.10.1919 fand die erste freie Kommunalwahl in Köln statt, aus der das Zentrum zwar als stärkste Fraktion im Stadtrat hervorging, seine absolute Mehrheit jedoch verloren hatte. Die schon bewährte Zusammenarbeit mit der SPD wurde weiter fortgeführt.

Trotz „des Abbröckelns seiner parlamentarischen Basis" konnte Adenauer zunächst seine begonnene Politik unbeirrt fortsetzen, da die Stellung der Stadtverordnetenversammlung gegenüber der Verwaltung noch recht schwach war.[1] Dies drückte sich auch in der rückläufigen Anzahl der jährlichen Ratssitzungen aus, die von 44 im Jahre 1920 (18–1925, 12–1930) auf 6 im Jahre 1933 zurückging. Gleichzeitig fand eine Gewichtsverlagerung zugunsten der Kommissionen statt, die inzwischen als Ausschüsse bezeichnet wurden.[2] Ihre Zahl nahm stetig zu, sie musste im Jahre 1923 sogar wieder auf 100 reduziert werden. Die weitere Vergrößerung des Stadtgebiets (1910 Kalk und Vingst, 1914 Mülheim und Merheim, 1922 Worringen) sowie die anhaltende Zunahme der Einwohnerzahl vor dem Hintergrund des Industrialisierungs- und Urbanisierungsprozesses führten dazu, dass auch die Aufgaben und Inhalte der gesamten Stadtverwaltung stetig zunahmen. Eine weitere Dezentralisierung, die Um- und Neuorganisation von Arbeitsgebieten sowie ein kontinuierlicher Anstieg der Beschäftigten waren die Folge.

Die Entwicklung der städtischen Verwaltungsstruktur in dieser Zeit kann nicht losgelöst von der politischen Entwicklung betrachtet werden. Die Weimarer Republik hatte von Anfang an unter schwierigsten Bedingungen zu kämpfen. Sie war nicht durch eine demokratische Revolution entstanden, sondern als Ergebnis des Zusammenbruchs des kaiserlichen Deutschlands am Ende des verlorenen Ersten Weltkriegs. Die großen wirtschaftlichen und sozialen Probleme der Nachkriegsjahre sowie die Weltwirtschaftskrise 1929 schwächten darüber hinaus die junge Republik. Die damit verbundene Zunahme der Arbeitslosigkeit und Armut hatte eine zunehmende Radikalisierung der politischen Kräfte zur Folge, die letztendlich der NSDAP zur Durchsetzung ihrer Inte-

Vorhergehende Doppelseite: Vorgebirgspark 1928
Aus: Festzeitung 14. Deutsches Turnfest Köln 1928, S. 251

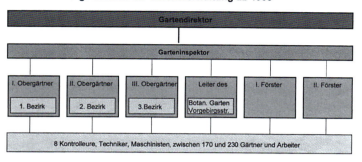

Organisation der Gartenverwaltung ab 1905

Zusammengestellt nach Angaben aus den zeitgenössischen Verwaltungsberichten der Stadt Köln

Fritz Encke
* 5.4.1861 in Oberstedten bei Bad Homburg
† 12.3.1931 in Herborn/Westerwald

1880-1882 Königl. Gärtnerlehranstalt zu Wildpark bei Potsdam – 1883-1884 Tätigkeit bei privaten Gärtnereien in Erfurt – 1884-1885 Tätigkeit bei privater Gärtnerei in Chester, England – 1885-1886 städtische Gartenverwaltung Berlin – 1886-1890 Landschaftsgärtnerei Haack, Berlin – 1890-1902 Lehrer für Gartenkunst an der Gärtnerlehranstalt zu Wildpark bei Potsdam – 1897 Ernennung zum Königl. Garteninspektor – 1903-1926 Gartendirektor in Köln – 7.2.1931 Ernennung zum Dr. h.c. der Landwirtschaftlichen Hochschule Berlin

Werke in Köln:
*zahlreiche Stadtplätze – Klettenbergpark 1905/7 – Vorgebirgspark 1909/11 – Humboldtpark 1912/14 – Rheinpark 1913/1924 – Stadtwalderweiterungen 1908/1919 – Volkspark Raderthal 1923/24 – Innerer Grüngürtel nach Vorgaben von Fritz Schumacher 1922-24 – Umgestaltung von Forts und Zwischenwerken – Kleingartenkolonien – Beethovenpark 1926/27 – Blücherpark
(Foto: ALG)*

ressen verhalf. Im Jahre 1930 gewann die NSDAP die Reichstagswahlen und begann ihren parteilichen Ausbau und Einfluss in den Kommunen zu verstärken. Spätestens im Frühjahr des Jahres 1933 war die kommunale Selbstverwaltung der Stadt Köln faktisch aufgehoben.

Die Gartendirektion

Am 1.4.1903 wurde Fritz Encke Gartendirektor in Köln. Er trat damit die Nachfolge des am 15.6.1902 verstorbenen Kowallek und des zwischenzeitlich kommissarisch tätigen Jung an. Enckes Amtszeit, die von 1903 bis 1926 dauerte, umfasst eine Zeitspanne, die geprägt war von einschneidenden politischen und gesellschaftlichen Veränderungen. Der Weltkrieg, der Fall des Kaiserreiches und die damit verbundene Aufgabe der Festungseigenschaft der Stadt blieben nicht ohne Einfluss auf das fachliche Wirken Enckes, das in zwei Hauptphasen unterteilt werden kann: Eine erste bis 1914, in der sich der Prozess der Verstädterung und des Heranwachsens Kölns zu einer Großstadt weiter intensivierte und es galt, in den eingemeindeten Vororten neue Grünanlagen zu schaffen; und eine zweite, der Zeit nach 1918, in der die gesamtstädtische Entwicklungsplanung Schumachers in den Vordergrund trat und Enckes Gestaltungsfreiheit einengte.

Bei seinem Amtsantritt übernahm Encke die unter Kowallek geschaffene Organisationsstruktur der Gartenverwaltung. Diese bestand aus dem Gartendirektor, dem zwei Obergärtner, der Vorsteher des Botanischen Gartens, zwei Förster, acht monatlich bezahlte Kontrolleure sowie eine Anzahl von Technikern, Maschinisten usw. unterstellt waren. Zusätzlich waren zwischen 170 und 230 Gärtner und Arbeiter im Tagelohn beschäftigt.[3] 1905 wurde die Struktur der Gartenverwaltung weiter ausgebaut und die Stelle eines Garteninspektors sowie eine zusätzliche Obergärtnerstelle eingerichtet. Die drei Obergärtner waren jeweils für einen eigenen Bezirk zuständig.[4]

Die Zuständigkeit des Gartendirektors, auch gegenüber dem Hochbauamt und dem Stadtbauinspektor für das Maschinenwesen, wurde in einer Verfügung vom 12.7.1904 eindeutig definiert. Auf dieser Basis verfolgte die Gartendirektion eine Zielsetzung, die im Verwaltungsbericht aus dem gleichen Jahr formuliert wurde: „Wie vielseitig die Aufgaben der Gartenverwaltung auch sind, so ist ihr Hauptziel doch darin zu erblicken, allmählich rings um die Stadt größere Parkanlagen zu schaffen. Zwischen diesen mögen kleinere Grünanlagen, Schmuck- und Erholungsplätze eingerichtet werden, welche unter sich und mit den größeren Parks sowie mit der alten Stadt durch schattenspendende Alleen zu verbinden sind."[5]

Encke hob darüber hinaus vor allem die soziale Funktion der Grünanlagen hervor, die sich aus den geänderten Bedürfnissen der stetig zunehmenden Stadtbevölkerung ergab. „So sind Wiesenflächen der Bevölkerung freigegeben, Tennis-, Hockey- und Fußballplätze angelegt und die Eislaufgelegenheiten vergrößert worden."[6]

Zu Beginn seiner Amtszeit waren Parkanlagen und Spielplätze noch mit eisernen Einfriedungen umzäunt und hatten vom Tageslicht abhängige und monatlich wechselnde Öffnungszeiten.[7] An die Stelle des Flanierens auf den Wegen und des Betrachtens trat jedoch mehr und mehr das Bedürfnis, sich auch auf den Rasenflächen bewegen zu können. Als Rasenflächen, die zum Spielen freigegeben waren, standen 1906 nur die beiden zusammen 6 ha großen Wiesen im Stadtwald zur Verfügung. In den folgenden Jahren wurden dann weitere Flächen für die Erholungsnutzung umgewidmet: 1907 wurde am Niederländer Ufer eine etwa 10 ha große Wiesenfläche, die vorher als Weide verpachtet war, freigegeben, und ab 1909 im Volksgarten die so genannte „große

"Der Oberbürgermeister. G. 529. Köln, den 12. Juli 1904

I. Über die Zuständigkeit für die Neuanlagen und Unterhaltung der öffentlichen Anlagen und deren Einrichtungen wird unter Aufhebung der bisher ergangenen Vorschriften folgendes bestimmt:

A. Dem Gartendirektor steht zu:
1. *Die Neuanlage und Unterhaltung der sämtlichen Gartenanlagen, einschließlich der in den Anlagen befindlichen Wegen, der Lawntennisplätze, der Kinderspielplätze, der Schulhöfe, der Baumpflanzungen, der Baumschutzkörbe und Baumstangen.*
2. *Die Beschaffung und Unterhaltung der Ruhebänke, Spieltische, Einfriedungen aus Draht oder sog. Hespeneisen, der Beeteinfriedigungen, Beetabstecher, der Gitter für die Eisbahnen sowie der für diesen Betrieb erforderlichen Geräte und Utensilien.*
3. *Die Neuanlage, Unterhaltung, Beaufsichtigung und Bedienung der Beleuchtungs-Einrichtungen in den Anlagen unter Mitwirkung der Direktion der Gas-, Elektrizitäts- und Wasserwerke sowie der Trinkbrunnen, Springbrunnen, Laufbrunnen, Teiche, mit Ausnahme der Laufbrunnen auf dem Altermarkt und Waidmarkt, welche der Verwaltung der Straßenreinigung unterstehen; ferner der Wasserleitungs- und Berieselungsgeräte.*
4. *Die Aufsicht über die Restaurationsbetriebe in den öffentlichen Anlagen, mit Ausnahme derjenigen im Stapelhause und im neuen Stadttheater, die Unterhaltung der Restaurationsplätze unter Berücksichtigung der vertraglichen Unterhaltungspflicht der Pächter.*
5. *Die Aufsicht über den Betrieb der Bedürfnisanstalten und Aborte im Stadtgarten, Volksgarten, Römerpark und Stadtwald.*
6. *Der Betrieb der Pumpstationen im Volksgarten und Stadtwald.*
7. *Die Berieselung der Promenaden und Reitwege am Sachsenring, Kaiser-Wilhelm-Ring und Deutscher Ring.*
8. *Die Oberaufsicht über den botanischen Garten.*
9. *Die Aufsicht über die Gärten der Krankenanstalten.*
10. *Die Aufsicht über die gärtnerischen Anlagen auf den Bahnhöfen der Straßenbahnen und über die Gärten an den Wohnhäusern der Straßenbahnen an der Stammheimerstraße.*
11. *Mitwirkung bei wichtigeren Anlagen und Änderungen in den Waldungen der Vorortbahnen bei Strunden; der Gartendirektor ist bei solchen Anlagen und Änderungen zuzuziehen.*
12. *Die Aufsicht über die Gartenanlagen der Volksheilstätte zu Rosbach; bei wichtigeren Änderungen ist der Gartendirektor zuzuziehen.*

II. Alle Arbeiten, welche auf die Gartenanlagen und Baumpflanzungen Einfluß haben, z. B. Straßen- und Kanalbau, Gasleitungen, Kabelleitungen, Straßenbahnanlagen usw. dürfen erst zur Ausführung gelangen, nachdem die betreffenden Dienststellen sich mit dem Gartendirektor ins Einvernehmen gesetzt haben.
Bei Herstellung von Anlagen, Baumpflanzungen, Einfriedigungen haben sich die betreffenden Dienststellen (Hochbauamt, Tiefbauamt, Gartendirektor) vorher ins Einvernehmen zu setzen. Insbesondere hat das Tiefbauamt, sobald eine Straße soweit fertiggestellt ist, daß die Anlage der Baumlöcher erfolgen kann, dem Gartendirektor Mitteilung zu machen; die Anlage der Baumlöcher ist nur nach gemeinsamer Verständigung auszuführen.

III. Je einen Abdruck dieser Verfügung erhalten die Herren Beigeordneten, Stadtassessor, Beamten, mit Ausnahme der Unterbeamten, die Registraturen und sämtliche Dienststellen.

Die Poller Wiesen mit Sportplätzen und Rasenflächen zum Lagern und Spielen, Anfang der 1920er-Jahre.
Aus: Müngersdorfer Stadion, 1998, S. 12

Wiese", eine 1,8 ha große Rasenfläche, mittwochs für die Besucher geöffnet. Im Jahre 1910 konnten die heutigen Poller Wiesen aus der Pacht genommen und der Bürgerschaft zum Lagern, Wandern und Spielen überlassen werden.[8] Die erste Parkanlage, die der Bevölkerung uneingeschränkt zur Verfügung stand, war der ab 1911 angelegte Vorgebirgspark. Mit ihm begann die bis heute anhaltende Volksparktradition in Köln.

Für die Entwicklung der Gartenverwaltung, die seit 1912 durch Verfügung des Oberbürgermeisters Wallraf „Garten- und Friedhofsabteilung" hieß, waren die Jahre nach dem Weltkrieg von großer Bedeutung. So fand von 1920 bis 1922 eine umfangreiche Neuorganisation der Gartenverwaltung statt, da „die bisherige nicht mehr dem Umfang und den bevorstehenden Aufgaben" entsprach.[9] 1921 wurde die Garten- und Friedhofsabteilung in Garten- und Friedhofsamt umbenannt und in drei Büros gegliedert: Friedhöfe, Botanischer Garten und Gartenverwaltung. Erstmals wurden die Aufgaben des Büros der Gartenverwaltung jetzt nach inhaltlichen Kriterien zusammengefasst und auf neu gegründete Abteilungen verteilt. Die Gartenbauabteilung war nunmehr für den Neubau, die Gartenbetriebsabteilung für die Unterhaltung der Grünanlagen zuständig. Das Stadtgebiet wurde in drei (1924 - 6) Bezirke aufgeteilt. Für die Planung neuer Grünflächen war bereits ein eigenes Entwurfsbüro eingerichtet worden, dem seit 1920 der Stadtbaumeister Theodor Nußbaum als Leiter vorstand.[10] Nußbaum hatte in Bad Köstritz Gartenbau studiert und war seit November

Theodor Nußbaum
* 3.7.1885 in Linz a/Rh.

1900-1905 Lehre im Gartenbau – 1905-1907 höhere technische Lehranstalt für Gartenbau, Köstritz – 1907-1908 Gartentechniker bei der Friedhofsverwaltung Leipzig – 1908-1910 Gartenarchitekt in einem Privatbetrieb – ab 20.11.1910 Gartenbautechniker in der Gartenverwaltung der Stadt Köln – 1916-1918 Militärdienst (Gartenarchitekt Friedhofswesen in Polen, Rawa) – 1920 Leiter des Entwurfsbüros der Gartenverwaltung – Juli 1933 Bewerbung um die Stelle des Kölner Gartendirektors – 1936 Bronzene Medaille, Städtebaulicher Kunstwettbewerb der Olympiade in Berlin – 1940-1945 Vertretung des Gartendirektors – 1948(?)-31.5.1950(?) Wiedereinstellung bei der Gartenverwaltung
Mehr als 25 Wettbewerbserfolge auf den Gebieten des Städtebaus und der Gartenarchitektur

(Foto: HAStK)

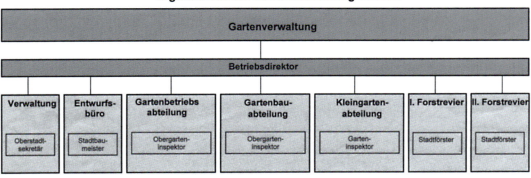

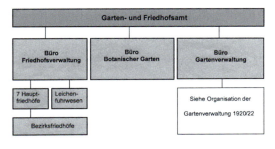

Links: Das Organisationsschema des gesamten Garten- und Friedhofamtes
Oben: Herausgezogen die Organisation der Gartenverwaltung

Zusammengestellt nach Angaben aus den Verwaltungsberichten der Stadt Köln

3. Ausbau der kommunalen Selbstverwaltung

Grünflächenbestand der Stadt Köln im Jahre 1919 (lins) und im Jahre 1927 (rechts)
Aus: Giesen, J. W.: Kölner Grünanlagen. Köln 1927

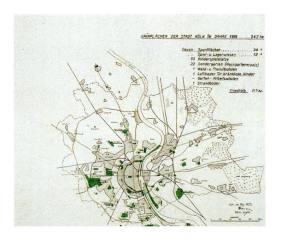 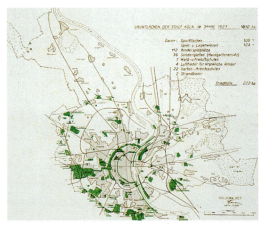

„Zur Erholung der Cölner Bürgerschaft unterhält die Stadt öffentliche Anlagen, welche täglich vielen Menschen Gelegenheit zum Spazierengehen und Ausruhen bieten und an schönen Sonntagen das Wanderziel für Tausende bilden. Die größeren Wald- und Parkanlagen sind mit Gartenwirtschaften verbunden und üben durch die beliebte Gartenfeste (Beleuchtung, Feuerwerk) eine besondere Anziehungskraft auf Einheimische und Fremde aus."
Schmitz, P.: Was der Cölner Bürger von den wichtigsten staatlichen und kommunalen Einrichtungen wissen soll. Köln 1910, S. 68

„Einen ganz besonderen Reiz der Stadt Cöln bieten seine zahlreichen öffentlichen Anlagen und Parks. Nicht so sehr ihrer Größe wegen, als wegen ihrer glücklichen Verteilung über das ganze Stadtgebiet, ihrer künstlerischen Gestaltung und ihrer mustergültigen Unterhaltung und Pflege. Sie sind um so mehr zu bewundern, als sie zum großen Teile erst Schöpfungen neuerer Zeit sind."
Köln in Wort und Bild, 1914, S. 33

1910 als Gartentechniker in der Gartenverwaltung tätig. Im Zuge der Umstrukturierung wurden zwei Forstreviere eingeteilt mit je einem Stadtförster. Diese hatten die Aufsicht über die gesamten städtischen Wälder, ausgenommen der städtischen Waldungen im Villeforst, die dem Staatsforst unterstellt waren.[11] Das Dienstgebäude befand sich im Stadtwald und wird noch heute als Betriebshof genutzt.[12] 1921 kam es aufgrund des Kleingartengesetzes und dem Verlangen der Kleingartenorganisationen auch zur Einrichtung einer Kleingartenabteilung, die in die Gartenverwaltung eingebunden wurde (vgl. S.160-171).

Allen Abteilungen übergeordnet war ein Obergarteninspektor als Betriebsdirektor.
Von 1923 bis einschließlich 1928 waren die Geschäfte des Garten- und Friedhofsamts auf zwei Beigeordnete verteilt. Der Beigeordnete Haas war für die Angelegenheiten der Gartenverwaltung und des Botanischen Gartens zuständig, der Beigeordnete Bergmann für die Friedhöfe und das Begräbnis- und Leichenfuhrwesen. Von 1928 bis 1931 wurden die Geschäfte dann wieder – wie vor 1923 – durch einen Beigeordneten, in diesem Falle von Bergmann, betreut.

Übersicht Grünflächenbestand im Jahre 1930
*Aus „Gartenkunst",
44. Jg., 1931, S. 12*

Th. Nußbaums Gesamtentwurf des linksrheinischen Äußeren Grüngürtels, 1928
Foto: Archiv ALG

Im Jahre 1928 wurde die gesamte Stadtverwaltung neu organisiert und die Aufgabenbereiche des Garten- und Friedhofsamts jetzt den städtischen Betrieben zugeordnet. Mit dieser Neuorganisation war faktisch eine Auflösung des Amts verbunden, denn die einzelnen Büros wurden auf die insgesamt 14 neu geschaffenen Betriebe verteilt. Es gab also je einen eigenen Betrieb für die Gartenverwaltung, die Friedhöfe und den Botanischen Garten, die allerdings eng zusammenarbeiteten. So oblag der Gartenverwaltung die Aufgabe sämtlicher Entwurfs- und Neubauarbeiten für Grün- und Friedhofsanlagen. Sie hatte hierbei die Fachdienststelle für Friedhöfe hinzuzuziehen. Der Einkauf des Bedarfs der Gartenverwaltung und der Friedhofsverwaltung wurde gemeinschaftlich vorgenommen. Die Pflanzenanzucht für die Gartenverwaltung erfolgte in den Gärtnereien der Friedhofsverwaltung.[13]

1926 schied Encke nach Erreichen der Altersgrenze aus dem aktiven Dienst der Stadt Köln aus. Sein Nachfolger wurde Josef Giesen, der Gartenbau in Geisenheim studiert hatte und seit 1918 bei der Gartenverwaltung angestellt war. Von 1921 bis 1922 leitete er die neu gegründete Kleingartenabteilung, danach hatte er die neu geschaffene Stelle des Betriebsdirektors der Gartendirektion innegehabt. Aus Giesens Amtszeit ist der erste bekannte Originalplan der Organisationsstruktur der Gartenverwaltung erhalten geblieben. Dieser Plan aus dem Jahre 1931 zeigt die Aufteilung der Gartenverwaltung in die Abteilungen Entwurf, Neubau, Unterhaltung und Kleingärten, was der Neuorganisation des Jahres 1920/22 entsprach. Auch die Aufteilung auf sechs Bezirke aus dem Jahre 1924 ist beibehalten worden. Die ehemals von Giesen besetzte Stelle des Betriebsdirektors hingegen ist weggefallen. Neu ist auch,

3. Ausbau der kommunalen Selbstverwaltung

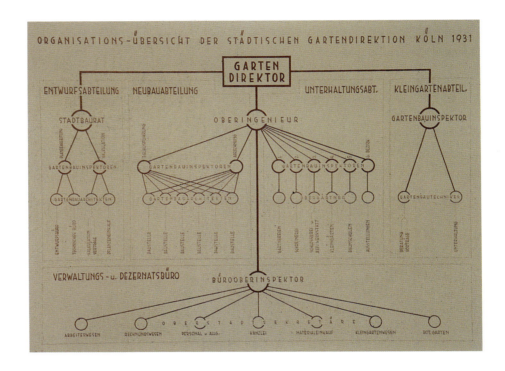

Erster bekannter Originalplan
von der Organisationsstruktur
der Gartendirektion, 1931
Quelle: ALG

Josef Giesen
* um 1888
† 19.2.1962

Gartenbaustudium in Geisenheim, Abschluss: Diplom-Garteninspektor – ab 1918 bei der Gartenverwaltung der Stadt Köln tätig – 1921-1922 Leiter der neuen Kleingartenabteilung – 1922-1926 Betriebsdirektor der Gartendirektion in Köln – 1926-1933 Gartendirektor in Köln – 1946-1950 Beigeordneter der Stadt Köln – 1952 Kreisbeauftragter für Naturschutz und Landschaftspflege im Stadtkreis Köln

Werke für Köln:
Ausbau des linksrheinischen Äußeren Grüngürtels 1927-1929 – Merheimer Heide 1929-1932
(Foto: ALG)

dass die Neubauabteilung und die Unterhaltungsabteilung gemeinsam von einem Oberingenieur geführt werden.
Während Giesens Amtszeit, die bis 1933 andauerte, fand der Ausbau des linksrheinischen Äußeren Grüngürtels und rechtsrheinisch der Ausbau der Merheimer Heide statt.[14] Für den Entwurf und die Umsetzung dieses ehrgeizigen Projektes war der Leiter der Entwurfsabteilung Nußbaum zuständig. Die Namen der Mitarbeiter sind erhalten geblieben; als Planbearbeiter: Stier, Stoll, Koch, Müller, Klempt und Bauer; für die Bepflanzung, Kostenanschläge und Verdingung: Garteninspektor Thyssen und Gartenarchitekt Weiß; als Leiter des Neubaus: Obergarteninspektor Klöckner mit den Garteninspektoren Tepper und Henrich; als örtliche Bauleiter: die Gartenarchitekten Ehinger, Möschler, Zwetzky, Meyer, Barkow, Rixen, Dirks, Upahl, Zimmermann und Pfister.

1 Stadt Köln (Hrsg.): Stadtrat, Stadtrecht, Bürgerfreiheit. Ausstellungskatalog des Historischen Archivs. Köln 1996, S. 227f.
2 ebd., S. 236
3 Encke, F.: Die öffentlichen Grünanlagen von Cöln. In: Die Assanierung von Cöln. Leipzig 1906, S.183
4 Verwaltungsbericht der Stadt Köln 1901-1905, S. 353
5 ebd., S. 359
6 Verwaltungsbericht der Stadt Köln 1906-1910, S. 389
7 Encke, F., a.a.O., S.180
8 Verwaltungsbericht der Stadt Köln 1906-1910, S. 394f.
9 Verwaltungsbericht der Stadt Köln 1920, S. 82
10 Schönbohm, K.: Köln: Grünanlagen 1945-75. Stadt Köln der Stadtkonservator (Hrsg.): Stadtspuren. Band 16, Köln 1988, S. 49; Wiegand, H.: „Entwicklung des Stadtgrüns in Deutschland zwischen 1890 und 1925 am Beispiel der Arbeiten Fritz Enckes". In: Hennebo, D. (Hg.): Geschichte des Stadtgrüns. Berlin/Hannover 1976, S.125
11 Verwaltungsbericht der Stadt Köln 1921, S. 41
12 ebd., S.17
13 Verwaltungsblatt der Stadt Köln, 5 Jg., 31.1.1928, S. 26
14 vgl. Meynen, H.: Die Kölner Grünanlagen. Düsseldorf 1979

Volksgärten für Köln – Fritz Encke

Heinz Wiegand

Mit Fritz Encke berief die Stadt Köln 1903 einen bereits anerkannten Fachmann zum städtischen Gartendirektor, der den seinerzeitigen Reformbestrebungen in der Gartenkunst aufgeschlossen gegenüberstand und auch den Funktions- und Formwandel im städtischen Grün unterstützte. Für Encke bedeutete die Berufung nach Köln die Möglichkeit, seine Gedanken zu einem sozialen Grün in der Großstadt nach und nach in die Realität umzusetzen.[1]

Fritz Encke, geboren am 5. April 1861 in Oberstedten bei Bad Homburg v.d.H., gestorben am 12. März 1931 in Herborn/Hessen, entstammte einer Pfarrersfamilie, in der die liberalen Traditionen der Revolutionszeit in Frankreich und Deutschland weiterhin lebendig waren. Sein Studium 1880-1882 an der Königlichen Gärtnerlehranstalt in Wildpark bei Potsdam, der auf Betreiben Peter Joseph Lennés 1823 gegründeten und inzwischen in Preußen und Deutschland bedeutendsten Ausbildungsstätte für den Gartenbau und die Landschaftsgärtnerei, schloss er als „Gartenkünstler" mit dem Gesamtprädikat „vorzüglich" ab. Dem Studium schlossen sich Jahre vorzugsweise praxisorientierter Tätigkeiten an.

Ein erster großer Lebensabschnitt begann für Encke mit seiner Berufung als erster hauptamtlicher Lehrer für Landschaftsgärtnerei an die Gärtnerlehranstalt in Wildpark zum 1. April 1890. Seinem dortigen Wirken war es zu verdanken, dass das unter den Nachfolgern Lennés vernachlässigte Gebiet der Gartenkunst wieder eine größere Bedeutung erlangte. In den 13 Jahren seiner Dozententätigkeit verließ eine Anzahl hervorragender junger Gartenkünstler die Lehranstalt, u. a. Friedrich Bauer, Erwin Barth, Max Bromme, Otto Linne. Sie sollten mit Encke – als Gartendirektoren in städtischen Diensten oder als freischaffende Gartenarchitekten – einen erheblichen Anteil an den Reformbestrebungen im gartenkünstlerischen Bereich haben. Als Encke im Herbst 1902 die Anstalt in Wildpark verließ, hatten die in einem heftigen Meinungsstreit geführten Auseinandersetzungen um eine Reform in der Gartenkunst und darin bald eingeschlossen um eine Reform im städtischen Grün bereits begonnen. Diese Erneuerungsbemühungen waren Teil der allgemeinen Reformbestrebungen dieser Zeit.

Für das städtische Grün und für eine geordnete Stadtentwicklung von wesentlicher Bedeutung war, dass sich nunmehr auch die bereits in der Literatur seit langem vorbereiteten städtebaulichen und grünplanerischen Forderungen durchzusetzen begannen, waren doch die üblen sozialen und hygienischen Folgen des hektischen Städtewachstums insbesondere nach 1870 – und Berlin ist hier das immer wieder am heftigsten kritisierte Beispiel – nicht mehr zu übersehen.[2] Insofern ist es verständlich, dass in der Zeit um die Jahrhundertwende auch für das städtische Grün, das nunmehr den breiten Bevölkerungsschichten der dicht bebauten Wohnquartiere Erholung, Gesundheit und ungezwungene Nutzbarkeit bieten sollte, eine neue Epoche begann. Dabei kann man feststellen, dass ein großer Teil auch unserer heutigen Vorstellungen von den Funktionen und der Gestalt des Grüns in der Großstadt seine Wurzeln in den Anschauungen und Erfahrungen der ersten Jahrzehnte des 20. Jahrhunderts hat und die seinerzeit entstandenen Volksparks und Stadtplätze noch immer einen erstaunlich hohen Nutzwert besitzen.

Seine Tätigkeit bis zum Ersten Weltkrieg

Mit der Übernahme der Tätigkeit als Gartendirektor der Stadt Köln zum 1. April 1903 begann für Encke sein zweiter großer Lebensabschnitt, der erst zum 1. Oktober 1926 mit seiner Pensionierung enden sollte.[3] Da er seine Aufgabe vornehmlich darin sah, entsprechend seinem religiös geprägten sozialen Empfinden Anlagen für die benachteiligten städtischen

Links oben: Blick auf den Weiher im Klettenbergpark
Foto: J. Bauer, 1994
Rechts oben: Schiefersteinbruch im Klettenbergpark, um 1910. *Foto: Archiv Stadtkonservator*

Bevölkerungsschichten zu schaffen, löste er sich nach und nach von den Vorstellungen, die maßgebliche Kreise des städtischen Bürgertums und mit ihnen die übliche Landschaftsgärtnerei vom öffentlichen Grün hatten: „Alles besehen, aber nichts anfassen, geschweige denn betreten", wie er 1912 einmal bemerkte.[4]

Die Parkanlagen

Zunächst entstanden ab 1904 zahlreiche Erholungsplätze, auf die später eingegangen werden soll. Ab 1905 schuf Encke mit dem Klettenbergpark seine erste, noch an den Stadtpark des ausgehenden 19. Jahrhunderts angelehnte Parkanlage. Mit dem Vorgebirgspark und dem Blücherpark gelangte dann um 1910 der einem neuen Leitbild verpflichtete „Volkspark" zum Durchbruch.

Wasserfall im Klettenbergpark, 1994
Foto: ALG

Klettenbergpark (1905-1907)

Der Klettenbergpark entstand auf einem Areal, das nicht ohne weiteres bebaubar war, handelte es sich doch um eine bis zu 10 m tiefe Sand- und Kiesgrube, die zusammen mit einigen Randzonen von der Baugesellschaft, die die Umgebung für eine Landhausbebauung erschloss, an die Stadt abgetreten wurde. Der Entwurf für den 7,2 ha großen Park zeigt auf den ersten Blick einen üblichen, in dieser Zeit schon nicht mehr unwidersprochenen Stadtparktypus „im gemischten Stil", eine landschaftliche Gestaltung einschließlich eines Teiches, einen architektonisch regelmäßig gestalteten Rosengarten und eine Gaststätte, einen Park also zum Spazierengehen.[5] Er ist damit durchaus vergleichbar mit Kowalleks Volksgarten und Stadtgarten. Auch sie sind Orte ruhigen Aufenthaltes, die den Erholungs- und Repräsentationsbedürfnissen eines gehobenen Bürgertums entgegenkamen. Die Besonderheit des Parks liegt darin, dass Encke anstelle der bisher allenthalben üblichen, sorgsam gepflegten Rasenflächen mit Baum- und Strauchgruppen dem Besucher verschiedene heimische Landschaftsausschnitte präsentierte: eine bachdurchflossene Blumenwiese, eine Heidelandschaft, einige Waldbilder, eine üppige Ufervegetation. Ein Basalt- und ein Schiefersteinbruch sollten auf typische Gesteinsformationen des Rheinlands aufmerksam machen. Der Versuch Enckes, heimatkundliche Kenntnisse in einer städtischen Parkanlage zu vermitteln, eingebunden in einen naturnahen und ländlich-ungezwungenen Charakter ohne jeglichen Repräsentationsanspruch, ist durchaus neu. Der Klettenbergpark ist hierin Ausdruck einer Zeit, in der man bemüht war, im Gefolge der nunmehr verstärkten Bestrebungen im Natur- und Heimatschutz den Wert der heimatlichen Landschaft in das Bewusstsein einer breiten Öffentlichkeit zu tragen. Gerade in Köln war dieses Anliegen sicherlich berechtigt, da für die damals sehr viel weniger mobile

Links: Vorgebirgspark
Enckes perspektivische Darstellung der Gesamtanlage, im Vordergrund die Sondergärten mit angrenzender Spielwiese
Aus: „Gartenkunst" 1911, S. 164

Stadtbevölkerung die Entfernung zu den abwechslungsreichen Landschaften recht groß war. Abschließend kann man sagen, dass Encke mit dem Klettenbergpark ein unverwechselbares Werk gelang, das an gute gartenkünstlerische Traditionen anknüpft. Die Grenzen der Benutzbarkeit einer in dieser Art gestalteten Anlage waren ihm dabei mehr und mehr bewusst.[6] Heute sind die Vegetationsbilder und die von Franz Brantzky entworfene, ebenfalls ländlich wirkende Gaststätte verschwunden, sodass das dem älteren Stadtparktypus verbundene Anlageschema nunmehr klarer in Erscheinung tritt, der Park allerdings seinen eigentlichen Reiz eingebüßt hat.

Vorgebirgspark (1911-1914)

Der Vorgebirgspark, der zwischen 1909 und 1911 geplant wurde, liegt im Süden des Kölner Stadtgebietes zwischen Zollstock, Raderberg und Raderthal. Die Umrisse des 13 ha großen Parks legte ein Bebauungsplan fest, den der damalige Leiter der Stadterweiterung, Carl Rehorst, aufgestellt hatte.[7] Es war vorgesehen, die Flächen zwischen Vorgebirgs- und Brühler Straße für eine Blockbebauung zu erschließen und den Park, der „für einen ganzen Stadtteil eine Art Mittelpunkt und Ausflugsziel"[8] sein sollte, auf allen Seiten mit Wohnstraßen zu umgeben. Da die Bebauung nicht durchgeführt wurde, bot sich nach

Der Planschweiher im Vorgebirgspark, Anfang der 1920er-Jahre
Foto: RBA

dem Ersten Weltkrieg die Möglichkeit zur Planung des Grünzugs Süd zwischen Volksgarten und Äußerem Grüngürtel unter Einbeziehung des Vorgebirgsparks. Anregungen für die Gestaltung erhielt Encke zweifellos aus den angelsächsischen Ländern. So hatte er 1909 an einer Englandreise teilgenommen und verschiedene englische Parkanlagen, so auch den Londoner Hydepark mit seinen ausgedehnten Wiesenflächen, seinen lockeren Baumpflanzungen und seinen Wasserspielmöglichkeiten, besucht.[9] Der Vorgebirgspark[10] besteht im Wesentlichen aus einer großen, frei benutzbaren „Volkswiese", einem Planschweiher und drei familienbezogenen Ruhegärten. Er bezeichnet gegenüber dem Klettenbergpark einen deutlichen Wendepunkt und ist nach Enckes eigener, 1926 geschriebener Auffassung „der erste neuzeitliche Volkspark"[11] in Köln. In ihm verwirklichte er erstmals schon vorher geäußerte Forderungen, ein neuzeitlichen Bedürfnissen entsprechender städtischer Park müsse weitgehend frei benutzbar sein und eine große Anzahl von Besuchern aufnehmen können. So stellte er 1907 in einem Vortrag heraus, „dass unsere Parks, Volksgärten und Plätze im Allgemeinen noch viel mehr für den Gebrauch als für das

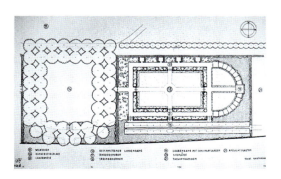

Ausschnitt der architektonisch gestalteten Sondergärten im Vorgebirgspark; Baumplatz und Staudengarten, um 1911
Foto: Archiv ALG

Vorgebirgspark

Oben: Spielwiese um 1920
Foto: Archiv H. Wiegand

Rechts: Nördlicher Staudengarten mit abschließender Pergola, um 1920
Aus: H. Wiegand: Entwicklung des Stadtgrüns (s. Anm. 1), S. 55

Beschauen eingerichtet werden müssen. Es ist ein Unding, den Strom der Erholung suchenden Besucher auf schmalen Wegen durch weite grüne Flächen zu führen, so dass sie sehnsüchtig auf den saftigen Rasen und die schattigen Haine schauen, aber den aufgewirbelten Staub des Weges schlucken müssen."[12] Dem Bedürfnis nach Spiel- und Tummelwiesen war in Köln bereits im Stadtwald und im Volksgarten in gewissem Umfang entsprochen worden. Encke sagte dazu 1908: „Wir haben in Cöln schon längere Zeit den Versuch gemacht, in unserm Stadtwald zwei Wiesenflächen freizugeben. Ermutigt hierdurch, haben wir seit kurzem auch in dem etwa 13 ha großen Volksgarten eine Rasenfläche zu betreten erlaubt, freilich auf Widerruf und nur an bestimmten Tagen. Es war fast rührend zu sehen, wie sich groß und klein, arm und reich gebärdete, als es, von dem Rundgang auf schmalem Weg erlöst, auf grünem Rasen sich tummeln konnte. Wenn ich nicht schon vorher auf dem Standpunkte gestanden hätte, dass die Volkswiese das ist, was uns not tut, hier hätte ich es gelernt."[13] Im Vorgebirgspark rückte denn auch mit der freien Benutzbarkeit eine Zweckbestimmung in den Vordergrund, die im älteren Stadtpark keine oder doch nur eine völlig untergeordnete Bedeutung gehabt hatte.

Das Nutzungsangebot wurde durch drei Sondergärten, zwei Staudengärten und einen Rosengarten, die durch einen Baumplatz mit geschnittenen Linden verknüpft sind, am östlichen Parkrand erweitert. Gerade von diesem Platz öffnet sich dem Besucher ein weiter Blick in die Tiefe des Parks. Zur Belebung fanden hier in den letzten Jahren Kunstaktionen statt. Encke wollte mit diesen Ruhegärten diejenigen Bevölkerungsschichten ansprechen, die selbst keinen Hausgarten besaßen. Ihnen sollte hierfür „einigermaßen Ersatz" geboten werden, wobei er sich durchaus bewusst war, dass diese öffentlichen Gärten die Intimität und die private Sphäre eines Hausgartens nur unvollkommen bieten konnten: „Das Beste davon, das Alleinsein der Familie im eigenen Garten, vermögen diese Gärten allerdings nicht zu gewähren. Aber ein Ausruhen auf behaglichen und so beschränkten Plätzen, dass sie nur eine Familie auf einmal aufnehmen können, das kann hier wohl geboten werden."[14] Durch ihre Ausstattung mit einer größeren Anzahl schmaler, getrennt verlaufender Wege und Gänge, geschützter Ruheplätze und Sitznischen bieten sie recht vielen Besuchern die Möglichkeit eines zurückgezogenen Aufenthaltes inmitten von Blumen, ohne dass ihre Behaglichkeit verloren geht. Die Einheit von Form und Funktion, der Zusammenklang von Pflanzen, gut gestalteten baulichen Elementen und Plastiken machen die Sondergärten zu gartenkünstlerisch bemerkenswerten, zeittypischen Werken. Dass Encke für solche Gärten eine Durchgestaltung bis ins Detail als wesentlich betrachtete, wird aus folgenden Bemerkungen etwa aus dem Jahre 1924 deutlich: „Die Pflanze ist naturgemäß der Hauptinhalt des Gartens. Aber wie wird deren Wert gesteigert durch enge Beziehungen zu Bauwerken! Von welcher Bedeutung sind Stützmauern, Brüstungen und Treppen! Wie wichtig sind Form und Farbe der aufgestellten Bänke, Stühle, Tische! Welche Bereicherung bedeuten gute Gartenplastiken! Und welche Rolle kann das Wasser spielen in Verbindung mit Architektur und Skulptur!"[15]

Luftaufnahme vom Blücherpark
Blick über die Gesamtanlage in Richtung Norden, Anfang der 1920er-Jahre
Foto: RBA

Weiterhin war Encke bestrebt, dem Vorgebirgspark entsprechend seinen geänderten Funktionen auch eine neue formale Qualität zu geben. An die Stelle der im bisherigen Parktypus üblichen ineinanderfließenden, kleineren Räume und verschleierten Parkgrenzen tritt der in landschaftlich beruhigter Form einheitlich behandelte, großformige, in seinen Grenzen und Dimensionen klar erkennbare und überschaubare Binnenraum. Der Randweg unterstreicht die Begrenzung dieses Raumes und trennt gleichzeitig Elemente unterschiedlicher Funktionen – waldartige Pflanzung und betretbare Wiese – scharf voneinander. Die hainartig angeordneten, Schatten spendenden Baumgruppen lockern die geschlossene Raumwand auf, ohne jedoch über sie hinwegzutäuschen. Da die Wiesenflächen nun betretbar sind und auch keine idealisierten Naturausschnitte mehr gezeigt werden, zu denen der Spaziergänger geführt werden musste, gibt es kein umfangreiches Wegenetz mehr, sondern lediglich einige zielstrebig geführte Verbindungen zwischen den wichtigsten Punkten der Anlage. Raum-, Flächen- und Linienformen werden straffer, sie sind nicht mehr wie bisher „malerisch" fließend, sondern einfach und schnell erfassbar. In seinen Zweck- und Formvorstellungen kann Enckes erster „Volkspark" als ein gutes Beispiel für ein den geänderten Anschauungen entgegenkommendes Stadtgrün zu Beginn des neuen Jahrhunderts gelten.

Blücherpark (1910-1913)

Der Blücherpark, fast zur selben Zeit wie der Vorgebirgspark entstanden, war der erste städtische Park für die im Nordwesten und Norden Kölns gelegenen, in dieser Zeit bevölkerungsreichsten Industrievororte Ehrenfeld und Nippes, deren Mangel an größeren Grünflächen Encke bereits früher schon beklagt hatte.[16]

Der damals vorwiegend landwirtschaftlich genutzte Raum zwischen den beiden Vororten war für eine Bebauung vorgesehen. Dabei wurde der 17,7 ha große Park als etwa 700 m langes und 200 m breites Rechteck ausgewiesen und um eine östlich angrenzende Ziegeleigrube erweitert. Als Umschließung waren Wohnstraßen, auf der Südwest- und Südostseite Hauptverkehrsstraßen geplant. Eine schmale, das Parkgelände durchquerende Straße sollte – wie beim Vorgebirgspark – zur Verbindung der Wohnbereiche auf beiden Seiten dienen. Auch diese Bebauung wurde infolge der Kriegsereignisse nicht verwirklicht.

Wie für den Vorgebirgspark, so ist auch für den Blücherpark[17] der hohe Anteil benutzbarer Flächen bezeichnend. Auch er eignet sich für die Aufnahme umfangreicherer Besuchermassen, denen vielfältige

Staudengarten im Vorgebirgspark,
Arbeit der Künstlerin Heike Pallanca im Rahmen der Aktion „Kunst-Gedüngt"
1999
Foto: J. Bauer

3. Volksgärten für Köln – Fritz Encke

Entwurfszeichnung für den Brunnengarten im Blücherpark
Aus: Verwaltungsberichte der Stadt Köln 1906-1910

Blick in den Brunnengarten im Jahre 1999
Foto: J. Bauer

Erholungsmöglichkeiten geboten werden. Eine Wasserfläche zum Kahnfahren und Schlittschuhlaufen, eine ständig freigegebene Wiesenfläche zum Spielen und Lagern, abgeschlossene Kinderspielplätze, eine Planschgelegenheit, Tennisplätze, zwei unterschiedlich gestaltete Ruhegärten, stille Spazierwege, breite schattige Promenaden und größere Kiesplätze stellen ein gegenüber dem Vorgebirgspark vergrößertes Angebot an Einrichtungsteilen für alle Altersgruppen und verschiedene Ansprüche dar. Als gesellschaftliches Zentrum war ein Parkgebäude gedacht, das nicht nur Gartenrestaurant, sondern auch Stätte der Volksbildung sein sollte. Encke stellte diese Zweckbestimmung immer wieder heraus und griff hier offensichtlich auch auf Vorstellungen zurück, die in Amerika mit den dortigen Parkhäusern bereits verwirklicht worden waren.[18] Zudem hätte ein solches Gebäude den Park auch bei schlechtem Wetter besser benutzbar gemacht.

Im Gegensatz zum Vorgebirgspark ist der Blücherpark (zur Zeit seiner Entstehung hieß die Anlage „Herkulespark") insgesamt streng architektonisch-regelmäßig aufgebaut. Bis auf den östlichen, vertieft liegenden Bereich mit einer Tennisanlage sind sämtliche Teile des Parks einer Haupt- und Symmetrieachse zugeordnet. Sie bildet das Rückgrat des Parks, findet ihren Schwerpunkt in dem – nicht ausgeführten – Parkgebäude mit Gartenterrasse in der Art einer an den barocken Schlosstypus erinnernden Dreiflügelanlage und ist optisch eingespannt zwischen den an beiden Parkenden angeordneten Gruppen von Pyramidenpappeln, die Encke als Blickpunkte vorsah. Der Park zeichnet sich durch eine geschickte Raum- und Höhenregie aus. Die Kastanienpflanzungen im Bereich der Querstraße unterstreichen die Differenzierung des Parks in zwei verschiedenartige Teile: den südlichen mit Parkgebäude, Weiher und großem Blumengarten, den nördlichen mit der Volkswiese. Durch ihre Gegenbewegung zur Hauptachse treten sie kulissenartig hervor und wirken dadurch raumgliedernd und raumbildend; durch ihre Gleichartigkeit verknüpfen sie zudem die beiden Teile miteinander. Die Raumbildung ist konsequent durchgeführt. Die einzelnen Parkteile erhalten durch die Alleen feste Wände, wobei ihre unterschiedlichen Funktionen durch verschiedene Baumarten – Platanen im großen Blumengarten, Linden entlang des Weihers, Ahorn an der Volkswiese – unterstrichen werden.

Der Blücherpark erinnert in seiner streng architektonischen Gestaltung an barocke Parkschöpfungen und verdeutlicht somit die neuerliche Besinnung auf die Werte dieser Richtung in der Gartenkunst zu Beginn des 20. Jahrhunderts. Encke hat auf entsprechende Zusammenhänge auch immer wieder hingewiesen, gleichzeitig aber die völlig andere Zweckbestimmung seines Parks hervorgehoben: „Dort Orte zur Entfaltung höfischen Glanzes, hier Stätten der Erholung für die Volksmassen der Großstadt."[19] Ein anderes Mal schrieb er über den Blücherpark: „ ... nicht etwa die Sucht zur Nachahmung jener Kunstrichtung war die Ursache der Gestaltung, sie ergab sich vielmehr aus dem Bestreben, den neuzeitlichen Anforderungen, welche man an den Volkspark einer Großstadt stellen muss, gerecht zu werden."[20] Encke Eintreten für die Anwendung derartiger Gestaltungsmittel zur Lösung der neuen Aufgaben im städtischen Grün lässt sich bis zur Jahrhundertwende zurückverfolgen. So hatte er anlässlich der Weltaus-

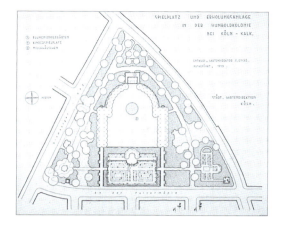

Links oben: Enckes Entwurfsplan für den Humboldtpark (1913)
Foto: Archiv ALG
Links unten: Staudengarten im Humboldtpark um 1990
Foto: ALG

Anlagen auf den Festungswerken des ehemaligen inneren Festungsgürtels (1914/1919)

Noch vor Vollendung des Vorgebirgs- und des Blücherparks übernahm Encke im Zusammenhang mit der Auflösung des inneren Festungsgürtels eine neuartige Aufgabe. Im Jahre 1907 begann in Deutz und 1911 im linksrheinischen Köln die Schleifung der mittelalterlichen Wallanlagen und die Freigabe des Rayongeländes für die neue Stadterweiterung. In Deutz setzte die Bebauung schnell ein und war bis zum Ersten Weltkrieg weit fortgeschritten. Zur Umwandlung in städtisches Grün wurden hier offensichtlich nur der Bereich der Bastion am Helenenwall, eine Lünette und das Fort XII im späteren Rheinpark bestimmt. Der von Rehorst für das linksrheinische Rayongebiet entwickelte Bebauungsplan sah die Erhaltung von zwei Forts und deren Ausbau zu Parkanlagen vor.

stellung 1900 bei einer Reise nach Paris und Umgebung die Gelegenheit zu einer unmittelbaren Begegnung mit dem klassischen französischen Garten Lenôtres, den er – entgegen herrschender Auffassungen in Deutschland – in seiner gestalterischen Qualität positiv und als nicht überwunden bewertete. Er gelangte vielmehr zu der Schlussfolgerung, dass gerade die architektonischen Gestaltungsprinzipien zur Lösung vor allem der gartenkünstlerischen Aufgaben in den Großstädten herangezogen werden sollten.[21] Der barocke Garten diente ihm dabei aber nicht als Muster für den Inhalt, sondern als Anregung für die Ordnung und die Gliederung des Parks, als zweckmäßiger Gartentyp zur Aufnahme einer Vielzahl von Menschen.

Die Ausführungen zum Vorgebirgspark und zum Blücherpark mögen verdeutlichen, auf welche Art und Weise – in Inhalt und Form – Encke das neue Leitbild eines sozialbestimmten städtischen Grüns umsetzte und auch bei kleineren Anlagen anwandte.

Plan der Erholungsanlage auf dem Helenenwall in Deutz, die heute nicht mehr existiert (Wiederaufbauplan von 1949)
Foto: Archiv ALG

3. Volksgärten für Köln – Fritz Encke

Plan der Erholungsanlage am Fort I
Aus: „Gartenkunst", 40. Jg., 1927, S. 62

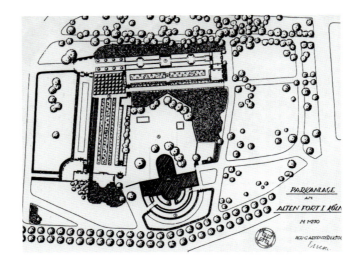

Anlage Fort I (1914)

Der zwischen 1914 und 1918 entstandene Park am Fort I (Friedenspark, früherer Hindenburgpark) ist dem Römerpark unmittelbar benachbart. Mit dem umgestalteten Kernbereich des Festungswerkes und dem ehemaligen Glacis umfasst die Anlage insgesamt 4,3 ha. Die Wälle wurden nur teilweise und dabei sehr behutsam durch Abtragung, die Gräben durch vorsichtige Anfüllung in ihren Höhen und Tiefen gemildert. Der von einer hohen Mauer umschlossene ehemalige Festungshof, zwischen Umwallung und Kernwerk von außen zugänglich, nimmt einen geräumigen Kinderspielplatz auf. Eine Treppe führt von hier hinauf auf den Wall. Zunächst betritt der Besucher einen Rasenplatz, den ehemaligen Rosengarten, dessen Seiten ein erhöhter Sitzplatz, ein Baumplatz und eine überrankte Pergola begrenzen. Der Baumplatz bildet den Drehpunkt zwischen dem Rosengarten und einem sich stumpfwinklig anschließenden, um einige Stufen tiefer liegenden Blumengarten. Die vorhandenen Höhenunterschiede nutzte Encke zur Anlage von Trockenmauern, die mit reichhaltigem Blumenschmuck ausgestattet die Felsenflora der rheinischen Täler wiedergeben. Der Blumengarten endet in einem wiederum höher angelegten Sitzplatz, von dem über zwei Terrassen ein Zugang in den südlichen, zu einem immergrünen Garten umgestalteten Wallgraben führt. Ein Sitzplatz vermittelt den Übergang zum östlichen Wallgraben, der als einfacher Rasengarten behandelt ist und mit dem oberhalb liegenden Rosengarten über zwei Terrassen in Verbindung steht. Das sich an den Kernbereich anschließende Glacis stellt mit seinem hainartigen, größtenteils alten Baumbestand den idealen Bereich für eine große Spiel- und Liegewiese dar.

Anlage am Fort X (1919)

Die in der Nähe der Flora und des Zoologischen Gartens liegende Anlage am Fort X wurde im ersten Nachkriegswinter als Notstandsarbeit ausgeführt, wahrscheinlich nach einem schon früher gefertigten Entwurf. Sie erreicht mit den dazugehörenden Flächen ihrer unmittelbaren Umgebung rund 6 ha. Grundlage für die Gestaltung war das symmetrisch angelegte Fort mit dem Kernwerk, den Wällen, den Gräben und den beiden vorgelagerten Bastionen. Auch die alten Höhenunterschiede blieben bis auf eine geringe Anfüllung der Gräben erhalten. Höhepunkt dieser Anlage ist der Wall des Festungswerkes mit einem abgeschiedenen, auch heute noch vor-

Links: Fort I
Blumengarten mit Trockenmauern, um 1917
Foto: Archiv Stadtkonservator

Rechts: Plan der Erholungsanlage am Fort X
Aus Tepper: „Gartenkunst", 40. Jg., 1927, S. 63

Fort X
Links: Rosengarten
Foto: ALG, um 1980

Rechts: Blick in den Wallgraben
Aus: F. Encke: Grünanlagen der Stadt Köln. 1926, S. 13

bildlich gepflegten Rosengarten. Dieser mittlere Gartenteil und zwei rahmende seitliche Nebengärten, die durch einen am Rande ein wenig höher geführten Gang miteinander verbunden sind, passen sich der Form des Walles vorteilhaft an. Im Inneren der beiden dem Kernwerk vorgelagerten Bastionen sind Blumengärtchen angelegt, kleine, ruhige Aufenthaltsorte mit hohen Mauern, Sitznischen und reichem Staudenflor. Die Wallgräben nehmen in ihren seitlichen Erweiterungen Kinderspielplätze und im Übrigen einen Spazierweg auf. Dem alten Baumbestand auf dem Glacis sind ein Rundweg und ein großer, baumbestandener Spielplatz eingefügt. Vor der Südseite des Forts liegt zudem noch eine Tummelwiese.

Die Anlagen an Fort I und Fort X haben im Wesentlichen den gleichen Inhalt: verschiedene Ruhegärten, Ruheplätze, Kinderspielplätze, Spiel- und Tummelwiesen. Damit sind sie in ihrem Nutzungsangebot dem Vorgebirgspark und dem Blücherpark zuzuordnen.

Bei der Umgestaltung der Festungswerke verfolgte Encke das Ziel, die für die Bevölkerung notwendigen Erholungsanlagen zu schaffen und gleichzeitig auch ein Stück Stadtgeschichte zu erhalten.[22] So berücksichtigte er ihre wesentlichen Elemente in seiner Planung, zeigte die Kernwerke, korrigierte die Wälle und Gräben nur zurückhaltend und verwandte sie mit ihren beträchtlichen Höhenunterschieden zur Schaffung individueller, in sich geschlossener Räume. Er erhielt auch den Baumbestand auf den Glacis als waldartigen Rahmen und entwickelte so den von Kowallek geschaffenen und für Köln charakteristischen Gartentyp der „Grünen Forts" weiter. Seine sehr persönlichen Gestaltungsideen zeigen gerade die Gärten auf den Wällen und in den Gräben. Sie sind von intimer Raumwirkung, klar gegliedert und bis in die Einzelteile durchdacht. Eine geschickte Niveaudifferenzierung macht Sitznischen, Terrassen und Wege zu anziehenden Erholungsanlagen, die abwechslungsreiche Ausblicke bieten. Pergolen und Baumplätze fügen mit dem Wechsel von Licht und Schatten reizvolle Kontraste hinzu. Die sorgsam ausgewogene Bepflanzung verleiht ihnen zu verschiedenen Zeiten des Jahres erhebliche Anziehungskraft. Eine besondere Bedeutung erhalten die Anlagen an Fort I und Fort X durch ihre Lage unmittelbar am südlichen bzw. nördlichen Rand der Kölner Innenstadt. Sie sind hier die ersten neuzeitlichen Parks und ergänzen die Anlagen des 19. Jahrhunderts: Stadtgarten, Volksgarten und Römerpark.

Stadtplätze

Die Auseinandersetzung um Funktion und Form des Stadtplatzes, die sich beinahe ausschließlich auf den „Erholungsplatz" konzentriert, bildet einen weiteren Schwerpunkt in Enckes Werk vor dem Ersten Weltkrieg.[23] Die genaue Zahl der ab 1903 geschaffenen Plätze lässt sich heute nicht mehr ermitteln. Namentlich erfasst und bis auf einige Ausnahmen mit Plänen belegt werden konnten noch insgesamt 31 Anlagen. Ihre Entstehung fällt in die Zeit bis um 1914, wobei eine gewisse Häufung ab 1910 erkennbar wird. Die Plätze entstanden fast durchweg im Zusammenhang mit der regen Bautätigkeit in den Kölner Vororten.

Um die Erholungsplätze einigermaßen in Gruppen zusammenzufassen, empfiehlt sich eine ihrer Zweckbestimmung entsprechende Gliederung in:
- Spielplätze, auf denen die Kinderspielplätze vielfach durch kleinere Aufenthaltsbereiche für Erwachsene ergänzt sind,
- Spiel- und Gartenplätze, auf denen Kinderspielplätze und Ruhegärten für Erwachsene etwa gleichwertig miteinander verbunden sind,
- Gartenplätze, auf denen den Ruhegärten für Erwachsene zumeist auch kleine Spielbereiche für Kinder angegliedert sind.

De Noël-Platz
Links: Blick vom Spielplatz auf den Ruheplatz, 1909
Aus: „Gartenkunst", 1927, 40. Jg., S. 5
Rechts: Plan der Anlage (1904)
Rechts unten: Gesamtplan Anlagen an der St. Anna-Kirche in Ehrenfeld (1910)
Beide Pläne aus:
H. Wiegand: Entwicklung des Stadtgrüns (s. Anm. 1), S. 70 u. 73

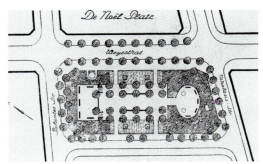

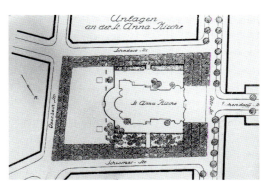

Wegen der umfangreichen Zahl sollen nur drei typische Beispiele näher beschrieben, weitere ihnen zugeordnet werden.

Spielplätze
De-Noël-Platz (1904)

Der in einem Sülzer Mietshausviertel gelegene De-Noël-Platz war einer der ersten von Encke in Köln entwickelten Erholungsplätze. Er zeigte bereits die auch später immer wieder angewendete Dreiteilung für verschiedene Nutzungen. Den zentralen Bereich bildete ein etwa 40 x 20 m messender Kinderspielplatz. Er war als Kiesfläche behandelt, abgesenkt und mit Bäumen, die durch ihre Anordnung die Achse betonten, überstellt. Nach Süden schloss sich ein ovaler, in sich abgeschlossener Kleinkinderspielplatz mit Bänken für Mütter und zwei Sandbecken mit Spieltischen an. Im Gegensatz zum Spielplatz für die größeren Kinder besaß er eine feste Inneneinzäunung. Nach Norden folgte ein erhöhter, vom mittleren Teil über flach ausgezogene Treppen erreichbarer Aufenthaltsplatz für die Erwachsenen, von dem das Spiel der Kinder ohne weiteres zu beaufsichtigen war. Er war mit Bänken versehen, hatte aber noch keine gartenmäßige Ausstattung.
Als Ruhezonen wurden der Bereich für die Erwachsenen und der Kleinkinderspielplatz gegen die Straßen durch dichte Strauchpflanzungen abgeschirmt, während im mittleren Teil – über eine Hecke und eine Rasenböschung hinweg – der Einblick von außen in den Spielbereich für die größeren Kinder freigehalten war.
Damit wird der Platz, im Wesentlichen zwar nach innen gekehrt, nicht völlig von seiner Umgebung isoliert. Den größeren einheitlichen Rahmen bilden die Straßenbäume, die den Platz allseitig umgeben.

Spiel- und Gartenplätze
Manderscheider Platz (1910)

Als hervorragendes Beispiel Enckescher Platzgestaltung kann der Manderscheider Platz gelten. Encke schuf diese Erholungsanlage in einem Gebiet mit geschlossener Bauweise in Sülz-Klettenberg. Eine Aufteilung in drei unterschiedliche, auf eine gemeinsame Mittelachse bezogene Nutzungsbereiche ist kennzeichnend für diese Anlage. Den mittleren Teil nimmt ein freier, kiesbedeckter Spielplatz, vorzugsweise für die älteren Kinder, ein. Ein Kleinkinderspielplatz und ein Ruhegarten bilden die beiden seitlichen Räume. Der Kleinkinderspielplatz ist von einer dichten, außen und innen von Zäunen eingefassten Strauchpflanzung umgeben. Mittelpunkt dieses stillen „Mütterplatzes" (eine von Encke gerne verwendete Bezeichnung für solche kleinen, zum Aufent-

Gesamtansicht Leipziger Platz in Nippes, um 1910
Postkarte: HAStK

Manderscheider Platz in Sülz, um 1980
Foto: RBA

halt für Mütter mit ihren Kleinkindern geeigneten Räume) ist eine Gruppe von vier Linden, die einem Sandbecken den notwendigen Schatten spendet. Einige Bänke und ein Unterstand, offenbar mit einem Wandbrunnen, vervollständigen seine Einrichtung. Der hausgartenähnliche Ruhegarten war ebenfalls durch Strauchwerk, Zäune und Tore eingefriedet, wobei die beiden Zugänge vom Spielplatz durch rosenberankte Bögen hervorgehoben wurden. Mit Stauden gesäumte Wege begleiteten die Rasenfläche in seiner Mitte, einige Sitznischen machten ihn zu einem behaglichen Aufenthaltsort. Eine äußere doppelte Lindenreihe fasste die einzelnen Teile zusammen und ließ einen deutlich begrenzten Platzinnenraum entstehen. Aufgrund des Baues einer Tiefgarage wurde die Binnenfläche in jüngster Zeit gestalterisch verändert.

Gartenplätze
Lortzingplatz (um 1906 – 1908)

In einem Wohnviertel im Vorort Lindenthal mit villenartiger Einzelhausbebauung und geschlossener Bauweise liegt der Lortzingplatz, ein Gartenplatz mit angegliedertem Spielplatz. Den überwiegenden Teil nahm ein Blumengarten ein, dessen Mitte zwei durch einen Querweg geteilte, von Staudenbändern umsäumte und an den Ecken durch Plastiken betonte Rasenflächen bestimmten. Vor dem äußeren Fliederrand lagen, in jeweils regelmäßigen Abständen auf die beiden Rasenflächen bezogen, insgesamt acht in Staudenpflanzungen eingebettete Banknischen. Niedrige Ligusterhecken übernahmen hier die Einfassung an den Wegen, halbhoch geschnitten traten sie als Rahmung der Nischen in wirkungsvollen Kontrast zu den weiß gestrichenen Holzbänken. Die Nordseite des Platzes betonte ein erhöhter, zu beiden Seiten einer Treppe durch Balustraden gefasster, zum Blumengarten sich öffnender Ruheplatz. Der Spielplatz im südlichen Platzbereich war von Bäumen beschattet und mit Sandbecken, Spieltisch, Trinkbrunnen und Bänken für die Mütter ausgestattet. Eine Hecke umschloss ihn auf allen Seiten. Zugänge bestanden lediglich vom Blumengarten. Der Gehölzstreifen am Platzrand, der auf der West- und Südseite noch Zwischenraum für einen Spazierweg freihält, trennt den ruhigen Innengarten von den Straßen und fasst mit den hier in regelmäßigen Abständen gepflanzten Linden die unterschiedlich genutzten Teile zusammen.

Beim Lortzingplatz sind insbesondere die klare räumliche Form, die zweckbestimmte Grundrissgestaltung, die Geschlossenheit der formalen Durchbildung bis in die Einzelteile und der wohngartenähnliche Charakter als beispielhaft hervorzuheben.

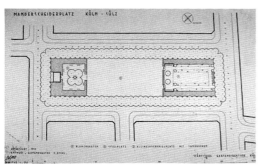

Manderscheider Platz
Blick auf den höher gelegenen Schmuckbereich, um 1920
Foto: Archiv ALG

Manderscheider Platz
Gesamtplan der Anlage
Aus: „Gartenkunst", 1927, 40. Jg., S. 54

3. Volksgärten für Köln – Fritz Encke

Lortzingplatz
Links: Ansicht um 1915
Postkarte: HAStK
Rechts: Aquarell von Theo Blum
Aus: Cöln in Wort und Bild. 1914, S. 47

Der Stadtplatz im Werk Enckes

Eine treffende Kennzeichnung der Bedeutung, die Encke gerade dem Erholungsplatz in der Großstadt beimaß, und der angestrebten Vielseitigkeit des Programms, das es immer wieder verschiedenartig zu erfüllen und zweckgerichtet zu gestalten galt, gab er 1926 am Ende seines Wirkens in solcher Prägnanz wieder, dass sie nicht unerwähnt bleiben darf: „Das vorige Jahrhundert ließ in den Städten auch vollständig begrünte Schmuckplätze entstehen, die im Zusammenhang mit monumentalen Gebäuden wohl berechtigt sein können. In engbebauten Städten wie Köln, das an freien Plätzen nicht reich ist, und in Zeiten wie den jetzigen, in denen nutzloser Prunk von Übel ist, erscheinen sie nicht angebracht. Wo überhaupt Begrünung eine Zierde eines Platzes bedeutet, da muss sie so eingerichtet sein, dass sie die praktische Verwendbarkeit steigert. Die freie Fläche ist Spiel- und Tummelplatz für Jung und Alt. Die Gänge unter Bäumen sind Ruheplätze und Spaziergang. Die großstädtischen Grünanlagen müssen aber noch mehr als früher üblich, den Einwohnern den Garten an der Wohnung ersetzen helfen. Sie müssen Müttern mit ihren Säuglingen und Kriechlingen einen ruhigen, geschützten Aufenthalt im Freien mit Spielgelegenheit im Sande und den Ruhebedürftigen eine leicht erreichbare, abgeschlossene Erholungsstätte, umgeben von Grün und Blumen, gewähren."[24] Besonders hervorzuheben ist, dass Encke solche Plätze in möglichst großer Zahl in die Siedlungsgebiete integriert wissen wollte, um der Bevölkerung in Wohnungsnähe – in „Kinderwagenentfernung" – die Möglichkeit zu Spiel und ruhigem Aufenthalt im Freien zu geben.[25]

Die neue Zielrichtung kommt schon dadurch zum Ausdruck, dass die bisherige Bezeichnung „Schmuckplatz" durch Begriffe wie „Erholungsplatz", „Gartenplatz" oder „Spielplatz" abgelöst wird. Damit zeigt sich auch das Bestreben, Wohnfunktionen des privaten Gartens auf den öffentlichen Platz zu übertragen und hier außerdem in erweitertem Umfang vom Straßenverkehr nicht gefährdete, funktionsgerechte Kinderspielplätze anzulegen. Der Stadtplatz wurde damit zum Ersatz für den – den breiten Volksschichten fehlenden – Hausgarten. Enckes Erholungsplätze sind denn auch nur in geringem Umfang monofunktional, sondern vielmehr Anlagen, bei denen Spiel- und Ruhebereiche miteinander verbunden sind, wobei bald der eine, bald der andere Programmpunkt überwiegt bzw. beide gleichwertig behandelt werden.

Seine Plätze zeigen auch eine den neuen Zielsetzungen entsprechende und damit vom hergebrachten Schmuckplatz völlig abweichende Gestaltung. Zunächst fallen eine ausgeprägte Räumlichkeit und eine formale Geschlossenheit mit einfacher Grundrissgestaltung auf, die in ihrer Zweckmäßigkeit zu überzeugen vermögen und weder in eine Monumentalisierung noch in einen Ausdruck der Repräsentation verfallen. Entsprechend ihren Aufgaben sind die Plätze auf den Innenraum bezogen und zu den umgebenden Straßen hin abgeschirmt. Auch auf Diagonalwege, die auf Schmuckplätzen in erster Linie dem Fußgänger einen kaum behinderten Durchgang erlaubten, ist zugunsten ungeteilter, beruhigter Aufenthaltsräume verzichtet. Einer völligen Isolierung von der Umgebung wirkte Encke dadurch entgegen, dass er zumindest in Teilen der Anlagen Einblicke von Außen zuließ. So sind Spielplätze und Ruhegärten in vielen Fällen von außen einsehbar, „Mütterplätze" dagegen durchweg nicht.

Enckes besondere Aufmerksamkeit galt der Gestaltung der Blumengärten. Da sie – wie die Ruhegärten in den Parkanlagen – Hausgartenersatz sein sollten, verwendete er gerne auch in privaten Wohngärten anzutreffende Elemente: Abgeschlossenheit, kleinere Höhendifferenzierungen, Böschungen, niedrige Mauern, Treppen, Pergolen, berankte Bögen, Brunnen, plastischen Schmuck, Sitznischen, Zäune, Hecken und

"Alhambra" im Inneren Grüngürtel, Blick in den mittleren Brunnengarten, um 1928
Foto: Archiv Stadtkonservator

Tore. Gegenstand durchdachter Formgebung war schließlich sogar die Gartenbank. Hinzu kam der Reichtum an Stauden, Sommerblumen und blühenden Sträuchern. Das alles unterstrich den Wohncharakter und eine gartenmäßige Behaglichkeit.
Eingehender befasste sich Encke auch mit der Gestaltung der Kinderspielplätze, besonders ihrer Abgrenzung gegenüber anderen Nutzungsbereichen. Sollten nämlich Erholungsplätze mehreren Ansprüchen genügen, so stellte sich eine deutliche Trennung der einzelnen Teile bald als zweckmäßig heraus.[26] Im übrigen besaßen Enckes Spielplätze – mit Ausnahme der genannten Sandbecken und Spieltische – keine festen oder mobilen Spielgeräte. Sie waren damals offensichtlich noch weitgehend unbekannt oder fanden noch keine Verwendung. Encke meinte zwar später, dass Schaukel, Rundlauf oder Schwebebaum einen Spielplatz bereichern könnten, gleichzeitig werde aber eine Verteuerung der Anlagen eintreten, da wegen der möglichen Unfälle eine ständige Aufsicht erforderlich sei.[27] Bei der Gestaltung mancher Kinderspielplätze knüpfte Encke durchaus an ältere Vorbilder an, hatte es doch in Köln bereits interessante Ansätze gegeben. Zu nennen ist hier der Spielplatz am Cäcilienkloster mit einer von Bäumen regelmäßig überstellten Kiesfläche, einer zu den Straßen abschirmenden Strauchpflanzung, einem Trinkhäuschen und mehreren am Rande der Spielfläche angeordneten Bänken.[28] Enckes frühe Spielplatzentwürfe, seien es der Leipziger Platz oder der De-Noël-Platz, weichen hiervon kaum ab.

Abschließend lässt sich sagen, dass der Stadtplatz im Werk Enckes sehr frühzeitig – seit 1904/1905 – neuen Zweck- und Formvorstellungen folgt, dabei eine deutliche Entwicklung zu größerer Funktionstüchtigkeit und wohngartenmäßigerem Charakter zeigt und letztlich gekennzeichnet ist durch zieladäquate, einfache Gestaltung, formale Geschlossenheit bei differenzierter Formgebung der Einzelteile, Behaglichkeit und Abgeschlossenheit gegenüber seiner Umgebung. Damit sind Enckes Erholungsplätze bedeutende Leistungen und Ausdruck einer neuen, sozialen und „volkshygienischen" Zielsetzungen verpflichteten städtischen Gartenkunst.

Seine Tätigkeit nach dem Ersten Weltkrieg

Nach dem Ende des Ersten Weltkriegs beginnt in Köln die Phase einer intensiv betriebenen Grünpolitik, die innerhalb von nur zehn Jahren zu bis dahin nicht gekannten Erfolgen führte und im Wesentlichen mit folgenden Voraussetzungen verbunden war:

- die Aufhebung der Festungseigenschaft aufgrund des Versailler Vertrages
- ein energisches politisches Handeln der Stadt, verkörpert in der Persönlichkeit des Oberbürgermeisters Konrad Adenauer
- zwei bodenpolitisch entscheidende Gesetze für die beiden Festungsgürtel: das reformierte preußische Umlegungsgesetz von 1919 für den ehemaligen inneren Festungsrayon [29] und das Rayongesetz von 1920 für den nunmehr ebenfalls aufgegebenen äußeren Festungsrayon [30]
- der „Generalbebauungsplan" von Fritz Schumacher 1920-1923 für das gesamte Stadtgebiet, der eine geordnete Stadtentwicklung für eine auf das Dreifache geschätzte Bevölkerungszahl von 2,16 Millionen Einwohnern sicherstellen sollte und mit den Grüngürteln und Grünzügen die Grundlage einer gezielten Grünpolitik würde [31]
- die hohe Arbeitslosigkeit, die zu umfangreichen Notstandsarbeiten gerade im Grünflächenbau führte.

3. Volksgärten für Köln – Fritz Encke

Innerer Grüngürtel
Luftaufnahme der gesamten Anlage „Alhambra", um 1925
Aus: H. Wiegand: Entwicklung des Stadtgrüns (s. Anm. 1), S. 107

Der Innere Grüngürtel (1923-1924)

Maßgeblich für die Realisierung der Freiflächen im Inneren Grüngürtel war der aus einem Wettbewerb 1919 hervorgegangene und überarbeitete Bebauungsplan von Fritz Schumacher, der nunmehr 50% des in die Umlegung einbezogenen Privatbesitzes für die Anlage von 112 ha Grün- und Wasserflächen sowie 70 ha für Straßen und Plätze ausschied.

Das städtebauliche Konzept Schumachers zeigt eine überwiegend dreigeschossige reformierte Miethausbebauung, ein Geschäftszentrum am Aachener Weiher, Standorte für öffentliche Gebäude und öffentliche Grünräume unterschiedlicher Nutzung. In seiner architektonischen Aussage folgt der Entwurf einer monumental-repräsentativen Bauauffassung; die Freiräume gehen ineinander über, sind streng gefasst, durch Symmetrie und Axialität bestimmt, die Gebäude gestalterisch weitgehend durchgearbeitet und das Großgrün festgelegt.[32] „Für die Ausgestaltung der Grünanlagen war die Eigenart des Bebauungsplanes maßgebend."[33] Sie entstanden bis auf wenige Flächen zwischen 1923 und 1924 im Rahmen von Notstandsarbeiten. Für die erholungsuchende Bevölkerung wurden 7 Volkswiesen, 2 Sportwiesen mit 5 Fußballplätzen, 2 Kleingartenkolonien, 22 größere und kleinere Kinderspielplätze sowie 13 Ruhegärten geschaffen. In die Ausführung eingeschlossen waren auch der architektonische Aachener Weiher und der als Kanal mit begleitenden Alleen ausgebildete Promenadenzug zum Stadtwald als einer der radialen Grünzüge zum Äußeren Grüngürtel.[34]

Da in den zwanziger Jahren nur die Freiräume realisiert wurden, nicht hingegen die auch für diese Freiräume in Lage, Größe, Funktion und Art der Gestaltung maßgebliche Bebauung, blieb das Gesamtprojekt ein Torso. Hier mag es daher genügen, auf zwei kleinere Anlagen hinzuweisen, die noch heute Enckes gärtnerisches Können erkennen lassen: die großzügige landschaftliche Gestaltung zwischen den hohen Bahndämmen des Gleisdreiecks und den sich zur Merheimer Straße hin anschließenden architektonisch geformten, in drei Teile gegliederten Ruhegarten mit zugeordneter Volkswiese, die so genannte „Alhambra".

Der Äußere Grüngürtel (1919-1925)

Der Äußere Grüngürtel mit seinen radialen Grünzügen ist ebenso wie der Innere Grüngürtel Teil des Schumacherschen Bebauungsplanes. Sollte der rechtsrheinische äußere Festungsrayon analog zum linksrheinischen inneren Festungsrayon u.a. die Funktion einer Verknüpfung der inneren und äußeren Stadtteile übernehmen, so galten für den äußeren linksrheinischen Rayon gänzlich andere Kriterien. Er sollte als rd. 1 km breiter Wald- und Wiesengürtel die Stadt auf ihrer Westseite begrenzen, sie gegen den Braunkohlebergbau und seine Folgeindustrien abschirmen, als Luftfilter dienen und im Wesentlichen Zielpunkt für die Erholungsuchenden sein.

Die Realisierung begann bereits kurz nach Ende des Krieges, und zwar auf den Flächen, die schon zu dieser Zeit verfügbar waren: Stadtwalderweiterung, Sportpark Müngersdorf, Volkspark Raderthal, Anla-

„Gleisdreieck" im Inneren Grüngürtel
Foto: Stadtkonservator (Körber-Leupold), 1979

gen auf den Festungswerken. Ein von Encke vorgelegter Entwurf für den gesamten linksrheinischen Grüngürtel datiert erst aus dem Jahre 1925.

Stadtwalderweiterung (1919-1924)

Das Notstandsprogramm begann Anfang 1919 mit der Erweiterung des von Kowallek am Ausgang des 19. Jahrhunderts geschaffenen Stadtwaldes. Die Arbeiten wurden auf dem westlich der Militärringstraße gelegenen, ca. 100 ha großen Gelände in zwei Abschnitten durchgeführt und waren 1924 beendet.
Da diese Erweiterung vor allem als Verbindung und Überleitung zwischen dem Stadtwald und dem geplanten Äußeren Grüngürtel gedacht war, lehnte sich Encke an den Waldpark-Charakter des älteren Teils an, entwickelte ihn aber in seinem Sinn, d. h. in großen, beruhigten Formen weiter. An die Stelle der relativ kleinen, ineinanderfließenden, von buchtenreichen Gehölzgruppen kulissenartig umsäumten Wiesen und Lichtungen treten nun zusammenhängende, weite, frei benutzbare Wiesenräume und geschlossene Waldkomplexe. Auch das Wegenetz wird begrenzter und verbindet zielstrebig die wichtigsten Punkte der Anlage. Durch die Führung der Wege an den Waldrändern ergeben sich für den Besucher hervorragende Raumeindrücke. Im westlichen Teil liegt der 6 ha große Adenauer-Weiher. Die bei seinem Bau gewonnenen Bodenmassen dienten zur Schüttung von zwei Erdwällen, die waldartig bepflanzt und dadurch gegenüber den angrenzenden Wiesen in ihrer Wirkung noch unterstrichen wurden. Westlich des Weihers entstand, an die Nordseite des einen der beiden Erdwälle angelehnt, im Laufe der folgenden Jahre eine dem Stadion zugeordnete Spiel- und Sportwiese („Jahnwiese"). Zur Verknüpfung des alten und des neuen Teils sah Encke einen durchgehenden breiten Wiesenraum – und damit die Öffnung des bisher an der Militärringstraße abgeschlossenen Stadtwaldes – sowie ein durchgehendes Hauptwegesystem vor. Heute, nachdem die raumbildenden waldartigen Partien und die gezielt zur Blickführung gesetzten Baumgruppen herangewachsen sind, zeigen die weiten Wiesenräume den „großen Atem" einer klassischen landschaftlichen Parkgestaltung hohen Ranges, durchaus vergleichbar mit den vorbildhaften Schöpfungen eines Lenné oder Pückler, getragen von dem Gedanken der „Nützlichkeit und Schönheit".

Sportpark Müngersdorf (1920-1923)

Dem lebhaften Interesse und der zunehmenden Anerkennung, die der Sport und das organisierte Spiel zu Beginn des neuen Jahrhunderts in Deutschland fanden, folgte man in Köln zunächst nur mit der Sportanlage „Poller Wiesen" (1910). Während der zwanziger Jahre kam es dann aber zur Anlage von

Stadtwalderweiterung
Links oben: Blick vom Adenauer-Weiher nach Osten, um 1935
Foto: Tschörtner
Rechts oben: Blick über den Adenauer-Weiher, um 1932
Postkarte: HAStK
Foto: Tschörtner

Blick in das erweiterte Gebiet des Stadtwalds, um 1970
Foto: H. Wiegand

Jahn-Denkmal im Sportpark Müngersdorf
Foto: Stadtkonservator (Ludwigs), 1976

3. Volksgärten für Köln – Fritz Encke

Sportplatz Müngersdorf
Freiübungen der Männer
(etwa 25 000 Teilnehmer)
auf den Jahnwiesen
Aus: Festzeitung 14. Deutsches Turnfest Köln 1928, S. 292
Rechts: Perspektivische Zeichnung der Gesamtanlage, um 1921
Quelle:
Konrad-Adenauer-Stiftung

Sportplätzen und umfangreicheren Sportstätten. Mit dem Sportpark Müngersdorf erhielt die Stadt nunmehr zwischen 1920 und 1923 im Äußeren Grüngürtel eine der größten Sportanlagen in Deutschland, die nicht nur als zentrale Anlage für den lokalen Sport dienen, sondern gleichermaßen nationalen und internationalen Veranstaltungen gerecht werden sollte. Als ein leicht erreichbarer Standort bot sich das Gelände an der größten Kölner Ausfallstraße nach Westen, der Aachener Straße, geradezu an. Prinzipien der Planung waren für Encke: Schaffung eines Systems von Einrichtungen für die wichtigsten Sportarten, Anordnung der Plätze unter praktischen Gesichtspunkten, gute Orientierungsmöglichkeiten, schnelle Erreichbarkeit der Einzelteile, reibungslose Verkehrsabwicklung besonders bei Großveranstaltungen, Einbindung in den Äußeren Grüngürtel.[35] Von der Aachener Straße betritt der Besucher den Sportpark in einer etwa nordsüdlich verlaufenden Hauptachse und gelangt, an einem Straßenbahnhof und an einem Autoparkplatz vorbei, zum Haupteingang mit Kassen und Verwaltungsgebäuden. Dann öffnet sich ihm eine zur Achse quergelagerte, von Alleen eingerahmte, rd. 300 x 150 m große Wiese für Ballspiele und Turnveranstaltungen. Ihr sind auf der Westseite eine Radrennbahn sowie ein Schwerathletikplatz, auf der Ostseite ein Hockeyfeld sowie eine Tennisanlage zugeordnet. Über die Spielwiese hinweg führt die Hauptachse direkt zum Schwerpunkt des Sportparks, dem Stadion. Eine – später ausgeführte – von Pfeilerhallen begrenzte „Feststraße", der sich auf beiden Seiten lang gestreckte, niedrigere Flügelbauten für die sanitären, technischen und organisatorischen Einrichtungen rechtwinklig anschließen, hebt das Eingangstor heraus (Planung: Baudirektor Adolf Abel). Das Stadion ist als Großkampfbahn eingerichtet und enthält eine Rasenspielfläche, verschiedene Leichtathletikanlagen und Laufbahnen. Ein auf der Außenseite dicht bepflanzter Erdwall nimmt die in Rasen gelegten Zuschauerterrassen, eine überdachte Tribüne, eine breite Umgangsallee auf der Wallkrone, 18 Zugänge von außen und eine Einfriedigung auf. Die Anlage fasste maximal 80 000 Zuschauer. Zwei Nebenkampfbahnen, ebenfalls mit terrassierten Erdwällen eingefasst sowie mit Leichtathletikanlagen und Laufbahnen ausgestattet, ein Schwimmstadion, zwölf weitere Tennisübungsplätze und eine kleinere Gaststätte sind der Hauptkampfbahn westlich und östlich angelagert. Zwischen dem Schwimmstadion und einem Reitturnierplatz liegt das ehemalige Zwischen-werk V b, das in seinem hainartigen Baumbestand ein für Männer, Frauen und Kinder untergliedertes Licht- und Luftbad aufnahm.

Encke behandelte den Sportpark als durchgängige, durchgrünte und von Wald eingerahmte, an die Stadtwalderweiterung angebundene Anlage. Die Gestaltung ist außerordentlich funktionsgerecht und zeichnet sich durch Überschaubarkeit und Geschlossenheit in der gesamten Konzeption aus. Durch Einbettung in waldartiges Großgrün und durch gänzliche Freigabe der Durchgangswege wird eine Isolation von der Umgebung vermieden. „Obschon die Planung in die Jahre 1920 bis 1921 fällt, als die Gestaltung derartiger Anlagen noch problemhaft war, ist sie derart reif, dass sie weithin als mustergültig anerkannt wird."[36]

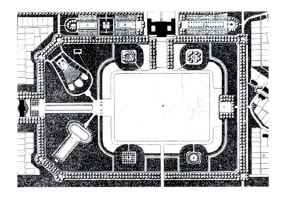

Links: Volkspark Raderthal
Aus: „Gartenkunst", 1927, 40. Jg., S. 66
Rechts: Naturtheater
Aus: F. Encke: Ein Volkspark. 1924, S. 224

Staudengarten mit Familiensitzplätzen vor der Sanierung des Parks 1998
Foto: J. Bauer

Volkspark Raderthal (1923-1924)

„Der neuzeitliche Volkspark kann sämtliche der Erholung und Betätigung im Freien dienenden Einrichtungen vereinen. Er muss so gestaltet sein, dass ein möglichst großer Teil der Grundfläche in irgendeiner Weise von den Besuchern wirklich benutzt werden kann. Der Erholung dienen Spielwiesen, Sondergärten, Kinderspielplätze, Wasserflächen, Wege und Plätze sowie Gaststätten; der Betätigung Sportplätze und Kleingärten sowie Volkshäuser mit Bibliotheken, Vortragsräumen usw. Waldartige Pflanzungen, Haine, Alleen, Baum- und Strauchgruppen umrahmen und verbinden diese verschiedenen Teile. Dass in vielen Fällen nicht alle aufgezählten Einrichtungen in einem Volkspark Platz finden können, ist selbstverständlich. Dagegen verdient eine Anlage, in der nur die Wege und Platzflächen von den Besuchern betreten werden können, heute nicht mehr die Bezeichnung Volkspark."[37] Mit diesem von Encke 1926/27 skizzierten Programm ist in prägnanter Weise auch der Raderthaler Volkspark charakterisiert.

Die Gesamtanlage setzte sich aus drei Hauptteilen zusammen: dem 1923-24 errichteten zentralen Bereich (dem „Volkspark Raderthal" im engeren Sinne), ferner einem Sportzentrum am Zwischenwerk VIII a und einem Kleingartengebiet, die beide unausgeführt blieben.

Der Park entstand als Erholungsschwerpunkt im Süden des Stadtgebietes auf dem zerklüfteten Gelände eines ehemaligen Pulvermagazins zwischen Bonner und Brühler Straße. Ansätze für die architektonische Gestaltung mit zwei sich senkrecht kreuzenden, als Ordnungselemente dienenden Achsen boten vier unversehrte, ein Rechteck bildende Schutzwälle einstiger Pulverhäuser. Den Kern des ca. 27 ha großen Parks[38] bildete eine 300 x 200 m große Volkswiese, in deren Mittelpunkt sich die beiden Hauptachsen schneiden. Die nordsüdlich verlaufende Achse hat ihren Ausgangspunkt in einer regelmäßig gegliederten Gartenanlage inmitten eines – geplanten – Wohngebietes nördlich des Parks, verläuft als breite Zugangsstraße bis zum nördlichen Parkeingang und sollte hier durch ein – nicht ausgeführtes – Volkshaus mit größerem Vorplatz einen „point de vue" erhalten. Die Ost-West-Achse war zwischen einem angehobenen Baumplatz an der östlichen Schmalseite der Volkswiese und einem ihm am Ende einer breiten Schneise gegenüberliegenden, ebenfalls herausgehobenen Parkschenke eingespannt. In Form einer schmaleren Sauerkirschallee setzte sie sich als Mittelachse in der dem Park westlich angegliederten Kleingartenkolonie fort.

Die Volkswiese – eine baumlose Rasenfläche mit breitem Umgangsweg – war als einheitlicher großer Raum in eine waldartige Pflanzung gebettet. An den beiden Längsseiten wurde sie von den dicht bewachsenen Ringwällen flankiert, die Encke den willkommenen Anlass zur Gestaltung behaglicher Räume unterschiedlichen Inhalts boten. Die beiden dem Volkshaus benachbarten enthielten Sandspielplätze für kleine Kinder. Der südwestliche nahm einen Lesegarten unter geschnittenen Platanen auf; in einem Pavillon sollten dem Besucher Zeitschriften und Bücher angeboten werden. Der südöstliche war zu einem von Zuschauerterrassen umgebenen „Reigenplatz" für Schulklassen und Vereine bestimmt. Der waldartige Rahmen der Volkswiese erreichte im

Volkspark Raderthal

Links: Reigenplatz mit Rosenterrassen
Aus: Velhagen & Klasings Monatshefte 1931, S. 36
Rechts: Brunnentempel als Abschluss der östlichen Blumengärten
Foto: H. Wiegand, 1970

Unten: Luftaufnahme der Anlage Ende der 1920er-Jahre, Blick in Richtung Bonner Straße
Foto: RBA

westlichen Teil des Parks einen größeren Umfang. Hier waren, jeweils diagonal zur ostwestlich verlaufenden Achse, eine Spielanlage mit Planschweiher und Sandbuddelplatz sowie ein „Naturtheater", dessen Konturen heute noch erkennbar sind, angeordnet. Eine Lindenallee, an den Eckpunkten zu kleinen Baumplätzen aufgeweitet, umschließt den Park als durchgehender Promenadenzug.

Auch im Raderthaler Volkspark gab es – wie in den Anlagen der Vorkriegszeit – Blumengärten, deren Wert für den Großstadtbewohner Encke so hoch einschätzte, dass er sie auch in einer Zeit, die zu größter Sparsamkeit gezwungen war, verantworten zu können glaubte. Er meinte 1924, solche Gärten dürften nicht als Luxus betrachtet werden „in einer Großstadt, in der nur ganz wenig Menschen einen Garten beim Hause oder in dessen Nähe besitzen, in deren enger bebauten Vierteln kaum eine freiwachsende Blume zu finden ist ... Und wo die großen Flächen eines Parks ... ganz einfach gehalten sind, da wird sich die jährliche durchschnittliche Aufwendung für die gesamte Parkpflege durch den verhältnismäßig kleinen, kostspieligeren Blumengarten nicht über Gebühr erhöhen."[39] Die Gärten, zu beiden Seiten des Volkshauses gelegen, glichen sich in Form und Gliederung. Heute ist nur noch der östliche Teil erhalten. Um möglichst vielen Besuchern die Gelegenheit zu zurückgezogenem Aufenthalt zu geben, griff Encke auf die schon im Vorgebirgspark erprobten Familiensitzplätze zurück, die sich sehr schnell die Gunst der Bevölkerung erworben hatten.[40] Über den Inhalt des Volkshauses äußerte sich Encke nicht näher. Vermutlich sollte es, folgt man den allgemeinen Zielsetzungen, in erster Linie der Volksbildung dienen, zumal die Parkschenke – eine Kaffeewirtschaft mit Gartenterrasse – als zusätzliche Einrichtung vorgesehen war. Die soziale Zweckbestimmung des Parks zielte darauf ab, allen Altersgruppen die verschiedensten Möglichkeiten zur „Erholung und Betätigung" – nach Encke die wesentlichsten Funktionen eines modernen Volksparks – zu bieten. Das inhaltliche Programm, vergleicht man es mit dem der früheren Parkanlagen, besonders dem des Blücherparks, zeigt einen nochmals erweiterten Umfang.

Die Gesamtgestaltung stellte Encke unter den Grundsatz der „Einfachheit und Einheitlichkeit"[41] und der Zusammenfassung der mannigfaltigen Einzelteile zu einer künstlerischen Einheit. Auffallend sind der übersichtliche Aufbau, die klare Räumlichkeit, die architektonische Durchformung und die strenge Axialität. Der Raderthaler Volkspark bedeutet im Vergleich zum Vorgebirgspark und zum Blücherpark einen weiteren Schritt in der Entwicklung des „Volksparks", er stellt zugleich einen Höhepunkt in Enckes gesamtem gartenkünstlerischem Schaffen dar. In ihm kommen damals immer wieder geforderte Grundsätze überzeugend zum Ausdruck: vielfältige Nutzbarkeit, künstlerische Qualität und Wirtschaftlichkeit. Darüber hinaus ist der Park aufgrund seiner funktionalen Ausgestaltung eine beispielhafte Anlage der 1920er-Jahre in Deutschland. Um so bedauerlicher ist daher sein heutiger Zustand, der seinen herausragenden Wert nur noch erahnen lässt und insbesondere durch einschneidende Baumaßnahmen der Engländer und Belgier nach dem Zweiten Weltkrieg beeinträchtigt wird.

Oben: Schmuckanlage auf dem Zwischenwerk VIII b
Foto: J. Bauer, 2000

Links: Gesamtplan der gärtnerischen Anlagen auf dem Zwischenwerk, 1927
Quelle: HAStK

Anlagen auf den Festungswerken (ab 1923)

Die Aufhebung der Festungseigenschaft bedeutete zugleich die Aufforderung zur Zerstörung der 12 großen Forts und 23 Zwischenwerke, die zwischen 1873 und 1881 entstanden waren und die Stadt auf der links- und rechtsrheinischen Seite ringförmig umschlossen. Der Stadt konnte an einer vollständigen Beseitigung nicht gelegen sein, boten sie sich doch – fortifikatorisch zwar unbrauchbar gemacht – für Erholungs-, Sport- oder Schulzwecke geradezu an. Gegensätzlichkeiten über den Umfang der Zerstörung zeigten sich vornehmlich in der Auseinandersetzung mit den Besatzungsmächten. In äußerst schwierigen Verhandlungen mit dem Reich und der Internationalen Kontrollkommission der alliierten Militärbehörden gelang es jedoch Konrad Adenauer, die Interessen der Stadt weitgehend durchzusetzen. Um zum Ausgleich der widerstreitenden Interessen beizutragen, hatte Encke um 1920 ein Konzept über „die Schleifung der Festung Köln unter Berücksichtigung der Kölner Projekte" [42] entwickelt, das möglicherweise auch den Verhandlungen zugrunde gelegen hat. Ihm kam es insbesondere darauf an, den alten Baumbestand auf den Glacis zu schonen, nicht alle Werke vollständig einzuebnen und die Kehlkasernen nach Möglichkeit zu erhalten. Er schlug für die einzelnen Forts und Zwischenwerke, soweit sie nicht völlig beseitigt werden sollten, verschiedenen Zwecken dienende Nutzungen vor und führte dazu aus: „Die in rascher Folge sich darbietenden zahlreichen größeren Festungswerke müssen so umgebildet werden, dass sie Ruhepunkte in dem ausgedehnten grünen Ring bilden. Sie sollten schon aus ästhetischen Gründen nicht alle in gleicher Weise behandelt werden. Diese verschiedenartige Behandlung ist einerseits schon bedingt durch die wechselvolle Zurichtung infolge der Schleifung. Die fast vollständig eingeebneten Werke eignen sich am besten zur Herstellung von Sportplätzen. Wohl wäre es dringend erwünscht, die Kehlkasernen bei diesen Werken zu erhalten, um sie als Umkleideräume und Vereinszimmer der Sportvereine benutzen zu können. Die Sportplätze sind an den Stellen von Wert, an denen der Ring von Befestigungen nahe an ausgebaute Stadtteile heranreicht ... Da, wo für Sportanlagen kein Bedürfnis vorliegt, sollten die Werke zu Erholungsanlagen mit Einrichtungen zum Lagern und ungezwungenem Kinderspiel oder mit Sonnen- und Luftbädern umgestaltet werden. In geeigneter Verteilung sollten darauf auch sogenannte Tageswaldschulen ... eingerichtet werden ... Ich bitte, die Zerstörung der für Erholungsplätze, Waldschulen, Sonnen- und Luftbäder in Betracht kommenden Forts und Zwischenwerke nur soweit anzuordnen, als nötig ist, um sie fortifikatorisch unbrauchbar zu machen, dabei aber Bedacht zu nehmen auf Erhaltung von Grabenteilen ... auf Belassung solcher Höhenverhältnisse, die die Erhaltung des Baumwuchses ermöglichen und auf Schonung einzelner Kasernen." [43]

Die Schleifungsarbeiten setzten schon 1920 ein, sodass mit ihrer Umgestaltung zu „Grünen Forts" auf der linksrheinischen Seite 1923 begonnen werden konnte. Bis zu Enckes Pensionierung 1926 waren hier 4 Forts (mit jeweils rd. 10 ha) und 11 Zwischenwerke (mit jeweils 2 bis 5 ha) hergerichtet. Da die Werke

Links: Zwischenwerk VIII b
Blick in den erhaltenen
Wallgraben
Foto: J. Bauer, 1999

Rechts: Sportanlage auf
dem ehemaligen Zwischenwerk VII a,
Luxemburger Straße, 1923
Foto: Archiv ALG

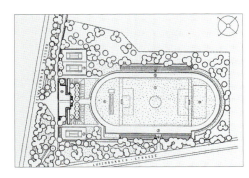

auf der rechtsrheinischen Seite größtenteils erst beim Abzug der Besatzungstruppen (Jahreswende 1925/26) freigegeben wurden, setzte dort die Umgestaltung nur zögernd ein, sodass bis 1926 lediglich 1 Zwischenwerk ausgebaut werden konnte. Jedoch lagen für die übrigen, links- wie rechtsrheinischen Anlagen bereits Mitte der zwanziger Jahre die Nutzungsabsichten und Planungen fest.[44]

Die einzelnen Anlagen lassen sich gemäß ihrer vorrangigen Funktionen in Gruppen zusammenfassen. Von ihnen soll jeweils ein bezeichnendes Beispiel näher vorgestellt werden.

Sportanlage mit Luftbad für erholungsbedürftige Kinder an Fort IV (Bocklemünd)

Die 11,1 ha große Anlage auf dem Gelände des Forts IV wurde zwischen 1923 und 1924 ausgeführt. Der Hauptzugang führte zunächst in den Hof der ehemaligen Kehlkaserne und dann durch den Mittelteil des Gebäudes, das sportlichen Zwecken diente, hindurch auf eine baumumschlossene, erhöht liegende Zuschauerterrasse, um die sich drei Fußballplätze gruppierten. Am nördlichen und südlichen Ende der Kasernenflügel ergänzte jeweils ein Schlagballplatz die Anlage. Die Zuordnung sämtlicher Teile wurde bestimmt durch die Mittelachse der Kaserne. Im nördlichen Teil des Areals war der Sportanlage noch ein öffentlich nicht zugängliches Licht- und Luftbad für „kränkliche Kinder" angegliedert. Ähnlich wie im bereits genannten, in den Sportpark Müngersdorf einbezogenen Zwischenwerk V b fanden sich auch hier locker von Bäumen überstellte Rasenflächen und kleinere Lichtungen, ein Planschbecken, eine Sandkiste und einige Turngeräte. Die Gesamtanlage ist von einem alten Baumbestand umschlossen, der sie aus der seinerzeit noch ackerbaulich genutzten Umgebung heraushebt.

Die Sportanlagen auf den übrigen Festungswerken sind ähnlich gestaltet. Während in dem Bereich der Forts jeweils die Einrichtung von drei Fußballplätzen möglich war, konnte auf dem Gelände der kleineren Zwischenwerke nur ein Platz untergebracht werden. Auf den restlichen Flächen sind verschiedentlich noch Turn-, Faustball- oder Tennisplätze sowie Lagerwiesen angelegt.

Erholungsanlage mit Sportplätzen an Fort VI (Deckstein)

Der 1923 entstandene Entwurf zur Umgestaltung des zwischen 1873 und 1876 gebauten Forts VI zu einer Erholungsanlage wurde noch im selben Jahr bzw. 1927 ausgeführt. Angegliedert sind eine Sportanlage – zwei axial der Kehlkaserne zugeordnete Fußballfelder – und ein seitlich gelegener Sportplatz mit Laufbahn. Auf dem Mittelteil der Kehlkaserne, deren Vorhof eine exedraförmige Gestaltung erhielt, sah Encke zwei Schmuckanlagen vor. Das zugefüllte Areal hinter der Kaserne bot den Raum für eine Tummelwiese, räumlich gefasst durch die Baumkulisse, die den ehemaligen Fortumriss nachzeichnet. Die Glacisbepflanzungen sind durch Wege erschlossen, im rechten Flankengraben, mit Betontrümmern teilweise verfüllt, entstand ein höchst bemerkenswerter Steingarten als Sondergarten. „Die interessanteste Anlage dieser Art ist die im Fort Deckstein bei Köln-

Gesamtplan Sportanlagen
und Luftbad auf dem
Gelände des ehemaligen
Fort IV (Bocklemünd),
1923-1924
*Aus: H. Wiegand:
Entwicklung des Stadtgrüns (s. Anm.1), S. 113*

Fort VI (Deckstein)

Links: Blick in den ehemaligen Felsengarten
Aus: „Gartenkunst", 1927, 40. Jg., S. 68

Rechts: Der Garten heute
Foto: J. Bauer, 2000

Links: Luftaufnahme des Decksteiner Forts aus dem Jahre 1927
Foto: Archiv ALG

Rechts: Blick in den umgestalteten Kehlgraben Ende der 1920er-Jahre
Foto: Archiv Wiegand

Sülz. Die gefällige Architektur der ehemaligen Festungskaserne gab hier den Anlass zu reicher Ausgestaltung des Hofes und der Kehlgräben. In dem mit zerklüfteten Betontrümmern gefüllten Wallgraben wurden die Risse und Löcher mit Boden gefüllt, mit alpinen Stauden bepflanzt und so ein sehenswerter Steingarten geschaffen."[45]

Einen Eindruck über die ursprüngliche Gestaltung der Gesamtanlage gibt ein Luftbild aus dem Jahre 1928. Die Anlage auf dem Fort Deckstein verdeutlicht in besonderer Weise die Individualität der Gestaltung Enckes sowohl im Detail als auch in Bezug auf sein hohes gärtnerisches Wissen im Umgang mit der Pflanze, was zurzeit allerdings kaum noch erkennbar ist. Der Felsengarten soll jedoch wiederhergestellt werden.

Als Beispiel für eine vielfältig ausgestaltete Erholungsanlage kann auch die Umgestaltung des Forts XII (Stammheim) gelten. Der 1924 entstandene und 1927–1929 ausgeführte Entwurf Enckes nimmt wiederum die Kehlkaserne als Ausgangspunkt für die formale Gliederung. Dem Mittelteil dieses Bauwerkes ist ein baumumrahmter Platz vorgelagert, dem zu beiden Seiten je ein abgeschlossener Rosen- und Staudensenkgarten angegliedert ist. Die parallel zum Festungswerk verlaufende, Platz und Gärten zusammenfassende Mittelachse endet in kleinen, erhöht liegenden Aussichtspunkten oberhalb der mit Wildrosen bzw. mit Wildstauden bepflanzten Flankengräben. Diesem Ruhekomplex schließt sich eine freie, lediglich einige Baumgruppen enthaltene Tummelwiese an. Der vertiefte Hof der Kaserne bietet Kindern eine weitere Möglichkeit zum Spielen. Ein Umgangsweg erschließt den vorhandenen waldartigen Rahmen.

Waldschule am Zwischenwerk III b

Einer Forderung der damaligen Zeit entsprachen die Wald- und Freiluftschulen. Dabei sollten die Waldschulen erholungsbedürftigen Kindern ohne Unterbrechung des normalen Schulunterrichts einen längeren Aufenthalt im Freien gewähren, während in den Freiluftschulen tageweise wechselnde Klassengruppen vorzugsweise Unterricht in Pflanzenkunde, Pflanzenbau und im Turnen erhalten sollten.

Die Waldschule am Zwischenwerk III b bei Mengenich wurde 1924 errichtet. Die Kaserne enthält die für den Schulbetrieb notwendigen Räume. Den Mittelpunkt der Anlage bildet eine von altem Baumbestand umrahmte Spielwiese. Sie wird von einem Umgangsweg begrenzt, von dem aus kleine, in die

Freiluft- und Gartenarbeitsschule bei Müngersdorf
Fotos: Archiv Stadtkonservator

Gesamtplan der Freiluft- und Gartenarbeitsschule am Zwischenwerk Va bei Müngersdorf, 1923
Aus: H. Wiegand: Entwicklung des Stadtgrüns (s. Anm. 1), S. 117

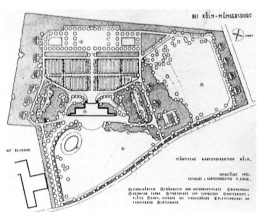

dichte Pflanzung gebettete Unterrichtsplätze zu erreichen sind. Abseits liegt ein kleiner Schulgarten mit Gemüsebeeten und Obstpflanzungen.

Eine umfangreichere Ausstattung hat die Freiluftschule am Zwischenwerk V a bei Müngersdorf (1923). Die Kaserne ist wiederum als Schulgelände verwendet worden. Ihr zugeordnet sind ein ausgedehnter Schularbeitsgarten mit einem Unterrichtsplatz sowie ein Turnplatz mit Geräten und Sandbecken. Der ehemalige Wehrgraben wurde, ebenso wie am Fort Deckstein, in einen Felsengarten umgewandelt, in dem Beispiele der heimischen Flora präsentiert werden. Zum weiteren Inhalt gehören zwei Tummelwiesen und ein Planschweiher mit Sandstrand. Drei-

zehn kleine Unterrichtsplätze liegen in den waldartigen Randzonen.

Die umgestalteten Festungswerke, bei ihrer Fertigstellung noch weitgehend isoliert, sollten schon bald als teilweise erweiterte, intensiv genutzte Teile in den Gesamtentwurf des Äußeren Grüngürtels einbezogen werden.

Enckes Gesamtplan für den linksrheinischen Äußeren Grüngürtel (1925)

Nachdem die bereits dargestellten Anlagen weitgehend fertiggestellt waren, mussten für die Notstandsarbeiten weitere Maßnahmen in großem Umfang vorbereitet werden. Die konzeptionellen Überlegungen zum Äußeren Grüngürtel waren durch den Generalbebauungsplan von Schumacher festgelegt worden. Encke legte seine freiraumplanerischen Vorstellungen 1925 in einem Entwurf im Maßstab 1:2 500 für den gesamten Bereich und in einer umfangreichen Denkschrift nieder.[46]

In die Planung einbezogen wurden die bereits fertig gestellten Teilbereiche: Stadtwalderweiterung, Sportpark Müngersdorf, Volkspark Raderthal, die Anlagen auf den Festungswerken, der Nüssenberger Busch sowie der um 1910 benachbart zum Villenvorort Marienburg angelegte Golfplatz und der in dessen Nähe gelegene Schutzwald um das Wasserwerk Hochkirchen.

Encke gliederte den Grüngürtel funktional in vier Hauptabschnitte mit jeweils etwa den gleichen Einrichtungen, um „jedem Bewohner die verschiedenen Erholungs- und Betätigungsmöglichkeiten in leicht erreichbare Nähe zu rücken".[47] Die Gestaltung unterliegt einem strengen Ordnungsgedanken: bestimmte Funktionen sind einander zugeordnet und in Extensivzonen (= öffentliche Wald- und Wiesenbereiche mit Spazierwegen und kleineren Zielpunkten an den Festungswerken) bzw. in Intensivzonen (= Volksparks

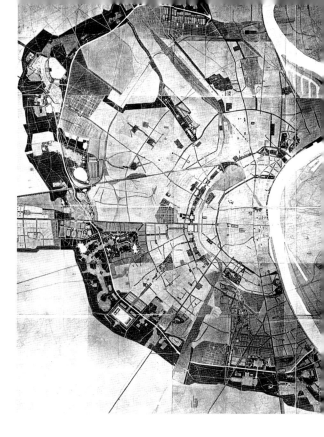

Enckes Gesamtplan des Äußeren Grüngürtels (linksrheinisch), 1925
Aus: H. Meynen: Die Kölner Grünanlagen. Düsseldorf 1979, Karte 17

mit umfangreichem Nutzungsangebot, angegliederten Sportanlagen und Kleingärten) zusammengefasst. Ein solcher Volkspark wird jedem der vier Hauptabschnitte zugeordnet. Die Volksparks unterscheiden sich durch ihr architektonisches Raumgefüge und ihre Axialität als Erholungsschwerpunkte von den mehr extensiv, teilweise auch landwirtschaftlich genutzten Zonen. Hier sind, angepasst an die natürlichen Gegebenheiten, freiere, landschaftliche Formen gewählt, die aber eines straffen Zuges nicht entbehren und durch ein Zusammenspiel umfangreicher zusammenhängender Waldflächen, teils mit großzügig disponierten Binnenräumen, gekennzeichnet sind. Um diese gestalterisch verschiedenartig behandelten Bereiche miteinander zu verbinden, setzen sich Parkachsen in die angrenzenden Waldgebiete fort, sodass Durchdringungszonen entstehen, in denen sich das strenge Ordnungssystem allmählich auflöst bzw. – umkehrt – sich die freiere Gestaltung allmählich zur festeren Form wandelt. Deutlich wird dieses Prinzip zum Beispiel beim Volkspark Raderthal mit der – nicht realisierten – Sportanlage am Zwischenwerk VIII a und den sich hier anschließenden Waldbereichen.

Ordnet man die Planung für den Äußeren Grüngürtel in Enckes Gesamtwerk ein, so bildet sie die am weitesten gespannte Aufgabe seines Lebens. Gleichzeitig wird erkennbar, dass sie über den engen Rahmen einer Objektplanung, d. h. der begrenzten Einzelmaßnahme „Volkspark" oder „Erholungsplatz", sachlich und räumlich weit hinausgeht. Sie stellt vielmehr eine komplex gefasste Arbeit unter grünplanerischen und landschaftspflegerischen Gesichtspunkten dar, die eine funktionale Zusammenfassung der einzelnen Grünelemente zu verschiedenartigen Nutzungsbereichen im Gesamtgefüge des Grüngürtels und deren Zuordnung zu den Wohngebieten bzw. zu den öffentlichen Verkehrsmitteln und den radialen Grünzügen anstrebt. Dieses Ordnungs- und Konzentrationsprinzip, das sich in der differenzierenden Art der Nutzung und Gestaltung widerspiegelt, folgt damit in besonderem Maß – vornehmlich durch Ausweisung ausgedehnter Waldgebiete – auch wirtschaftlichen Erwägungen.

Die Gesamtplanung für den Äußeren Grüngürtel war Enckes letztes Werk in Köln. In der Folgezeit wurde sie allerdings aufgegeben. An ihre Stelle trat mit dem von Theodor Nußbaum aufgestellten Entwurf eine vollständige Neugestaltung.[48] Diese folgte den seinerzeit hervortretenden Tendenzen einer „Lockerung" in der Gartenarchitektur mit der Bevorzugung einer einheitlichen landschaftlichen Gestaltungsweise und einer Abkehr von streng-architektonischen Formen.

Blickt man abschließend auf andere deutsche Großstädte, so sieht man, dass auch dort während der Zeit der Weimarer Republik eine recht erfolgreiche Grünpolitik betrieben wurde. Es verdient allerdings besondere Aufmerksamkeit, dass in Köln – die einmalige Chance der aufgehobenen Festungseigenschaft nutzend – gerade in einer für die Stadt politisch und wirtschaftlich labilen Zeit die großräumigen Planungen tatsächlich in die Realität umgesetzt wurden, wenn auch innerhalb der kurzen Zeitspanne von nur zehn Jahren selbstverständlich nicht vollkommen. Zu wünschen bleibt, dass sich die Stadt dieses selbstbewussten Handelns erinnert, sich des hohen kulturellen und sozialen Wertes ihres öffentlichen Grüns wieder in einem höheren Maße bewusst wird und in dessen Bewahrung, Instandsetzung und Vollendung ebenso engagiert sein möge wie zur Zeit ihres Oberbürgermeisters Konrad Adenauer.

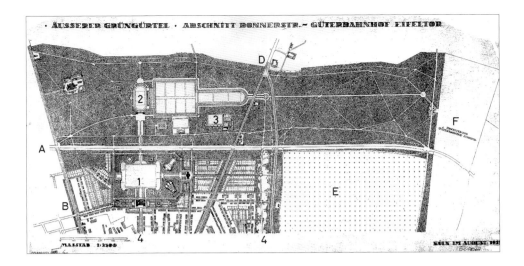

Entwurf Encke:
Äußerer Grüngürtel
Abschnitt Bonner Straße –
Güterbahnhof Eifeltor
Aus: H. Wiegand:
*Entwicklung des Stadt-
grüns (s. Anm. 1), S. 128*

1 Der Beitrag basiert auf der 1975 vom Verfasser bei der TU Hannover vorgelegten und von Prof. Dr. Dieter Hennebo begleiteten, 1976 beim Patzer Verlag Berlin Hannover (o. J.) veröffentlichten Dissertation „Entwicklung des Stadtgrüns in Deutschland zwischen 1890 und 1925 am Beispiel der Arbeiten Fritz Enckes". Nicht veröffentlichte Manuskripte, persönliche Dokumente (Zeugnisse, Dienstverträge, Briefe) sowie diverses Plan- und Fotomaterial stellte seinerzeit der Sohn Fritz Enckes, der Direktor des Frankfurter Palmengartens i. R. Dr. h. c. Fritz Encke, zur Verfügung. Die Planung für den Äußeren Grüngürtel erhielt der Verfasser von Frau Elisabeth Encke (Berlin-Steglitz). Auf einen gesonderten Herkunftsnachweis wird daher verzichtet. Die Aufnahmen entstanden während der Dienstzeit Fritz Enckes.

2 Siehe hierzu auch Hennebo, Dieter: Berlin. Hundert Jahre Gartenbauverwaltung – Ein Beitrag zur Geschichte des Stadtgrüns im Industriezeitalter. In: Das Gartenamt 1970, S. 257-287

3 Neben – und nach – seiner dienstlichen Tätigkeit war Encke auch privat tätig. Um seinem geplanten Weggang nach Berlin entgegenzuwirken, hatte die Stadt Köln ihm 1909 „die Übernahme einer künstlerischen Privattätigkeit" gestattet. So erinnern u. a. verschiedene Villengärten in Köln an diese private Tätigkeit.

4 Encke, Fritz: Öffentliche Grünanlagen in der Großstadt. In: Centralblatt für allgemeine Gesundheitspflege 1912, S. 282

5 Encke, Fritz: Parkanlage am Klettenberg in Cöln. In: Die Gartenkunst 1906, S. 91-95; ders.: Der Volkspark. In: Die Gartenkunst 1911, S. 152-158, 161-168

6 So z. B. in Fritz Encke: Kritische Betrachtung der üblichen Grünanlagen in den Städten und Vorschläge zu anderer Anordnungsweise. In: Verhandlungen des 1. Kongresses für Städtewesen Düsseldorf 1912. Düsseldorf 1913, S. 118-119

7 Den Plan von Rehorst s. in Hugo Koch: Gartenkunst im Städtebau. 2. Aufl. Berlin 1923, S. 206

8 Encke, Fritz: Öffentliche Grünanlagen in der Großstadt, a.a.O., S. 283

9 vgl. Hoemann, R.: Erinnerungen an die Studienfahrt der Deutschen Gesellschaft für Gartenkunst nach England. In: Die Gartenkunst 1909, S. 167-173; auch der terrassierte Staudengarten im Vorgebirgspark hat ein englisches Vorbild: den „Pondgarden" in Hamptoncourt, s. Die Gartenkunst 1910, S. 36.

10 Encke, Fritz: Der Volkspark, a.a.O., S. 161-165

11 Encke, Fritz: Die öffentlichen Grünanlagen der Stadt Köln. Hg. v. Verkehrsamt der Stadt Köln. Köln o.J. (1926), S. 23

12 Encke, Fritz: Gartenkunst und Städtebau. Manuskript 1907, Vortrag vor der Jahreshauptversammlung der Deutschen Gesellschaft für Gartenkunst in Mannheim

13 Encke, Fritz: Wie sind die städtischen Gartenanlagen für die Bevölkerung praktisch nutzbar zu machen? In: Die Umschau 1908, S. 864

14 Encke, Fritz: Großstädtische Grünanlagen und ihre Bedeutung für das Volkswohl. In: Gartenkunst 1927, S. 139

15 Encke, Fritz: Sondergärten im Park. Manuskript etwa 1924, Text für einen Lichtbildervortrag

16 Encke, Fritz: Die öffentlichen Anlagen der Stadt Cöln. In: Hygienische und soziale Betätigung deutscher Städte auf den Gebieten des Gartenbaus. Düsseldorf o.J. (1904), S. 156

17 Encke, Fritz: Der Volkspark, a.a.O., S. 165-168

18 vgl. Koch, Hugo: Gartenkunst im Städtebau, a.a.O., S. 116-121; Rosenthal, Willy: Der Grantpark in Chicago. In: Die Gartenkunst 1911, S. 4-9

19 Encke, Fritz: Die öffentlichen Grünanlagen der Stadt Köln, a.a.O., S. 30

20 Encke, Fritz: Die öffentlichen Anlagen. In: Die Stadt Cöln im ersten Jahrhundert unter Preußischer Herrschaft 1815 bis 1915. Hg. v. d. Stadt Cöln, 2. Band. Cöln 1915, S. 296

21 Encke, Fritz: Gartenstudien aus Frankreich. In: Die Gartenkunst 1900, S. 176-180, 189-192, 213-215; 1901, S. 4-8; ders.: Die Gärten im Stile Ludwigs XIV. Manuskript 1901, Vortrag vor der literarischen Gesellschaft Potsdam; ders.: Architektonische Motive in der Gartenkunst. In: Verhandlungen der 17. Hauptversammlung des Vereins deutscher Gartenkünstler 1904

22 Encke, Fritz: Die Erhaltung und Ausgestaltung alter Befestigungswerke in Köln. In: Mitteilungen des Rheinischen Vereins für Denkmalpflege und Heimatschutz 1914, S. 127-130

23 Encke, Fritz: Einiges über die gartenkünstlerische Gestaltung städtischer Plätze. In: Die Gartenkunst 1909, S. 1-6, 66-70

24 Encke, Fritz: Die öffentlichen Grünanlagen der Stadt Köln, a.a.O., S. 36

25 Encke, Fritz: Die künstlerische Gestaltung städtischer Grünanlagen. Manuskript um 1910/1912, Vortrag in Köln

26 Encke, Fritz: Öffentliche Grünanlagen in der Großstadt, a.a.O., S. 288-289

27 Encke, Fritz: Spielplatz. In: Illustriertes Gartenbau-Lexikon, 2 Bände. 4. Aufl. Berlin 1926 und 1927, Bd. 2, S. 528

28 Spielplatz Cäcilienkloster s. Stübben, J.: Der Städtebau. 2. Aufl. Stuttgart 1907, S. 583

29 Gesetz über Abänderung des Gesetzes, betreffend die Umlegung von Grundstücken in Cöln, vom 28.7.1911. Vom 28.3.1919. Preußische Gesetzsammlung 1919, S. 57. Dieses geänderte Spezialgesetz erlaubte die entschädigungslose In-

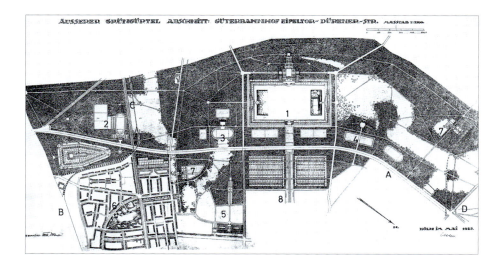

Entwurf Encke:
Äußerer Grüngürtel
Abschnitt Güterbahnhof
Eifeltor – Dürener Straße
*Aus: H. Wiegand:
Entwicklung des Stadtgrüns (s. Anm. 1), S. 127*

anspruchnahme für Straßen, Plätze und Grünflächen von nunmehr 50% statt bisher 35% des in die Umlegung einbezogenen Privatbesitzes im ehemaligen inneren Festungsrayon.

30 Gesetz über Enteignungsrecht von Gemeinden bei Aufhebung oder Ermäßigung von Rayonbeschränkungen. Vom 27.4.1920. RGBL. 1920, S. 697. Dieses Gesetz gestattete den deutschen Festungsgemeinden auf Antrag, „Grundstücke oder Teile von Grundstücken ... für Zwecke des gemeinnützigen Siedlungs- und Wohnungswesens sowie zur Schaffung von Grünanlagen und Kleingärten gegen Entschädigung zu enteignen". Die Entschädigung war „nach dem Werte zu bemessen, den das Grundstück am 1. August 1914 unter Berücksichtigung des dauernden Bestehens der Rayonbeschränkungen hatte".

31 vgl. hierzu u. a. Schumacher, Fritz: Köln – Entwicklungsfragen einer Großstadt. Köln 1923; ders.: Das zukünftige Köln. 2. Aufl. Berlin-Halensee 1925; ders.: Stufen des Lebens, 2. Aufl. Stuttgart und Berlin 1935, S. 341-378

32 Schumacher, Fritz: Bebauungsplan für den ehemaligen Festungsrayon der Stadt Köln. In: Deutsche Bauzeitung 1920, S. 141-143, 145-147, 157-163; ders.: Köln – Entwicklungsfragen einer Großstadt, a. a. O., S. 87-110, mit dort abgebildeten Modellfotos

33 Encke, Fritz: Die öffentlichen Grünanlagen der Stadt Köln, a.a.O., S.10

34 ebd. S.10-22

35 Encke, Fritz: Über Sport und Spiel unter Berücksichtigung des Sportparkes in Müngersdorf. In: Die Gartenkunst 1924, S. 6-9

36 Tepper, Bernhard: Enckes Werke in Köln. In: Gartenkunst 1927, S. 61

37 Encke, Fritz: Volkspark. In: Illustriertes Gartenbau-Lexikon, a. a. O., S. 666

38 Encke, Fritz: Ein Volkspark. In: Denkschrift zum 100jährigen Bestehen der Höheren Gärtnerlehranstalt Berlin-Dahlem, früher Wildpark. Frankfurt/O. 1924, S. 214-225

39 ebd. S. 220-222

40 ebd. S. 225

41 ebd. S. 214

42 Encke, Fritz: Die Schleifung der Festung Köln unter Berücksichtigung der Kölner Projekte. Manuskript o. J. (um 1920)

43 ebd.

44 Encke, Fritz: Die öffentlichen Grünanlagen der Stadt Köln, a. a. O., S. 37-44; vgl. auch Meynen, Henriette: Die preußische Festung Köln. Rheinische Kunststätten Heft 452, 1. Aufl. Köln 2000; Turck, Martin: Köln: Vom Festungsring zum Grüngürtel, die „grünen Forts". Ausstellung Projekt Eurofort, Köln 2000

45 Tepper, Bernhard: Enckes Werke in Köln, a.a.O., S. 64

46 Encke, Fritz: Denkschrift zu dem Entwurf für einen Grüngürtel auf dem linksrheinischen ehem. Rayongelände. Manuskript mit 70 Schreibmaschinenseiten September 1925, 7 Pläne im Maßstab 1:2 500 sowie 1 Plan für die Gestaltung des radialen Grünzuges Süd

47 ebd.

48 Nußbaum, Theodor: Weltstadtgrün: Der Kölner Wald- und Wiesengürtel. In: Die Gartenkunst 1931, S.1-17

MÜLHEIMER STADTGARTEN

Henriette Meynen

Mülheimer Stadtgarten
Foto oben: Stadtkonservator (Körber-Leupold), 1990
Postkarte Mitte um 1916: Sammlung H. Herrmann
Rechts: Märchenbrunnen, 1977
Foto: Stadtkonservator

Der Mülheimer Stadtgarten entstand in der Niederung des Strunder Baches, die zum oberhalb gelegenen Merkerhof gehörte. Erste Überlegungen zur Anlage dieses Stadtgartens gehen bis zum Jahr 1906 zurück. Der Gartenarchitekt und Friedhofsverwalter Joseph Vincentz erhielt den Auftrag zum Entwurf des Parks, der dann 1912/1913 an der Stelle, wo sich früher der Mühlenteich befunden hatte, muldenförmig mit einem Teich geschaffen wurde. Mülheimer Industrielle stifteten 1916 ein Teehaus, das 1956 nach Kriegszerstörungen durch die heutige Stadthalle ersetzt wurde. Den buchtenreichen See umgeben weite Wiesenflächen. Nur an markanten Stellen stehen Einzelbäume. Lediglich an Wegekreuzungen und zum Rand hin erfolgten Baumpflanzungen, und zwar Eichen, Buchen, Birken, Erlen, Eschen und zahlreiche immergrüne Büsche und Nadelgehölze. Ein in leichten Kurven geführtes Wegenetz erschließt den Park. Das Rondell um den 1914 von Wilhelm Albermann entworfenen Märchenbrunnen an der Ecke Jan-Wellem- und Lassallestraße stellt einen markant erhöhten Eckpunkt dar. Von dieser Stelle öffnet sich der Blick in den weitläufigen offenen Binnenraum. Im Süden parallel zur Lassallestraße erstreckt sich der lang gestreckte Rosengarten mit dem zentralen Seerosenbecken und den das mittlere Karree rahmenden Zieräpfeln. 1928 erweiterten damalige Arbeitslose im Rahmen von so genannten Notstandsarbeiten den Park nach dem Entwurf von Theodor Nußbaum im Norden zum Wiener Platz hin. In den 1930er-Jahren wurde an der Jan-Wellem-Straße im Nordosten des Parks eine breite Treppenanlage für den sonntäglichen Aufmarsch der Hitlerjugend erstellt.[1]

---

[1] Die Angaben entstammen teilweise der Diplomarbeit von Matthias Förder: Methodischer Aufbau eines gartendenkmalpflegerischen Bestandsgutachtens – dargestellt am Mülheimer Stadtgarten der Stadt Köln. Fachhochschule Weihenstephan, 1990

LINDENTHALER KANAL

Henriette Meynen

Kurz nach Fertigstellung des Stadtwaldes entstand der Wunsch, von der dicht bebauten Stadt eine „schöne Verbindungsstraße"[1] dorthin zu schaffen. Bereits zwischen 1906 und 1908 wurde diese in einem Bebauungsplan für das Gebiet zwischen Dürener und Aachener Straße festgesetzt. Die Stadtverordneten fanden immer neue Formulierungen für die geforderte „Promenade". Auf Antrag des Cölner Fahr- und Reitvereins sollte es eine „Luxusstraße" werden.[2] Am 10. 5. 1907 fielen in der gleichen Versammlung die Worte „Prachtstraße", „großartige Avenue", „vornehme Promenadenstraße", „elegante Avenue", „Zierstraße", „schöner Spazierweg" und „schöner Promenadenweg". Es war nur folgerichtig, dass Adenauer, als er die Idee hatte, in Köln etwas Ähnliches wie die Königsallee in Düsseldorf anlegen zu lassen, eine solche in dem nach dem Ersten Weltkrieg noch immer unbebauten Gelände zwischen Dürener und Aachener Straße entstehen ließ. Mit dem Auftrag, für das Umlegungsgebiet um die Neustadt einen schmückenden Grünkranz zu schaffen, verband er daher die Planung

Clarenbachkanal
Blick auf die Auferstehungskirche von G. Böhm, um 1990
Foto: Stadtkonservator

einer Grünverbindung zum Stadtwald. Schumacher knüpfte diese Grünverbindung an den Höhepunkt des Inneren Grüngürtels, den Aachener Weiher, an. In seinem Vortrag vor den Stadtverordneten beschreibt er seine diesbezügliche Planung folgendermaßen: „Nach Westen endlich erweitert sich der Eindruck des Wasserbeckens durch eine lange, von breiten Grünstreifen umsäumte Kanalanlage. Auf der anderen Seite (wird dieser Kanal) durch eine Kirche (abgeschlossen). Die ganze, fast 600 m lange Anlage hat ungefähr die gleichen Breitenabmessungen (100 m) wie die Königsallee in Düsseldorf. Am Endpunkt, wo die Kirche liegt, weitet sich der Grünstreifen kreuzförmig aus; der südliche Arm gibt den Zusammenhang mit einem weiteren in Grün eingebetteten Wasserstreifen, der durch die Rautenstrauchstraße hindurch in den Stadtwald führt und so dieses große Parkgebiet in das neue Grünnetz einbindet. Der nördliche Arm steht in Verbindung mit dem künftigen Park, den der jetzige Melatenfriedhof einst ergeben wird."[3] Die Kanalanlage wurde 1925 in relativ kurzer Zeit nach den Vorstellungen und auch Detailplanungen von Schumacher ausgeführt. Der Clarenbachkanal ist 450 m lang und 0,6-1,7 m tief, der Rautenstrauchkanal 550 m lang und 0,9-1,7 m

Karl-Schwering-Platz mit Blick auf die erste Auferstehungskirche, um 1935
Foto: Archiv Stadtkonservator

Blick vom Karl-Schwering-Platz auf den Rautenstrauchkanal, um 1925
Foto: RBA

tief. Beide Kanäle besitzen Trapezprofile. Die Kastanienalleen beiderseits der Clarenbachstraße und die Lindenalleen entlang der Rautenstrauchstraße sind jeweils durch Brücken verbunden. Diese sowie die Abschlussbrüstung der Clarenbachstraße und die Geländer des Rundbeckens auf dem Karl-Schwering-Platz wurden ebenfalls von Schumacher entworfen. Am Karl-Schwering-Platz ist der kanalartige Wasserlauf unterbrochen. Ein Senkgarten, Blumenrabatten, ein Spielplatz, ein Baumrondell und eine rasterartig gestellte Baumgruppe verleihen diesem Abschnitt der Kanalverschwenkung dekorative Elemente. Einen besonderen Akzent erhält die Anlage hier zudem durch die steinernen Plastiken nach Entwürfen von Georg Grasegger: ein Kentaur mit einer sich vor ihm beugenden Najade.

Herbststimmung am Clarenbachkanal
Foto: J. Bauer, 2000

1 Beigeordneter Schmitz in der Stadtverordnetenversammlung vom 4.4.1907
2 Stadtverordnetenversammlung vom 4.4.1907
3 Verhandlungen der Stadtverordneten vom 12.12.1919

Rautenstrauchkanal
Foto: J. Bauer, 2000

Lindenthaler Kanal

STADTGARTEN KALK

Kölner Tageblatt, 15. April 1913:

„Der neue Stadtgarten in Kalk wurde vor einigen Tagen der allgemeinen Benutzung freigegeben. Die sehr umfangreichen und schwierigen Vorarbeiten zur Herstellung und modernen Instandsetzung wurden von der städt. Gartenverwaltung und dem städt. Hochbauamte mit Geschick gelöst und repräsentiert sich heute in dem Bilde, wie es sich die Garten- und Baukünstler vor Augen geführt haben. Es war ein guter Gedanke der früheren Stadtverwaltung in Kalk, etwas derartiges zu schaffen und in die Eingemeindungsbedingungen aufzunehmen, wie sich auch Herr Stadtverordneter Lamertz sehr um die zeitige Fertigstellung bemüht hat.

An der Stelle des Gartens befand sich das wohl jedem alten Kölner bekannte frühere Kerpsche Tanzlokal mit seinem schattigen Garten, dessen alter Baumbestand zum Teil bestehen geblieben ist. Bemerkenswert ist eine in dem Garten stehende Rotbuche, welche einen Stammdurchmesser von etwa 50 Zentimeter hat. Es ist wohl eines der schönsten Exemplare, die in hiesiger Gegend zu verzeichnen sind. Der Eingang wird flankiert durch einen Erfrischungs- und einen Blumenpavillon. Die Torpfeiler sind mit herrlichen Blumen-Arabesken gekrönt. Beim Eintritt fallen uns gleich schöne Prachtexemplare von Abies Nordmanniana in die Augen; als Vorpflanzung befinden sich auf beiden Seiten Rabatten, die mit Staudengewächsen bepflanzt sind, von welchen jetzt schon die Zwerg-Trittilawia und Arabis blühen. Die Wände sind mit Schlingpflanzen berankt. Hinter dem Entree liegt links ein Gebäude, das wohl als Aufenthaltsort bei plötzlich eintretendem Regenwetter gedacht ist, daran anschließend, durch Pflanzungen verdeckt, befinden sich die Aborte. Rechts, direkt gegenüber steht noch ein freiliegender Pavillon. Ein niedriger Sockel rahmt den übrigen Teil des Gartens ein, der durch Nischen mit Sitzgelegenheit zur Ruhe einladet. Eine große, runde Bank bildet den Abschluss dieses Teiles, vor welcher das sogenannte Sandbecken als Spielplatz für die Kinder sich befindet. Rechts von dem eben beschriebenen Teil gelangt man in den etwas erhöht liegenden Blumengarten, der nur für Erwachsene freigegeben wird. Ein Weg führt uns an Pyramiden, Eichen mit Rosenrabatten und zu einer großen Platanenlaube. Von hier aus gelangt man zum städt. Verwaltungsgebäude. Auch befindet sich hier ein Wetterhäuschen. Später soll hier noch ein von dem bekannten Bildhauer Wildermann angefertigter Laufbrunnen Aufstellung finden, der von dem hiesigen Verschönerungsverein gestiftet worden ist. Alles in allem ist hier etwas Schönes und Edles geschaffen worden, das der Stadt zur Zierde gereicht."

Blick in den Stadtgarten
Postkarte: Archiv Stadtkonservator

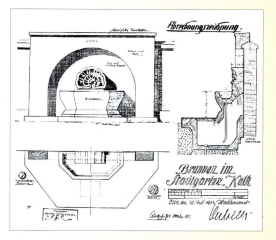

Entwurf für einen Brunnen im Kalker Stadtgarten Hochbauamt 1913
Foto: Archiv Stadtkonservator

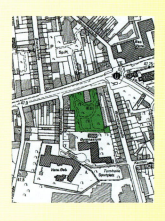

Innerer und Äußerer Grüngürtel

Joachim Bauer

Die Grundlage für das heutige Grünsystem der Stadt Köln mit seinen Hauptelementen, dem Inneren und Äußeren Grüngürtel sowie den sie verbindenden Grünzügen, hängt eng mit der militärischen Entwicklung der Stadt zusammen und wurde Anfang der 1820er-Jahre gelegt. In diesem Zusammenhang mag ein kurzer Rückblick für die weiteren Ausführungen genügen. Köln war seit seiner Gründung bis zum Ende des Ersten Weltkriegs stets eine militärisch befestigte Stadt. Die in zeitlicher Abfolge immer weiter nach außen verlagerten Verteidigungsgürtel bestimmten wesentlich die jeweilige Stadtstruktur. So sind heute noch Reste der römischen sowie der ab 1180 errichteten mittelalterlichen Stadtmauer erhalten. Der Mauerkranz mit einst zwölf großen Torburgen und einem Graben erstreckte sich halbkreisförmig um das gesamte damalige Stadtgebiet entlang den inneren Wallstraßen bis etwa zur heutigen Ringstraße.

Mit der Besetzung Kölns durch die Preußen setzten ab 1815 umfangreiche Baumaßnahmen zum Ausbau der Stadt als Festung ein. Waren es zunächst Maßnahmen zur Verstärkung der mittelalterlichen Mauer, so begann man kurze Zeit später mit der Errichtung einer 600 m stadtauswärts gelegenen neuen Verteidigungszone, bestehend aus einzelnen, voneinander getrennt gelegenen Festungswerken (Forts). Die zu Beginn des 19. Jahrhunderts einsetzende Industrialisierung führte auch in Köln zu einem starken Bevölkerungsanstieg, doch war eine Ausdehnung der Stadt aufgrund des ausgebauten Befestigungsrings zunächst nicht möglich. Erst als die Stadtmauer und der vorgelagerte Fortgürtel der Entwicklung der neuen Schusswaffentechnik nicht mehr standhalten konnten, entschloss man sich zum Ende des 19. Jahrhunderts, die Verteidigungsanlagen aufzugeben.

Ein neuer innerer und äußerer Festungsgürtel wurden angelegt. Der innere Befestigungsring umschloss halbkreisförmig das Gebiet der ab 1881 begonnenen Stadterweiterung (Neustadt) und bezog einige wenige Festungswerke des ehemaligen Fortgürtels mit ein. Die Befestigung bestand hier aus einer Umwallung, einem gemauerten Graben mit erdbedeckten Kasematten und einem davor liegenden etwa 600 m tiefen Schussfeld, das von jeglicher Bebauung freigehalten wurde. Der äußere Verteidigungsring wurde in einem Radius von 5,6 bis 7,7 km um den Dom auf beiden Seiten des Rheins angelegt. Er bestand aus einzelnen, voneinander getrennt liegenden Fortanlagen und Zwischenwerken sowie einem vorgelagerten freien Schussfeld. Es entstanden zunächst zwölf große Forts und 23 kleinere Zwischenwerke. Sie wurden durch verschiedenartige kleinere Werke verstärkt, sodass zu Beginn des Ersten Weltkriegs der 42 km lange Fortgürtel insgesamt 182 Werke umfasste. Köln war damit zur größten und mächtigsten Festung im Deutschen Reich geworden. Doch schon kurze Zeit nach Anlage des inneren Festungsrings zeigte sich, dass dieser das stetige Wachstum der Stadt behinderte. Nach langwierigen Verhandlungen mit dem preußischen Kriegsministerium gelang es der Stadt 1907, die Festungseigenschaft des Inneren Rings aufzuheben und dieses der Neustadt vorgelagerte Gelände, 86 ha links- und 37 ha rechtsrheinisch, für ca. 23 Millionen Mark zu kaufen.

Innerer Grüngürtel

Carl Rehorst, seit 1907 Stadtbaumeister in Köln,[1] erstellte in den Jahren 1909/10 sowie 1912 einen Bebauungsplan für das frei gewordene Gelände. Dieser Plan sah eine ein- bis zweigeschossige Villenbebauung vor, wogegen sich jedoch der Widerstand der privaten Grundbesitzer formierte, die eine solche Art der Bebauung für unwirtschaftlich sowie als Einschränkung empfanden. Somit verzögerte sich die Verwirklichung der Planung, bis diese durch den Ausbruch des Ersten Weltkriegs gänzlich gestoppt wurde. Vor allem Konrad Adenauer, der 1917 Ober-

DIE FESTUNG KÖLN BIS 1914
- noch vorhandene Festungsreste
- römische Stadt
- frühere mittelalterliche Stadtmauer (um 950 und 1106)
- hochmittelalterliche Stadterweiterung und mittelalterliche Stadtmauer (1180 - 1260)
- Neupreußische Fortlinie
- detachierte Forts (1816 - 1846)
- Lünetten (1818 - 1841)
- Deutzer Befestigung (1818 - 1840)

Neudeutsche Befestigungsanlage
- Forts
- Zwischenwerke } äußerer Festungsgürtel
- weitere kleine Festungsbauten
- innere Umwallung (1882 – 1891)
- neuzeitliche Stadterweiterung (= Neustadt)

Kartengrundlage: Zander, 1941
Kartenentwurf: Meynen/Holysz
Stand: 01.01.2000

Die Festung Köln bis 1914
Neuzeitliche Stadterweiterung (gelb) mit vorgelagertem äußeren Festungsgürtel
Aus: H. Meynen: Die preußische Festung Köln. 2000, S. 2

bürgermeister von Köln wurde, ist es zu verdanken, dass der von Rehorst aufgestellte Bebauungsplan nach dem Krieg endgültig aufgehoben und durch einen neuen ersetzt wurde. Adenauers Ziel war es, auf den unbebaut gebliebenen Flächen die für Köln notwendigen Parkanlagen in unmittelbarer Nähe der dicht besiedelten Innenstadt zu schaffen. Zur Verwirklichung dieser Idee wurde 1919 ein beschränkter Wettbewerb durchgeführt, an dem der Kölner Städtebauinspektor Alfred Stooß (in Zusammenarbeit mit Gartendirektor Encke), der Berliner Professor Hermann Jansen und der Hamburger Baudirektor Fritz Schumacher teilnahmen. Ein vorwiegend aus Nichtfachleuten zusammengesetzter Gutachterausschuss prämierte den Vorschlag von Schumacher. Ende 1919 folgte die Kölner Stadtverordnetenversammlung diesem Votum und beschloss, den Entwurf als Grundlage für die Aufstellung eines neuen Bebauungsplanes zu wählen.[2] Das grundlegende Element von Schumachers Plan war ein zusammenhängender Grüngürtel, bestehend aus einer Abfolge architektonisch gestalteter Grünräume, der annähernd die gesamte Innenstadt umspannte.[3] Von diesem Grüngürtel ausgehend, verband ein ebenfalls streng architektonisch gefasster Grünzug, der Lindenthaler Kanal, die Innenstadt mit dem Stadtwald. Eine Ergänzung fand diese radiale Verbindung durch den Friedhof Melaten, der nach seiner damals geplanten Auflassung in eine öffentliche Grünfläche umgewandelt werden sollte.

Schumacher hatte bei seinem Entwurf vor dem Problem gestanden, dass durch den Bebauungsplan von Rehorst bereits bestimmte Bodenwerte für das Wettbewerbsgebiet festgelegt und so der Konzeption eines durchgehenden Grünzugs zunächst Grenzen gesetzt waren. Dennoch schaffte er es, nahezu 50% des Geländes zur Anlage von öffentlichen Straßen, Plätzen, Grün- und Wasserflächen auszuweisen. Voraussetzung hierfür war die Verabschiedung eines eigens auf die Kölner Verhältnisse abgestimmten Sondergesetzes, das Adenauer bei der preußischen Regierung erwirkt hatte und mit dessen Hilfe die notwendigen Umlegungsverfahren durchgeführt werden konnten.

Adenauer gelang es auch, Schumacher für drei Jahre von seiner Hamburger Funktion beurlauben zu lassen und ihn für diesen Zeitraum an Köln zu binden. Im August 1920 wurde der Städtebauer zum Beigeordneten der Stadt gewählt und hatte bis September des Jahres 1923 die Oberleitung über das Hochbau-, Tiefbau-, Maschinenbau- und Städtebauamt. Nachdem er seinen Wettbewerbsentwurf überarbeitet hatte, konnte im September 1921 mit der Umlegung der Grundstücke begonnen werden.[4] Die planerischen und gestalterischen Vorgaben für die Umsetzung der Grünanlagen wurden von Schumacher und seinem „Technischen Dezernatsbüro" selbst erarbeitet. Dem Gartenamt unter der Leitung von Encke und insbesondere der Entwurfsabteilung unter der Leitung von Nußbaum oblag lediglich die „künstlerische und technische Bearbeitung der Ausführungs-

151

3. Innerer und Äußerer Grüngürtel

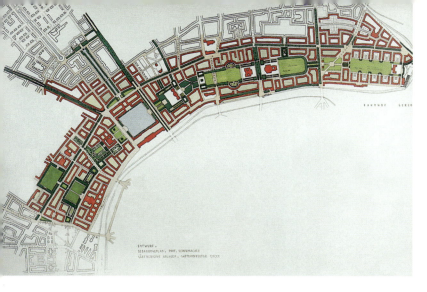

Links: Fritz Schumachers
Bebauungsplan für den
inneren Befestigungsring,
1923-1924
Quelle: HAStK
Nachzeichung: ALG

Ausbaupläne für den
Inneren Grüngürtel
Nachzeichung: ALG

Oben: Abschnitt Aachener
Straße – Vogelsanger Straße

Mitte: Abschnitt Vogelsanger
Straße – Venloer Straße

Unten: Abschnitt Venloer
Straße – Subbelrather Straße

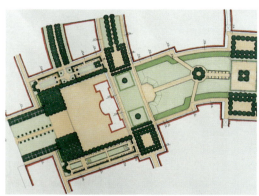

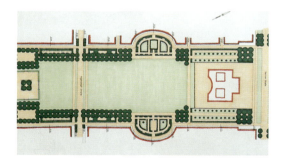

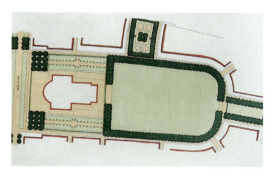

pläne".[5] Im Jahre 1922 waren die vom Liegenschafts- und Landwirtschaftsamt durchgeführten vermessungstechnischen Arbeiten zur Absteckung der geplanten Grünflächen im Gelände beendet. Noch im selben Jahr konnte die Gartenbauabteilung des Gartenamtes in dem Abschnitt zwischen Venloer und Subbelrather Straße sowie Venloer Wall und Ehrenfeld mit den ersten Arbeiten zur Anlage von Spiel- und Volkswiesen, kleinen Schmuckanlagen, Wegen und Baumpflanzungen beginnen.[6] Die hohe Arbeitslosigkeit in jener Zeit wirkte sich insofern besonders günstig auf die Umsetzung aus, als der Stadtverwaltung die Erwerbslosenfürsorge, die mit Reichsmitteln finanziert wurde, oblag. So konnten zeitweise bis zu 3 000 Arbeiter für den Ausbau beschäftigt werden.[7] 1924 war der gesamte Grüngürtel mit einer Gesamtfläche von 85 ha vollendet.[8]

In den folgenden Jahren kam es zur Veränderung einzelner Teilbereiche. So wurde aufgrund des Neubaus der Universität in den Jahren 1929 und 1933 der Bereich zwischen Bachemer und Zülpicher Straße umgestaltet und im Bereich zwischen Aachener Weiher und Bachemer Straße wurde in den Jahren 1937/38 ein Fest- und Aufmarschplatz nach Plänen des Gartenamtes angelegt[9] (vgl. S.181-183).

Die Grünanlagen des Inneren Grüngürtels blieben bis zum Beginn des Zweiten Weltkriegs die einzigen Elemente des Bebauungsplanes von Schumacher, die in die Realität umgesetzt wurden. Der Ausbruch des Kriegs und das bis 1954 laufende Umlegungsverfahren[10] verhinderten, dass auch die geplante Bebauung – abgesehen von wenigen Einzelbauten – verwirklicht werden konnte.

Obwohl die Bombenabwürfe im Zweiten Weltkrieg weite Teile des Gürtels zerstörten, blieb dieser in seiner Grundstruktur dennoch erhalten. Umso mehr verwundert es, dass er sich heute völlig anders darstellt. Von der ursprünglichen Planung blieben lediglich die gärtnerischen Anlagen am Fort X in der Nähe des Eisstadions, die Alhambra zwischen Escher und Merheimer Straße sowie die Grüngestaltung hinter dem Universitätsgebäude erhalten. Die Gründe hierfür lassen sich auf verschiedene Aspekte zurückführen.[11] Von grundlegendem Einfluss war die Tatsache, dass die vorgefundene Situation nicht mehr der allgemeinen städtebaulichen und grünplanerischen Auffassung der Nachkriegszeit entsprach, die unter dem Leitbild der gegliederten und

Modell für das Umlegungsgebiet. Abschnitt Aachener Weiher, Blick in Richtung Aachener Straße
Aus: F. Bender (Hg.): Deutschlands Städtebau – Köln. Berlin 1926, S. 40

aufgelockerten Stadt zusammengefasst werden kann.[12] Man wandte sich ab von den architektonisch gegliederten Grünräumen, wie sie Schumacher vorsah, und hin zu einem breiten, durchgängigen und landschaftlich gestalteten Grüngürtel. Hinzu kam der Umstand, dass das städtische Liegenschaftsamt schon in den 1920er-Jahren mit dem Ankauf von Grundstücken im Umlegungsgebiet begonnen hatte. Während und nach dem Zweiten Weltkrieg waren darüber hinaus viele Besitzer gezwungen, ihre Grundstücke zu verkaufen, sodass der städtische Besitz stetig zunahm.[13] Diese Tatsache schaffte wiederum erst die Voraussetzung dafür, dass ein Großteil der Trümmermassen aus der Innenstadt durch Aufschüttung von Hügeln im Inneren Grüngürtel untergebracht werden konnten. Im Rahmen der hierdurch erforderlich gewordenen Neuplanung bestand nun die Möglichkeit, den gesamten Bereich zu überplanen und einen breiten zusammenhängenden Grüngürtel auf den zum größten Teil im öffentlichen Besitz befindlichen Flächen zu realisieren. Durch diese Überplanung und die großflächige Anschüttung des Aachener und des Herkulesberges wurden Teilbereiche wie die schon ausgebauten Wiesen an der Herkulesstraße und der Fest- und Aufmarschplatz an der Bachemer Straße vollständig vernichtet und andere Teilbereiche in ihrer Gestaltung vollkommen verändert.

Der Ausbau des neuen Grüngürtels wurde in einigen Abschnitten zunächst durch illegal errichtete Gewerbe- und Wohnbauten erschwert. Jedoch bestand der einhellige politische Wille, diese Aufbauten zu entfernen und „dieses schöne Gebiet wieder in Ordnung zu bringen",[14] sodass Anfang der 1960er-Jahre die Beseitigung der Kriegsschäden sowie der Ausbau des Grüngürtels und die Begrünung der Trümmerberge im Wesentlichen abgeschlossen werden konnten. In der Folgezeit kam es vereinzelt zu kleinflächigen Erweiterungen und Umgestaltungen, auf die hier nicht näher eingegangen werden kann.

Albrecht-Dürer-Platz im Inneren Grüngürtel an der Vogelsanger Straße, um 1935
Foto: Archiv J. Bauer

Innerer Grüngürtel Subbelrather Straße/Herkulesstraße, um 1970
Foto: RBA

Zeitgleich mit der Aufstellung des Bebauungsplanes für den Bereich des inneren Festungsrings hatte Schumacher mit den Überlegungen zu einem Grünsystem für das gesamte Stadtgebiet begonnen. Die Grundidee und die Notwendigkeit für eine solche zusammenhängende Grünraumplanung hatten schon vor dem Ersten Weltkrieg Rehorst, Stooß und Gartendirektor Encke erkannt.[15] Es gelang aber erst Adenauer zusammen mit Schumacher, 1923 einen Generalbebauungsplan für das gesamte Stadtgebiet zu erarbeiten, in dem Adenauers Ideal einer einheitlichen und organischen Stadtgestalt mit umfangreichen Grünflächen für die Bewohner einfließen konnte. Für diese Leistung wurde Adenauer 1927 zum Ehrenmitglied der Deutschen Gesellschaft für Gartenkunst ernannt. Zur Begründung hieß es: „Herr Oberbürgermeister Dr. Adenauer hat durch seine

3. Innerer und Äußerer Grüngürtel

Innerer Grüngürtel

Links oben: Blick in Richtung Norden, 1997
Rechts oben: Platanenallee zwischen Bachemer und Zülpicher Straße, 2000
Fotos: J. Bauer

Links: Winterstimmung
Foto: J. Bauer, 1997
Rechts: Blick vom Fernsehturm in Richtung Süden, um 1990
Foto: ALG

Mitarbeit bei Schaffung der Reichsgesetze für den Ausbau des inneren und äußeren Kölner Festungsgürtels dem Städtebau und dem Freiflächenwesen in Köln Möglichkeiten erschlossen, wie sie in ähnlichem Ausmaße bis jetzt in Deutschland, wenn nicht in der Welt, einzig dastehen. Die für die künstlerische Ausgestaltung öffentlicher Grünanlagen und ihre Auswertung zum Wohl der Großstadtbevölkerung von ihm gewiesenen neuen Wege lassen infolge ihrer Vorbildlichkeit erwarten, dass sein Name mit dem Beginn eines neuen Entwicklungsabschnittes im Grünflächenwesen dauernd verknüpft bleibt". [16]

Mit dem von Schumacher erarbeiteten Generalbebauungsplan, den man heute als ‚Stadtentwicklungs- oder Flächennutzungsplan' bezeichnen würde, erhielt Köln zum ersten Mal eine langfristige städtebauliche Entwicklungskonzeption. Die Grundform für das künftige Freiflächensystem war durch den inneren und äußeren Befestigungsring vorgegeben. Zur Auflösung dieser konzentrischen Grundstruktur sollten die beiden Grüngürtel jedoch durch radial ausgerichtete Grünzüge verbunden und somit das ringförmige Freiflächensystem in ein radartiges überführt werden. Diese grünen „Speichen", die linksrheinisch den Inneren und Äußeren Grüngürtel miteinander verbinden und von dort ins Umland gerichtet sind, waren zugleich zur Gliederung der Bebauung in den Vororten bestimmt. Demgegenüber sollten rechtsrheinisch, wo sich der Grüngürtel näher am Rhein befindet, die Radialen die Verbindung zwischen Grüngürtel und den nahe liegenden Wäldern des Bergischen Landes herstellen.

Äußerer Grüngürtel

Nach den Vorgaben des Generalbebauungsplanes sollte auf dem Gebiet des äußeren Befestigungsrings der Äußere Grüngürtel angelegt werden. Da dieses Gebiet aufgrund der militärischen Nutzung von jeglicher Bebauung frei geblieben war, war es geradezu prädestiniert für die Umgestaltung in einen grünen Gürtel. Adenauer maß der Anlage besonders große Bedeutung zu, wie folgendes Zitat verdeutlicht: „Jetzt muss es sich entscheiden, ob Köln eine riesige Steinwüste sein wird oder aber eine Stadt, deren Bewohner ein menschenwürdiges Dasein führen können. Dieser Blick in die Zukunft zeigt uns ein endloses Häusermeer, ohne Licht, ohne Grün, ohne Zusammenhang mit der Natur, in dessen Randstraßen die in der Zwischenzeit vom Vorgebirge heruntersteigenden Braunkohlezechen hineinrauchen. Eine solche Entwicklung zu verhüten, gibt es nur eine Möglichkeit: Verwendung des einzigen noch von Bauwerken freien, sich breit um Köln herumziehenden Streifens, des zu diesem Zwecke zu enteignenden Rayongeländes zu öffentlichen Zwecken, zu Wald- und Wiesenanlagen. Auf der linken Rheinseite soll der Rayongürtel, als Wald, Feld und Wiese angelegt, den Einwohnern Kölns wahre und lebensnotwendige Erholung im großen Maßstabe bieten und Schutz vor den Braunkohlezechen gewähren. Vom Rhein bis zum Rhein sich in einer Länge von 25 km hinziehend und von allen Punkten der Stadt auf einem Dutzend jetzt schon vorhandener, die Menschenmassen verteilender Straßenbahnlinien leicht erreichbar, wird er allen Bewohnern des zukünftigen Kölns den Zusammenhang mit der Natur wiedergeben. Sportplätze, Spielplätze, Luft- und Sonnenbäder, Schwimmbäder, Waldschulen, Tageserholungsheime für Kinder und Erwachsene soll dieser Gürtel in sich aufnehmen. Dauernde Pachtgärten (...) werden, wie einst vor 100 Jahren, wo so viele vor den Toren ihren Garten besaßen, den weitesten Kreisen der Bürgerschaft wieder die Fühlung mit der verjüngenden Erde geben. Schulgärten werden an den schulfreien Nachmittagen unsere Jugend beschäftigen. Von diesem Gürtel aus sollen weiter Waldstreifen in das nach Abbau der Braunkohle wieder neu aufzuforstende Vorgebirge führen, und mit dem zukünftigen linksrheinischen Stadtkern wird dieser Wald- und Wiesengürtel in Verbindung stehen durch den Vorgebirgspark, den Stadtwald mit dem Umlegungsgebiet und den Blücherpark. Breite Ströme von Licht und Luft werden diese Kanäle bis in den Mittelpunkt der zukünftigen linksrheinischen Stadt hineinführen, und in umgekehrter Richtung werden sie den Menschen verlocken, auch ohne Benutzung der Straßenbahn durch Grün- und Parkanlagen hindurch den Wald- und Wiesengürtel aufzusuchen. Die rechte Rheinseite ist infolge der zerstreuten Bauweise und der näher herantretenden Wälder besser gestellt wie die linke. Hier soll das zu enteignende Gelände dem Kleinwohnungsbau dienen und ferner die Möglichkeit geben, für die dichter besiedelten Stadtteile Erholungsplätze, Spiel- und Sportplätze zu schaffen und für das ganze rechtsrheinische Köln den Zusammenhang mit den Wäldern und Höhen des Bergischen Landes herzustellen und dauernd zu sichern." [17]

Oben: Äußerer Grüngürtel Blick über den Decksteiner Weiher, 1997
Foto: J. Bauer

Links: Geplantes Grünsystem der Stadt Köln, 1927
Aus: J. W. Giesen: Kölner Grünanlagen, 1927

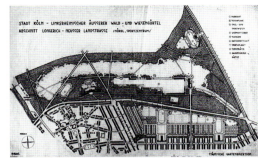

Äußerer Grüngürtel

Links: Blick über den Decksteiner Weiher in Richtung Dürener Straße
Rechts: Planung aus dem Jahre 1930 für den Abschnitt Longerich – Neusser Straße im Äußeren Grüngürtel
Beide Fotos: Archiv ALG

Mit dem eigens für die Kölner Verhältnisse erlassenen Rayongesetz vom 27.4.1920 hatte die Stadt das Recht erhalten, das Gebiet des ehemaligen äußeren Befestigungsrings für Grünflächen und gemeinnützige Siedlungen nach dem Grundstückswert von 1914 zu enteignen. Trotz heftiger Proteste und Widerstände, vor allem von Seiten der Landwirtschaft, gelang es bis zum Jahre 1931 ca. 3 300 Hektar zu erwerben, wobei nur für 462 Hektar Enteignungsverfahren eingeleitet werden mussten. Für die Ausgestaltung des Äußeren Grüngürtels entwickelte Schumacher weitreichende konzeptionelle Vorstellungen, die einen gestalterischen und in der Nutzungsintensität gestaffelten Übergang von der Bebauung über den Grüngürtel in die freie Landschaft vorsahen.[18] 1923 lief jedoch sein Vertrag mit der Stadt Köln aus und Wilhelm Arntz übernahm seine Nachfolge. Arntz vervollständigte die Überlegungen Schumachers zu einem gesamtstädtischen Grünsystem, beschränkte sich jedoch in seinen Planungen auf die Ausweisung von Freiflächen und deren funktionaler Bestimmung.[19]

Die konkrete Ausgestaltung des Äußeren Grüngürtels lag nun im Gegensatz zu der des Inneren Grüngürtels ausschließlich in der Hand der Gartendirektion. Encke fertigte nicht nur einen Gesamtplan an, sondern legte seine Gedanken auch schriftlich nieder. Im September 1925 verfasste er eine „Denkschrift zu dem Entwurf für einen Grüngürtel auf dem linksrheinischen ehem. Rayongelände", in der viele von Ort und Zeit unabhängige Hinweise und Anregungen zu finden sind. Encke konnte die Realisierung seines Planes für den Äußeren Grüngürtel nicht mehr selbst betreiben, denn nach Erreichen der Altersgrenze schied er am 1.10.1926 aus dem aktiven Dienst der Stadt Köln. Theodor Nußbaum, Leiter der Planungsabteilung im Gartenamt, überarbeitete dann die planerischen Vorgaben von Schumacher und Encke vollständig und fasste die Entwürfe für die einzelnen Abschnitte des Grüngürtels im Jahre 1928 in einem Gesamtplan für den Äußeren Grüngürtel zusammen. Außerdem fertigte die Gartenverwaltung verschiedene Modelle, die im 1. Heft der Zeitschrift Gartenkunst von 1931 von Nußbaum beschrieben werden.[20] Als Werkstätten und Lagerräume für diese Modelle dienten der Gartenverwaltung die 13 Gebäude des niederrheinischen Dorfes der ersten deutschen Werkbundausstellung, die auf dem Gelände zwischen Mülheimer Hafen und Hohenzollernbrücke im Jahre 1914 fertig gestellt worden waren.[21]

Äußerer Grüngürtel im Bereich Eifeltor
Foto: J. Bauer, 2000

Decksteiner Weiher
Foto: J. Bauer, 2000

Die Voraussetzungen zur Anlage des Äußeren Grüngürtels waren im gesamten Bereich nahezu gleich. Es gab kaum nennenswerte natürliche Vorgaben wie etwa Wälder, Seen oder Höhenunterschiede, auf die man hätte Rücksicht nehmen müssen. Der gesamte Grüngürtel musste also vollständig neu geschaffen werden. Nußbaum legte seiner Planung ein umfangreiches „soziales Grünflächenprogramm" zugrunde, welches in erster Linie auf die Bedürfnisse der Bevölkerung ausgerichtet war. „Neben ausgedehnten Waldwegen sind vorgesehen große Volks- und Lagerwiesen wie auch solche für Sport und Spiel, ferner Luft- und Lichtbäder, Gartenarbeits- und Waldschulen, Kleingärten als Daueranlagen, Rad- und Reitwege, Teiche zum Kahnfahren und Eissport, wie auch Plätze zur Errichtung von Parkhäusern und ländlichen Wirtschaften in Verbindung mit Wiesen und Weiden." [22]

Die wichtigsten Bestandteile des gesamten Grüngürtels waren für Nußbaum die großen, offenen Wiesenflächen. „Sie sind das eigentliche Sammelbecken der Grünanlagen, in das sich die vielen, ungebundene Freiheit suchenden Menschen besonders an Sonn- und Feiertagen ergießen. Die Bedeutung dieser Anlagen für die Volksgesundheit ist unbestritten." [23]

Wasser war für Nußbaum ein unverzichtbarer Bestandteil und ein wertvolles Motiv, darüber hinaus diente es der Ausübung von Sportarten. Aus diesem Grunde waren im gesamten Verlauf des Äußeren Grüngürtels insgesamt acht künstlich angelegte Wasserbecken vorgesehen. Diese sollten vor allem für den Rudersport genutzt werden. Die Schaffung großer Teichanlagen hatte aber ebenso rein praktische Hintergründe. Der hierdurch gewonnene Erdaushub konnte zur Einebnung der großen Sport- und Spielflächen sowie zur Anschüttung von Aussichtshügeln verwandt werden.

Die Integration von Sportanlagen lag Nußbaum besonders am Herzen. Die Sportflächen sollten den Bebauungsflächen zugeordnet und in der Nähe von Wohngebieten und Straßenbahnhaltestellen liegen. Der Schwerpunkt der Sporteinrichtungen lag am Müngersdorfer Stadion. Weitere für Vereins- und Schulsport geeignete Sportanlagen sind mit den ehemaligen Festungswerken verbunden wie z. B. am Decksteiner Fort (Fort VI). Der Militärringstraße wies Nußbaum die Funktion einer Autostraße zu, die den Erholungsuchenden in die freie Natur führt. Sie sollte als grüne Autopromenade ausgebildet sein. Als Ziele für die Erholungsuchenden sah Nußbaum gastronomisch genutzte Parkhäuser vor. Er unterschied drei verschiedene Typen: das große Park- oder Volkshaus verbunden mit einem Restaurant, ein kleineres Park- und Kaffeehaus sowie die ländliche Wirtschaft.

Mit den Arbeiten zum Ausbau des Äußeren Grüngürtels konnte die Gartenverwaltung in den Abschnitten zwischen Frechener Bahn und Luxemburger Straße, zwischen Bonner Straße und Eifeltorbahnhof sowie zwischen Junkersdorfer Weg und Aachener Straße im Winter des Jahres 1927 beginnen.[24] Wie

Kalscheurer Weiher
Kalenderblatt 1940
Quelle: HAStK

3. Innerer und Äußerer Grüngürtel

Äußerer Grüngürtel im Bereich Dürener Straße
Foto: J. Bauer, 1999

schon beim Ausbau des Inneren Grüngürtels wurde auch hier im Rahmen der Erwerbslosenfürsorge eine große Anzahl von Arbeitslosen beschäftigt. „Mit dem Ausbau des neuen Kölner Grünsystems wurde bereits Ende 1918 begonnen, als die Notwendigkeit vorlag, für die vielen aus dem Felde Heimkehrenden Arbeitsgelegenheit zu beschaffen. Aus rein wirtschaftlichen Erwägungen hat man der Neuanlage von Grün- und Freiflächen den Vorzug vor anderen Arbeiten gegeben, weil der Ausbau derselben geringe Materialkosten erfordert und weil dabei verhältnismäßig viele Arbeitslose beschäftigt werden können." [25]

Bis zum Jahre 1929 war annähernd der gesamte südliche Abschnitt des linksrheinischen und Teile des rechtsrheinischen Äußeren Grüngürtels fertig gestellt. Lediglich ein kleinerer, zentral gelegener Bereich an der Dürener Straße wurde erst nach dem Zweiten Weltkrieg durch den damaligen Leiter des Garten- und Friedhofsamtes Kurt Schönbohm gestaltet und in den Grüngürtel einbezogen.

1 Hist. Archiv d. Stadt Köln, Geschäftsverteilungspläne 1907 bis 1914
2 vgl. Heiligenthal, R.: Entwicklungsfragen der Großstadt Köln. In: Der Neubau, 6. Jg., 1924, Heft 6, S. 53-60
3 vgl. Schumacher, F.: Köln - Entwicklungsfragen einer Großstadt. Köln 1923
4 vgl. Stadt Köln Liegenschaftsamt (Hrsg.): 100 Jahre stadtkölnisches Vermessungs- und Liegenschaftswesen. Köln 1975
5 vgl. Verwaltungsbericht der Stadt Köln 1923, S.106
6 Verwaltungsbericht der Stadt Köln 1922, S. 91
7 Zey, R.: Parks in Köln. Köln 1993, S.112
8 Verwaltungsbericht der Stadt Köln 1924, S. 83
9 vgl. Nußbaum, Th.: Der Ideenwettbewerb für die städtebauliche und architektonische Gestaltung eines Fest- und Aufmarschplatzes in Köln am Rhein. In: Gartenkunst, 49. Jg., 1936, S. 59-64
10 vgl. Dörendahl, E./Plaag, F.: Die Kölner Umlegungstätigkeit. In: Stadt Köln (Hrsg.): 100 Jahre stadtkölnisches Vermessungs- und Liegenschaftswesen. Köln 1975, S. 79-112
11 vgl. Bonatz, P.: Vorschlag für die Bebauung des Umlegungsgebietes im inneren Festungsrayon der Stadt Köln. In: Der Städtebau. 17. Jg., 1920, Heft 5/6, S. 41-46; vgl. Curdes, G./Ulrich, M.: Die Entwicklung des Kölner Stadtraumes. Dortmund 1997
12 vgl. Schwarz, R.: Das neue Köln. Köln 1950. Schönbohm, K.: Köln: Grünanlagen 1945-1975. In: Stadt Köln (Hrsg.): Stadtspuren - Denkmäler in Köln. Köln 1988
13 vgl. Dörendahl, E.; Plaag, F., a.a.O., S. 79-112
14 Rede des Beigeordneten Dr. Kleppe in der Stadtverordnetenversammlung am 17. Juni 1952, Manuskript, Amt für Landschaftspflege und Grünflächen
15 Meynen, H.: Die Kölner Grünanlagen. Düsseldorf 1979, S. 71-75
16 Heicke: XL. Jahresversammlung der D.G.f.G., Gartenkunst, 40. Jg., 1927, S.169-175, S.169
17 Adenauer, K.: Eine Lebensfrage Kölns. Wald, Feld und Wiese vom Rhein bis zum Rhein. Köln 1920, S. 8 u. 9
18 vgl. Schumacher, F., a.a.O.
19 vgl. Meynen, H., a.a.O.
20 Nußbaum, Th.: Weltstadtgrün: Der Kölner Wald- und Wiesengürtel. In: Gartenkunst, 44. Jg., 1931, Nr. 1, S.1-17
21 Verwaltungsbericht der Stadt Köln 1921, S.16
22 Nußbaum, Th.: Die Grünanlagen im neuzeitlichen Köln. In: Rheinische Heimatblätter, 7. Jg., 1930, S.135-137, S.136
23 Nußbaum, Th.: Weltstadtgrün, a.a.O., S. 9
24 vgl. Verwaltungsbericht der Stadt Köln 1927/1928
25 Nußbaum, Th.: Weltstadtgrün, a.a.O. S.15

Luftaufnahme vom Äußeren Grüngürtel am Bonner Verteiler Ende der 1950er-Jahre
Foto: Archiv ALG

Merheimer Heide

Henriette Meynen

Die Merheimer Heide ist eine der letzten Anlagen, die in Funktion und Lage auf Fritz Schumachers Grünraumplanung zurückgeht. Der auf einem ehemaligem Exerzierplatz angelegte Park integrierte zwei Festungswerke (Zwischenwerke), die heute nur aufgrund einer kleinen Anhöhe bzw. einiger Ruinenreste auffindbar sind. Theodor Nußbaum erhielt den Auftrag, auf der Merheimer Heide einen adäquaten Erholungsraum wie den linksrheinischen Äußeren Grüngürtel für die rechtsrheinischen Vororte zu schaffen. Erstmals wurde in der Sitzung der Stadtverordneten am 29.12.1927 darüber diskutiert und beschlossen, die Anlage durch Notstandsarbeiter herzurichten. Zunächst sollten die Dauergärten entstehen. Erst 1929 begannen die Arbeiten der Parkerstellung und zogen sich bis 1932 hin. In einem Zeitungsbericht von 1930 wurde noch der Parkentwurf im Detail besprochen und dabei auch die Ziele des Parks dargelegt: „Die Anlage ist 150 ha groß und im Sinn eines neuzeitlichen Volksparks geplant. Darunter sind solche Anlagen zu verstehen, die nicht lediglich dem Naturgenuß und der reinen Beschaulichkeit dienen, wie die konventionellen Parks des vorigen Jahrhunderts ..., sondern Anlagen, die in viel weitgehenderem Maße für die Bevölkerung nutzbar gemacht werden. Bei der Planung wurde auf die vielseitigen Bedürfnisse der rechtsrheinischen Wohngebiete Rücksicht genommen. Für die Sportvereine ... sind insgesamt 17 Fußballplätze, 5 Laufbahnen und 21 Tennisplätze vorgesehen."[1] Darüber hinaus rahmten Kleingärten die Anlage im Nordwesten und Nordosten ein. Weite Flächen waren als „Volks- und Spielwiesen" konzipiert. Im Bereich einer vorhandenen Kiesgrube sollte ein Teich und in seiner Nähe ein Kaffeehaus, auf dem Gelände eines Festungswerkes ein Licht- und Luftbad und an anderer Stelle eine „ländliche Wirtschaft" geschaffen werden. Es kann heute nicht mehr gesagt werden, was von den zuletzt genannten Einrichtungen verwirklicht wurde. Die lang gestreckte geometrisch gegliederte Parkanlage mit der klaren Trennung der verschiedenen funktionalen Räume und dem weit offenen Binnenraum mit dem sparsamen und geradlinigen Wegenetz kennzeichnete die Merheimer Heide als Schöpfung der ausgehenden 1920er-Jahre. Auch das Fehlen von exotischen Baumarten spricht für diese Pflanzepoche. Durch den Bau eines Autobahnkreuzes inmitten der Merheimer Heide ist die Anlage heute zweigeteilt und hat viel von ihrem ursprünglichen Erscheinungsbild eingebüßt.

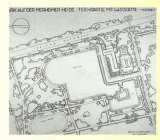

Gestaltungsplan für die Gesamtanlage und den Teilabschnitt „Teichpartie mit Gaststätte", 1947
Foto: Archiv ALG

Links: Merheimer Heide
Foto: Stadtkonservator, 1976

1   Lokalanzeiger vom 7.6.1930

Kleingärten – Gärten für die Arbeiter

Ingrid Römer

Die Anfänge des Kleingartenwesens

Erst Ende des 19. Jahrhunderts – und damit im Vergleich zu anderen deutschen Städten, vornehmlich in Ost- und Mitteldeutschland, relativ spät – entstand in Köln ein Bedarf an Kleingärten. Der Grund für diese späte Entwicklung lag in den vergleichsweise gesunden Wohnverhältnissen in der seit 1881 errichteten Kölner Neustadt. Hier fehlten die großen, für viele Städte typischen Mietskasernensysteme und die damit einhergehende hohe Wohndichte pro Haus, sodass der Bedarf an zusätzlichen Gärten zur Hebung der Lebensqualität zunächst weniger dringlich war.[1] Anders stellte sich jedoch die Situation in den Vororten dar. Hier führte die Ansiedlung von Industriebetrieben sowie die rasch zunehmende bauliche Verdichtung dazu, dass sich vor allem für weniger begüterte Bevölkerungsschichten die Wohnsituation verschlechterte.[2] Aus dieser städtebaulichen Situation heraus entwickelte sich die erste öffentliche Diskussion über die Schrebergartenidee und deren Anwendbarkeit auf Köln, die vorrangig von sozialen Aspekten getragen war. Der erste Zeitungsartikel, in dem über eine solche Möglichkeit berichtet wurde, erschien am 13.3.1897.[3]

Die Pioniere der Schrebergartenidee in Köln sind namentlich nicht bekannt. In der lokalen Presse wird nur erwähnt, dass sich kurz vor der Jahrhundertwende Kölner Männer dafür einsetzten, dem städtischen Arbeiter ein Fleckchen Erde zur Bearbeitung zu überlassen. Neben dem Erholungswert der gärtnerischen Tätigkeit wurde vor allem der moralische Wert hervorgehoben, der darin bestünde, dass der Arbeiter nun seine Gebrauchsartikel für das tägliche Leben selbst ziehen könne.[4] Als möglicher Standort für Schrebergärten wurde der zu dem Zeitpunkt noch nicht bebaute Bereich des Inneren Festungs-Rayon vor der Umwallung vorgeschlagen. Ein Viertel oder ein Achtel dieses Geländes sollte „Bürgergärten" vorbehalten sein. Sie sollten aus zwei Teilen bestehen: aus allgemein zugänglichen Wegen und Plätzen und aus einer großen Anzahl schmaler Streifen und Beete, die den Arbeitern mietweise überlassen werden sollten. Man sah in der Schaffung derartiger „Bürgergärten" eine Reihe von Vorteilen nicht nur für die Gärtner selbst, die in ihnen bei gesunder Arbeit Erholung finden können, sondern auch für das Allgemeinwohl: Durch sie würden große, der Allgemeinheit zugute kommende Luftbehälter ohne Unterhaltskosten geschaffen und die Wehrfähigkeit junger Männer durch den gesundheitsfördernden Effekt der Gartenarbeit erhöht. Schrebergärten wurden als ein Werk dargestellt, das auch kommenden Geschlechtern Segen bietet.[5] 1904 wendete sich eine Kölner Bürgerinitiative mit einer umfangreichen Sammlung von Unterschriften aus allen Berufskreisen an die von Gartendirektor Kowallek gegründete „Kölner Gartenbaugesellschaft", um das starke Bedürfnis nach Mietgärten zu dokumentieren. Als Standort für die gewünschten Gartenbaukolonien wurde erneut der innere Festungs-Rayon zwischen Köln und den Vororten zu beiden Seiten der Kanalstraße vorgeschlagen.[6] Die Kölner Gartenbaugesellschaft trug diese Anregung der Stadtverwaltung unter dem damals amtierenden Oberbürgermeister Becker vor und schon im selben Jahr konnten zwei Schrebergartenkolonien auf städtischem Grund im Vorort Braunsfeld angelegt werden. Bei der Auswahl des Geländes achtete man auf die Nähe zur Stadt und darauf, dass die Anlage für eine Reihe von Jahren als Gartenland erhalten bleiben konnte.[7] Eine dieser Anlagen entstand auf einem 935 qm großen, der Armenverwaltung gehörenden Gelände am städtischen Fuhrpark an der Weinsbergstraße und umfasste 16 Gärten. Die zweite Anlage mit einer Gesamtfläche von 9 965 qm und 31 Gärten lag an der Aachener/Ecke Jägerstraße. Die Größe der Gärten in beiden Anlagen variierte zwischen 230 und 615 qm.[8] Die Gesamtkosten für die Anlagen betrugen 5 400 Mark, der jährliche Pachtpreis an der Weinsbergstraße

Kleingartenanlagen an der Amsterdamer Straße hinter dem Eisstadion (Strähle Luftbild vom 18.9.1938)
Quelle: HAStK

„In den Lauben-Kolonien"

„Wir haben seit einer Reihe von Jahren in Köln den großen Aufschwung der Lauben-Kolonien und Arbeitergärten miterlebt, die einen sympathischen Versuch darstellten, jenem Zuge der Zeit entgegenzukommen. Diese Kleingärten sind sicherlich bestimmt, manche empfindliche Lücke der modernen Großstadtkultur auszufüllen, und mit Recht dürfte der Verband in einem Rundschreiben darauf hinweisen, ‚daß es mit Hilfe solcher Gärten vielfach gelungen sei, die Schäden mangelhafter, oft schwer zu beseitigender Wohnungsverhältnisse zu mildern und auszugleichen. Dazu kommt, dass durch den Gartenaufenthalt Männer vom Wirtshausbesuch abgelenkt, die Kinder dem verderblichen Einfluß der Straßen und Höfe entzogen und den Eltern näher gebracht, der Sinn für eigene Betätigung bei jung und alt geweckt und überhaupt die Lebensgewohnheiten der weniger bemittelten Volksbreite veredelt werden.'

Dieser Gedankengang ist auch seinerzeit auf Anregung der Kölner Gartenbau-Gesellschaft der hiesigen Stadtverwaltung Anlass gewesen, der Einrichtung von Kleingärten durch Bereitstellung geeigneten Grund und Bodens zu günstigen Bedingungen näher zu treten und die Idee weiter zu fördern. Sehe man sich einmal die kleinen Kolonien an der Aachener Straße, Weinsbergstraße, an der Voigteistraße, an der Vogelsanger Straße und in Merheim an, so findet man bestätigt, dass ihre Besitzer meist mittlere und untere Beamte aus allen Verwaltungszweigen, die sich jetzt als ‚Leute mit Ar und Halm' dünken, an der Gartenarbeit Liebe und Interesse gewonnen haben. Welches Glück und Gefühl der Beständigkeit, Herr auf seiner eigenen Scholle zu sein, und umfasse sie auch nur eine Fläche von 200 bis 450 qm. Die Stadt vermietet den Inhabern die Gärten meist zu dem billigen Preise von durchschnittlich 9 Pf. für den Quadratmeter auf unbestimmte Zeit, so dass sie diese lebenslänglich innehaben können. Bei den meisten der Pächter ist das auch der Fall, denn selten hört man von einem Wechsel im Besitztum. Der Ertrag deckt die Unkosten. Es sind Landbesitzer im Kleinen: eine Hütte zum Aufbewahren der Geräte und wohnlich eingerichtet zum behaglichen Ausrasten, mit Tisch, Stühlen, dem Petroleumkocher, dem primitiven Keller in Gestalt eines ausgegrabenen Erdloches versehen, in dem sich eine Flasche ‚Kölsch Wieß' entsprechend kühl erhält. Dann die Pflanzungen, mit der Schnur abgemessene Gemüse- und sonstige Beete, hier und da prächtige Sommerblumen auf den Rabatten, allenthalben hochaufschießende Sommerrosenstämme und was nirgends fehlt, zahlreiche Beerensträucher und mehrere tadellos gepflegte Obstbäume. Und wenn abends der Garten versorgt, wohl gegossen und geharkt ist, folgt ein kleiner Skat mit gleichgestimmten Nachbarn oder die gemütliche Unterhaltung der Nachbarinnen. Und vor allem die lieben Kleinen, das heranwachsende Geschlecht, das hier auf dem gesegneten, grünen Erdenfleckchen alle Großstadtblässe verliert, hier und da zeigen Abteilungen und allerhand Arbeiten an, dass auch ihnen ein Anteil am Garten vorbehalten und von ihnen in eigene Pflege genommen worden ist. In der Mitte der Gartenanlagen vereinigt ein gemeinschaftlicher Spielplatz die Kinder zu fröhlichem Spiel und ab und zu gibt es Laubenfeste, bei denen bunte Laternen am Giebel der Hütten leuchten und irgend ein Musikinstrument die Unterhaltung fördert. Ja, es sind glückliche Menschen, diese Laubenkolonisten!

Die allgemeine Wertschätzung, deren sich die Kleingärten erfreuen, veranlasste die Stadtverwaltung, wie schon erwähnt, im wohlverstandenen Interesse der Gemeinde zur fortgesetzten Förderung der Einrichtung, soweit ihr das möglich war. ... Dass diese Gärten in ethischer und sanitärer Beziehung von großer Bedeutung sind, kann nicht bestritten werden. Angesichts der Erfolge wäre es wohl angebracht, den zahlreichen Wünschen, die besonders neuerdings aus den südlichen Stadtteilen nach Errichtung von Schrebergärten auch dort laut geworden sind, baldigst Rechnung zu tragen. Für Merheim scheint sich die städtische Verwaltung mit dem Gedanken zu tragen, angesichts der Nachfrage dort nochmals eine Vermehrung stattfinden zu lassen."

Stadtanzeiger 24. Juni 1910

3. Kleingärten – Gärten für die Arbeiter

Kleingartenanlage an der Nibelungenstraße
Fotos: J. Bauer, 2000

> „Stadtgärten"
> „Ein nachahmenswerthes Beispiel hinsichtlich der Pflege des Sinnes für die Natur bietet die Stadt Kiel, welche für 2.380 ihrer Einwohner Gärten in der nächsten Umgegend der Stadt angelegt und verpachtet hat, woraus sie eine Jahres-Pachtsumme von etwa 50.000 M. zieht. Und noch fortgesetzt wandelt diese Stadt ihre Ländereien in der Umgebung in solche Gärten um, da die Nachfrage nach solchen stetig wächst. Die Pacht beträgt jährlich durchschnittlich 20 M., die Größe des einzelnen Gartens durchschnittlich 20 Qu.-Ruthen. Dabei setzen sich die Pächter durchaus nicht bloß aus sogenannten ‚kleinen Leuten' zusammen, vielmehr zählen zu denselben auch solche aus den ‚obern Zehntausenden'; ja mancher Garten ist schon seit Jahrzehnten an die nämliche Familie verpachtet. Da die in den Gärten vorhandenen Obstbäume und Sträucher natürlich nicht ohne Erlaubnis entfernt werden dürfen, diese Anlage aber schon im Jahre 1830 in Angriff genommen worden ist, so fehlt es natürlich nicht an Gärten, welche stattliche Bäume und schattenspendende Lauben enthalten, daneben natürlich auch hübsche Blumenbeete und gut gepflegte Gemüsebeete. Alle Gärten sind mit Weißdornhecken umgeben, und jeder einzelne hat seinen besondern bequemen Zugang. Ob eine solche Anlage nicht von ganz anderer sozialer und erzieherischer Bedeutung ist, als z. B. der viel besprochene Millionen verschlingende Kölner ‚Stadtwald'?"
> Kölnische Volkszeitung 13. März 1897

5 Pfennig, an der Aachener/ Ecke Jägerstraße 8 Pfennig pro qm. Die Kosten für den jährlichen Wasserverbrauch betrugen in beiden Anlagen 3 Mark pro Mieter.[9] Planung und Gestaltung dieser beiden 1904 entstandenen Kleingartenanlagen lagen in den Händen des Gartendirektors Kowallek. Beide Anlagen waren von einem Maschendrahtzaun umzäunt und mit je einem Wasserschöpfbecken und einem Kinderspielplatz als Gemeinschaftseinrichtungen ausgestattet. Jedes Gärtchen wurde mit 2 bis 4 Obstbäumen bepflanzt. Die Anlage Aachener/Ecke Jägerstraße verfügte außerdem über einen Gemeinschaftsgeräteschuppen. Die einzelnen Parzellen waren hier mit niedrigen Zäunen eingegrenzt.[10] Grundrisspläne dieser 1930 der Bebauung zum Opfer gefallenen Anlagen gibt es nicht mehr, ein Zeitungsartikel aber berichtet von einer sehr geradlinigen Parzellierung und Wegeführung.[11] Diese ersten Schrebergärten in Köln fanden bei den Bürgern großen Anklang. Allein für die Weinsbergstraße meldeten sich 80 Interessenten.[12] Die Stadtverwaltung beschloss daher, weitere Anlagen zu schaffen. 1906 sind an der Aachener Straße in Braunsfeld gegenüber der Voigtelstraße und an der Nibelungenstraße in Nippes, 1910 am Melaten-Bickendorfer Weg (Melatener Weg) neue Kolonien mit insgesamt 206 Gartenparzellen und einer Durchschnittsgröße von ca. 180 qm entstanden.[13] Um 40 bei der städtischen Gartenverwaltung vorgemerkte Gartenanwärter für die Anlage an der Merheimer Straße zufrieden stellen zu können, wurde 1910 die Erweiterung dieser Anlage beschlossen.[14]

Von diesen ersten Kleingartenanlagen ist nur noch die an der Nibelungenstraße angelegte bis heute erhalten. Die nahezu rechteckige Anlage war ursprünglich in 149 Gartenparzellen mit Größen zwischen 89 und 400 qm aufgeteilt. Der Süd-, Ost- und Westrand der Anlage war je von einer lückenlosen Gartenreihe begrenzt; die übrigen Gärten wurden streng geometrisch in 10 doppelreihigen Gruppen von je 8 bis 11 Gärten dazwischen angeordnet. Diese Gruppen waren von sehr schmalen Wegen gesäumt. Die einzelnen Gärten wurden mit mehreren Obstbäumen bepflanzt und mit Hainbuchenhecken eingefasst. Eine Holzbaracke für Gartengeräte, eine weitere für Zusammenkünfte der Kleingärtner dienten als Gemeinschaftseinrichtungen. Außerdem war

Kleingartenanlage an der Nibelungenstraße
Fotos: J. Bauer, 2000

die Anlage an das städtische Wasserleitungsnetz angeschlossen. Die Laubengestaltung war individuell.¹⁵ „Da sieht man neben soliden Holzbauten mit Dächern aus Asphaltpappe niedliche Miniaturhäuschen in Schweizerstil mit Fensterchen, Blumengalerien und ausgesägten Hirschköpfen als Dachschmuck. Von mit Schlinggewächsen, zumeist buntblühenden Bohnen oder Winden umrankten Lauben gibt´s allerlei Formen, auch windschiefe, solche aus dünnen gehobelten Latten und aus knorrigem Naturholz, während einzelne der ‚Agrarier' im wirklichen Wortsinne zwischen ihren vier Pfählen, über die ein Sonnentuch gespannt ist, ruhen und träumen."¹⁶

Auch durch Privatinitiative entstanden große Kleingartenanlagen. Es handelte sich um zwei 1911 von der Firma Wahlen in Ehrenfeld errichtete Anlagen sowie um die so genannten „Schlösserschen Gärten", die 1913 von den Erben der Familie Schlösser auf einem Reststück des Subbelrather Hofes angelegt worden sind. Die Gärten der Firma Wahlen – eine Anlage von 20 Morgen mit ca. 150 Gärten von 200 bis 300 qm Größe an der Rayongrenze zwischen Venloer und Subbelrather Straße sowie eine weitere Anlage im nördlichen Rayon an der Ecke Kanalstraße, Hornstraße, Methweg mit 79 Gärten – wurden 1913 von der Stadt Köln aufgekauft.¹⁷ Kurz nach Ankauf der zwischen Venloer und Subbelrather Straße gelegenen Schrebergärten beschloss die Stadtverordnetenversammlung am 28. 8. 1913, diese Anlage für die geplante Erschließung Ehrenfelds zu opfern. Durch heftige Proteste der Pächter sowie eine Eingabe an den Oberbürgermeister und die Stadtverordneten konnte der Beschluss jedoch mit Erfolg abgewendet werden.¹⁸ Erst nach dem Zweiten Weltkrieg fiel ein Teil der Anlage, inzwischen Sitz des Kleingartenvereins Ehrenfeld-Süd, dem Straßenbau zum Opfer.

Links: Entwurf für eine Kleingartenanlage an der Subbelrather Straße
Aus: 10 Jahre Verband der Gartenbauvereine zu Köln 1920-1930. 1930
Rechts: Anlage im Bereich der „Alhambra",
Plan 1923
Foto: Archiv ALG

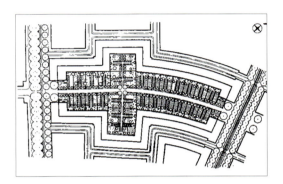
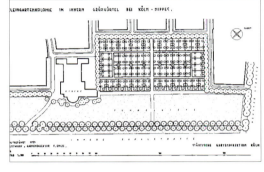

Neben der Schaffung von Kleingärten für alle Volksschichten entstanden auch Armengärten und Schul-(schreber)gärten durch die Stadt Köln. 1910 und 1911 wurden in Ehrenfeld versuchsweise die ersten Gärten kostenlos an zehn von der Armenverwaltung unterstützte Familien übergeben. Man erhoffte sich für die Unterstützungsbedürftigen vor allem eine Stärkung ihres Selbstbewusstseins durch die Gewissheit, „dass der Ertrag des Landes in der Hauptsache der wohlverdiente Lohn treuer Arbeit ist".[19] Ein Jahr nach Übergabe der Gärten bezeichnete man den Versuch als gelungen. Mit Unterstützung der städtischen Gartenverwaltung, die kostenlos Saatgut und Pflanzen verteilte, die Garteninhaber über die Verwendung und Behandlung der Pflanzen belehrte sowie für einen Tag pro Woche einen Gärtner als Berater zur Verfügung stellte, konnten alle Gärten mit Gewinn bewirtschaftet werden.[20] Die Anlage von Schulgärten bzw. Schulschrebergärten wurde von Seiten der Stadt ebenso gefördert. Naturbeobachtung und Gartenarbeit sollten den Kindern und Jugendlichen eine wertschätzende Einstellung zur Natur ermöglichen. Man erhoffte sich, dadurch zum Beispiel das damals offenbar große Problem des von Jugendlichen verübten Vandalismus in den öffentlichen Grünanlagen Kölns bekämpfen, aber auch so genannten „Hilfsschülern" eine zusätzliche Entwicklungschance bieten zu können. Auf den Schulhöfen wurden deshalb heimische Bäume und Sträucher, die bekanntesten fremdländischen Gartengehölze sowie einjährige und ausdauernde Kräuter angepflanzt.[21] Ein Schulschrebergarten außerhalb des Schulgeländes wurde in unmittelbarer Nähe zu der Schule „An der Pulvermühle" in dem am 1.5.1914 fertig gestellten Humboldtpark angelegt. Dieser 450 qm große, in der Nordecke des Parks liegende Garten war untergliedert durch zwei Wege, an denen beiderseits langgestreckte Beete lagen.[22] In demselben Jahr wurden auch für die Hilfsschule in Kalk auf einem 2 799 qm großen Grundstück an der Ostheimer Straße Schulschrebergärten angelegt; für die Ehrenfelder Hilfsschule wurde ein Schrebergarten angemietet. Die Kosten hierfür wurden aus dem Haushaltsplan der Volksschulen bestritten.[23] Eine besondere Förderung erfuhr der Kleingartenbau durch Vortragsveranstaltungen, die vom städtischen Garteninspektor Cremer und Gartenbaudirektor Jung durchgeführt wurden. Der Initiative von Cremer ist es zu verdanken, dass die Schrebergartenidee auch im rechtsrheinischen Köln – dem 1888 eingemeindeten Stadtteil Deutz, den 1910 eingemeindeten Stadtteilen Kalk und Vingst und der 1914 hinzugekommenen Stadt Mülheim sowie der Landgemeinde Merheim – weiter vorangebracht wurde. So existierten in Deutz schon um 1904 zahlreiche Kleingärten auf dem Gebiet der geschleiften Festungsanlagen. In einem um 1920 erschienenen heimatkundlichen Buch wird die Deutzer Laubenkolonie nördlich der preußischen

Gartenkolonie an der Subbelrather Straße, oben vom Fernsehturm aus gesehen (1991).
Foto oben: Archiv ALG
Foto unten: J. Bauer, 1998

Befestigungsanlage und östlich des alten Pionierübungsplatzes am Rhein wie folgt beschrieben: „Das Gartenland an den hier nach zwei alten Deutzer Toren sich abzweigenden Straßen zeigt eine bescheidene Laubenkolonie. Die kleinen Leutchen, die dort Gartenstreifen in fleißig benutzten dienstfreien Stunden ihren Bedarf an Küchengewächsen abgewinnen, haben sich fast alle aus einfachstem Material eine kleine Laube errichtet. Die in jedem echten Germanenherz schlummernde Sehnsucht nach eigenem kleinem Heim und Hüttenbauten hat die ursprünglichen Bauwerke entstehen lassen. Die einen haben Latten zum luftigen Bau benutzt, die anderen Bohnenstangen, alte Bretter, Dachpappe und Packleinen. Die einen haben die nützliche und schnellwachsende Feuerbohne zur Laubenbekleidung benutzt, andere verbanden Nützliches mit Angenehmem durch Anpflanzung von Kürbissen, noch andere begnügten sich mit einer einfachen Bretterbude. Aber so klein, so luftig und vogelkorbartig die Lauben sind, man sitzt in ihnen manchmal und kostet den unbeschreiblichen Genuss, rastend das kleine, mit eigenem Schweiß gedüngte Fleckchen Landes zu mustern, sich zu freuen am Wachstum von Kartoffeln, Kraut und Rüben und alten Sehnsuchtsträumen vom eigenen kleinen Heim auf nutzbringender Scholle nachzuhängen."²⁴

Auch in Merheim und Kalk waren Kleingartenanlagen vorhanden. Für Merheim konnte ihre ursprüngliche Lage nicht ermittelt werden; in Kalk befanden sie sich auf dem Gelände einer ehemaligen Ziegelei westlich der Kapellenstraße sowie auf südlich davon gelegenen Grundstücken, die von den Erben Trimborn als Schrebergartengelände zur Verfügung gestellt wurden. Die dort errichteten Gärten existieren heute nicht mehr. Bis 1917 entstanden im rechtsrheinischen Köln fünf neue Schrebergartenanlagen mit je 200 bis 400 Gärten. Mülheim hatte als selbständige Stadt schon vor ihrer Eingemeindung nach Köln Kleingartenkolonien angelegt. So wurde unter Leitung des städtischen Garteninspektors Vincentz 1910-1911 eine Schrebergartenanlage auf einem 18 000 qm großen Gelände östlich des „Grünen Weges", dessen Verlauf ungefähr dem des heutigen Höhenberger bzw. Buchheimer Ringes entsprach, angelegt. Dieses Gelände war ein Teil des Ackerlandes, das Mülheim bereits 1900 für die Anlage eines Friedhofes vom Gut Herl erworben hatte, und, da es nicht sofort für Friedhofszwecke benötigt wurde, zunächst für 9 Jahre zur landwirtschaftlichen Nutzung der Gutsverwaltung Haus Herl belassen wurde. Für dieses Gelände erarbeitete die städtische Liegenschaftsabteilung der Stadt Mülheim bereits 1909 einen Anlageplan. Der Plan sah die Abmessung von 58 Gartenparzellen von je 250 bis 350 qm Größe sowie die Errichtung eines Spielplatzes von ca. 1 500 qm vor. Die Außeneinfriedung sollte aus hohem Maschendrahtzaun hergestellt werden; an den Wegen und zwischen den Gartenparzellen waren niedrige Hainbuchenhecken geplant. Jeder Garten sollte mit vier Obstbäumen (zwei Hochstämmen und zwei Buschobstarten) bepflanzt werden. Eine Wasserleitung mit einer ausreichenden Anzahl Zapfstellen und Wasserbottichen sowie auf dem Spielplatz zwei Holzbauten mit Abortanlagen und einen Spind für jeden Gartenpächter für die Aufbewahrung der Gartengeräte waren ebenfalls vorgesehen.

Dieser erste Entwurf ist zwar dem Grundriss nach beibehalten, in der Art seiner Ausgestaltung jedoch

Links: Übersichtsplan von 1931 über die Kleingärten im gesamten Stadtgebiet
Aus: Th. Nußbaum in „Die Gartenkunst", 44 Jg., 1931, S.13

Rechts: Kleingartenanlagen im Äußeren Grüngürtel und am Volkspark Raderthal. Plan aus dem Jahre 1930
Quelle: HAStK

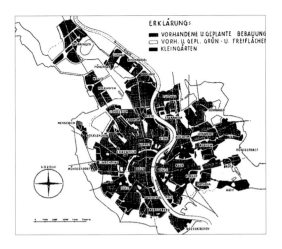
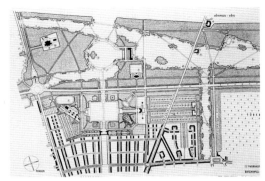

wesentlich einfacher ausgeführt worden: So wurden Pumpen anstelle der geplanten Wasserleitung installiert, auf die Pflanzung der Obstbäume verzichtet und die Einfriedung vereinfacht.[25]

Während des Ersten Weltkriegs wurde die Förderung und Verbreitung des Kleingartenwesens in das Kriegsfürsorgeprogramm der Kölner Stadtverwaltung einbezogen. Eine spezielle, direkt der Gartendirektion unter Fritz Encke unterstellte „Gemüse- und Obstabteilung" hatte die Aufgabe, die Selbsterzeugung von Gartenbauprodukten auf städtischem Boden zu intensivieren. Sie sorgte dafür, dass auf den kommunalen Hofgütern vermehrt Gemüsebau betrieben wurde und dass für einen sprunghaft ansteigenden, am Kleingartenbau interessierten Personenkreis geeignete Ländereien zur Verfügung gestellt werden konnten.[26] Darüber hinaus wurden den Kleingärtnern kleine Mengen von Sämereien und Pflanzenmaterial preisgünstig verkauft. Die fachkundige Beratung gehörte ebenfalls zum Service der Abteilung. Bis Kriegsende wurden insgesamt 300 ha der landwirtschaftlichen Fläche städtischer Hofgüter in Kleingärten umgewandelt. Auf Wiesen- und Bauerwartungsflächen entstanden kleine Gemüsefelder, die als so genanntes „Grabeland" nur mit einjährigen Pflanzen bestellt werden durften. Sogar der vom Kölner Ballspielklub genutzte Fußballplatz am Klettenbergpark wurde während des Kriegs in Kleingärten aufgeteilt.[27]

Im Rahmen der Armenfürsorge wurden weitere Schrebergärten unentgeltlich an Bedürftige abgegeben. 1915 gab es in Köln 125 Armengärten. Die Kosten für die erste Düngung und die erste Aussaat übernahm die Stadt.[28] Auch in den Schulgärten wurde während des Ersten Weltkriegs Gemüse angebaut.[29] Insgesamt betreute die Abteilung für Gemüsebau bis 1918 ca. 12 000 Gärten mit einer durchschnittlichen Größe von 300 qm.[30] Die städtischen Maßnahmen zur Förderung des Kleingartenwesens wurden durch eine spezielle Kriegsverordnung der preußischen Regierung unterstützt, mit der der kriegsbedingt hohe Bedarf an Gartenland gedeckt sowie die Pächter vor einer Ausnutzung durch Grundstückseigentümer durch zu hohe Pachtpreise und willkürliche Kündigungen geschützt werden sollten. Die Kriegsverordnung war die erste gesetzliche Grundlage des aufkommenden kommunalen Kleingartenwesens.[31]

Die Entwicklung des Kleingartenwesens nach dem Ersten Weltkrieg

Der Aufschwung, den das Kleingartenwesen während des Ersten Weltkriegs nahm, führte nach Kriegsende über in eine neue Phase, die durch den Aufbau einer kommunalen Organisationsstruktur, der Bildung von Kleingartenvereinen sowie der Schaffung rechtlicher Grundlagen geprägt wurde. Unmittelbar nach Kriegsende war der Bedarf an Kleingärten besonders hoch, so dass das städtische Liegenschaftsamt[32] kurzfristig umfangreiche Land- und Brachflächen zur Verfügung stellte, um die Versorgungsnot zu lindern. Tausende von Kleingärten entstanden zum Teil auf Flächen, die in Friedenszeiten kaum jemand zu Gartenzwecken genutzt hätte. Eine dauerhafte Sicherung dieser Flächen war jedoch nicht vorgesehen. Aus dieser Situation heraus bildeten sich in Köln die ersten Gartenbauvereine mit dem Ziel, das Kleingartenwesen zu stärken und den absehbaren Verlust von Flächen zu verhindern. Einer der ersten Vereine war der 1918 gegründete Gartenbauverein Köln-Zollstock, dessen Mitgliederschaft überwiegend aus Arbeitern und deren Familienangehörigen bestand. Ein anderer Verein mit dem Namen „Gemeinnütziger Gartenbau Verein – Wirtschaftliche Vereinigung ehemaliger Kriegsteilnehmer, Kriegsbeschädigter und Hinterbliebenen e.V., Köln-Sülz", ebenfalls 1918 gegründet, hatte sich zum Ziel gesetzt, den entlassenen Kriegsbeschädigten bei der Versorgung mit Lebensmitteln soweit wie möglich zu helfen.[33] Beide Vereine haben sich unter den Na-

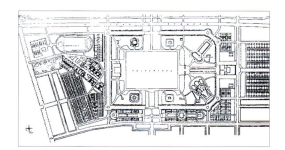

Entwurfsplan für die Anlage am Volkspark Raderthal von 1924
Aus: 10 Jahre Verband der Gartenbauvereine zu Köln. 1920-1930. 1930, S. 21

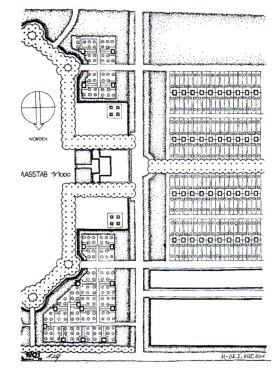

Kleingärten im Westen des Volksparks (Planung Ende der 1920er-Jahre)
Foto: Archiv ALG

men „Zollstock e.V." und „Köln-Lindenthal 1920 e.V." bis heute erhalten. Auf Initiative des Deutzer Gartenbauvereins wurde am 3.10.1919 eine Versammlung der Vorstände aller Kölner Gartenbauvereine einberufen, die im Gürzenichbräu stattfand. 20 Personen folgten dieser Einladung. Als Ergebnis dieser Versammlung wurde der „Ausschuß zur Vorbereitung der Gründung der Vereinigung der Kölner Gartenbauvereine" ins Leben gerufen; am 15.7.1920 schließlich erfolgte die Gründung des „Verbandes der Gartenbauvereine zu Köln" im Hansasaal des Kölner Rathauses. Ihm waren die 18 bis dahin in Köln existierenden Gartenbauvereine angeschlossen. Die Aufbauarbeit des Verbandes unter dem Vorsitz des Mittelschullehrers Kann konzentrierte sich anfangs stark auf eine die Interessen der Kleingartenvereine fördernde Zusammenarbeit mit der Stadtverwaltung Köln. So unterstützte der Verband vor allem die schon Mitte 1919 geforderte Gründung eines Schrebergartenamts. Die gesetzliche Grundlage hierfür war mit der am 31.7.1919 von der preußischen Reichsregierung erlassenen Kleingarten- und Kleinpachtlandordnung (KGO) geschaffen worden. Ihre Zielsetzung lag in der Verbesserung des Schutzes von Kleingärten und der Förderung des Kleingartenbaus in wirtschaftlicher und sozialer Beziehung.[34] Im einzelnen wurden Regelungen für Pachtpreise, Zinsen, Kündigung und Ersatzbeschaffung, aber auch die Mindest- und Maximalgrößen von Kleingärten (300 qm bzw. 625 qm, in Ausnahmefällen 1 000 qm) festgelegt. Die Anregungen der Gartenbauvereine sowie die gesetzlichen Vorgaben der Kleingartenordnung veranlassten die Gartenverwaltung schon Ende 1919 zur Einrichtung einer Kleingartendienststelle. Ein Jahr später wurde im Rahmen der durchgeführten Neuorganisation der Gartenverwaltung eine eigene Kleingartenabteilung gebildet, die offiziell am 12. April 1921 ihre Tätigkeit aufnahm und deren Leitung bis Ende 1922 Giesen innehatte. Sein Nachfolger wurde Engelke.

Die Aufgaben der Kölner Kleingartenabteilung waren von Anfang an breit gefächert. Zu ihnen zählten nicht nur planerische Maßnahmen wie zum Beispiel die Feststellung des Bedarfs an Kleingartenland sowie der Ausbau von Dauerkleingärten und Lauben. Auch die Beratung und Fortbildung der Kleingärtner sowie die Förderung der Gartenbauvereine gehörten dazu. Letzteres wurde insbesondere dadurch erreicht, dass ab 1920 Gartenland nur noch an Vereine verpachtet wurde. Diese Regelung bewirkte Anfang der 1920er-Jahre eine Welle von Vereinsgründungen. Gleichzeitig wurde mit dem Verband der Gartenbauvereine am 1.1.1922 ein Generalpachtvertrag abgeschlossen, durch den der Verband als Treuhänder der Stadt die Befugnis erhielt, die Gärten zu verpachten, die Pachtgelder einzuziehen und die

Gartenkolonien im Äußeren Grüngürtel zwischen Gleueler Straße und Beethovenpark, 1927-1928
Aus: 10 Jahre Verband der Gartenbauvereine zu Köln, 1920-1930. 1920, S. 25

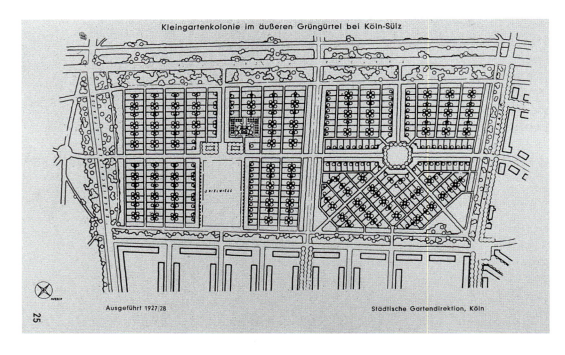

Kleingartengrundstücke zu beaufsichtigen. Für diese Verwaltungstätigkeit erhielt er 10% der Pachtsumme. Auf diese Weise wurde den Kleingartenvereinen eine Mitwirkung in der Verwaltung der Kleingärten zuteil, die auch von der Gesetzgebung gewünscht war. Die Pachtpreise aber wurden von der Kleingartenabteilung festgelegt. Unterschieden wurden fünf Klassen, nach der Bodengüte, der Lage zur Bebauung, der Einrichtung der Einzelgärten und dem Ertrag des Aufwuches und der Obstbäume. Damit die Pachtpreise in akzeptablen Grenzen blieben, wurde ein Kleingartenbeirat als Gutachter hinzugezogen. Die Pachtpreise für einen Quadratmeter betrugen zu dieser Zeit zwei Reichspfennig für Feldgärten und sechs Reichspfennig für Dauergärten.[35]
Zur Beratung und Fortbildung der einzelnen Kleingärtner wurde in den Räumlichkeiten der Kleingartenabteilung ein Lese- und Ausstellungszimmer eingerichtet. Während der Dienststunden konnten Auskünfte über Fragen des Gartenbaus, der Schädlingsbekämpfung und des Kleingartenrechts erteilt werden. Darüber hinaus fanden Lehrveranstaltungen zum praktischen Gartenbau in sechs Mustergärten statt, die über das ganze Stadtgebiet verteilt waren.[36] Von dem Fortbildungsangebot der Kleingartenabteilung wurde reger Gebrauch gemacht.[37]
Auch die Durchführung von Wettbewerben diente der Förderung des Kleingartenwesens. Schon in den 1920er-Jahren zeichnete die Stadt Köln besonders vorbildliche Gartenbauvereine mit Preisen aus. Vergeben wurde der „Ehrenpreis der Stadt Köln". Preise wurden ferner vergeben vom Messeamt, von der Landwirtschaftskammer der Rheinprovinz, vom Preußischen Ministerium für Volkswohlfahrt, vom Verband der Gartenbauvereine zu Köln und vom Provinzialverband der Kleingartenvereine Deutschlands.[38] Schon bald nach Aufnahme ihrer Tätigkeit bemühte sich die Kleingartenabteilung intensiv um die Schaffung von Dauerkleingartenanlagen, die mit Wegen, Gartenlauben und einer Einfriedung ausgestattet

waren und in denen eine ausreichende Wasserversorgung gewährleistet war. 1923 wurden den Kleingartenbewerbern erstmals derartige Anlagen in Aussicht gestellt. Die Zahl der Bewerber war in diesem Jahr besonders groß, 5 735 betrug sie am 1.8.1923. Der Flächenbedarf lag bei 172 ha. Dieser hohe Bedarf kam u.a. durch den Wegfall einer großen Anzahl von Kleingärten im Zuge der Anlage des Inneren Grüngürtels zustande.[39] Im folgenden Jahr erhöhte sich der Bedarf weiter, da eine rege einsetzende Bautätigkeit zur fristlosen Kündigung zahlreicher Kleingärten geführt hatte und die betroffenen Kleingärtner dringend Ausgleich verlangten. Ein geringfügiger Ausgleich konnte durch Anlage von 200 Gärten mit einer Gesamtgröße von sechs ha geschaffen werden. Weitere Dauergärten waren geplant bzw. bereits ansatzweise angelegt worden.[40] Die Anlage dieser Gärten wurde begünstigt durch das so genannte „Heimstättengesetz", ein am 17.12. 1923 vom Minister für Volkswohlfahrt erlassenes Gesetz zur Förderung von Wohnheimstätten und Heimstättengärten.[41]

1925 stieg die Nachfrage nach Kleingartenland zusätzlich dadurch, dass sich wegen der schlechten wirtschaftlichen Verhältnisse auch sehr viele „abgebaute und pensionierte Personen" mit dem Kleingartenbau befassten. Der Wunsch nach Zuweisung von Kleingärten wurde immer größer. Im selben Jahr konnte aber lediglich eine Kleingartenanlage mit 62 Gärten im Inneren Grüngürtel zwischen der Herkules- und der Subbelrather Straße errichtet werden.

Mit den Planungen zur Anlage des Äußeren Grüngürtels erfolgte eine Wende im Kleingartenwesen. Schon im Zusammenhang mit der Aufstellung des Generalbebauungsplans setzte sich Schumacher besonders intensiv mit der Frage der Schaffung von Dauerkleingärten auseinander. Als Planungsziel für die damals rund 675 000 Einwohner zählende Stadt strebte er die Errichtung von 12 000 Dauerkleingärten mit einer durchschnittlichen Größe von 300 qm an. Für deren Anlage hielt er vor allem die dem Stadtkörper am nächsten gelegenen landwirtschaftlichen Gebiete im Bereich des geplanten Äußeren Grüngürtels für geeignet. Im südlichen Teil des Grüngürtels erlaubte es die Situation, unmittelbar an die flache Kleinhausbebauung eine Zone von 3 000 Dauergärten anzuschließen. Im nördlichen Abschnitt hingegen sah er in wesentlich geringerem Umfang Pachtgärten vor.[42] Trotz der Planungen für den Äußeren Grüngürtel waren auch 1926/27 starke Verluste an Kleingartenflächen durch Bautätigkeit zu verzeichnen. Aus diesem Grunde beschloss die Stadtverordnetenversammlung am 20. Januar 1927, dass in den Vororten insgesamt 218 ha Grundfläche zur Schaffung von Dauerkleingärten freigegeben werden mussten. Diese Flächen sollten von der Verwaltung genau bezeichnet werden. Außerdem wurde die Verwaltung beauftragt, weitere Flächen verfügbar zu machen, und zwar unter Berücksichtigung der zukünftigen Entwicklung im Einvernehmen mit den Gartenbauvereinen.[43] Ein Jahr später konnte mit der Kleingartenanlage an der Gleueler Straße die erste Anlage im Bereich des Äußeren Grüngürtels angelegt werden.[44] Wegen ihrer reizvollen Lage und eingeschlossen von den weiten Grünanlagen zwischen der Berrenrather Straße und dem Stadtwald galt sie damals als schönste Kleingartenkolonie Kölns.[45] Diese zwischen 1927/28 nach einem Entwurf von Theodor Nußbaum angelegte Anlage wird heute von den beiden Kleingartenvereinen „Kletterrose" und „Lindenthal" bewirtschaftet. Die Kolonie ist in ihrem Grundriss zweigeteilt: der südöstliche Abschnitt zeigt eine regelmäßige, schachbrettartige Aufteilung, der nordwestliche Abschnitt weist eine radiärsymmetrische Gliederung auf. Von einem zentralen, kreisförmigen Platz gehen 3 Hauptwege und 4 schmalere diagonal verlaufende Wege ab, über die die einzelnen Parzellen erschlossen werden. Die Hauptwege verbinden als öffentlicher Grünzug die Kleingartenanlage mit dem Beethovenpark. Kurze Zeit später wurde die Anlage an der Decksteiner Mühle in einer Größe von 11 ha mit 354 Dauergärten gebaut. Diese Kolonie existiert heute nicht mehr. Zwar liegen zwischen Decksteiner Mühle und Gleueler Straße auch heute 22 Kleingärten, die zum Kleingartenverein „Lindenthal" gehören, sie sind jedoch erst 1972 fertig gestellt worden.

Zwischen 1931 und dem Ausbruch des Zweiten Weltkriegs war in Köln ein regelrechter Boom bei der Anlage sowie dem Ausbau bereits vorhandener Dauerkleingärten zu verzeichnen. Allein zwischen 1931 und 1933 entstanden 12 Kolonien mit insgesamt 12 800 Gärten an der Boltensternstraße, am Blücherpark, an der Gürtelbahn zwischen Sandweg und Rochusstraße, an der äußeren Ringstraße von der Berrenrather Straße bis Eifeltorbahnhof, am Kalscheurer Weg, zwischen Fort Höhenberg und Zwischenwerk Vingst, am Schillingsrotter Weg, auf der Merheimer Heide, am Komarweg, in Müngersdorf und an der Frankfurter Straße. Weitere 925 Kleingärten entstanden durch den Ausbau bereits vorhandener Anlagen. Die Mittel hierfür wurden vom Reichskommissar für die vorstädtische Kleinsiedlung bereitgestellt.[46] 1936 gab es im Kölner Stadtgebiet 47 Kleingärtnervereine mit insgesamt 16 795 Mitgliedern. Die gärtnerisch genutzte Fläche umfasste 6 441 992 qm. Die Zahl der von den Vereinen zusätzlich benötigten Gärten betrug 3 120.[47] Die letzte Dauerkleingartenanlage vor Kriegsbeginn wurde 1937/38 in Raderthal errichtet.

Während des Zweiten Weltkriegs sind Kleingartenkolonien nur in sehr bescheidenem Umfang neu angelegt worden. 1939/40 erhielt die Kleingartenanlage am Pfälzischen Ring den Charakter einer Dauergartenanlage, ansonsten beschränkten sich die Aktivitäten der Kleingartenabteilung eher auf die Durchführung von Verbesserungsarbeiten in bereits vorhandenen Anlagen. Sie betrafen u.a. die Einzäunungen und die Ausstattung mit Brunnen.[48]

1 Rheinisch westfälische Zeitung, 1910, 10. August, Nr. 870
2 Meynen, H.: Die Kölner Grünanlagen. Die städtebauliche und architektonische Entwicklung des Stadtgrüns und des Grünsystems Fritz Schumachers. Düsseldorf 1979, S. 24-27
3 Kölnische Volkszeitung, 1897, 13. März (Nr. 188)
4 Localanzeiger, 1910, 27. November, Nr. 325: Schrebergärten
5 Artikel aus dem Jahr 1903, zitiert in: Localanzeiger, 1910, 27. November, Nr. 325
6 Localanzeiger, 1904, 7. Juli, Nr. 185
7 Verwaltungsbericht der Stadt Köln 1905-1910, S. 352; Stadtanzeiger, 1905, 16. März, Nr. 119 II
8 Verwaltungsbericht der Stadt Köln 1905-1910, S. 352
9 Verwaltungsbericht der Stadt Köln 1901-1905, S. 356
10 ebd. und Localanzeiger, 13. März, 1905
11 Localanzeiger, 1910, 27. November, Nr. 325
12 Stadtanzeiger, 1905, 16. März, Nr. 119
13 Verwaltungsbericht der Stadt Köln 1905-1910, S. 389, 395
14 Stadtanzeiger, 27. Februar 1910, Nr. 89 III
15 Stadtanzeiger, 27. August 1907, Nr. 385 II
16 Stadtanzeiger, 27. August 1907, Nr. 385 II
17 Stadtanzeiger, 1911, 23. Juni Nr. 281 III; Stadtanzeiger, 1912, 12. Mai, Nr. 221 III; Stadtanzeiger, 1913, 16. Sept. Nr. 427 II; vgl. Anm. 2, S. 256
18 Stadtanzeiger, 17. Sept. 1913, Nr. 430 II, Stadtanzeiger, 14. Sept. 1913, Nr. 425 VI
19 Localanzeiger 1910, 27. November, Nr. 325
20 Localanzeiger 1912, 15. Januar, Nr. 14
21 Verwaltungsbericht der Stadt Köln 1901-1905, S. 351f.
22 Stadtanzeiger, 2. Mai 1914, Nr. 200, Localanzeiger, 17. Mai 1914; Köln. Tageblatt, 3. Juni 1914, Nr. 4080
23 Verhandlungen der Stadtverordnetenversammlung zu Köln, 6. Sitzung vom 6.2.1914, S. 86, Flur 1055/63 und 23. Sitzung vom 22.5.1914, S. 132
24 Ritter, Hermann: Mein altes Köln. Köln, um 1920, S. 50ff.
25 Verband der Gartenbauvereine zu Köln e.V. (Hrsg.), Festbuch: 10 Jahre Verband der Gartenbauvereine zu Köln e.V. 1920-1930. Köln 1930, S. 52f.
26 Stadtanzeiger, 6. September 1917, Nr. 412/2; Stadtverordnetenversammlung zu Cöln 1918, S. 24
27 Verwaltungsbericht der Stadt Köln 1919, S. 51f.
28 Rheinische Zeitung, 15.2.1915, Nr. 38
29 Stadtanzeiger, 6.9.1917, Nr. 412.2, 417.3, 429.3
30 Stadtverordnetenversammlung zu Cöln 1918, S. 24
31 vgl. Fußnote 25, a.a.O., S. 29
32 Verwaltungsbericht der Stadt Köln 1919, S. 51
33 vgl. Fußnote 25, a.a.O., S. 66ff.
34 Brando, Paul: Kleine Gärten einst und jetzt. Geschichtliche

Kleingartenanlage
Nibelungenstraße in Nippes
Foto: J. Bauer, 2000

Entwicklung des deutschen Kleingartenwesens. Hamburg 1965
35 Verwaltungsbericht der Stadt Köln 1921, S. 39; siehe Fußnote 25, a.a. O., S. 33
36 Verwaltungsbericht der Stadt Köln 1920, S. 82f.
37 Verwaltungsberichte der Stadt Köln 1923, S. 107; 1925, S. 94; 1926/27, S. 101; 1929/30, S. 190
38 vgl. Fußnote 25, a. a. O., S. 38
39 Verwaltungsbericht der Stadt Köln 1923, S. 107
40 Verwaltungsbericht der Stadt Köln 1924, S. 84
41 Verwaltungsbericht der Stadt Köln 1924, S. 84
42 Schumacher, Fritz/Arntz, Wilhelm: Köln – Entwicklungsfragen einer Großstadt. Köln 1923, S. 115ff
43 Verwaltungsbericht der Stadt Köln 1926/27
44 Verwaltungsbericht der Stadt Köln 1927/28, S. 20
45 Gröbe, Volker (Hg.): Festbuch zum 60-jährigen Jubiläum des Kleingärtner-Vereins Köln-Lindenthal von 1920 e.V., S. 83
46 Verwaltungsbericht der Stadt Köln 1931/32, S.154; Amt für Landschaftspflege und Grünflächen der Stadt Köln: Ordner Statistik (Kleingartenstelle) Stadtgruppe Köln der Kleingärtner e.V., Stand Juni 1936
47 Ordner Statistik: Stadtgruppe Köln der Kleingärtner e.V., Stand: Juni 1936
48 Verwaltungsberichte der Stadt Köln 1934/35, 1935/36, 1936/37

3. Kleingärten – Gärten für die Arbeiter

4

1933-1945
Stagnation und Zusammenbruch

Die Gartenverwaltung im Nationalsozialismus

Joachim Bauer
Carmen Kohls

Vorhergehende
Doppelseite:
Aufmarsch auf dem Maifeld am Aachener Weiher,
nach 1938
Foto: NS-Dokumentationszentrum der Stadt Köln

Mit der Übernahme des Stadtrates durch die Nationalsozialisten im Jahre 1933 wurde der kommunalen Selbstverwaltung Kölns ein jähes Ende gesetzt. „Die nationalsozialistische Revolution zu Ende des Rechnungsjahres 1932 legte die Verwaltung der Stadt Köln in die Hände des Herrn Dr. Günter Riesen. Er wurde am 13. März 1933 nach der Neuwahl der Stadtverordnetenversammlung vom 12. März 1933, bei der die Kölner Bürgerschaft sich eindeutig von den bisher führenden Parteien abwandte, durch den Gauleiter der NSDAP des Gaues Köln-Aachen unter dem Jubel der Kölner Bevölkerung mit der vorläufigen Wahrnehmung der Oberbürgermeistergeschäfte betraut und seitens der Regierung als Staatskommissar eingesetzt."[1] In den folgenden Monaten wurden die Führungspositionen in fast der gesamten kommunalen und staatlichen Verwaltung von den Nationalsozialisten neu besetzt. Der von der Reichsregierung eingesetzte Gauleiter Josef Grohé, seit 1929 Stadtverordneter in Köln, bestimmte nun das Verwaltungsgeschehen. Die Stadtverwaltung wurde zum Handlanger der nationalsozialistischen Reichsregierung. Wenige Tage nach dem 12. März „beurlaubten" die Nationalsozialisten elf Beigeordnete und Oberbürgermeister Adenauer.[2]

Die erste Sitzung des von der NSDAP „auserwählten Stadtrates" fand in Köln am 30.3.1933 statt. An die Stelle der Stadtverordneten traten nach dem Gemeindeverfassungsgesetz vom 15.12.1933 nun Gemeinderäte, die nicht gewählt, sondern vom Gauleiter der NSDAP ernannt worden waren. „Ab 1934 entstand per Gesetz aus der Stadtverordnetenversammlung ein Ratsherrenkollegium, eine Honoratiorengesellschaft führender Kölner NS-Funktionäre, das nur noch zu unverbindlichen Anhörungen berechtigt war. Rat – so wurde erklärt – käme von Rat geben."[3] Die Fachausschüsse wurden durch Beiräte ersetzt.[4] Aufgrund des Gesetzes über die Neugestaltung deutscher Städte von 1937 konnten Sonderbehörden gebildet werden, die Planungsprozesse übernahmen und Enteignungs- und Umlegungsverfahren ohne Zustimmung der Betroffenen durchführten. Da Köln „Gauhauptstadt" war, wurden städtebauliche Veränderungen in großem Umfang wie beispielsweise ein „Gauforum" in Deutz geplant. Der Zweite Weltkrieg verhinderte die Umsetzung dieses Plans.

Im Frühjahr 1933 wurde Gartendirektor Giesen im Alter von etwa 45 Jahren „pensioniert". Mit der kommissarischen Leitung der Gartenverwaltung wurde am 5.4.1933 Paul Thyssen betraut. Thyssen, der nach der Lehre in der Schlossgärtnerei in Brühl bei Köln seine Gehilfenjahre in verschiedenen Baumschulen im In- und Ausland absolvierte, hatte sein Studium an der Lehr- und Forschungsanstalt Berlin-Dahlem 1919 als Techniker abgeschlossen. Nach einem kurzen Arbeitsverhältnis in der Baumschule Finken in Rodenkirchen trat er im August 1920 in die Gartenverwaltung ein. Hier war er zunächst im Bezirksdienst und später in dem von Nußbaum geleiteten Entwurfsbüro tätig. 1922 machte Thyssen sein Examen als staatlicher Dipl.-Gartenbauinspektor an der Lehr- und Forschungsanstalt in Berlin-Dahlem. Die Ernennung Thyssens zum Gartendirektor erfolgte am 1.10.1934.

Noch in die Zeit der kommissarischen Leitung fällt die erneute Umorganisation der Stadtverwaltung im Jahre 1933. Die Garten- und Friedhofsverwaltung, die seit 1928 als städtischer Betrieb geführt wurden, kam nun als vierte Abteilung zu den bestehenden Abteilungen des Tiefbauamtes und erhielt die Gliederungsziffer 824.[5]

Die Aufgaben der neuen Gartenbauabteilung in den 1930er-Jahren sind geprägt von den politischen Verhältnissen jener Zeit. Die Planung und Neuanlage von Grünflächen traten in den Hintergrund, lediglich die begonnenen Anlagen des Äußeren Grüngürtels wurden weiter fortgeführt. Diesen Arbeiten kam vor allem wegen der Möglichkeit, eine große Zahl von Arbeitslosen zu beschäftigen, Bedeutung

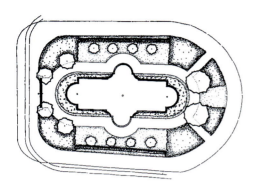

Links: Der heutige Ebertplatz wurde in „Adolf-Hitler-Platz" umbenannt.

Unten: Umwandlung der Wiesenflächen zu Grabeland im Äußeren Grüngürtel am Decksteiner Fort, 1945
Foto: Archiv ALG

Paul Thyssen
* 6.4.1891 in Krefeld
† 2.3.1974 in Köln

1908-1910 Lehre in der Schlossgärtnerei Brühl bei Köln – 1910-1912 Baumschule in Brügge und Oberkassel bei Bonn, Landschaftsgärtnerei in Frankfurt a. Main – 1912-1913 Militärdienst – 1913-1914 Lehr- und Forschungsanstalt für Gartenbau Berlin/Dahlem – 1914-1919 Kriegsdienst – 1919 Beendigung des Studiums in Berlin/Dahlem – 1919-1920 Baumschule Finken in Köln-Rodenkirchen – 1920-1933 Gartenverwaltung der Stadt Köln – 1922 Examen als Dipl. Gartenbauinspektor – 5.4.1933 kommissarischer Leiter der Gartenverwaltung – 1.10.1934 Leiter der Gartenverwaltung – 1.6.1940- 7.7.1945 Kriegsdienst – 1945-1948 Baumschule Finken Köln-Rodenkirchen – 15.6.1948-15.6.1958 Leitung der Heilpflanzenkulturen und Gartenanlagen der Firma Madaus in Köln-Merheim

1937 zusammen mit L. Laven Herausgeber der „Flora des Köln-Bonner Wandergebietes" – Langjährige Mitgliedschaft in: „Naturhistorischer Verein der Rheinlande und Westfalens", „Verein für Natur- und Heimatkunde Köln", „Dendrologische Gesellschaft Darmstadt

zu. Auf seiner Sitzung am 18.5.1933 beschäftigte sich der Ausschuss für die öffentlichen Anlagen ausschließlich mit der „Bereitstellung von Mitteln für den freiwilligen Arbeitsdienst der NSDAP für die Beschaffung von Material und Betriebskosten".[6] Vorgesehen waren Erd- und Wegearbeiten in der Merheimer Heide, am Fort IX, am Gremberger Wald und der Ausbau der Forts II und III sowie der Ausbau des Nüssenberger Hofes als Lager für Arbeitsfreiwillige. Für solche Unterhaltungs- und Ausbauarbeiten an den vorhandenen Grünanlagen, Sportplätzen und Friedhöfen wurde eine Vielzahl von Pflichtarbeitern, Arbeitsdienstwilligen des Deutschen Arbeitsdienstes sowie Fürsorgearbeitern eingesetzt. Der Gartenverwaltung oblag die Betreuung und die „technische und praktische Beratung der durch die verschiedensten Verbände eingeleiteten freiwilligen Arbeitsdienste."[7] Die Entwurfsabteilung bereitete den Einsatz der Arbeitsdienste vor. Gezielt wurde dieses Kontingent an Arbeitskräften auch dazu genutzt, dem dringenden Bedürfnis nach Kinderspielplätzen in dicht bevölkerten Stadtteilen durch Anlage von neuen Plätzen Rechnung zu tragen.

In weiten Bereichen des rechts- und linksrheinischen Äußeren Grüngürtels wurden große brachliegende Geländeflächen zu Ackerland, Weide- und Aufforstungsflächen umgestaltet, um die Versorgungslage zu verbessern.[8] Infolge der schlechten wirtschaftlichen Verhältnisse und der Versorgungslage der Bevölkerung wuchs der Bedarf an Kleingärten jedoch so stark, dass die Nachfrage kaum gedeckt werden konnte und für den Ausbau der Anlagen zusätzliche Mittel des Reichskommissars herangezogen wurden.

Darüber hinaus fiel der Gartenverwaltung eine wichtige Rolle bei der Vorbereitung von Parteiveranstaltungen zu. Unter anderem gehörte die Ausschmückung von Straßen, städtischen Gebäuden und Festhallen bei besonderen Anlässen zu ihren Aufgaben, „so besonders bei der Anwesenheit des Führers in

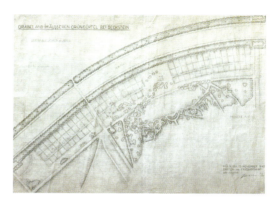

Köln, bei der Ausstellung ‚Arbeit und Erholung' und am Tage der Deutschen Arbeit".[9] Für Gauparteitage wurde beispielsweise im Äußeren Grüngürtel bei Müngersdorf die Traberbahn mit den anschließenden großen Wiesenflächen durch die Gartenverwaltung hergerichtet.[10] 1938 befasste sich die Gartenbauabteilung sogar mit der Seidenraupenzucht. „Gezüchtet wurden 50 000 Raupen, die ihre Nahrung von den angepflanzten Maulbeersträuchern erhielten."[11] 1934/35 wurden „im Interesse der freien Gärtnerschaft und der Wirtschaftlichkeit des Betriebes die beiden Gärtnereien der Gartenverwaltung und vier Friedhofsgärtnereien stillgelegt".[12]

Wie schon dargelegt, kam es in jener Zeit nur zur Anlage weniger neuer Grünflächen. Erwähnt werden sollen die Anlagen, die im Zuge des Ost-West-Durchbruchs in der Nähe des Neumarktes entstanden, sowie der Fest- und Aufmarschplatz am Aachener Weiher (s. S.181-183). Darüber hinaus wurden Planungen zur Anlage eines neuen Botanischen Gartens und eines Reichsarboretums im linksrheinischen Äußeren Grüngürtel betrieben (s. S. 178-181).

Völlig neue Aufgaben erwuchsen der Gartenverwaltung bei Kriegsbeginn. So wurde sie mit der Splittersicherung der Kellerfenster und -eingänge an den Schulen und Krankenhäusern sowie mit dem Bau von Deckungsgräben (zum Schutz gegen Splitterwirkung bei Fliegerangriffen) an besonders gefährde-

4. Die Gartenverwaltung im Nationalsozialismus

Durch Bombenabwürfe zerstörte oder beschädigte Grünanlagen im Bereich Äußerer Grüngürtel – Stadtwalderweiterung – Sportpark Müngersdorf
Luftaufnahme von 1945
Foto: Archiv ALG

ten Stellen der Stadt betraut. Für den Bau und die Absicherung der Deckungsgräben wurde im Winter 1940/41 das Holz verwendet, das aus der Durchforstung des Stadtwaldes angefallen war. „Seit Kriegsbeginn sind innerhalb des Stadtgebietes rund 4 km Gräben hergerichtet worden, davon 1,5 km mit betriebseigenen Leuten. Für den Bau dieser Gräben wurden etwa 35 000 Stück Holzschwellen beschafft."[13] Außerdem hatte die Gartenverwaltung auch für die Entfernung zahlreicher Einfriedungsgitter zur Alteisengewinnung und Besserung des Straßenbildes zu sorgen. Um die Gemüseversorgung der städtischen Krankenhäuser sicherzustellen, erfolgte eine Umstellung der Gärtnereien, sodass eine Belieferung mit Frühgemüse schon sehr zeitig ermöglicht wurde.[14] In den Kriegsjahren baute die Gartenverwaltung in den Gärtnereien, in der Baumschule und auf Grünflächen Gemüse und Kartoffeln für Kranken- und Waisenhäuser an.

Am 1.6.1940 wurde Gartendirektor Thyssen zur Wehrmacht einberufen und kehrte erst im Juli 1945 nach Köln zurück. Da eine Fortsetzung des Arbeitsverhältnisses bei der Stadt nicht möglich war, arbeitete Thyssen zunächst in der Baumschule Finken, bis er Mitte 1948 bei der Firma Madaus als Leiter der Heilpflanzenkulturen und Gartenanlagen anfing.

Durch die direkten Folgen des Kriegs wurden eine Vielzahl der Kölner Grünanlagen zerstört oder stark in Mitleidenschaft gezogen. Die Luftaufnahmen der Alliierten aus dem Jahre 1945 belegen eindrucksvoll die verheerende Wirkung der Bombenabwürfe. Aber auch die indirekten Folgeerscheinungen des Kriegs führten zu einer Beeinträchtigung der Grünflächen. So wurden auf Anweisung des Polizeipräsidenten und der Feuerlöschpolizei über das ganze Stadtgebiet verteilt Feuerlöschteiche unter anderem auch in Grünanlagen (Sachsenring, Münstereiflerplatz) angelegt. Eine Erhebung des Statistischen Amtes für die Britische Besatzungszone im Rahmen der Bodenbenutzungserhebung 1946 belegt, dass große

Bombenschäden im Bereich Äußerer Grüngürtel – Brühler Straße

Luftaufnahme von 1945
Foto: Archiv ALG

Teile der Grünanlagen während und nach dem Krieg garten- oder ackerbaulich genutzt wurden: 800 Morgen waren an Landwirte als Weideland, 127 000 qm Rasenfläche in der Merheimer Heide und 657 810 qm im Äußeren Grüngürtel als Ackerland verpachtet. Darüber hinaus waren vor allem im Inneren Grüngürtel und einigen kleineren Parkanlagen insgesamt 291 000 qm als Grabelandflächen vergeben.

1 Verwaltungsbericht der Stadt Köln 1932/33, S. 5
2 Verwaltungsbericht der Stadt Köln 1932/33, S. 5, 14f.
3 Dietmar, Carl/Jung, Werner: Kleine illustrierte Geschichte der Stadt Köln, Köln, 8. überarb. Auflage 1996, S. 244
4 vgl. Klein, A.: Köln im Dritten Reich. Köln 1983, S. 90-94; Verwaltungsbericht der Stadt Köln 1932/33, S.15
5 Hist. Archiv d. Stadt Köln, Best. 730, Findbuch S. 7
6 Hist. Archiv d. Stadt Köln, Best. 750 Nr. 57, Schreiben v. 12.4.1933 u. 18.5.1933
7 Verwaltungsbericht der Stadt Köln 1932/33, S.160
8 Verwaltungsbericht der Stadt Köln 1933/34, S.108
9 Verwaltungsbericht der Stadt Köln 1935/36, S. 79
10 Verwaltungsbericht der Stadt Köln 1934/35, S. 88
11 Verwaltungsbericht der Stadt Köln 1937/38, S. 89
12 Verwaltungsbericht der Stadt Köln 1934/35
13 Verwaltungsbericht der Stadt Köln 1940/41 S. 54
14 Verwaltungsbericht der Stadt Köln 1939/40, S. 84

Reichsarboretum und Maifeld

Joachim Bauer

Botanischer Garten und Reichsarboretum im Äußeren Grüngürtel

Im Zuge der Fertigstellung des Äußeren Grüngürtels wurden Ende der 1920er-Jahre von der Gartenverwaltung in Zusammenarbeit mit dem Botanischen Institut der Universität Köln Planungen zum Neubau eines Botanischen Gartens aufgestellt. Dieser Garten sollte in dem bis zu diesem Zeitpunkt noch nicht ausgebauten Abschnitt des Grüngürtels zwischen Dürener Straße und Frechener Bahn realisiert werden. Über die inhaltliche Ausrichtung des Gartens und die Beweggründe für dessen Neuanlage, auch in Hinblick auf den vorhandenen Garten in Riehl, ist nichts bekannt. Lediglich die Verwaltungsberichte der Stadt Köln sowie ein Artikel des Leiters der Gartenverwaltung Thyssen aus dieser Zeit geben darüber Auskunft, dass 1929 die ersten Arbeiten daran begonnen haben.[1] In den folgenden Jahren wurden jedoch nur wenige Teile des Gartens umgesetzt.

Die ursprüngliche Planung sah ein mehrstöckiges, etwas erhöht liegendes Hauptgebäude an der Dürener Straße als Zentrum des Gartens vor. Von der Terrasse des Gebäudes führte eine breite Treppenanlage in den tiefer gelegenen Bereich der ehemaligen Bachaue des Frechener Bachs, wo ein architektonisch gestalteter Gartenteil angelegt werden sollte. Nach Westen an das Hauptgebäude angrenzend lagen die Wirtschaftsgebäude mit dazugehörigen Flächen für die Anzucht von Pflanzen. Den Abschluss der Gartenanlage nach Westen bildete ein stark modellierter Teil, eine Aufschüttung, auf der die Anlage eines Alpinums vorgesehen war.

Noch heute sind auf dem Gelände Spuren des Botanischen Gartens zu finden. So sind der erhöht gelegene Standort des zentralen Hauptgebäudes sowie der Unterbau der ins Gelände herabführenden Stufenanlage in der Topografie deutlich erkennbar. Diese Arbeiten wurde zwischen 1930 und 1931 ausgeführt. Jenseits der Dürener Straße im Gelände der 1923 angelegten Stadtwalderweiterung sind heute auch noch die Umrisse eines weiteren Anzuchtgartens ablesbar.[2] Einige der dort befindlichen exotischen Nadelgehölze stammen vermutlich aus den 1930er-Jahren. Thyssen berichtet jedenfalls in seinem Artikel, dass im Winterhalbjahr 1932/33 mit dem Sammeln und dem Ankauf von Gehölzen für den Botanischen Garten begonnen wurde.[3] Die hier beschriebenen Strukturen sind nach bisherigen Erkenntnissen die einzig erhalten gebliebenen Elemente aus dieser Zeit. Warum die Arbeiten am Botanischen Garten zur Mitte des Jahrzehnts nicht mehr fortgeführt wurden, ist nicht belegt. Erst einige Jahre später lebte das Vorhaben erneut auf, jedoch mit einer anderen Zielrichtung und in einem über Köln hinaus reichenden Zusammenhang – der Planung eines Reichsarboretums.

Im Jahre 1937 erscheint in der Zeitschrift „Gartenkunst" ein Artikel des Präsidenten der Deutschen Dendrologischen Gesellschaft, Friedrich von Schroeter, mit dem Titel: „Braucht Deutschland ein Reichsarboretum?"[4] Mit diesem Artikel beginnt eine fachliche Diskussion, die von der Deutschen Gesellschaft für Gartenkultur, der Deutschen Dendrologischen Gesellschaft sowie vom damaligen Reichsforstamt unterstützt wurde. Sie führte dazu, dass am 25.8.1938 in Frankfurt/M. die Gründung einer „Gesellschaft Reichsarboretum e.V." beschlossen wurde.[5] Zum Präsidenten der Gesellschaft wurde Ministerialdirigent Prof. Dr. Eberts vom Reichsforstamt Berlin, zu seinem Stellvertreter von Schroeter bestimmt. Die Zielsetzung lag in der Schaffung eines Reichsarboretums, dass

- der Botanik als wissenschaftliches Anschauungs- und Forschungsmaterial,
- der Park- und Landschaftsgestaltung als Sammlung des Werkstoffes, der in freier Natur verwendet werden kann,

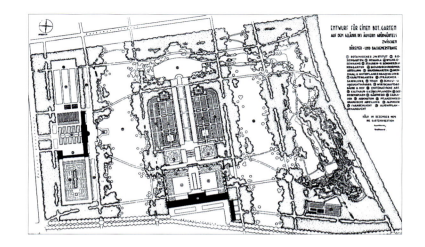

Gesamtplan des projektierten Botanischen Gartens im Äußeren Grüngürtel (1929), unten die Dürener Straße
Aus: H. Meynen: Kölner Grünanlagen. 1979, Abb. 272

- der Waldwirtschaft als Beobachtungsmaterial zur Erforschung des Nutzwertes der Bäume und Gehölze in verschiedenen Richtungen und
- dem Volk im Sinne allgemeiner Bildung dienen sollte.

Unter Berücksichtigung der unterschiedlichen klimatischen und geografischen Bedingungen innerhalb des Deutschen Reiches waren drei Standorte für die Anlage des Reichsarboretums vorgesehen. Die Hauptanlage, in der die Systematik der Gehölze und deren Selektion im park- und landschaftsgestalterischen Sinne dargestellt werden sollte, war in Köln geplant. In Frankfurt/M. war eine Präsentation von Gehölzen im Sinne der Pflanzengeografie und -soziologie vorgesehen. Im Raum um Frankfurt – also Taunus, Spessart, Odenwald – sollten Anlagen geschaffen werden, in denen forstnutzungstechnische Aspekte untersucht werden konnten. Es ist davon auszugehen, dass die Stadt Köln mit ihrer Gartenverwaltung in die Überlegungen der Gesellschaft von vornherein eingebunden war, denn 1938/39 wird im Verwaltungsbericht der Stadt festgehalten, dass „die systematische Abteilung des Reichsarboretums, verbunden mit einer wissenschaftlichen Abteilung, nach Köln verlegt" werden soll.[6] Zeitgleich schrieb Gartenamtsleiter Thyssen in einem Fachartikel, dass in diesem Teil des Arboretums die Anpflanzung aller in Deutschland winterharten Gehölze unter Beachtung der systematischen Grundlage nach den Gesichtspunkten der gärtnerischen Landschaftsgestaltung geplant sei.[7]

Zu diesem Zweck stellte die Stadt Köln eine Fläche von ca. 1 000 ha auf dem Gelände des ausgebauten Äußeren Grüngürtels zwischen Aachener und Bonner Straße einschließlich des Beethovenparks zur Verfügung. Weitere 1 000 ha sollten im nördlich anschließenden, noch nicht ausgebauten Teil des Äußeren Grüngürtels zwischen Bocklemünd und der Neusser Straße überlassen werden. Das Gelände zwischen der Dürener Straße und der Frechener Bahn,

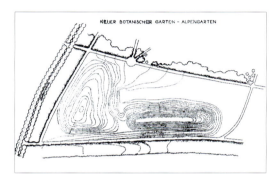

Höhenlinienplan für das Alpinum im neuen Botanischen Garten (um 1929), links die Dürener Straße
Foto: Archiv ALG

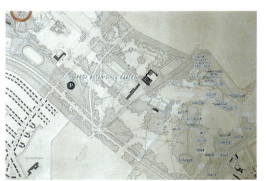

Plan Äußerer Grüngürtel – Stadtwalderweiterung mit Lage des Botanischen Gartens und Eintragung der geplanten Pflanzungen für das Reichsarboretum (um 1938)
Quelle: HAStK

das ursprünglich für die Anlage des Botanischen Gartens vorgesehen war, wurde in die Flächen des Arboretums integriert. Ob damit verbunden das Vorhaben zur Anlage eines eigenständigen städtischen Botanischen Gartens aufgegeben wurde oder ob dieser in das geplante Reichsarboretum integriert werden sollte, konnte nicht abschließend geklärt werden. Die Stadt verpflichtete sich jedoch, der Gesellschaft pachtfrei ein geeignetes Gelände zur Errichtung einer Pflanzschule mit den notwendigen Betriebseinrichtungen zur Verfügung zu stellen. Die vorgefundenen Pläne lassen die Vermutung zu, dass es sich hierbei um den schon angelegten Anzuchtgarten des Botanischen Gartens gehandelt haben könnte. Auch das übrige Gelände des südlichen Äußeren Grüngürtels nebst seinen fertig ausgebauten Wegen, Wasserbecken und vorhandenen Anpflanzungen wurde der Gesellschaft Reichsarboretum e.V.

Planausschnitte aus dem Jahre 1949, in denen die vorgesehenen Pflanzungen für das Reichsarboretum eingetragen sind: Abschnitt Luxemburger Straße (links) und Decksteiner Weiher (rechts)
Fotos: Archiv ALG

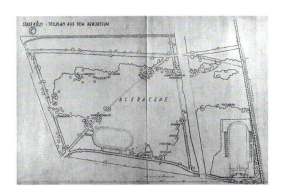 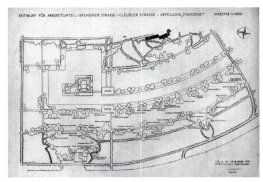

von der Kommune unentgeltlich zur Verfügung gestellt. Das gesamte Gelände blieb jedoch im Eigentum der Stadt, die darüber hinaus die Kosten für die Lieferung der Pflanzen und deren Pflanzung sowie die dauerhafte Pflege der gesamten Anlage übernahm.[8] Da der größte Teil des Äußeren Grüngürtels schon Ende der 1920er-Jahre ausgebaut und bepflanzt worden war, sollten die neuen Gehölze des Arboretums die bereits vorhandenen als Rand- und Gruppenpflanzungen umgeben. Aus den Verwaltungsberichten der Stadt geht hervor, dass in den Jahren 1938/39 mit den ersten Anpflanzungen vermutlich im Bereich der Stadtwalderweiterung begonnen wurde. Bis heute finden sich hier fremdländische Nadelgehölze als Vorpflanzungen, die aus dieser Zeit stammen könnten.

Über den weiteren Fortgang der Arbeiten zum Reichsarboretum gibt es nur wenig Informationen. Fest steht jedoch, dass zu Beginn der 1940er-Jahre weiter an dem Projekt gearbeitet wurde. In einem Schreiben des Gartenarchitekten C. Schneider an seinen Kollegen A. Seifert vom 3.3.1941 heißt es: „Ich kümmere mich jetzt nur noch um das Reichsarboretum, wo man hoffentlich nach dem Siege ordentlich arbeiten können wird." Das letzte Dokument zu diesem Projekt ist der Vertrag vom 1.9.1942, der zwischen der Hansestadt Köln und der Gesellschaft Reichsarboretum e.V. zur Anlage einer systematischen Hauptanlage mit Prüfgärten und wissenschaftlicher Abteilung in Köln a. Rh. geschlossen wurde. Dieser Vertrag regelte die wesentlichen Inhalte und Zuständigkeiten zwischen den Vertragspartnern und hatte eine Laufzeit von 99 Jahren. Doch mit Abschluss dieses Vertrages verliert sich jeder weitere Hinweis auf die Anlage eines Reichsarboretums.

Nach dem Zweiten Weltkrieg wurde die Idee erneut aufgegriffen, denn in dem Verwaltungsbericht von 1953/54 findet sich folgender Satz: „Auf dem Gelände zwischen Dürener Straße und der Frechener Bahn sind die ersten Gehölze für das Arboretum ausgepflanzt."[9] Dahinter steckte jedoch in erster Linie das Vorhaben, diesen bis dahin brachliegenden Teil des Äußeren Grüngürtels nach Plänen des damaligen Gartenamtsleiters Schönbohm als öffentliche Grünanlage auszubauen. Schönbohm griff die ursprüngliche Idee eines Arboretums wieder auf und pflanzte eine große Zahl besonders interessanter ausländischer, darunter auch nordamerikanischer und asiatischer Baumarten. Seiner Meinung nach würden diese Gehölzbestände später sicherlich besondere Beachtung in der Bevölkerung finden. Heute stellt sich dieser Abschnitt zunächst nur als ein Teil des Äußeren Grüngürtels dar, aber bei näherer Betrachtung fällt die Vielfalt der Baumarten in diesem Gebiet auf.

Mit dem Ausbau dieses Teils des Grüngürtels erlosch der Gedanke zur Schaffung eines Arboretums in Köln jedoch noch nicht ganz. 1970 wurde im Rat der Stadt Köln eine Anfrage zur Anlage eines Bundesarboretums gestellt. Hintergrund war das Bestreben der Deutschen Dendrologischen Gesellschaft e.V. mit ihrem Präsidenten F. Boerner (Darmstadt) sowie der Gesellschaft Bundesarboretum e. V. (Rechtsnachfolgerin der Gesellschaft Reichsarboretum e.V.) mit ihrem Präsident Professor Dr. h. c. Eberts (Göttingen), in Deutschland ein Bundesarboretum anzulegen. Dabei war von Anfang an vorgesehen, Teile des Bundesarboretums auch wieder im Raum Köln einzurichten.

Die ersten Verhandlungen mit den beteiligten Institutionen, dem zuständigen Bundesministerium und der Stadt Köln, waren zu diesem Zeitpunkt schon angelaufen. Die Verwaltung konnte jedoch nichts Abschließendes berichten, da die entscheidenden Fragen – Trägerschaft, Finanzierung und Personal – noch nicht geklärt waren.

Darüber hinaus mussten noch Beschlüsse der Deutschen Dendrologischen Gesellschaft und der Gesellschaft Bundesarboretum wegen des endgültigen Standortes herbeigeführt werden. Von Seiten der Kölner Gartenverwaltung waren der Bereich des

Fühlinger Sees sowie das Ginsterpfadgelände in Nippes vorgeschlagen worden.

1987 verzichtete der zuständige Ausschuss im Rat der Stadt Köln endgültig „auf die Anlage einer für die Bundesrepublik modellhaften Sammlung von Bäumen und Sträuchern in parkartiger Anordnung für botanisch/wissenschaftliche, gartenbauliche, forstwirtschaftliche und ästhetische Zwecke (Bundesarboretum)".[10]

1 vgl. Verwaltungsberichte der Stadt Köln aus den Jahren 1929/30 bis 1932/33; vgl. Thyssen, P.: Reichsarboretum, Abteilung Köln (Rhein). In: Die Gartenkunst. 1938, 51. Jg., Heft 10, S. 220-221
2 vgl. Verwaltungsberichte der Stadt Köln aus den Jahren 1929/30 bis 1932/33. vgl. Thyssen, P., a. a. O.
3 Thyssen, P., a. a. O.
4 vgl. Schroeter, F.: Braucht Deutschland ein Reichsarboretum? In: Die Gartenkunst. 1937, 50. Jg., Heft 2, S. 3
5 vgl. Schroeter, F.: Gesellschaft Reichsarboretum e.V.. In: Mitteilungen der Deutschen Dendrologischen Gesellschaft. Jahrbuch Nr. 51. Dortmund 1938, S.139-142
6 vgl. Verwaltungsbericht der Stadt Köln 1938/39
7 vgl. Thyssen, P., a. a. O.
8 vgl. Vertrag zwischen der Hansestadt Köln und der Gesellschaft Reichsarboretum e.V. vom 1. September 1942, Köln. Amt für Landschaftspflege und Grünflächen
9 vgl. Verwaltungsbericht der Stadt Köln 1953/54
10 Beschluss des Ausschusses Landschaftspflege und Grünflächen vom 6.10.1987

Das Maifeld – der Fest- und Aufmarschplatz im Inneren Grüngürtel

Neben den Überlegungen zur Anlage eines Reichsarboretums beschäftigte ein zweites Projekt in besonderer Weise die Planungen und Arbeiten der Gartenverwaltung während der 1930er-Jahre, das dem Selbstdarstellungsbedürfnis der Nationalsozialisten mit ihren Aufmärschen und großen Kundgebungen entgegenkommen sollte. Die weitestgehend mittelalterlich geprägte Struktur der Innenstadt bot für solche Darstellungen nicht die räumlichen Voraussetzungen. Im Inneren Grüngürtel hingegen, dessen geplante Bebauung noch nicht umgesetzt war, gab es ausreichend Flächen für einen „würdigen, zentral gelegenen Fest- und Aufmarschplatz für die großen Kundgebungen der nationalsozialistischen Bewegung und ihrer Gliederungen und für festliche Veranstaltungen aller Art".[1]

Für die konkrete Ausgestaltung des geplanten Platzes schrieb die Stadt Köln im Jahre 1935 in Verbindung mit der Leitung des Gaus Köln-Aachen einen Ideenwettbewerb aus. Zur Teilnahme aufgerufen waren ausschließlich Architekten und Gartenarchitekten, die in dem Gebiet des Gaus wohnten oder dort geboren und gleichzeitig Mitglied der Reichskammer der bildenden Künste waren. Vorgabe für den Wettbewerb war die Lage zwischen der Aachener und der Bachemer Straße. Dieser Bereich war aufgrund der gestalterischen Situation besonders geeignet für die Anlage eines repräsentativen Festplatzes, denn schon der Entwurf von Fritz Schumacher sah den quadratischen Aachener Weiher als Mittelpunkt einer zentralen städtebaulichen Situation vor, auf den die umgebenden Gebäude achsial ausgerichtet waren. Der neu anzulegende Platz sollte eine Gesamtgröße von ca. 30-35 000 qm umfassen, damit 60-70 000 Mann in Kolonnen aufmarschieren und Aufstellung finden konnten. Gleichzeitig wurde eine massive Tribüne von ca. 1 300 qm Fläche für 1 500

Oben: Zwischen Dürener Straße und Frechener Bahn ist der Äußere Grüngürtel von einer Vielfalt an Gehölzarten geprägt.
Foto: J. Bauer, 1999

Links: Vorpflanzung einer Koniferengruppe in der Stadtwalderweiterung
Foto: Stadtkonservator (Ludwigs), 1975

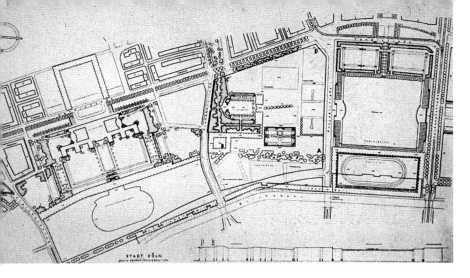

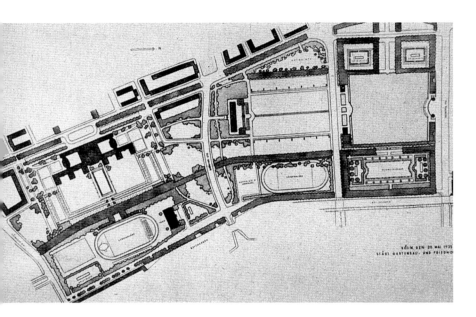

Links oben: Übersichtsplan Innerer Grüngürtel zwischen Zülpicher und Aachener Straße Bestandssituation vor dem Wettbewerb (1936)
Links unten: Entwurf der Stadtverwaltung (Th. Nußbaum) für den Fest- und Aufmarschplatz
Pläne aus „Die Gartenkunst", 1936, 49. Jg., S. 59 u. 63

Rechts oben: Der ausgebaute Fest- und Aufmarschplatz zwischen Aachener Weiher und Universität, um 1938
Foto: RBA

Fahnenträger und ebenso viele Ehrengäste sowie Stehplätze für insgesamt 15-20 000 Zuschauer im Rahmen der Ausschreibung gefordert. Darüber hinaus sollten Parkplätze für Wagen und Räder in ausreichender Anzahl ausgewiesen werden. Neben diesen konkreten Vorgaben war ausdrücklich die Anlage einer Gedächtnisstätte für die Gefallenen des Krieges und der nationalsozialistischen Bewegung gewünscht. „Grundsätzlich abgelehnt wurde ein billiges Nachahmen der einzigartigen Anordnung in Nürnberg." [2] Jedoch sollten die Erfahrungen, die bei der Anlage von Fest- und Aufmarschplätzen in anderen Städten gewonnen wurden, in den Entwurf mit eingearbeitet werden. So war beispielsweise ein Aufmarsch der Kolonnen in das blendende Sonnenlicht hinein zu vermeiden.

Zur Beurteilung der eingereichten Entwürfe trat das Preisgericht am 16. und 17.1.1936 im Haus der Rheinischen Heimat zusammen. Unter den Fachpreisrichtern waren von gärtnerischer Seite der Gartenarchitekt Gustav Allinger sowie der Leiter der Planungsabteilung der Kölner Gartenverwaltung, Theodor Nußbaum, vertreten. Als Grundlage für die Beurteilung der 62 eingereichten Arbeiten formulierte das Preisgericht folgende Bewertungskriterien: 1. Forderungen des Verkehrs, 2. Aufstellungsmöglichkeiten, 3. Lage der Tribünen, 4. Tribünenbau, 5. städtebauliche Lösung, 6. architektonische Haltung. Die Entwürfe wurden in der Zeit vom 18.1.-2.2.1936 im Haus der Rheinischen Heimat öffentlich ausgestellt. Der mit dem ersten Preis prämierte Entwurf des Architekten (Baurat a.D.) E. Nolte aus Köln überzeugte das Preisgericht aufgrund der Tatsache, dass der Verfasser den vorhandenen Aachener Weiher mit dem Aufmarschplatz zu einer Einheit zusammenfasste. „ Allerdings sei ... die Anordnung der Tribünen im Süden bis in die Mittagsstunden für die anmarschierenden Kolonnen von Nachteil, und sie beeinträchtige ein wenig die festliche Wirkung der Fahnentribüne. Dagegen ergebe die Zusammenfassung von Platz und Wasser einen großzügigen Festraum. Gelobt wird die schlichte Gesamtgliederung, die mit geringem Aufwand an Mitteln erreicht werde. Auch die Durchführung der Grünflächen an der Ostseite und die Freilassung des Geländes nördlich der Universität hat gefallen (der Entwurf verbindet Ehrenmal und Tribüne)." [3] Von Seiten der städtischen Grünverwaltung wurde das Urteil des Preisgerichtes jedoch anders bewertet. So schrieb Nußbaum in einem Artikel über die Ergebnisse des Wettbewerbs: „Zu dem Gesamtergebnis des Wettbewerbs muss gesagt werden, dass hier nicht die Aufgabe gestellt war, das Vorbild des Nürnberger Aufmarschplatzes zu wiederholen, vielmehr sollte aus den eigenartigen städtebaulichen Gegebenheiten etwas Neues und Einmaliges geschaffen werden. In dieser Hinsicht hat der Wettbewerb nicht alle Erwartungen erfüllt. Die Einpassung in den fließenden Zug des Grüngürtels ist nur wenigen Bewerbern gelungen. Auch hat die architektonische Haltung vieler Entwürfe gezeigt, dass die Verfasser sich mit dem Geist der neuen Zeit noch nicht auseinandergesetzt ha-

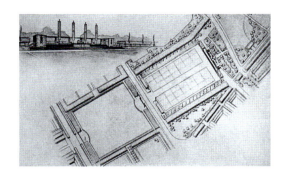

Rechts oben:
1. Preis – Entwurf E. Nolte
Links unten:
2. Preis – Entwurf V. Frank u. J. Wentzler
Rechts unten:
3. Preis – Entwurf A. Emundts
Aus: „Die Gartenkunst", 1936, 49. Jg., S. 60, 61, 62

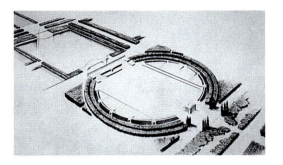

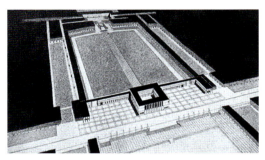

ben."[4] Aufgrund dieser Einschätzung überarbeitete Nußbaum den prämierten Entwurf und 1937/38 wurde der Fest- und Aufmarschplatz dann nach Plänen der städtischen Grünverwaltung am Aachener Weiher realisiert.[5]

Nach dem Zweiten Weltkrieg wurde der als Maifeld bezeichnete Bereich durch Aufschüttung des Aachener Berges völlig neu gestaltet. Es ist zu vermuten, dass sich unter dem Berg Reste des ehemaligen Fest- und Aufmarschplatzes befinden.

1   Nußbaum, Th.: Der Ideenwettbewerb für die städtebauliche und architektonische Gestaltung eines Fest- und Aufmarschplatzes in Köln am Rhein. In: Gartenkunst 1936, Heft 4, 49. Jg, S. 59-64, hier S. 59
2   Witthaus, W.: Wettbewerb für den Fest- und Aufmarschplatz in Köln. Zentralblatt der Bauverwaltung, Berlin 1936, S. 124-126, hier S. 124
3   ebd., S. 126
4   Nußbaum, Th., a.a.O, S. 64
5   vgl. Verwaltungsbericht der Stadt Köln 1937/1938

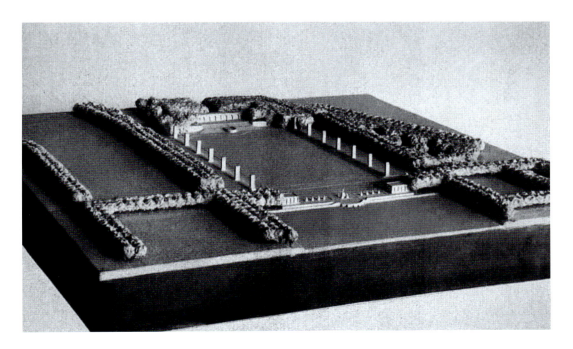

Modell des Entwurfs der Stadtverwaltung (Th. Nußbaum)
Abb. aus „Die Gartenkunst", 1936, 49. Jg, S. 63

5

1945-1975
Trümmerlandschaft und Wiederaufbau

Die Gartenverwaltung vor neuen Aufgaben

Joachim Bauer

Hugo Jacobi
* 26.9.1896 in Köln-Ehrenfeld

1910-1914 Gewerbeschule und Privatunterricht zur Vorbereitung zum Betriebsingenieur – 1915-1920 Militärdienst – 1920-1930 Verwaltungsangestellter im Deutschen Metallarbeiter Verband – 1931-1933 Geschäftsführer für das Rheinland der neuen Deutschen Bestattungskasse – 1933-1936 selbstständiger Generalagent in Leben- und Sachversicherung – 1936-1938 inhaftiert als politisch Verfolgter – 1938-1944 privates Leichentransportunternehmen – 9.4.1945-25.9.1961 Garten- und Friedhofsamt der Stadt Köln, Leiter der Abteilung Friedhöfe, Kommissarische Leitung des Amts bis 1951

Vorgehende Doppelseite:
Rheinpark 1971
Foto: ALG

Die Leitung des Garten- und Friedhofsamtes wurde nach 1945 vorläufig Hugo Jacobi übertragen.[1] Die Gliederungsziffer und Anschrift lautete: 85 Garten- und Friedhofsamt, Opernhaus, Richard-Wagner-Straße. Im Stellenplan des Amts waren insgesamt 66 Angestellte und Beamte angegeben, tatsächlich waren aber nur 33 Stellen besetzt; die Zahl der Arbeiterstellen war mit 1 200 beziffert, von denen jedoch nur 462 besetzt waren. Hintergrund dieser Situation war zum einen die Tatsache, dass ein Großteil der Mitarbeiter vor dem Einmarsch der Amerikaner die Stadt verlassen hatte, zum anderen, dass einige Angestellte aufgrund ihrer Parteizugehörigkeit zur NSDAP ihre ehemalige Beschäftigung nicht mehr ausüben durften. Letzteres traf auch auf Paul Thyssen zu, den bisherigen Leiter der Gartenverwaltung.

In dem Tätigkeitsbericht des Amtes vom 7.7.1945 heißt es: „Das Garten- und Friedhofsamt musste vollständig neu errichtet werden. Es waren keine Verwaltungsräume, keine Büroeinrichtungen, keine Pläne, überhaupt keinerlei Unterlagen vorhanden. Was nicht durch die Bombenangriffe zerstört war, hatten die Naziführer vernichtet und verschleppt. Sämtliche leitenden Nazibeamte ... hatten ihre Dienststelle treulos verlassen. Auf den Friedhöfen waren nur einige Leute unter Leitung von 3 Obergärtnern tätig."[2]

Trotz des stark reduzierten Personalbestands nahm die Gartenverwaltung schon unmittelbar nach Kriegsende ihre Arbeit wieder auf. Zunächst galt es, zur Vermeidung von Seuchengefahren das Beerdigungswesen auf den 39 Friedhöfen der Stadt wieder aufzubauen. Gleichzeitig wurde das Gartenamt in den Jahren 1945 bis 1948 mit der Durchführung der „Aktion zur Beschaffung von Brennholz" für die Bevölkerung beauftragt. Die Aufgabe konnte jedoch „so gelöst werden, dass die Anordnung der Militärregierung, sämtliche Bäume in der Stadt zu schlagen und als Brennholz zuzuteilen, in ihren Auswirkungen gemildert wurde. Lediglich geringe Bestände des Äu-

ßeren Grüngürtels, des Stadtwaldes, der Merheimer Heide, des Gremberger Waldes und der städtischen Waldungen auf der rechten Rheinseite sowie die schwer zerrissenen Bäume in den Alleen und Straßen wurden hierzu herangezogen."[3]

Die mangelnde Ernährungslage führte dazu, dass neben der Bereitstellung von Brennholz auch die Rasenflächen des Äußeren Grüngürtels und anderer Grünflächen als Grabeland an die Bewohner der Stadt verpachtet wurden, um so die Versorgung der Bevölkerung zu verbessern. Die Hauptaufgabe der Gartenverwaltung nach dem Krieg bestand jedoch in erster Linie in der Instandsetzung der vorhandenen Grünanlagen. Der spätere Gartenamtsleiter Karl Schütte zeichnete in einem Vortrag im Jahre 1975 ein Bild der Erinnerung aus dem Jahre 1948/49: „Die Flächen des Inneren Grüngürtels zwischen der Zülpicher und Bachemer Straße, also im Raume der Universität, waren zu ca. 50% von Kleingärtnern und z.T. mit Behelfsheimen bestanden genutzt. Die übrigen Teile waren neben den kriegszerstörten Flächen mit Schutt überlagert und östlich der ehemaligen Mensa war eine große Sand/Kiesgrube, die das notwendige Material zum Wiederaufbau des Universitätsgebäudes lieferte.

Die Flächen zwischen Bachemer Straße und Aachener Straße (ehemals Maifeld) waren mit riesigen Schuttmassen, die sich zu Bergen türmten, überschüttet. (Eine Schuttverwertungsanlage war installiert, sie hat aber nie so recht zum Abbau der Halde beigetragen.) Der Aachener Weiher hatte so viele Bombentrichter, dass er wie ein Sieb aussah, also trocken war. Eine Rasen- und Unkrautflora täuschte eine Grünfläche vor. Die mit Schutt und Bombentrichtern versehene Fläche nördlich der Aachener Straße wurde freigelegt und einplaniert. Sie musste vorübergehend den Zirkus Williams aufnehmen. Die übrigen Flächen bis zur Vogelsanger Straße wurden als Kleingärten bzw. behelfsheimmäßig genutzt ... Teile der Flächen zwischen Vogelsanger und Venloer

Kriegszerstörungen
Ehrenfeld und Melaten-
friedhof 1945
*Foto: Archiv
Stadtkonservator*

5. Die Gartenverwaltung vor neuen Aufgaben

Links oben:
Wiederherstellung des Aachener Weihers zu Beginn der 1950er-Jahre, im Hintergrund die Aufschüttung des Aachener Berges

Rechts oben:
Instandsetzungsarbeiten am Decksteiner Weiher zu Beginn der 1950er-Jahre
Die beschädigte Betonsohle wird mit Ton abgedichtet.
Beide Fotos: Nachlass K. Schönbohm/Universität Hannover

Straße, sofern sie nicht Kleingärten oder Behelfsheime aufgenommen hatten, waren von Bomben zerstört und mit Schutt übersät. Hier wurde Anfang 1950 der Hubschrauberlandeplatz der Sabena mit seinen Einrichtungen installiert. Nördlich der Venloer Straße hatten sich Roma und Sinti sowie fahrendes Volk fest angesiedelt. Ihre Fahrzeuge waren nicht mehr fahrbereit. Die restlichen Flächen bis zum Rhein waren vorwiegend von Schrebergärten mit Behelfsheimen überzogen. Im letzten Teil, an der Frohngasse, befand sich das 'Goldene Eck', eine Art Dauerkirmes." [4]

Insgesamt mussten rund 2 000 ha Grünflächen von Schutt und Trümmern bereinigt werden. Darüber hinaus waren Bombentrichter und Laufgräben zu verfüllen, militärische Einrichtungen zu entfernen sowie Bomben und Granaten aufzuspüren und zu entschärfen. In den Anlagen mussten 600 ha Gehölzflächen, die durch Bomben und Granaten stark beeinträchtigt waren, bereinigt, durchforstet und neu unterpflanzt werden. Ferner war das gesamte Wegenetz der Anlagen zu überarbeiten. Aufräum- und Instandsetzungsarbeiten in einem solch großen Umfang konnten wegen fehlender Maschinen und Geräte nicht sofort nach Kriegsende anlaufen. Doch schon zum Ende des Jahres 1948 begann das Gartenamt mit der Wiederherstellung und Neugestaltung der ersten Anlagen im Bereich des Kaiser-Wilhelm-Rings und am Friesenplatz. Bis Ende März 1949 konnten auch etwa 1 000 der rund 3 000 Bänke, die 1939 vorhanden waren, instandgesetzt und wieder aufgestellt werden. [5]

Mit Ausnahme des Adenauerweihers im Äußeren Grüngürtel waren auch alle Parkweiher durch Bombenabwürfe zerstört worden. Die Abdichtung der beschädigten Betondichtungen erfolgte zumeist mit Ton, der mit Güterwaggons aus der Sybilla-Grube bei Frechen nach Köln gebracht wurde. Als erstes wurden der Stadtwaldweiher mit seinen Kanälen sowie der Decksteiner Weiher wieder hergerichtet. Es folgten der Kalscheurer Weiher und der Aachener Weiher mit den Lindenthaler Kanälen. In den anschließenden Jahren wurden auch die Weiher im Blücherpark, im Volksgarten, am Deutschen Ring, im Mülheimer Stadtgarten, im Klettenbergpark, im Botanischen Garten und im Zoo abgedichtet und wieder mit Wasser gefüllt.

Am 15.1.1951 wurde die kommissarisch verwaltete Stelle des Gartenamtsleiters mit Kurt Schönbohm neu besetzt. Schönbohm war nach Abschluss des Studiums an der Landwirtschaftlichen Hochschule in Berlin als Mitarbeiter in verschiedenen Planungsbüros und städtischen Gartenverwaltungen tätig gewesen. Von 1939-40 und 1945-49 war er Leiter des Gartenamts in Wuppertal. Die wesentlichen Aspekte seiner 22-jährigen Amtszeit in Köln hat Schönbohm 1988 in einem Buch selbst ausführlich beschrieben [6] (vgl. auch S. 198). Höhepunkte seiner Tätigkeit bildeten die beiden Bundesgartenschauen 1957 und 1971 (vgl. S. 222). Die folgenden Ausführungen beschränken sich daher auf die allgemeinen Aspekte.

Kurz nachdem Schönbohm die Leitung des Amts übernahm, schied Theodor Nußbaum aus dem Dienst aus. [7] Die von ihm seit 1920 geleitete Entwurfsabteilung übernahm nun Artur Praßer. Die Abteilung Neubau und Unterhaltung wurde von Karl Schütte geleitet, der 1957 auch den Bereich Pflege und Unterhaltung übernahm. Das Stadtgebiet war in drei Pflegeabschnitte eingeteilt, denen das so genannte „Dreigestirn" Henrich, Meyer und Engelke vorstand. Für das Friedhofswesen war Hugo Jacobi, für das Kleingartenwesen Karl Nettekoven zuständig. [8]

Von 1948 bis 1965 gehörte das Garten- und Friedhofsamt zum Baudezernat Hoch- und Tiefbau, das von dem Beigeordneten Dr. Heinrich Kleppe geleitet wurde. „In seinem Dienstzimmer fanden an jedem Mittwochvormittag Baubesprechungen statt, die in Gegenwart des Oberstadtdirektors (bis 1953 Dr. Willi Suth und bis 1965 Dr. Max Adenauer) sowie der be-

Mit Holz und Gas betriebener Lastkraftwagen des Grünflächenamtes, ca. 1953
Foto: Sammlung J. Hermanns

teiligten Amtsleiter alle anstehenden Baumaßnahmen, auch die gärtnerischen, behandelten. Das gab Gelegenheit, anhand der am Vortag verteilten Tagesordnung die zu besprechenden Themen an Ort und Stelle anzusehen und dadurch die Wiederaufbau-Probleme schnell und gut zu überblicken. Mit den Baubesprechungen wurde erreicht, dass alle am Bau Beteiligten über alles unterrichtet waren und am selben Strang ziehen konnten." [9]

1965 erfolgte die Trennung des Baudezernats in ein Hoch- und ein Tiefbaudezernat. Das Grünflächenamt wurde dem Tiefbaudezernat unter Leitung von Franz Braun zugeordnet. Im gleichen Jahr wurde das Forstamt, das bisher zum Liegenschaftsamt gehörte, dem Garten- und Friedhofsamt angegliedert. Forstdirektor Herbert Aden, Oberförster Scheideler und Forstamtsrat Friedrich Bensel kamen hinzu. Das Amt erhielt die Bezeichnung Grünflächenamt.

Der Beginn der Amtszeit von Schönbohm ist geprägt durch einen geringen Personalbestand im Grünflächenamt. „Wegen des Personalmangels ist es immer schwieriger geworden, die Grün- und Gartenflächen ordnungsgemäß zu pflegen und zu unterhalten, zumal eine große Anzahl von Arbeitskräften für den Aufsichtsdienst verwendet werden musste, der die Besucher gegen Belästigungen durch radfahrende und fußballspielende Jugendliche und die Anlagen gegen mutwillige Beschädigung schützen soll." [10] Mit der am 2.5.1950 in Kraft getretenen ersten Grünflächenordnung konnte ein Schutz vor ordnungswidrigem Verhalten jedoch nicht hergestellt werden, denn die Zahl der Anzeigen gegen Verstöße blieb in den Folgejahren gleichbleibend hoch. In seiner Rede vor der Stadtverordnetenversammlung am 17.6.1952 beschrieb der Beigeordnete Dr. Kleppe die Situation in eindringlicher Form: „Bei uns ist es ja leider so: Jeder, der in einen öffentlichen Park oder Garten geht, glaubt, damit machen zu können, was er will. Rücksicht wird auf öffentliches Eigentum nicht genommen. Ich sage das bewusst so krass, weil wir so und so viel Beschwerden bekommen und alles nach Abhilfe schreit ... Ich habe heute wieder eine Beschwerde bekommen: Am Decksteiner Weiher werden Motorradrennen veranstaltet. Es ist einfach nicht möglich, dass unsere alten Leute von der Riehler Heimstätte über den Weg neben der Rampe der Mülheimer Brücke gehen. Jeden Abend sind dort Motorradrennfahrer; auch Autos fahren dort; die Radfahrer nehmen keinerlei Rücksicht ... Meine Damen und Herren! Wenn ich Ihnen diese Aufzählung vorgetragen habe, so werden Sie verstehen, dass wir wenigstens den Versuch machen müssen, durch eine Ordnung, die uns gewisse Möglichkeiten gibt, diesem Treiben Einhalt zu gebieten. Unsere Parkanlagen müssen für die da sein, für die sie auch weitgehend bestimmt sind, und das sind die Mütter mit den Kindern und unsere älteren Leute. Heute ist es soweit gekommen, dass viele nicht mehr wagen, in den Stadtwald hineinzugehen. Durch unsere Razzien haben wir kleine Erfolge erzielt. Von April 1952 ab sind ungefähr 200 Verwarnungen erteilt und es sind soundso viel Anzeigen erstattet worden. Es ist nicht nur die Rüpelei von Jugendlichen, sondern ich darf Ihnen auch noch einmal sagen – was für uns besonders bedauerlich ist –, wie viel Strafverfahren wir wegen Erregung öffentlichen Ärgernisses bereits angestrengt haben. Es waren im Januar 10 Fälle, im Februar 15, im März 9, im April 13 und bis zum 15. Mai 9. Sie sehen also, dass wir uns alle bemühen müssen, hier eine Änderung zu erzielen." [11]

Trotz einer langsamen Verbesserung der technischen Ausstattung im Pflegebereich[12] blieb der geringe Personalbestand sowie die Qualifikation der Mitarbeiter ein Problem. Schönbohm bemerkt hierzu: „Vor 80 Jahren hatte der damalige Gartendirektor Fritz Encke für einen Hektar Grünfläche, das ist ein Areal von 100 mal 100 Metern, eine Arbeitskraft zur Verfügung. Mit diesem Personalbestand konnte er alle öffentlichen Gärten und Parks pflegen und eine mit Blumen reiche Ausstattung garantieren. Nach 1950

Kurt Schönbohm
* 1908 Hamburg
† 1997 in Köln

21.2.1928 Gehilfenprüfung – 1929-1932 Studium an der Landwirtschaftlichen Hochschule Berlin – 1933-1935 Gartengestalter bei der Deutschen Park- und Gartengestaltung GmbH – 1935-1936 Garten- und Friedhofsamt Bremen – 1936-1937 Stadtgartenamt Nürnberg – 1937-1939 Büro Mattern – 1939-1940 Leiter des Gartenamts Wuppertal – 1940-1945 Kriegsdienst – 1945-1949 Leiter des Gartenamts Wuppertal – bis 1950 freiberuflich tätig – 15.1.1951-7.1.1973 Leiter des Grünflächenamtes Köln

(Foto: Archiv ALG)

5. Die Gartenverwaltung vor neuen Aufgaben

Schnitt durch den Aachener Berg von der Moltke- bis zur Universitätsstraße
Aus: Das neue Köln. 1950, S. 107

Blick vom Fernsehturm auf den Herkulesberg
Foto: J. Bauer, 1996

schrumpfte der Personalbestand um gut ein Drittel, immer auf die zu pflegende Fläche bezogen. Eine Arbeitskraft hatte jetzt rund drei Hektar Grünfläche zu pflegen. Unter erheblichen Einsparzwängen reduzierte sich das Personal weiter, und das bei wachsendem Bestand an Grünanlagen und Erholungswald. In fast gleichem Maße, wie die Quantität des Personals schrumpfte, verringerte sich deren fachliche Qualifikation. Es ist nicht verwunderlich, dass das einfache Personal nicht zwischen Edel- und Wildpflanzen unterscheiden kann, und es gibt kaum genügend ausgebildete Vorarbeiter, die die Aufsicht übernehmen können. Vor allem beim landschaftsgärtnerisch ausgebildeten Fachpersonal ist ein Mangel vorhanden, bei gleichzeitigem Überangebot auf dem Arbeitsmarkt.

Um die Jahrhundertwende besaß die Stadt 234 Hektar öffentlicher Grünflächen, mit deren Pflege durchschnittlich 210 Arbeitskräfte unter der Leitung eines Gartendirektors beschäftigt waren. Heute hat jeder der neun Kölner Stadtbezirke mehr Grünflächen zu betreuen. Mit Köln vergleichbare Großstädte weisen höhere Belegschaften in den Gartenämtern auf. Auch die Ausstattung mit fachlich geschultem Personal ist besser." [13]

Bedingt durch den Personal-, Material- und Geldmangel wurden auch die Aufräum- und Instandsetzungsarbeiten erschwert und verzögert, sodass die Wiederherstellung der Grünanlagen bis Ende der fünfziger Jahre dauerte. Hinzu kam eine vollkommen neue Aufgabe, mit der die Gartenverwaltung nach dem Krieg beauftragt wurde – die Unterbringung der Trümmermassen. Insgesamt mussten etwa 30 Millionen Kubikmeter Trümmer, aus der Altstadt allein 11,5 Millionen, bewegt und deponiert werden.[14] Eine Aufbereitung und Wiederverwertung in größerem Umfang hatte sich in Köln aufgrund der günstigen Kiesvorkommen nicht durchsetzen kön-

Trümmeraufschüttung
Aachener Berg
Blick auf die Neustadt
Aus: Das neue Köln. 1950, S. 105

nen. Auch war der Verwendung von Trümmerschutt zur Auffüllung alter Lehm- und Kiesgruben, zur Regulierung tief liegender Geländeteile oder zur Schüttung von Straßendämmen Grenzen gesetzt. Zur Bewältigung des Problems entschied man sich daher, in vorhandenen Grünanlagen Trümmerberge anzulegen (1954 Aachener Berg, 1957-60 Herkulesberg, 1952-64 Longericher Höhe, 1957-64 Berrenrather Straße, 1958-59 Beethovenpark, 1958-60 Vingster Berg). In günstiger Entfernung zur Anfallstelle konnten solche Anschüttungen große Mengen an Trümmern aufnehmen und im Endzustand gestalterisch in die Grünanlage eingebunden werden. „Trümmerberge sind ein Problem unserer Zeit, einmalig und schwer wie diese selbst. Ihre Eingliederung, in unserem Falle als neuer Volkspark, soll ihnen das Schwere und Bedrückende nehmen, das ihnen ihrem Ursprung nach anhaftet." [15]

Da die gestalterische Integration der Trümmermassen in den Inneren Grüngürtel sowie ihre anschließende Begrünung viele Fragen aufwarf, wurde der Münchner Professor Alwin Seifert mit der Erstellung eines Gutachtens beauftragt. Nach eingehender Prüfung kam er zu dem Ergebnis, dass „städtebaulich, baukünstlerisch und nach den Gesetzen der Gartengestaltung ... also kein Grund (besteht), mit den neuen Grünanlagen nicht stark in die Höhe zu gehen". [16] Auch enthält „der Kölner Altstadtschutt alle von der Landwirtschaftswissenschaft für notwendig gehaltenen Kernnährstoffe und selbstverständlich auch alle irgendwie wesentlichen Spurenelemente". [17] Obwohl die Begrünung der Trümmerberge zum Teil völlig ohne Oberbodenauftrag durchgeführt wurde, ermöglichte der hohe Lehm- und Kalkgehalt der Trümmer ein rasches Anwachsen der Pflanzen. Schönbohm kommt rückblickend zu dem Schluss,

Nun hat aber der Zweite Weltkrieg viele Millionen Kubikmeter Trümmer hinterlassen, von denen jeder fast drei Tonnen wiegt. Weil es im Weichbilde der Stadt Köln nur ganz sanfte Bodenwellen gibt, die freilich auch schon so stolze Namen tragen wie Klettenberg und Raderberg, nannte man diese Hügel denn auch Berge. In den ersten Jahren waren sie durchaus noch nicht schön anzusehen mit den wenigen dürftigen Sträuchern und kümmerlichen Bäumchen. Darum nannten die Sülzer den Trümmerhügel im Beethovenpark „Kahlenberg". Es waren wohl Studenten, die, auf Kenntnisse fremder Sprachen stolz, die Hügel zwischen der Universität und der Dürener Straße in scheinbarem Französisch „Mont Klamott" und den zweiten in ebenso scheinbarem Italienisch „Monte Scherbelino" bezeichneten.

Wer weiß, ob nicht in tausend und mehr Jahren einmal ein Gelehrter einer ganz neuen Kultur diese Hügel durchwühlen läßt, wie es seine heutigen Kollegen mit so viel Erfolg im Bereich der alten römischen Kolonie und den späteren fränkischen Siedlungen tun, ob unter dem Rathaus oder neben dem Dom (Dionysos Mosaik) oder an St. Georg oder im seinerzeit noch weit draußen gelegenen St. Severinsviertel.

Sie werden dann wohl mit gleicher Klugheit aus irgendwelchen Klamotten und Scherben das Bild einer vielleicht vergessenen Kultur zusammensetzen können. Wie dem auch sei, mit der zukünftigen Kultur und all ihrer Schönheit wird es genau so gehen. Auch sie wird versinken und mehr oder weniger dürftige Zeugnisse hinterlassen. Denn nichts, was der Mensch schafft, hat ewigen Bestand. In diesem Jahr aber geht der höchste Scherbenhügel an der Subbelrather Straße seiner Vollendung entgegen. Und es ist eigentlich ein bißchen witzig, daß man ihn ausgerechnet als den „Herkulesberg" bezeichnet.

W. Heinen: Gärten und Parks in Köln. In: Jung-Köln, Heft 1+2, 1957/58, S.12

5. Die Gartenverwaltung vor neuen Aufgaben

Links: Entwurf des Grünflächenamtes für die Außenanlagen des Amerikahauses, 1955

Rechts: Entwurf des Grünflächenamtes für die Gartenanlagen an St. Gereon, 1957
Fotos: Archiv ALG

Neumarkt mit Brunnenkaskade und üppig bepflanzten Blumenkübeln, um 1960
Foto: RBA

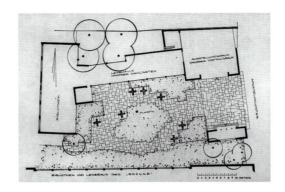

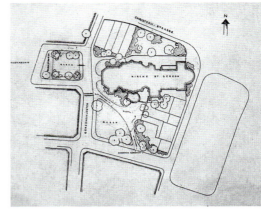

dass sich „die Verwandlung der Trümmer- und Schuttmasse des kriegszerstörten Köln in Hügellandschaften innerhalb der bestehenden oder noch zu bauenden Grünanlagen ... auf die Dauer als eine geglückte Lösung (erwies). Sie ermöglichte eine neue Dimension des Raumerlebnisses in diesen Parks. Völlig neue Perspektiven und Blickbeziehungen konnten geschaffen werden. So können die Spaziergänger bei guter Fernsicht von den Hügeln im Beethovenpark bis zum Siebengebirge schauen und von den Hügeln in den Grüngürteln in die weiträumige Parklandschaft oder in die Innenstadt." [18]

Neben dieser besonderen Aufgabe und dem Bestreben, das übernommene Erbe wieder instandzusetzen, gingen der Plan, die in Trümmern liegende Innenstadt mit neuem Grün zu beleben, und der Wille, die Grün- und Erholungsflächen zu vermehren, Hand in Hand. Zu einer der wichtigsten Aufgaben wurde zunächst die Pflanzung von Einzelbäumen an Straßen und Plätzen. „Das geschah völlig unbürokratisch, ohne große Genehmigungsprozeduren, selbst im Boden liegende Versorgungsleitungen bildeten kein Hemmnis; irgendwie kam man auf dem kleinen Dienstweg zu einer Möglichkeit, den für den Standort vorgesehenen Baum auch zu pflanzen ... Zu diesen ersten Einzelbäumen gehören fast alle Straßenbäume der Innenstadt: die Platane auf dem Wallrafplatz, die alten Bäume an den Ringen und auf dem Alter Markt, Lücken im Baumkarree auf dem Neumarkt wurden geschlossen, auf der Schildergasse wurde die Platane an der Antoniterkirche gesetzt." [19]

Bis zum Jahre 1953 konnten über 12 000 neue Bäume gepflanzt werden, sodass der Vorkriegsbestand von insgesamt 39 600 Straßen- und Alleebäumen übertroffen wurde. [20] Neben der Begrünung der Innenstadt mit Straßenbäumen wurden 1950 erstmalig nach dem Krieg rund 10 000 qm Beetflächen im Stadtgebiet mit Sommerblumen bepflanzt. Hierfür waren 250 000 Pflanzen erforderlich. [21] Darüber hinaus wurde ab 1953 das Stadtbild mit rund 150 großen Kübeln, die mit Strauchwerk und Blumen-

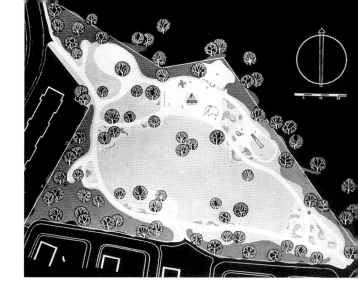

Gestaltungsplan
Weidenpescher Park
Aus: Baukunst und Werkform. 1953, S. 40

Links: Rollschuhbahn im Weidenpescher Park
Aus: K. Schönbohm: Köln: Grünanlagen 1945-1975. 1988, S. 100

den. Erstmalig wurden Klettergerüste aufgestellt, die „unter besonderer Berücksichtigung der von Ärzten für das Wachstumsalter vorgebrachten Gesichtspunkte gestaltet" waren.[24] Auf einigen Spielplätzen wurden als Aufsicht und zur Ersten Hilfe DRK-Helferinnen eingesetzt.

Die Anlage von Kinderspielplätzen wurde in den folgenden Jahren zu einer der bedeutendsten Aufgabe des Gartenamts. Viele der historischen Platzanlagen in den dicht besiedelten Wohngebieten wurden zu diesem Zweck umgestaltet, aber auch eigens neue Grünflächen wie der Weidenpescher Park hierfür angelegt. Der Spielpark entstand im Sommer 1952 in Zusammenarbeit mit dem Grafiker Lederhagen und dem Bildhauer Willi Jaekel. „Der Spielpark liegt auf einer ehemaligen Schutthalde. Täglich spielen etwa 600-800 Kinder dort. Die Betreuung hat eine Rote-Kreuz-Schwester übernommen, für die am Hauptspielplatz eine Unterkunft geschaffen wurde. Einen besonderen Reiz dieses Spielparks birgt die Aufstellung neuartiger Spielgeräte, die Willi Jaekel mit der Metallbildhauerklasse der Kölner Werkschulen entwickelte."[25]

Am 23.7.1964 beschloss der Rat der Stadt einen „Generalplan zur Schaffung und Erhaltung von Spiel- und Erholungsanlagen für Familie und Jugend", der ergänzt wurde durch 10 Grundsätze des Gartenbau-

schmuck bepflanzt waren, aufgewertet.[22] Die in ihrer Form die damaligen Gestaltungsvorstellungen widerspiegelnden Blumenkübel wurden nach einem Muster des Bildhauers Helmut Grüttefien vom Gartenamt selbst entwickelt, ebenso wie eine Transportkarre zum Auf- und Abladen. „Gärtnerische Pflege und Gießen erfolgten zweimal wöchentlich. Der Blumenschmuck wurde vielfach von Anwohnern finanziell unterstützt. Gleich nach dem Verblühen wurden die Kübel ausgewechselt, im Winter kamen sie zur Wartung ins Depot. So wurden sie nie unansehnlich und konnten auch nicht zu Absperrungszwecken degradiert werden."[23]

Zu Beginn der 1950er-Jahre konnten vor allem in Verbindung mit der Errichtung von Neubaugebieten Grünflächen und Kinderspielplätze geschaffen wer-

Klettergerüst im Weidenpescher Park, entwickelt von dem Bildhauer Willi Jaekel und der Metallbildhauerklasse der Kölner Werkschulen
Aus: Baukunst und Werkform. 1953, S. 41

5. Die Gartenverwaltung vor neuen Aufgaben

Der 1969 im Inneren Grüngürtel angelegte Wasserspielplatz
Foto: J. Bauer, 1997

Spielplatz in der Grünanlage Theodor-Heuss-Ring, 1950er-Jahre
Foto: Archiv ALG

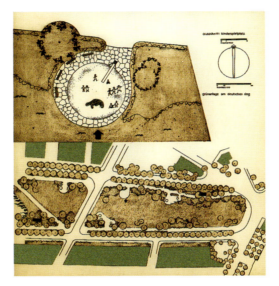

amts. „Die Stadt muss die Planung für Spielplätze und Freizeitgestaltung ebenso ernst nehmen und ebenso intensiv zu verwirklichen trachten wie die Generalpläne für den Verkehr, damit für die Erhaltung der Familien und der städtischen Kultur die so dringend notwendige Vermenschlichung erreicht wird zum Wohl der Jugend, der Mütter ... sowie zum Besten der ganzen Bevölkerung."[26] Für die Spielanlagen im Inneren Grüngürtel erhielt die Stadt Köln im Rahmen des Wettbewerbs „Hilfe durch Grün 1964 – Spielflächen und Spielgeräte" eine Anerkennung des Zentralverbands des Deutschen Gartenbaus. Im Inneren Grüngürtel zwischen Vogelsanger und Venloer Straße wurde 1969 auch der erste Wasserspielplatz gebaut. Die Gesamtkosten von 250 000 DM teilten sich die Stadt Köln sowie der Verein „Für uns Pänz", der auch einen Teil der Folgekosten für die Beaufsichtigung in den Sommermonaten übernahm.[27] Während der Amtszeit von Schönbohm konnte der Bestand der vor dem Krieg angelegten 82 Spielplätze auf über 300 mit einer Gesamtfläche von 52,5 ha erhöht werden.

Der in den Grundsätzen enthaltene Hinweis auf die hohe Bedeutung der Verkehrsplanung in den 1950er- und 60er-Jahren wirkte sich auch auf die städtische Grünplanung aus. Zum einen fielen dem stetigen Ausbau der Verkehrswege Grünflächen zum Opfer (Ausbau der Ringstraße, Projekt der Stadtautobahn), zum anderen erwuchs hieraus auch die neue Aufgabe der Anlage und der Pflege des Verkehrsgrüns. „Es hat sich im Denkprozess eingebürgert, dass es heute keine Verkehrsplanung mehr gibt, in der die Verkehrswege nicht eingegrünt bzw. durch Grün versucht wird, die Belästigung, die nun einmal Verkehrswege mit sich bringen, zu mindern."[28] Von 1945 bis 1973 wurden insgesamt 69 ha Verkehrsgrün angelegt.

Der Verlust von Grünflächen, insbesondere von Kleingärten, war nicht nur durch den Ausbau der Verkehrswege, sondern auch durch die Ausweisung von Neubaugebieten bedingt. Krassestes Beispiel hierfür ist der von Fritz Encke geschaffene Volkspark Raderthal. Durch den Bau von Wohnhäusern für Angehörige der Besatzungsstreitkräfte wurden weite Teile des Parks nahezu vollständig zerstört. Die Festsetzung der Entschädigungssumme für die beschlagnahmten Bereiche führte 1952 zwischen dem Garten- und Friedhofsamt und der Oberfinanzdirektion Köln zu unterschiedlichen Auffassungen. „Es muss hier eingeführt werden, dass nach dem Besatzungsschädenrecht auch der Zustand zu berücksichtigen ist, in dem sich die zerstörten Sachwerte am Tage der Beschlagnahme befunden haben. Hier muss festgestellt werden, dass der Park zu diesem Zeitpunkt nicht in besonders gut gepflegtem Zustand war, zumindest, soweit es sich um den Gehölzaufwuchs handelte. Die Rodungen waren nicht in dem erforderlichen Maß durchgeführt worden, die Stubben nicht beseitigt ... Es muss hier weiter eingefügt werden, dass das beschlagnahmte Volksparkgelände keine Parkanlage im eigentlichen Sinne darstellt, sondern nur eine Art Waldpark als Teil des äußeren Grüngürtels ... Die von dem Gutachter ... geltend ge-

1964 erhielt die Stadt Köln eine Auszeichnung für die Gestaltung von Spielanlagen im Inneren Grüngürtel.
Quelle: Archiv ALG

Unten: Spielplatz im Inneren Grüngürtel, um 1950
Foto: ALG

Karl Schütte
* 30.12.1912 in Lübecke/ Minden

1930-1934 Gärtnergehilfe in verschiedenen Gärtnereien und Baumschulen – 1935-1936 Studium an der Gärtnerlehranstalt Friesdorf – 1936-1938 Studium an der Versuchs- und Forschungsanstalt Geisenheim/Rhein – 1938 Techniker in der Gartenverwaltung Gladbeck – 1939 Wehrkreisverwaltung IX. AK (Bauabteilung) in Kassel – 1940-1945 Kriegsdienst und Gefangenschaft – 23.10.1945 Garten- und Friedhofsamt Köln – 1948 Staatliche Diplom-Prüfung an der Versuchs- und Forschungsanstalt Geisenheim/Rhein – ab 1951 Stellvertretender Amtsleiter – ab 1957 Abteilungsleiter Neubau, Pflege und Unterhaltung – 1.2.1973-30.11.1976 Leiter des Garten- und Friedhofsamtes – Mitarbeiter im DIN-Ausschuss

(Foto: ALG)

machte 'wesentlich aufwendigere Ausstattung' des Volksparks im Vergleich zum äußeren Grüngürtel bezieht sich insbesondere auf die nicht beschlagnahmten Teile, z. B. Schmuckanlagen, Freilichtbühne usw."²⁹

Mit dem Bau der Wohnhäuser gingen auch Kleingartenflächen im Umfeld der Parkanlage verloren. Da im gesamten Stadtgebiet ein erheblicher Verlust an Kleingärten zu verzeichnen war, wurde 1959 der erste Ausbauplan für Dauerkleingärten (Dauergartenzielplan) zur Sicherung der Ersatzlandbeschaffung erstellt. Danach sollten entsprechend der Einwohnerzahl und des tatsächlichen Bedarfs etwa 11 000 Dauerkleingärten, ca. 460 ha, geplant und ausgebaut werden. Tatsächlich wurden in der Zeit von 1949-1974 jedoch nur rund 5 700 Dauerkleingärten angelegt (vgl. auch S. 323-333).

Bei der Schaffung von Parkanlagen knüpfte die Gartenverwaltung an die Vorgaben Schumachers und Enckes an, mit dem Ziel, das gesamtstädtische Grünsystem zu sichern und weiter auszubauen. In seiner Amtszeit konnte Schönbohm für die Durchgrünung der Stadt bedeutende Grünzüge wie den Grünzug Süd, den Grünzug Nord, den Grünzug Nippes, den Grünzug Chorweiler sowie das Rheinufer ausbauen oder beginnen. In der Zeit von 1945 bis 1972 konnten insgesamt 665 ha Grünflächen neu angelegt und somit der Gesamtbestand auf 2 133 ha öffentliche Park- und Gartenanlagen erhöht werden. Bedeutung erlangten in diesem Zusammenhang auch erstmals landschaftspflegerische Aspekte. „Die für die Großstadt Köln bedeutungsvolle Entwicklung der heimischen Industrie wie auch der Zuzug fremder Werke der Öl-, der Chemischen oder anderer Industrien stellt die Grünpolitik vor äußerst interessante Aufgaben. Diese sind nicht mehr allein zu lösen durch die Schaffung von Garten- und Parkanlagen in bisher üblichen Größenordnungen. Hinzutreten müssen zu den Grünanlagen als Erholungsfaktor großzügige Aufforstungen zur Abschirmung gegen

5. Die Gartenverwaltung vor neuen Aufgaben

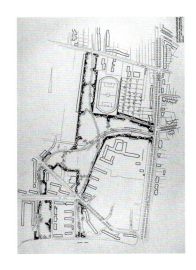

Entwurf des in den 1960er-Jahren angelegten Nordparks in Nippes, rechts die Amsterdamer Straße
Foto: Archiv ALG

> *Noch im beiläufigsten großstädtischen Grün, das zwischen grauen und roten Ziegeln aufleuchtet, blitzt etwas vom Zauber jener fabelhaften Gärten auf, wie sie die phantastische Geographie der Künste anbietet: Gärten der Armida, hängende Gärten der Semiramis, Orte die dafür angelegt scheinen, alle von den Kräften ihres Gemüts ihrer Fantasie Getriebenen aufzunehmen und zu erfrischen. In allen den berühmten und unberühmten Gärten und Parks, die die Zeit uns übrigließ, ist noch eine Winzigkeit der Vergilschen Arkadien versammelt.*
>
> *Parks und Gärten gehören zu den graziösesten Geschöpfen des menschlichen Erfindungsgeistes, der leicht gewordenen Menschenhand. Sie sind mit ihren Wegen und Gebüschen, mit den blühenden Beeten und dem Duft der Wasserspiele die wie spielerisch sich gebenden Produkte beharrlicher Bemühung um Anmut, um Zuflucht vor der Alltäglichkeit und der menschlichen Armut ihrer Lebensverhältnisse und -gewohnheiten. Immer wieder werden wir von der Blütenhaften Frische eines Geländes in Erstaunen gesetzt, das mitunter ein skurriler Umweg zur verlorengegangenen Natur, mitunter wie ein unbegreiflich müheloser, feingliedriger Einfall ordnender Intelligenz wirkt, einer Intelligenz, der die Liebe zu den hellen und dunklen Wirkungen des Laubes, des Lichtes, der Schatten, des emaile-zarten Azurs die schönsten gärtnerischen Erfindungen und Planungen eingab.*
>
> *Der Park kann ebenso etwas vollkommen Künstliches wie vollkommen Natürliches vermitteln: die Stilisierung und die Zwanglosigkeit, das Entzücken am Geplanten, Organisierten wie das Entzücken an dem was dem Zufall überantwortet wurde.*
>
> Krolow, K.: Die Spiele der Grazien sind noch nicht ausgespielt. In: Garten und Landschaft. 67. Jg., 1957, S. 169-171

Sommergeschmückte Blumenkübel auf der Rheinuferpromenade in den 1950er-Jahren
Foto: H. Held

unmittelbar schädliche Einwirkungen der Industrieanlagen."[30] Der im Jahre 1945 bestehende Waldbestand von 617 ha konnte bis 1974 auf 1 510 ha erhöht werden.

Am 7.1.1973 endete die Dienstzeit von Kurt Schönbohm. Sein Nachfolger wurde Karl Schütte, der bis dahin die Abteilung Neubau und Unterhaltung geleitet hatte. Schütte war seit Oktober 1945 Mitarbeiter des Grünflächenamts. Neben der Leitung der Neubauabteilung, die er 1948 von Ludwig Intemann übernommen hatte, war er seit 1957 auch für die Pflege und Unterhaltung der Grünflächen zuständig gewesen. Ihm oblag die Leitung des gesamten Wiederaufbaus der durch den Krieg völlig zerstörten bzw. stark geschädigten Grünanlagen und Friedhöfe. Schönbohm beschrieb Schütte als einen Mitarbeiter, der „viel Sinn für gute, praktische Lösungen bei den Ausführungsarbeiten" zeigte.[31] Dieses Talent konnte Schütte vor allem bei den besonders schwie-

rigen Ausführungsarbeiten für die Bundesgartenschau 1957 und bei der zeitlich eng terminierten Ausführung für die Bundesgartenschau 1971 zeigen. Am 30.11.1976 schied Karl Schütte auf eigenen Antrag aus dem Dienst aus.

Blick in den Nordpark von der Amsterdamer Straße aus, 1975
Foto: RBA

Die Musikkapelle des Grünflächenamtes 1954, bei der Verabschiedung eines Mitarbeiters
Foto: Tschörtner

1 Hist. Archiv d. Stadt Köln, Acc. 183/3
2 Hist. Archiv d. Stadt Köln, Acc. 183, Schreiben v. 7.7.1945
3 ebd., S. 88
4 Schütte, K., unveröffentlichtes Vortragsmanuskript (Stadtkonservator), 1975
5 Verwaltungsbericht der Stadt Köln, 1948/49, S. 91
6 Schönbohm, K.: Köln: Grünanlagen 1945-1975. Stadt Köln (Hrsg.): Stadtspuren – Denkmäler in Köln. Köln 1988. Band 16
7 ebd., S.139
8 ebd., S.139
9 ebd., S.140
10 Verwaltungsbericht der Stadt Köln, 1950/51
11 Kleppe, unveröffentlichtes Redemanuskript, 1952. Abschrift im Amt für Landschaftspflege und Grünflächen
12 Verwaltungsbericht der Stadt Köln, 1953/54, S.123 u. 124
13 Schönbohm, K., a.a.O., S.116
14 Erxleben, G.: Trümmerberge und ihre Begrünung. In: Schwarz, R.: Das neue Köln. Köln 1950, S.104-107
15 ebd., S.107
16 Seifert, A.: Gutachten über die Unterbringung von 5 Mio. cbm Altstadtschutt im Inneren Grüngürtel der Stadt Köln. In: Garten und Landschaft, Heft 1, Januar 1950, S. 2-4
17 ebd., S. 3
18 Schönbohm, K., a.a.O., S. 32
19 ebd., S. 23
20 Verwaltungsbericht der Stadt Köln, 1951/52, S.100
21 Verwaltungsbericht der Stadt Köln, 1950/51, S. 89
22 Verwaltungsbericht der Stadt Köln, 1953/54; Praßer, A.: Kübelpflanzen als City-Grün. In: Garten und Landschaft, 66. Jg.,12,1956, S. 341-343
23 Schönbohm, K., a.a.O., S.130
24 Verwaltungsbericht der Stadt Köln, 1953/54, S.124
25 o.V.: Kinderspielpark in Köln-Weidenpesch. In: Baukunst und Werkform, 6. Jg., 1953, S. 40-41
26 o.V.: Spielflächen und Spielgeräte. In: Hilfe durch Grün, Heft 11, 1965, S.10-11
27 Sitzung des Ausschusses Garten-, Grünanlagen und Forsten am 1.7.1969 (ALG)
28 Schütte, K., unveröffentlichtes Vortragsmanuskript (Stadtkonservator), 1975
29 Gutachterliche Stellungnahme Dr. Schimmler, gärtnerischer Sachverständiger bei der Oberfinanzdirektion Köln 11.9.1952. Abschrift von Abschrift
30 Verwaltungsbericht der Stadt Köln, 1958/59
31 Schönbohm, K., a.a.O., S.139

5. Die Gartenverwaltung vor neuen Aufgaben

Grüne Medizin für Köln – Kurt Schönbohm

Sabine Reichwein

In den Jahren 1951 bis 1973 leitete Kurt G. W. Schönbohm (1908-1997) das Kölner Grünflächenamt. In dieser vom Wiederaufbau geprägten Zeit gestaltete er das Kölner Stadtgrün und das Stadtbild maßgeblich mit.[1]

Schönbohm stammte aus einer Familie mit gärtnerischer Tradition. Beide Großväter waren Gärtnereibesitzer und sein Onkel mütterlicherseits war der Hamburger Gartenarchitekt Wilhelm Boeck. Seine Gärtnerlehrzeit absolvierte Schönbohm in den 1920er-Jahren bei zwei in Deutschland seinerzeit sehr bekannten gartenbaulichen Betrieben, der Baumschule Timm & Co. in Elmshorn und der Staudengärtnerei Nonne & Höpker in Ahrensburg. Am 21. Februar 1928 legte er seine Gehilfenprüfung ab. Danach arbeitete er bei der Städtischen Garten-, Friedhofs- und Forstverwaltung Bielefeld zunächst als Gärtnergehilfe im Botanischen Garten und anschließend als technischer Gehilfe und Zeichner. Nach diesem ersten Ausbildungsabschnitt begann Schönbohm im Oktober 1929 ein Studium in Berlin. Zusammen mit Max Müller und Otto Kurz gehörte er zur ersten Generation von Studenten, die den neu eingerichteten Studiengang Gartengestaltung an der Landwirtschaftlichen Hochschule Berlin belegten. Am 25.11.1932 wurde ihm das Diplomzeugnis mit der Note „sehr gut" ausgestellt.

Nach dem Abschluss des Studiums und einer kurzen Phase der Arbeitslosigkeit begann Schönbohm durch Vermittlung von Erwin Barth 1933 eine Tätigkeit als Gartengestalter bei der Deutschen Park- und Gartengestaltung GmbH, einer von den Gartenarchitekten Gustav Allinger und Hermann Rothe gegründeten Firma. Dort war er bis Ende 1934 mit Entwurfs- und Planungsaufgaben für Hausgärten und öffentliche Grünanlagen betraut und arbeitete bei der Deutschen Gartenbauausstellung Berlin 1933.

Andere Projekte, an denen er im Büro Allinger arbeitete, waren unter anderem Gärten prominenter Persönlichkeiten wie des litauischen Botschafters Saulis, des Schauspielers Atilla Hörbiger, des Landwirtschaftsministers Darré und des Pianisten Edwin Fischer. Darüber hinaus war er an Planungen für die Filmstadt Johannistal beteiligt, wo die Kulissen für den Film „Die Englische Heirat" errichtet wurden. Rückblickend merkte Schönbohm zur Tätigkeit im Büro Allingers an: „Für heutige Verhältnisse ungewöhnlich war die Tatsache, dass Allinger von mir erwartete, die Aufträge selbst hereinzuholen. Mir gefiel diese Anstellung also nicht sonderlich."[2]

Von Januar 1935 bis Juli 1936 war Schönbohm als Gartenoberinspektor und Stellvertreter von Gartendirektor Richard Homann beim Garten- und Friedhofsamt Bremen tätig und arbeitete bei zahlreichen Neuplanungen und im Friedhofswesen mit. In dieser Zeit gewann er beim Ideenwettbewerb „1. Reichsgartenbauausstellung Dresden 1936" einen ersten Preis sowie einen zweiten Preis und einen Ankauf. Da die „Grundlinien" bei der Ausschreibung des Wettbewerbs bereits festlagen und „schon in der praktischen Herstellung begriffen" waren,[3] so der Dresdener Gartenbaudirektor Heinrich Balke, wurden preisgekrönte Arbeiten anscheinend nur sehr eingeschränkt zur Realisierung herangezogen. So finden sich auch keine weiteren Hinweise auf eine Umsetzung der Ideen Schönbohms. Dennoch bedeutete der Wettbewerb, den Schönbohm als „einen Bombenerfolg" bezeichnete, eine Art Durchbruch für ihn. In seinen Aufzeichnungen stellte er fest: „Ich wurde bester Wettbewerbsteilnehmer. Dadurch wurde ich mit einem Schlag bekannt."[4]

Von Bremen ging Schönbohm an das Stadtgartenamt Nürnberg, wo er von August 1936 bis September 1937 Direktionsassistent und Mitarbeiter von Gartendirektor Alfred Hensel war. Hier arbeitete Schönbohm unter anderem am Ausbau des Reichsparteitagsgeländes mit. Diese Zeit ist jedoch durch Spannungen mit Hensel geprägt, zu dem sein Verhältnis eigenen Angaben zufolge „schlecht und schlechter" wurde.[5] Schönbohm wechselte zum

Büro Hermann Mattern, der zusammen mit dem Architekten Graubner maßgeblich für die Reichsgartenschau Stuttgart 1939 verantwortlich war. Ab April 1939 leitete er dann das Gartenamt der Stadt Wuppertal, bis er 1940 als Soldat einberufen wurde. Die Nachkriegszeit brachte ihn erneut mit dem Gartenamt Wuppertal sowie dem Büro Hermann Mattern und dem Stuttgarter Killesberg in Verbindung. Zunächst kehrte er im Juli 1945 zum Gartenamt Wuppertal zurück und übernahm erneut dessen Leitung bis April 1949. Nach zwei Monaten freiberuflicher Tätigkeit in Bonn arbeitete er dann bis Ende 1950 als „ständiger Vertreter Matterns in der künstlerischen und technischen Oberleitung beim Wiederaufbau des Killesberges"[6] mit. Seine bei den Stuttgarter Gartenschauen gesammelten Erfahrungen waren eine wichtige Grundlage für die spätere erfolgreiche Durchführung zweier Bundesgartenschauen in Köln.

Kurt Schönbohm als Direktor des Kölner Gartenamts

Von Januar 1951 bis Juli 1973 leitete Kurt Schönbohm das Gartenamt der Stadt Köln. Er kam in eine Stadt, die fast zur Hälfte, im Innenstadtbereich gar zu 92% zerstört worden war. Auch die Grünflächen waren vom Bombenhagel nicht verschont geblieben. Doch nicht nur durch den Krieg waren die Kölner Garten- und Parkanlagen in Mitleidenschaft gezogen worden, sondern inzwischen türmten sich in den Grünanlagen riesige Berge von Trümmern, die Parkanlagen wurden als Grabeland genutzt und auf den trümmerfreien Grünflächen wurden Behelfsbauten errichtet. Doch trotz aller Restriktionen und des riesigen Umfangs der Aufgabe bot sich zu Beginn der 1950er-Jahre auch die Chance des Neuanfangs. Die formalen Ideale der Architekten und Gartenarchitekten hatten sich inzwischen gewandelt: Regelmä-

Kölnische Rundschau vom 6.1.1988

ßige, geometrische, strenge Entwürfe entsprachen nicht mehr dem Bedürfnis der Zeit nach Leichtigkeit und Fröhlichkeit. Die Überwindung der entbehrungsreichen, freudlosen Kriegs- und Nachkriegsjahre ging einher mit dem Wunsch nach Befreiung von der Strenge und von der Monumentalität vorangegangener Architekturperioden. Locker, großzügig, leicht und einfach sollten die neuen Entwürfe sein. Auch Schönbohm verfolgte diese Gestaltungslinie. Bei aller Achtung für gut gestaltete formale Gärten, wie er sie beispielsweise den architektonischen Partien in den Parkanlagen seines berühmten Vorgängers Fritz Encke entgegenbrachte, trat Schönbohm für die organische, an den Idealen des Landschaftsgartens orientierte Formgebung ohne Symmetrie und rechte Winkel ein. Doch nicht nur hin-

Der Form eines Elefanten nachempfunden – Klettergerüst im Inneren Grüngürtel
Foto: J. Bauer, 1986

Untere Rheinuferpromenade Konrad-Adenauer-Ufer
Aus: „Das Gartenamt"
1971, Heft 4

sichtlich formaler Gestaltungskriterien zeichnete sich nach 1945 ein Wandel ab: Die zunehmende Motorisierung der Stadtbevölkerung forderte neue Antworten der Stadtplanung. Mehr Freizeit und ein verändertes Freizeitverhalten der Bevölkerung verlangten verstärkt nach aktiv nutzbaren Grünanlagen. Und die sich fortsetzende Industrialisierung, die Umweltzerstörung und schließlich das Ausufern der Stadtränder bedingten eine ausführlichere Auseinandersetzung mit Gesichtspunkten des Umweltschutzes und der Landschaftsökologie. Schönbohm erkannte diese Herausforderungen sehr früh und rief in seinen Veröffentlichungen immer wieder zum verantwortungsbewussten Umgang mit den natürlichen Ressourcen auf.

Seine Ideale flossen ein in die Grundsätze für die Wiederherstellung und den Ausbau der Kölner Grünanlagen, die er 1988 rückblickend in Band 16 der Reihe „Stadtspuren" darlegte.[7] Für Schönbohm war die Pflanze stets zentraler Bestandteil der Gestaltung. Sie, und nicht bauliche Elemente, sollte nach Möglichkeit überwiegen und den Eindruck von Natürlichkeit vermitteln. Die Verknüpfung ökologischer, sozialer und ästhetischer Gesichtspunkte unter Beachtung der regionalen Mentalität spricht für eine damals moderne, fortschrittliche Auffassung, die bis heute nichts an Aktualität eingebüßt hat. Inhaltlich vertrat Schönbohm die Forderung nach Nachhaltigkeit, lange bevor der Begriff zum Modewort wurde. Schönbohm bediente sich keines Stilmusters als Vorlage für seine Planungen. Fern von jedem Formalismus war für ihn allein die individuelle Planungsaufgabe ausschlaggebend. Gestaltungsfragen ordnete er dem Ziel der Nutzbarkeit unter: „Abgesehen von den übergeordneten Gesichtspunkten, die auf eine Verbesserung der Luft, des Wassers und der klimatischen Lebensverhältnisse abzielen, muss die möglichst vielseitige Nutzbarkeit unseres öffentlichen Grüns durch die Bevölkerung der wichtigere Gesichtspunkt bleiben gegenüber der anzustrebenden größtmöglichen Schönheit, so wie Encke uns das in genialer Weise vor Augen führt",[8] schrieb er 1961. Der Wiederaufbau der Stadt Köln beruhte maßgeblich auf Konzepten des Architekten und Städtebauers Rudolf Schwarz, der 1946 als Generalplaner der Wiederaufbaugesellschaft engagiert worden war. Welche Bedeutung der Beitrag Schönbohms im Rahmen von Schwarz' städtebaulicher Planung hatte, ob die Grünplanung aktiv an der Stadtplanung beteiligt wurde oder lediglich auf Planungen von Hoch- und Tiefbau reagieren durfte, ist ein bisher ungeklärter Aspekt von Schönbohms Amtszeit. Nachweislich besaß Schönbohm ein dezidiertes Interesse an der Stadtplanung. Er setzte sich mit aktuellen Tendenzen auseinander und beteiligte sich aus seiner Sicht als Gartenamtsleiter an der fachlichen Diskussion.

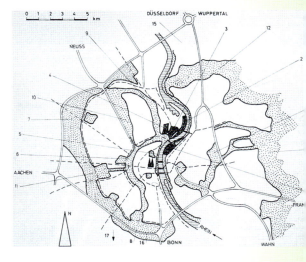

Rechts oben: Skizze des gesamtstädtischen Grünsystems von Schönbohm, mit Darstellung des Bundesgartenschaugeländes sowie Zoo und Flora
Quelle: ALG

Links oben: Skizze Rheinufer mit Blick auf die Rheinterrassen und den Messeturm von W. Wegener, 1967
Aus: K. Schönbohm: Flora, Zoo und Rheinpark in Köln, o.J.

Dem städtischen Grün wurde eine zentrale Bedeutung für das gesundheitliche und soziale Wohlergehen der Großstadtbevölkerung beigemessen. „Lieber grüne Medizin nach dem Erfahrungssatz: Vorbeugen ist besser als heilen", lautete das Motto Schönbohms.[9] Stadtplanung und Grünflächenplanung bildeten für ihn eine Einheit. In Veröffentlichungen und Vorträgen betonte er immer wieder die Notwendigkeit verbindlicher Festsetzungen für Grünflächen mit den rechtlichen Instrumenten der Stadtplanung. Die enge Verknüpfung zwischen Grünplanung und Stadtplanung kennzeichnen die Epoche des Wiederaufbaus, Schlagworte wie „Stadtlandschaft" oder die „aufgelockerte und gegliederte Stadt" waren in aller Stadtplaner Munde. Diese Ideen spiegelten sich auch in den Ausführungen Schönbohms wider, sodass er in dieser Hinsicht als ein Kind seiner Zeit gelten mag. „Städtebau und Landschaftsgestaltung sollen eine Einheit bleiben: mit durchgrünten Stadtzentren, die von der Industrie durch Schutzpflanzungen isoliert und die nur tangential von außen durch Autostraßen aufgeschlossen sind",[10] so beschrieb er 1964 seine Vorstellungen von der modernen Stadt. Um sich diesen Leitvorstellungen zu nähern, forderte er neue Gesetze sowie eine Finanzreform, die den Städten und Gemeinden die Aufstellung und Umsetzung von Landschafts- und Grünordnungsplänen erleichtern sollten. Kritik äußerte er in diesem Zusammenhang auch an den Baubehörden, die seiner Meinung nach den 1962 in der Landesbauordnung festgeschriebenen Landschaftsplan „einmal wegen Mangel an Verständnis ... zum anderen wegen Arbeitsüberlastung und Mangel an Personal" in der Praxis nicht berücksichtigten. Auch nach seiner Pensionierung 1973 war Schönbohm stets über die aktuellen Entwicklungen in Stadt- und Grünplanung informiert und meldete sich des öfteren zu Wort. So kritisierte er Ende der 1980er-Jahre die aus seiner Sicht nicht zufrieden stellende Ausbildung für Landschaftsarchitekten und – wie in Köln – die Tendenz, Berufsfremde mit der Leitung von Gartenämtern zu betrauen.

Zur Verwirklichung seiner Idealvorstellungen bediente sich Schönbohm der ganzen Bandbreite planerischer Möglichkeiten. Hierzu gehörten großmaßstäbliche Planungen für das Kölner Grünsystem, wie sie beispielsweise im Zuge der beiden Bundesgartenschauen an den Rheinufern umgesetzt werden konnten. Bei aller Komplexität der an ihn gestellten Aufgaben verlor er nie das Gespür für das Detail. Schönbohm stellte die Vielzahl der Einzelmaßnahmen unter das Ziel der Erhaltung und des Ausbaus des in den 1920er-Jahren durch seine Vorgänger begründeten Kölner Grünsystems. Dabei orientierte er sich stets an den gegenwärtigen und zukünftig zu erwartenden Nutzungsinteressen sowie an ökologischen Belangen. Rückblickend äußerte er sich zu seiner Zeit als Amtsleiter folgendermaßen: „In meiner Funktion als städtischer Gartendirektor kam ich mir oftmals vor wie ein Kapellmeister, der versucht, die verschiedenen Einzelaspekte des Grüns, der Stadtplanung und der Stadtentwicklung zu koordinieren und mit den Wünschen der Bevölkerung abzustimmen – und sich noch dazu mit der Außenwerbung und dem ambulanten Handel, mit den Autos und den Hunden auseinander zu setzen".[11]

Schönbohms frühe Amtszeit als Gartendirektor war geprägt durch die Wiederherstellung der Grünanlagen in der weitgehend zerstörten Stadt. Dies erforderte, so Schönbohm, neben Fachwissen vor allem pragmatische Lösungen und Verhandlungsgeschick, hatten die Arbeiten doch mit äußerst geringen Mitteln, einfachsten Arbeitsgeräten und ungeschulten Arbeitskräften zu erfolgen und mit anderen, häufig wirtschaftlichen Interessen zu konkurrieren.[12] Eine Gartendenkmalpflege, die auf die möglichst originalgetreue Erhaltung von Gestaltungsideen vergangener Epochen zielt, kannte man zu dieser Zeit nicht. Sie entwickelte sich erst in den 1980er-Jahren. Es kann also von einem anderen Verständnis des Um-

Nach einem Muster des Bildhauers H. Grüttefien vom Grünflächenamt entwickelter Blumenkübel
Foto: Nachlass K. Schönbohm/Universität Hannover

Wiederherstellung der Laubengänge im Vorgebirgspark entsprechend den gestalterischen Vorstellungen der Nachkriegszeit
Foto: J. Bauer, 2000

gangs mit historischen Parkanlagen ausgegangen werden als dem heutigen. Hinzu kommt, dass die heute unter Denkmalschutz stehenden Parkanlagen der 1920er-Jahre damals noch recht jung waren. Die hohe Wertschätzung für die Qualitäten der gärtnerischen Anlagen seiner Vorgänger Kowallek und Encke ließen Schönbohm jedoch unter veränderten Ansprüchen an Gestaltung und Nutzung an deren Werk anknüpfen.

Zu den in den Nachkriegsjahren wiederhergestellten Anlagen gehörten Grün- und Platzanlagen unterschiedlichster Art. Ein Beispiel ist der Aachener Weiher und seine Umgebung:[13] Ebenso wie die übrigen Grünanlagen war auch dieser Weiher von Bombenkratern durchsiebt und leer gelaufen. Schönbohm erkannte neben der gestalterischen Qualität jedoch den Wert der Wasserflächen für die Erholung der Stadtbevölkerung und verwendete viel Kreativität auf die Abdichtung des Weihers mit einfachsten technischen Mitteln. Die architektonische Ufereinfassung aus flachen und höheren Mauern wurde notdürftig instandgesetzt. Die streng geschnittenen Lindenreihen waren teilweise verloren und wurden nicht wieder ersetzt, stattdessen wurden in bewusst freier Verteilung einzelne Pappeln gepflanzt, die zu den angrenzenden Parkflächen überleiteten. Das ehemals flache Gelände war durch die Einbeziehung der Trümmerberge in eine sanft bewegte Hügellandschaft mit organisch geschwungenen Wegen umgestaltet worden.

Dies Beispiel zeigt, wie Schönbohm einerseits Qualitäten zu erhalten versuchte, sie andererseits seinem Formgefühl folgend erweiterte bzw. ergänzte. Bei der Wiedererrichtung zerstörter Parkarchitekturen ebenso wie im Umgang mit Schmuckbeeten spielte Originaltreue häufig eine untergeordnete Rolle. So wurden beispielsweise die Laubengänge im Vorgebirgspark „in neuen Formen, aber ganz im Sinne der Planungen Enckes"[14] wiedererrichtet. Leichtigkeit, Lockerheit und nutzungsgerechte Schlichtheit dominierten auch hier. Neben dem Erhalt bestehender Anlagen konnten jedoch auch zahlreiche neue Flächen hinzu gewonnen werden. Schönbohm bemaß die Erweiterung der gesamten Kölner Grünflächen während seiner Amtszeit auf ein Drittel der ursprünglichen Größe.[15] Auch die Neuschaffung oder Erweiterung der Friedhofs- und Kleingartenflächen trug zur Vermehrung des Stadtgrüns bei. Besonderen Wert legte Schönbohm auf die in der Schumacherschen Planung vorgesehenen radialen Grünverbindungen zwischen Innerem und Äußerem Grüngürtel. Darüber hinaus setzte er sich, selbst Vater von fünf Kindern, für die Schaffung von Kinderspielplätzen in den bestehenden oder neuen Grünanlagen ein. Bis 1974 zählte er 323 neu errichtete Spielplätze im Kölner Stadtgebiet.[16]

Schönbohm maß nicht nur weitläufigen Grünzügen und Planungen im großen Maßstab Bedeutung bei. „Ein einzelner Baum ... kann eine ganze Straße im Steinmeer erfrischen, und einige Blumenkübel können ihre Umgebung verschönern wie der Blumenstrauß einen Wohnraum",[17] schrieb er in den 1950ern. Die Möglichkeit, das städtische Lebensumfeld durch Bepflanzung zu verbessern, sah er selbst auf engstem Raum und mit kleinteiliger Vegetation gegeben. Er schätzte die kleinen grünen Nischen als Mittel gegen die Großstadttristesse: „Im Großstadtverkehr, zwischen den Stein- und Trümmerwüsten, werden

kleine und kleinste Grünplätze für alle Fußgänger zu Oasen."[18] In der Vielzahl kleiner begrünter Plätze, beispielsweise an Kirchen und Höfen, äußerte sich seiner Meinung nach ein Stück „kölnische Eigenart". Einige von ihnen waren der Zerstörung durch den Krieg und dem Wiederaufbau zum Opfer gefallen; sie wollte Schönbohm wieder als „Grüninseln" in das Stadtbild eingliedern. Seine Bemühungen galten daher der Schaffung von Kleinstgrünflächen bis hin zur Pflanzung von Einzelbäumen an allen erdenklichen Plätzen im Stadtgebiet, wie zum Beispiel an St. Aposteln oder an den Köpfen der Rheinbrücken. Besonders stolz äußerte er sich über eine Platane, die 1952 als Großbaum vom Bonner Verteiler an den Wallrafplatz verpflanzt wurde. Allerdings soll der damalige Kölner Oberbürgermeister bei aller Achtung darum gebeten haben, vorher über Pflanzaktionen an dermaßen exponierten Stellen unterrichtet zu werden.[19] Dort, wo kein Platz für Pflanzungen vorhanden war, griff Schönbohm auf mobiles Grün in Form großer bepflanzter Gefäße zurück. Der so genannte „Kölner Kübel" war geboren. Konsequent und umfangreich im Stadtbild umgesetzt, wurde diese Idee weit über die Stadtgrenzen hinaus bekannt. Noch ein weiterer Punkt ist bei Schönbohms Bemühungen um eine durchgrünte Stadt erwähnenswert: In Anbetracht der zunehmenden Motorisierung der Stadtbevölkerung äußerte er 1956 die recht weitsichtige Forderung: „Kein Parkplatz ohne Baumschatten."[20]

Zu den Höhepunkten der Laufbahn Kurt Schönbohms zählte die technische und künstlerische Oberleitung der Bundesgartenschauen 1957 und 1971. Neben ihrer Funktion als Gewerbeschau für den Gartenbau und als Freizeitattraktion waren Gartenschauen auch ein Mittel, um den Ausbau des Grünsystems voranzubringen. Aus den prämierten Beiträgen des Wettbewerbs zur Bundesgartenschau 1957 erarbeitete Schönbohm zusammen mit den Preisträgern Herta Hammerbacher und dem Büro Schulze-

Winkler als „Arbeitsgemeinschaft Gesamtplanung" den Vorentwurf und betrieb die Umsetzung der Planung. Die Bundesgartenschau war für ihn zugleich ein willkommenes Mittel, um wertvolle Freiflächen am rechten Rheinufer gegen den Platzanspruch der wachsenden Kölner Messe zu sichern. Die 1971 erneut in Köln stattfindende Bundesgartenschau hingegen ermöglichte den Ausbau der linksrheinischen Rheinuferpromenade. An dieser Veranstaltung waren zahlreiche, teilweise bereits 1957 eingebundene renommierte Gartenarchitekten und Künstler unter der Oberleitung Schönbohms beteiligt, der somit abermals große Verantwortung für den Erfolg trug. Seine Funktion beschrieb er 1971 wie folgt: „Ich habe im Rahmen der mir übertragenen künstlerischen Oberleitung zu erreichen versucht, die Vielzahl von 22 beteiligten Gartenarchitekten – hat es schon ein-

Aachener Weiher und Berg, Zusammenspiel von geometrisch-architektonischer und landschaftlicher Gestaltung
Foto: J. Bauer, 1999

Links: „Kölner Kübel" an der Tunisstraße gegenüber dem Opernhaus
Foto: Nachlass K. Schönbohm/Universität Hannover

5. Grüne Medizin für Köln – Kurt Schönbohm

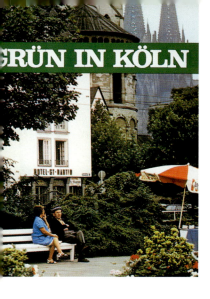

GRÜN IN KÖLN

Rechts: Platane neben der Antoniterkirche in der Schildergasse, gepflanzt 1953
Skizze Schönbohm
Aus: K. Schönbohm: Kölner Grünanlagen (vgl. Anm. 7), S. 27

Oben: Titelblatt einer Broschüre des Grünflächenamtes aus den 1970er-Jahren

Rechts: Kurt Schönbohm (Mitte) mit Mitgliedern der Arbeitsgemeinschaft Gesamtplanung der Bundesgartenschau 1957
Foto: Nachlass K. Schönbohm/Universität Hannover

mal eine so große Beteiligung freischaffender Gartenarchitekten an einer Bundesgartenschau gegeben? – an echter Teamarbeit zu interessieren und ihre Ideen so zu koordinieren, dass die Park- und Gartenpartien den großzügigen Charakter der weiträumigen Uferlandschaft am Rhein nicht beeinträchtigen, sondern eher unterstreichen ... Ich glaube, dass dabei mit Erfolg Mache und Mätzchen verhindert wurden und Entwicklungen unterstützt wurden, die zu echter Gartenkunst führen können."[21]
Mit Fragen der Grünflächenpflege setzte sich Schönbohm auch in der öffentlichen fachlichen Diskussion auseinander. Wiederholt kritisierte er während und nach seiner Amtszeit den Verlust an qualifizierten Pflegekräften. „Nichts gedeiht ohne Pflege", stellte er den Ausspruch Peter Joseph Lennés als Motto voran. Angesichts der von seinem Vorgänger Encke erbauten Parkanlagen beschrieb Schönbohm die Schwierigkeiten, Pflege- und Unterhaltungsmaßnahmen immer im Sinne des Planverfassers auszuführen. Er forderte daher von Planern, Leitlinien zur „Aufbaupflege" der von ihnen entworfenen Gärten aufzustellen.[22] Einer Extensivierung der Grünflächenpflege aus ökologischen Gründen stand Schönbohm, der die Belange von Natur- und Landschaftsschutz bereits zu einem Zeitpunkt betonte, als an die Ökologiebewegung in Deutschland noch nicht zu denken war, kritisch gegenüber. Von Menschen gestaltete, ihrer sozialen Funktion gerecht werdende Grünanlagen hielt er mit der reinen Biotop-Funktion für nicht vereinbar und forderte eine regelmäßige, gegebenenfalls auch „naturnahe" Pflege. Freien Wildwuchs im Garten hingegen hielt Schönbohm für falsch verstandene Ökologie. Diese Einstellung lässt sich auch anhand des 1981 fertiggestellten Sachverständigengutachtens „Der Höhenpark Killesberg. Seine Entwicklung bis heute sowie seine künftige Behandlung" nachvollziehen. Der 83-jährige Schönbohm erarbeitete dieses Gutachten als Grundlage für ein Parkpflegewerk. Zugunsten einer anspruchsvollen Parkentwicklung betonte er trotz der zu erwartenden Widerstände seitens der Öffentlichkeit die Notwendigkeit einer „Parkpflegeoperation Baumfällen".[23] Abermals zeigte sich Schönbohms Standfestigkeit hinsichtlich seiner Ideale als Gartenarchitekt.
Schönbohm hatte klare Ideale, die er während seines gesamten Berufslebens und auch noch im Ruhestand öffentlich vertrat. In seinen Publikationen finden sich Hinweise auf mögliche Vorbilder für sein Schaffen als Gartenamtsleiter und als Gartenarchitekt. Hierbei ist insbesondere Fritz Encke von Bedeutung, den er mehrfach in Veröffentlichungen wie zum Beispiel in seinem Buch über Kölner Grünanlagen erwähnte. Ausgiebig würdigte er ihn in dem Artikel „Dr. h. c. Fritz Encke 1861-1961". Encke hatte zahlreiche Garten- und Parkanlagen in Köln geschaffen, deren Wiederaufbau und Pflege Schönbohm nach dem Krieg oblag. Schönbohm bewunderte gleicherma-

Bundesgartenschau 1957 im Rheinpark
Fotos: ALG

ßen Enckes Gartenkunst wie auch dessen Orientierung an den sozialen Fragen seiner Zeit. Hierzu schrieb er: „Ebenso fortschrittlich wie bahnbrechend wie im Sozialen war Encke in der Grüngestaltung. Sein ganz sicheres Formempfinden und sein Sinn für das Funktionelle haben gemeinsam seine Gärten über den Geschmackswandel der Zeiten hinweggeführt und beispielhaft bleiben lassen." [24] Gestalterisch begeisterten Schönbohm beispielsweise Enckes Planungen für die „kleine Alhambra" und für den Vorgebirgspark, „weil in ihnen die Vorzüge weitläufig geplanter englischer Parks sowie die große Schönheit regelmäßiger Gartenteile mit ihren Anklängen an englische Senkgärten oder italienische Renaissancegärten am vollkommensten miteinander vereint sind." [25] Die Hochachtung Schönbohms für den Menschen und Planer Encke mag ein Grund dafür sein, dass die zahlreichen Parkschöpfungen Enckes in Köln weitgehend erhalten wurden.

Neben Encke war auch dessen Schüler Erwin Barth (1880-1933) für ihn von Bedeutung. Barth war Gartendirektor in Berlin gewesen, bis er 1929 die Professur für den neu geschaffenen Studiengang Gartengestaltung übernahm. Die Wertschätzung für seinen Lehrer Barth drückte er beispielsweise in seinen Aufzeichnungen über sein Studium aus. Insbesondere, dass Barth von „praktischen Beispielen mehr als von Theorien" [26] hielt, würdigte Schönbohm, der dieselbe Einstellung bisweilen auch für sich reklamierte. Auch dem Gartenkünstler Hermann Fürst von Pückler-Muskau (1785-1871) schenkte Schönbohm in seinen Veröffentlichungen Beachtung und widmete ihm 1971 eine eigene Schrift. Es waren nicht nur dessen Gestaltungsideen, sondern auch die Ausführungen zur Pflege von Parkanlagen, die Schönbohm des öfteren als Vorbilder heranzog.

Da sich Schönbohm ständig mit neueren und älteren Theorien in Gartenkunst, Stadt- und Grünplanung auseinandersetzte, finden sich in seinen Veröffentlichungen zahlreiche Hinweise auf Persönlichkeiten, die ihn beeinflusst haben mögen. An dieser Stelle sei nur noch ein weiterer Name genannt: Ernst Moritz Arndt (1769-1860). Vielen seiner eigenen Beiträge stellte Schönbohm folgendes Zitat voran, das Arndt als geistiges Vorbild Schönbohms vermuten lässt: „Der Mensch kann mit seinen technischen Schöpfungen Land und Städte verbessern oder verderben. Wenn die Menschheit die Erde so klug verwaltete, dass das Gute beständig neu heranwachsen könnte, dann würden Gesundheit und Stärke dauerhaft werden. Jedoch in ausgerauter Landschaft werden die Menschen schlecht und erbärmlich." Und: „Der Mensch und die Natur formen einander gegenseitig." Schönbohm hat sich seit seinem Studium und auch während des Ruhestands immer wieder zu fachspezifischen Fragestellungen geäußert. Dazu sind derzeit über 40 Dokumente bekannt, darunter zahlreiche Veröffentlichungen in Zeitschriften und Fachzeitschriften, Broschüren, Bücher und Vortragsskripte. Lediglich aus der Zeit zwischen 1932 und 1944 sind keine Publikationen Schönbohms nachweisbar.

Ein zentrales Thema seiner Ausführungen ist das Kölner Stadtgrün. In Fachzeitschriften publizierte er über die Bundesgartenschauen 1957 und 1971, über neu geschaffene Grünanlagen und das Kölner Grünsystem sowie über Fragen der Kölner Stadtentwicklung. Mit den Broschüren „Rund um den Kölner Stadtwaldweiher. Ein Brevier für Kölner Spaziergän-

5. Grüne Medizin für Köln – Kurt Schönbohm

Rheinuferpromenade
Foto: ALG

Rechts: Spielplatz auf dem Aachener Berg im Inneren Grüngürtel
Foto: J. Bauer, 2000

ger" (ca. 1964) und „Zoo, Flora und Rheinpark in Köln. Erlebnisreiche Spaziergänge für Pflanzenliebhaber" (o. J.) wandte er sich auch an Nichtfachleute. Ohnehin sind einige seiner Beiträge eher an das breite Publikum und an Gartenliebhaber adressiert. Das 1988 erschienene Buch „Köln: Grünanlagen 1945-1975" darf vielleicht als sein wichtigstes Werk bezeichnet werden. Schönbohm beschreibt darin den Wiederaufbau und die Entwicklung der Kölner Grünanlagen aus seiner Sicht als Kölner Gartendirektor.

Ein weiterer Schwerpunkt seines Interesses war die allgemeine Grünpolitik in enger Verknüpfung mit der Stadtplanung. Hierbei standen soziale Aspekte für ihn im Mittelpunkt. Schönbohm veröffentlichte nicht nur in den Fachzeitschriften der Landschaftsarchitekten, sondern auch in Organen des Städtebaus. Seine Kenntnis der Geschichte der Stadtplanung, der aktuellen Diskussion und der planungsrechtlichen Instrumente zeugen von seiner Auseinandersetzung mit diesem Thema über seine alltägliche Arbeit als Leiter des Gartenamtes hinaus.

Idealismus und Engagement sprechen aus Schönbohms Veröffentlichungen zum Umwelt- und Naturschutz. Aus den ersten Nachkriegsjahren ist bekannt, dass er bei der Erstellung des „Grünen Blattes" mitwirkte, den Mitteilungen der Schutzgemeinschaft Wuppertaler Wälder und später der Schutzgemeinschaft Deutscher Wald. Zahlreiche Illustrationen der Zeitschrift stammen aus seiner Feder. Im Mai 1956 referierte er auf der Tagung des Österreichischen Naturschutzverbandes in Wien über „Grüne Medizin am Rhein". Er war bereits 14 Jahre im Ruhestand, als er 1987 in Brüssel auf einem Symposium zum Europäischen Jahr des Umweltschutzes einen Vortrag über „Landscape and Water" hielt.

Als Ausdruck seines Interesses für historische Parks und Gärten erschienen verschiedene Artikel über Anlagen im In- und Ausland. Kurz vor seinem Tod veröffentlichte er 1996 im Selbstverlag „Südenglands Gartenparadiese".[27] Gartenschauen sind ein weiterer

Themenkomplex bei Schönbohms Veröffentlichungen. Als Leiter der beiden Kölner Bundesgartenschauen verfasste er dazu mehrere Artikel für Fachzeitschriften, schrieb jedoch auch über andere Gartenschauen, nämlich über die Floriade in Amsterdam 1972 und die Internationale Gartenschau in Stuttgart 1973. Aus den Aufsätzen sprechen seine Fähigkeit zu fachlich fundierter Kritik auf der einen und Lob und Begeisterungsfähigkeit für gelungene Gestaltung auf der anderen Seite.

Als weitere Themen können unter anderem ein Artikel über Pflasterbeläge (1973), ein Manuskript über Schrebergärten (1953) und sogar eines über die russische Landwirtschaft (1945) angeführt werden. Sie unterstreichen die breite Palette von Schönbohms Interessen und Äußerungen. Vorträge in Wien (1956), Liverpool (1958) und Brüssel (1987) verdeutlichen seine Teilnahme auch an der internationalen fachlichen Diskussion.

Die zahlreichen Vorträge und Veröffentlichungen zeigen, dass sich Schönbohms Wirken nicht nur auf die Amtsstube beschränkte. Vielmehr beteiligte er sich lebhaft an der öffentlichen Auseinandersetzung. Zusammenfassend kann festgehalten werden, dass er als Verfasser von Aufsätzen, Manuskripten und Vorträgen in mehrfacher Hinsicht Vielseitigkeit bewies: Er verfolgte eine relativ breite Streuung der Themen, deren Bedeutung sowohl auf lokaler Ebene als auch national und international zu sehen ist. Die

Partie im Stadtwald
Aus: K. Schönbohm: „Rund um den Kölner Stadtwaldweiher"

meisten seiner Beiträge richten sich an Fachleute, aber auch an Garten- und Naturliebhaber und sind daher teilweise eher populär als wissenschaftlich einzuordnen. Der bisweilen eindringliche Stil, mit dem er beispielsweise „das elende Chaos der Stadtränder" der „grünen Medizin"[28] gegenüberstellt, lässt sein persönliches Engagement und seine idealistischen Vorstellungen einer durchgrünten Stadtlandschaft erkennen.

Auch in seiner Freizeit widmete sich Schönbohm dem Thema Garten im weiteren Sinne: Die siebenköpfige Familie wohnte in einem Haus am Stadtwald, zu dem auch ein Zier- und Nutzgarten gehörte, den Schönbohm selbst mit Leidenschaft pflegte. Reisen führten ihn zusammen mit seiner Frau in Gärten und Parks in aller Welt. Gartenkunst, Naturgenuss, Kunst und Architektur standen dabei häufig im Mittelpunkt. Bisweilen nahm er sich die Zeit, Bäume – nomen est omen – zu skizzieren oder in Aquarell zu malen. Diesem Hobby ging er bis ins hohe Alter nach. Er interessierte sich auch für die bildende Kunst im allgemeinen, wovon verschiedene Ausstellungsbroschüren in seinem Nachlass zeugen. Ferner ist bekannt, dass sich die Eheleute Schönbohm rege am Kölner Gesellschaftsleben beteiligten. Hierzu gehörte für die beiden gebürtigen Norddeutschen selbstverständlich auch die vergnügte Teilnahme am Kölner Karneval. Neben seiner Tätigkeit als Gartendirektor sowie später im Ruhestand entwarf Schönbohm gelegentlich auch Pläne für Privatgärten und kleinere Anlagen im Kölner Raum. Die Entwurfspläne sind im Nachlass Schönbohms erhalten, wurden hinsichtlich ihrer gestalterischen Qualitäten bisher jedoch noch nicht untersucht. Darüber hinaus war Schönbohm auch als Gutachter tätig: Die während seiner zweimaligen Tätigkeit für die Gartenschauen am Höhenpark Killesberg in Stuttgart gesammelten Kenntnisse wurden von der Landeshauptstadt Stuttgart 1980 noch einmal in Anspruch genommen, als sie ihn mit der Erarbeitung eines Gutachtens für den Killesberg beauftragte. Dieses umfangreiche Werk schloss Schönbohm 1981 ab. Es ist heute insofern ein interessantes Dokument, als es Einblick in eine bestimmte Phase der Gartendenkmalpflege gibt. Zusammenfassend veröffentlichte er die Ergebnisse in dem Artikel „Höhenpark Killesberg – Allgemeines Kulturdenkmal". Nach einer Weltreise im Jahr 1978 erkrankte Schönbohm und litt seitdem unter einer Herzschwäche, sodass er gezwungen war, seine Reiseaktivitäten stark einzuschränken.

Diese Kurzbiographie weist auf grundlegende Gesichtspunkte des Wirkens von Kurt Schönbohm hin, kann manche interessanten Aspekte jedoch nur anreißen. Obwohl eine abschließende Würdigung seiner Leistungen noch aussteht, darf Schönbohm als eine außergewöhnliche Persönlichkeit unter den Gartendirektoren der Nachkriegszeit bezeichnet werden, deren Bedeutung über die Kölner Region hinaus reicht. In Kurt Schönbohm fand das Kölner Gartenamt einen vielseitig begabten und engagierten Direktor, dessen Verdienste für das Kölner Stadtgrün vergleichbar sind mit denen seiner Vorgänger Encke und Kowallek. Soziale Aspekte standen im Mittelpunkt seines Schaffens als Gartendirektor. Sein Ansinnen war es, das städtische Lebensumfeld durch Grün zu verbessern. Um dies zu erreichen, suchte er die funktionalen Ansprüche an Grünflächen in Einklang zu bringen mit denen von Ökologie, Natur und Ästhetik. Dabei vergaß er nie, die kölnischen Eigenheiten zu berücksichtigen. Dieser integrative Ansatz war für damalige Zeiten fortschrittlich und ist auch heute noch aktuell. Schönbohms Idealismus, von dem angesichts seiner bemerkenswert hohen Ziele gesprochen werden kann, gründete auf einem Fundament aus Fachwissen, interdisziplinärem Denken und Beteiligung an der aktuellen nationalen und internationalen Diskussion. Er vertrat klare Vorstellungen in der Grünpolitik und kannte die planungsrechtlichen Instrumente zu deren Umsetzung. Wenn auch manche seiner Visionen Wunschbilder

Titelblatt der von K. Schönbohm verfassten Broschüre, Ende der 1960er-Jahre

bleiben mussten, so hat er doch vieles für das Kölner Stadtgrün erreichen können.

Mit Erfindungsgeist, Verhandlungsgeschick und hohem persönlichen Engagement betrieb Schönbohm den Wiederaufbau der zerstörten Grünanlagen nach dem Zweiten Weltkrieg. Im behutsamem Umgang mit den vorhandenen Gärten erhielt er deren Qualität auch für nachfolgende Generationen. Beim Ausbau des Kölner Grünsystems knüpfte er an die Planungen seiner Vorgänger an, wobei er die damals aktuellen Maßstäbe hinsichtlich Gestaltung und Nutzung zugrunde legte. Mit seinen Mitteln als Gartendirektor suchte er die Freiflächen gegen andere Flächenansprüche zu verteidigen. Für mehrere Generationen Kölner Bürger ist die Erholung in „ihren" Grünanlagen zur Selbstverständlichkeit geworden. Ein beachtlicher Anteil daran ist Schönbohms umsichtigem und vorausblickendem Handeln zu verdanken. Stilgeschmack, Nutzungsansprüche und Einstellungen in Fragen der Denkmalpflege haben sich mittlerweile gewandelt, sodass Schönbohms Wirken im Rahmen einer abgeschlossenen Epoche gesehen werden und einer zeitkritischen Betrachtung unterzogen werden kann. Auch wissen wir heute, dass die „grüne Medizin" keineswegs ein Allheilmittel gegen soziale Probleme und Umweltzerstörung in städtischen Ballungsräumen ist. Schönbohms Wertevorstellungen jedoch könnten auch heute noch Maßstäbe setzen, denn viele Aspekte städtischer Grünplanung zeigen sich zu Beginn des 21. Jahrhunderts lediglich in einem anderen Gesicht. Es bleibt zu wünschen, dass auch in Zukunft Persönlichkeiten wie Kurt Schönbohm die Geschicke städtischer Grünflächenämter leiten mögen.

1 Wolschke-Bulmahn, Joachim / Sabine Reichwein: Gartendirektor Kurt Schönbohm – Ein Diplomgärtner der ersten Stunde. In: Stadt und Grün 48, 1999, S. 668-673
2 Milchert, Jürgen: Nicht über ungelegte Eier gackern. Interview mit Kurt Schönbohm. In: Garten und Landschaft, 99, 1989, S. 6-7
3 Balke, Heinrich: Die Gestaltungsgesinnung in der 1. Reichsgartenschau. In: Die Gartenkunst, 49, 1936, S. 106
4 Schönbohm, Kurt (o. J.): Aufzeichnungen (Manuskript in Privatbesitz)
5 Schönbohm, Kurt (o. J.): Aufzeichnungen (Manuskript in Privatbesitz)
6 Schönbohm, Kurt: Der Höhenpark Killesberg. Seine Entwicklung bis heute sowie seine künftige Behandlung. Sachverständigengutachten für die Stadt Stuttgart. 1981, unveröffentlicht; Nachlass Schönbohm
7 Schönbohm, Kurt: Köln: Grünanlagen 1945-1975, Stadt Köln (Hg.), Stadtspuren – Denkmäler in Köln, Band 16, Köln 1988, S. 56
8 ebd., S. 304
9 Schönbohm, Kurt: Grüne Medizin in Köln am Rhein. Vortrag Österreichische Naturschutztagung, Wien, Mai 1956. Auszug aus einer Veröffentl. der öster. Naturschutzverbände (Amt für Landschaftspflege und Grünflächen, Stadt Köln), S. 59
10 Schönbohm, Kurt: Stadtrand Köln. In: Das Gartenamt 13, 1964, S.144
11 Milchert, Jürgen, a.a.O., S. 7
12 Gespräch Sabine Reichwein mit Kurt Schönbohm, 11.9.1996
13 vgl. Reichwein, Sabine: Die Sanierungsproblematik bei Teichufern historischer Grünanlagen am Beispiel Kölner Stadtparks. Diplomarbeit 1996, Universität Hannover, unveröffentlicht
14 Schönbohm, Kurt: Köln: Grünanlagen 1945-1975, a.a.O., S. 46
15 ebd., S.141
16 ebd., S. 98
17 Schönbohm, Kurt: Gestaltung einer Landschaft am Rhein. In: Garten und Landschaft 67, 1957, S.179
18 Schönbohm, Kurt: Grüne Medizin, a. a. O., S. 60
19 vgl. Mangold, Dirk: Erfindungsgeist und Initiative. Der Kölner Gartenamtsleiter Kurt W. Schönbohm. In: BDLA Nordrheinwestfalen (Hg.): Spurensuche. Landschaftsarchitektur in Nordrheinwestfalen nach 1945. Essen, 1997, S.14
20 Schönbohm, Kurt: Grüne Medizin, a.a.O., S. 60
21 ebd., S.132
22 Schönbohm, Kurt: Dr. h. c. Fritz Encke 1861-1961. In: Garten und Landschaft 71, 1961, S. 303
23 Schönbohm, Kurt: Der Höhenpark Killesberg, a.a.O., S. 35
24 Schönbohm, Kurt: Dr. h. c. Fritz Encke, a.a.O., S. 302
25 ebd., S. 303-304
26 Schönbohm o. J. b, 1
27 Schönbohm, Kurt: Südenglands Gartenparadiese, Köln 1996
28 Schönbohm, Kurt: Grüne Medizin, a. a. O., S. 60

Grünzug Rheinufer

Joachim Bauer

Der Rhein mit seinen Ufern und Auenbereichen ist der größte zusammenhängende Landschaftsraum im Stadtgebiet. Neben seiner ökologischen und stadtklimatischen Bedeutung ist er seit jeher Erholungsgebiet für die Kölner Bevölkerung. Die Gestaltung seiner Ufer ist eng verbunden mit der Siedlungsentwicklung. Damit einher geht auch die gärtnerische Gestaltung sowie die Öffnung und Freihaltung der Ufer für die Erholungsuchenden.

Ein frühes Beispiel hierfür ist die repräsentative Gestaltung der Rheinfront vor dem ehemaligen Porzer Rathaus.[1] Diese spiegelt die frühen Anstrengungen der aufstrebenden Gemeinde Porz wider, den ländlichen Charakter abzulegen und sich ein mehr städtisches Gepräge zu verleihen. Anlass bot nicht nur die 1907 neu eingerichtete Anlegestelle für Dampfschiffe, sondern auch der Bau des Rathauses im Jahre 1910 und der zwei Restaurationsgebäude, die das Rathaus rahmten. Vor dem Steilufer am Rhein schuf die damals selbständige Gemeinde Porz eine vorspringende Terrasse, die mit Basalt befestigt und mit drei Reihen beschnittener Linden begrünt wurde. Mit der Bebauung auf dem höher gelegenen Steilufer ist die Promenade durch einen untergliederten Treppenaufgang, der auch das Fahrkartenhäuschen auf halber Höhe mit einbezieht, geschickt verknüpft. Beiderseits dieses Treppenaufgangs ist der abgeschrägte, mit Rasen bewachsene Abhang durch geschnittene Hecken untergliedert. Den Abschluss zur parallel zum Ufer verlaufenden Straße bildet eine kassettierte Steinmauer.

Auch im Stadtgebiet von Köln rückt zur selben Zeit das Rheinufer ins Blickfeld der Grüngestaltung. „Im Jahre 1910 wurde am rechten Rheinufer zwischen der Drehbrücke am Schnellert und der Maifischgasse in Cöln-Poll das auf + 3,0 m liegende Wiesenvorland, eine Fläche von 21,3 ha, größtenteils mit fester Grasnarbe bedeckt, aus der Pacht genommen und der

Rheinufer bei Porz, um 1935
Aus: W. Först: Porz, eine dynamische Stadt (vgl. Anm. 13), S. 43

Oben: Rheinufer bei Porz
Quelle: HAStK, Außenstelle Porz

Rechts oben: Uferpromenade am Stammheimer Weg in Mülheim, um 1924
Foto: Archiv Stadtkonservator (Sammlung H. Herrmann)

Rechts unten: Mülheimer Rheinpromenade um 1960
Quelle: Nachlass K. Schönbohm/Universität Hannover

Bürgerschaft zum Lagern, Wandern und Spielen überwiesen. Während diese Fläche bei Mittelwasser überflutet wird, ist ein daran anschließendes, auf + 7,0 m liegendes, von der Südbrücke bis zur Maifischgasse sich erstreckendes Gelände am Poller Damm nahezu hochwasserfrei. Hier sind in demselben Jahre größere Sport- und Spielanlagen eingerichtet worden. Zunächst der Südbrücke liegen 10 Tennisplätze, daran anschließend 2 Hockeyplätze, 4 Fußball- bzw. Schleuder- und Schlagballplätze und eine Bahn zum Wettlaufen und -Gehen, sowie zum Springen und für Übungen der Leichtathletik."[2] Diese frühen Beispiele vorausgeschickt, wird im folgenden näher auf die Entwicklung und Entstehung der Rheinuferpromenade eingegangen, wie sie sich heute darstellt. In diesem Zusammenhang muss insbesondere auf Kurt Schönbohm hingewiesen werden, für den es ein ganz besonderes Anliegen war, das Rheinufer als durchgängige und öffentlich nutzbare Promenade auszubauen.

Mit der Ausführung der Bundesgartenschau im Jahre 1957 konnte ein erster Schritt in diese Richtung realisiert werden. Der Ausbau des Gartenschaugeländes ging einher mit der Anlage einer durchgängigen und 11 km langen Rad- und Fußweg-Verbindung, die von der Rodenkirchener Brücke im Süden bis zum Stammheimer Schlosspark im Norden reicht. Die Wegeverbindung geht streckenweise durch Hafenanlagen, durch die Parklandschaft des Rheinparkgeländes und des anschließenden Jugendparks und über die eigens für Fußgänger angelegte Brücke über den Mülheimer Hafen. Bei der Anlage dieses Weges hatte Schönbohm den Uferweg entlang der Hamburger Außenalster, der anlässlich der Internationalen Gartenbauausstellung 1953 entstanden war, vor Augen.[3] Auf der rechten Rheinseite war somit durch die Bundesgartenschau ein nahezu durchgängiger Weg entlang des Rheins entstanden. Das von Schönbohm angestrebte Projekt einer begrünten Promenade vor der Altstadt hingegen war mit wesentlich größeren Schwierigkeiten verbunden.[4] Vor dem Hintergrund des Hochwassers im Jahre 1948, das schwere Schäden in der Altstadt verursacht hatte, setzte zu Beginn der 1950er-Jahre eine Diskussion um den Ausbau der vorhandenen Hochwasserschutzeinrichtungen ein. Verbunden mit dieser Debatte wurde auch erstmals ein von Nußbaum eingebrachter Vorschlag zur Neugestaltung des Rheinufers intensiv diskutiert. In der „Kölnischen Rundschau" vom 20.5.1952 finden sich u. a. folgende Schlagworte: „Terrassengärten am Rheinufer... Gesicht der Stadt darf sich nicht vom Strom abwenden... Vom Verkehr der Uferstraße unberührte Begrünung von Mülheimer Brücke bis Eisenbahndirektion und von der Südbrücke bis Rodenkirchen."[5]

Die damals veranschlagten Kosten für ein solches Projekt in Höhe von 3 Millionen DM ließen jedoch eine Ausführung in absehbarer Zeit fraglich erscheinen. Sieben Jahre später wurde das Thema erneut aufgegriffen. Hintergrund war jedoch nicht die Begrünung des Rheinufers, sondern vielmehr der wachsende Autoverkehr. Da die Rheinuferstraße aufgrund ihrer Höhenlage alle 2 Jahre von Hochwasser überflutet wurde und dies stets mit einem Verkehrschaos verbunden war, schlug die Verwaltung dem Rat im April 1959 vor, die Straße durch Anlage einer Hochwasserschutzmauer vor Überflutungen zu schützen. Eine Entscheidung hierüber wurde jedoch vom Rat nicht getroffen. Erst nachdem der damalige

Rheinufer Altstadt
Aus: "Das Gartenamt", 1971, Heft 4

Damit die Uferpromenade durchgängig breit verlaufen konnte, wurde vor der Altstadt eine über den Rhein hinauskragende Betonplatte angebracht.
Quelle: Nachlass K. Schönbohm/Universität Hannover

Bundeskanzler Konrad Adenauer bei der Einweihung der Severinsbrücke im November 1959 die Untertunnelung der gesamten Rheinuferstraße zwischen Deutzer- und Hohenzollernbrücke anregte, wurde das Thema erneut aufgegriffen. Die Verwaltung wurde beauftragt, eine Gegenüberstellung der Kosten für eine ebenerdige Lösung (4 968 000 DM) sowie eine Tunnellösung (52 018 000 DM) vorzulegen. Am 20.10.1960 fiel die Entscheidung für die Ausführung der ebenerdigen Lösung. Die Planung sah den Bau einer neuen Hochwasserschutzmauer, den Ausbau der Rheinuferstrasse auf vier Spuren sowie die Führung der Rheinuferbahn auf einem eigenen Bahnkörper an der Stromseite vor. Gleichzeitig sollte auch eine durchgängige Fußgängerpromenade mit einer durchschnittlichen Breite von 15,50 m ausgebaut werden. Im Bereich der Markmannsgasse stieß dieses Vorhaben jedoch auf einen Engpass. Nach längeren Verhandlungen stimmte das Wasser- und Schifffahrtsamt schließlich dem Vorschlag der Stadt zu, diesen Engpass durch eine über den Rhein

Rheinuferstraße und -promenade
Aus dem Verwaltungsbericht der Stadt Köln 1964

5. Grünzug Rheinufer

Links: Ausbau der unteren Promenade mit Pflanzkübeln, um 1963
Foto: Archiv ALG

Rechts: Blick auf die obere und untere Rheinuferpromenade am Konrad-Adenauer-Ufer in Richtung Dom, 1960er-Jahre
Foto: Nachlass K. Schönbohm/Universität Hannover

hinauskragende Betonplatte zu überwinden, sodass schon bald mit den Arbeiten begonnen werden konnte. Im Zuge der abschließenden gärtnerischen Ausgestaltung des neuen Promenadenweges wurden die neu errichtete Hochwasserschutzmauer mit Grauwacke-Natursteinen verkleidet und Rasen- und Pflanzflächen angelegt. Neben der Pflanzung von Gehölzen, Rosen und Bodendeckern wurden insgesamt 114 große alte Platanen, die im Bereich des Bonner Verteilerkreises standen, auf die Promenade gepflanzt. Mehr als 80 Sitzbänke, 40 Papierkörbe, 130 Stahlstühle und 80 Blumen- und Pflanzkübel vervollständigten den Ausbau der Promenade. [6]

Die geplante Fortführung der Rheinuferpromenade von der Machabäerstraße bis zur Bastei und den Fluss weiter abwärts diskutierte das Grünflächenamt im Dezember 1961 erstmals mit dem Wasser- und Schifffahrtsamt. Da von dieser Seite nur geringe Auflagen erteilt wurden, konnte das Projekt in den folgenden Jahren zügig durchgeführt werden. Der Abschnitt war gekennzeichnet durch eine wuchtige Basaltböschung, welche die vorhandene obere Promenade von dem tiefer liegenden Fahrweg am Wasser trennt. Bevor das Grünflächenamt mit der Umgestaltung der unteren Promenade begann, bot sich hier folgendes Bild: „Die wenig einladenden, holprigen Pflastersteine unter den Füßen und, wenn man den Blick vom Rhein abwandte, Steine, nichts wie graue Basaltsteine der Böschungsmauer. Außerdem parkende Autos, mit ihren Nasen teilweise bis zum Uferrand vorgestoßen, dazwischen 'Slalom-laufende' Fußgänger." [7]

Im Zuge der Umgestaltung wurde die auf der oberen Promenade stehende Mauerbrüstung abgerissen und durch ein hell gestrichenes Eisengitter ersetzt. Gleichzeitig wurden in die Basaltsteinmauer zwei Aussichtsbastionen eingelassen, sodass die Spaziergänger nunmehr von oben aus ungehindert den Betrieb auf dem Rhein und auf der unteren Promenade betrachten konnten. Die die beiden Promenaden trennende wuchtige Basaltsteinmauer wurde begrünt, die Mauerfugen vorher mit Lehmerde verfüllt. Die untere Promenade wurde durch Pflanzbeete in eine plattierte Fußgängerzone am Rhein und eine Fahrstraße unterteilt. „Ergänzend hierzu sind auf der Mitte der Promenade, unterhalb der Basaltmauer, Beton-Pflanzkästen errichtet worden, die bereits 1964 durch ihren vielfältigen Pflanzenbesatz den Eindruck einer ununterbrochenen Blumen- und Pflanzenkette erwecken werden. Die Mauerbeete vereinigen den Vorteil des Geschütztseins der Pflanzen und des Erdreiches vor dem Abschwemmen bei Hochwasser mit der Möglichkeit, die dem Rhein zugewandte Promenadenhälfte ausschließlich dem Fußgängerverkehr vorzubehalten und die andere Seite im Bedarfsfall, so bei Messeveranstaltungen, als Abstellfläche für Kraftfahrzeuge zu benutzen." [8]

Der Ausbau der neuen Rheinuferpromenade wurde von der Bevölkerung begeistert begrüßt. 1971 wurde der Stadt für die Neugestaltung des Rheinufers der Kölner Architekturpreis verliehen.

Im Zusammenhang mit der Durchführung der zweiten Bundesgartenschau im Jahr 1971 konnte auch der letzte Bauabschnitt der Rheinuferpromenade zwischen Machabäerstraße und Riehler Aue ausgebaut werden. Neben der Anlage von Wegen und Baumpflanzungen war schon im Vorfeld der Gartenschau das Gelände zwischen dem Rheindeich, der Straße An der Schanz und dem Riehler Bad bis auf Deichhöhe 7-8 m hoch mit Trümmerschutt angeschüttet worden. Diese nun hochwasserfreie Fläche bot die besten Voraussetzungen zur Präsentation der gärtnerischen Leistungen im Rahmen der Bundesgartenschau. Seit der Neugestaltung „gehört die Riehler Aue mit dem Zoo, dem Botanischen Garten und dem Rheinpark zum grünen Herzen im nördlichen Zentrum der Domstadt. Die Grünfläche wurde einfach ausgestaltet und entspricht damit dem Charakter einer niederrheinischen Auenlandschaft ... Dahinter breiten sich bis Niehl die großen Rheinvor-

Oben: Rheinuferpromenade Altstadt in den 1960er-Jahren
Quelle: Nachlass K. Schönbohm/Universität Hannover

Links: „Erholen am Strom" Planerische Vorgaben für das linke Rheinufer im Bereich Weißer Bogen
Entwurf der Landschaftsarchitekten Raderschall, Möhrer, Peters; Bonn/Bad Godesberg, 1978

die 40 km linksrheinische und 28 km rechtsrheinische Uferzone einen Rahmenplan im Auftrag des Grünflächenamtes.[10] „Das Gutachten beinhaltet Vorschläge, die weit über den eigentlichen Begriff Uferbegrünung hinausgehen und die unter dem gestellten Leitthema städtebauliche 'Verzahnungen' bis in die Ortslagen hinein anregen."[11] In der Kernaussage stellt das Gutachten die Erholung am Strom in den Vordergrund. Dementsprechend wird die Forderung gestellt, dass das Rheinufer beidseitig des Stroms in voller Länge für Rad- und Fußgänger durchgängig erschlossen sein und gute Anbindung an benachbarte Wohnquartiere aufweisen sollte. In den bebauten Steiluferbereichen des Rheins sollten Promenaden, die möglichst hochwasserfrei liegen, diese Aufgabe übernehmen. In den weiträumigen Rheinauen dagegen sollten zahlreiche Möglichkeiten, Rasenflächen und Wiesen zu freiem Spiel, teilweise mit einfachen, landschaftsbezogenen Spieleinrichtungen, ausgewiesen werden. Im Gesamten sollte der für Köln spezifische Landschaftsraum – das Rheintal – mit seinen natürlichen Elementen Wasser, Boden, Auenwald und Wiesen sowie künstlich geschaffenen, jedoch erholungsbezogenen Anlagen für Ruhe, Bewegung, Spiel und Sport für die Erholung im Nahbereich erhalten und weiterentwickelt werden.

Auf der Grundlage dieser Rahmenplanung konnten in den folgenden Jahren zwei wichtige Projekte umgesetzt werden. So gelang es nach langjährigen Ver-

wiesen aus mit dem Cranach-Wäldchen, mit vielen Baumgruppen und Einzelbäumen. Hier haben die Rheinufer noch saubere Strandbuchten."[9] Mit der Fertigstellung der Brücke über den Niehler Hafen konnte eine durchgängige Verbindung für Fußgänger und Radfahrer längs des linken Ufers des Rheins vom Süden des Stadtgebietes bis zum Norden fertiggestellt werden.

1978 rückten erstmals der gesamte Verlauf des Rheins, seine beiden Ufer sowie die unmittelbar angrenzenden Bereiche ins Blickfeld einer planerischen Gesamtbetrachtung. Unter dem Leitthema „Erholen am Strom – Rheinufergestaltung Köln" erstellte das Planungsbüro Raderschall, Möhrer und Peters über

„Erholen am Strom"-Planerische Vorgaben für das linke Rheinufer im Bereich Rodenkirchener Brücke – Äußerer Grüngürtel
Entwurf des Büros Raderschall, Möhrer, Peters, Bonn-Bad Godesberg, 1978

5. Grünzug Rheinufer

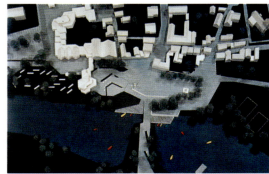

Die Groov in Porz-Zündorf

Links oben aus der Vogelschau
Foto: J. Bauer 1997
Rechts oben im Modell
Foto: Archiv ALG
Rechts unten: Die Groov Anfang der 1970er-Jahre
Foto: B. Tomasczewski

handlungen, mit den belgischen Streitkräften, eine Vereinbarung zu treffen, den Leinpfad in Westhoven zu öffnen. Mit Mitteln des Landes und der Stadt in Höhe von 1 Million DM wurde der Leinpfad daraufhin ausgebaut und am 27.8.1985 durch Vertreter der Stadt und den Oberbefehlshaber der belgischen Streitkräfte zur öffentlichen Nutzung an Wochenenden und Feiertagen freigegeben.[12] Mit der Öffnung dieses Wegs war die rechtsrheinische Uferstrecke von Flittard im Norden des Stadtgebietes bis Langel im Süden nahezu durchgängig nutzbar. Schon vor der Eingemeindung nach Köln im Jahr 1975 hatte die damals eigenständige Stadt Porz die Bedeutung des Rheinufers für die Erholungsnutzung erkannt und einen durchgehenden Spazierweg mit begleitenden Grünanlagen von Westhoven bis Langel angelegt.[13] In der Mitte dieses Rheinuferweges entstand an einem ehemaligen Altarm des Rheins bei Zündorf ein „Freizeitzentrum als Tageserholungsanlage", die so genannte Groov. „Hier befindet sich vor einem auch städtebaulich reizvollen Teil des alten Fischerortes Zündorf eine ausgezeichnete Auenlandschaft. Fehlende Unterhaltung haben diese Zone verwahrlosen lassen. Nun soll hier auf einer Fläche von rund 60 ha der erste Abschnitt einer großen Erholungsanlage entstehen."[14] Mittelpunkt der gesamten Anlage ist der umgestaltete alte Marktplatz, von dem aus ein Weg zwischen den beiden künstlich angelegten Teichen zur ehemaligen Halbinsel führt. Über ein Grundwasserpumpwerk werden die Teiche auch bei niedrigem Rheinwasserstand mit den erforderlichen Wassermengen versorgt. Durch die Anlage von Kinder- und Jugendspielplätzen, Liegewiesen, einer Boccia-Bahn, einer Minigolfanlage, einem Freibad, Spazierwegen, Sitzplätzen, Spielanlagen und sonstigen Einrichtungen entstand eine Erholungsanlage, die bis heute viele Bürger anzieht.

Das zweite Projekt, das im Grunde den Vorschlag Konrad Adenauers aus dem Jahr 1959 aufgriff, war der Bau des Rheinufertunnels zwischen der Hohenzollern- und der Deutzer Brücke. „40 000 Kraftfahrzeuge mit einem wesentlichen Anteil auch gewerblichen Schwerverkehrs wurden auf der alten Rheinuferstraße bis dahin täglich gezählt. Köln lag nicht mehr am Rhein, sondern an einer Rollbahn."[15]
Nach einer 3 1/2-jährigen Bauzeit und mit Gesamtkosten von 120 Millionen DM konnte der Tunnel fertiggestellt und die Altstadt nunmehr direkt an den Rhein angebunden werden. Auf dem Deckel des Tunnels entstand auf Beschluss des Rates vom 17.3.1983 der Rheingarten nach dem Entwurf der Planungsgemeinschaft der Landschaftsarchitekten Georg und Erika Penker aus Neuss und des Architekten Prof. Erich Schneider-Wesseling aus Köln.[16] Die Planer hatten ihrem Entwurf den Grundgedanken einer „offenen Parkgestaltung" zugrunde gelegt. „Diese Auffassung ... findet ihren Ausdruck in einer weitgehend naturhaften Planung des Parkes im all-

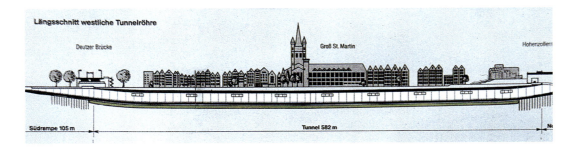

Längsschnitt durch den Rheinufertunnel vor der Altstadt
Abb. Stadt Köln (Hg.): Informationsschrift, 1986

gemeinen (Vermeidung von Gestaltungsperfektion). Es ist beabsichtigt, durch die Art der Gestaltung und die Wahl der Inhalte und dadurch, dass nicht alle Aktivitäten durch den Planer festgelegt und vorbestimmt werden, dem Besucher seine Entscheidungsfreiheit zu belassen." [17] Eingebunden in dieses offene Konzept erhielten bestimmte Bereiche wie die Rheinuferpromenade eine besonders sorgfältige Gestaltung. Die schon Anfang der 1960er-Jahre ausgebaute Promenade blieb weitestgehend erhalten und wurde durch einen zweiten Promenadenweg oberhalb der neu errichteten Hochwasserschutzmauer ergänzt. „Die gesamte Promenade wird dadurch reizvoller, vielgestaltiger, erlebnisreicher. Die obere Promenade ermöglicht auch ein Begehen bei Hochwasser (Veränderungseffekt) und bessere Ausblicke auf den Rhein, die untere Promenade und die erhöhten Grünflächen." [18]

Die bereits vorhandenen, relativ großen Platanen auf der unteren Promenade wurden in das Gesamtkonzept eingebunden. Die locker in einer „unregelmäßigen Reihung" angeordneten Bäume wurden lediglich durch Verpflanzung einiger Bäume zu Gruppen in eine parkartige Anordnung gebracht, um Blickbeziehungen herzustellen. Der Bepflanzung des neuen Rheingartens lag der Gedanke zugrunde, sowohl durch landschaftlich geprägte Großbäume (Linde, Ahorn, Eiche) eine Verklammerung mit der Rheinlandschaft als auch durch architektonisch geprägte Baumelemente (kleinkronige Kugelahorn-Allee) eine Verbindung mit dem städtischen Bereich Groß St. Martin-Altstadt-Domlandschaft herzustellen. Der Bezug zu den historischen Bauwerken in diesem Bereich wird durch Nachzeichnen des Verlaufs der mittelalterlichen Stadtmauer durch Grauwacke-Platten sowie der Kontur eines alten Bollwerkes durch eine niedrige Mauer aus Basaltstelen in den Rasen- und auf den Gehwegflächen hergestellt. Bewusst wurde auf eine „Rekonstruktion im Sinne eines naturgetreuen Nachbaues, auch nicht als romantischer Rui-

Blick über den Rheingarten, Ende der 1980er-Jahre
Foto: Archiv ALG

nencharakter (verzichtet). Gemeint ist eine dem Verlauf der Mauer nachvollzogene und angedeutete 'Spur oder Linie', die durch ihre Andeutung Raum für die notwendige Imagination läßt." [19] Von der im Norden der Anlage gelegenen Brunnenanlage von Prof. Eduardo Paolozzi geht der Rheingarten nahtlos über in den Vorplatz des Wallraf-Richartz-Museums, der nach dem Entwurf der Architekten Peter Busmann und Gottfried Haberer, Köln, sowie dem Landschaftsarchitekten Paul Lutz + Partner, Stuttgart, in den Jahren 1985 und 1986 angelegt wurde. [20] „Nach Fertigstellung des Kulturzentrums und dessen fußgängerfreundlichen Anbindungen sowohl an den Rheingarten als auch an die Domplatte ist hier eine großartige städtebauliche Anlage von hohem Freizeit- und Erlebniswert entstanden. Geschickt wird der neue Domhügel, unter dem die Philharmonie liegt, in die Gesamtanlage integriert. Hier sind die künstlerischen und planerischen Ideen des Israeli Dani Karavan hervorzuheben, der die gesamte Umgebung in sein künstlerisches Werk mit einbezogen hat." [21]

Mit dem Rheingarten ist ein herausragender Bereich des Rheinufers gärtnerisch und städtebaulich gestaltet und somit die Durchgängigkeit des gesamten linksrheinischen Ufers verbessert worden. Im rechtsrheinischen Innenstadtbereich konnte der Abschnitt zwischen Hohenzollern- und Deutzer Brücke bis heute nur in Teilbereichen neu gestaltet werden. So ge-

Ausschnitt aus dem Gestaltungsplan der Landschaftsarchitekten G. und E. Penker (Neuss) für den Rheingarten, 1983

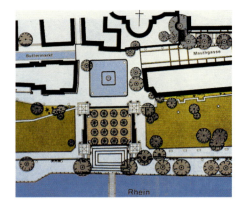

Blick auf den Domhügel mit architektonisch angeordnetem Kugel-Ahorn, um 1987
Foto: ALG

lang es nur direkt vor dem Hyatt-Hotel und dem Gebäude des Landschaftsverbandes, den ehemaligen Eisenbahndamm zu entfernen. Die Abtragung des verbleibenden Damms wurde aus Kostengründen zurückgestellt. Dagegen konnte der südlich an die Deutzer Brücke anschließende Teil 1999 durch Aufstellung eines Bebauungsplanes als Freifläche gesichert werden. Hier war es schon im Vorfeld der Bundesgartenschau 1957 zur Anlage einer kleineren Grünfläche mit Blumenbeeten gekommen. Heute wird der befestigte Teil der Freifläche als Fest- und Kirmesplatz genutzt. Der südlich an die Severinsbrücke bis zur Drehbrücke anschließende Bereich wird in den kommenden Jahren als öffentliche Grünfläche ausgebaut.

Mit dem Inkrafttreten des Landschaftsplans im Jahre 1991 wurden Ufer- und Auenbereiche des Rheins auf der gesamten Länge als Landschafts- oder Naturschutzgebiete ausgewiesen und gesichert. Hierdurch wird die besondere Bedeutung des Rheins für Natur und Landschaft dokumentiert, aber auch seine Funktion als Vogelzuglinie, die dem Gesamtraum einen besonderen Wert als Brut-, Rast- und Überwinterungsbiotop für Vögel gibt. Ausdrückliches Ziel des Landschaftsplans ist deshalb die Sicherung und Entwicklung der zum Teil noch naturnahen Auenbereiche. Die in den letzten Jahren erarbeiteten Pflege- und Entwicklungskonzepte für die Flittarder Rheinaue sowie die linksrheinischen Auen zwischen Merkenich und Worringen kommen dieser Verpflichtung nach. Die Bedeutung naturnaher Auen ist insbesondere durch die extremen Hochwasser der vergangenen Jahre wieder stärker ins Bewusstsein der Öffentlichkeit gerückt. Zur Verbesserung des Hochwasserschutzes hat die Stadt deshalb aus Verantwortung für das Stadtgebiet und seine Bewohner ein Hoch-

Links: Auenbereiche des Rheins
Foto: J. Bauer, 2000

Rechts: Hausboot „Alte Liebe" in Rodenkirchen bei Hochwasser
Foto: J. Bauer, 1998

Rheinhochwasser in der Altstadt
Foto: Amt für Stadtentwässerung, 1995

wasserschutzkonzept erarbeitet. Verbunden mit diesem Konzept ist die Sicherung und Aufwertung der vorhandenen Auen sowie die Rückverlegung vorhandener Deiche in Porz-Langel und in Worringen.[22]

1. Der Text Porzer Rheinufer wurde von H. Meynen verfasst.
2. Verwaltungsbericht der Stadt Köln 1906-1910, S. 394f.
3. Verwaltungsbericht der Stadt Köln 1957/58
4. Braun, F./Prasser, A./ Schütte, K./ Tomasczewski, B./Schönbohm, K.: Die Kölner Rheinuferpromenade. In: Das Gartenamt 1971, Heft 4, S.156-158
5. zitiert in: ebd., S.156
6. vgl. Verwaltungsbericht der Stadt Köln 1963 und 1964
7. Braun, F. et al., a.a.O., S.158
8. Verwaltungsbericht der Stadt Köln 1963 und 1964
9. Verwaltungsbericht der Stadt Köln 1974
10. Raderschall, H./Möhrer, C./Peters, F.W.: Erholen am Strom. Rheinufergestaltung Köln. Gutachten im Auftrag der Stadt Köln. 1978
11. Verwaltungsbericht der Stadt Köln 1979
12. Verwaltungsbericht der Stadt Köln 1984 und 1985
13. Först, W.: Porz – eine dynamische Stadt. Herausgegeben vom Länderdienst Verlag Berlin-West/ Basel in Zusammenarbeit mit der Stadt Porz am Rhein. Bücherreihe: Deutschlands Städtebau, Kommunal- und Volkswirtschaft
14. ebd., S. 62
15. Stadt Köln. Presse + Informationsamt (Hrsg.): Das neue Köln zwischen Dom und Rhein. Broschüre. 1986
16. Verwaltungsbericht der Stadt Köln 1983
17. Planungsgemeinschaft G. + E. Penker; Prof. E. Schneider-Wesseling: Rheingarten in Köln. Entwurf Erläuterungsbericht. 4.5.1983, S. 8
18. ebd., S.10
19. ebd., S. 9
20. o.V.: Museumsplatz – Verbindung zum Rheingarten. Landschaftsarchitekten Report. Ausgabe Nr. 2, Herbst 1988, S. 4-6
21. Verwaltungsbericht der Stadt Köln 1985
22. Bauer, J.: Entwicklung der Rheinauen – Ein Beitrag zum Hochwasserschutz in Köln. In: Stadt Köln, Amt für Stadtentwässerung (Hrsg.): Abwasserforum Köln. 9. Ausgabe, Oktober 2000, S.19-27

5. Grünzug Rheinufer

Der Innere Grüngürtel in Gefahr – Die Stadtautobahn

Joachim Bauer

Unterführung der geplanten Stadtautobahn unter der Neusser Straße. Heute dient sie als wichtige Fuß- und Radwegverbindung im Inneren Grüngürtel.
Foto: J. Bauer, 1994

Die Zeit nach dem Zweiten Weltkrieg bedeutete für den Inneren Grüngürtel eine Abkehr von der Planung Schumachers hin zur Umgestaltung in eine breite, zusammenhängende und landschaftlich gestaltete Grünanlage. Zugleich barg die Nachkriegszeit aber auch die größte Gefahr für den Inneren Grüngürtel. Standen unmittelbar nach dem Krieg zunächst die brennenden wirtschaftlichen Fragen im Vordergrund, so drängten bald auch in Köln die Probleme des zunehmenden Verkehrsaufkommens stärker nach einer Lösung. Galt es vonseiten der Verkehrsplanung zunächst, die zerstörten Rheinübergänge wiederherzustellen, so musste schon kurz darauf als erstes Verkehrsproblem in Köln das Parkproblem in Angriff genommen werden.

Zu Beginn der 1960er-Jahre stand dann die großräumige Planung des Autobahnrings um Köln im Vordergrund und damit verbunden die Planung einer „Stadtautobahn". Diese Autobahn sollte dazu beitragen, „den so stark pulsierenden Stadtorganismus an die Erfordernisse der neuesten Verkehrsentwicklung anzupassen. Die Stadtautobahn soll in erster Linie dem im Verkehr erstickenden Stadtkern den günstigen Verkehrsanschluss geben, den er zum Leben braucht, und ihn zugleich durch die dezentralisierende Wirkung vor einer Verkehrsüberlastung bewahren helfen." [1]

Als erste Stufe für den Ausbau der Sammeltangente wurde seit 1952 die am Außenrand des Inneren Grüngürtels gelegene Innere Kanalstraße ausgebaut. Jedoch war deren Leistungsfähigkeit aufgrund der zahlreichen Kreuzungen begrenzt. Eine tatsächliche Entlastung des prognostizierten Verkehrsvolumens versprach man sich nur von einer kreuzungsfreien Stadtautobahn. Die städtebaulich und verkehrstechnisch richtige Führung einer Stadtautobahn im einzelnen festzulegen, ist eine schwierige Planungsaufgabe, weil sie mit ihrem besonderen

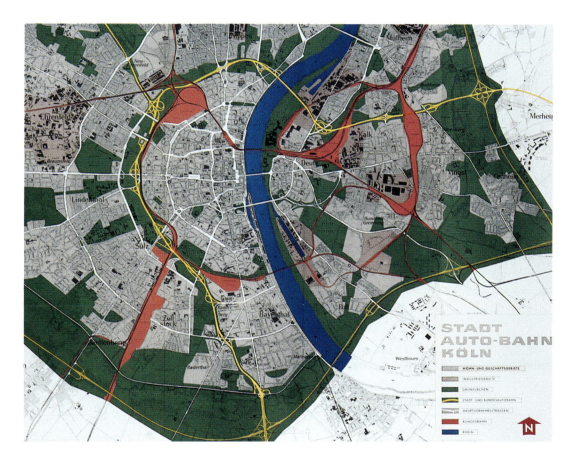

Übersichtsplan der projektierten Stadtautobahn (gelb)
Planung 1962
Foto: Archiv ALG

Maßstab ein vorhandenes Stadtgefüge leicht zerschneidet, wenn es nicht gelingt, das neue Verkehrsbauwerk organisch einzupassen. Im Süden beginnend sollte die Stadtautobahn vom Bonner Verteilerkreis über die Vororte Raderthal und Raderberg am Rande des Grünzugs Süd bis zum Volksgarten geführt werden. Von dort ergaben sich bis zum Gleisdreieck in Nippes zwei verschiedene Varianten, nämlich die Führung der Trasse am äußeren Rand des Grüngürtels, im Zuge der Inneren Kanalstraße, oder am inneren Rand des Grüngürtels, in Anlehnung an den Damm der Bundesbahn. Der Führung am inneren Rand des Grüngürtels wurde der Vorzug gegeben. Vom Nippeser Gleisdreieck sollte die Trasse den Verlauf der Inneren Kanalstrasse aufnehmen und über die geplante Zoobrücke bis an den heutigen Autobahnanschluss in Merheim führen.

Bei der hier beschriebenen Führung der Stadtautobahn am inneren Rand des Grüngürtels war es nicht vermeidbar, dass große Flächen der Grünanlage in Anspruch genommen werden müssten und der gesamte Grüngürtel durch die Trasse sowie die dazugehörigen Auf- und Abfahrten stark beeinträchtigt würde. Der damalige Oberstadtdirektor Max Adenauer bringt dies zum Ausdruck: „Leider wird es sich kaum vermeiden lassen, daß der Stadtautobahn einige Flächen des Inneren Grüngürtels zum Opfer fallen.

5. Der Innere Grüngürtel in Gefahr – Die Stadtautobahn

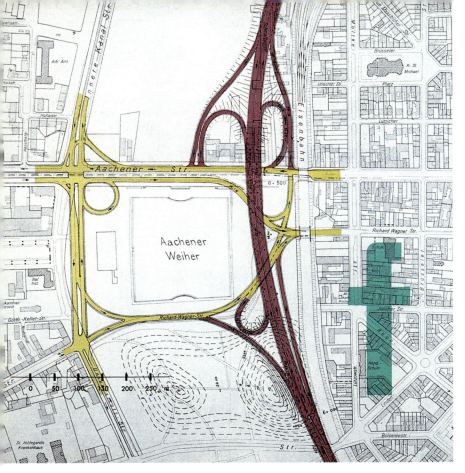

Oben: Kreuzungsfreie Führung der geplanten Stadtautobahn im Bereich Aachener Weiher, Planung 1962

Unten: Führung über den Vorgebirgspark bis zur Vorgebirgsstraße, Planung 1962
Beide Fotos: Archiv ALG

Wenn auch an der Lage dieser Stadtautobahn zwischen der inneren Stadt und den Vororten kaum etwas zu ändern sein wird, so wird an dem Eingriff in den Grüngürtel die Kritik ansetzen müssen, und hier ist die Verwaltung für jeden Vorschlag dankbar, der diesen Eingriff so gering wie möglich macht. Zweifellos werden sich hier noch Korrekturen ergeben. Soweit von dem Bestand der Grünanlagen Teile fortfallen, müssen sie an anderer Stelle der Stadt ergänzt werden, damit das Gesamtareal unserer Grünflächen erhalten bleibt, wie es im Grünzug Süd ... und zwischen Blücherpark und Longerich im Zuge der neuen Bundesstraße bereits vorbereitet wird."[2]

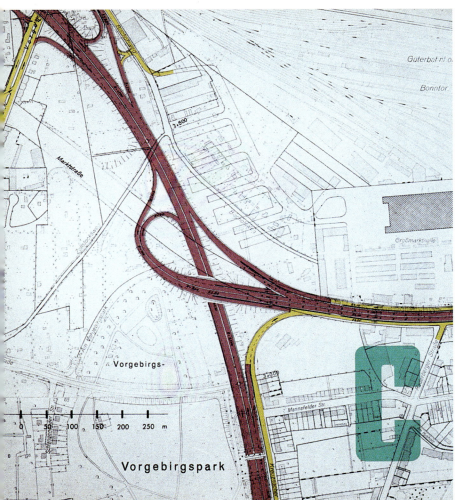

Das Projekt Stadtautobahn und die damit verbundene Zerstörung des Inneren Grüngürtels sowie des Vorgebirgsparks stieß in der Öffentlichkeit und auch in der Stadtverwaltung nicht nur auf Befürworter. Die in den folgenden Jahren intensiv geführte Diskussion in der lokalen Presse führte letztendlich zur Abkehr von diesem umstrittenen Unternehmen. Lediglich im Bereich zwischen dem Merheimer Kreuz und der Zoobrücke wurde die Autobahn fertiggestellt. Im Zuge der Ausbauarbeiten sind große Bereiche der in den 1930er-Jahren angelegten Merheimer Heide zerstört worden. Der Bereich des Inneren Grüngürtels zwischen Alhambra und Eisstadion dagegen konnte 1988 als Grünfläche ausgebaut werden. „Zu diesem Zweck wurde unter anderem ein in Vorgriff auf die später nicht weiter verfolgte Stadtautobahn unter der Neusser Straße angelegter Tunnel für die Fußgänger geöffnet."[3]

Die Raderthaler Brache an der Vorgebirgsstraße entstand infolge der Planungsaufgabe. Hier waren schon erste Baumaßnahmen für die Kanalisation durchgeführt worden. Nach Aufgabe des Projekts entwickelte sich das Gelände zu einem wertvollen Bereich für Natur und Landschaft, das heute durch den Landschaftsplan geschützt ist.

Reaktion in der Kölner Tagespresse
Kölnische Rundschau vom 28./29.7.1962 und vom 25.7.1962 (unten)

1 Stadt Köln (Hg.): Stadtautobahn Köln. Mai 1962. Vorwort des Oberstadtdirektors M. Adenauer
2 ebd.
3 Verwaltungsbericht der Stadt Köln, 1988, S.135

5. Der Innere Grüngürtel in Gefahr – Die Stadtautobahn

André Dumont
Alexander Hess

Von der Ausstellung zum Festival – Die Bundesgartenschauen 1957 und 1971 in Köln

Im Herzen von Köln erstreckt sich am rechten Rheinufer zwischen Deutz und Mülheim der Rheinpark, ein seit 1989 unter Denkmalschutz stehendes Parkgelände mit langer, wechselvoller Geschichte. Die heutige Anlage ist im Wesentlichen eine Schöpfung der ersten Kölner Bundesgartenschau 1957 und somit die erste große Kölner Repräsentationsanlage der Nachkriegszeit. Die Bundesgartenschau 1971 wurde als Festival auf beiden Rheinseiten durchgeführt. Neben dem leicht veränderten Rheinpark entstand mit der Riehler Aue und dem Tivoli beiderseits der Mülheimer Brücke am linken Rheinufer ein weiteres, im Stil der 1970er-Jahre gestaltetes Gartenschaugelände, das anschließend wieder zu einem extensiv genutzten Wiesengelände umgewandelt worden ist.

Kurze Geschichte der Gartenschauen

Die Bundesgartenschauen und die anderen zahlreichen Gartenausstellungen haben ihren Ursprung im späten 18. Jahrhundert, als Forschungsreisende neben ihren Aufzeichnungen zahlreiche exotische Tiere und Pflanzen mit nach Europa brachten. Die zunehmende Pflanzenbegeisterung und die Sammelleidenschaft privater Pflanzenliebhaber sowie die Notwendigkeit für die Gartenbaubetriebe, sich ein Forum für Importware und Neuzüchtungen zu schaffen, sind die Gründe für das Aufkommen von Pflanzenschauen.[1] Nach der ersten europäischen Pflanzenschau in Belgien etablierten sich zahlreiche in Hallen und auf Freigeländen stattfindende Ausstellungen, in denen die Anbieter um Auszeichnungen für die beste Leistung wetteiferten. Seit der Internationalen Gartenausstellung in Hamburg 1897 ging es nicht mehr allein um schöne Produkte, sondern auch um die Schaffung von Grünanlagen, die anderen Städten Anregungen für die Parkgestaltung geben sollten. Die in Deutschland stattfindenden Reichsgartenschauen der 1930er-Jahre wurden erstmals nach einheitlichen Richtlinien durchgeführt. Nach dem Zweiten Weltkrieg wurde diese Tradition wieder aufgegriffen und mit den Bundesgartenschauen fortgesetzt. Nach Hannover 1951 und Kassel 1955 war Köln 1957 die dritte Stadt in der Bundesrepublik, die eine Bundesgartenschau veranstalten konnte. Der Zentralverband des Gartenbaus als oberstes Gremium war damals bestrebt, seine in zweijährigem Turnus stattfindenden Bundesgartenschauen in Städten zu veranstalten, die stark unter dem Krieg gelitten hatten. Auf diese Art und Weise sollten die Wiederherstellung zerstörter Landschaftsteile und die Neugestaltung großer öffentlicher Anlagen erreicht werden.[2] Darüber hinaus sollten die Bundesgartenschauen auch Impulse zur Stadtentwicklung in der Wiederaufbauzeit geben.

Bundesgartenschau Köln 1957

Am 31. Oktober 1953 bekam Köln den Zuschlag für die dritte Bundesgartenschau. Als Austragungsort bot sich der kriegszerstörte Rheinpark am rechten Rheinufer in unmittelbarer Nähe der Messehallen an, in denen die Hallenschauen gezeigt werden sollten.[3] Der verwüstete Park sollte als innerstädtisches Grün wiederhergestellt werden und ein „Bollwerk gegenüber den Flächenansprüchen der im Osten angrenzenden Industrie sein. Er mußte auch den Ausdehnungswünschen der Kölner Messe eine Grenze setzen, denn die rechtsrheinische Bevölkerung hatte Anspruch auf ein wohnungsnahes Erholungsgebiet ... All diese Funktionen konnte eine schlichte Grünanlage nicht erfüllen. Hier mußte ein Signal gesetzt werden mit einer qualitativ hochwertigen Anlage, die diese Grünfläche fest im Bewusstsein der Bevölkerung verankerte und damit unantastbar machte. Eine Bundesgartenschau bot sich an."[4]

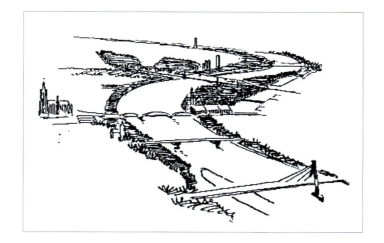

Grünzug Rheinufer mit Rheinpark, Zoo und Flora
Zeichnung von K. Schönbohm
Aus: K. Schönbohm: Köln: Grünanlagen 1945-1975, S. 68

Der Rheinpark und seine Geschichte – Vom Fort zum Volkspark

Mit der Aufgabe der Festung Deutz und der Niederlegung der militärischen Bauten vor dem Ersten Weltkrieg verlor das militärisch genutzte Umfeld des Fort XII (später Fort XV) in der Deutzer Aue seine Funktion. Anlässlich des fünfundzwanzigjährigen Thronjubiläums Wilhelms II. im Jahre 1913 sollte hier durch den Kölner Gartendirektor Fritz Encke ein Kaiser-Wilhelm-Park angelegt werden. Für die Kölner Werkbund-Ausstellung 1914 gestaltete Wilhelm Kreis das alte Fort um und errichtete obenauf das im klassizistischen Stil gehaltene „Teehaus". Der ehemalige Wallgraben wurde von Encke zu einem Staudengarten umgestaltet.[5]

Von 1920 bis zur Kölner „Pressa"-Ausstellung 1928 schuf Encke einen nun als „Rheinpark" bezeichneten Volkspark. Zentraler Mittelpunkt der Anlage war das von altem Pappelbestand gesäumte Teehaus, vor dem Encke einen erhöht liegenden Blumengarten anlegte. Hinter dem Teehaus erstreckte sich in nördlicher Richtung bis an den Mülheimer Hafen ein zum Wandelgang ausgebauter Hochwasserschutzdamm.[6] Dieser teilte den Park in eine südliche Auenniederung und die im Stil des Barock angelegten Sondergärten, darunter ein Rosengarten. Ebenfalls zur „Pressa" wurde das halbrunde Staatenhaus als Teil der Messe-Erweiterung von Adolf Abel errichtet, das sich halbkreisförmig um das große Parkrondell schloss. Dieses nach den Plänen von Theodor Nußbaum und Josef Giesen geschaffene südliche Entrée bestand aus einem kreisrunden Wasserbecken mit Brunnenanlage, das von mehreren konzentrischen Promenadenringen bzw. Rabatten umgeben wurde. Gleichzeitig entstanden die „Rheinterrassen", ein von Adolf Abel und Paul Bonatz entworfener und im Stil des Staatenhauses in Backstein gehaltener Restaurationsbau, der sich über einer ehemaligen preußischen Rheinbastion erhob.[7] Aufgrund der

Das Gelände der Werkbundausstellung 1914
Foto: Archiv Stadtkonservator

schweren Kriegszerstörung während des Zweiten Weltkriegs wurde der alte Park vorübergehend aufgegeben. 1949 wurde das Rondell nach Plänen von Josef Op Gen Oorth verändert wiederhergerichtet. Über der Wasserfläche des kreisrunden Beckens erhebt sich seitdem eine Tanzfläche, der Vorläufer des heutigen Tanzbrunnens.[8]

Vorbereitungen

Anfang 1954 wurde ein Ideenwettbewerb veranstaltet, der gute Anregungen und Vorschläge hervorbrachte: „Die Gesamtplanung wurde von einer Arbeitsgruppe, bestehend aus Frau Prof. Hammerbacher, den Gartenarchitekten G. Schulze und J. Winkler und Gartendirektor Kurt Schönbohm durchgeführt, wobei insgesamt 14 Gartenarchitekten und 4 Architekten beteiligt worden sind. Sämtliche Preisträger wurden mit Planungsaufträgen bedacht."[9]

Im Herbst 1954 begannen die Vorbereitungs- und Aufräumarbeiten auf dem Areal des Rheinparks, nachdem die Brückenrampe der aufgegebenen Patton-Rheinbrücke zwischen Rheinpark und Deutschem Ring beseitigt worden war. Durch die Verlegung des Auenwegs an die Bahntrasse im Osten des Geländes konnte zusätzlicher Raum gewonnen werden.[10] Nun konnten die nach dem Krieg wild abge-

Lageplan der Bundesgartenschau 1957
Aus dem Ausstellungskatalog

Rechts: Sommerblumenrabatte mit „Colonius"
Postkarte: Archiv ALG

Der „Colonius" – das Logo der Bundesgartenschau
Postkarte: Archiv ALG

kippten 35 000 cbm Trümmerschutt zwecks Abschirmung des Parkgeländes gegen die benachbarte Industrie nach Norden bzw. Osten verschoben und zur Modellierung des Geländes verwendet werden. Anschließend wurden 50 000 cbm Mutterboden aufgebracht und mit 1 000 Ballen Torf und Düngemitteln vermischt, große Wasserbecken und kleine Brunnen sowie 18 Kilometer Wegeflächen angelegt.[11] 1956 wurde der Rasen gesät und der Hauptteil der Vegetation gepflanzt[12], insgesamt mehr als 1,5 Millionen Bäume, Sträucher, Stauden und sonstige Blütengewächse: „Durch die Einschaltung einer einjährigen Bitterlupinenkultur ist es gelungen, kurzfristig aus rohem Erdreich ein fruchtbares Gartenland zu machen."[13]

Ziel der unter der technischen und künstlerischen Oberleitung von Kurt Schönbohm durchgeführten Arbeiten war es, den natürlichen niederrheinischen Flussauencharakter zu erhalten und hervorzuheben. Durch die Ausformung des alten Rheindeichs entstand eine große Auenlandschaft als offener Binnenraum, der nach Osten in eine leicht gewellte Hügelkette übergeht. Schönbohm sah es als ideal an, dass sich an dieser Stelle noch ein naturbelassenes, nicht von einer Kaimauer eingefasstes Stück Rheinufer mit altem Baumbestand befand, so dass der natürliche Charakter der Anlage unterstrichen werden konnte.[14] Er wachte wie ein Dirigent über ihre Harmonie. Insgesamt waren 13 Architekten und 21 Gartengestalter im Einsatz.[15]

Am 26. April 1957 wurde die dritte Bundesgartenschau in der Kongresshalle der Messe eröffnet. Schirmherren der Veranstaltung, für die der Schweizer Grafiker Herbert Leupin als Logo den „Colonius", eine Mischung aus Zwerg und Clown, entworfen hatte[16], waren Bundeskanzler Konrad Adenauer und Bundespräsident Theodor Heuss. Die erste Hallensonderschau und das Freigelände boten mit mehr als 400 000 Hyazinthen, Tulpen, Narzissen und sonstigen blühenden Frühjahrsblumen einen prachtvollen Auftakt zu den zahlreichen Veranstaltungen. Bereits an den ersten beiden Tagen nach der Eröffnung kamen mehr als 100 000 Besucher.

In einer Sonderschau in der Messehalle 8 wurden 10 000 blühende Azaleen gezeigt: „Die künstlerische und gestaltungstechnische Vorbereitung der Hallensonderschauen war jeweils einem Gestalter übertragen. Gezeigt wurden im jahreszeitlich bedingten Wechsel Blumen, Obst und Gemüse. Grünpflanzen und Kakteen waren während der ganzen Ausstellungsdauer in einem besonderen Schauhaus ausgestellt."[17] Die Hallenschauen verfolgten einen doppelten Zweck. Der Besucher konnte zum einen die Höchstleistungen des deutschen Gartenbaus kennen lernen, denn Pflanzen und Blumen von solcher Qua-

lität wie auf den Bundesgartenschauen waren an anderer Stelle in dieser Fülle nicht zu sehen. In dieser Tatsache lag die große Anziehungskraft der Bundesgartenschau. Aber ebenso wichtig wie die Auswirkung der Ausstellung auf die Besuchermassen war ihre Einflussnahme auf die Förderung der Leistung der Gärtner selbst.[18] Nach der Eröffnungsschau fanden insgesamt 10 Sonderschauen in der Messehalle 8 statt. Themen waren u. a. „Blumenbindekunst", „Hilfe durch Grün", „Das Berufsbild des Gärtners" sowie einzelne Blumengattungen.[19] Weitere kleine Sonderschauen zu verschiedenen floralen Themen wurden von Verbänden und Fachorganisationen ausgerichtet.

Gesamtkonzeption des Rheinparks

Aufgrund der persönlichen Neigungen Kurt Schönbohms, der eine „organische Architektur" präferierte, d. h. Verzicht auf Symmetrie und rechte Winkel, ist der Rheinpark die erste Bundesgartenschau-Anlage, die konsequent den neuen und leichten Stil der 1950er-Jahre aufweist. Alle vorangegangenen Gartenschauen waren noch dem streng geometrischen neoklassizistischen Stil der Vorkriegszeit verpflichtet gewesen.[20] Schönbohm erläuterte Anfang 1957 seine Intentionen: „Der Planung lag die Absicht zu Grunde, den Rheinstrom immer wieder ins Parkbild einzubeziehen, damit ein richtiger Uferpark heranwachsen könnte. Die Gestaltung des Haupteinganges mit dem Takelagemast und den Zeltbögen sowie des Rheinterrassenrestaurants und des Parkhauses nehmen darauf Bedacht. Beide Gaststätten haben mit Schiffen manches gemeinsam, zum Beispiel die wie Ober-, Mittel- und Unterdeck wirkenden Stockwerke. Es sollten auch viele Wasseranlagen entstehen. Wir waren uns darüber im Klaren, dass dabei nicht versucht werden dürfte, dem Rhein Konkurrenz machen zu wollen, deshalb sind die Wasser-

becken bis auf eins bewußt geradlinig eingefasst bzw. in streng geometrischer Form gebaut worden. Andererseits sollten die Parkräume zusammen mit dem Rhein ohne störende Trennung von Rasenfläche zu Rasenfläche ineinander überfließen."[21]
Kleine, in der Vertikalen abgeschrägte Mauern sowie flache Stufen aus Naturstein unterstreichen die Geländeform.[22] Eine Besonderheit der Kölner Bundesgartenschau war die farbige Gestaltung von Bauten und Wegen. Unter anderem sorgten die farbigen Gehwegplatten der Firma H. P. Kuhlmann Söhne aus Leverkusen-Schlebusch für großes Aufsehen.[23] Man erkannte erst jetzt die Möglichkeiten der Gestaltung mit eingefärbtem Beton.

Die Gartenanlagen

Bereits auf dem Weg zum Haupteingang des Rheinparks wurde den Besuchern zwischen den Rheinhallen der Messe und dem Rheinufer die von Wolfgang Darius geplante „Rosenvergleichsschau" mit gegeneinander versetzten viereckigen Rosenbeeten präsentiert. Der Tanzbrunnen wurde von einem Garten mit Frühjahrs- und Sommerflor umgeben, den Herta Hammerbacher gestaltet hatte.[24]
Anschließend führte der Hauptweg die Besucher zum „Großen Blumenhof" von Günther Schulze und Joachim Winkler, an den sich der Wassergarten mit

Oben: Modell Bundesgartenschau, 1957
Foto: Archiv ALG

Oben links: Erstmals wurden farbige Betonplatten verwendet

Links: Haupteingang des Geländes
Fotos: Archiv ALG

Oben links: Blick vom Parkcafé auf den Blumenhof
Oben rechts: Staudenbeete
Beide Fotos: Archiv ALG, 1957

Rechts: Wasserterrassen
Zeitgenössische Zeichnung
Quelle: Archiv ALG

Wasserterrassen mit Pergola von H. Hammerbacher, 1957
Foto: Archiv ALG

Wasserwand, Wasserfall und Wasserbecken anschloss. Der in der Terrassenwand der unteren Parkcafé-Terrasse eingelassene, von Josef Jaeckel geschaffene Wasserfall speist das große asymmetrische Wasserbecken. Das Wasser tritt durch eine Düsenreihe von sieben kunstvoll gestalteten blau-schwarzen Metallschwingen aus der Wand und fließt in flachen Stufungen unter der Fußgängerbrücke hindurch. Die leicht schräg gestellte Wasserwand ist mit Travertinplatten verkleidet.²⁵ Das Wasserbecken, in dessen Ausweitungen verschiedene Wasserpflanzen gezeigt wurden, läuft auf der Südseite flach aus und geht somit fast fließend in die anschließende Wegeführung über. Eine Fontäne mit mehreren Wasserstrahlen betont die Leichtigkeit der Anlage. Insgesamt sind etliche Wasserspiele mit den für die 1950er-Jahre typischen, schräg gestellten Wasserstrahlern integraler Bestandteil des Rheinpark-Ensembles.²⁶

Südöstlich des Blumenhofs schloss sich der „Tropengarten" mit besonders kraftvollen Gewächsen an. In den randlich platzierten drei Glashäusern waren ein Buchladen, ein Blumenfensterpavillon und ein Pflanzenschauhaus untergebracht.²⁷ Dahinter erstreckt sich der nierenförmige „Flamingo-Teich". Nach Osten schließen sich die an den Betriebshof grenzenden „Hausgärten" an. Sie waren jeweils von einem Gartenarchitekten geplant, von einer Baumschule und einer Staudengärtnerei mit Pflanzen beliefert und von einem Landschaftsgärtner ausgeführt worden.²⁸ Eine aus Backstein und Beton errichtete Kolonnaden-Pergola stellt hierbei das zugehörige Haus dar, hinter dem sich die jeweils voneinander abgetrennten Hausgärten erstrecken. Diese waren somit als erweiterte Wohnräume angelegt worden.²⁹ In den Kolonnaden selbst wurden Pläne und Modelle von Einfamilienhäusern und Hausgärten von westdeutschen Bausparkassen ausgestellt, die sehr viel Beachtung fanden.³⁰

Der in der Nordostecke des Rheinparks gelegene Brunnen trug den Namen „Gesundbrunnen", da er schwefel- und eisenhaltiges Wasser führte. Um die Bevölkerung während der eintrittspflichtigen Gartenschau weiterhin kostenlos mit Heilwasser versorgen zu können, wurde am Auenweg ein zweiter Brunnen errichtet und mit einer Ableitung aus dem Gesundbrunnen gespeist. Im Anschluss daran befin-

Sommerbepflanzung mit Begonien, 1957
Foto: Archiv ALG

det sich der „Brunnengarten". Die Firma Breddermann schuf dort aus Sandsteinplatten und Kieseln insgesamt vierzehn Brunnen, von denen neun als kreisrunde gepflasterte Mulden ausgebildet sind. Aus ihnen sprudelten Fontänen, die bei Dunkelheit erleuchtet waren. Im Norden des Rheinparks erstrecken sich die von Günther Schulze und Joachim Winkler gestalteten „Rosenterrassen", deren Mauern aus gefärbten Kunststeinen gebaut wurden. Diese hatten gegenüber Natursteinen den Vorteil, dass man unterschiedliche Formen herstellen konnte, die sich zu beliebig gemusterten Mauern, Wegen und Plätzen verarbeiten ließen. Die zusammengedrückten Bienenwabenmuster der dunklen Gesteinslinien trugen der Mauer den Namen „Ringelnatterwand" ein.[31]

In der Mitte des Rheinparks erhebt sich aus der weiträumigen Aue der „Große Rosengarten". Zur Rheinseite hin wird er von einer in stumpfen Winkeln ge-

Iris-Aue am Rheinufer, 1957
Foto: Archiv ALG

brochenen Stützmauer aus Beton begrenzt, deren geometrisches Muster durch die schräge Anbringung der Verschalungsbretter erzielt und durch die blaugraue Färbung noch gesteigert wurde. Der Garten selbst besteht aus Rosenbeeten sowie aus mit Rosen umrankten Pergolen. Seit 1960 befindet sich im Zentrum der von Fritz Bermut nach antiken Vorbildern geschaffene Trinkbrunnen „Igel mit Schlange".[32]

Blick auf Parkcafé, Blumenhof und Wasserbecken, 1957
Foto: Archiv ALG

5. Von der Ausstellung zum Festival – Die Bundesgartenschauen 1957 und 1971 in Köln

Links: Rosencafé und Rosenterrassen
Zeichnung von W. Wegener
1967
Aus: K. Schönbohm: Flora, Zoo und Rheinpark in Köln, o. J., S. 78

Rechts: Der „Große Rosengarten" mit rosenumrankten Pergolen, 1957
Foto: Archiv ALG

Bauten

Integrierter Bestandteil der Gartenanlage waren diverse Restaurationsbauten: "So entstand an der alten Stelle das Rheinrestaurant in neuer Form wieder; auf den Fundamenten der alten Befestigungsanlagen, die früher das von Prof. Kreis gebaute Teehaus getragen hatten, wurde die Gaststätte „Parkhaus", im nördlichen Teil, an die Sachsenbergstraße angrenzend, das Milchrestaurant „Rosenterrassen" und im Osten am Auenweg ein Ausschank für Obstsäfte errichtet."[33] Durch die enge Zusammenarbeit zwischen Architekten und Landschaftsgestaltern konnte erreicht werden, dass sich die Bauten harmonisch in die Landschaft einfügen und einen unverzichtbaren Teil des Ensembles bilden.[34]

Die von Hans Schilling entworfenen und auf den Trümmern des alten Restaurationsgebäudes errichteten „Rheinterrassen" sind auf den Rhein und das Kölner Stadtpanorama ausgerichtet. Die vorhandenen Höhenunterschiede im Gelände wurden geschickt zu übereinanderliegenden Promenaden und zu kapriziösen Treppenführungen ausgenutzt.[35] Die stufenförmig angelegten Terrassen boten Platz für 3 000 Gäste.[36]

Das auf den Fundamenten des kriegszerstörten Teehauses von Wilhelm Kreis errichtete „Parkhaus" von Rambald von Steinbüchel-Rheinwall ist ein in alten Baumbestand eingebettetes, teilweise dreigeschossiges Gebäude mit großen, nierenförmig ausschwingenden Stahlbeton-Terrassen auf schlanken Stahlbetonpfeilern, die über Rampen erschlossen werden.[37] Elegant geschwungene Treppen und Rampen führen zu den Freiterrassen. Der Bau zeichnete sich durch starke Farbigkeit der Bauteile in ungebrochenem Blau und Gelb aus.[38] Insgesamt nahm die Gaststätte ca. 1 200 Besucher auf.[39]

Das „Rosencafé" von Fritz Ruempler, „vielleicht der ephemerste dieser luftigen Bauten, liegt am nördlichen Ende des Parks neben dem Thermalbad [...] knapp unterhalb der später errichteten Zoobrücke. Ein auf trapezförmigem Grundriß weit auf die Terrasse vorkragender Mittelbau enthält die Theke; sein Flugdach auf dünnen Stützen gibt Raum für eine ganz aus spitzen Dreiecken zusammengesetzte Verglasung. Offene Dächer schließen sich zu den Seiten an. Die Stützmauer der Terrasse aus wabenförmigen Steinen und der schwarz-weiße Bodenbelag vervollständigen den Eindruck. Heute wird der Mittelbau als Schulungsraum genutzt."[40]

Während der Bundesgartenschau beherbergte das Rosencafé eine Milchbar für insgesamt 300 Gäste. Durch die erhöhte Lage ergab sich ein ausgezeichneter Rundblick über die Rosenkulturen und die Rheinwiesen.[41]

Skulpturen

Heute mehr oder weniger im umgebenden Grün verborgen, bieten die von der Kölner Luft und der Zeit patinierten Skulpturen verschiedener namhafter Künstler dem Besucher die Überraschung der oft zufälligen Entdeckung. Entsprechend der Tradition früherer Bundesgartenschauen hatte das Wallraf-Richartz-Museum auf Initiative von Generaldirektor Leopold Reidemeister 21 Plastiken aus dem Zeitraum von 1875 bis 1956 im Rheinpark aufstellen lassen.[42] Sie waren als besondere Akzente für diejenigen Räume im Park vorgesehen, in denen sie ihre Charakteristik am besten entfalten konnten und mit ihrer Umgebung eine Einheit bildeten. Die Skulpturen trugen zu der internationalen Beachtung der Bundesgartenschau 1957 in Köln bei und bieten dem kunstinteressierten Betrachter bis heute "eine repräsentative und qualitätsvolle Sammlung klassisch-moderner, schwerpunktmäßig deutscher Plastik der ersten Jahrhunderthälfte."[43]

Fahrattraktionen

Am 21.7.1955 genehmigte der Rat der Stadt Köln den Bau einer Kabinenbahn zur Bundesgartenschau, um den Rheinpark mit den linksrheinisch gelegenen Grünanlagen von Flora und Botanischem Garten zu verbinden.[44] Das Kölner Traditionsunternehmen Pohlig errichtete nach Entwürfen von Hans Brüggemann die bis heute einzige Fluss-Seilbahn Europas, die Rheinseilbahn. Die mit einem Kostenaufwand von 1,5 Millionen DM realisierte 624 m lange Strecke überquert den Rhein in 28 m Höhe.[45] Darüber hinaus wurde von den Pohlig-Werken die Rheinparkbahn, eine Sessellift-Bahn, gebaut. Die 654 m lange Fahrstrecke überquert in 10 Metern Höhe das Parkgelände.[46]

Eine Kleinbahn im Gebiet des späteren Rheinparks war bereits 1928 zur „Pressa" gebaut und sehr schnell zur Attraktion der Ausstellung geworden. Die Strecke führte von der Deutzer Brücke zum Mülheimer Hafen. Für die Bundesgartenschau 1957 erhielt die Bahn ihre heutige Streckenführung: ein Rundkurs von 2,5 km Länge zwischen Tanzbrunnen und Rosenterrassen. Die Bahn wurde von den Kölner Verkehrs-Betrieben verwaltet und benötigte aufgrund des Dampflokbetriebes ein Personal von 80 Mitarbeitern.[47]

Weitere Anlagen und Außenstellen

Für den „Tanzbrunnen" entwarf Frei Otto das „Sternwellenzelt", eine Bedachung der Tanzfläche über dem Wasserbecken, die später zum Vorbild für das Münchener Olympiastadion wurde.[48] Erstmals auf einem Bundesgartenschaugelände wurde am Nordrand des Rheinparks der Jugend ein besonderes Angebot gemacht. Es entstand ein 30 000 qm großer „Jugendpark", der mit „Spiel- und Sportgeräten, einem Sportplatz und einem Gartentheater ausge-

Tanzbrunnen mit dem von Frei Otto entworfenen „Sternwellenzelt", 1957
Postkarte: Archiv ALG

Links: Rheinseilbahn und Dampflok-betriebene Kleinbahn, 1957
Postkarte: Sammlung Schütte

stattet war, zugleich aber in vielen Bereichen völlig unstrukturiert blieb, um der Phantasie der Jugendlichen freien Raum zu lassen. Zum Zentrum des Jugendparks entwickelte sich sehr schnell das 'Jugendhaus der offenen Tür', das von allen 'Jugendlichen' zwischen 10 und 25 Jahren genutzt werden konnte."[49] Während die bisherigen Bundesgartenschauen Spielplätze als Hilfe für die Eltern ansahen, bot das viel gelobte Kölner Modell den Jugendlichen einen Ausgleich für die im Zuge des Wiederaufbaus verschwindenden verkehrsarmen Freiflächen: „Eine Rollschuhbahn, die auch für Volks- und Gesellschaftstanz, Laienspiele und andere Gemeinschaftsveranstaltungen der Jugend und im Winter als Eislaufbahn benutzbar ist, wurde geschaffen."[50]

Die von Gerd Lohmer entworfene Brücke über den Mülheimer Hafen ermöglicht seit 1957 einen durch-

Tanzbrunnen mit „Sternwellenzelt", 1957
Foto: Archiv ALG

gängigen Spazierweg entlang des rechten Kölner Rheinufers. Der ursprünglich vorgesehene Ausbau in Form eines Drachens, dessen Schweif auf Mülheimer Gebiet liegen und dessen Kopf auf die linke Rheinseite blicken sollte, konnte aus Kostengründen nicht realisiert werden. Wegen der Schifffahrt ist der Mittelteil hoch gewölbt und weist eine Steigung von 15% auf.[51]

Da das Gartenschaugelände trotz seiner 48 ha nicht allzuviel Raum bot, wurden die Kleingarten- und Friedhofsthemen ausgelagert. Eine weitere Außenstelle zum Thema „Siedlungsgrün" entstand in der nahegelegenen „Stegerwald-Siedlung". Durch die Nähe dieser speziellen Anlagen zum eigentlichen Ausstellungsgelände blieb der Rheinpark frei für eine großzügige gärtnerische Gestaltung.[52] Die 1951 bis 1956 von der Deutschen Wohnungsgesellschaft m.b.H (DEWOG) zwischen Deutz-Mülheimer Straße und Pfälzischem Ring errichtete „Stegerwald-Siedlung", die früheste Großsiedlung Kölns nach dem Zweiten Weltkrieg, ist gekennzeichnet durch hauptsächlich in Nord-Süd-Richtung angeordnete Mehrfamilienhauszeilen für insgesamt 5 000 Einwohner.[53] Im Rahmen der Bundesgartenschau wurden die zur Siedlung gehörenden halböffentlichen Grünanlagen in einer Gemeinschaftsarbeit von DEWOG, Gartenarchitekt Preußer und dem Gartenamt der Stadt Köln unter dem Motto „Soziales Grün in der Wohnlandschaft" geplant. Die Wohnblocks erhoben sich nunmehr inmitten großer Grünflächen. Die an die „Stegerwald-Siedlung" angrenzende, aus der Vorkriegszeit stammende Kleingartenanlage am Pfälzischen Ring, die durch Kriegszerstörungen schwer gelitten hatte, diente als Musteranlage zeitgemäßer Kleingartengestaltung, „nachdem die Gartenlauben in verschiedenen Arten und Größen sowie ein Vereinsheim und eine Gemeinschaftstoilette neu errichtet worden waren. Einige Gärten wurden nach besonderen Bewirtschaftungsplänen als Mustergärten bearbeitet, einer als Gewürz- und Heilkräutergarten bepflanzt und andere mit zweckmäßigen Einrichtungen für Tauben- und Bienenhaltung versehen."[54]

Landschaftsarchitekt Victor Calles erfüllte mit seiner speziellen Planung einen traditionsgemäßen Aspekt der Bundesgartenschauen. Auf dem 18 500 qm großen alten Deutzer Friedhof „zeigten die Friedhofsgärtner, wie man ein- und mehrstellige Grabstätten schön und zweckmäßig bepflanzt; bildende Künstler, Handwerker und Industrie waren mit Beispielen gut gestalteter Grabzeichen aus Holz, Stein und Eisen vertreten."[55] Im Anschluss an die Bundesgartenschau wurde dieser Musterfriedhof in einen öffentlichen Park umgewandelt.[56]

Fazit der Bundesgartenschau 1957

Bis zum Ende der Bundesgartenschau am 19.10.1957 hatten rund 4,3 Millionen Menschen das Ausstellungsgelände besucht. Durch die Wahl des Rheinparks als Veranstaltungsort bzw. seine Erhaltung als Erholungsfläche war eines der letzten Stücke niederrheinischer Auenlandschaft im inneren Kölner Stadtgebiet bewahrt und somit einer anderweitigen baulichen Nutzung entzogen worden: „Als dauernder Gewinn bleibt der Rheinpark mit allen seinen schönen Anlagen als Erholungsstätte für die Kölner Bürger erhalten. Der linksrheinische Innere Grüngürtel findet im Garten am Strom seine Fortsetzung auf der rechten Rheinseite. Von Poll bis Stammheim ist eine Uferpromenade geschaffen worden, die durch den Blick auf die linksrheinische prachtvolle Stadtansicht besonders reizvoll ist. Und dieses ist der dauernde Gewinn, der die hohen Aufwendungen der Stadt Köln rechtfertigt."[57]

Übersichtsplan der Bundesgartenschau 1971
Aus: Ausstellungskatalog

Die Übergangszeit bis 1971

Aufgrund des Erfolgs dieser Bundesgartenschau dachte man schon bald daran, eine zweite derartige Ausstellung in Köln zu veranstalten, und am 16.10. 1962 wurden die Verträge zur Durchführung der Bundesgartenschau 1971 im Gebiet des Grünzugs Süd unterzeichnet. Ziel der Stadtplaner war es, das 90 ha große Gebiet zu sanieren und unter dem Motto „Wohnen im Grünen" einer städtebaulichen Neuordnung zuzuführen. Aus Zeit- und Kostengründen mussten die Pläne und laufenden Vorbereitungen (vgl. S. 247-250) jedoch ein paar Jahre später aufgegeben werden, stattdessen wurde die Ausstellung erneut in den Rheinpark und auf eine zusätzliche linksrheinische Fläche beiderseits der Mülheimer Brücke gelegt. Am 29.9.1966 kam es zu dem entsprechenden Änderungsvertrag. Die künstlerische Oberleitung lag, wie bereits 1957, beim Leitenden Gartenbaudirektor Kurt Schönbohm. Ziel der nun unter dem Motto „Festival in Köln" veranstalteten Gartenschau war es, „den Menschen der heutigen Zeit inmitten einer sinnvoll gestalteten Umwelt neue Betätigungsmöglichkeiten aufzuzeigen. Ein Besuch der Bundesgartenschau sollte sich nicht mehr im bloßen Bewundern der Blumen- und Pflanzenwelt erschöpfen, vielmehr sollte jung und alt gezeigt werden, wie die vermehrte Freizeit in der Natur sinnvoll genutzt werden kann. Beabsichtigt war, sowohl die Grüne Schau als auch die Komponenten der Freizeitbetätigungen in einem großartigen Festivalrahmen einzubeziehen." [58]

Bundesgartenschau Köln 1971

Am 29.4.1971 wurde die Bundesgartenschau in Köln durch Bundespräsident Gustav Heinemann eröffnet. Das Signet, der „Colonius 71", stammte von den Grafikern Langer und Stolzenberg. Die neue Symbolfigur war in gedanklicher Verbindung zum Symbol der Gartenschau von 1957 entworfen worden und sollte die beiden Aspekte „Grünschau" und „Festival" in sich vereinen. [59] Die Veranstaltung erstreckte sich auf beiden Seiten des Rheinstroms: im Rheinpark sowie linksrheinisch in der Riehler Aue und im „Tivoli". [60] Der Rhein wurde an allen wichtigen Stellen der Bundesgartenschau als prägendes und verbindendes Element einbezogen. Außerdem gestaltete man die 6,4 km lange linksrheinische Uferpromenade von der Innenstadt bis nach Niehl mit hochgelegten Mauerbeeten und Anpflanzungen. [61]

Die nach den Plänen verschiedener Gartenarchitekten konzipierten sechs Hallenschauen fanden in den Messehallen statt. Sie zeigten hauptsächlich Pflanzen, die nicht im Freiland wachsen, und erfreuten sich beim Publikum großer Beliebtheit. Ergänzend dazu fand im Nordteil der Halle 7 eine permanente Hallensonderschau statt. Hier hatten auch die Ausstellungsstände der Kölner Partnerstädte Kyoto, Liverpool, Tunis und Turku sowie der Stand der Stadt Johannesburg ihren Platz. [62] Die Koordination der Sonderschauen lag in Händen von Bernd Kittlass, der als ständiger Verbindungsmann zwischen der Gesamtleitung, der Messegesellschaft und dem Zentralverband des Deutschen Gemüse-, Obst- und Gartenbaues e. V. agierte. [63]

Rheinpark

Bereits durch den Bau der Zoobrücke 1963-1966 war es zu Veränderungen im nördlichen Rheinpark gekommen. So musste der 1947 im Nordosten über der so genannten „Bastei" errichtete Ford-Turm abgerissen werden. Die 112 m hohe, von einer Kuppel gekrönte Eisenkonstruktion war ein beliebter Aussichtsturm und ein Markenzeichen der Ford-Werke gewesen. Gleichzeitig wurde der Betrieb der Rheinseilbahn eingestellt, da ihr westlich der Rosenterras-

„Colonius"
Signet der Bundesgartenschau 1971

5. Von der Ausstellung zum Festival – Die Bundesgartenschauen 1957 und 1971 in Köln

Rechts: Tanzbrunnen mit „Tanzenden Wasserfontänen" und zeitgenössischen Skulpturen

Ganz rechts: Spielhügellandschaft mit „Stangenwald"
Fotos: ALG, 1971

Der Mittelmeergarten von Gartenarchitekt W. Polak
Foto: ALG, 1971

sen gelegener Endpunkt aufgrund der Brückenbauarbeiten an die Stelle des Ford-Turms verlegt werden musste. Am 22.8.1966 nahm die verlängerte Rheinseilbahn ihren Betrieb wieder auf. [64]
Als ehemaliges Bundesgartenschaugelände von 1957 sollte der Rheinpark in seinen Grundzügen unangetastet bleiben und wurde daher für die Buga 71 nur teilweise neu ausgestattet. Dies geschah weniger aus Kostengründen, sondern weil die Anlage der Kölner Bevölkerung mittlerweile lieb und vertraut geworden war. Daher wurden nur die Bereiche verändert, die nach 15 Jahren einer Überholung bedurften. [65]
Der in der Technik veraltete Tanzbrunnen wurde in die bis heute vorhandene Gestalt gebracht. Herta Hammerbacher, die bereits 1957 für den Tanzbrunnen verantwortlich zeichnete, entwickelte in Zusammenarbeit mit Frei Otto die sechs mittels Elektromotoren nach oben zusammenfaltbaren schirmartigen Überdachungen des Zuschauerbereichs vor der Tanzbrunnen-Bühne. Durch den Einbau tanzender Wasserfontänen erhielt der Brunnen ein noch ansprechenderes Gepräge. Außerdem wurden die umgebenden Blumenbeete vergrößert. Im Hinblick auf das gewählte Motto „Festival in Köln" war das umfangreiche kulturelle Begleitprogramm, das hier seinen örtlichen Schwerpunkt hatte, ein wesentlicher Bestandteil der Bundesgartenschau. [66]
Der israelische Gartenarchitekt Walter Polak entwarf den Mittelmeergarten als Erweiterung des Blumenparterres, um die Besucher mit mediterraner Flora vertraut zu machen. Kernbereich ist ein rechteckiges Wasserbecken, das von einem Brunnen überragt wird. Wasser rieselt über eine von der Bildhauerin Hannelore Wiese gestaltete Halbkugel aus blau schimmerndem Kunststoff. Der umgebende Hof wird von vorgefertigten Mauerteilen begrenzt. Sie bestehen aus schneeweißen, taubeneigroßen Kieseln, die aus Marmorabfällen der Steinbrüche in Carrara hergestellt worden waren. Weiße und schwarze Kunststein-Trittplatten, in Mustern und Streifen verlegt, bilden den Bodenbelag. Die aus südlichen Regionen stammenden Pflanzen sind, wie in ihrer Heimat üblich, zum großen Teil in Kübeln aufgestellt. [67]
Das Parkgelände wurde, der Tradition von Bundesgartenschauen entsprechend, mit modernen Kunstwerken ausgestattet, von denen besonders die Windplastiken von Otto Piene und die kinetischen Metallobjekte von François Baschet, Alexander Sarda und Anton Berger große Beachtung fanden. Für die meisten der 1971 neu aufgestellten Kunstwerke kann das Motto „Bewegliche Plastiken durch Wind und Wasser" gelten. [68] Einige der Skulpturen, die zur ersten Kölner Bundesgartenschau 1957 aufgestellt worden waren, hatte man dagegen zwischenzeitlich in Museen und auf öffentliche Plätze der Stadt transloziert. [69]
An Stelle des 1957 angelegten Blumendeichs im Übergang von der Aue zu den Intensivgehölzen wurde eine völlig neu konzipierte Spielhügellandschaft geschaffen. Dieses Musterbeispiel zeitgemäßen Spielstättenbaus fand mit dem Gondelteich, dem Stangenwald, der Lauftrommel, der Rutschbahn und den Spielhügeln großen Anklang bei jungen Parkbesuchern. Obwohl diese Ansätze für die Gestaltung von Spielanlagen in öffentlichen Parks gut waren, hielt ihre Ausführung in weiten Teilen jedoch den Belastungen und Verschleißansprüchen nicht Stand. [70] Im östlichen Teil des Geländes wurden

Lauftrommel und Klettergerüst in der Spiellandschaft, 1971
Fotos: Archiv Stadtkonservator

Großspielfelder für Mühle, Dame und Schach angelegt.[71] Die bereits 1957 von Herta Hammerbacher geschaffene Wasserterrassen-Anlage[72] mit ihren eigenwilligen, von Clematis, Glyzinien und Waldreben umschlungenen Rankgerüsten erfuhr 1971 eine zusätzliche Belebung durch 18 dreieckige Aluminium-Schalen, über die das Wasser in einer zweiten Etage kaskadenartig nach unten fließt.[73] Für den Torfstreuverband entwarf Joachim Winkler das Torfhaus, auf dessen Terrassen verschiedene Moor- und Torfbeete mit den entsprechenden Pflanzen angelegt wurden.[74] Als weitere Maßnahmen sind die gärtnerische Ausgestaltung des Brunnengartens, die Erweiterung der Iris-Auen am Rheinufer, die Unterpflanzung der Randbereiche am Auenweg mit waldartigen Schattenpflanzen sowie die Verstärkung der vorhandenen Azaleen-, Dahlien- und Astilbenbestände zu nennen.[75] Die bereits 1957 angelegten und in der Zwischenzeit gut eingewachsenen Hausgärten fanden bei den Kritikern erneut viel Anklang[76] und bildeten einen Gegensatz zu den „modernen" Anlagen im linksrheinischen Buga-Gelände.

Am nördlichen Ende des Rheinparks liegt heute der 1993-1996 errichtete Neubau des Thermalbads. Zur Bundesgartenschau 1971 war hier ein Vorgängerbau über der schon in den 1950er-Jahren erschlossenen warmen, leicht eisenhaltigen Quelle gebaut worden, der 1988 abbrannte. Davor erstreckt sich eine während der Gartenschau als Liegewiese genutzte Rasenfläche.[77]

Der Jugendpark wurde den veränderten Ansprüchen der Heranwachsenden angepasst und um eine Minigolfanlage, eine Kinder-Verkehrsanlage sowie Trampolin- und Tischtennis-Bereiche ergänzt.[78] Der erneute Betrieb einer schienengebundenen, dampfgetriebenen Kleinbahn im Rheinpark scheiterte an den hohen Kosten. So wurde die Trasse schließlich für den Betrieb einer motorgetriebenen Ausstellungsbahn umgerüstet.[79] Sie erhielt damals die noch heute gültige Spurweite von 600 mm, auf denen die mit

Im gesamten Rheinparkgelände wurden moderne Plastiken aufgestellt.
Foto: ALG, 1971

VW-Motoren ausgestatteten „Mondzüge" ihre Runden drehten. 1972 wurde die Bahn an den Betreiber des Thermalbades verpachtet.[80] Seit 1981 betreibt der Kölner Industriekaufmann Karlheinz Potrz die Kleinbahn mit dieselgetriebenen Zügen.[81]

Riehler Aue

Im linksrheinischen Ausstellungsgelände wurde der Charakter der Rheinauenlandschaft durch Baumgruppen bestimmt, die erst 1957 gepflanzt worden waren. Es handelte sich hierbei um die echte Neugründung einer Landschaft: „Der größte Teil der

5. Von der Ausstellung zum Festival – Die Bundesgartenschauen 1957 und 1971 in Köln

Oben: Blumenwiese
in der Riehler Aue, 1971

Rechts oben: „Flora-Vision 71" – die Kunststoff-Kugelhalle
Fotos: Archiv ALG

Rechts unten:
Die Riehler Aue Ende der 1990er-Jahre
Foto: J. Bauer

Riehler Aue wurde 1955 um 7 bis 8 m, bis zur Deichhöhe, mit Trümmerschutt angefüllt und dadurch hochwasserfrei gelegt. Anschließend wurden Gruppen junger Bäume gepflanzt."[82] Für das Ausstellungsgelände erarbeitete die Arbeitsgemeinschaft der Architekten Albert Knop, Gottfried Kühn und Kurt Schönbohm einen Rahmenplan.

Gärtnerisches Mittelstück der Riehler Aue war die muldenartige Blumenwiese mit einer 5 000 qm großen Pflanzfläche in Form geschlungener Bänder, auf denen jahreszeitlich wechselnder Blumenschmuck angeordnet wurde. Beherrschender Blickpunkt war eine freitragende orangefarbene Kunststoff-Kugel-Halle von 13 m Höhe, die durch Überdruck getragen wurde. In ihr wurde eine Multivisions-Schau mit 56 Diaprojektoren als „Flora-Vision 71" gezeigt, die über die Probleme und vielschichtigen Aufgaben des Gärtners der Gegenwart berichtete. Es handelte sich dabei um die größte bis dahin realisierte audiovisuelle Schau.[83] Auf Lehrschauen im klassischen Sinne mit Darstellungen, Fotos und Modellen wurde bewusst verzichtet.[84]

Besondere Bedeutung kam der Sonderschau „Zeitgemäße Gartenformen" zu: „Es handelt sich dabei um 19 Wohngärten, die von 10 Gartenarchitekten geplant und von 19 Firmen des Garten- und Landschaftsbaus im Wettbewerb ausgeführt worden sind. (...) Alle Gärten, die bereits im Jahr vor der Ausstellung fertig bepflanzt waren, haben eigene Themen wie 'Traumland', 'Mietergärten mit mobiler Ausstattung' oder 'Garten des Feinschmeckers'."[85] Die Themen der einzelnen Gärten lassen sich in vier Kategorien zusammenfassen: „Größere Hausgärten", „Reihenhausgärten", „Terrassengärten" und „Atriumgärten und Gartenhöfe".[86] Im Unterschied zur Buga 57 wurden die Hausbegrenzungen durch gegliederte Stahlgitter und Stahlblechüberdachungen angedeutet, deren Wirkung sich im Lauf der Zeit durch das Wachstum der an ihnen emporrankenden Schling- und Kletterpflanzen noch steigerte.[87]

Tivoli

Als Fortsetzung der Riehler Aue wurde nördlich der Mülheimer Brücke zwischen Niederländer Ufer und Rhein ein Vergnügungspark geschaffen, der nach dem Kopenhagener Vorbild den Namen „Tivoli" erhielt. Eine ähnliche Einrichtung hatte es bereits in der Zeit der englischen Besatzung nach dem Ersten Weltkrieg mit dem Lunapark zwischen Zoo und Neusser Wall gegeben.[88] Nach den Plänen der Architekten Adolf Schmidt und Georg Rotter entstand 1970/71 ein Vergnügungspark unter dem Motto „Eine Reise um die Welt". Neben einem vielfältigen gastronomischen Angebot mit internationaler Atmosphäre, einem 40 m hohen Riesenrad, Achterbahn und Geisterbahn gab es Oldtimer-Schienenzüge, die in 30 m Höhe über die „Traumstraße der Welt" fuhren.[89] Die „Blumenbahn", eine nicht schienengebundene, motorgetriebene Zugmaschine mit gummibereiften Wägelchen, stellte auf eigener Trasse die Verbindung zwischen Tivoli und Riehler Aue her.[90]

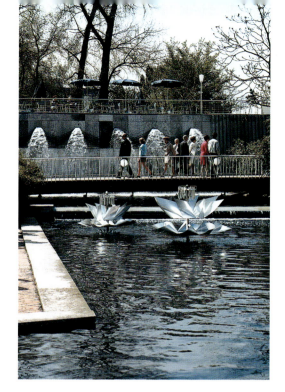

Zeitgenössische Kunst im Wasserbecken, 1971
Dahinter, in der Wand der unteren Parkcaféterrasse, der Wasserfall von
J. Jaeckel von 1957
Foto: Archiv ALG

Weitere Anlagen im linksrheinischen Stadtgebiet

Südlich des Eingangs zum Tivoli, nördlich der Mülheimer Brücke, befand sich die Sonderschau von Grabbepflanzung in Verbindung mit Steinmetz- und Bildhauerarbeiten. Die Pläne hatte Joachim Beinlich erarbeitet.⁹¹ Außerhalb des eigentlichen Ausstellungsgeländes wurde anlässlich der Bundesgartenschau die an der Boltensternstraße gelegene Kleingartenanlage durch den Architekten Adolf Schmidt vollständig erneuert. Anstelle der ehemals monoton aneinander gereihten Lauben gibt es seitdem lockere Gruppierungen der Parzellen rund um kleine platzartig gestaltete Höfe.⁹²

Als weitere Attraktion südlich der Riehler Aue zog das zeitgleich mit der Buga 71 eröffnete Aquarium am Zoo die Besucher an.⁹³

Fazit der Bundesgartenschau 1971

In den knapp sechs Monaten Ausstellungsdauer wurden die Anlagen von insgesamt 4,4 Millionen Menschen besucht: „Krönender Abschluss war die Verleihung des Deutschen Architekturpreises 1971 an die Stadt Köln und ihre Bundesgartenschau."⁹⁴ Der außerordentliche Erfolg der zweiten Bundesgartenschau in Köln bewies, dass man eine derartige Veranstaltung auf demselbem Terrain zum zweiten Mal durchführen kann.⁹⁵ Dazu trugen mit Sicherheit aber auch der massive Werbeaufwand und das attraktive Kulturprogramm bei.⁹⁶

Nach Beendigung der Bundesgartenschau wurde die Riehler Aue der Kölner Bevölkerung als extensive Grünanlage übergeben. Der Tivoli dagegen, der nach ursprünglicher Planung als Vergnügungspark erhalten bleiben sollte, wurde mangels Zuspruch in der Folgezeit abgerissen. Das Gelände präsentiert sich heute wieder als Deichvorland mit locker eingestellten Baumgruppen.

Perspektiven

Heute sind Rheinpark und Riehler Aue wesentliche Bestandteile des innerstädtischen Kölner Grünsystems, wobei dem Rheinpark und seinen Bauten durch das Zusammenwirken gartenkünstlerischer, städtebaulicher und architektonischer Gesichtspunkte und als Zeugnis der Freiraumplanung der 1950er-Jahre eine herausragende Stellung innerhalb der Kölner Grünanlagen zukommt. Aufgrund der angespannten Finanzlage der Stadt Köln befinden sich einige Teile und Bauten der Anlage mittlerweile in einem sanierungsbedürftigen Zustand. Insbesondere das Parkcafé ist infolge mangelnder Instandsetzungsarbeiten zum großen Teil nicht mehr nutzbar.⁹⁷

In Bezug auf die Gesamtanlage stellte Kurt Schönbohm 1988 in seinem Rückblick fest: „Die Entfernung der meisten Skulpturen – aus welchen Gründen auch immer – hat den Rheinpark in seiner gestalterischen Einheit deklassiert. Eine Rückkehr der Plastiken in den Park an ihre angestammten Plätze wäre zu begrüßen, denn dort entfalten sie ihre ganze Aussagekraft und Schönheit, wie es im Museum nicht der Fall sein kann."⁹⁸ Die Sicherung des noch vorhandenen Skulpturenbestands ist daher ein wichtiges Anliegen. Dagegen konnten die „Rheinterrassen" 1989 bis 1994 unter denkmalpflegerischen Auflagen saniert werden. Es offenbarten sich dabei neben den klassischen Alterungsschäden auch kleinere Planungsmängel.⁹⁹ Außerdem wurden die Wasserterrassen und 1998 der Brunnengarten saniert.

Der heute eigenständig betriebene Tanzbrunnen, der seit 1994 trocken lag, wurde im Jahr 2000 pünktlich zum 50-jährigen Jubiläum für 2 Millionen DM restauriert. Außerdem erhielt er einen neuen Backstage-Bereich, sodass das Veranstaltungsprogramm vom Betreiber KölnKongress stark ausgeweitet werden konnte.[100] Die Wiederaufstellung des rekonstruierten Sternwellenzeltes auf dem Tanzbrunnen erfolgte im Frühjahr 2001.

Im Zusammenhang mit der Umgestaltung und Neunutzung der Industriebrachen und denkmalgeschützten Industriebauten im Gebiet zwischen Deutz und Mülheim, die in den nächsten Jahren ansteht, wird dem Rheinpark eine besondere Bedeutung als grünes Herzstück der neuen rechtsrheinischen City und als Teil eines von vielen Seiten gewünschten „Grünzugs Deutz" zukommen.[101] Voraussetzungen für seine dauerhafte Aufwertung sind Verbesserungen bei den Zugängen und eine günstigere Anbindung an die östlich angrenzenden Stadtteile. Hierzu zählt insbesondere die Überbrückung der breiten Eisenbahntrasse am Auenweg. Investitionen für die Restaurierung des Parks und seiner Bauten könnten einen Anstieg der Besucherzahlen nach sich ziehen. Dann würde dem Rheinpark auch wieder die besondere Bedeutung innerhalb der Kölner Grünflächen zukommen, die sich aus seiner Lage und Entstehungsgeschichte ableitet.

1 Panten, Helga: Die Bundesgartenschauen. Eine blühende Bilanz seit 1951. Stuttgart 1987, S. 8-9

2 Bundesgartenschau Köln 1957. Pressemitteilung „Leit-Faden durch die Bundesgartenschau Köln 1957" zur Pressekonferenz, 19./20. Februar 1957. Hrsg. Stadt Köln/Zentralverband des Deutschen Gemüse-, Obst- und Gartenbaues e. V. Bonn. 1. Auflage. Köln [Februar] 1957, S. 3. Die Grundidee der Bundesgartenschau definierte der Zentralverband des Gartenbaus folgendermaßen: „Jede Bundesgartenschau ist eine Ausstellung, an der sich der gesamte deutsche Gartenbau mit allen seinen Spezialgebieten von der Gartengestaltung bis zur Gemüsezucht beteiligt." Vgl. Bundesgartenschau Köln 1957 – Pressemitteilung 1957, S. 2.

3 Verwaltungsbericht der Stadt Köln 1956/57, S. 17

4 Panten, H., a.a.O., S. 30

5 Zey, René: Parks in Köln. Ein Führer durch die Grünanlagen. Wissenschaftliche Beratung: Henriette Meynen. Köln 1993, S. 151; Wiegand, Heinz: Entwicklung des Stadtgrüns in Deutschland zwischen 1890 und 1925 am Beispiel der Arbeiten Fritz Enckes. Geschichte des Stadtgrüns, Bd. 2. Berlin/Hannover 1977, S. 109

6 Encke, Fritz: Die Grünanlagen der Stadt Köln. Köln 1926, S. 31-32

7 Zey, R., a.a.O., S. 151; Hallbaum, Franz: Die Neugestaltung des Kölner Ausstellungsgeländes zur „Pressa" 1928. In: Die Gartenkunst Jg. 41, 1928, Nr. 8 (August), S. 113-124, hier S. 118 u. 122; Meynen, Henriette: Kölner Forts als Gartenanlagen. In: Köln: 85 Jahre Denkmalschutz und Denkmalpflege 1912-1997. Bd. 2: Texte von 1980 bis 1997. Hrsg. Stadtkonservator Köln. Stadtspuren – Denkmäler in Köln, Bd. 9.II. Köln 1998, S. 143-150, hier S. 144 u. 150

8 Am 13.5.1951 wurde diese Tanzfläche eröffnet. Vgl. Zerlett, Rolf/Wagner, Rita: Chronik. In: Das Neue Köln 1945-1995. Begleitpublikation zur Ausstellung des Kölnischen Stadtmuseums in der Josef-Haubrich-Kunsthalle Köln, 22.4.-18.8.1995. Hrsg. Schäfke, Werner/ Wagner, Rita. Köln 1994. S. 117-259, hier S. 140

9 Allinger, Gustav: Das Hohelied von Gartenkunst und Garten-

Blumenwiese in der Riehler Aue, Bundesgartenschau 1971
Foto: Archiv ALG

Wasserterrassen
Pergola von
H. Hammerbacher
Zeichnung von
Lederhagen
Abb.: Archiv ALG

    bau. 150 Jahre Gartenbau-Ausstellungen in Deutschland. Berlin/Hamburg 1963, S. 126
10 Schönbohm, Kurt: Bundesgartenschau 1957 in Köln. Typoskript. Köln [30.7.]1957. [Aktenbestand Amt für Landschaftspflege und Grünflächen der Stadt Köln]. Der alte Auenweg verlief ursprünglich an der Stelle, wo sich heute der zwischen Parkcafé und Hausgärten gelegene östliche Hauptweg des Rheinparks erstreckt.
11 Verwaltungsbericht der Stadt Köln 1956/57, S. 18; Schönbohm, Kurt: Die Bundesgartenschau in Köln. Typoskript. Köln [15.7.]1957. [Aktenbestand Amt für Landschaftspflege und Grünflächen der Stadt Köln]
12 Schönbohm, Kurt: Bundesgartenschau 1957 in Köln. Typoskript. Köln [30.7.]1957. [Aktenbestand Amt für Landschaftspflege und Grünflächen der Stadt Köln]
13 Schönbohm, Kurt: o. T. [Bundesgartenschau 1957]. Typoskript. Köln [28.1.]1957. [Aktenbestand Amt für Landschaftspflege und Grünflächen der Stadt Köln]
14 Hanisch, Karl Heinz: Das Versprechen von Köln. Eine Vorschau auf die dritte Bundesgartenschau in Köln 1957. Sonderbericht für das Zentralblatt des Deutschen Erwerbsgartenbaues. Typoskript. O. O. [Köln] o. J. [um 1956]
15 Fresdorf, Ernst: Bundesgartenschau Köln 1957. Schlussbericht. O. O. [Köln] o. J. [1957], S. 8
16 Verwaltungsbericht der Stadt Köln 1956/57, S. 18
17 Verwaltungsbericht der Stadt Köln 1956/57, S. 23
18 Bäcker, Walter: Die Bedeutung der Hallensonderschauen. In: Bundesgartenschau Köln 1957. Veranstaltet von der Stadt Köln und dem Zentralverband des Deutschen Gemüse-, Obst- und Gartenbaues e. V. Bonn. Durchgeführt von der Messe- und Ausstellungs-Gesellschaft mbH Köln. Amtlicher Ausstellungskatalog. Hrsg. Bundesgartenschau Köln 1957. Köln 1957. S. 59-60, hier S. 59
19 Fresdorf, E., a.a.O., S. 16-17
20 Schönbohm, Kurt: Köln: Grünanlagen 1945-1975. Stadtspuren – Denkmäler in Köln, Bd. 16. Köln 1988, S. 66
21 Schönbohm, Kurt: Die Bundesgartenschau in Köln. Typoskript. Köln [15.7.]1957. [Aktenbestand Amt für Landschaftspflege und Grünflächen der Stadt Köln]
22 Meynen, Henriette: Stilistische Merkmale der Kölner Grünraumgestaltung 1945-1975. In: Schönbohm, Kurt: Köln: Grünanlagen 1945-1975, a.a.O., S. 11-15, hier S. 14
23 Bundesgartenschau Köln 1957. Veranstaltet von der Stadt Köln und dem Zentralverband des Deutschen Gemüse-, Obst- und Gartenbaues e. V. Bonn. Durchgeführt von der Messe- und Ausstellungs-Gesellschaft mbH Köln. Amtlicher Ausstellungskatalog. Hrsg.: Bundesgartenschau Köln 1957. Köln 1957, S. IX
24 Bundesgartenschau Köln 1957 – Pressemitteilung, a.a.O., S. 18.
25 Zey, R., a.a.O., S. 147; Schönbohm, K.: Köln: Grünanlagen 1945-75, a.a.O., S. 73. Die Travertinplatten stammen vom Kölner Pavillon auf der Pariser Weltausstellung 1937.
26 Zey, R., a.a.O., S. 146
27 Bundesgartenschau Köln 1957 – Pressemitteilung, a.a.O., S. 19
28 ebd., S. 20. Die Gartenarchitekten waren: Karl Penzler (Hausgarten 1), Friedrich Schaub (Hausgarten 2), Roland Weber (Hausgarten 3), Victor Calles (Hausgarten 4), Gottfried Kühn (Hausgarten 5). Vgl. Bundesgartenschau Köln 1957, a.a.O., S. 254-263
29 Kittlass, Bernd: Die Bundesgartenschauen Köln 1957 und 1971. In: Deutz – 100 Jahre Eingemeindung. Hrsg.: Bürgervereinigung Deutz e. V. Köln 1988. S. 96-101, hier S. 97
30 Fresdorf, E., a.a.O., S. 18
31 Bundesgartenschau Köln 1957 – Pressemitteilung, a.a.O., S. 23-24
32 Zey, R., a.a.O., S. 149-150. Der Brunnen war in den 1990er-Jahren der letzte intakte Trinkbrunnen des Rheinparks und wurde im Sommer 2000 saniert.
33 Verwaltungsbericht der Stadt Köln 1956/57, S. 17
34 Hanisch, K.H., a.a.O.
35 Schönbohm, Kurt: Rheinparkrestaurant auf der Bundesgartenschau Köln. In: Deutsche Bauzeitschrift (DBZ), Fachblatt für Entwurf und Ausführung Jg. 5, 1957, H. 8, S. 954-956, hier S. 955
36 Fresdorf, E., a.a.O., S. 13-14
37 Kierdorf, Alexander: Köln – Ein Architekturführer / Architectural Guide to Cologne. Hrsg.: Wolfram Hagspiel. Berlin 1999, S. 66 (Nr. 111)
38 Schönbohm, Kurt: Parkhaus auf der Bundesgartenschau Köln. In: Deutsche Bauzeitschrift (DBZ), Fachblatt für Entwurf und Ausführung Jg. 5, 1957, H. 8, S. 952-953, hier S. 952
39 Fresdorf, E., a.a.O., S. 14
40 Kierdorf, A., a.a.O., S. 66 (Nr. 111). Der Dreiecksverband des Sprossenwerks am Hauptbau dient der Aussteifung gegen Windkräfte. Vgl. Schönbohm, Kurt: Rosencafé auf der Bundesgartenschau Köln. In: Deutsche Bauzeitschrift (DBZ), Fachblatt für Entwurf und Ausführung Jg. 5, 1957, H. 8, S. 949-951, hier S. 951. Fritz Ruempler hatte das Gebäude in stilisierter Form eines sich in die Luft erhebenden Vogels konzipiert. Vgl. Ginzel, H[ermann]: [o. T.] [Bundesgartenschau Köln 1957]. Typoskript. Köln o. J. [ca. 1957]. [Aktenbestand Amt für Landschaftspflege und Grünflächen

Das Parkcafé im Rheinpark
Zeichnung von W. Wegener,
1967
*Aus: K. Schönbohm: Flora,
Zoo und Rheinpark in Köln,
o. J., S. 84*

    der Stadt Köln]
41 Fresdorf, E., a.a.O., S.14
42 ebd., S.15-16.
43 Kolberg, Gerhard: Skulpturen im Rheinpark – von der „Schauenden" zur „Sinnenden". Sonderdruck aus: Köln, Vierteljahrschrift für die Freunde der Stadt Köln Jg. 31, 1986, H.1. Köln 1986
44 Zerlett, R./Wagner, R., a.a.O., S.151
45 Bundesgartenschau Köln 1957 – Pressemitteilung, a. a. O., S. 4; Fresdorf, E., a.a.O., S.14; Hagspiel, Wolfram: Profanbauten nach 1945 (Beipiele). In: Chronik zur Geschichte der Stadt Köln. Bd. 2: Von 1400 bis zur Gegenwart. Hrsg.: Peter Fuchs. Köln 1991, S. 324-330, hier S. 326. Erst im Februar 1956 konnte der Bau der Seilbahn beginnen, da er auf Bedenken des Regierungspräsidenten gestoßen war. Nach grundsätzlicher Zustimmung des Landeswirtschafts- und -verkehrsministers kam ein Kompromiss zustande: eine Konzession wurde zunächst nur für dreieinhalb Jahre erteilt. Vgl. Schmitz, Hans: Daten 1945-1990/91. In: Chronik zur Geschichte der Stadt Köln. Bd. 2: Von 1400 bis zur Gegenwart. Hrsg.: Peter Fuchs. Köln 1991. S. 262-323, hier S. 291
46 Bundesgartenschau Köln 1957 – Pressemitteilung, a. a. O., S. 7. Vgl. auch die Anzeige der Fa. Pohlig in: Bundesgartenschau Köln 1957, a.a.O., S. X
47 Horstmann, Angela: Klein aber fein. Die Kleinbahn im Rheinpark fährt seit 65 Jahren. In: Köln. Zeitschrift der Stadt Köln Jg. 38, 1993, H. 2, S. 40-41. Mit Hilfe eines Preisausschreibens wurden Namen für die Züge ermittelt: „Fleißiges Lieschen", „Männertreu" und „Rosenkavalier" wurden aus Tausenden von Vorschlägen ausgewählt.
48 Zey, R., a.a.O., S.146
49 Panten, H., a.a.O., , S. 34. Fritz Schaller entwarf das Jugendhaus.
50 Fresdorf, E., a.a.O., S.10
51 Schubert, Horst: Wie die Brücken sich wieder von Köln nach Köln spannten. Hrsg.: Stadt Köln, Presse- und Informationsamt. Gelebtes Köln – Beobachtungen, Dokumente und Stimmen von Zeitzeugen zu Kölns Wechseljahren seit 1945, H. 5. Köln 1997, S. 41, 43
52 Verwaltungsbericht der Stadt Köln 1956/57, S.17
53 Die Siedlung ist ausführlich beschrieben in: Heinen, Werner/Pfeffer, Anne-Marie: Köln: Siedlungen 1938-1988. Stadtspuren – Denkmäler in Köln, Bd. 10. II. Köln 1988, S.106-111
54 Verwaltungsbericht der Stadt Köln 1956/57, S. 23. Architekt Wilfried Berens gestaltete die Anlage um und entwarf insgesamt 76 Musterlauben verschiedener Typen. Vgl. Fresdorf, E., a.a.O., S.12-13.
55 Verwaltungsbericht der Stadt Köln 1956/57, S. 23
56 Panten, H., a.a.O., S. 34
57 Fresdorf, E., a.a.O., S. 24
58 Verwaltungsbericht der Stadt Köln 1971, S.185
59 Berge, Hans: Bundesgartenschau Köln 1971. Schlussbericht. O. O. [Köln] o. J. [1971]
60 Bundesgartenschau 1971 – Köln. Ein Vorbericht. In: Das Gartenamt Jg. 20, 1971, Nr.1, S. 20-25, hier S. 20-21. Die Gesamtgröße der Buga 71 betrug 59 ha. Der Rheinpark erstreckte sich auf 42,4 ha. Die Riehler Aue hatte eine Größe von 10 ha, der Tivoli umfasste eine Fläche von 8 ha. Hinzu kamen noch 27 ha Rheinvorwiesen an der Riehler Aue.
61 Schönbohm, Kurt: Bundesgartenschau Köln 1971. Entstehung und Bedeutung für das öffentliche Grün. In: Das Gartenamt Jg. 20, 1971, H. 4, S.161-165, hier S.163
62 Berge, H., a.a.O. Die Themen der sechs Schauen waren: Eröffnungsschau, Rosenschau, Blumenbindeschau, Hauptschau, Dahlienschau und Schlussschau.
63 ebd.
64 Bundesgartenschau Köln 1957 – Pressemitteilung, a.a.O., S. 23; Zerlett, Rolf: Köln. Von den Römern bis heute Historische Daten. Köln 1990, S. 270; Zerlett, R./Wagner, R. a.a.O., S.172
65 Panten, a.a.O., S. 82
66 Verwaltungsbericht der Stadt Köln 1971, S.185 u. 189
67 Schönbohm, Kurt: Bundesgartenschau Köln 1971: Mittelmeerländischer Gartenhof. In: Neue Landschaft Jg.16, 1971, H. 11, S. 569-575, hier S. 573-574; Zey, R., a.a.O., S.146
68 Zu nennen sind die „Fliegenden Kürbisse" von Otto Piene, die „Seerosen" und die „Baumuhr" von François Baschet, die „Orchidee" und der „Tanz" von Alexander Sarda, die Äols-Harfe „Loreley 2000" von Christian Weiser sowie der „Gegenläufige Rotor" und die „Windnadel" von Anton Berger. Vgl. Schönbohm, Kurt: Neue Gartenplastiken. Kinetische Objekte, Wind- und Wasserkünste und andere moderne Plastiken in der Bundesgartenschau Köln 1971. Sonderdruck aus: Neue Landschaft Jg.16, 1971, H. 9.
69 ebd., S.1. Anfang 1971 waren aus der Zeit der Buga 57 noch folgende Kunstwerke vorhanden: „Häusliche Sorgen" von Rik Wouters (1913), „Assunta" von George Kolbe (1921), „Junger Esel" und „Steigendes Pony" von René Sintenis (1927 bzw. 1942), „Sinnende" von Ludwig Kasper (1943), „Der Sommer" von Josef Jaeckel (1952), „Ruhendes Tier" von Hans Adolf Schumann (1953), „Sitzende" und „Kindergruppe" von Kurt Lehmann (1953), „Narziß" von Hildegard Domizlaff (1954), „Stehende" von Kurt Schwippert

Die Riehler Rheinaue
Zeichnung von
K. Schönbohm
Aus: K. Schönbohm: Köln: Grünanlagen 1945-1975, S. 93

(1956), „Storchengruppe" von Philipp Harth (1956).
70 Kittlass, Bernd: Spielen in der Bundesgartenschau Köln 71. In: Neue Landschaft Jg. 16, 1971, H. 11, S. 563-569, hier S. 569
71 Verwaltungsbericht der Stadt Köln 1971, S.186
72 An dieser Stelle befand sich in den 1920er-Jahren der von Fritz Encke geschaffene Rosengarten.
73 Zey, R., a.a.O., S.148; Schönbohm, K.: Neue Gartenplastiken, a.a.O., S. 7
74 Zey, R., a.a.O., S.147
75 Verwaltungsbericht der Stadt Köln 1971, S.186; Berge, H., a.a.O.
76 Gröning, Gert: Gemischtes von der BGS in Köln 1971. Ein Nachtrag. In: Das Gartenamt Jg. 20, 1971, H. 12, S. 590-593, hier S. 593
77 Bundesgartenschau 1971 – Köln. a.a.O, S. 21-22; Kierdorf, A., a.a.O., S. 67
78 Verwaltungsbericht der Stadt Köln 1971, S.186
79 Berge, H., a.a.O.
80 Horstmann, a.a.O., S. 41
81 [Potrz, Karlheinz]: Die Geschichte der Kleinbahn in Köln. Typoskript. Köln [23.6.]1994 [unveröffentlicht]
82 Schönbohm, Kurt: Bundesgartenschau Köln 1971. Entstehung und Bedeutung für das öffentliche Grün, a.a.O, S. 164
83 Kittlass, Bernd: Die Bundesgartenschauen Köln 1957 und 1971, a.a.O., S.100
84 Bundesgartenschau 1971 – Köln. Ein Vorbericht, a.a.O., S. 20; Schönbohm, Kurt: Bundesgartenschau Köln 1971. Entstehung und Bedeutung für das öffentliche Grün, a.a.O., S.164;
Verwaltungsbericht der Stadt Köln 1971, S.187. Die Halle erhielt vom Volk den Spitznamen „Apfelsine".
85 Bundesgartenschau 1971 – Köln. Ein Vorbericht, a.a.O., S. 20-21
86 Schönbohm, Kurt: Bundesgartenschau Köln 1971. Entstehung und Bedeutung für das öffentliche Grün, a.a.O., S.163. Vgl. außerdem Knop, Albert: Gärten von heute. Sonderdruck aus: Neue Landschaft Jg. 16, 1971, H. 10. Hrsg. Bund Deutscher Landschaftsarchitekten e. V. Bonn 1971
87 Knop, A., ebd., S.1
88 Herrmann, Walther: Wirtschaftsgeschichte der Stadt Köln 1914 bis 1970. In: Zwei Jahrtausende Kölner Wirtschaft. Bd. 2: Vom 18. Jahrhundert bis zur Gegenwart. Hrsg.: Hermann Kellenbenz/Klara van Eyll. Köln 1975. S. 359-473, hier S. 379 u. 471 (Anm. 47)
89 Da der Besucherzustrom hinter den Erwartungen der Betreibergesellschaft zurückblieb, war der Besuch des Tivoli ab 5.7.1971 kostenlos. Vgl. Berge, H., a.a.O.
90 ebd.
91 ebd.
92 Bundesgartenschau '71 – Festival in Köln. Katalog. Redaktion Karl Heinz Hanisch. Hrsg.: Gesamtleitung der Bundesgartenschau Köln '71. Köln 1971, S. 67; Berge, H., a.a.O.
93 Verwaltungsbericht der Stadt Köln 1971, S.188. Der Rat der Stadt Köln hatte bereits am 14.12.1967 den Bau eines Aquariums mit Terrarium und Insektarium beschlossen, das zur Bundesgartenschau 1971 fertiggestellt sein sollte. Vgl. Zerlett, R./Wagner, R., a.a.O., S.183
94 Kittlass, B.: Die Bundesgartenschauen Köln 1957 und 1971, a.a.O., S.101
95 Verwaltungsbericht der Stadt Köln 1971, S.185. Der Schlusstag der Buga '71 in Köln war der 24.10.1971.
96 vgl. Berge, H., a.a.O.
97 Kaltwasser, Ute: Ein Schmuckstück mit kleinen Schandflecken, „Eine der schönsten Schöpfungen der Gartenarchitektur", in: Kölner Stadt-Anzeiger Nr. 191 (1999), 17.8.1999, S.11. Das Parkcafé stand im Sommer 2000 im Mittelpunkt der Veranstaltungsreihe „Rheinpark – Mein Park", mit der der Arbeitskreis „Denkmal des Monats" im Ortsverband Köln des Rheinischen Vereins für Denkmalpflege und Landschaftsschutz auf die unbefriedigende Situation aufmerksam machte. Mittlerweile ist der Rheinpark in das 16-Punkte-Sofortprogramm des neugewählten Kölner Oberbürgermeisters Fritz Schramma aufgenommen worden.
98 Schönbohm, K.: Köln: Grünanlagen 1945-1975, a.a.O., S. 72
99 Zawisla, Werner: Pflege der 50er-Jahre-Architektur. Einzelne Beispiele. In: Köln: Denkmalschutz und Denkmalpflege. Hrsg.: Stadtkonservator Köln. Köln o. J. [1998], S. 28-31, hier S. 28-29
100 Ein Richtkranz „hinger d'r Britz", Backstage-Bereich soll bald fertig sein, in: Kölner Stadt-Anzeiger Nr. 84 (2000), 8.- 9.4.2000, S. 17. Endlich wieder Fontänen am Tanzbrunnen, in: Kölner Stadt-Anzeiger Nr. 110 (2000), 12.5.2000, S. 13
101 Aus der umfangreichen Berichterstattung zu diesem Themenkomplex vgl.: Lehrer, Martin: Köln-Arena bekommt einen grünen Gürtel, in: Kölner Stadt-Anzeiger Nr. 129 (1996), 5.6.1996, S.15; Ramien, Franz Wolf: Neuer Stadtteil zwischen Deutz und Mülheim, Bewertungskommission entschied sich für die Pläne eines Kölner Architekturbüros. In: Kölner Stadt-Anzeiger Nr.116 (1999), 20. 5. 1999, S.11

6

1975-1982

Die kommunale Gebietsreform

Die Gartenverwaltung – Dezentralisierung der Aufgaben

Bernd Kittlass

Bernd Kittlass
* 8.5.1941

Gärtnerische Ausbildung, Tätigkeit im Botanischen Garten Berlin und in der Baumschule von Ehren, Hamburg – 1964-1969 Studium Garten- und Landschaftsgestaltung an der TU Berlin – 1969-1971 Sonderbeauftragter des Zentralverbandes Gartenbau für die Bundesgartenschau Köln 1971 und 1972-1974 für die Internationale Gartenbauausstellung in Hamburg 1973 – seit 1.4.1974 Tätigkeit im Grünflächenamt der Stadt Köln – 1977-1980 Leiter des Grünflächenamtes

*Vorhergehende Doppelseite: Das Gremberger Wäldchen im Frühjahr
Foto: J. Bauer, 1998*

Mitte der 1970er-Jahre beginnt für die Gartenverwaltung eine Phase der inhaltlichen und organisatorischen Neuorientierung, deren Auswirkungen und Folgen bis in die 1990er-Jahre anhalten werden. Grundlegendes Ereignis ist der infolge der kommunalen Gebietsreform abgeschlossene Gebietsänderungsvertrag vom 26. 8.1974, mit dem das Stadtgebiet von Köln erheblich erweitert wurde.

Für die Gartenverwaltung eröffneten sich hiermit zunächst völlig neue Perspektiven. Die einleitenden Sätze aus dem Verwaltungsbericht des Jahres 1976 drücken dies besonders deutlich aus. „Eine zukunftsorientierte Grünpolitik der Großstädte kann sich heute nicht mehr darauf beschränken, vorhandene Grünzonen in den einzelnen Stadtteilen zu pflegen und auszubauen. Wirkliche Hilfe durch Grün für die Bürger in den Ballungsräumen ist nur noch durch gemeinsame strukturelle Planung benachbarter Städte und Kreise gerade mit Blickrichtung auf noch ungenutzte Grenzbereiche und andere Freizonen möglich." [1]

Diese neue Blickweise wurde nicht nur durch das vergrößerte Stadtgebiet befördert, sondern auch durch den Umstand, dass am 1.4.1975 das Landschaftsgesetz Nordrhein-Westfalen Rechtskraft erlangte. Mit diesem neuen Gesetz wurden alle Kreise und kreisfreien Städte verpflichtet, Landschaftspläne für ihr Hoheitsgebiet zu erstellen. Da hierfür jedoch keinerlei Erfahrungen vorlagen, wurden fünf Kreise und kreisfreie Städte ausgewählt, die in einem besonderen Arbeitskreis beim zuständigen Ministerium Modell-Landschaftspläne für ihre jeweiligen Bereiche erarbeiten sollten. Zu den ausgewählten Gebieten gehörte auch Köln. [2] Der für das Kölner Stadtgebiet aufzustellende Modellplan wurde von dem Landschaftsplaner Reinhard Grebe aus Nürnberg für den Bezirk Rodenkirchen erarbeitet. Der Plan legt konkrete Maßnahmen zum Schutz, zur Pflege und zur Entwicklung der Landschaft fest, wobei immer dort, wo sich Möglichkeiten anboten, auch „an den gleichzeitigen Ausbau von Tageserholungsanlagen gedacht" wurde. [3] Nach intensiven Beratungen im zuständigen Fachausschuss, mit dem Beirat der Unteren Landschaftsbehörde sowie der Bezirksvertretung wurde dem Modellplan zugestimmt. In den folgenden Jahren wurden aufbauend auf den Erfahrungen dieses ersten Versuchs die Arbeiten für den Landschaftsplan Gesamtstadt aufgenommen, der am 13.5.1991 Rechtskraft erlangte.

Mit dem Landschaftsgesetz von 1975 und der Verpflichtung zur Aufstellung von Landschaftsplänen weitete sich nicht nur das Aufgabengebiet der Gartenverwaltung auf die Ebene der Landschaftsplanung aus, sondern auch die Betrachtungsweise der Planung auf eine konzeptionelle, gesamtstädtische Betrachtungsebene. Ausdruck hierfür ist die Mitwirkung der Planungsabteilung bei der Ausarbeitung des Stadtentwicklungskonzeptes, Kapitel C 10 – Freizeit, Sport, Freiraumplanung, im Jahre 1978 sowie der 1977 in eigener Zuständigkeit erarbeitete Radwanderwegeplan. Der Schwerpunkt der grünplanerischen Tätigkeit des Amts dagegen verlagerte sich mehr und mehr auf die Bestandserhaltung und -sicherung sowie Verbesserung der schon vorhandenen Einrichtungen. Die Liste neuer Projekte wurde deutlich geringer. [4] Als Reaktion auf diese Entwicklung rückten verstärkt Projekte in den Vordergrund, die bei den Bürgerinnen und Bürgern selbst einen Anreiz zur Verbesserung ihres unmittelbaren Wohnumfeldes erwecken sollten. So führte die Gartenverwaltung in Zusammenarbeit mit der Kölner Gartenbaugesellschaft den Bürgerwettbewerb „Grünes Köln – Blühendes Köln" durch. Dieser Wettbewerb sollte Haus- und Wohnungsinhaber zur intensiven Pflanzen- und Blumenausschmückung ihrer Balkone, Hofräume und Vorgärten anregen und somit der Auflockerung und Verschönerung des Kölner Stadtbilds insgesamt dienen. Im Rahmen dieses 1976 durchgeführten Wettbewerbs fanden sich „erfreulich viele geschlossen auftretende Hausgemeinschaften, da-

Die Dezentralisierung der
Gartenverwaltung in der
Lokalpresse
Kölnische Rundschau
vom 10.4.1980

Amts-Bürokratie gefährdet die städtischen Grünanlagen

Gärtner verlassen aus Unmut die Stadt — Bezirke überfordert

VON KARL-HEINZ SCHMITZ

Die Gärtner Kölns schlagen Alarm. Sie sehen die Erholungsanlagen und „das städtische Grün" vernachlässigt und dessen weitere Entwicklung gefährdet. Der Grund: Die Organisation der städtischen Gärtner liegt nicht mehr bei der Zentrale des Grünflächenamtes, sondern bei den jeweiligen Bezirksverwaltungsstellen, „wo dem Grün ein völlig untergeordneter Stellenwert beigemessen wird", wie Gotthard Mehren für die Gärtner des Kölner Südbezirks schreibt.

Gärtnermeister Hans Zipper, der seit 1954 für die Gemeinde Rodenkirchen und seit der Eingemeindung 1975 bei der Stadt Köln für das Grün im Kölner Süden maßgeblich mitverantwortlich zeichnete, will seinen Dienst jetzt quittieren, weil ihm ein ordnungsgemäßes Arbeiten bei der derzeitigen Organisationsform nicht mehr möglich erscheint. Das rief inzwischen auch seine privaten Kollegen auf den Plan, die bei Beigeordnetem Franz Braun protestierten.

Statt unmittelbar dem Grünflächenamt sind die Gärtner seit etwa zwei Jahren den einzelnen Bezirksverwaltungsstellen zugeordnet und dort dem Fachbereich Bauwesen unterstellt, an dessen Spitze in allen Fällen ein Hochbauingenieur steht. „Es wird befürchtet, daß bei dieser Organisation ein Mann an der Spitze steht, der in seiner fachlichen Entscheidung überfordert ist", sieht Beigeordneter Franz Braun den Grund für den Protest und bestätigt auch die geringere Flexibilität und die längeren Dienstwege, die im Grünflächenamt in der Bemerkung zusammengefaßt wurden: „Wenn bei der beabsichtigten Pflanzung neuer Bäume der bürokratische Weg über die Instanzen eingehalten wird, ist die Pflanzzeit vorbei."

Der Beigeordnete sieht das durch die Rodenkirchener Proteste angesprochene Problem von der grundsätzlichen Seite: „Vor allem bei größeren Neubaumaßnahmen, wie etwa in Diepeschrath oder in Fühlingen, sind die einzelnen Bezirksverwaltungsstellen überfordert." Bedenken, die der Beigeordnete schon vor der Neuorganisation anmeldete, ohne sich ausreichend Gehör verschaffen zu können.

Auch für die übrigen Aufgaben sieht Franz Braun eine Möglichkeit zur Verwaltungsvereinfachung und damit zur Lösung des Problems: „Der Grünbereich könnte sofort den Bezirksverwaltungsstellenleitern unterstellt werden. Das muß keine Höherbewertung bedeuten, würde aber eine selbständigere Arbeit ermöglichen."

Städtische Gärtner: Durch Organisation im Einsatz gebremst.

Links oben: Erholungsgebiet Stöckheimer Hof mit Pulheimer See, 1999
Foto: Archiv ALG

Rechts oben: Der südliche Teil des Escher Sees
Foto: J. Bauer, 1994

Herbert Aden
* 21.5.1927
in Wilhelmshaven

1945-1948 Kriegsgefangenschaft – 1951-1954 Studium der Forstwissenschaft in Göttingen und München – Tätigkeit in verschiedenen Forstämtern und Baumschulen – 1.7.1962 Eintritt bei der Stadt Köln – ab 1965 Abteilungsleiter des Forstamtes – 1980-1982 Kommissarischer Leiter des Grünflächenamtes – seit 1983 Geschäftsführer der Schutzgemeinschaft Deutscher Wald Köln e.V. und des Freundeskreises „Haus des Waldes Köln e.V." (Foto: Archiv ALG)

neben aber auch Betriebe und Altersheimgemeinschaften ... unter den insgesamt 400 Teilnehmern ... Etwa 350 Preise in Form von Gewinnurkunden und Kaufgutscheinen für Blumen und Pflanzenmaterial sind vergeben worden. Die Abschlussveranstaltung für die Teilnehmer des Wettbewerbs fand am 11. September am Tanzbrunnen unter Mitwirkung des Kölner Polizeichores und bekannter Solisten in Anwesenheit von Oberbürgermeister John van Nes Ziegler statt."[5]

War mit dem Landschaftsgesetz von 1975 eine Verlagerung der Aufgabenschwerpunkte der Gartenverwaltung verbunden, so hatte die zeitgleich umgesetzte kommunale Gebietsreform erhebliche organisatorische und in der Folge auch inhaltliche Konsequenzen für das gesamte Amt. Denn mit Beginn des Jahres 1977 gingen die Aufgaben des Neubaus, der Unterhaltung und die Pflege der Park-, Grünanlagen und Friedhöfe in den Zuständigkeitsbereich der neu gegründeten Bezirksverwaltungsstellen über.[6] Beim Grünflächenamt verblieb lediglich die Fachaufsicht für diese Aufgabenbereiche.

Mit dieser Neuorganisation wurden der Grünflächenverwaltung ihre ursprünglichsten Aufgabengebiete entzogen. Das Fachamt war somit nur noch für das Kleingarten-, Bestattungs- und Friedhofswesen, den Botanischen und Forstbotanischen Garten, das Forstwesen, die Betriebe und die neue Aufgabe der Landschaftsplanung zuständig. In den folgenden Jahren wurde diese Organisation jedoch teilweise korrigiert und die Aufgabe des Neubaus wieder dem Grünflächenamt übertragen. Die Pflege und Unterhaltung verblieb weiterhin bei den Bezirksämtern.

Die vom Grünflächenamt auszuübende Fachaufsicht blieb die einzige fachliche Schnittstelle zwischen den Bezirksämtern und dem zentralen Fachamt. „Hinter der Bezeichnung 'Fachaufsicht' steckt angesichts der Vielfalt der Aufgabenstellung bei Herrichtung und regelmäßiger Betreuung des Erholungsgrüns und der Friedhöfe ein umfangreicher Komplex an beratender und mitbetreuender Unterstützung der Mitarbeiter in den Bezirksverwaltungsstellen, angefangen von der Einschaltung jeweils geeigneter Fachfirmen und Baumschulen über die Einrichtung und Mitleitung neuer Baustellen, Verteilung großer Arbeitsgeräte und ihren rationellen Einsatz bis hin zu gemeinsamen Abstimmungsgesprächen und laufender Kontakthaltung in den technischen Fragen. Ein Nichtfunktionieren der Fachaufsicht im Grünbereich hätte unweigerlich nachteilige Folgen für die Grünpolitik der Stadt allgemein."[7] Diese Prophezeiung sollte sich 25 Jahre später bewahrheiten.

Im Jahr 1978 war das „Restamt" in vier Abteilungen gegliedert – 670 Entwurfsabteilung, 671 Betriebsabteilung, 673 Forstamt, 6741 Botanischer Garten – und hatte insgesamt 283 Mitarbeiter.

In den folgenden Jahren entwickelte sich neben den beschriebenen Aufgaben ein weiterer Aufgabenschwerpunkt, der bis heute aktuell ist. Bedingt durch die rege Bautätigkeit der 1960er- und 1970er-Jahre waren eine Vielzahl von Kiesgruben im gesamten Stadtgebiet entstanden. Der Umfang der Auskiesungen trat erstmals im Rahmen der Erarbeitung des Stadtentwicklungskonzepts deutlich vor Augen und es wurde beschlossen, die Auskiesungen an einzelnen Schwerpunkten zu konzentrieren.[8] Einer davon war zwischen den Ortsteilen Meschenich und Immendorf vorgesehen. Um die geplanten Auskiesungen in diesem Bereich zu steuern und um festzulegen, welchen abschließenden Nutzungen die ausgekiesten Flächen zugeführt werden sollten, wurde der Landschaftsarchitekt Jürgen Schubert mit der Aufstellung eines Gestaltungskonzepts beauftragt. Das Konzept sah den Ausbau der ausgekiesten Wasserflächen zu einem Erholungsschwerpunkt vor, dessen Realisierung in Etappen erfolgen sollte. Eine Umsetzung fand jedoch bis heute nicht statt. Die damaligen Planungsabsichten wurden vielmehr im Jahre 2000 im Hinblick auf eine stärker naturnah ausgerichtete Rekultivierung der Baggerlöcher geändert.

Links: Gesamtkonzept Erholungsgebiet Stöckheimer Hof (Landschaftsarchitekten Smeets und Damaschek), 1983
Rechts: Teilplan des Erholungsgebiets (1983): Escher See

Badestrand am Escher See
Foto: J. Bauer, 1994

Neben dem geplanten Auskiesungsschwerpunkt Meschenich bestand eine solche Konzentrationszone schon auf dem Gebiet der ehemaligen Gemeinde Sinnersdorf im Bereich Esch, Pesch, Auweiler. Im Gebietsänderungsvertrag von 1974 war festgelegt, dass dieser Bereich als ein zusammenhängendes Erholungsgebiet ausgebaut werden sollte. Das 650 ha umfassende Gebiet um den Stöckheimer Hof liegt zu 65% im Hoheitsgebiet der Stadt Köln und zu 35% auf dem Gebiet der Gemeinde Pulheim. Zur Vorbereitung der künftigen Nutzung wurden gemeinsam mit der Gemeinde Pulheim die Landschaftsarchitekten Smeets und Damaschek mit der Aufstellung eines Plaungskonzeptes beauftragt.

Zur Umsetzung der Planung gründeten die Stadt Köln und die Gemeinde Pulheim am 3.10.1980 den Zweckverband Stöckheimer Hof.[9] Die Geschäfte des Zweckverbands werden vom Leiter des Grünflächenamts der Stadt Köln geführt.

Nutzungskonzept für die Auskiesungszone Meschenich-Immendorf von Landschaftsarchitekt Schubert, 1983

1 Verwaltungsbericht der Stadt Köln 1976, S.175f.
2 Verwaltungsbericht der Stadt Köln 1976
3 ebd., S.175f.
4 Verwaltungsbericht der Stadt Köln 1975
5 Verwaltungsbericht der Stadt Köln 1976, S.178
6 Verwaltungsbericht der Stadt Köln 1977
7 ebd., S.188
8 Verwaltungsbericht der Stadt Köln 1979
9 Verwaltungsbericht der Stadt Köln 1980

6. Die Gartenverwaltung – Dezentralisierung der Aufgaben

FINKENS GARTEN

„Langeweile ist etwas, was die Natur nicht kennt. Sie ist eine Erfindung der Städter."
Hermann Hesse

Finkens Garten ist ein Naturgarten der Stadt Köln von 5 ha Größe für Kindergärten und -tagesstätten, Schulen und Fachschulen aller Stufen. 1998 hat diese ökosoziale Einrichtung den Hauptpreis des 1. Naturschutzwettbewerbs des Bundes und der Länder erhalten. Er

- ist ein Naturerlebnisgarten für Kinder im Vorschulalter (ca. 80% Kindergärten und -tagesstätten, ca. 20% Schulen und andere).
- ist eine Anlage für praktisches Naturerleben und -erfahren am konkreten Objekt: sehen(lernen), beobachten, entdecken; kennen-, schätzen- und schützenlernen; riechen und schmecken; tasten und fühlen: begreifen.
- erfüllt eine gesellschaftlich-soziale Aufgabe: Pflege, Unterhaltung und Anzuchten geschehen durch benachteiligte Jugendliche, die im Rahmen eines 1-2-jährigen Berufsvorbereitungsprogramms (als Präventivmaßnahme) durch unseren Partner, das Kölner Kolping-Bildungswerk, fachlich und sozial betreut werden.
- berät und unterstützt praktisch Kinder- und Schulgärten, u.a. mit der „Kinderpflanze des Jahres".
- integriert in Konzept, Planung und Ausführung benachteiligte Kinder.
- bietet unter dem Titel „Der Natur auf der Spur" Seminare für Multiplikatoren an und ist Bestandteil der Lehrpläne entsprechender Fach- und Fachhochschulen.
- stellt als Partner des Landesumweltamts Nordrhein-Westfalen Fläche für das Internationale Kooperationsprogramm zur Wirkung von Luftverunreinigungen auf Pflanzen zur Verfügung.
- geht pragmatisch neue Wege in Umweltpraxis und -pädagogik, z.B. im Pilzgarten, im Nasengarten (Mai – Oktober) oder beim ersten Prototyp eines Mehrfamilienhauses im sozialen Wohnungsbau für Vögel (Live-Übertragung aus den Nistkästen).
- ist durch seine Strukturdiversität u.a. Heimat von 110 Vogel-, 74 Zikaden-, 447 Käfer und 148 Schmetterlingsarten.

GRÜNZUG SÜD

Joachim Bauer

Der Grünzug Süd ist Bestandteil des gesamtstädtischen Grünsystems, das Fritz Schumacher 1923 in seinem Generalbebauungsplan festgesetzt hatte. „Die Ringe des inneren und des äußeren Rayon ... geben die beiden Ausgangsformen, sie werden so gut es geht durch radiale Speichen miteinander verbunden. Die erste dieser Verbindungsspeichen knüpft an den Volksgarten und den Vorgebirgspark an. Diese werden durch Grünzüge, die zugleich bis an den inneren Rayon heranreichen, miteinander verbunden und bis zum parkartigen Südfriedhof und zum äußeren Rayon weitergeführt. Vier große Sportplätze stehen mit dieser Anlage in Verbindung, die zugleich die Dominanten des Stadtbildes, Kirchen und Schulen in den Kreis ihrer Eindrücke hereinzubeziehen sucht."[1]

Die Lage des Grünzugs im Stadtgebiet orientiert sich an einer in Nord-Süd-Richtung verlaufenden ehemaligen Hochflutrinne des Rheins, die ihren Endpunkt im Volksgarten findet. Diese naturräumliche Situation hatte eine Bebauung verhindert. Im Gegensatz zu der Grünverbindung entlang der Lindenthaler Kanäle konnte mit der Realisierung des Grünzugs Süd in den 1920er-Jahren nicht mehr begonnen werden.

Nach dem Zweiten Weltkrieg wurde das bis dahin unbebaut gebliebene Gelände zunächst an Kleingärtner vergeben. Diese Nutzung verfestigte sich jedoch zunehmend und es entstanden in der Folge Behelfsheime und Kleingewerbeansiedlungen ohne eine städtebaulich ordnende Vorgabe. Die damit verbundenen städtebaulichen und sozialen Missstände ließen Anfang der 1960er-Jahre erneut die Idee eines durchgängigen Grünzugs vom Volksgarten über den Vorgebirgspark bis zum Äußeren Grüngürtel aufkommen.

Fritz Enckes Plan für die Gestaltung der Grünflächen, Mai 1923
Foto: Archiv H. Wiegand

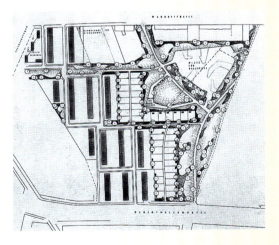

Plan für den Abschnitt Raderthalgürtel – Markusstraße, 1964
Foto: Archiv ALG

Die Gartenverwaltung begann umgehend mit konkreten Überlegungen zur Umsetzung dieses Ziels.[2] Im Spätsommer des Jahres 1961 überzeugten sich auch „die Fraktionen an Ort und Stelle davon ... , dass die Beseitigung der unsozialen, ungeordneten Zustände, der Behelfshütten, Wohnwagen u. dgl. aus hygienischen, städtebaulichen und sozialen Gründen dringend ist und auch in Angriff genommen werden müsste".[3]

Die Beendigung der menschenunwürdigen Verhältnisse konnte nur im Rahmen einer Sanierung und städtebaulichen Neuordnung des gesamten Gebietes erfolgen. Da ein Projekt dieser Größenordnung jedoch nur unter großen Anstrengungen umzusetzen war, entschloss sich die Stadt zur Bewerbung für eine zweite Bundes-

„Wettbewerb Bundesgartenschau 1971" Ortsbesichtigung durch die Mitglieder des Preisgerichts, 1963
Foto: Archiv ALG

gartenschau. Schon im Sommer 1961 hatte die Arbeitsgemeinschaft für Garten- und Landschaftskultur im Auftrag des Zentralverbands Gartenbau das Gelände besichtigt und für besonders geeignet zur Durchführung einer Bundesgartenschau im Jahre 1971 befunden.[4] Am 16.10.1962 wurden daher die Verträge zur Durchführung der Bundesgartenschau Köln 1971 im Grünzug Süd unterzeichnet.

Von Seiten der Verwaltung wurde daraufhin ein Arbeitskreis zur „Vorbereitung der Bundesgartenschau 1971" aus Vertretern aller beteiligten Ämter gebildet. Zu seiner Unterstützung wurde eine Arbeitsgruppe „Sanierung Grünzug Süd" sowie eine Arbeitsgruppe „Wettbewerb Bundesgartenschau 1971", letztere unter dem Vorsitz von Arthur Praßer, gebildet. Diese Arbeitsgruppe hatte die Aufgabe, den 1962 ausgeschriebenen Ideenwettbewerb „Grünzug Süd / Bundesgartenschau 1971 in Köln" vorzubereiten und zu begleiten.[5]

Ziel des Wettbewerbs war die grundsätzliche Vorklärung der Planung des Gebiets und seine Verwendung für eine Bundesgartenschau sowie die Bildung einer Arbeitsgruppe aus den prämierten Wettbewerbsteilnehmern, welche die Pläne zur Bundesgartenschau weiterentwickeln und verwirklichen sollte.

Von den Wettbewerbsteilnehmern erwartete die Stadt Köln „eine Lösung, die den drei im Wettbewerb aufgeworfenen Problemen gerecht wird.

a) Das Wettbewerbsgelände soll zu einem Beispiel der Sanierung eines bisher ungeordneten und schlecht genutzten Stadtgebietes und der Umwandlung in einen Bereich des ‚Wohnens im Grünen' werden.

b) Der Grünzug Süd ist als Beispiel einer innerstädtischen Freifläche mit den verschiedenen Möglichkeiten der Erholung und Betätigung im Grünen gedacht.

c) Das Wettbewerbsgebiet soll im Jahre 1971 für eine Bundesgartenschau, die das Leben im Grünen und im Garten, mit Pflanzen und Blumen zum Thema hat, verwendet werden."[6]

Das gesamte Gebiet war rund 140 ha groß, etwa 80 ha davon waren für die geplante Grünfläche vorgesehen. Diese Grünfläche sollte das bauliche Zusammenwachsen der Stadtteile Raderberg/Raderthal und Zollstock verhindern und sie gleichzeitig miteinander verbinden. Darüber hinaus sollte sie Spaziergänge zum Äußeren Grüngürtel und in die Landschaft ermöglichen.

Im östlichen Bereich wurde das Wettbewerbsgebiet von der geplanten Stadtautobahn, die vom Bonner Verteiler im Süden der Stadt als anbau- und kreuzungsfreie Straße durch den Inneren Grüngürtel bis zur heutigen Zoobrücke führen sollte (vgl. S. 218-221), begrenzt. Die Tatsache, dass die Stadtautobahn das Gelände des geplanten Grünzugs tangierte, wurde jedoch unterschiedlich bewertet. Oberstadtdirektor Max Adenauer hob insbesondere die Verbesserung der Verkehrsanbindung des Gartenschaugeländes hervor. Seiner Meinung nach könnte die Stadtautobahn „sogar selbst mit zum attraktiven Ausstellungsobjekt werden."[7] Auf der anderen Seite würden durch den Bau der Trasse die architektonisch gestalteten Sondergärten des Vorgebirgsparks vollständig zerstört und der gesamte Grünzug stark beeinträchtigt.

Die Durchführung der Bundesgartenschau selbst war auf dem Gelände des Grünzugs geplant. Jedoch beabsichtigten „die Veranstalter ... nicht, das Gelände

Der Grünzug im Bereich des Südfriedhofs
Foto: J. Bauer, 1991

Der Grünzug Süd zwischen Raderthalgürtel und Sinziger Straße
Fotos: J. Bauer, 1997

für das Jahr 1971 zu einem Schaupark unzähliger Blüten auszubauen; es sollen vielmehr Beispiele des Lebens im Grünen gezeigt werden ... Einige Sondergebiete ... sollen 1971 in Köln den besonders interessierten Fachleuten in benutzten und deshalb wirklichkeitsnahen Anlagen außerhalb des Ausstellungsgeländes gezeigt werden. ... In unmittelbarer Nachbarschaft liegt der Südfriedhof, in dem eine Gräberflur für Beispiele der Friedhofs- und Grabgestaltung zur Verfügung gestellt werden soll."[8] Im Vordergrund des Wettbewerbs stand jedoch die städtebauliche Sanierung des gesamten Gebiets. „Es soll kein Blumengarten, sondern ein Freizeit- und Familienpark entstehen. Es soll kein Ausstellungspark werden, sondern eine innerstädtische Freifläche als moderner Bürgerpark."[9]

Aus dem Wettbewerb ging der Architekt und Städtebauer Professor Ungers sowie der Garten- und Landschaftsarchitekt Birkigt als Preisträger hervor. Ihnen sowie dem Arbeitskreis der Stadtverwaltung oblag in den darauf folgenden Jahren die Aufgabe der Weiterentwicklung des Gestaltungskonzepts und dessen Umsetzung. An erster Stelle stand hierbei zunächst die Erfassung der Behelfsheime und Kleingewerbebauten sowie die sich daraus ergebenden Fragen der Umsiedlung. Bis zum Ende des Jahres 1964 konnten im Sanierungsgebiet insgesamt 212 Mietparteien in andere Wohnungen umgesiedelt werden. „In nächster Zeit stehen weitere 172 Umräumungen bevor, für die neue Wohnungen bereits im Bau sind. Insgesamt werden dann noch rund 300 Parteien unterzubringen sein ... Aus diesen Zahlen lässt sich die Schwierigkeit der Durchführung dieses städtebaulichen Vorhabens erkennen. Zu räumen und angemessen neu unterzubringen sind schließlich auch die vielen kleinen und mittelgroßen Gewerbebetriebe, die Sportvereine dieses Bereichs sowie ein Wohnwagenlager größeren Ausmaßes."[10] Mit der Räumung des Geländes ging gleichzeitig der Neubau von Wohnungsbauten einher. Unter dem Motto „Wohnen im Grünen" sollten Beispiele gezeigt werden, „wie man im Großstadtbereich die Naturverbundenheit des Menschen erhalten und fördern kann."[11]

Es mussten eine Vielzahl von Grundstücksverhandlungen und Abstimmungen mit anderen Dienststellen geführt werden. Ferner wurden Erdleitungen aller Art sowie Kanäle verlegt und Vorbereitungen für ein neues Jugendzentrum einschließlich Kindertagesstätte getroffen. Verschiedene Großprojekte, wie Unterführungen unter Straßen und Bahndämmen sowie eine Fußgängerbrücke über den Raderthalgürtel, wurden abgestimmt und vorgeplant. Auch wurden erste Vorbereitungen für Pflanzmaßnahmen getroffen.

Trotz der gebündelten Anstrengungen zeichnete sich Mitte der 1960er-Jahre ab, dass die Sanierung des Gebiets nicht in dem vorgesehenen Zeitrahmen umzusetzen und somit der Termin für die Bundesgartenschau 1971 nicht einzuhalten war. Der Rat der Stadt Köln fasste daraufhin am 26.5.1966 den Beschluss, dass die Bundesgartenschau des Jahres 1971 nicht auf dem projektierten Gebiet, sondern erneut im Rheinpark und in der Riehler Aue veranstaltet werden sollte.[12]

Diese Entscheidung bedeutete jedoch nicht das Ende der Sanierungsmaßnahmen. Diese gingen, wenn auch nicht mehr unter dem Zeitdruck wie zuvor, zügig weiter. Bis Anfang der 1970er-Jahre konnte der Grünzug Süd als durchgängige Verbindung vom Volksgarten über den Südfriedhof bis zum Äußeren Grüngürtel in seinen wesentlichen Teilen ausgebaut werden.[13]

Eingebettet in den Grünzug liegt der Vorgebirgspark, dessen ursprüngliche Ausdehnung heute nur noch schwer erkennbar ist. Von der südöstlichsten Ecke des Parks führt ein zweiter schmalerer „Ast" des Grünzugs bis zum Volkspark Raderthal und von dort zum Äußeren Grüngürtel. Diese Grünverbindung konnte zwischen dem Raderthalgürtel und der Sinziger Straße 1997 fertiggestellt werden, der Abschnitt zwischen Gürtel und Vorgebirgspark jedoch bislang noch nicht.

Raderthaler Brache
Foto: J. Bauer, 1996

Im nördlichen Teil des Grünzugs liegt entlang des Bischofsweges die so genannte Raderthaler Brache. Hier befand sich im Bereich der Vorgebirgsstraße der ehemalige Botanische Garten (vgl. S. 74-75), von dem heute jedoch nichts mehr vorhanden ist. Dieser Abschnitt ist vielmehr durch den geplanten Bau der Stadtautobahn geprägt. Nach der Räumung der Kleingärten und Behelfsheime wurde hier als Vorbereitung für die Autobahntrasse ein Abwasserkanal gebaut, dessen Kontrollschächte auch heute noch aus der Fläche herausragen. Nach der Aufgabe des Autobahnprojekts blieb die Fläche sich selbst überlassen, so dass sich eine vielfältige Pflanzengesellschaft entwickeln konnte. Aufgrund der hohen Bedeutung dieser Wildkrautfläche für Natur und Landschaft wurde die gesamte Fläche 1991 als „Geschützter Landschaftsbestandteil" unter besonderen Schutz gestellt.

1   Schumacher, F.: Köln. Entwicklungsfragen einer Groszstadt. Köln 1923, S.116
2   Schönbohm, K.: Köln: Grünanlagen 1945-1975. Stadt Köln (Hrsg.): Stadtspuren – Denkmäler in Köln. Köln 1988. Band 16, S. 133
3   Redetext Oberstadtdirektor Dr. Max Adenauer vom 19.03.1962, S. 2. (ALG)
4   ebd.
5   Ausschreibungsunterlagen Ideenwettbewerb „Grünzug Süd / Bundesgartenschau 1971 in Köln" 1962
6   S. 5, ebd.
7   Oberstadtdirektor Dr. Max Adenauer, a. a. O.
8   Ausschreibungsunterlagen, a. a. O., S. 9-10
9   Oberstadtdirektor Dr. Max Adenauer, a. a. O.
10 Verwaltungsbericht der Stadt Köln 1964
11 ebd.
12 Verwaltungsbericht der Stadt Köln 1966
13 Verwaltungsbericht der Stadt Köln 1970

Die Stadt und ihr Wald

Markus Bouwman

Die Stadt Köln verfügte bis Ende des 19. Jahrhunderts über keinen nennenswerten Waldbesitz.[1] Erst vor etwa hundert Jahren begann mit der großflächigen Aufforstung landwirtschaftlicher Flächen und umfangreichen Waldankäufen ein forstliches Aufbauwerk, das beispielhaft für die Waldvermehrung im großstädtischen Ballungsraum ist.

Ausgangspunkt dieser Entwicklung am Anfang des 20. Jahrhunderts war die Notwendigkeit, für die Stadtbevölkerung wohnungsnahe Erholungsmöglichkeiten zu schaffen. Die Wälder lagen für damalige Verhältnisse weit außerhalb der Stadt und waren mit den zur Verfügung stehenden Verkehrsmitteln nur unter großem Zeitaufwand zu erreichen. Um dem Bedürfnis der Bevölkerung nach Erholung in einer naturnahen, waldartigen Umgebung Rechnung zu tragen, musste man den Wald in die Stadt holen und neue Wälder begründen.

Aus dieser Überlegung heraus entstanden in den Jahren 1895 bis 1898 im Rahmen der Anlage des „Stadtwalds" in Lindenthal nach den Entwürfen des städtischen Gartendirektors Adolf Kowallek in Köln erstmals stadtnahe Waldflächen zur Erholung der Bevölkerung (vgl. S. 68-70).[2] Der Grundstein für den städtischen Wald war gelegt.

Im Zuge der Umgestaltung des Festungsgürtels in den Äußeren Grüngürtel wurden in den 1920er-Jahren auf einer Fläche von 330 ha große zusammenhängende Waldflächen im linksrheinischen Stadtgebiet geschaffen. Mit der einsetzenden Weltwirtschaftskrise musste der weitere Ausbau des Äußeren Grüngürtels eingestellt werden.

Neue Impulse bekam die Grünpolitik der Stadt, als Hans Berge 1955 als Stadtdirektor nach Köln berufen wurde. Berge war ein leidenschaftlicher Natur- und Waldliebhaber und verfügte über eine große Pflanzenkenntnis. Er war Vorsitzender der Schutzgemeinschaft Deutscher Wald in Köln und ein angesehenes Mitglied der Deutschen und Internationalen Dendrologischen Gesellschaft.[3]

Berge befürchtete, dass im Zuge des Wiederaufbaus der Nachkriegszeit und des wiedergewonnenen Wohlstands naturnahe Landschaften in den industriellen Ballungsräumen verloren gehen würden. Daher forderte er, dass Stadtplanung und Städtebau den Schutz der Natur berücksichtigten, die örtlichen Eigenheiten des Landschaftsbildes wahrten und durch Anlage neuer Grünflächen verbesserten.[4]

Im Mittelpunkt der Vorstellungen Berges standen die Einwohner Kölns, für die er durch den Erhalt vorhandener Grünflächen, deren Ausbau und die Schaffung neuer Grünflächen eine neuzeitliche und zukunftsgerechte Stadtlandschaft schaffen wollte. Dem Wald maß er dabei eine zentrale Bedeutung zu. Wald war für Berge keine „Holzfabrik", sondern ein „kompliziertes, vielseitiges und vielfältiges Wesen, auf das die Menschheit und die Tierwelt angewiesen ist". Wegen seiner abgas- und staubfilternden Wirkung war der Wald für ihn die „Lunge der Stadt" und zur Entspannung und Erholung der Bürger unverzichtbar.[5]

Berge erkannte die herausragende Leistung, die in Köln mit der Anlage des Äußeren Grüngürtels vollbracht worden war und sah seine Aufgabe darin, die von Adenauer begonnene Grünpolitik „zielbewusst, kompromisslos und mit Eile" fortzusetzen.[6] Da er als Stadtdirektor gleichzeitig Dezernent für Liegenschaften war, hatte er Zugriff auf die landwirtschaftlichen Flächen der Stadt und konnte die Kündigung der Pachtverhältnisse und Freistellung der Grundstücke zur Aufforstung durchsetzen. Zur Umsetzung seiner Pläne bediente sich Berge der städtischen Forstverwaltung.

Die Forstverwaltung war damals bei der Abteilung landwirtschaftliche Verwaltung des Liegenschaftsamts angesiedelt und bestand nur aus dem Oberförster Clemens Scheideler, der in Dünnwald seinen Dienst abseits von der übrigen Stadtverwaltung versah.[7] Sein Zuständigkeitsbereich beschränkte sich auf insgesamt 616,7 ha städtischen Wald, der überwie-

Links: Aufforstungen 1962 an der A 4, Blick von der Autobahnbrücke Decksteiner Weg in Richtung Gleueler Straße.
Rechts: Aufforstungen 1967 am Fühlinger See.
Fotos: W. Mense

gend im rechtsrheinischen Stadtgebiet in Dünnwald, Höhenhaus und Dellbrück lag und durch Eingemeindungen in den Besitz der Stadt gekommen war. Außerdem wurden städtische Waldflächen in Overath (32,2 ha) und der zum städtischen Waldkrankenhaus in Rosbach a. d. Sieg gehörende Wald (47 ha) betreut.[8]

Seit 1934 bestand ein Vertrag zwischen der Stadt Köln und dem Staatlichen Forstamt Königsforst über die Verwaltung der Waldungen der Stadt durch das staatliche Forstamt. Der Vertrag wurde seitens der Stadtverwaltung 1951 gekündigt. Die städtische Forstverwaltung war danach weitgehend selbstständig und unterlag nur im Rahmen der gesetzlichen Bestimmungen der Fachaufsicht der Forstabteilung des Regierungspräsidenten.[9]

Die Waldflächen des Äußeren Grüngürtels wurden vom Garten- und Friedhofsamt betreut, sie unterstanden nicht der städtischen Forstverwaltung.[10]

Die Aufforstungen

Mit dem Dienstantritt Berges änderte sich das Aufgabengebiet von Oberförster Scheideler grundlegend. Er musste nun im gesamten Stadtgebiet tätig werden und Laubholzmischbestände auf den unterschiedlichsten Flächen aufforsten.

Scheideler war damals 54 Jahre alt und besaß weder Führerschein noch Fahrzeug. Zu den ersten Aufforstungen im Weißer Bogen fuhr er bis Rodenkirchen mit der Straßenbahn und ab der Endhaltestelle ging er weiter zu Fuß. Später schickte die Verwaltung ihm dann hin und wieder ein Fahrzeug und schließlich erhielt er einen PKW mit Fahrer zur ständigen Verfügung. Unter diesen Umständen gelang es ihm dennoch bis 1960, 234 ha neu aufzuforsten und in Dünnwald einen Wildpark anzulegen. Als deutlich wurde, dass das von Berge vorgesehene Aufforstungspensum von einem Förster allein nicht zu schaffen war, wurde eine weitere Stelle eingerichtet und im Frühjahr 1961 mit dem jungen Förster Wilhelm Mense besetzt. Im Juni 1962 wurde dann Forstassessor Herbert Aden als Leiter der Forstverwaltung eingestellt.[11]

Ziel der Aufforstungen war es, die Lücken im Äußeren Grüngürtel zu schließen und neue stadtnahe Erholungsflächen zu schaffen. An möglichst vielen Stellen im Stadtgebiet, entlang der Autobahnen und an Industrieanlagen, sollten bandartige Schutzpflanzungen aus breiten Aufforstungsstreifen angelegt werden, die als so genannte „Grüne Schutzwälle gegen Industrieabgase, Ruß und Fahrzeuglärm" die Wohngebiete abschirmen und die Luftqualität verbessern sollten.[12]

Wie wichtig dieses Thema für die Stadt damals war, lässt sich daran ermessen, dass der Rat 1962 ein „Gutachten über Luftverunreinigungen im Raume der Stadt Köln" in Auftrag gab. Gutachter war der Sohn von Hans Berge, Dr. Helmut Berge, Leiter der Vegetationsversuchsanstalt in Hubbelrath.

Das Gutachten basierte auf Luftmessungen und chemischen Blattanalysen. Dabei wurden erhebliche Schadstoffbelastungen der Luft gemessen und auch Immissionsschäden an Pflanzen festgestellt. Dr. Berge empfahl beim Städtebau eine Trennung von Industrie und Wohngebieten anzustreben und Grünstreifen mit als „Luftfilter" geeigneten rauchharten Laub- und Nadelgehölzen als Trennzonen anzulegen.[13]

Von 1956 bis 1965 gelang es, rund 1 000 ha Wald neu aufzuforsten. Im Bereich zwischen Bocklemünd und Longerich wurden die aus den 1920er-Jahren stammenden Waldflächen entlang des Militärings vergrößert. An der Neusser Landstraße und am Fühlinger See wurden Waldflächen angelegt. Diese Flächen sollten zur Abschirmung der so genannten „Neuen Stadt" – heute Seeberg, Heimersdorf, Chorweiler – gegen Industrie und Autoverkehr dienen. Entlang des damals im Bau befindlichen nordwestlichen Auto-

bahn-Rings wurden nördlich von Bocklemünd breite Streifen aufgeforstet. Der südliche Äußere Grüngürtel konnte verbreitert werden. Dabei wurden die Waldflächen bis an die Autobahn erweitert und im Raum Efferen auch auf das Hürther Stadtgebiet ausgedehnt. Zum Rhein hin wurde der südliche Äußere Grüngürtel durch Aufforstungen in Rodenkirchen verlängert. Im Bereich der Wasserwerke – im Weißer Rheinbogen und in Weiler – wurden großflächig Wasserschutzwälder zur Sicherung der Trinkwasserversorgung begründet. Im rechtsrheinischen Stadtgebiet wurde vor allem entlang der Autobahnen A4 und A3 aufgeforstet. [14]

Die praktische Ausführung der Aufforstungsplanungen begann mit der Auswahl geeigneter städtischer landwirtschaftlicher Flächen, die in das Aufforstungskonzept passten und beispielsweise am Rand von Industrieanlagen oder Verkehrswegen lagen. Es handelte sich oft um beste Ackerböden. Die Pachtstelle des Liegenschaftsamts musste die Flächen zur Aufforstung freistellen und dazu den landwirtschaftlichen Pächtern kündigen. Wehrte sich ein Landwirt gegen die Kündigung, weil seine betriebliche Existenz gefährdet war, musste das Landwirtschaftsgericht entscheiden. Um an wichtige Flächen zu gelangen, wurden in Einzelfällen in ihrer Existenz bedrohte Pächter von der Stadt als Mitarbeiter eingestellt. [15]

Das Ziel, möglichst vielfältige, artenreiche Waldbestände zu begründen, gab Stadtdirektor Berge vor, der die Pflanzen häufig persönlich bei den Baumschulen aussuchte. Dabei konnte er dendrologischen Besonderheiten nicht widerstehen. Die Förster mussten dafür sorgen, dass die unterschiedlichen Baumarten in einer Mischung auf die Fläche gepflanzt wurden, die gewährleistete, dass die beabsichtigte Artenvielfalt auch langfristig erhalten blieb und aus der Kultur ein stabiler Waldbestand heranwachsen konnte.

Auf der Basis seiner Aufforstungserfahrungen hatte Oberförster Scheideler ein praktikables Pflanzschema entwickelt, das arbeitstechnisch gut durchführbar war, den Anforderungen Berges gerecht wurde und erwarten ließ, dass sich aus den Kulturen die gewünschten Waldbestände entwickelten. Das Pflanzsystem ging von einem Grund- und einem Hauptbestand aus. Den Grundbestand bildeten schattenverträgliche Holzarten, in der Regel Rotbuche, aber auch Hainbuche oder später Winterlinde. In einem zweiten Arbeitsgang wurde über den Grundbestand der so genannte Hauptbestand aus den Lichtholzarten Esche, Vogelkirsche, Bergahorn, Feldulme, Roteiche und Lärche gepflanzt. Auf diese Weise entstanden artenreiche Edellaubholz-Mischwälder. [16]

Durch die Verbindung von Licht- und Schattenbaumarten entwickelte sich in den künstlich angelegten Wäldern schon relativ früh ein strukturreiches Bestandsgefüge mit unterschiedlichen Baumschichten,

Oben: Damit die Aufforstungen schon bald als Wald erkennbar sind, werden die Flächen (hier 1963 an der Neusser Landstraße) oft mit hochstämmigen Bäumen bepflanzt.

Links: Die Dienst-Isetta des städtischen Försters 1963
Fotos: W. Mense

Grüne Schutzwälle gegen Industrieabgase. Aufforstung an der Degussa-Rußfabrik in Kalscheuren 1964
Foto: W. Mense

6. Die Stadt und ihr Wald

Aufforstung an der Neusser Landstraße 1963
Foto: W. Mense

Hans Berge und Herbert Aden besichtigen die Pflanzungen im entstehenden Forstbotanischen Garten, 1963
Foto: W. Mense

das für die Erholungs- und auch die Schutzfunktion des Waldes optimal ist.

Besonders am Anfang des Aufforstungswerkes war es wichtig, die Bevölkerung vom Erfolg und dem Wert der Anpflanzungen zu überzeugen. Um zu verhindern, dass die Flächen illegal in Anspruch genommen oder als minderwertig angesehen und wieder anderen Nutzungen zugeführt wurden, mussten sie möglichst schnell optisch als Wald erkennbar werden. Die Aufforstungen wurden deshalb weitständig mit Hochstämmen, meist Arten mit auffälliger Blattfärbung oder Kronenform, überstellt, die dem Betrachter gleich im ersten Jahr ein eindrucksvolles Bild boten. An den Rändern wurden blühende Sträucher oder Gehölze mit einer prächtigen Herbstfärbung gepflanzt. [17]

Ein anderes Verfahren bestand darin, die Aufforstungen, die in der Regel mit Forstpflanzenmaterial der Größe 80-120 cm begründet wurden, mit 1 000 schnell wachsenden Birken oder Erlen pro Hektar zu überstellen, die schon nach zwei bis drei Jahren so hoch wuchsen, dass der Bestand geschlossen war. [18]

Ein wichtiges Anliegen Berges war der Anbau fremdländischer Baumarten. Als begeisterter Dendrologe wollte er die aufgrund der Eiszeit verarmte Baumartenpalette in unserem Raum durch die Wiedereinbürgerung von Baumarten aus klimatisch ähnlichen Gebieten wie Japan, China oder Nordamerika erweitern. Wegen des günstigen Klimas in Köln, in dem viele Arten gedeihen können, hatte man bereits in den 1930er-Jahren geplant, ein Reichsarboretum anzulegen (vgl. S. 178-181). Berge kannte diese Planungen und griff sie wieder auf. [19]

Bei den Nadelhölzern wurden überwiegend ostasiatische und amerikanische Tannenarten, der aus Nordamerika stammende Gebirgsmammutbaum oder der in China beheimatete Urweltmammutbaum verwendet. Besonders eindrucksvoll sind heute aus dieser Zeit stammende Anpflanzungen von Mammutbäumen am Forstbotanischen Garten und in Bocklemünd am Freimersdorfer Weg, die bereits beachtliche Dimensionen erreicht haben.

Bei den Laubhölzern war die Baumartenpalette noch größer. Sie reichte von verschiedenen amerikanischen und japanischen Ahorn- und Birkenarten, japanischen Zierkirschen, nordamerikanischer Schwarznuss und Linde, Tulpenbaum, Schiffsmasten-Akazie bis zu Platanen, Baumhaseln, Geweihbaum, Korkbaum, ungarischer Eiche und japanischer Zelkove.

Der Forstbotanische Garten in Rodenkirchen

Berge und Aden hatten die Vorstellung, eine Grünanlage zu schaffen, die der Bevölkerung im weitgehend waldfreien Kölner Süden Naherholung in einer wald- und parkartigen Landschaft ermöglichte und sowohl dem Dendrologen als auch dem an Botanik interessierten Laien und dem Gartenfreund etwas bieten konnte.

Mit dem Bau des Forstbotanischen Gartens wurde im Herbst 1962 begonnen. Das dafür vorgesehene Gelände war 20 ha groß und bestand in seinem Kern aus einem ehemaligen Schießstand, der mit dem dazugehörigen Sicherheitsbereich zu Brachland verwildert war. [20] Im Norden und Osten lag bereits ein Waldgürtel aus heimischen Holzarten, der Ende der

Die letzte Ernte 1962 auf den landwirtschaftlichen Flächen, auf denen der Forstbotanische Garten entstand.
Foto: W. Mense

Forstbotanischer Garten, 1965
Fotos: H. J. Brockmeier

1950er-Jahre aufgeforstet worden war und das Gelände gegen die Straßen abschirmte.

Nach umfangreichen Bodenvorbereitungen und dem Ausbringen großer Torfmengen begannen im April 1963 die Pflanzarbeiten. Die Pflanzen wurden teilweise persönlich von Berge in den Baumschulen eingekauft und kamen außer aus Deutschland von renommierten Baumschulen in Holland, England und Belgien. Insgesamt wurden über 3 000 verschiedene Gehölzarten und -sorten gepflanzt. Das Projekt wurde besonders von der Schutzgemeinschaft Deutscher Wald in Köln unterstützt und die Pflanzen und baulichen Anlagen zum Teil durch private Spenden finanziert.[21]

Um einen parkartig gestalteten Kern mit einer Springbrunnenanlage, Wasserlauf und Pfauenwiese herum wurden Anpflanzungen nach pflanzengeografischen Gesichtspunkten angeordnet. Die Gehölze wurden dort entsprechend ihren Herkunftsgebieten in Gruppen oder Kleinbeständen gepflanzt. In diesem waldartigen Teil, der heute hauptsächlich aus ostasiatischen und amerikanischen Holzarten besteht, sollte den Besuchern ein annähernder Überblick über die bei uns winterharten verholzenden Pflanzen des Balkans, des Kaukasus, des östlichen und westlichen Nordamerikas, Japans und Chinas gegeben werden. Um über den Artenreichtum und die Formenvielfalt der Gehölze zu informieren, wurden Arten und Sorten verschiedener Gattungen gepflanzt und als Sammlungen zusammen präsentiert. Besonders eindrucksvoll gelang dies bei der Rhododendrenschlucht im Kernbereich des Forstbotanischen Gartens. Dort wurde aus den Trümmern eines ehemaligen Befestigungswerks eine Schlucht gestaltet, die mit verschiedenen, seltenen Rhododendrenarten und -sorten aus China bepflanzt wurde.

Schutzhütte für die Männer, die den entstehenden Forstbotanischen Garten nachts vor Pflanzendieben bewachten, 1963
Foto: W. Mense

Wässerung der Pflanzen, 1963
Foto: W. Mense

In einem nach Südwesten geneigten Teil des Geländes wurde ein Heidegarten angelegt. Dort sollte gezeigt werden, wie ein immergrüner pflegeextensiver Garten gestaltet werden kann, der zu jeder Jahreszeit ein reizvolles Bild bietet.

Nachdem sich ein ursprünglich vorgesehener See aus finanziellen Gründen nicht realisieren ließ, wurde auf der dafür vorgesehenen Fläche die „Pfingstrosenwiese" angelegt, an deren Rändern 120 verschiedene Pfingstrosensorten gepflanzt wurden. [22]

Einen guten Eindruck über den Ablauf der Arbeiten gibt die Schilderung des städtischen Revierförsters Wilhelm Mense: „Die damals noch kahle, leichte Anhöhe des forstbotanischen Gartens glich zeitweise einem Ameisenhaufen, in dem das Chaos zu regieren schien. Überall wurde zugleich Erde bewegt, Leitungen verlegt, Pflanzen gesetzt und wieder herausgerissen, Torf waggonweise angefahren und ausgebreitet. Ein Plan existierte nicht. Wohl gab es im Kopf von Herrn Berge und noch mehr bei Herrn Aden ein Konzept über die Gestaltung des Gartens. Dieses Konzept zu ergründen hatte ich anfangs Schwierigkeiten, aber dann wurde auch mir so langsam klar, was Herrn Aden so vorschwebte: da war die Rhododendrenschlucht, dort der Heidegarten, hier die Moorbeetpflanzen und drüben die Ilexsammlung neben einer solchen mit Sorbusarten. Von uns allen, einschließlich der Unternehmerkräfte, wurde das letzte an persönlichem Einsatz abverlangt, und dies um so mehr, je näher das Ergrünen des Frühjahrs näher kam." [23]

1964, am Tag des Baumes, wurde der Forstbotanische Garten eröffnet. [24]

Ende September 1964 ging Hans Berge in den Ruhestand. Er blieb aber weiterhin Vorsitzender der Schutzgemeinschaft Deutscher Wald in Köln. In dieser Position kehrte er immer wieder in das Licht der Öffentlichkeit zurück und nutzte beispielsweise den jährlichen Tag des Baumes, um sein großes Anliegen der Förderung des Waldes in der Stadt einer breiten Öffentlichkeit zu vermitteln.

Über die „grünen Aufgaben eines Stadtdirektors" berichtete Berge 1965 rückblickend: „In Verbindung mit gewissen kommunalen Leistungen war mir schon früh Gelegenheit gegeben, für den stadtnahen Wald erfolgreich einzutreten. Mancher Forstmann stand anfänglich kritisch meinen Arbeiten gegenüber. Das galt insbesondere meiner Auffassung über die Notwendigkeit stadtnaher Mischwälder, und dass ich trotz der vorherrschenden Kiefernbestände in der Umgebung der Stadt Köln den Laubmischwald bevorzugte. Eine Reihe von ausländischen Holzarten ist heute Bestandteil unserer Wälder, die sich hier im Stadtklima und in der Stadtluft bewähren. Die Grundlage unserer Aufforstungen blieb aber die Anpflanzung heimischer Holzarten guter Provenienzen. Auch im Atomzeitalter besteht die Gefahr, dass die in den Ballungsräumen erhaltenen Wälder so genannten wichtigeren Fragen zum Opfer fallen. Es ist so leicht, Gelände zu verplanen, das im Besitz der öffentlichen Hand ist. Dabei ist die Erkenntnis über die Bedeutung der stadtnahen Erholungswälder aus den vielen bekannten Gründen Allgemeingut geworden. Alle Städte hatten bisher das Verlangen, größer und an Industrie reicher zu werden. Wir sollten mehr die Städte loben, die schöner werden wollen und die zur rechten Zeit erkennen, dass es unser Auftrag ist, die schöpferischen Impulse auf allen Gebieten der Land-

Oben und unten:
Impressionen aus dem
Forstbotanischen Garten
Fotos: W. Wolf, 2001

schaftspflege zu wecken. Wir, die wir uns um Landschaft und Wald bemühen, sollten nicht nachlassen, die Funktionen einer gesunden Landschaft in einer führenden Industrienation der Erde mit mehr Mut, Entschlossenheit und Liebe zu erkennen und zu verteidigen, selbst dann, wenn wir uns auf unserem Platz – meist aber nur vorübergehend – viel Gegnerschaft zuziehen. Unsere Bürger wollen, dass wir den Wald nicht nur verteidigen, sondern mehren, auch dann, wenn so genannte fiskalische Überlegungen uns im Wege stehen."[25]

Hans Berge starb im Alter von 87 Jahren. Am 2.1.1984 trugen die städtischen Forstleute seinen Sarg auf dem Südfriedhof zu Grabe.[26]

In den knapp zehn Jahren der Ära Berge haben der städtische Wald und die Forstverwaltung einen rasanten Aufstieg genommen. Die städtische Waldfläche vergrößerte sich von 616,7 ha im Jahr 1955 um 1557 ha auf 2173,7 ha.[27] Der überwiegende Teil dieses Flächenzuwachses, nämlich 1085 ha, bestand aus neu aufgeforsteten Waldflächen. Wenn man sich vor Augen führt, dass der in den 1920er-Jahren angelegte linksrheinische Äußere Grüngürtel-Süd eine Gesamtfläche von 550 ha hat, von der 330 ha Wald sind, wird das Ausmaß dieses Aufforstungswerks deutlich, das die dreifache Waldfläche des Äußeren Grüngürtels umfasst.[28] Die von Berge betriebene Grünpolitik war damit eine würdige Fortsetzung der Adenauerschen Grünpolitik der 1920er-Jahre. Dieses in kurzer Zeit angehäufte „grüne Kapital" wurde 1965 in das Grünflächenamt eingebracht.

Nachdem am 1.1.1965 innerhalb des Liegenschaftsamtes die Abteilung „Forstamt, Untere Jagdbehörde und landwirtschaftliche Verwaltung" gebildet wurde, beschloss der Rat am 15.7.1965, das Forstamt und die untere Jagdbehörde aus dem Liegenschaftsamt herauszulösen und in das neu gebildete Grünflächenamt (vorher Garten- und Friedhofsamt) innerhalb des Tiefbaudezernats einzugliedern. Das Forstamt wurde eine Abteilung des Grünflächenamts.[29]

Die Zuständigkeiten wurden entsprechend dem im Grünflächenamt bestehenden Abschnittssystem organisiert und ein links- und ein rechtsrheinischer Abschnitt gebildet. Die Abschnitte wurden von Oberförstern geleitet. In den Revieren wurde die Arbeit von Revierförstern und Forstwarten ausgeführt. Die personelle Besetzung bestand 1966 aus folgenden Stellen und erreichte damit einen Höhepunkt beim forstlichen Leitungspersonal, der nie wieder erreicht wurde[30]: 1 Oberforstmeister als Abteilungsleiter, 1 Oberinspektor im Innendienst, 2 Oberförster als Abschnittsleiter, 5 Revierförster, 1 Hilfsförster, 2 Revieroberforstwarte, 4 Revierforstwarte.[31]

Mit dem Abschied von Stadtdirektor Berge aus dem aktiven Dienst und dem Wechsel zum Grünflächenamt endete die Phase der großflächigen Aufforstungen städtischer Flächen. Ab Ende der 1960er-Jahre

6. Die Stadt und ihr Wald

Überblick über die Erstaufforstungen, 1957-1999
Entwurf: ALG

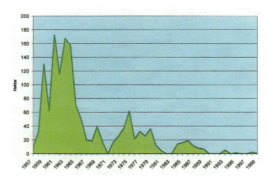

Waldflächenentwicklung Waldbesitz Stadt Köln 1955-2000
Entwurf: ALG

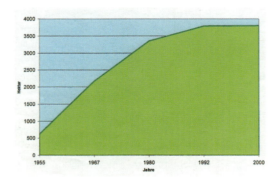

verminderten sich die Möglichkeiten, geeignete Flächen bereit zu stellen.[32]

Die Waldvermehrung im Stadtgebiet konnte aber auf den Grundstücken großer Industrieunternehmen fortgesetzt werden. Mit mehreren bekannten Werken (Bayer, Esso, Erdölchemie, KHD) wurden Vereinbarungen über die Aufforstung und spätere Betreuung von Flächen durch das städtische Forstamt abgeschlossen. Zweck dieser Vereinbarungen war es, die Industriegelände mit möglichst breiten Waldstreifen zu umgeben, damit ein wirksamer Lärm- und Immissionsschutz für die angrenzenden Wohngebiete entstand. Die Unternehmen wollten damit einen Beitrag zum Umweltschutz leisten.[33]

Durch diese Zusammenarbeit mit so genannten „Dritten" entstand innerhalb von elf Jahren, von 1969 bis 1980, in der Stadt 187 ha neuer Sicht- und Immissionsschutzwald an Industrieanlagen.[34] Beispiele hierfür sind die Waldstreifen zur Eingrünung der Erdölchemie in Worringen (25 ha) und des Esso-Geländes in Niehl (13 ha). Auch das WDR-Gelände in Bocklemünd wurde vom Forstamt mit einem 8 ha großen Aufforstungsstreifen umgeben.[35]

Eine besondere Rolle bei der Waldvermehrung spielten die Gas-, Elektrizitäts- und Wasserwerke Köln AG (GEW). Wald wirkt sich wegen seiner Filterwirkung besonders positiv auf die Sauberkeit des Trinkwassers aus. Im Gegensatz zu landwirtschaftlichen Nutzflächen werden keine Düngemittel oder Pestizide in den Boden eingetragen. Deshalb war man schon zu Beginn des Aufforstungsprogramms zur Sicherung der Trinkwasserversorgung und Verbesserung der Wasserqualität bestrebt, möglichst große landwirtschaftliche Nutzflächen in den Wasserschutzzonen aufzuforsten. Die GEW setzte diese Aufforstungen auch auf ihren Ankaufsflächen in den Wasserschutzzonen fort.

Im Bereich der Wasserwerke in Weiler, Hochkirchen und im Weißer Bogen sind bis heute 325 ha neuer Wald entstanden. Außerdem wurden extensivierte Wiesen, die mit Baumgruppen und Streuobst bepflanzt wurden, angelegt.[36]

Ende der 1970er-Jahre konnte der Forstbotanische Garten durch den Friedenswald, der auf einer angrenzenden 26 ha großen landwirtschaftlichen Fläche angelegt wurde, sinnvoll ergänzt werden. Die Anlage entstand in den Jahren 1979-1981 nach einer Idee von Berge und wurde ähnlich wie der Forstbotanische Garten in „Förstermanier" gestaltet, d. h., dass es außer einem Konzept und groben Planskizzen keine detaillierten Ausführungsplanungen gab.

Der Friedenswald wurde wie der Forstbotanische Garten sehr dendrologisch ausgerichtet. Er hat aber auch einen ausgesprochenen symbolträchtigen Charakter. Vor dem Hintergrund der damals aktuellen Friedensbewegung wurden Bäume und Sträucher aus allen Staaten, die mit der Bundesrepublik Deutschland diplomatische Beziehungen unterhielten, einzeln oder in kleineren Gruppen gepflanzt, um das harmonische, friedliche Nebeneinander der Länder der Welt zu repräsentieren. Die Anlage wurde sehr weiträumig gestaltet. Um Platz zum Spielen und Ausspannen zu schaffen, wurden 20 ha Rasen angelegt und nur 6 ha mit Gehölzen bepflanzt. Insgesamt wurden für 141 Länder Gehölze gepflanzt. Für jedes der damals 48 Länder der gemäßigten Klimazone wurden Kleinbestände mit charakteristischen Baum- und Straucharten angelegt. Die 93 Länder der Tropen und Subtropen, deren Pflanzen unter unseren klima-

Friedenswald
Foto: J. Bauer, 1997

Zehnjähriges Jubiläum des Friedenswalds, 1991
Foto: H. J. Brockmeier

tischen Bedingungen nicht wachsen können, sind durch symbolische Gehölze vertreten. Damit sich während des ganzen Jahres ein attraktives Naturbild bietet, wurde bei der Pflanzenauswahl darauf geachtet, möglichst dekorativ wirkende Pflanzen in vielfältiger Mischung zu verwenden. Die Baumgruppen und Einzelbäume der Staaten wurden mit Schildern gekennzeichnet, auf denen der Name des Landes, die jeweilige Charakterbaumart und die Landesflagge dargestellt sind. Die Bäume wurden so angeordnet, wie es der geografischen Lage des Landes auf den Kontinenten entspricht. Der Besucher kann auf einem 4,5 km langen Wegenetz sinnbildlich von Osteuropa durch Europa nach Afrika, von dort durch Asien, Südamerika, Mittelamerika nach Nordamerika wandern. Das vormals ebene Gelände wurde durch die Profilierung von Erhebungen und Senken lebhaft gestaltet und ein Hügel aufgeschüttet, der einen Blick über die gesamte Anlage ermöglicht und im Winter als Rodelberg genutzt werden kann. Als besondere Attraktion für Kinder wurden große Sandspielplätze, die mit reinem weißen Quarzsand gefüllt sind, angelegt.[37]

Oberbürgermeister Burger eröffnete die Anlage am 28.5.1981 unter großer Beteiligung der Bevölkerung und vieler Mitglieder der ausländischen Botschaften.[38] Mit der Fertigstellung des Friedenswalds wurde der Grünzug Rodenkirchen vollendet. Diese durchgehende Grünverbindung, die auf eine Planung von Schumacher zurückgeht, verläuft vom südlichen Äußeren Grüngürtel über den Forstbotanischen Garten und Friedenswald, die Waldflächen an der Grüngürtelstraße bis zum Weißer Bogen. Mit seinem abwechslungsreichen Landschaftsbild aus Wald, Wiesen und Äckern ist der Weißer Bogen eines der schönsten Erholungsgebiete am Rhein in Köln.

Die letzte große Aufforstungskampagne auf städtischen Flächen fand in den 1980er-Jahren statt. Auslöser waren die neuartigen Waldschäden, die seit 1983 auch in den Waldgebieten der Stadt Köln in zunehmendem Maße festgestellt wurden. Alarmiert durch das Waldsterben wurde 1984 ein „Handlungs-

30 Jahre nach der Aufforstung: Ein artenreicher Waldrand bei Gut Leidenhausen, in dem sich heimische und fremdländische Baumarten mischen.
Foto: M. Bouwman, um 1990

konzept zur Begegnung der Folgen des Waldsterbens" beschlossen. Aus der Überlegung heraus, als Ausgleich für die Waldschäden neuen Wald zu schaffen, wurden 100 ha Neuaufforstungen im gesamten Stadtgebiet geplant.

Die Bereitstellung geeigneter Flächen war schwierig und die Realisierung des Aufforstungsprogramms dauerte daher bis 1990. Das Ziel von 100 ha konnte nicht ganz erreicht werden, doch waren am Ende immerhin 80 ha neuer Wald entstanden. [39]

Waldankäufe

Um der Bevölkerung neue Erholungsgebiete zu erschließen und den Waldbestand der Stadt weiter zu vergrößern, wurde auch in großem Umfang Wald angekauft. Allein bis 1965 gelang es, rd. 500 ha Privatwaldbesitz, vor allem im rechtrheinischen Stadtgebiet, zu erwerben. [40]

Während heute die stille Walderholung in einer naturnahen Umgebung im Vordergrund steht und deshalb die Ausstattung der Wälder mit Erholungseinrichtungen eher zurückhaltend betrieben wird, gehörte nach den damaligen Vorstellungen zum Erholungswald eine möglichst umfassende Möblierung mit Bänken, Papierkörben, Schutzhütten, Trimmpfaden etc., um ihn für die Besucher attraktiv zu machen. Außerdem wurden am Rand der Wälder Parkplätze gebaut, damit sie möglichst bequem erreicht werden konnten. [41]

Auch in Köln wurden die angekauften Wälder entsprechend gestaltet. Neben einer mehr oder weniger flächendeckenden Grundausstattung mit Bänken und dem Ausbau des Wegenetzes wurden im rechtsrheinischen Stadtgebiet zusätzlich zu dem bereits seit 1957 bestehenden Wildpark Dünnwald weitere Wildgehege errichtet. [42] Da es sich bei den angekauften Wäldern überwiegend um monotone Kiefernbestände handelte, wurde nach dem Besitzübergang damit begonnen, die Bestände in standortgerechte, stabile Laubmischwälder umzubauen. Es sollten vielfältig aufgebaute, biologisch gesunde Waldbestände entwickelt werden, um die Wohlfahrtsfunktionen des Waldes zu verbessern und langfristig zu sichern. [43]

Der erste große Ankauf in den 1960er-Jahren war das Hofgut Leidenhausen, das in Porz-Eil am Rand der Wahner Heide liegt. Es wurde 1963 mit einer Fläche von 170 ha, davon rd. 45 ha Wald, einschließlich einer Trainingsrennbahn für Rennpferde, von Ferdinand Mühlens erworben und anschließend nach und nach zu einem Erholungsschwerpunkt ausgebaut. Teilbereiche wurden aufgeforstet, große Liegewiesen mit einem Sandspielplatz angelegt und neben Wanderwegen auch ein Parkplatz mit 200 Einstellplätzen gebaut. Als besonderer Anziehungspunkt entstand 1964 ein Wildgatter für Hirsche, Rehe und Wildschweine und in den 1970er-Jahren eine Station zur Pflege verletzter Greifvögel. Später wurde in den Räumen des Gutes die Waldschule der Schutzgemeinschaft deutscher Wald und das Waldmuseum „Haus des Waldes" eingerichtet. [44]

Im Jahre 1965 kaufte die Stadt die Brücker Hardt, ein 160 ha großes Waldgelände, östlich von Brück an der Erkermühle und Grenze zum Königsforst. Durch einen weiteren Ankauf im Jahr 1975 wurde dieser Waldbesitz auf 200 ha arrondiert. 1967 wurde dort ein 50 ha großes Wildfreigehege eröffnet, in dem Pirschpfade und Beobachtungsstände angelegt wurden. Innerhalb des Geheges lief Schwarzwild und asiatisches Dybowskiwild (Hirschart) frei herum, sodass die Besucher das Wild ohne trennende Zäune betrachten konnten. Die Wildschweine wurden infolge der Fütterung durch die Besucher so „zutraulich", dass sie sich das mitgebrachte Brot sogar aus den Kinderwagen holten. Daher musste für das Schwarzwild nachträglich ein eigenes Gehege eingerichtet werden. Neben dem Wildgehege wurde 1972 ein Waldlehrpfad angelegt, der einen Überblick über

Wasser im Worringer Bruch am Senfweg, 1981
Foto: W. Mense

heimische und fremdländische Baum- und Straucharten gibt.⁴⁵ Durch den Ankauf von Gut Mielenforst, zu dem 100 ha Wald gehörten, wurde die Waldfläche im rechtsrheinischen Stadtgebiet 1978 noch einmal bedeutend vergrößert.⁴⁶

Große Teile des städtischen Waldes wurden auch vom Land Nordrhein-Westfalen erworben. Bereits im Jahr 1965 konnte die Stadt den in Dünnwald liegenden Teil des staatlichen Forstwartbezirks Paffrath (ca. 135 ha) ankaufen.⁴⁷ Im linksrheinischen Stadtgebiet kam 1978 das Worringer Bruch, eine alte Rheinschlinge mit einer Fläche von 115 ha, dazu. Im Rahmen dieses Grundstücksgeschäftes wurde ein Teil des Chorbusches bei Haus Arf mit einer Fläche von 36 ha, der 1961 vom Baron Geyer von Schweppenburg angekauft worden war, an das Land Nordrhein-Westfalen abgegeben.⁴⁸

Das Worringer Bruch bestand hauptsächlich aus nach dem Krieg angepflanzten Pappelbeständen. Die Wegeerschließung war schlecht. Mit dem Ankauf wurde der Zweck verfolgt, das Gelände in einen Erholungswald für die Bevölkerung von Chorweiler zu verwandeln und dadurch die Attraktivität des neuen Stadtteils zu steigern. Als erstes wurden Wege angelegt, um den Wald für die Erholungsuchenden zu erschließen. Gleichzeitig wurde mit dem Umbau der monotonen Pappelbestände begonnen und an ihrer Stelle standortgerechte Mischwälder begründet. Die Überraschung kam im Spätherbst 1980, als in dem seit Jahrzehnten trockenen Bruch wieder das Wasser stieg. Nach dem regenreichen Jahr 1981 standen 1982 zeitweise 60% der Fläche unter Wasser. Infolge der Überflutungen starben die gerade gepflanzten Laubholzkulturen großflächig ab. Man versuchte es daraufhin mit Baumarten wie Weide und Roterle, die Überflutungen besser vertragen. Das Wasser stieg jedoch weiter und erreichte 1988 mit der Überflutung des Senfwegs seinen Höchststand. Die Pappeln wurden in den vernässten Bereichen des Bruchs vom Wind geworfen. Schließlich gelangte man zu der Überzeugung, dass alle Umbaubemühungen in diesen Teilen des Bruchs wegen der unberechenbaren Wasserstandsschwankungen zum Scheitern verurteilt waren und überließ die Flächen der natürlichen Entwicklung.⁴⁹

1986 wurde das Worringer Bruch unter Naturschutz gestellt. Seitdem hat die Erhaltung und Wiederherstellung des Lebensraumes bedrohter Pflanzen- und Tierarten der Auen- und Bruchwaldgesellschaften Vorrang. Im Landschaftsplan von 1991 sind daher der Rückbau von Wegen und Betretungsverbote festgesetzt. Der Umbau der Pappelbestände ist aber im Sinne des Naturschutzes und wird an den Rändern des Bruches, die nicht vernässen, fortgesetzt.⁵⁰

Mitte der 1980er-Jahre konnten vom Staatlichen Forstamt Königsforst im Rahmen eines Tausches gegen den städtischen Wald in Overath die Waldflächen im rechtsrheinischen Rheinvorland bei Porz-Langel erworben werden. Der Wald bestand ausschließlich aus Pappelreinbeständen, die seit dem Ankauf in standortgerechten Auenwald umgebaut werden.

Der letzte große Flächenzukauf gelang nach jahrelangen Verhandlungen 1990, als der 180 ha große Waldbesitz des Barons von Diergardt in Dünnwald angekauft wurde.⁵¹

Einen Sonderfall stellt das 60 ha große Gremberger Wäldchen dar, das bereits im städtischen Besitz war, als es 1962 von der Forstverwaltung übernommen wurde (vgl. S. 71). Ein Teil dieses wertvollen Altwaldkomplexes – den letzten Rest eines Maiglöckchen-Perlgras-Buchenwaldes auf der Niederterrasse des Rheins –, in dem noch heute die ältesten Buchen Kölns stehen, musste Anfang der 1970er-Jahre für den Autobahnausbau gerodet werden.

6. Die Stadt und ihr Wald

Umbau von Nadelholzbeständen in Dünnwald: Voranbau von Buche unter Kiefer
Foto: M. Bouwman, um 1996

Waldpflege

Die Pflege des Waldes lässt sich anhand der Forsteinrichtungswerke bis in die 1950er-Jahre zurückverfolgen. Das Revier Dünnwald, die Keimzelle des städtischen Waldes, bestand damals überwiegend aus Kiefernreinbeständen, die durch Aufforstung von Viehweiden Ende des 19. Jahrhunderts entstanden waren. Die schlechte Qualität dieser Bestände, ihre Windwurfanfälligkeit und die negativen Auswirkungen der monotonen Kiefernbestände auf das Landschaftsbild führten schon in den 1950er-Jahren zu der Überlegung, von der Kiefer als Hauptbaumart abzugehen. Stattdessen sollte Laubholz wie Buche, Ahorn, Roteiche, europäische Lärche, aber auch nordamerikanische Nadelholzarten gepflanzt werden. Man erhoffte sich von dieser Baumartenwahl stabilere Bestände, höhere Holzerträge und eine Verbesserung des Landschaftsbildes. Der Wald hatte auch damals schon eine große Bedeutung für die Erholung, sodass der Faktor Landschaftspflege bei der waldbaulichen Planung starke Berücksichtigung fand. Der Umbau der Kiefernbestände im Kahlschlagverfahren wurde abgelehnt und stattdessen ein behutsamer Umbau im Wege des Voranbaus unter dem Schirm der Kiefern vorgesehen. Der Umbau der Kiefernbestände lag Oberförster Scheideler sehr am Herzen. Allerdings musste er sich nach dem Dienstantritt Berges verstärkt den Aufforstungen widmen. Trotzdem gelang es ihm während seiner Dienstzeit, etwa 110 ha Kiefernbestände in Laubholz umzubauen. [52]

Der Umbau der Kiefernbestände in standortgerechte Mischwälder ist bis heute ein Schwerpunkt der waldbaulichen Arbeit in den rechtrheinischen Forstrevieren geblieben. Dabei werden überwiegend Buchen und Eichen, die Baumarten der natürlichen Vegetation in dem Gebiet, verwendet.

Im Rahmen der Forsteinrichtung von 1967 wurden erstmals sämtliche städtischen Waldflächen, einschließlich der Neuaufforstungen, auf Grundlage der Liegenschaftsdaten flächenmäßig erfasst. Auf der Basis einer detaillierten Bestandsaufnahme, in der Baumarten, Pflegezustand und Zuwachsverhältnisse festgestellt wurden, erfolgte eine waldbauliche Planung. Für die praktische Arbeit der Förster waren die Ergebnisse von großer Bedeutung, da sie erstmals Karten erhielten, in denen alle Waldflächen eingezeichnet waren. [53]

Der städtische Waldbesitz hatte 1967 eine Größe von 2 229,8 ha. Die mit Waldbäumen bestockte so genannte Holzbodenfläche betrug 1 990,1 ha. Als Nichtholzbodenfläche wurden 231, 4 ha ausgewiesen. Dabei handelte es sich um zum Wald gehörende unbestockte Flächen wie Forstwege, Leitungstrassen, Wiesen und Wasserflächen. [54]

Der Wald bestand zu 69% aus Laubholz und zu 31% aus Nadelholz. Der Laubholzanteil setzte sich aufgrund der artenreichen Aufforstungen zu 42% aus Edellaubhölzern wie Ahorn, Esche, Vogelkirsche, Ulme, gemischt mit Hainbuche, Linde und Buche zusammen. Die Eiche hatte einen Anteil von 12%. Beim Nadelholz herrschte die Kiefer mit 24% vor. Der Fichtenanteil betrug 7%. [55]

In den linksrheinischen Forstrevieren bestand der Wald fast ausschließlich aus Kulturflächen. Neben der Aufforstung bestimmte deshalb die Pflege der artenreichen Laubholzmischkulturen die Arbeit der Förster in den 1960er- und -70er-Jahren.

Bei den Neuaufforstungen bereiteten besonders Kaninchen, die sich in den ausgedehnten Kulturflächen gut vermehren konnten und zur Plage wurden, große Probleme. Trotz aufwendiger Schutzmaßnahmen und intensiver Bejagung ließ sich der Kaninchenverbiss nur schwer eindämmen und war daher ein entscheidender Faktor bei der Entwicklung der Aufforstungen. Die Kaninchen verbissen insbesondere die als Grundbestand vorgesehenen Rotbuchen. Dadurch hat diese Holzart, die eigentlich die Hauptbaumart der natürlichen Vegetation im städtischen Wald wäre, bis heute nicht den hohen Anteil am Wald, der ihr

Die Kölner Förster 1991
Von links, stehend: Kunze, Querbach, Mense, Brockmeier, Knuff, Möller; sitzend: Strunden (Amtsleiter Grünflächenamt), Scheideler, Aden, Lemmer (Verwaltung Grünflächenamt), Tusch
Foto: H. J. Brockmeier

eigentlich zukommen müsste. Später wurde anstelle der Buche die gegen Verbiss unempfindliche Winterlinde verwendet, die sich als Schattenholzart ebenso gut in die Bestände einfügte.

Besonders gravierend waren auch die Auswirkungen des Ulmensterbens, das Ende der 1960er-Jahre und verstärkt in den 1970er-Jahren im Kölner Wald auftrat. Betroffen waren nicht nur die Aufforstungen, sondern auch die wenigen Altwaldflächen im linksrheinischen Wald. Ein 100-jähriger, 2,3 ha großer Feldulmenbestand in Merkenich starb innerhalb von 10 Jahren ab.[56] Auch in den Aufforstungen fielen die im großen Umfang gepflanzten Ulmen der Krankheit zum Opfer. In dieser Situation erwiesen sich die stammzahl- und artenreichen Mischbestände als sehr stabil. Die Ausfälle der Ulme wurden durch die anderen Baumarten kompensiert, sodass nur einige wenige Ulmenreinbestände geräumt und durch andere Holzarten ersetzt werden mussten.

Während man diesen natürlichen Schäden mit forstlichen Mitteln begegnen konnte, mussten die Verluste von Waldflächen aufgrund der baulichen Entwicklung der Stadt hingegen hingenommen werden. Schon bei der Anlage der Aufforstungen war klar, dass ein dauerhafter Schutz des neuen Waldes nicht garantiert werden konnte, da abzusehen war, das Flächen für die Entwicklung der Stadt wieder in Anspruch genommen werden mussten.[57] Bereits in den 1960er-Jahren mussten 75 ha Wald für Bauzwecke, die Verlegung von Leitungen und Straßenbaumaßnahmen abgegeben werden.[58] Später ging ein Teil der Sicht- und Immissionsschutzwälder im Zuge von Autobahnverbreiterungen verloren. Damit sich die Waldfläche nicht verringerte, setzte man bei diesen unvermeidbaren Waldrodungen durch, dass eine mindestens gleichgroße Fläche an anderer Stelle wieder aufgeforstet wurde.

Daher blieb die Waldflächenbilanz trotz der Verluste weiter positiv. 1980 besaß die Stadt Köln 2698,5 ha Wald (ohne Äußerer Grüngürtel). Gegenüber 1967 hatte sich der Waldbesitz durch neue Aufforstungen und Ankäufe um 468,7 ha vergrößert. Die Zusammensetzung des Waldes hatte sich ebenfalls weiter verändert. Der Laubholzanteil war weiter angestiegen und betrug nun 73 %. Der Anteil des Nadelholzes hatte sich infolge des kontinuierlichen Umbaus der Kiefernbestände auf 27 % reduziert.[59]

Aufgrund der großen Flächenzunahme wurde im Zuge der Forsteinrichtung von 1980 die betriebliche Organisation geändert. Das Abschnittssystem wurde aufgegeben und die heute noch bestehenden vier Forstreviere Brück, Dünnwald, Rodenkirchen und Weiler gebildet. Der Forstbotanische Garten blieb weiterhin als eigenständige Einheit erhalten.[60]

Die Erstaufforstungen im Stadtgebiet entwickelten sich auf den nährstoffreichen ehemaligen Ackerböden so gut, dass sie schnell aus der Jungbestandsphase herauswuchsen und durchforstet werden mussten. Die Bestandspflege in Form von Durchforstungen rückte daher seit den 1980er-Jahren immer mehr in den Mittelpunkt der forstlichen Arbeiten. Während in den Siebzigern die jährliche Durchforstungsfläche nur rund 30 ha betragen hatte, stieg sie in den Achtzigern auf 270 ha, in den Neunzigern auf 350 ha an. Damit einhergehend stieg auch die jährliche Holzmenge, die im Zuge der Waldpflege anfiel, von 3 000 Festmeter in den Siebzigern auf rund 12 000 Festmeter in den Neunzigern.[61]

Einen traurigen Rekord brachte das Jahr 1990. In der Nacht vom 28.2. auf den 1.3.1990 fegte der Orkan „Wiebke" mit Windgeschwindigkeiten von über 180 km/h über Köln und verursachte in den städtischen Wäldern große Schäden. Im linksrheinischen Wald waren besonders Pappelbestände im nördlichen Rheinvorland und im Weißer Bogen betroffen. Hier entstanden durch den Wurf ganzer Bestände große Kahlflächen. Die mangelnde Stabilität der Waldflächen des historischen Äußeren Grüngürtels trat deutlich zutage, dort betrug der Schadholzanteil 2 000 Festmeter. In den rechtsrheinischen Wäldern

Sturmschäden nach dem Orkan „Wiebke" 1990 in Dünnwald
Foto: B. Kittlass

Eine aufgeforstete Sturmwurffläche in Dünnwald fünf Jahre später
Foto: M. Bouwman, 1995

kam es zu flächigen Sturmwürfen in den Kiefern- und Fichten-Altbeständen. Insgesamt wurden 20 000 Festmeter Holz vom Sturm geworfen. Diese Menge entsprach etwa dem doppelten Jahreseinschlag. Auf einer Fläche von 25 ha war der Wald so stark verwüstet, dass er wieder aufgeforstet werden musste.[62]

Im Rahmen der Forsteinrichtung von 1980 wurde erstmals der Waldzustand in den von Kowallek, Encke und Nußbaum angelegten Waldbeständen des Äußeren Grüngürtels und der Merheimer Heide erfasst. Diese historischen Teile des Äußeren Grüngürtels hatte das Gartenamt angelegt und seitdem auch betreut.

Encke hatte sich schon bei der Planung des Äußeren Grüngürtels Gedanken über die spätere Bewirtschaftung des Waldes gemacht. Sie sollte mit der Erholungsfunktion in Einklang gebracht werden. Encke lehnte den damals üblichen Kahlschlagbetrieb ab, da er der Ansicht war, dass die Bevölkerung eine solche Bewirtschaftungsweise nicht akzeptieren und als „wüste Zerstörung" der mühsam geschaffenen Erholungsanlagen empfinden würde. Stattdessen sollte der Wald im Plenterbetrieb bewirtschaftet werden und ein Mischwald mit einem kleinräumigen Wechsel von Bäumen unterschiedlichen Alters entwickelt werden, der ein naturnahes „Bild ungezwungenen Waldlebens" vermitteln sollte. Aber nicht nur aus landschaftsästhetischen Gründen, sondern auch vom wirtschaftlichen Standpunkt aus gesehen erschien Encke der Plenterbetrieb interessant, da er nach dem Ergebnis wissenschaftlicher Untersuchungen höhere Holzerträge liefern sollte.[63] Vor dem Hintergrund der damaligen forstlichen Lehre, die vom Bodenreinertragsdenken geprägt war und den Altersklassenwald aus schnellwüchsigen Baumarten wie Fichte und Kiefer propagierte, waren die Vorstellungen Enckes sehr fortschrittlich und kommen den heutigen Zielen des naturnahen Waldbaus sehr nahe.

Die Vorstellungen Enckes wurden leider nie umgesetzt. Eine zielgerichtete Waldpflege, die zum Aufbau der von ihm gewünschten, ungleichaltrigen Mischbestände notwendig gewesen wäre, fand nicht statt.[64]

Die Probleme, die aufgrund der mangelnden forstlichen Pflege entstanden waren, traten bei der Waldaufnahme 1980 deutlich zutage. Die Waldbestände waren inzwischen 60 bis 80 Jahre alt. Die Bäume standen sehr dicht und hatten nur kleine, hochangesetzte Kronen und ein entsprechend geringes Wurzelwerk entwickelt. Durch das unausgewogene Verhältnis zwischen Krone und Stamm waren die einzelnen Bäume so labil, dass die Gesundheit und Stabilität des Waldes und damit auch die von ihm ausgehende Wohlfahrtswirkung gefährdet waren. Außerdem bestanden große Probleme mit der Verkehrssicherheit in den Beständen entlang der vielen Straßen und der Bebauung am Rand des Äußeren Grüngürtels. Um die Waldflächen zu stabilisieren, mussten sie dringend durchforstet werden.[65]

1986 wurde mit den Durchforstungen begonnen. Da die Bevölkerung nicht daran gewöhnt war, dass im Grüngürtel Holz geschlagen wurde, kam es besonders zu Beginn der Arbeiten zu Beschwerden. Die Bürger mussten vor allem davon überzeugt werden, dass durch die Fällung gesunder Bäume der Wald nicht zerstört wurde. Vor Beginn oder während des

Einsatz von Pferden im Äußeren Grüngürtel: Bodenvorbereitung für Buchen-Naturverjüngung, 2000
Foto: H. J. Brockmeier

Holzeinschlages wurden deshalb Führungen mit dem Förster angeboten, bei denen die Maßnahmen erläutert wurden. Je weiter die Arbeiten voranschritten, desto größer wurde die Akzeptanz bei der Bevölkerung, denn die positiven Wirkungen der Durchforstung konnten anhand der bereits durchforsteten Bestände erläutert werden. Auch für den forstlichen Laien war nun erkennbar, dass die Vergrößerung des Standraumes zu einer Stabilisierung und Vitalisierung der Bäume und der erhöhte Lichtgenuss zur Erhaltung der Mischbaumarten, des Unter- und Zwischenstandes sowie zur Anreicherung der Strauch- und Krautschicht führt.

Im Jahr 1997 war die Erstdurchforstung der Waldfläche des Äußeren Grüngürtels abgeschlossen. Seitdem wird die planmäßige Pflege auf der Grundlage der Forsteinrichtung und des Pflege- und Entwicklungskonzepts für den Äußeren Grüngürtel weitergeführt. Im Rahmen dieses Konzepts werden von der Forstverwaltung auch Arbeiten zur Sicherung und Wiederherstellung der historischen Parkanlage durchgeführt. Zugewachsene Sichtschneisen im Bereich des Decksteiner und des Kalscheurer Weihers wurden geöffnet. Zur Rekonstruktion der ursprünglichen Gestalt von Grüngürtelflächen wurden zwischen Oberer Komarer Weg und Brühler Straße auf der Grundlage von historischen Planunterlagen Aufforstungen angelegt. Stark verlichtete oder teilweise abgestorbene Waldflächen wurden mit Baumarten wiederaufgeforstet, die dem historischen Gestaltungskonzept entsprechen.

Der städtische Wald heute

In Köln sind innerhalb eines halben Jahrhunderts dank einer weitsichtigen Grünpolitik und zielstrebigem forstlichen Handelns in einem waldarmen Gebiet wieder zusammenhängende Wälder entstanden. In Anbetracht der Bedeutung des Waldes für die Natur und Umwelt ist diese Leistung beispielhaft für die nachhaltige Entwicklung einer Großstadt.

Die Stadt Köln besitzt heute zwei Drittel, das sind rund 3 800 ha, der gesamten Waldfläche von 6 000 ha im Stadtgebiet. Davon sind 3 400 ha unmittelbares kommunales Eigentum und rund 400 ha Besitz der Gas-, Elektrizitäts- und Wasserwerke Köln AG. Mit einem Flächenanteil von 15% am Stadtgebiet unterschreitet die Bewaldung in Köln zwar deutlich den Bundes- (30%) und Landesdurchschnitt (26%), ist aber im Verhältnis zu anderen Verdichtungsräumen an Rhein und Ruhr überdurchschnittlich hoch (Bochum 8%, Duisburg 8%, Düsseldorf 11%, Essen 12%).[66]

Die rechtsrheinischen Teile des städtischen Waldes wie Brück und Dünnwald bilden überwiegend zusammenhängende Waldflächen. Die linksrheinischen Waldungen haben dagegen größtenteils den Charakter band- und linienartiger Grünzonen. Dies gilt insbesondere für den Äußeren Grüngürtel einschließlich seiner Erweiterungen als geschlossenem konzentrischen Grünzug. Größere arrondierte Waldflächen befinden sich im Worringer Bruch, im Besitz der Stadtwerke im Weißer Bogen und rund um das Wasserwerk Weiler.

Der größte Teil des Waldes der Stadt Köln ist aufgrund seiner Entstehungsgeschichte nicht älter als 80 Jahre und insbesondere durch die Erstaufforstungen nach dem Zweiten Weltkrieg geprägt. Über 100-jährige Altbestände, überwiegend aus Kiefern und Eichen, wachsen fast ausschließlich in den rechtsrheinischen Altwäldern. Sie sind mit einem Anteil von nur 9% stark unterrepräsentiert.

Bei den Aufforstungen und den Umbauten von Nadelholz- und Pappelbeständen wurden artenreiche Laubmischwälder angestrebt, in denen die heimischen Baumarten das Schwergewicht bilden sollten. Dieses Ziel wurde erreicht. Heute wachsen über 50 verschiedene Baumarten im städtischen Wald. Er besteht zu

Baumartenverteilung im städtischen Wald
Entwurf: ALG, 2000

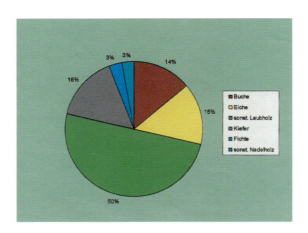

80% aus Mischbeständen, in denen die heimischen Laubholzarten Buche, Eiche und die Edellaubholzarten Linde, Esche, Vogelkirsche und Ahorn überwiegen. Das Verhältnis zwischen Laub- und Nadelholz beträgt heute ca. 80:20%.[67] Diese Zusammensetzung der Baumarten hat in Verbindung mit einer stetigen Pflege dazu geführt, dass die künstlich angelegten Wälder schon nach einer relativ kurzen Entwicklungszeit sehr arten- und strukturreich aufgebaut sind. Mit zunehmendem Alter werden sie ein immer natürlicheres Waldbild vermitteln.

Nach einer, an den zeitlichen Dimensionen der Waldentwicklung gemessenen, rasanten Aufbauphase ist der Wald heute ein fester Bestandteil Kölns geworden. Die städtischen Waldflächen erfüllen wichtige ökologische Ausgleichsfunktionen, sie dienen dem Klima-, Immissions- und Wasserschutz und sind Lebensräume für Pflanzen und Tiere. Von herausragender Bedeutung ist die Erholungsfunktion des Waldes in der Großstadt Köln. Für die Bürger ist es heute selbstverständlich und ein wichtiger Teil der Lebensqualität, in den städtischen Wäldern auszuspannen und Natur zu erleben.

Damit der noch recht junge Kölner Wald diese Leistungen nachhaltig auch in Zukunft erbringen kann, muss an dem Ziel festgehalten werden, ihn auf Dauer zu erhalten und durch eine kontinuierliche Pflege zu einem naturnahen Mischwald zu entwickeln. Die nach uns kommenden Generationen werden den Wald dann so erleben, wie es Gartendirektor Fritz Encke in seiner Denkschrift zum Entwurf für den linksrheinischen Äußeren Grüngürtel, die von viel forstlichem Sachverstand zeugt, sehr anschaulich beschrieben hat: „Den größten Raum im Grüngürtel soll der Wald einnehmen. Der Großstädter, der um Körper und Geist in der Natur zu erfrischen, dem steinernen Häusermeer entflieht, sucht am liebsten den Wald auf. Dort, wo ihn im Gegensatz zu den vielerlei Arten Menschenwerk der Stadt die lebendige Pflanzenwelt umgibt, wo Waldbäume in allen Altersklassen vom ehrwürdigen Baumriesen bis zum Samenanflug, mit Strauchwerk und Kräutern hinab bis zum Pilz und zur Flechte, sich zu einer wunderschönen Einheit verbinden, wo die Vögel und die mannigfaltige Kleintierwelt des Waldes überall ihr Wesen treiben, dort fühlt er sich hineinversetzt in die lebendige Natur. Kein Wunder, dass ein Spaziergang im Walde für den abgespannten Großstädter nervenberuhigend wirkt. Und dies um so mehr, je länger er im Walde wandert."[68]

1 Die nachfolgenden Ausführungen beziehen sich auf den Wald im Eigentum der Stadt Köln. Darüber hinaus gibt es im Stadtgebiet noch Staatswald des Landes (Königsforst und Chorbusch) und des Bundes (Wahner Heide) sowie einen geringen Anteil an Privatwald.
2 Bauer, J./Nagel, G.: Pflege- und Entwicklungskonzept Äußerer Grüngürtel Süd. Gutachten, unveröffentlicht, 1991
3 Berge, H.: Zu den Grünen Aufgaben eines Stadtdirektors. Allgemeine Forstzeitschrift 51/52, 1965.
4 Berge, H.: Die Bedeutung der Wald- und Grünanlagen im Groß-Kölner Raum. In: Baum und Strauch im Groß-Kölner Raum, Schutzgemeinschaft Deutscher Wald Kreisverband Köln, 1971; Unser Wald: Köln gibt ein Beispiel. Zeitschrift der Schutzgemeinschaft Deutscher Wald e. V., Heft 1, 1965
5 Berge, H.: Die Bedeutung der Wald- und Grünanlagen im Groß-Kölner Raum, a.a.O.
6 ebd.
7 Mense, W.: Als Förster bei der Stadt Köln, 1961 bis 1997. Unveröffentlchtes Manuskript, 1997
8 Forsteinrichtungsamt Nordrhein-Westfalen: Forsteinrichtungswerk für den Stadtwald Köln. Unveröffentlicht, 1955.
9 ebd.
10 ebd.
11 Mense, W., a.a.O.
12 Aden, H.: Das Kölner Beispiel einer städtischen Grünpolitik. Allgemeine Forstzeitschrift 51/52, 1965; Verwaltungsberichte 1962 bis 1999: Beiträge der städtischen Forstverwaltung
13 Berge, Dr., H.: Luftverunreinigungen im Raume Köln. Allgemeine Forstzeitschrift 51/52, 1965
14 Aden, H. (1965): Das Kölner Beispiel einer städtischen Grünpolitik, a.a.O.
15 Mense, W., a.a.O.
16 ebd.
17 ebd.
18 ebd.
19 Berge, H.: Die Bedeutung der Wald- und Grünanlagen im Groß-Kölner Raum, a.a.O.; N.N.: Dendrologische Besonderheiten im Kölner Stadtwald. Allgemeine Forstzeitschrift 51/52, 1965.

20 Mense, W., a.a.O.
21 Aden, H., a.a.O.; Berge, H.: Die Bedeutung der Wald- und Grünanlagen im Groß-Kölner Raum, a.a.O.; Köln Information: Forstbotanischer Garten Rodenkirchen. Broschüre. Hrsg. Stadt Köln, Der Oberstadtdirektor, Presse u. Informationsamt i. V. mit d. Grünflächenamt, 1989; Mense, W., a.a.O.; Unser Wald: Köln gibt ein Beispiel, a.a. O.
22 Köln Information: Forstbotanischer Garten Rodenkirchen, a.a.O.
23 Mense, W., a.a.O.
24 Unser Wald: Köln gibt ein Beispiel, a.a.O.
25 Berge, H.: Zu den Grünen Aufgaben eines Stadtdirektors, a.a.O.
26 Mense, W., a.a.O.
27 Forsteinrichtungsamt Nordrhein-Westfalen: Forsteinrichtungswerk für den Stadtwald Köln. Unveröffentlicht, 1967
28 Bauer, J./Nagel, G., a.a.O.; Landesanstalt für Ökologie, Landschaftsentwicklung und Forstplanung, Nordrhein-Westfalen: Gutachten über die Notwendigkeit von Pflegemaßnahmen in den Waldflächen des Äußeren Grüngürtels der Stadt Köln. Unveröffentlicht, 1985
29 Forsteinrichtungsamt Nordrhein-Westfalen (1967), a.a.O.
30 Leitungspersonal Im Jahr 2000 : 1 Forstoberrat, 1 Forstinspektor im Innendienst. In 4 Forstrevieren: 2 Forstamtsräte, 1 Forstamtmann, 1 Forstangestellter, 3 Forstwirtschaftsmeister. Im Forstbot. Garten: 1 Gärtnermeister
31 Mense, W., a.a.O.
32 Verwaltungsberichte 1962 bis 1999: Beiträge der städtischen Forstverwaltung
33 ebd.
34 ebd.
35 Mense, W.; a.a.O.
36 Landesanstalt für Ökologie, Bodenordnung und Forsten, Nordrhein-Westfalen: Betriebsplan für den städtischen Wald Köln. Unveröffentlicht, 1992
37 Köln Information: Friedenswald. Broschüre. Hrsg. Stadt Köln, Der Oberstadtdirektor, Nachrichtenamt i. V. mit d. Grünflächenamt-Forstamt, 1980
38 Verwaltungsberichte 1962 bis 1999: Beiträge der städtischen Forstverwaltung
39 ebd.
40 Aden, H.: Der Wald im Gebiet der ehemaligen Bürgermeisterei Merheim im Wandel der Zeit. Seperatdruck aus: Die Bürgermeisterei Merheim im Wandel der Zeit, Bd.3, Köln 1977, S.13-76
41 Unser Wald: Köln gibt ein Beispiel, a.a.O.
42 Aden, H.: Der Wald im Gebiet der ehemaligen Bürgermeisterei Merheim im Wandel der Zeit, a.a.O.
43 ebd.
44 ebd.; Forsteinrichtungsamt Nordrhein-Westfalen (1967): Forsteinrichtungswerk für den Stadtwald Köln. Unveröffentlicht, 1967; Verwaltungsberichte 1962 bis 1999: Beiträge der städtischen Forstverwaltung

45 Aden, H.: Der Wald im Gebiet der ehemaligen Bürgermeisterei Merheim im Wandel der Zeit, a.a.O.; Verwaltungsberichte 1962 bis 1999: Beiträge der städtischen Forstverwaltung
46 Verwaltungsberichte 1962 bis 1999: Beiträge der städtischen Forstverwaltung
47 ebd.
48 ebd.; Mense, W., a.a.O.
49 Mense, W., a.a.O.
50 Landesanstalt für Ökologie, Bodenordnung und Forsten, Nordrhein-Westfalen: Betriebsplan für den städtischen Wald Köln. Unveröffentlicht, 1992
51 Verwaltungsberichte 1962 bis 1999: Beiträge der städtischen Forstverwaltung
52 Forsteinrichtungsamt Nordrhein-Westfalen: Forsteinrichtungswerk für den Stadtwald Köln. Unveröffentlicht, 1955; Mense, W., a.a.O.
53 Mense, W., a.a.O.
54 Forsteinrichtungsamt Nordrhein-Westfalen (1967), a.a.O.
55 ebd.
56 Mense, W., a.a.O.
57 Aden, H.: Das Kölner Beispiel einer städtischen Grünpolitik, a.a.O.
58 Forsteinrichtungsamt Nordrhein-Westfalen (1967) a.a.O.
59 Landesanstalt für Ökologie, Landschaftsentwicklung und Forstplanung, Nordrhein-Westfalen (1980): Betriebsplan für den Waldbesitz der Stadt Köln. Unveröffentlicht
60 ebd.
61 Forsteinrichtungsamt Nordrhein-Westfalen (1967), a.a.O.; Landesanstalt für Ökologie, Landschaftsentwicklung und Forstplanung, Nordrhein-Westfalen (1980), a.a.O.; Landesanstalt für Ökologie, Bodenordnung und Forsten, Nordrhein-Westfalen (1992): Betriebsplan für den städtischen Wald Köln. Unveröffentlicht
62 Verwaltungsberichte 1962 bis 1999: Beiträge der städtischen Forstverwaltung
63 Encke, F.: Denkschrift zu dem Entwurf für einen Grüngürtel auf dem linksrheinischen ehem. Rayongelände. Unveröffentlichte Abschrift 1925
64 Bauer, J./Nagel, G., a.a.O.; Landesanstalt für Ökologie, Landschaftsentwicklung und Forstplanung, Nordrhein-Westfalen (1985) : Gutachten über die Notwendigkeit von Pflegemaßnahmen in den Waldflächen des Äußeren Grüngürtels der Stadt Köln. Unveröffentlicht
65 ebd.
66 Der Direktor der Landwirtschaftskammer Rheinland als Landesbeauftragter – Höhere Forstbehörde: Forstlicher Fachbeitrag zum Landschaftsplan Köln, 1994
67 Landesanstalt für Ökologie, Bodenordnung und Forsten, Nordrhein-Westfalen (1992), a.a.O.
68 Encke, F., a.a.O.

7

1982-1993

Aufbau der Landschaftsplanung

Die Gartenverwaltung – Landschaftsplanung als Herausforderung

Peter Strunden

Peter Strunden
* 1931 in Köln-Kalk

1949 Eintritt bei der Stadt Köln (Ausbildung gehobener Verwaltungsdienst) – 1953-1972 Personalamt, Sachbearbeiter, Abteilungsleiter – 1961-1986 Dozent für Staatsrecht, Verwaltungsschule – 1969-1974 Mitglied des Rates der Stadt Porz – 1972-1973 Referent des Personal- und Organisationsdezernenten Dr. Lehmann-Grube – 1974-31.10.1975 Hauptamt – 1.11.1975-31.5.1982 Bezirksamtsleiter Stadtbezirk Kalk – 1.6.1982-31.5.1993 Amtsleiter Grünflächenamt
(Foto: ALG)

Vorhergehende Doppelseite: Naturschutzgebiet Ginsterpfad
Foto: J. Bauer, 1999

Nach anfänglichem Widerstand wurde ich – ein Verwaltungsfachmann – auf Betreiben des damaligen Oberstadtdirektors Kurt Rossa am 1. 6.1982 zum Leiter des Grünflächenamts ernannt. Herr Rossa begrüßte mich herzlich: „Zunächst eine Frage: Haben Sie in Ihrem Berufsleben schon einmal jemanden in die Pflicht genommen?" „Ja." Er öffnete die Tür zum Vorzimmer: „Wir sind uns einig. Jetzt einen guten Kaffee, bitte."

Dieser Ernennung war eine langwierige Suche nach einem geeigneten Gartenbaufachmann vorausgegangen, die jedoch erfolglos geblieben war. In der Öffentlichkeit und in Fachkreisen wurde die Besetzung des Amtes mit einem „Verwaltungsmann" kritisch gesehen. Die Kölner Presse sah es so: „Mehrere Ausschreibungen für die Neubesetzung der Amtsleiterstelle brachten bundesweit keinen Erfolg. Die jetzige Entscheidung von Oberstadtdirektor Rossa verwundert in Fachkreisen vor allen Dingen deshalb, weil damit das stadtkölnische Grünflächenamt als wahrscheinlich einziges in der Bundesrepublik nicht von einem Gartenbauexperten, sondern von einem Verwaltungsfachmann geleitet wird ... Hintergrund für die Versetzung von Herrn Strunden ins Grünflächenamt ist der bekanntermaßen desolate Zustand dieses Amtes."[1] Auch in dem bundesweiten Gremium der Gartenamtsleiter (Gartenamtsleiterkonferenz beim Deutschen Städtetag – GALK) stieß die Ernennung zunächst auf Zurückhaltung. Im Laufe meiner Amtszeit ist es mir jedoch gelungen, die anfängliche Skepsis der Amtskollegen auszuräumen; in den letzten Jahren leitete ich dort den Arbeitskreis „Organisation und Betriebswirtschaft".

Oberstadtdirektor Rossa verband mit meiner Einstellung in erster Linie die Hoffnung, dass „sein" Grünflächenamt im Reigen der großen Grünflächenämter der Bundesrepublik bald wieder hohes Ansehen erwerben würde. Es galt, das Erbe von Adenauer, Schumacher und Encke zu bewahren, zu pflegen und fortzuentwickeln.

Die Erwartungen waren hoch gesteckt. Doch schon vierzehn Tage vor meinem Amtsantritt überreichte der Fachdezernent Wolfgang Keil mir ein Schreiben des Personal- und Organisationsdezernenten Tempel, das dieser bis zur Bestellung des neuen Amtsleiters in der Schublade gehalten hatte. Ich sollte 182 Stellen einsparen. Im Verwaltungsbericht 1982 liest sich das Ergebnis so: „Die Verringerung des Personalbestandes gegenüber 1981 ist im Wesentlichen auf durchgreifende Rationalisierungsmaßnahmen im Bereich der Werkstätten und Friedhofsbüros sowie der Gärtnerei (Zusammenfassung der Betriebsteile Ost und West zur Stadtgärtnerei) zurückzuführen."[2] Man brauchte auf beiden Seiten vorzeigbare Ergebnisse.

Mir war schnell klar, dass das mir anvertraute Amt weniger den Organisator brauchte als vielmehr einen Visionär, jemanden, der seine Aufgabe eingebettet sah in eine langfristig orientierte Politik zum Wohle der Kölner Bürgerinnen und Bürger und zum Schutz der natürlichen Lebensgrundlagen, ganz nach dem durchaus doppeldeutigen Motto „Natürlich Köln".

In Kurt Rossa fand ich die Stütze, die ich brauchte. Der Oberstadtdirektor verstand sein Handeln immer mit Blick auf die geschichtliche Entwicklung der Stadt und sah sich selber in der Reihe der hierfür verantwortlichen Akteure. Sein Engagement für das Grün entsprang nicht zuletzt diesem Denken und der Verantwortung vor dem Übernommenen. Die Zeitläufe belegen es. Nur wenn die Stadtspitze es ebenfalls als wichtige Aufgabe ansieht, kann für das öffentliche Grün wirkungsvoll gesorgt werden.

Bei den Mitarbeiterinnen und Mitarbeitern im Amt waren die mit meinem Dienstantritt verbundenen Erwartungen unterschiedlich. Es gab alle Varianten: die Geschockten; diejenigen, welche die „grüne Fahne" schon länger eingemottet hatten; die Skeptiker („Auch der bekommt die Karre nicht aus dem Dreck") und die Vorsichtigen („Zumindest probieren könnte man es ja einmal").

und am liebsten mitten im Gewühl. Der Forstabteilung stand Herbert Aden vor. Eugen Moll betreute den Botanischen Garten. In seine Amtszeit fiel die Rekonstruktion und die Neuanlage des Außenbereichs von Flora und Botanischem Garten.

In der fachlichen Ausrichtung des Amtes habe ich neue Schwerpunkte festgelegt. Nicht die Einzelmaßnahmen waren das Entscheidende, von Bedeutung war vielmehr eine Ausrichtung der Überlegungen und Planungen an dem Erfordernis des Heute und des Morgen. So entstanden Konzeptionen, die über meine Amtszeit hinaus Bestand haben, wie beispielsweise das Baumkataster, erste Parkpflegewerke für wichtige historische Gärten, ein Entwicklungskonzept für Flora und Botanischen Garten, ein Renaturierungskonzept für die rechtsrheinischen Bäche und der Friedhofszielplan. Mit dieser Vorgehensweise, die von der Kölner Presse aufgeschlossen und unterstützend aufgenommen wurde, konnte auch eine

Oben links: Broschüre über Innenhofbegrünung aus dem Jahre 1985

Mitte links: Broschüre über den Landschaftsschutz, 1994

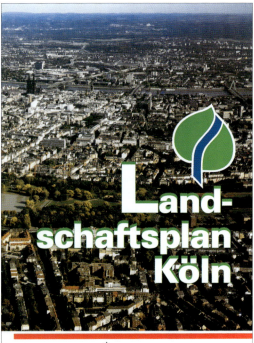

Zu Beginn meiner Amtszeit wurde Karl-Heinz Schumacher neuer Verwaltungsleiter. Fleißig, nach vorne schauend, ein sehr guter Verwaltungsmann. Werner Lemmer als späterer Nachfolger stand ihm in nichts nach. Otto Heiming war Leiter der Planungsabteilung und später stellvertretender Amtsleiter. Ein feiner, loyaler Kollege. Vor allem in den entscheidenden Jahren nach Übernahme der Amtsleitung stützte er mich mit seinem Fachwissen. Nach seinem Eintritt in den Ruhestand wurde Hermann Kokenge sein Nachfolger. Kokenge steckte amtsintern die grünpolitischen Felder ab. Er war voller Ideen, die Köln weitergebracht haben. Die Stadt verdankt ihm viel. Kokenge schied am selben Tage wie ich aus dem Amt aus. Gerhard Bingen war der Zuständige für das Ausführen, das Pflegen und die Fachaufsicht über die Bezirksämter. Ein Praktiker vom Scheitel bis zur Sohle

Innerer Grüngürtel im Bereich der Neusser Straße, um 1990
Foto: ALG

7. Die Gartenverwaltung – Landschaftsplanung als Herausforderung

Links: Artikel aus der Kölnischen Rundschau vom 22. 3. 1991

Rechts: Ausstellung Landschaftsplan 1991
Foto: ALG

Handwerkszeug zum Schutz der Grünflächen
Lob vom Regierungspräsidenten für Kölner Landschaftsplan

„3267 Gramm Natur pur" wog der Leiter des Kölner Grünflächenamts, Peter Strunden, gestern morgen in seinen Händen — den gerade von Regierungspräsident (RP) Dr. Franz-Josef Antwerpes unterzeichneten Landschaftsplan der Stadt. Und auch der RP war mit dem 1139 Seiten starken Werk zufrieden: „Die Stadt Köln ist es nicht gewohnt, von mir gelobt zu werden. Aber diesmal ist es angebracht."

Für etwa 220 der rund 410 Quadratkilometer des Kölner Gebiets enthält der Plan Vorgaben, die es schwerer machen, Natur durch Bauprojekte zu zerstören (wir berichteten mehrfach).

Antwerpes lobte an dem Kölner Plan besonders den „weitreichenden Baumschutz", der durch eine Baumschutzsatzung für den Außenbereich (außerhalb der durchgängig bebauten Flächen) erreicht werde. Solch eine Satzung fand Antwerpes jetzt „erstmalig in einem Landschaftsplan".

Kritisiert wurde vom RP allerdings, daß der Landschaftsplan nicht genügend Vorgaben für die Forstwirtschaft macht. In seiner Genehmigung macht er dem HP zur Auflage: Auch die Flächen des Flughafens müssen in den Plan einbezogen werden. „Ich persönlich", so meinte Antwerpes, „bin dafür, daß ein grenzübergreifender Landschaftsplan für die Wahner Heide erstellt wird." Dabei müßten die Stadt Köln, der Rheinisch Bergische und der Rhein-Sieg-Kreis zusammenarbeiten.

Klar scheint allerdings, daß wohl nicht alle Ziele des Landschaftsplans verwirklicht werden können. Denn dazu, so waren sich Antwerpes, der Kölner Umweltdezernent Burkhart von der Mühlen und Peter Strunden einig, braucht die Untere Landschaftsbehörde (bei der Stadt) mehr Personal. Wenn er nicht mehr Mitarbeiter bekomme, so Strunden, müsse man sich auf Schwerpunkte konzentrieren, dann blieben „gewisse Bereiche unbearbeitet".

Leicht wird die Umsetzung des Landschaftsplans nicht werden. Landschaftsschutz und Baupläne stehen oft gegeneinander. Burkhart von der Mühlen: „Innerhalb der Verwaltung sind die Konflikte schon da." Wenn bei Bauprojekten die „Belastungen zu groß werden, werden wir nein sagen". Und der Landschaftsplan, so Strunden, „ist das Handwerkszeug, mit dem wir in der Verwaltung argumentieren können". gz

gute Vertrauensgrundlage zum politischen Entscheidungsträger und zur Landesregierung geschaffen werden.

Das herausragende Projekt war der Landschaftsplan. Da dieser Plan aus dem Flächennutzungsplan zu entwickeln war, gab es zunächst ein hartes Erwachen. Denn überall dort, wo keine konkreten Nutzungsvorgaben bestanden, war „Grün" ausgewiesen. Echtes und Verlegenheitsgrün. Das Grünflächenamt sah sich reichlich beschenkt, bis die Stadtspitze eine Projektgruppe einrichtete, an der neben dem Grünflächenamt das Amt für Stadtentwicklung, das Stadtplanungsamt und das Amt für Umweltschutz teilhatten. Es begann ein langer, schwieriger Abstimmungsprozess. Die anfänglich geäußerten Bedenken, dass die eingeschlagene Vorgehensweise, das gesamte Stadtgebiet auf einmal zu überplanen und nicht bezirksweise, nicht durchzuhalten wäre, haben sich nicht bewahrheitet. Vor dem Hintergrund der gesammelten Erfahrungen war es zwar ein harter, aber der einzig richtige Weg.

Was war nicht alles zu prüfen und zu bedenken! Begonnen wurde mit den wasser- und abwasserrechtlichen Genehmigungsverfahren. Aufgrund der mächtigen Kiesvorkommen ist das Fördern von Kies in Köln außerordentlich gewinnträchtig. Kaum jemand hielt sich jedoch an Auflagen. Soll und Ist, Papier und tatsächliche Bedingungslagen klafften meilenweit auseinander. Um jeden Kubikmeter nicht geförderten Kieses musste gerungen werden.

Dann kam der Protest der Jäger gegen die Jagdverbote: „Kann doch nicht wahr sein." Auch der Abstimmungsprozess mit der Landwirtschaftskammer war ein wahres Hindernisrennen. Am Schluss konnten Keil und ich mit den Vertretern der Kammer jedoch ein Einvernehmen erzielen.

Beteiligung der Träger öffentlicher Belange, neun Bürgeranhörungen, neun Bezirksvertretungssitzungen, und das mehrfach. 1988 Offenlage. 6.12.1990 Satzungsbeschluss des Rates. Der Landschaftsplan stand bis zur letzten Stunde auf des Messers Schneide. Am 21.3.1991 schließlich die Genehmigung des Regierungspräsidenten.

Aus der inhaltlichen Diskussion des Landschaftsplans kristallisierten sich die Bereiche heraus, die im Rahmen weiterführender Planungskonzepte vom Grünflächenamt entwickelt werden sollten. Es galt, das radiale und tangentiale Grünsystem in Köln weiter zu vernetzen.

Leider hatte just zu diesem Zeitpunkt die Verwaltungsspitze ein Planungsverbot über alle städtischen Ämter verhängt. Rossa begrüßte jedoch meinen Vorschlag, „nur" Nutzungskonzepte für die geplanten Grünzüge zu entwickeln. So war das Nutzungskonzept Grünzug Blücherpark für eine 225 ha große, weitgehend durch Auskiesungen zerstörte Fläche zwischen Parkgürtel und Militärring geboren. Eine Realisierung dieses ehrgeizigen Projektes war jedoch nur mit finanzieller Unterstützung des Landes möglich. Obwohl die Grünverwaltung bei einer Vielzahl von Förderungsmaßnahmen des Wohnumfelds beteiligt war, gelang es dem Amt innerhalb der Verwaltung nicht, auch die geplanten Grünzüge in die Städtebauförderung des Landes einzubeziehen. Letztendlich war es der Unterstützung von Rossa zu verdanken, dass mit dem Nutzungskonzept Blücherpark – später Bürgerpark Nord – erstmals Städtebauförderungsmittel für die Umsetzung eines Grünzugs bewilligt wurden.

Ein (nicht vollständiger) Überblick:

Nachdem der Leinpfad zwischen Poll und Westhoven 50 Jahre aufgrund militärischer Nutzungen für die Öffentlichkeit versperrt war, durfte er, nachdem Sicherungsmaßnahmen für rund eine Million DM vorgenommen waren, ab 27. 8.1985 zunächst an Wochenenden und Feiertagen, später ohne jede Beschränkung auf bestimmte Wochentage genutzt werden.

Damit war eine durchgängige Verbindung zwischen Deutz und der südlichen Stadtgrenze in Langel für Fußgänger und Radfahrer geschaffen, eine Maßnahme von hohem Erholungswert.

Zugleich war diese Öffnung das Startsignal für den Äußeren Grüngürtel rechtsrheinisch, der den Rhein – südöstlich der A 4 – mit dem Königsforst verbinden sollte. Die 23 ha große Westhovener Aue – teilweise im Überschwemmungsgebiet des Rheins gelegen – erhielt einen auenartigen Charakter (Fertigstellung 1991). Im weiteren Verlauf des Grünzugs konnten die Maßnahmen zum Ausgleich für den durch den Autobahnausbau der A 4 bedingten Eingriff in Natur und Landschaft 1993 in eine Grünanlage zwischen Frankfurter Straße entlang des Herkenrathwegs in Ostheim gelenkt werden.

Der am Rhein gelegene Teil des Äußeren Grüngürtels harrt der Komplettierung. Die Voraussetzungen sind nicht schlecht, da das belgische Militär diese über 80 ha große Fläche seit längerem nicht mehr nutzt. Im Überschwemmungsgebiet des Rheins liegen hier rund 65 ha, für die es hinsichtlich der Erweiterung der Naherholungsfläche sowie der Rücksichtnahme auf ökologische Belange eine Entscheidung zu treffen gilt.

Ohne jede Attraktivität zeigte sich der Innere Grüngürtel zwischen Nippes und dem Agnesviertel. Kein Wunder, hatte doch hier die Straßenplanung „zugeschlagen". Unter der Neusser Straße war bereits ein Brückenbauwerk errichtet worden, doch dann verließ die Verantwortlichen der Mut. Die Untertunnelung wurde zugeschüttet, bis das Grünflächenamt die Initiative ergriff, um sie mit der Unterstützung aus dem Städtebauförderungsministerium für den Fußgänger- und Fahrradverkehr zu öffnen und dem Inneren Grüngürtel auf diese Weise wieder Glanz und Attraktivität zu geben.

„Rückbau" nannte man die (teilweise) Behebung der Sünden der Vergangenheit. Dank des vehementen Einsatzes von Oberstadtdirektor Rossa verschwand die Elbeallee in Chorweiler. Hier wurde die Brücke verfüllt und durch den neuen Park wurde es wieder etwas menschlicher (Fertigstellung 1989).

Große Probleme waren im Porzer Süden abzuarbeiten. Die für das Trinkwasser nach einer neuen europäischen Norm zugelassenen Nitratwerte wurden hier erheblich überschritten. Durch die hervorragende Zusammenarbeit zwischen der RGW AG, den örtlichen Landwirten und dem Grünflächenamt gelang es, im Rahmen eines Konzeptes „Grundwassersicherung und Landschaftsplanung", die ökologischen, landschaftsplanerischen und wirtschaftlichen Aspekte durch eine auch vom Ministerium für Umwelt, Raumordnung und Landwirtschaft begleitete Neuordnung des Porzer Südens vorzunehmen. Gleichzeitig wurden die planerischen Voraussetzungen sowohl für die Verbindung vom Erholungsgebiet Groov zum Langeler Wald als auch für den Grünzug Zündorf-Wahn geschaffen.

Der Äußere Grüngürtel rechtsrheinisch, Blick über die Westhovener Aue zum Gremberger Wäldchen
Foto: J. Bauer, 1997

Links: Anlage der Grünfläche Herkenrathweg, die als Ausgleich für den Ausbau der A 4 entstand.
Foto: J. Bauer, 1995

Die Westhovener Aue als Bindeglied zwischen dem Äußeren Grüngürtel und dem Grünzug Rhein; angrenzend das ehemalig militärisch genutzte Gelände der Kaserne Brasseur
Foto: J. Bauer, 1997

7. Die Gartenverwaltung – Landschaftsplanung als Herausforderung

Oben und rechts: Rosengarten im Klettenbergpark 1990, der nach historischen Plänen wiederhergestellt wurde; ebenso wie der Blumengarten im Humboldtpark, 1989 (ganz rechts)
Fotos: ALG

Brigitte Tomaszewski, die in den Anfangsjahren mit ihrem Team den Landschaftsplan-Entwurf betreute, ließ sich beim Verfechten ökologischer Belange von niemandem unterkriegen. Ihr wurde u.a. die Umsetzung des Landesprogramms zur Verbesserung des ökologischen Zustands der Gewässer anvertraut. Die Maßnahmen am Strunder Bach, am Eggerbach, am Mutzbach und in der Rheinaue Riehl tragen ihre und die Handschrift von Rudolf Vive und Lydia Josvai. Auch die Belange um die ausgekiesten Gruben waren bei diesem Team in guten Händen.

Die Aufmerksamkeit für die vielen historischen Gärten im Stadtgebiet rückte in dieser Zeit stärker ins Bewusstsein. Die Encke-Schöpfungen Humboldtpark und Klettenbergpark (Rosengarten) wurden mit Hilfe von Landesmitteln in Schuss gebracht; auf der Grundlage eines wieder aufgefundenen Weyhe-Planes wurde der Stammheimer Schlosspark saniert. Das Doppeljubiläum von Flora (120 Jahre) und Botanischem Garten (70 Jahre) war Anlass, um den Rat der Stadt zu überzeugen, einen Ziel- und Entwicklungsplan in Auftrag zu geben. Der Landschaftsarchitekt Gerd Bermbach wurde beauftragt, Parterre, Kaskadengestaltung und Wegeführung nach denkmalpflegerischen Vorgaben wiederherzustellen. Die Rekonstruktion gelang vorzüglich. Am 6. 3.1988, fünf Jahre später, wurden die Außenanlagen der Öffentlichkeit übergeben.

Das Thema Straßenbaum begleitete mich meine gesamte Amtszeit hindurch. Hermann Kokenge, Hardy Bingen, Heinz Wenz, Manfred Schaefer haben mich hierbei mit allen Kräften unterstützt. Nach einer ersten Hochrechnung wurden die Kosten für das Projekt „Kölner Straßenbäume" auf 30 Millionen DM veranschlagt. Mit einer solch hohen Investition wäre das Projekt jedoch im Fachausschuss in der Luft zerrissen worden. Deshalb wurden in einem methodischen Vorgehen vier Bausteine entwickelt: Straßenbaumkataster, Vitalitätserhebungen über Infrarot-Aufnahmen, Zustand der Baumstandorte und terrestrische Erhebungen über Stamm- und Kronenschäden. Aus strategischen Gründen sollte nicht die Fertigstellung des gesamten Projekts abgewartet werden, sondern nach und nach jeder Stadtbezirk einzeln untersucht werden. Mit dem schwierigsten, dem Stadtbezirk Innenstadt, wurde begonnen. Der damals geschätzte Investitionsaufwand belief sich auf 6 Millionen DM. Die Rechnung ging auf. Zitat aus einer Kölner Tageszeitung: „... hat die Verwaltung zudem die Ratspolitiker in Zugzwang gebracht. Die Umweltschützer – und wer in den Fraktionen zählt sich gerade im Wahljahr nicht gerne dazu – müssen jetzt Farbe bekennen. Sie müssen sagen, was ihnen eine Stadt wert ist, in der auch Bäume leben können. Zum Nulltarif, wie das heutzutage so schön heißt, ist da allerdings nichts zu machen. 6 Millionen

Eröffnungsfeier des Rosengartens im Klettenbergpark, 1990. Peter Strunden (rechts) und Mitarbeiter des Grünflächenamts
Foto: Archiv ALG

fürs Erste müßten es schon sein, sagt die Verwaltung. Der Rat wird nicht mehr entscheiden können, ob er das Geld für die Bäume bereitstellt, sondern bestenfalls, was er zugunsten des lebenswichtigen Grüns zurückstellen will. Es bietet sich Gelegenheit zu Taten."[3]

In acht Jahren konnten nicht nur alle abgängigen Bäume ersetzt werden, sondern darüber hinaus der Straßenbaumbestand um rund 30% auf mehr als 63 000 Bäume erhöht werden. Investitionssumme: rund 25 Millionen DM. Standortsanierungsmaßnahmen wurden an rund 11 000 Bäumen durchgeführt. Investitionssumme: rund 11 Millionen DM. Zahlen, von denen man zurzeit nur träumen kann.

Fast eine Arabeske: Das Grünflächenamt hatte (und hat) eine hochqualifizierte Stadtgärtnerei. Diese ist eng mit dem Namen von Heinz Eicken verbunden, der diesen Betrieb kompetent und mit hohem Engagement und großer Wirtschaftlichkeit führte. Eickens und mein Ziel war es, das Stadtbild an ausgewählten Stellen mit Wechselflor zu verschönern. Aber der leitende Kollege des Bezirks „spielte" nicht mit. Mit der Zustimmung des Oberstadtdirektors Rossa gelang es jedoch, das Vorhaben umzusetzen. Seitdem blühen Blumen für Kölner und Besucher.

Epilog

Was bleibt aus der zeitlichen Distanz? Wir bewegten uns auf den gedanklichen Spuren der „grünen Väter" unserer Stadt. Das machte uns stark. Wir standen häufig genug im „Abwehrkampf" gegen die vielfältigen Nutzungswünsche in einer Großstadt. Wir waren streiterprobt. Auch das stärkte uns. Natürlich mussten wir Vergleiche schließen. Ein Baum, der sich im Sturm nicht bewegt, bricht. Aber wir wussten, wohin wir wollten. Und so konnten wir häufig den Wind in unsere Segel lenken. Wir hatten und haben ja auch gute Argumente.

Hand aufs Herz: Für wen stellt Natur, in welcher Weise auch immer, nicht zumindest den Ausgleichsraum dar, in dem man sich vom harten Arbeitsalltag und von der Unrast erholt, in dem man sich schlicht des Lebens freut? Emotional haben wir da alle keine Schwierigkeiten.

Uns sollte allerdings auch die zweite Dimension nicht fremd sein. Gleichgültig, welcher Weltanschauung wir zuneigen, wir brauchen eine Ordnung für unser gemeinschaftliches Leben, wir brauchen bestimmte Sozialprinzipien, damit wir uns und vor allem denjenigen, die nach uns kommen, die Chance zum Leben erhalten.

Ohne Bewahrung der Schöpfung, ohne Frieden mit der Natur werden wir existentiell nicht bestehen können. Wir brauchen Natur, weil wir ohne Luft zum Atmen, ohne trinkbares Wasser, ohne unbelasteten Boden und ohne verträgliche klimatische Verhältnisse nicht leben können. Rational sollten wir also auch keine Schwierigkeiten haben. Wenn wir dieses immer wieder vertreten, bleiben wir stark. Der Verwaltungsmann, den man am Anfang energisch ans Portepee fassen musste, stellt rückblickend fest: Es ist beglückend, durch Köln zu gehen und zu sehen, was aus unseren „Kindern" geworden ist.

Den Kolleginnen und Kollegen des Amtes, insbesondere meiner exzellenten Sekretärin Elvira Steffens, ein herzliches Danke, dem Amt selbst ein „ad multos annos!"

1 Kölnische Rundschau vom 24.4.1982
2 Verwaltungsbericht der Stadt Köln 1982, S. 66
3 Kölnische Rundschau vom 23.11.1983

Straßenbäume

Heinz Wenz

Straßenbäume in der
Teutoburger Straße
Foto: J. Bauer, 1994

Beginnt man den Einstieg in das Thema Bäume, und hier im Besonderen der Straßenbäume, kommt man kaum umhin, die schier unendliche Leistungsfähigkeit und biophysikalischen Eigenschaften von Bäumen in Superlativen zu beschreiben. Ihre Bedeutung für die Stadthygiene durch Sauerstoffproduktion Staubbindung, Lärmminderung oder Verdunstungskühle ist ebenso hoch einzuschätzen wie die stadtgestalterischen Aspekte und der Einfluss auf das physische und psychische Wohlbefinden der Menschen. Der Raum würde hier nicht reichen, um auch nur ansatzweise das breite Spektrum der Leistungsbilanz zu skizzieren. Die Ausarbeitung beschränkt sich daher auf die Betrachtung des öffentlichen Stellenwertes von Straßenbäumen sowie deren Entwicklung in der Zeit von 1945 bis heute.

Um 4.03 Uhr am Morgen des 5.3.1985 geht auf dem Kaiser-Wilhelm-Ring nichts mehr. 700 Polizisten haben die Straße und den dahinter liegenden kleinen Park hermetisch abgeriegelt. Ein Sondereinsatzkommando macht sich mit Strickleitern und Sprungtüchern ausgestattet bereit, 25 Demonstranten aus Baumkronen heraus zu holen. Nach wenigen Minuten ist alles vorbei und die bereitstehenden Arbeiter können ihrem eigentlichen Auftrag nachkommen, 15 Platanen in der kleinen Grünfläche zu fällen. Um 14.10 Uhr liegt der letzte Baum nieder. Dieser Aktion vorausgegangen war eine über vier Wochen dauernde Besetzung des Parks durch Demonstranten, die sich gegen die drohende Fällung der Bäume für den Bau einer Tiefgarage zur Wehr setzten. Dass die nervenaufreibende Aktion zu einem friedlichen Ende gefunden hatte, erfüllte alle Beteiligten mit großer Erleichterung. Dieses Ereignis war in Köln Höhepunkt einer seit Mitte der 1970er-Jahre in allen gesellschaftlichen Gruppen aufkommenden Sensibilisierung für den Umweltschutz. Symbolisches Leitbild für das Engagement, die Besorgnis und auch den entschlossenen Protest wurde der fast zur Person stilisierte Straßenbaum. Nicht nur schadensbe-

Kölner Stadtanzeiger 1973

dingte Baumfällungen, sondern auch Pflegeschnitte an Baumkronen waren nur noch unter den wachsamen, häufig auch misstrauischen Blicken der Öffentlichkeit zu vollziehen. Arbeiten an Straßenbäumen konnten von da an kaum mehr als routinemäßiges Geschäft der Grünverwaltung angesehen werden. Aus diesem auch politisch nicht immer unumstrittenen Verhalten gestaltete sich im Laufe der Jahre die im Ergebnis fruchtbare Entwicklung eines umweltorientierten Demokratisierungsprozesses zwischen Bürgerinteressen und Verwaltungshandeln. Nutznießer dieser ideellen Allianz war in der Folge auch das Stadtgrün, und hier im Besonderen der Straßenbaum.

Von der Nachkriegszeit bis heute hat es in der Gartenverwaltung durchgängig eine besondere Verantwortung für Straßenbäume gegeben, wenngleich Intensität und öffentliche Darstellung abhängig waren von den jeweiligen politischen und wirtschaftlichen Umständen sowie von bestimmten Naturereignissen. Nach dem Krieg waren die Perspektiven für die Straßenbäume erst einmal alles andere als aussichtsreich. Durch Kriegseinwirkung hatte Köln 12 000 seiner 36 000 Straßenbäume verloren. Die Bemühungen, die großen Lücken im Zusammenhang mit dem Wiederaufbau der geschundenen Stadt zu schließen, wurden durch die Anordnung der britischen Militärregierung, sämtliche Bäume in der Stadt zu schlagen und den Bürgern als Brennholz zur Verfügung zu stellen, vorerst gehemmt. Die verheerenden Auswirkungen für den Baumbestand konnten jedoch dadurch gemildert werden, dass lediglich geringere Baumbestände des Äußeren Grüngürtels, des Stadtwaldes, der Merheimer Heide, des Gremberger Wäldchens und der städtischen Waldungen auf der rechten Rheinseite sowie die schwer zerrissenen Bäume in den Alleen und Straßen zu diesem Zweck gefällt wurden.

Trotz dieser Vorgaben konnten in den ersten Nachkriegsjahren umfangreiche Nachpflanzungen durchgeführt werden, sodass bereits in den Jahren 1951/52 der Straßenbaumbestand mit 35 850 Stück wieder das Vorkriegsniveau erreicht hatte.[1]

Ein erster konzeptioneller Ansatz zur weiteren Entwicklung des Bestandes wird erst 1957 formuliert. Erklärtes Ziel war es, alle Baumlücken auf Straßen und Plätzen umfassend zu schließen. Zu dieser Zeit betrug der Straßenbaumbestand immerhin 43 000 Stück.[2] Scheinbar wurde das gesteckte Ziel in den Jahren nach 1960 jedoch nur in Ansätzen verfolgt, denn das Thema Straßenbäume findet in den jeweiligen Verwaltungsberichten nur in Randnotizen Erwähnung.

Erst im Jahre 1973 wurde erneut ein Anlauf genommen, sich systematisch mit diesem Themenkomplex zu befassen. Anlass waren Beobachtungen über ein „plötzliches Erkranken und Absterben von zahlreichen Straßenbäumen".[3] Um einen verlässlichen Eindruck über den Gesundheitszustand der Straßenbäume zu erhalten, wurde das neu entwickelte Verfahren der „Infrarot-Luftaufnahmen" angewandt. Hierbei wurden Teile des Stadtgebietes (Innenstadt, Lindenthal, Sülz, Braunsfeld, Ehrenfeld, Nippes, Deutz und Mülheim) überflogen und mit Infrarottechnik fotografiert. In Abhängigkeit von dem Maß der Reflexion des Infrarot-Lichtes vom Blattwerk konnten erstmals Rückschlüsse auf die Vitalität einzelner Bäume gezogen werden. Die Auswertung ergab, dass 58% der untersuchten Bäume als gesund, 18% als leicht geschädigt und immerhin 24% als krank und gefährdet eingestuft werden mussten. Wenngleich die Ergebnisse die Öffentlichkeit durchaus besorgten, fand eine intensive politische Diskussion und daraus resultierend ein Bedeutungszuwachs für das Thema Straßenbaum jedoch nicht statt. Dies sollte erst im Zusammenhang mit einem anderen Aspekt erfolgen.

Mitte der 1970er-Jahre stellte man in Mitteleuropa die ersten Schäden an Waldbeständen fest, die zunächst nicht den bis dahin bekannten Ursachen wie

7. Straßenbäume

Infrarotaufnahmen der Platanen auf dem Neumarkt. Deutlich erkennbar ist der Vitalitätsverlust in den Jahren 1973 und 1980 sowie die Zunahme der Vitalität der Bäume bis 1993, nach Durchführung der Sanierungsmaßnahmen. *Fotos: Archif ALG (Hansa Luftbilder 13/413, 3/370, 8119)*

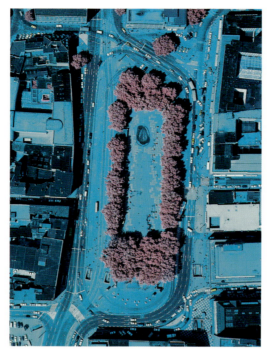

1973

1980

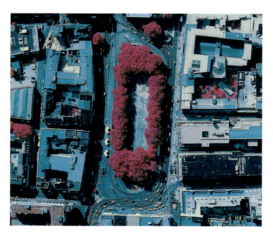

1993

zum Beispiel Emissionen von Industrieanlagen zugeordnet werden konnten. War anfangs nur die vorwiegend in Süddeutschland vorkommende Weißtanne betroffen, so traten Anfang der 1980er-Jahre zunehmend auch Schäden an Fichten auf. Seit 1983 zeigten auch Kiefer, Buche und Eiche erhebliche Schadsymptome. Europaweit wurden mit großem Aufwand Ursachenforschung betrieben und Handlungskonzepte entwickelt. Schnell manifestierten sich in der journalistischen Aufbereitung des Phänomens die Begriffe „Waldsterben" und „Saurer Regen".

Als Reaktion auf dieses Phänomen entwickelte die Grünverwaltung ein „Handlungskonzept zur Begegnung der Folgen des Waldsterbens in Köln", das sie am 16.5.1983 dem zuständigen Ratsausschuss für Landschaftspflege und Grünflächen vorstellte. Das Konzept beinhaltete zehn Vorsorgemaßnahmen, die im Detail noch weiter ausgearbeitet werden sollten.

1. Anpflanzung neuen (Erholungs-) Waldes
2. Schaffung von Wald auf Zeit
3. An- und Ergänzungspflanzungen in bestehenden und künftigen Grünflächen einschließlich Kinderspielplätzen
4. Kölner Straßenbaumprogramm
5. Beschleunigung von Maßnahmen zur Verbesserung der Grünflächenbilanz in Verbindung mit dem Landschaftsplan und Förderprogramm des Landes
6. Stellenwert der Begrünung und des Stadtklimas in der Bauleitplanung
7. Aufwertung von Grabeland zu Dauerkleingartenflächen
8. Begrünung aller geeigneten städtischen Dienstgebäude mit Kletterpflanzen
9. „Grüne Anstöße"
10. Wissenschaftliche Absicherung der Ursachenforschung sowie in der Bekämpfung der Waldschäden

Das Handlungskonzept fand in Politik und Öffentlichkeit große Zustimmung. In der Nachbetrachtung kann festgestellt werden, dass die Grünverwaltung mit Vorlage des Handlungskonzeptes das wohl weit-

Neupflanzungen auf der
Neusser Straße in Nippes
Foto: J. Bauer, 2000

reichendste Arbeitspapier der Nachkriegszeit vorgelegt hatte.

Es sollte sich zum Wohl der Straßenbäume als auch für die Positionierung der Grünverwaltung innerhalb der Stadtverwaltung als strategisch günstig erweisen, dass aus dem Handlungskonzept unmittelbar oder darauf aufbauend vielfältige Aufgabenfelder entwickelt werden konnten, die in den folgenden Jahren stadtpolitisch und wirtschaftlich abgesichert wurden. Die folgenden Themen wurden in reale Handlungskonzepte umgesetzt:

- Aufbau eines Straßenbaum-Katasters (1983)
- Erstellung von Baumpflanzprogrammen (1983)
- Pilotprojekt zur Pflanzung von Straßenbäumen auf Versorgungsleitungen (1983)
- Entwicklung der Baumchirurgie (1984)
- Sanierung von Straßenbaumstandorten (1985)
- Untersuchung der Kölner Alleen (1990)

In der weiteren Betrachtung soll im Detail auf die einzelnen Aufgabenfelder eingegangen werden, da sie wesentlich zur Sicherung und Entwicklung des Straßenbaumbestandes beigetragen haben und auch heute noch einen hohen ideellen und materiellen Stellenwert im breiten Aufgabenspektrum der Grünverwaltung haben.

Die wachsende Besorgnis um den schlechten Zustand der Wälder war Anlass, die Vitalität der Straßenbäume ebenso zu untersuchen, zumal auch diese durch Wipfeldürre und Absterbeerscheinungen augenscheinlich in zunehmendem Umfang von den Symptomen des Waldsterbens betroffen waren. Die Standortbedingungen für Straßenbäume wurden ungünstiger als die der Waldbäume eingeschätzt, da neben den Einwirkungen über die Luft weitere Stressfaktoren wie Bodenverdichtung, Rückstrahlungseffekt und mechanische Verletzungen zu berücksichtigen waren. Da jedoch keine umfassenden und verlässlichen Daten über den Baumbestand vorlagen, wurde 1983 in Köln als einer der ersten Städte Deutschlands mit dem Aufbau eines Baumkatasters begonnen. Die Arbeit gestaltete sich außerordentlich personal- und zeitintensiv, da zu dieser Zeit noch keine EDV-Programme für Erfassung und Kartierung entwickelt waren. Somit mussten alle Straßenbäume vor Ort aufgemessen, in Lagepläne eingetragen und in einem numerischen Ordnungssystem nach bestimmten Kriterien erfasst werden.

Gleichzeitig mit Aufnahme der Arbeiten zum Aufbau eines Baumkatasters beauftragte der Ausschuss für Landschaftspflege und Grünflächen am 16.6.1983 die Verwaltung, erstmals seit 1973/74 die Vitalität der Straßenbäume über Infrarot-Luftaufnahmen wissenschaftlich auswerten zu lassen. 1985/86 lag das erste Kölner Straßenbaum-Kataster für das gesamte Stadtgebiet vor. Weitere Vitalitätsbestimmungen des Straßenbaumbestandes mittels Infrarot-Luftaufnahmen erfolgten 1989 und 1993. Auszugsweise seien hier einige Daten aus dem Kataster wiedergegeben.

Straßenbaumbestand

1983	1985	1989	1993
50 835	53 622	61 169	65 151

Hinsichtlich der Zusammensetzung des Baumbestandes zeigt die Auswertung des Jahres 1989, dass sich die insgesamt 40 verschiedenen Straßenbaumarten auf 5 Hauptbaumarten konzentrierten. Diese

Rechts und gegenüberliegende Seite: Neupflanzung der Allee am Hansaring, nachdem der U-Bahn-Bau abgeschlossen war. Die Platanen wurden vom Bonner Verteiler hierher umgepflanzt.
Fotos: K. Schütte, 1973

machen einen Anteil von 75% am damaligen Gesamtbestand von 61 169 Straßenbäumen aus.

Baumart	Anzahl	Anteil in %
Linde	18 528	30,3
Ahorn	10 713	17,5
Platane	9 350	15,3
Robinie	4 683	7,7
Birke	2 479	4,1

Bei der Infrarot-Überfliegung im Jahr 1989 konnten 86,8% des Straßenbaumbestandes erfasst und ausgewertet werden. Die restlichen Bäume waren entweder als Jungbäume nicht interpretierbar oder wurden durch andere, größere Bäume überdeckt. Die ausgewerteten Bäume zeigten folgende Vitalitätsstufen:

Vitalitätsstufe	Bewertung	Anteil in %
1	keine erkennbaren Schäden	64,4
2	leichte Schäden	27,6
3	starke Schäden	7,5
4	schwere Schäden	0,5

Zusammenfassend kann das Straßenbaum-Kataster als ein inzwischen unverzichtbares Instrument zur Erfassung und Verwaltung der Straßenbäume und daraus abgeleitet für die Festlegung von Prioritäten für Sanierungsmaßnahmen angesehen werden.

Seit Vorlage des „Handlungskonzeptes zur Begegnung der Folgen des Waldsterbens" im zuständigen Ausschuss war es erklärtes Ziel der Grünverwaltung, den Straßenbaumbestand kontinuierlich zu vergrößern. Deshalb wurden alle Fehlstellen sukzessive bepflanzt und baumlose Straßen auf mögliche neue Baumstandorte hin untersucht. Im Zeitraum von 1983 bis 1993 konnte die Zahl so um 14 316 Bäume von 50 835 auf 65 151 vergrößert werden. Dieses Ergebnis ist nur in der Wiederaufbauphase von 1945 bis 1955 übertroffen worden. Wenn man die überaus schwierigen wirtschaftlichen und strukturellen Bedingungen der Nachkriegszeit bedenkt, wird einem diese enorme Leistung erst vollständig bewusst. In der kritischen Nachbetrachtung der sportiv anmutenden Pflanzaktionen der 1980er-Jahre müssen unter Würdigung der organisatorisch und strategisch großen Leistungen auch Fehler eingeräumt werden. So konnten die bereits zu Beginn des 20. Jahrhunderts formulierten Planungsgrundsätze nicht immer befolgt werden: „Stadtwälder, Parks, Ringanlagen und begrünte Plätze sind nach Möglichkeit durch schattige Alleen zu verbinden, damit zusammenhängende Spaziergänge entstehen, deren Ziele die größeren Anlagen sind. Im übrigen richtet sich die Verwendung von Alleepflanzungen und die Auswahl der Baumarten in den Straßen nach deren Charakter und dem Profile der einzelnen Straßen. Die wohlgemeinte Gepflogenheit, möglichst jede Straße mit Bäumen zu bepflanzen, welche den hinter uns liegenden Abschnitt der Städtebauentwicklung bezeichnet, ist neuerdings insofern abgeändert worden, als Bäume nur in solchen Straßen vorgesehen werden, welchen die geeignete Bürgersteigbreite gegeben werden kann, und die sich ihrem Charakter nach dazu eignen. Auch wird die Auswahl der Baumarten derart getroffen, daß die Bäume im ausgewachsenen Zustand der Straße angepaßt sind. Bürgersteige unter 3,5 m Breite werden nicht mit Bäumen bepflanzt. In Straßen mit 6 m und mehr Bürgersteigbreite werden Ulmen, Linden, Platanen, Ahorn und Götterbäume bevorzugt. Die für diese großen Baumarten günstigste Anordnung ist die Mittelpromenade, da sich hier die Bäume beliebig entwickeln können, ohne die Häuser zu benachteiligen. Schmälere Bürgersteige erhalten als Bepflanzung besonders Rotdorn und Akazien ... Es werden jedoch seit Jahren auch Versuche mit anderen kleineren oder schwachwüchsigen Baumarten gemacht. So sind Straßen mit Birken, Pyramiden-Ulmen ...,

Trompetenbäumen …, Hainbuchen u. a. bepflanzt. Die Stadt Cöln besitzt im ganzen auf rund 300 Straßen und Plätzen etwa 30 000 Alleebäume." [4]

Oftmals konnten aus stadtgestalterischen Gründen gewünschte Bäume nicht gepflanzt werden, weil an den vorgesehenen Standorten unterirdische Versorgungsleitungen für Gas, Wasser, Strom, Fernwärme oder Telefon verliefen. Um die bis dahin stringente Haltung zur Wahrung der Sicherheitsabstände von Bäumen zu Versorgungsleitungen aufzulockern, hatte 1983 der damalige Oberstadtdirektor Kurt Rossa mit Hans-Georg Winter, dem Direktor der Gas-, Elektrizitäts- und Wasserwerke Köln, ein Pilotprojekt vereinbart. Im Rahmen dieses Projektes sollten in der Innenstadt bewusst Bäume auf Strom-, Wasser- oder Fernwärmeleitungen gepflanzt werden, wobei die Leitungen bautechnisch gegen Durchwurzelungen geschützt werden sollten. Diese bemerkenswerte Initiative, der immerhin 120 Baumpflanzungen in der Engelbertstraße, Jülicher Straße, Brüsseler Straße und Lützowstraße folgten, wäre an dieser Stelle vielleicht nur eine kurze Notiz wert gewesen, wenn sie nicht zu einem allgemeinen Umdenken beigetragen hätte. Seit Durchführung des Pilotprojektes konnten zahlreiche Straßenbäume auch im näheren Umfeld von Leitungen gepflanzt werden.

Mit der öffentlichen Diskussion des Waldsterbens in den 1980er-Jahren verstärkte sich auch das Interesse von Holzbiologen, Statikern sowie Juristen am Thema Straßenbaum. Die Bandbreite der wissenschaftlichen Ausarbeitungen zu den Bereichen Wundbehandlung, Baumschnitt, Baumstatik und Verkehrssicherung war groß und die fachlichen Diskussionen wurden zum Teil kontrovers geführt. Eines der am intensivst debattierten Themen war die Baumchirurgie. Schon Anfang der 1970er-Jahre waren vor allem die Straßenbäume, die den Zweiten Weltkrieg überstanden hatten, verstärkt ins Blickfeld der Fachleute gerückt. In den durch Bombensplitter und Brandbomben entstandenen Wunden dieser Bäume nisteten sich vielfach Schadpilze ein, die allmählich die Stämme und Kronen ausmorschten. Um den Verlust dieser Straßenbäume zu verhindern, wurde verstärkt damit begonnen, die Wunden zu behandeln. Da zu jener Zeit noch keine ausreichenden wissenschaftlichen Erkenntnisse über das Wundverhalten bei Bäumen vorlagen, entsprach es durchaus dem Stand der Technik, Wunden in Anlehnung an die Humanmedizin chirurgisch zu behandeln.[5] So machte sich 1970 der erste städtische Baumchirurg, ausgestattet mit Holzhammer, Beitel und Fahrrad, auf den Weg, sichtbare Morschungen aus den Stämmen herauszutrennen und die offenen Wunden mit zähflüssigen

Die Mittelallee in der Beethovenstraße vor der Sanierung: Verdichtung der Baumstandorte und Schädigung der Bäume durch abgestellte Fahrzeuge
Foto: J. Bauer, 1995

Wundverschlussmitteln zu bestreichen. Mit den Jahren wurden die Behandlungsmethoden immer mehr verfeinert. Mit Motorsägen und -fräsen wurden die Morschungen bis auf das augenscheinlich gesunde Holz säuberlich entfernt und nicht selten die hohlen Stämme ausgebrannt, um auch die letzten holzzerstörenden Pilze zu vernichten. Um die Standsicherheit der ausgehöhlten Bäume zu wahren, wurden in den Anfangsjahren der Baumchirurgie aufwändige Betonplomben in das Stamminnere eingebracht. Nach einigen Jahren gab man das aufwändige Verfahren jedoch wieder auf, da durch diese Totalabschottung eine Nachbehandlung der Wunden nicht mehr möglich war. Nach der Ära der Plomben folgte die der Stahlseile. Die Seile wurden als Dreierverspannung in den Kronen befestigt oder zur Absicherung von Starkästen eingesetzt. Ziel all dieser Maßnahmen war es, die Lebenserwartung der Straßenbäume mit allen zur Verfügung stehenden technischen Mitteln zu verlängern.

1984 war in der Grünverwaltung der Mitarbeiterstamm für die Baumchirurgie auf zehn Personen gestiegen. Die Teams waren mit vier Hubsteigern ausgestattet.

Die intensiven Behandlungsmethoden der Baumchirurgie sollten in ständiger Anpassung an den sich wandelnden Stand der Technik noch bis etwa 1990 angewandt werden. Danach setzte sich die Fachansicht durch, an Stelle der auch wiederum Wunden verursachenden chirurgischen Eingriffe den Schwerpunkt der Arbeit auf eine präventive Jungbaumpflege zu legen. Bereits im Jugendstadium werden die Straßenbäume durch gezielte Erziehungsschnitte auf eine weitgehend störungsfreie Kronenentwicklung hin erzogen. Zur Vermeidung von größeren Schnittwunden werden die Jungbäume schon frühzeitig aufgeastet und konkurrierende oder fehlentwickelte Äste aus der Krone herausgeschnitten. Heute befassen sich in der Grünverwaltung 45 hochqualifizierte Baumpfleger mit der Jungbaumpflege sowie mit Form- und Pflegeschnitten an Altbäumen im Rahmen der Verkehrssicherung.

Mit den wachsenden Erkenntnissen hinsichtlich der Behandlung von Wunden und der Bedeutung einer frühzeitigen Jungbaumpflege einher ging auch das Bestreben zur Verbesserung und Optimierung der unterirdischen Standortbedingungen. So stehen die in der Regel viel zu kleinen Baumscheiben in großer Konkurrenz zu anderen Nutzungsinteressen. Sie werden beparkt, überlaufen und zur Ablagerung von Sperrmüll und Baumaterialien zweckentfremdet. Die Folgen sind für die Bäume oft verheerend. Die Stämme erleiden Stammschäden durch anparkende Autos, deren Auswirkung sich schnell unter der Rinde ausbreitende Morschungen sein können. Die massive Bodenverdichtung führt zu Störungen des Gasaustausches. Die für die Erschließung der Nährstoffe lebenswichtigen Mikroorganismen können ihre Leistungsfähigkeit nicht mehr voll entfalten, sodass der Baum unter Mangelerscheinungen leidet und anfällig für Krankheiten wird. Der Sauerstoffentzug im Boden fördert auch Faulungsprozesse an den Wurzeln. Wurzelschäden sind dann auch häufig Grund mangelnder Standfestigkeit der Straßenbäume und Anlass zu Fällungen.

Zur Verbesserung dieser Situation konnte 1985, aufbauend auf der Auswertung des Kölner Straßenbaum-Katasters, erstmals ein Programm zur Sanierung von Straßenbaumstandorten ausgearbeitet werden. In der Zeit von 1985-1990 wurden die Standorte von 11 000 Straßenbäumen mit einem Kostenvolumen von 11 Millionen DM saniert. Die Sanierung umfasst die Entsiegelung und Vergrößerung der Baumscheiben, den Austausch des durch Streusalz und Motorenöl belasteten Bodens sowie das Anbringen von Pollern und Rohrzäunen als Schutz gegen parkende Kraftfahrzeuge. Die positiven Auswirkungen dieser Maßnahmen auf die Vitalität der Bäume belegen die Auswertungen des Straßenbaum-Katasters.

Links: Sanierung der Mittelallee auf dem Ehrenfeldgürtel 1994 – die Asphaltdecke wird entfernt.
Rechts: Die Allee nach der Sanierung 1995
Fotos: J. Bauer

Die Erfolge dieser Maßnahmen veranlassten den Ausschuss für Landschaftspflege und Grünflächen, die Verwaltung am 11.9.1990 zu beauftragen, eine Übersicht über alle Alleen, insbesondere Mittelalleen, zu erstellen und die notwendigen Maßnahmen zum Schutz und zur Erhaltung des Baumbestandes nach Prioritäten aufzuzeigen. Nach einer dreijährigen Untersuchungsdauer konnte dem Ausschuss 1993 ein umfassendes Pflege- und Entwicklungskonzept für die Kölner Alleen im linksrheinischen Stadtgebiet vorgestellt werden; die Untersuchung der Alleen im rechtsrheinischen Stadtgebiet war 1996 abgeschlossen.

Um einen Eindruck von der Fülle der erfassten Daten wiederzugeben, sollen die wesentlichsten hier kurz dargestellt werden: 2 145 der insgesamt rund 5 000 Straßen, Wege und Plätze in Köln sind mit Bäumen bestanden. Von diesen Straßen sind 192 als Allee ausgestaltet. Die hohe Bedeutung dieser Alleen für das Stadtbild und das städtische Grünsystem wird durch die Tatsache belegt, dass rund 65% (122) dieser Alleen denkmalgeschützt sind und alle 192 Alleen zusammen (9% aller baumbestandenen Straßen) mit 23 896 Bäumen 36% des gesamten Straßenbaumbestandes aufweisen (insgesamt 65 151 Stück; Stand 1993). Der Baumbestand der Alleen setzt sich aus 14 Hauptbaumarten zusammen, wobei die Linde mit einem Anteil von 48% am stärksten vertreten ist. Die Platane folgt mit einem Anteil von 18%. Zum Zeitpunkt der Untersuchung waren 37,5% der Alleebäume nicht älter als 20 Jahre, 44,6% waren mit einem Alter von 20-50 Jahre als mittelalt zu bezeichnen und 17,9% wurden mit einem Alter von über 50 Jahren als Altbäume eingestuft.

Aus der Erfassung und Bewertung der Daten aller untersuchten Alleebäume wurden konkrete Maßnahmen für ein Pflege- und Sanierungskonzept entwickelt. Neben Bestimmungen zur Baumpflege, zur Sanierung der Standorte und zur Bepflanzung der freien Stellen lag der Schwerpunkt des Konzeptes auf der sukzessiven Freistellung der Alleen vom ruhenden Verkehr. Mit der Freistellung der Alleen und den begleitenden Sanierungsmaßnahmen wurden einerseits die Voraussetzungen für einen dauerhaften Schutz und eine Verbesserung der Vitalität der Straßenbäume geschaffen, durch die Freistellung der Alleen konnten diese aber auch wieder in das innerstädtische Grünsystem eingebunden werden.

Auf der Grundlage des Pflege- und Entwicklungskonzeptes konnten in den folgenden Jahren zahlreiche Alleen saniert werden.

Allee Volksgartenstraße
nach der Sanierung
Foto: J. Bauer, 2000

Ausblick

Straßenbäume sind fester Bestandteil des Kölner Grünsystems und für die Lebensqualität der Stadt unverzichtbar. Maßgabe aller Planungen wird es daher sein, den Bestand an Straßenbäumen zu vergrößern (Stand 2001: ca. 75 000 Stück). Da die Suche nach neuen, geeigneten Baumstandorten unter Berücksichtigung städtebaulicher, verkehrlicher und technischer Vorgaben an Grenzen stoßen wird, muss es Ziel sein, bei Neuanpflanzungen wie bei Pflege und Sanierung von Straßenbäumen hohe Qualitätsmaßstäbe anzulegen. Die Vorsorge für die Sicherung und Förderung der Straßenbäume setzt bereits bei der Auswahl standortgerechter und stadtklimafester Baumarten ein. Den Bäumen müssen größtmögliche, durchwurzelbare Lebensräume geschaffen werden, damit sie ihr volles Leistungspotential auch langfristig entfalten können. Speziell abgestimmte, strukturstabile Pflanzsubstrate mit einem hohen Luftporenanteil sind hier ebenso hilfreich wie die Anlage von Belüftungsgräben. Die Pflege von Jungbäumen wird weiter intensiviert, um spätere, holzschädigende Eingriffe auf ein Minimum zu reduzieren. Das Straßenbaum-Kataster soll aktualisiert und über moderne Software gepflegt werden. Die Standortsanierungsprogramme für Einzelbäume wie für ganze Alleen werden auch in Zukunft wichtiger Bestandteil der Arbeit zum Wohl der Kölner Straßenbäume sein.

1 vgl. Verwaltungsbericht der Stadt Köln 1951/52
2 vgl. Verwaltungsbericht der Stadt Köln 1957/58
3 vgl. Verwaltungsbericht der Stadt Köln 1973
4 Naturwissenschaft und Gesundheitswesen in Cöln, Festschrift. Cöln 1908, S. 141
5 Dem Abschnitt zur Baumchirurgie liegt ein Textbeitrag von Eberhard Donner zugrunde.

Grünzug Nord

Joachim Bauer

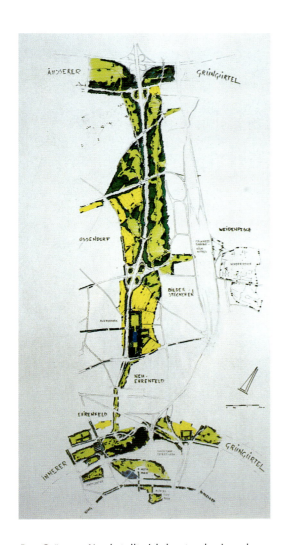

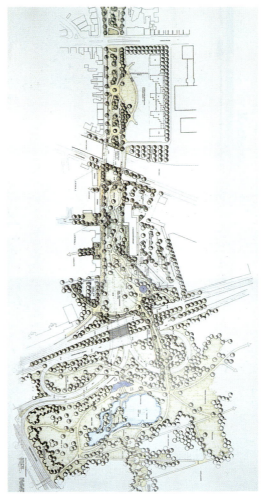

Links: Grünzug Nord zwischen Innerem und Äußerem Grüngürtel
Übersichtsplan: ALG

Rechts: Abdeckung der Autobahn A 57 zwischen Wöhler Straße und Innerer Kanalstraße sowie der Anschluss an den Inneren Grüngürtel (Gesamtkonzept: Planungsteam Berens, Reinders und Firma Strabag)
Foto: Stadt Köln (Hg.): Gutachten Abdeckung Herkulesstraße in Köln-Ehrenfeld, 1986

Der Grünzug Nord stellt sich heute als ein nahezu zusammenhängender Grünzug dar, der sich – in der Innenstadt beginnend – vom Klingelpützpark und den Grünanlagen des Hansarings über den Media-Park, den Inneren Grüngürtel, die Abdeckung der Autobahn und den Blücherpark, über die ehemaligen Auskiesungsbereiche bis hin zum Äußeren Grüngürtel erstreckt. Von hier aus bestehen direkte Verbindungen zum Erholungsgebiet Stöckheimer Hof und weiter bis zur Nachbarstadt Pulheim.

Die wechselvolle Entwicklung des Grünzugs Nord zeigt, dass es zur Verwirklichung eines solchen raumgreifenden Projektes eines Planungs- und Realisierungszeitraums von fast hundert Jahren bedarf. Ausgangspunkt war der zwischen 1910 und 1913 angelegte Blücherpark. War diese Parkanlage zunächst als einzelne, inmitten eines geplanten Neubaugebietes liegende Grünfläche vorgesehen, so wurde sie nach dem Ersten Weltkrieg in das von Schumacher 1923 im Rahmen des Generalbebauungsplans kon-

Modell des Klingelpützparks
Abb. aus "Das Gartenamt", 4, 1971, S.159

zipierte gesamtstädtische Grünsystem einbezogen.[1] Ausgehend von dem vorhandenen Blücherpark sieht dieses Konzept im nördlichen Stadtgebiet die Ausbildung eines durchgängigen Grünzugs bis zum Äußeren Grüngürtel vor. Bis zum Ausbruch des Zweiten Weltkriegs konnte der von Schumacher geplante Grünzug jedoch nicht realisiert werden.

Erst 1963 wurde der Gedanke wieder aufgegriffen. Hintergrund war der Ausbau der Bundesautobahn A 57 und der damit verbundene großflächige Kiesabbau auf beiden Seiten der Strecke. Basis des Entwurfskonzepts waren zunächst noch die Vorgaben Schumachers, erst in den Folgejahren gelang es durch verschiedene Einzelprojekte, den Grünzug vom Blücherpark auch bis weit in die Innenstadt hinein auszubauen.

Seinen heutigen Ausgangspunkt hat der Grünzug Nord im Klingelpützpark, dessen Namen von dem Gefängnis stammt, das hier früher stand. Der Klingelpütz, das älteste Gefängnis Nordrhein-Westfalens, war weit über Kölns Grenzen hinaus bekannt. Zwischen 1834 und 1838 für 800 Häftlinge gebaut, wurde es später so erweitert, dass es durchschnittlich 1 000 bis 1 250 Gefangene aufnehmen konnte, in der NS-Zeit sogar 1 700. Die innerstädtische Lage sowie die überalterte Substanz des Gebäudes machten jedoch einen Neubau erforderlich. "Am 17. Mai 1969 zogen die letzten weiblichen Sträflinge vom Klingelpütz in das neue Gefängnis Ossendorf um. Am 1. Juni 1969 ging das Klingelpützgelände, bis dahin im Besitz des Landes, in das Eigentum der Stadt Köln über, mit der Auflage, es als Grünanlage auszubauen. Noch im gleichen Monat begannen die Abbrucharbeiten. 30 000 cbm Mauerwerk wurden durch Sprengung niedergelegt."[2]

Schon 1968 waren im Rahmen der Ausschreibung des Peter-Joseph-Lenné-Preises erste Vorschläge für die künftige Nutzung und Gestaltung des Geländes von Studenten eingebracht worden. Soweit möglich, wurden sie in den Entwurf des Grünflächenamtes eingearbeitet, dem der zuständige Ausschuss "Garten-, Grünanlagen und Forsten" am 1.7.1969 zustimmte.

Von Seiten der Grünverwaltung wird der Beschluss und die Aufgeschlossenheit des Rates "gegenüber den Erfordernissen einer aktiven und modernen Grünpolitik" in dem Verwaltungsbericht des Jahres 1970 besonders hervorgehoben. "Dies wird zum Beispiel deutlich an der Beschlussfassung über die Verwendung des Klingelpützgeländes nach dem Abbruch der früheren Gefängnisbauten. Hier ist eine der seltenen Möglichkeiten genutzt worden, mitten in der Innenstadt eine zusätzliche Grünanlage zu bekommen und sie sinnvoll für vielerlei Art von Freizeitgestaltung ausbauen zu können. Bekanntlich gab es bereits eine Reihe fertiger Baupläne für dieses Gelände. Der Beschluss, auf mancherlei verlockende Angebote zu verzichten und stattdessen den Freizeitwert der Stadt durch zusätzliche Anlagen im eng bebauten Zentrum zu erhöhen, kann gar nicht hoch genug eingeschätzt werden."[3]

Die Absicht der Planer war, an diesem Ort eine Parkanlage mit einer besonders aufgefächerten Konzeption anzulegen, die als Freizeit- und Erholungsstätte verschiedensten Altersstufen gerecht wird. Dementsprechend umfangreich wurden das Nutzungsprogramm und die einzelnen Funktionsbereiche der Anlage festgelegt. Der zentrale Mittelbereich der Anlage erhielt die Bezeichnung Teich – Rasen – Hügel. In Anlehnung an die Bezeichnung des Geländes "Pütz", das kölsche Wort für Brunnen bzw. Wasser, wurde ein Teich angelegt. "Zwar wird kein Quellwasser, aber doch Leitungswasser fließen, perlen, überlaufen von einer Betonplastik, in einen Teich, der vielerlei Nutzen finden soll. Wer will, kann daran einfach nur sitzen, schauen, träumen oder über breite Betontrittplatten trockenen Fußes quer durch die Wasserfläche laufen. Der Wasserstand wird so niedrig sein, dass ein Fehltritt kein großes Unglück bedeutet, dass aber im Winter die Fläche schnell zu ei-

Klingelpützpark
Brunnen an der Teichanlage
Foto: J. Bauer, 1992

Links: Der mit den Begriffen Teich – Rasen – Hügel bezeichnete Mittelteil des Parks in den 1980er-Jahren
Foto: Stadtkonservator (Körber-Leupold)

ner tragfähigen Eisschicht friert und zu 'Holiday on Ice' einlädt. ... Vom Teich steigt das Gelände an, erst sanft, dann steiler bis zu einem ca. 7 m hohen Hügel, dem ersten 'Berg' in der Kölner Altstadt. Zum Gipfel führt ein steiler Weg, man kann aber auch über einen Kletterpfad emporklimmen. Der steinige Pfad beginnt unter einer Kastanie mit einem großen, etwa 50 Tonnen schweren Findling – einer Besonderheit in der niederrheinischen Bucht. Beim Kiesabbau wurde er gefunden. Wo seine Heimat wohl lag? Die Eiszeit transportierte ihn kostenlos nach Köln. Kosten entstanden nur beim Transport im März 1970 von der Kiesgrube bis zum Klingelpützgelände, Kosten und Aufsehen: Polizei mit Blaulicht? Menschenauflauf, Zeitungsberichte."[4]

Zwischen dem Hügel und dem Teich dehnt sich eine große Rasenfläche aus, für die es ausdrücklich keine Ver- und Gebote gab. Um den Mittelteil des Parks sind die Sondergärten angeordnet, die sich in Ausstattung und Pflanzung voneinander unterscheiden. Obwohl die einzelnen Gärten Namen erhielten – Garten am Wasser, Ruhe/Rosen/Ranken, Kleine Kinder/alte Leute, Spiele für Jedermann, Teen und Twen – wurde ausdrücklich darauf hingewiesen, dass dies keine Eingrenzung für die Nutzung und die Nutzer darstelle. „Der Sondergarten für 'Teen und Twen' soll, wie die anderen Sondergärten auch, vom Kleinkind bis zur Oma allen Kölnern und ihren Gästen gehören. Jeder soll sie nach seinen Wünschen nutzen. An einigen Beispielen aus dem Garten für 'Teen und Twen' sei das erläutert: Die kleinen offenen Pavillons sind als Puppenhaus ebenso geeignet wie für Kasperle-Theater, als Bühne für Laienspiel wie für kleine musikalische Veranstaltungen, letztere in Verbindung mit einer besonders befestigten Fläche, auf der man Folklore oder Hot tanzen, aber genausogut Rollschuh laufen kann. Betonröhren-Plastiken laden ein zum Klettern oder Sitzen, aber sie können auch Podeste für Kunstausstellungen sein oder Fotomodellen wirkungsvolle Schaustellungen ermöglichen.

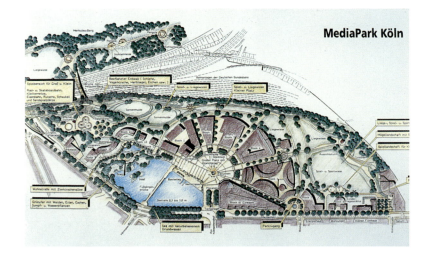

Gesamtplan MediaPark. Städtebaulicher Entwurf Professor Zeidler, 1988
Abb.: MediaPark Köln Entwicklungsgesellschaft mbH

Zentrale Grünfläche des MediaParks, um die sich halbkreisförmig die Bebauung anordnet.
Foto: J. Bauer, 1992

An die Informationswand kann man Plakate kleben, Ankündigungen schreiben, sie bieten sich für Wandzeitungen ebenso an wie als Kritzelwand." [5]

In den Jahren 1969 bis 1972 wurden die gärtnerischen Arbeiten am Klingelpützpark durchgeführt und dieser anschließend der Bevölkerung übergeben. „Die benachbarte Bevölkerung, der früher praktisch nur die kleinen grünen Oasen am Hansaplatz zur Verfügung standen, hat dieses neue Freizeitangebot dankbar angenommen und benutzt die Anlage intensiv." [6]

Heute ist die ehemals viel gelobte Anlage in einem sanierungsbedürftigen Zustand. Mangelnde Pflege sowie die Verlagerung der Drogenszene dorthin, aber auch das vorgegebene enge Nutzungskonzept sind die Gründe. Im Jahr 2001, also fast 30 Jahre nach ihrer Fertigstellung, wird die Parkanlage mit Gesamtkosten von ca. 800 000 DM saniert.

Vom Klingelpützpark und der Grünanlage am Hansaplatz führt der Grünzug weiter über die Ringstraße bis zur Grünanlage MediaPark. Auf dem Gelände des ehemaligen Güterbahnhofs St. Gereon entstand nach dem am 28.4.1988 vom Rat beschlossenen städtebaulichen Entwurf des Architekten Professor Zeidler der MediaPark als neuer Stadtteil, der neben Wohnnutzung vornehmlich gewerbliche Nutzungen aus den Bereichen Medien und Kommunikation aufnehmen soll. In Verbindung mit dem neuen Stadtteil entstand auch eine 10 ha große Grünanlage nach dem Entwurf des Landschaftsarchitekten Schubert. Die Gesamtkosten für die Grünanlage MediaPark liegen bei etwa 5 Millionen DM, von denen 80% vom Land Nordrhein-Westfalen übernommen werden. [7]

Durch die Anlage des Parks wurde das Defizit an öffentlichen Grünflächen im Einzugsbereich der angrenzenden dicht bebauten Wohnquartiere gemindert und eine vielfältig nutzbare Grünanlage geschaffen. Für die Unternehmen erhöht das grüne Umfeld die Attraktivität des Standorts. [8]

Oberbürgermeister Norbert Burger eröffnet die Fußgängerbrücke, die nach einem Entwurf der Architektin Verena Dietrich errichtet wurde.
Foto: J. Bauer, 1994

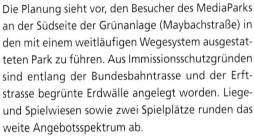

Vom Inneren Grüngürtel führt der Grünzug weiter in Richtung Norden. Hier war jedoch durch den Ausbau der Autobahn in den Jahren 1972-1978 die einzig verbliebene Verbindungsmöglichkeit zerstört worden. Um die Durchgängigkeit des Grünzugs verwirklichen zu können, entschied man daher, die hier in Tieflage geführte Autobahn mit einem Deckel zu versehen und zu begrünen. Die hohen Kosten, die mit einem solchen Vorhaben verbunden sind, führten allerdings dazu, dass das Projekt in zwei Realisierungsabschnitte aufgeteilt wurde. Im Bereich des ersten Bauabschnittes zwischen der Wöhler Straße und der Bundesbahnbrücke liegt die Autobahn auf einer Länge von ca. 330 m so tief, dass eine Abdeckung der Fahrbahnen und eine Neugestaltung der Ab-

Links: Der MediaPark in der Entstehungsphase
Foto: ALG, um 1990

Die Planung sieht vor, den Besucher des MediaParks an der Südseite der Grünanlage (Maybachstraße) in den mit einem weitläufigen Wegesystem ausgestatteten Park zu führen. Aus Immissionsschutzgründen sind entlang der Bundesbahntrasse und der Erftstrasse begrünte Erdwälle angelegt worden. Liege- und Spielwiesen sowie zwei Spielplätze runden das weite Angebotsspektrum ab.

Obwohl mit den Arbeiten zum Ausbau der Grünanlage schon 1990 begonnen wurde, ist der Park bis heute nur in Teilen fertiggestellt. Das liegt zum einen an der verzögert einsetzenden Bautätigkeit, zum anderen aber auch in der Tatsache, dass große Areale der Grünfläche lange Zeit für die Lagerung von Kiesen und Sanden benötigt wurden. Aus umweltpolitischen wie wirtschaftlichen Gründen wurde hier eine zentrale Betonaufbereitungsanlage installiert. Der zuständige Ausschuss hatte in Kauf genommen, dass sich hierdurch die Gesamtfertigstellung des Parks verschiebt.

Von großer Bedeutung für den MediaPark und die Realisierung des Grünzugs Nord war der Bau einer Fußgängerbrücke über die Gleise der Bundesbahntrasse. Diese 96,4 m lange und 4,60 m breite Brücke verbindet die neu entstehende Grünanlage mit dem Herkulesberg im Inneren Grüngürtel. Erbaut wurde sie 1994 nach einem Entwurf der Architektin Verena Dietrich mit Kosten in Höhe von 3,4 Millionen DM.[9]

Erster Bauabschnitt der Autobahn-Abdeckung zwischen Wöhler Straße und Bahnbrücke
Foto: ALG, 1991

7. Grünzug Nord

Pflasterarbeiten auf der
Autobahn-Abdeckung
Foto: ALG, 1991

deckung mit einer Grünanlage ohne größere Schwierigkeiten möglich war. Die Planung dieses Abschnittes wurde im Jahre 1987 von der Stadtverwaltung begonnen und von 1990 bis zum Frühjahr 1992 realisiert. An den Gesamtkosten von ca. 20 Millionen DM beteiligte sich das Land Nordrhein-Westfalen. Die durch die Abdeckung geschaffenen 1,1 ha große Fläche wurde anschließend als Grün- und Erholungsfläche ausgebaut.

Die städtebauliche, konstruktionstechnische und gestalterische Problematik zur Realisierung des zweiten Abschnitts bis zur Inneren Kanalstraße ist allerdings ungleich größer. Aus diesem Grunde wurden drei Gutachterteams beauftragt, realisierbare Lösungsvorschläge aufzuzeigen und die Möglichkeit einer Abdeckung des Autobahnzubringers in einer Länge von 750 m zu prüfen.[10] Der mit dem ersten Preis ausgezeichnete Entwurf des Planungsteams Berens, Reinders und der Firma Strabag sieht eine großzügige Abdeckung der Autobahn und anschließende Begrünung vom ersten Bauabschnitt bis zum Inneren Grüngürtel im Bereich des Herkulesberges vor. Die geschätzten Gesamtkosten von ca. 45 Millionen führten jedoch dazu, dass eine Realisierung dieses Bauabschnittes zur Zeit aus Gründen der Haushaltskonsolidierung zurückgestellt ist.

Diesen bis heute nicht ausgeführten Teil des Grünzugs in Richtung Norden verlassend, schließt in kurzer Entfernung der Blücherpark an. Unmittelbar an seiner Ostseite führt die Autobahn entlang, deren Lärm die Nutzung der Parkanlage sehr einschränkt. Eine Lärmschutzwand wird seit Jahren gefordert, wurde aber aus finanziellen Gründen bis heute noch nicht verwirklicht.

Den Blücherpark sowie die angrenzende großflächige Kleingartenanlage querend, schließt sich im weiteren Verlauf der Bürgerpark Nord an. Das 1983 für diesen Abschnitt erarbeitete Nutzungskonzept verfolgt zum einen den weiteren Ausbau des Grünzuges in Richtung Norden, zum anderen aber auch die

Die Abdeckung der A 57
während der Ausbauphase
Foto: ALG, 1991

Schaffung des Bürgerparks im Bereich der Äußeren Kanalstraße und beidseitig der Autobahn als Erholungsanlage für die angrenzenden Stadtteile.

Ein früherer Ausbau dieses Abschnittes war nicht möglich gewesen, da erst Anfang der 1980er-Jahre die Verfüllung der ausgedehnten Auskiesungsflächen abgeschlossen werden konnte. Die Tatsache, dass zwischen 1966 und 1980 das nach dem heutigen Stand des Umweltrechts nicht mehr zulässige Auffüllen der Baggerlöcher mit Bauschutt und Hausmüll praktiziert wurde, führte dazu, dass im Vorfeld des Grünausbaus zum Teil aufwändige Sicherungsmaßnahmen erforderlich wurden. So mussten im Bereich vorhandener Kleingartenanlagen beispielsweise umfangreiche Entgasungssysteme zur Gefahrenabwehr eingebaut werden.

Trotz dieser ungünstigen Voraussetzungen konnte der Bürgerpark zwischen 1984 und 1997 in mehreren Abschnitten mit Gesamtkosten von ca. 3,5 Millionen DM ausgebaut werden. Die Maßnahme wurde vom Land bezuschusst.

Von vornherein wurde die Schüttung von Lärmschutzwällen entlang der Autobahn mit in das Gestaltungskonzept des Bürgerparks integriert, sodass trotz der Zerschneidung des Parks durch Straßen eine ruhige Erholung möglich ist.

Mit dem Bau einer Holzbrücke über die Äußere Kanalstraße konnte die funktionale Trennung der Teilbereiche aufgehoben werden.[11]

Der letzte realisierte, von der Innenstadt weiter entferntere Abschnitt grenzt an einen weniger dicht besiedelten Stadtteil, sodass der Erholungsaspekt hier hinter den des Natur- und Landschaftsschutzes tritt. Durch behutsame Einbindung vorhandener Vegetationsstrukturen in die Gestaltung gelang es, große Flächen zum Schutz und zur Entwicklung von Natur und Landschaft zu erhalten und diese mit der Erholungsnutzung in Einklang zu bringen.

Auch hier war entlang der Autobahn die Schüttung eines Lärmschutzwalles erforderlich, der jedoch durch

Oben: Bürgerpark Nord, Blick in Richtung Innenstadt

Links: Am Ausbau des Bürgerparks beteiligten sich Schüler aus den nahegelegenen Schulen.
Fotos: ALG, 1991

eine landschaftliche Modellierung zur Grünanlage hin gestalterisch integriert werden konnte. Die offenen extensiven Wiesenflächen, ein landschaftlich eingebundener Spielplatz sowie erhöht liegende Aufenthaltsbereiche bieten Gelegenheit für vielfältige Nutzungen.[12]

Nördlich an diesen Abschnitt angrenzend, haben sich im Laufe der Zeit auf den verfüllten Deponieflächen naturnahe Vegetationsbestände entwickelt, die aufgrund ihrer Struktur- und Artenvielfalt durch den Landschaftsplan als geschützte Landschaftsbestandteile gesichert sind. Die Ausgestaltung des Grünzugs beschränkt sich hier, in der so genannten Ossendorfer Brache, lediglich auf die Anlage eines erforderlichen Lärmschutzwalles und die eines durchgängigen Verbindungsweges auf dem Wall.

Nach Fertigstellung der letzten Abschnitte – des in der Auskiesung befindlichen Geländes am Heckhof

7. Grünzug Nord

Blick über die Ossendorfer Brache mit offenen Wiesenflächen, feuchten Mulden und Gehölzbeständen
Foto: J. Bauer, 2000

sowie eines kleineren Abschnittes am Autobahnkreuz Nord – wird der Grünzug Nord als durchgängiger Grünzug die ungehinderte Verbindung vom Klingelpützpark über den MediaPark und den Inneren Grüngürtel bis zum Äußeren Grüngürtel herstellen. Von hier aus ist eine Verbindung zur Nachbarstadt Pulheim über den Landschaftsraum Stöckheimer Hof geplant.

Der Grünzug Nord spiegelt wie kein anderer Grünzug die unterschiedlichen städtebaulichen und gärtnerischen Vorstellungen und Möglichkeiten der letzten 100 Jahre wider. Gleichzeitig dokumentiert er in seinem Querschnitt eindrucksvoll den Übergang vom innerstädtischen Erholungsgrün zum Landschaftsraum. Die einzelnen Abschnitte des Grünzugs sind hierbei je nach Lage zu den Wohngebieten und je nach Entfernung zum Stadtzentrum unterschiedlich ausgestaltet und können so zu abwechslungsreichen Spaziergängen und Fahrradfahrten genutzt werden.

1 Schumacher, F.: Köln. Entwicklungsfragen einer Groszstadt. Köln 1923, S.116
2 Braun, F./Prasser, A./Schütte, K./Tomasczewski, B./Schönbohm, K. In: Das Gartenamt 1971, Heft 4, S.159-161
3 Verwaltungsbericht der Stadt Köln 1970
4 Braun, F./Prasser, A. et al., a.a.O.
5 ebd.
6 Verwaltungsbericht der Stadt Köln 1972
7 Verwaltungsbericht der Stadt Köln 1990
8 MediaPark Köln Entwicklungsgesellschaft mbH (Hrsg.): Planung und bauliche Realisierung MediaPark. Köln 1992
9 vgl. Thon R.: Fuß- und Radwegbrücke am MediaPark. In: Architekten- und Ingenieurverein Köln (Hrsg.): Köln – Seine Bauten 2000. Köln 2000, S. 250-251
10 Stadt Köln (Hrsg.): Gutachten Abdeckung Herkulesstraße in Köln-Ehrenfeld
11 Verwaltungsbericht der Stadt Köln 1988
12 Bauer, J.: Neue Grünflächen und Kleingärten. In: Architekten- und Ingenieurverein Köln (Hrsg.): Köln – Seine Bauten 2000. Köln 2000, S.132-137

Grünzug Chorweiler

Jürgen Wulfkühler

Der Grünzug Chorweiler hat seinen Ursprung in dem von Fritz Schumacher im Jahre 1923 aufgestellten Generalbebauungsplan. Im Rahmen dieses ersten gesamtstädtischen Entwicklungskonzepts wird für den 1922 eingemeindeten Stadtbereich Worringen erstmals die Idee einer „Neuen Stadt" im Kölner Norden formuliert. In dieser „Neuen Stadt" sollten die für die wachsende Großstadt notwendigen Wohn- und Arbeitsstätten in unmittelbarer Nähe zu vorhandenen Industriegebieten geschaffen werden. Verbunden mit dieser Zielsetzung war auch die Ausweisung eines radial ausgerichteten Grünzugs, der netzartig mit den geplanten Siedlungen verbunden werden sollte. In der langgestreckten Führung des Grünzugs nach Norden sah Schumacher die einmalige Gelegenheit, die „Unregelmäßigkeit" in der Ausgestaltung des Äußeren Grüngürtels aufzuheben, da dieser aufgrund des bestehenden Industriegebietes nicht bis zum Rhein geführt werden konnte. Gleichzeitig konnte mit der Ausrichtung aber auch die vorgegebene Struktur des ringförmigen Gesamtgrünsystems, bestehend aus Innerem und Äußerem Grüngürtel, aufgebrochen und dieses in eine strahlenförmige Ausrichtung nach Norden überführt werden: „...die Hauptzüge der Grünanlagen splittern gleichsam nach Norden auseinander und durchziehen in langgestreckten Armen dies ganze nördliche Gelände in seiner Längsrichtung. Alle hervorragenden Baumbestände werden dabei miteinander verbunden; bei Fühlingen gibt ein großes Wasserbecken, das durch die Ausschachtungen für Eisenbahndamm-Bauten hier entstanden ist, den Mittelpunkt der Anlage." [1]

Nach dem Krieg greift Rudolf Schwarz (1946-1953 Generalplaner der Stadt Köln) das Konzept der „Neuen Stadt" wieder auf. Im Sinne des städtebaulichen Leitbildes der „gegliederten und aufgelockerten Stadt" sollten in der neuen „Außenstadt am Fühlinger See" einzeln liegende Siedlungseinheiten für jeweils 2 500 Einwohner sowie eine zentrale Siedlung für insgesamt 40 000 Einwohner mit den erforder-

Der Grünzug zwischen Fühlinger See und Chorweiler
Foto: J. Bauer, 1996

lichen Versorgungseinrichtungen entstehen. In den Jahren 1957-1958 wurde auf der Grundlage dieser Vorgaben das städtebauliche Konzept für die geplante Siedlung Chorweiler erarbeitet, das am 24. 7.1958 vom Rat beschlossen wurde. [2] Wesentlicher Bestandteil dieses Konzeptes war die Ausweisung eines zentralen Grünzuges zwischen der für 80 000 – 100 000 Einwohner konzipierten Siedlung und den angrenzenden Industriegebieten. Mit dem Stadtteil Heimersdorf 1961 beginnend, wurde die Siedlung Chorweiler abschnittsweise realisiert. [3]

Die mit dem Ausbau der Siedlung verbundene Veränderung der Landschaft wird besonders im Vergleich von Luftbildern aus den Jahren 1951 und 1998 deutlich. Ackerparzellen, Wirtschaftswege, die aus den Dörfern in die Ackerflure hinauslaufen, Gehölze am Siedlungsrand oder am Feldweg verschwinden, werden aufgesogen oder existieren nur noch als Relikte weiter. Anstelle des Dorfes Feldkassel im Bereich der heutigen Robert-Bosch-Straße gibt es nur noch Gewerbeflächen. Merkzeichen wie bäuerliche Hofanlagen, Kirchturmspitzen, kleinere Weiler treten gegenüber der herausragenden und dominierenden Hochhaussilhouette zurück.

Zwischen den Industrie- und Gewerbeflächen im Osten und den Siedlungsbereichen im Westen wird der Grünzug Chorweiler angelegt. Dieser geht zwar in seinem Ursprung auf das Konzept von Schumacher zurück, seine heutige Lage wird aber wesentlich

Links: Gesamtplan der Erholungsanlage Fühlinger See aus dem Jahre 1978
Rechts: Badebetrieb im Sommer
Beide Abb.: ALG

Blick auf den Fühlinger See in Richtung Norden
Foto: ALG, um 1990

von den tiefer gelegenen und nicht entwässerungsfähigen Senken eines ehemaligen Rheinarms bestimmt. Die wesentlichen Abschnitte des Grünzugs Seeberg, Bezirkssportanlage Merianstraße, Kleingartenanlagen sowie Spielbereiche bis Weichselring/Kriegerhofstraße wurden parallel zur Bautätigkeit der Siedlungsgebiete Heimersdorf (1961-1965), Seeberg (1964-1976) und Chorweiler-Zentrum (1971-1978) realisiert.

Zentraler Bereich des Grünzugs ist die weit über Chorweiler hinaus bedeutende Erholungsanlage Fühlinger See. Die Anfänge des durch Auskiesung entstandenen Sees liegen bereits vor dem Zweiten Weltkrieg. Die Entscheidung zum Ausbau zu einer Erholungsanlage mit Regattabahn, Freibad, Sandstrand, Spiel- und Sporteinrichtungen führte zur heutigen Ausgestaltung. Der Ausbau erfolgte in den Jahren 1972-1982 mit Gesamtkosten in Höhe von 31 Millionen DM. Die Kiesentnahme betrug 16,8 Millionen cbm – ein vollbeladener Güterzug von Köln bis Neapel. Bei einer Wassertiefe bis zu 15 m hat der Fühlinger See ein Wasservolumen von 8,4 Mill. cbm. „Eine gelungene Kombination von vielfältigen Freizeit- und Sporteinrichtungen stellt das Gebiet des Fühlinger Sees dar ... So wurde eine 2300 Meter lange Regattabahn von internationalem Standard angelegt, mit Zielturm für den Trainings- und Wettkampfbetrieb. Kanu- und Rudervereine, die bis dahin meist auf dem Rhein ihren Sport ausübten, haben nun eine Kampfbahn, auf der nach internationalen Maßstäben trainiert werden kann. Daneben stehen Bereiche für das Surfen und Schwimmen zur Verfügung, und die enorme Frequentierung der gesamten Anlage an schönen Sommertagen hat die Erwartungen selbst der Optimisten noch weitgehend übertroffen."[4]

Der Grünzug ist in seinem gesamten Verlauf vom Äußeren Grüngürtel bis zum Landschaftsraum nördlich Blumenbergs zum Teil durch größere Verkehrsadern wie Autobahnen, Schnellstraßen oder Bundes-

Uferbepflanzung zur ökologischen Aufwertung des Fühlinger Sees
Foto: J. Bauer, 2000

bahntrassen durchzogen, die unüberwindbare Barrieren darstellen. Die Aufenthaltsqualität eines Teils der Erholungsräume wird zudem von Lärm und Abgasen beeinträchtigt. Dort, wo Lärmschutzwälle entstanden, verstärkt sich der Zerschneidungseffekt sowohl in der Durchlässigkeit, in den Funktionsfolgen sowie in der visuellen Erlebbarkeit. Fußgängerbrücken und Ampelanlagen an Straßenkreuzungen fokussieren Erholungssuchende zudem auf wenige Hauptwegeverbindungen. Ziel der städtischen Grünplanung ist es daher, die Barrierewirkung durch deutliche Leitlinien und Orientierungspunkte zu minimieren sowie verbliebene Freiflächen für die weitere Grünvernetzung zu sichern. Insbesondere sind Korridore für die Verbindung des Grünzugs mit dem Rheinufer und der noch verbliebenen Rheinaue zwischen Merkenich und Worringen sowie Richtung Wasserwerkswäldchen und Chorbusch zu sichern.

Aus Sicht der städtischen Grünplanung sind darüber hinaus aber auch die Verbindungen vom Grünzug in die Siedlungsbereiche zu verbessern. Im Bereich von Seeberg konnte dies durch die Anlage einer schmalen Grünachse erreicht werden.[5] Mit dem 1989 fertiggestellten Olof-Palme-Park wurde ein weiterer Baustein hinzugefügt.

Hintergrund für das Anlegen dieser Parkanlage war das so genannte Ergänzungsprogramm „Neue Stadt" Chorweiler, mit dem die städtebauliche Situation und das Wohnumfeld in Chorweiler durch geeignete Maßnahmen aufgewertet werden sollte.[6] Eines der ersten Projekte zur Verbesserung der Freiraumsituation war der Rückbau eines Teils der überdimensioniert ausgebauten Elbeallee und die Anlage des Olof-Palme-Parks auf dieser Fläche. Insgesamt wurde eine 600 m lange und 35 m breite Straßenfläche aufgebrochen, statt Restflächen von Grün neben der Fahrbahn entstand ein 6,5 ha großer Park. Mit der Anlage des Parks konnte nicht nur ein vielfältig nutzbares Grünareal, sondern auch eine Verbindung zwischen der Siedlung und den umliegenden Freiräumen des Grünzugs geschaffen werden.

„Erst als man sich für den Rückbau der Elbeallee entschied, was mit der Gesamtverkehrssituation in diesem Bereich problemlos zu vereinbaren war, nahm die Grünanlage ... konkretere Formen an. Gleichwohl war ihre Planung schwierig, da die meisten Versorgungsleitungen ... in der Erde blieben und wichtige Schächte auch weiterhin anfahrbar sein mussten. Dies beeinflusste in Teilen die Topographie des Parks und führte dazu, dass die modellierten Geländepartien (Rodelberg oder Spielplätze) außerhalb der Versorgungsleitungen und Versorgungsschächte angelegt wurden. Um den Park von den Schallemissionen der umliegenden Straßen abzuschirmen, wurden zur Mercator- und Merianstraße bis zu zwei Meter hohe Erdwälle aufgeschüttet, die mit Bäumen und Sträuchern bepflanzt wurden. Zudem wurden Partien wie der Rosengarten oder der Kleinkinder-Spielplatz etwas tiefer gelegt. Ein großer, geschwungener Rundweg ... verbindet die einzelnen Partien des Parks miteinander ... Der geometrisch angelegte Rosengarten, der über den Haupteingang an der Themsenpromenade zugänglich ist, bildet einen gestalterischen Kontrapunkt zum im Landschaftsgartenstil angelegten Kernbereich des Parks."[7]

Oben: Planungskonzept Olof-Palme-Park, 1987
Abb.: ALG

Links: Plakat der Stadt Köln zum Rückbau der Elbeallee, 1987

7. Grünzug Chorweiler

Oberbürgermeister Burger gibt das symbolische Startsignal zum Rückbau der Elbeallee (ganz rechts) und weiht den Olof-Palme-Park ein.
Fotos: ALG, 1987

Unter der Bezeichnung „Äußere Grünerschließung Neue Stadt (Chorweiler)" wurde 1990 ein Programm beschlossen, mit dem bis zum Jahre 2002 der weitere Ausbau und die Optimierung des Grünzugs Chorweiler mit einem Gesamtvolumen von 4,4 Millionen DM durchgeführt wird.

Als erster Abschnitt konnte im Jahre 1993 der Spielbereich Netzestraße/Muldeweg durch Anlage von Bodenmodellierungen, großen Sandflächen, Klettermöglichkeiten, Bolzplatztoren sowie der Pflanzung von Baumgruppen stärker gegliedert und aufgewertet werden. Verbunden mit diesen Baumaßnahmen ist ein abgestuftes Mähprogramm für die Wiesenflächen, das sich nach der Intensität der Nutzung der Flächen für Spiel-, Liege- oder Sportaktivitäten richtet. So werden die an die Spielflächen, an die Bezirkssportanlage sowie an die Heinrich-Böll-Gesamtschule angrenzenden Rasenflächen regelmäßig kurz gehalten. So genannte Langgraswiesen bilden den Übergang zu den mehr landschaftlich gestalteten und weniger genutzten Bereichen in den Randzonen des Grünzugs. In diesen Randzonen, zum Beispiel zwischen der Bewohnergartenanlage an der Kriegerhofstraße und im Umfeld des Hauses Fühlingen, werden einzelne Flächen ganz bewusst der natürlichen Entwicklung überlassen. Durch diese Sukzessionsflächen wird sowohl das Landschaftsbild angereichert als auch vielfältiger Lebensraum für Tiere und Pflanzen geschaffen.

In den Jahren 1995 bis 1997 wurde der Grünzug Chorweiler weiter in Richtung Norden bis an die Siedlungen Blumenberg und Fühlingen ausgebaut. Die Weiterführung in diesen Bereich war erst nach Aufgabe einer geplanten Straßentrasse, die zwischen den Siedlungen Chorweiler und Blumenberg von der Mercatorstraße in Richtung Gewerbegebiet Langel geführt werden sollte, möglich geworden. Aufgrund dieser Planänderung besteht nun gleichzeitig die Möglichkeit, den Grünzug Chorweiler nach Westen über das Wasserwerkswäldchen und von dort aus weiter über das Erholungsgebiet Stöckheimer Hof bis an den Äußeren Grüngürtel zu führen.

Das Erscheinungsbild des Grünzugs bis zum Ortsrand von Fühlingen ist durch eine offene Feldflur mit Spazierwegen, die von Obstbaumreihen und Wildkrautsäumen begleitet sind, geprägt. Zwischen der Bebauung von Chorweiler Nord und Blumenberg dagegen ist der Grünzug als zusammenhängende Grünfläche mit großen Spielbereichen ausgebaut. Die Gestaltung dieses Bereichs wurde insbesondere durch die am Rand von Blumenberg liegende Ökosiedlung beeinflusst. Das Entwurfskonzept für die Grünanlage wurde in enger Zusammenarbeit mit den Bewohnern entwickelt – nahtlose Übergänge zwischen privatem und öffentlichem Außenraum, Versickerungsmulden für eine Carportanlage, Obstwiesen, naturnahe Nischen, Naturspielräume. Die Gestaltung der naturnahen Teilräume mit Totholz, Trockenmauern, Hecken und Krautsäumen übernahm die Heinrich-

Grünzug Chorweiler im Bereich Blumenberg
Foto: J. Bauer, 1996

Schüler der Heinrich-Böll-Gesamtschule säen einen Acker ein (1996).

Links: Die Ackerfläche ein Jahr später
Fotos: J. Wulfkühler

Ganz links: Planungskonzept für den Abschnitt Blumenberg-Chorweiler Nord (1995)
Quelle: ALG

Böll-Gesamtschule. Acht Schulklassen mit 250 Schüler/innen setzten das Konzept der naturnahen Nischen im Frühjahr 1996 um, säten einen Acker ein, bauten Trockenmauern, pflasterten Wege mit Recycling-Ziegeln, pflanzten gemeinsam mit den Bürgern Hecken und Bäume. Mit einem Abschlussfest wurde die gute Zusammenarbeit besiegelt.

Die Schüler/innen beobachteten das von ihnen Gestaltete in der weiteren Entwicklung, es entstand eine Umweltgruppe. In dem neu angelegten Teich stellten sich bereits im ersten Jahr Kamm-Molche und mehrere Libellenarten ein. Eine Mulde des Feuchtbereichs, etwas abgetrennt vom Lebensbereich für Pflanzen und Tiere, stellt den Übergang zum Naturspielraum mit Baumhäusern und einem Wäldchen für Kinder dar. Diese Bereiche haben die Kinder durch ihre Mitgestaltung in Besitz genommen, respektieren dabei aber auch die Lebensräume für Pflanzen und Tiere.

Durch die Mercatorstraße und den Blumenbergsweg werden die Siedlungsbereiche Chorweiler Nord und Blumenberg, aber auch der Grünzug nach Westen und Norden vom umgebenden Landschaftsraum visuell und funktional getrennt. Diese Barrierewirkung wird noch durch die straßenbegleitenden Lärmschutzwälle verstärkt. Die Bewohner schauen nicht mehr hinaus in die Landschaft. Die Landschaft verliert entscheidend an Weite, verändert ihr Gesicht. Um die Lärmschutzwälle zumindest zum Grünzug hin nicht als zu technisch wirken zu lassen, wurden sie flacher ausgezogen und erhielten auf halber Höhe statt einer Berme einen Schotterweg, der über Rampen an das Wegesystem angebunden wurde. In zentraler Lage entstand an der Böschung des Lärmschutzwalles eine Stufenanlage, die als „Amphitheater" auch Platz für kleinere Veranstaltungen bietet.

Um die trennende Wirkung der Mercatorstraße aufzuheben und gleichzeitig eine Verbindung zum Wasserwerkswäldchen sowie zum Äußeren Grüngürtel zu schaffen, war der Bau einer Fußgängerbrücke von Anfang an fester Bestandteil des Gesamtkonzeptes. 1999 wurde die Brücke als Maßnahme in das 4. Städtebauförderungsprogramm aufgenommen und mit

7. Grünzug Chorweiler

Oben: Naturnahe Obstwiese am Rand von Blumenberg, 1997

Rechts: Schüler der Heinrich-Böll-Gesamtschule legen 1996 einen Weg an und bepflanzen das neu geschaffene Feuchtbiotop.
Fotos: J. Wulfkühler

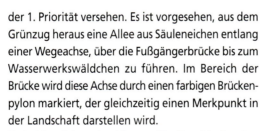

der 1. Priorität versehen. Es ist vorgesehen, aus dem Grünzug heraus eine Allee aus Säuleneichen entlang einer Wegeachse, über die Fußgängerbrücke bis zum Wasserwerkswäldchen zu führen. Im Bereich der Brücke wird diese Achse durch einen farbigen Brückenpylon markiert, der gleichzeitig einen Merkpunkt in der Landschaft darstellen wird.

Zu beiden Seiten der Allee und im Bereich der ehemaligen Zufahrtsstraße nach Blumenberg sieht der Entwurf des Grünzugs einen Spielbereich, insbesondere für größere Kinder und Jugendliche vor. Auf der einen Seite der Allee wird, eingebettet zwischen Hügeln, eine Kletterlandschaft aus Baumstämmen und Kletternetzen entstehen. Auf der anderen Seite werden in einer rechteckigen und eingesenkten Fläche Spielfelder für Rollhockey, Streetball, Inline-Skating und Beach-Volleyball angelegt. Die angrenzenden offenen Rasenflächen bieten ausreichend Raum zum Fußball- und Volleyballspiel. Zum Weichselring stellen fächerförmig angeordnete Hainbuchenpflanzungen sowie ein Platanenhain den räumlichen Abschluss dar. Hier sollen Holzskulpturen, die von einer Gruppe von Kindern und Jugendlichen unter Anleitung eines Künstlers und Holzbildhauers erarbeitet wurden, ihren Standort finden. Der Ortsrand von Blumenberg wird mit Hecken aus Haselnuss, Schlehen, Wildrosen und Vogelbeeren bepflanzt. Der östliche Siedlungsrand von Blumenberg südlich des Blumenbergsweges wird analog zum Ortsrand Fühlingen mit fruchttragenden Gehölzen, Wiesen und Ackerwildkräutern als Übergang zur Feldflur gestaltet. Die Wege im südlich angrenzenden Wald werden behutsam durch den Gehölzbestand geführt und schließen das Wegesystem zu den bestehenden Grünzugabschnitten und Siedlungsbereichen. Die Realisierung des hier beschriebenen Abschnitts des Grün-

Obstwiese mit Trockenmauer
Foto: J. Wulfkühler, 1997

so genannten Naturwerkstatt für Kinder und Jugendliche aus Chorweiler-Nord sowie Schüler/innen der Waldorfschule und der Heinrich-Böll-Gesamtschule auf einer ehemaligen Ackerfläche entstehen.

Unten: Schüler der Gesamtschule bei der Pflanzung von Sträuchern
Foto: J. Wulfkühler, 1996

1. Schumacher, Fritz/Arntz, Wilhelm: Entwicklungsfragen einer Großstadt, Köln. Köln 1923, S.117
2. Kleinertz, Will/Peifer, Hermann: Außenstadt am Fühlinger See. In: Das neue Köln. Ein Vorentwurf. Stadt Köln. Köln 1950, S.102-104
3. Ludemann, Harald/Riedel, Joachim: Neue Stadt Köln – Chorweiler. Stuttgart 1967
4. Schönbohm, K.: Köln: Grünanlagen 1945-1975. Stadt Köln. Der Oberstadtdirektor/Stadtkonservator (Hrsg.): Stadtspuren – Denkmäler in Köln. Band 16. Köln 1988, S.103
5. Planungsgruppe dt 8/Planungsbüro Richter/Richard: Rahmenplanung Chorweiler. Köln 1988, S.107-141
6. Ergänzungsprogramm Chorweiler. Sachstandbericht, Stadtentwicklungsausschuss vom 13.03.1986
7. Zey, R.: Parks in Köln. Köln 1993, S.139-140

zugs wird bis zum Jahre 2002 abgeschlossen sein. Als ein letzter Baustein im gesamten Grünzug Chorweiler soll in den nächsten Jahren angrenzend an die Waldorfschule und nördlich der Jugendeinrichtung und des Spielbereichs Netzestraße das Projekt einer

Der Kölner Landschaftsplan

Bernd Pniewski

Grafik aus der Broschüre zum Landschaftsplan 1994, S. 30

Rund 55% des Kölner Stadtgebietes sind unbebaut. Dabei handelt es sich um mehr oder weniger naturnahe Gebiete wie Wälder, Äcker und Wiesen, Brachflächen, Grünanlagen, Kleingärten, Friedhöfe und Sportanlagen. Auf all diesen Flächen gelten die Darstellungen und Festsetzungen des Landschaftsplans.[1]

Die fortschreitende technische Entwicklung und immer noch steigende Flächenansprüche in den dicht besiedelten Gebieten führen zu einer stetig steigenden Belastung der natürlichen Landschaftselemente Boden, Wasser, Luft, Pflanzen- und Tierwelt und damit zur Reduzierung der Umweltqualität. Dieser Entwicklung will der Landschaftsplan entgegenwirken. Ziel ist dabei nicht nur die Erhaltung wertvoller Biotope und Landschaften, sondern auch, die natürlichen Lebensgrundlagen in ihrer Gesamtheit zu schützen, dem Landschaftsverbrauch und der Verarmung des Landschaftsbildes entgegenzuwirken und das ökologische Gesamtgefüge sowie das Erscheinungsbild der Landschaft zu verbessern.

Nachdem 1975 mit der Einführung des Landschaftsgesetzes die rechtliche Grundlage geschaffen wurde, ist der Landschaftsplan in Nordrhein-Westfalen das zentrale Instrument des Naturschutzes und der Landschaftspflege. Köln hat seit zehn Jahren einen Landschaftsplan. Im Dezember 1990 vom Rat beschlossen, ist er am 13. 5.1991 in Kraft getreten. Seit dieser Zeit hat sich sein Bekanntheitsgrad erheblich gesteigert. Dies aus verschiedenen Gründen. Zum einen enthält er – differenziert nach einzelnen Schutzgebieten – eine Reihe von Verboten, die dem Schutz von Natur und Landschaft dienen. So muss etwa bei einem geplanten Bauvorhaben im Außenbereich oder vor der Durchführung bestimmter Veranstaltungen stets auch der Landschaftsplan beachtet werden. Zum anderen sind in vielen Bereichen des Stadtgebietes Landschaftsplanmaßnahmen durchgeführt worden und setzen in Form von Alleen, Feldgehölzen und Schutzpflanzungen deutliche Zeichen.

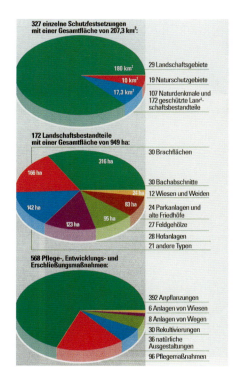

Grundlage des Landschaftsplans ist eine Analyse des Naturhaushalts. Zu diesem Zweck wurden eine flächendeckende Bestandsaufnahme der Landschaft durchgeführt und insbesondere die natürlichen Lebensräume mit ihren Wechselbeziehungen und die für die Landschaft gliedernden und belebenden Elemente sowie die Landschaftsschäden erfasst. Für die Planung wurden neben den Fachbeiträgen mit den Schwerpunkten Ökologie, Forst und Landwirtschaft Biotopkartierungen und zahlreiche Einzelgutachten herangezogen. Die Analyse des Naturhaushaltes lieferte die Grundlagen für die Bewertung der Landschaft, die daraus abzuleitenden Entwicklungsziele und die notwendigen Schutz-, Pflege- und Entwicklungsmaßnahmen. Zu beachten waren auch bereits bestehende andere Fachplanungen und die übergeordneten Ziele von Raumordnung und Landesplanung sowie der Flächennutzungsplan.

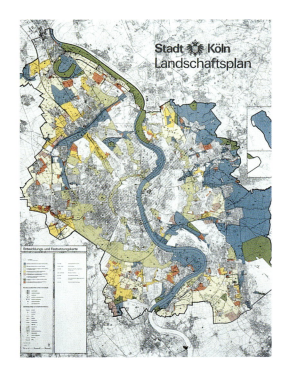

Landschaftsplan der Stadt Köln, 1991

Aufstellungsverfahren

Schon 1975, im Entstehungsjahr des Landschaftsgesetzes, wurde in Köln mit den Arbeiten für den Landschaftsplan begonnen.[2] Fünf Kreise und kreisfreie Städte wurden von dem damals zuständigen Ministerium für Ernährung, Landwirtschaft und Forsten

1975	Köln wird zusammen mit vier anderen Kreisen und kreisfreien Städten vom Ministerium ausgewählt für die Erstellung eines Modell-Landschaftsplans
1976	Ein Modell-Landschaftsplan wird erarbeitet für den Stadtbezirk Rodenkirchen (einschließlich Wesseling, seinerzeit zu Köln gehörend)
1977	Der Beirat bei der unteren Landschaftsbehörde und die Bezirksvertretung nehmen den Entwurf des Modell-Landschaftsplans zustimmend auf. Das förmliche Aufstellungsverfahren ist angelaufen.
1978	Aufstellungsbeschluss des Rates Erarbeitung der Fachbeiträge (ökologisch, forstlich, landwirtschaftlich)
1980	Der 1. Landschaftsplan-Entwurf wird zur Beratung in die zuständigen Ausschüsse eingebracht.
1982	Gemeinsame Projektgruppe verschiedener Ämter (Stadtentwicklung, Stadtplanung, Landschaftsbehörde, Grünflächenamt)
1984	2. Landschaftsplan-Entwurf Anhörung der städtischen Ämter und Beteiligung der Träger öffentlicher Belange
1985	Auswertung der bei der Anhörung der Träger öffentlicher Belange eingegangenen Anregungen und Überarbeitung des Landschaftsplan-Entwurfs
1986	3. Landschaftsplan-Entwurf Durchführung von Bürgeranhörungen
1987	Die Bürgeranhörungen (neun Veranstaltungen) und die Anhörung der neun Bezirksvertretungen werden abgeschlossen. Neue Konzeption des Landschaftsplans
1988	4. Landschaftsplan-Entwurf
1989	Anhörung der Bezirksvertretungen und des Beirates bei der unteren Landschaftsbehörde zur Vorbereitung des Offenlagebeschlusses 5. Landschaftsplan-Entwurf und Beschluss des Rates zur öffentlichen Auslegung Öffentliche Auslegung und Beteiligung der Träger öffentlicher Belange
1990	Anhörung der Bezirksvertretungen zu den mehr als 2 000 im Rahmen der öffentlichen Auslegung eingegangenen Anregungen und Bedenken Beschluss des Rates zu den Anregungen und Bedenken aus dem Offenlageverfahren und Satzungsbeschluss des Rates
1991	Genehmigung durch die Bezirksregierung Köln und Inkrafttreten des Landschaftsplans

Auwaldreste im Naturschutzgebiet Flittarder Rheinaue
Foto: J. Bauer, 2000

Escher See, um 1990
Foto: ALG

(MELF) ausgewählt, um Modell-Landschaftspläne zu erstellen. Dazu zählte auch die Stadt Köln mit ihrem Landschaftsplan für den Stadtbezirk Rodenkirchen. Um die mit der Einführung des Landschaftsgesetzes verbundenen Unsicherheiten und Anfangsschwierigkeiten zu bewältigen, entwickelte ein Arbeitskreis beim MELF in enger Zusammenarbeit mit den an den Modellprojekten teilnehmenden Gemeinden Leitlinien zu Systematik, Inhalt und Verfahren der Landschaftsplanung.

Die Aufstellung eines Landschaftsplans ist mittlerweile gesetzlich geregelt und unterliegt strengen Formvorschriften. Bis zum Inkrafttreten eines Landschaftsplans sind viele einzelne Verfahrensschritte notwendig, u. a. eine zweimalige Beteiligung der Bürger und der von der Planung betroffenen Behörden (so genannte Träger öffentlicher Belange) sowie eine abschließende Genehmigung durch die Bezirksregierung.

Seit 1980 wurden mehrere Landschaftsplanentwürfe erstellt, in die jeweils die Ergebnisse aus Bürger- oder Behördenbeteiligungen sowie neue Erkenntnisse einflossen. Dass am 6.12.1990 schließlich der Satzungsbeschluss gefasst wurde, wurde begünstigt durch höhere Fördersätze (90 %), die das Land für den Fall einer Beschlussfassung bis zum Ende des Jahres 1990 in Aussicht gestellt hatte.

Inhalte des Landschaftsplans

Im Landschaftsplan sind festgesetzt: 1. Entwicklungsziele für die Landschaft; 2. Schutzfestsetzungen mit Ge- und Verbotsregelungen; 3. Pflege-, Entwicklungs- und Erschließungsmaßnahmen.

1) Entwicklungsziele

Jede Fläche im Geltungsbereich des Landschaftsplans ist einem „Entwicklungsziel für die Landschaft" zugeordnet. Die Ziele umreißen die jeweiligen Schwerpunkte der landschaftlichen Entwicklung in einzelnen Teilbereichen. Der Kölner Landschaftsplan enthält acht unterschiedliche Entwicklungsziele. Zwei Beispiele:

Das Entwicklungsziel 1 lautet: „Erhaltung und Weiterentwicklung einer weitgehend naturnahen Landschaft." Dieses Entwicklungsziel ist all den im Ganzen erhaltenswürdigen größeren Landschaftsräumen mit Waldbereichen, Wiesen, Auenlandschaften sowie landschaftlich gut strukturierten Bereichen zugeordnet, die unter den Bedingungen der Großstadt eine überdurchschnittliche Artenvielfalt in Flora und Fauna aufweisen und sich naturnah entwickelt haben. Dieses Entwicklungsziel findet sich zum Beispiel entlang des Rheins, in den Bereichen Nüssenberger

Busch, Chorbusch sowie in den großen rechtsrheinischen Waldgebieten Königsforst, Thielenbruch, Dünnwald und Thurner Wald.

Das Entwicklungsziel 5 („Wiederherstellung einer in ihrer Oberflächenstruktur, ihrem Wirkungsgefüge und ihrem Erscheinungsbild geschädigten oder stark vernachlässigten Landschaft") ist Landschaftsräumen zugeordnet, die insbesondere durch Abgrabungen geprägt sind. Hier gilt es, stark vernachlässigte oder zerstörte Landschaftsräume wiederherzustellen, in die Umgebung zu integrieren, das Gleichgewicht des Naturhaushalts herzustellen und die natürlichen Lebensräume von Flora und Fauna zurückzugewinnen. Die Entwicklungsziele sind behördenverbindlich, d. h., sie sind bei allen behördlichen Maßnahmen im Rahmen der gesetzlichen Vorschriften zu berücksichtigen.

2) Schutzfestsetzungen

Eine wesentliche Aufgabe des Landschaftsplans ist die Festsetzung von besonders geschützten Teilen von Natur und Landschaft. Darunter sind Natur- und Landschaftsschutzgebiete, geschützte Landschaftsbestandteile und Naturdenkmale zu verstehen.

Naturschutzgebiete

Im Landschaftsplan sind 19 Naturschutzgebiete (ca. 4,3% des Stadtgebietes) festgesetzt. Seit dem 30.5. 2000 ist der Königsforst durch einstweilige Sicherstellung ebenfalls Naturschutzgebiet (ca. 2,5% des Stadtgebiets). Die Naturschutzgebiete stellen die strengste Form des Flächenschutzes dar. Sie wurden festgesetzt zur Erhaltung von Lebensgemeinschaften oder Biotopen wildlebender Tier- und Pflanzenarten, wegen der Seltenheit, besonderer Eigenart oder hervorragender Schönheit oder aus wissenschaftlichen, naturgeschichtlichen, landeskundlichen oder erdgeschichtlichen Gründen.

Den größten Flächenanteil haben die Naturschutz-

gebiete entlang des Rheinufers, eine Reihe von ehemaligen Kiesgruben sowie die Wahner Heide und der Königsforst. In den Naturschutzgebieten sind zahlreiche Tier- und Pflanzenarten anzutreffen, die ansonsten in der Kulturlandschaft nur noch selten zu finden sind. Die Festsetzung als Naturschutzgebiet dient aber nicht nur der Erhaltung von Lebensgemeinschaften und Lebensstätten, sondern auch ihrer Wiederherstellung.

Landschaftsschutzgebiete

Landschaftsschutzgebiete nehmen den größten Flächenanteil des Landschaftsplan-Geltungsbereichs ein (ca. 81% oder 45% des Stadtgebietes). Alle größeren zusammenhängenden Freiräume stehen unter Landschaftsschutz. Dies sind einerseits Acker-, Grünland- und Waldflächen, andererseits auch Parks und Grünanlagen (Äußerer und Innerer Grüngürtel, Fühlinger See u.a.), Kleingärten, Friedhöfe und Sportanlagen. Schon an dieser Aufzählung wird deutlich, dass ein Landschaftsteil nicht nur aus ökologischen Gründen oder wegen seines Landschaftsbildes unter Schutz gestellt werden kann, sondern auch wegen seiner besonderen Bedeutung für die Erholung.

Auch bei der Festsetzung von Landschaftsschutzgebieten waren nicht nur Aspekte der Konservierung, sondern ebenso der Wiederherstellung der Landschaft entscheidend.

Oben: Naturschutzgebiet Ginsterpfad
Foto: J. Bauer, 1999

Links oben und unten: Naturschutzgebiet Paulsmaar
Fotos: J. Bauer, 1997 und 1995

Oben: Der renaturierte Eggerbach im Bereich Mielenforst
Foto: J. Bauer, 1995

Rechts Mitte: Beweidung von Grünland im Bereich Mielenforst
Foto: J. Bauer, 1995

Rechts unten: Baumpflanzung entlang einer Landstraße als Maßnahme des Landschaftsplans
Foto: ALG, 1991

Geschützte Landschaftsbestandteile

Im Stadtgebiet sind mehr als 170 geschützte Landschaftsbestandteile festgesetzt. Dabei handelt es sich um Einzelobjekte von zumeist geringer Ausdehnung, die in ihrer Gesamtheit geschützt sind. Als geschützte Landschaftsbestandteile sind häufig ausgewiesen: Parks und Grünanlagen, Hofanlagen, Gehölzinseln und Waldreste, Streuobstwiesen, Bachläufe, Brachflächen.
Auch die Festsetzung als geschützter Landschaftsbestandteil dient der Sicherstellung der Leistungsfähigkeit des Naturhaushalts und verfolgt außerdem das Ziel, das Orts- und Landschaftsbild zu pflegen und zu beleben.

Naturdenkmale

Im Geltungsbereich des Landschaftsplans sind mehr als 100 Naturdenkmale festgesetzt. Hierbei handelt es sich zumeist um Einzelbäume, Baumgruppen oder -reihen, die wegen ihrer Seltenheit in Größe und Erscheinungsbild, aufgrund der prägenden Funktion für die Umgebung oder aufgrund ihrer kulturhistorischen Bedeutung schützenswert sind. Aber auch in den bebauten Gebieten, in denen der Landschaftsplan nicht gilt, sind weitere schützenswerte Bäume und Baumgruppen durch die Naturdenkmal-Verordnung der Stadt Köln erfasst.

Ver- und Gebote

Für die Erreichung des jeweiligen Schutzzwecks sieht das Landschaftsgesetz Ver- und Gebote vor. Der Landschaftsplan enthält allgemeine und gebietsspezifische Ver- und Gebote, die jeweils für alle Landschaftsschutzgebiete, alle Naturschutzgebiete etc. oder nur für ein bestimmtes Landschaftsschutzgebiet, ein bestimmtes Naturschutzgebiet gelten. Generell ist zum Beispiel in Landschaftsschutzgebieten

verboten, Bäume und Sträucher zu beschädigen oder zu beseitigen, Abfälle oder Altmaterial wegzuwerfen und außerhalb der für den öffentlichen Straßenverkehr zugelassenen Wege und Parkplätze zu fahren oder zu parken.
Die Verbote sind von jedermann zu beachten, da der Landschaftsplan als Satzung die Wirkung von Ortsrecht hat. Verstöße gegen die Verbote sind als Ordnungswidrigkeiten zu werten und können mit Bußgeldern geahndet werden.
Die Gebote richten sich ausschließlich an die Stadt Köln, Behörden und öffentliche Stellen. Beispielsweise ist es in Natur- und Landschaftsschutzgebieten geboten, für eine ausreichende Beschilderung zu sorgen oder etwa öffentlich-rechtliche Nutzungsgestattungen im Rahmen des rechtlich Zulässigen zu versagen, wenn die vorgesehenen Nutzungen nicht den Festsetzungen für das geschützte Gebiet entsprechen.

Oben und unten:
Pflegemaßnahmen in der
Ossendorfer Brache
Fotos: J. Bauer, 1998

Allgemeiner Baumschutz

Unabhängig von den Verboten in den einzelnen Schutzgebieten gilt im gesamten Geltungsbereich des Landschaftsplans der allgemeine Baumschutz. Demzufolge ist es untersagt, Bäume mit einem Stammumfang von mehr als 60 cm (Baumgruppen 30 cm) zu zerstören oder zu beschädigen. Ausgenommen von diesem Verbot sind die Forstwirtschaft, Baumschulen und Gärtnereien sowie die Durchführung üblicher Pflegemaßnahmen an Bäumen und Maßnahmen zur Aufrechterhaltung der Verkehrssicherheit.

Da in den bebauten Gebieten, also in den Gebieten außerhalb des Landschaftsplans, die Baumschutzsatzung der Stadt Köln gilt, durch die ebenfalls Bäume ab 60 cm Stammumfang geschützt sind, decken diese beiden Schutzinstrumente das gesamte Kölner Stadtgebiet ab.

3) Pflege-, Entwicklungs- und Erschließungsmaßnahmen

Wesentliche Ziele des Landschaftsplans sind nicht nur der Schutz und Erhalt, sondern ebenso die Regeneration, Pflege und Entwicklung der Landschaft. Landschaftsplanerisches Mittel dazu ist die Festsetzung von Entwicklungs-, Pflege- und Erschließungsmaßnahmen.

Der Landschaftsplan enthält ca. 600 einzelne solcher Maßnahmen. Ihre Durchführung trägt wesentlich dazu bei, die Leistungsfähigkeit des Naturhaushaltes, die Nutzungsfähigkeit der Naturgüter, die Pflanzen- und Tierwelt sowie die Vielfalt, Eigenart und Schönheit von Natur und Landschaft als Lebensgrundlage des Menschen und als Voraussetzung für seine Erholung zu sichern oder wiederherzustellen. Bei den meisten dieser Maßnahmen handelt es sich um Anpflanzungen (Baumgruppen, Baumreihen, Hecken, Flurgehölze, Immissionsschutzpflanzungen etc.). Daneben sind weitere Maßnahmen wie extensive Mahd, Schafbeweidung, Streuobstwiesenpflege, Rekultivierungen u. a. festgesetzt.

Die Durchführung der Maßnahmen wird zu 50-90% mit Landesmitteln gefördert. Mit der Umsetzung der ersten Landschaftsplanmaßnahmen wurde im Vorgriff auf den Landschaftsplan bereits 1988 begonnen. Seitdem wurden mehr als 150 Maßnahmen mit einem Kostenvolumen von etwa 4,5 Millionen DM durchgeführt. Neben den im Landschaftsplan festgesetzten Maßnahmen wurden auch solche durchgeführt, die in Pflege- und Entwicklungsplänen vorgeschlagen werden.

Der Schwerpunkt der Landschaftsplanmaßnahmen liegt in der ausgeräumten Agrarlandschaft. Für die Durchführung spielt somit die Akzeptanz bei den Landwirten als Hauptbetroffene eine wesentliche Rolle. Doch stößt sie hier nicht nur auf Zustimmung, da die ökologische Aufwertung und Anreicherung von landwirtschaftlichen Flächen Auswirkungen auf deren Bewirtschaftung hat. Die Bedenken der Landwirte richten sich einerseits gegen die direkte Inanspruchnahme von Flächen, aber auch gegen Bewirtschaftungserschwernisse (Schattenwurf, Beeinträchtigung der Vorgewende, Ausbreitung von Wildkräutern).

Die Umsetzung der Pflanzmaßnahmen wurde bislang zu überwiegenden Teilen auf städtischen Flächen vollzogen. Entscheidend dafür sind die Eigentums-

Angestaute Hochflutrinne in der Flittarder Rheinaue, im Hintergrund Betriebsanlagen der Firma Bayer
Foto: J. Bauer, 2000

Pflege- und Entwicklungsplan Flittarder Rheinaue
Entwurf: Viehbahn und Sell, 1998

Röhrichtzone entlang des Rheins
Foto: J. Bauer, 2000

verhältnisse in Köln. Die Stadt verfügt über verhältnismäßig großes Grundeigentum, die Landwirte hingegen haben überproportional zugepachtet. Der Pachtflächenanteil der etwa 100 Landwirte in Köln liegt bei ca. 67%, größter Verpächter ist die Stadt. Von Landschaftsplanmaßnahmen betroffen sind zumeist fruchtbare Ackerböden (bewirtschaftete Flächen: 93% Acker, 6% Grünland, 1% Sonderkulturen). Auf privaten Flächen wurden nur einvernehmlich mit den Grundeigentümern Maßnahmen umgesetzt. Es wird stets darauf geachtet, dass ihre Durchführung nicht zu Existenzgefährdungen führt. Die Stadt ist jeweils bemüht, den Landwirten Ersatzflächen anzubieten oder sie mit der Durchführung und Pflege der Landschaftsplanmaßnahmen zu beauftragen.

Pflege- und Entwicklungspläne

Für bestimmte Bereiche setzt der Landschaftsplan die Erstellung von Pflege- und Entwicklungsplänen fest, die in Abstimmung mit der Landesanstalt für Ökologie erarbeitet werden. Diese Festsetzungen sind insbesondere in Bereichen zu finden, die hinsichtlich Natur und Landschaft eine besondere Qualität aufweisen. Dort werden detaillierte Untersuchungen durchgeführt, die im Rahmen der Landschaftsplanaufstellung nicht möglich waren. Ergebnis sind auch hier Schutz-, Pflege- und Entwicklungsmaßnahmen, die nach und nach umgesetzt werden. Für eine Reihe von Gebieten konnten diese Maßnahmen abgeschlossen werden. Ein Beispiel soll vorgestellt werden:

Flittarder Rheinaue

Die natürlichen Überschwemmungsgebiete des Rheins sind für die heimische Flora und Fauna von besonderer Bedeutung. Der Landschaftsplan hat deshalb große Teilabschnitte der Rheinaue unter Naturschutz gestellt. Im rechtsrheinischen Kölner Norden erstreckt sich von der Stadtgrenze Leverkusen fast vier Kilometer stromaufwärts das Naturschutzgebiet „Flittarder Rheinaue". Das insgesamt ca. 180 ha große Gebiet schließt sichelförmig an den Rheindeich an und misst an seiner breitesten Stelle ca. 450 m.[3] 1894/95 wurde der Hochwasserschutzdamm aufgeschüttet und damit die Flittarder Aue um mehr als die Hälfte ihrer natürlichen Breite reduziert. Charakteristikum natürlicher Flussauen ist die Zonierung von einjährigen Pflanzengesellschaften, Röhrichten, Weichholz- und Hartholzaue. Relikte dieser typischen Abfolge sind auch in der Flittarder Rheinaue heute noch vorhanden.

Die Flittarder Rheinaue wird überwiegend landwirtschaftlich genutzt. Der Nordteil wird von Grünland dominiert, im Südteil wird vorwiegend Ackerbau betrieben. Forstlich genutzt wird der Gehölzstreifen entlang des Rheinufers und in südlicher Verlängerung der Hochflutrinne. Eine ehemalige Hochflutrinne ist durch einen Damm vom Rhein getrennt und wird durch Rückspülwasser der Firma Bayer AG gespeist. Auf diese Weise wird künstlich ein konstanter Wasserstand aufrecht erhalten.

Der von den Landschaftsplanern Viehbahn und Sell erarbeitete Pflege- und Entwicklungsplan sieht als Leitbild für die Flittarder Aue die „Entwicklung ei-

Flittarder Rheinaue: Ehemalige Ackerflächen werden im Zuge des Pflege- und Entwicklungsplans in Grünland und Obstbaumwiesen umgewandelt.
Foto: J. Bauer, 2000

ner strukturreichen Rheinauen-Kulturlandschaft unter Erhalt und Ausdehnung der natürlichen und naturnahen Elemente" vor. Konkret wird dies durch die Umsetzung verschiedener Schutz-, Entwicklungs- und Pflegemaßnahmen erreicht.

Der Wiederanschluss der eingestauten Hochflutrinne an den Rhein ist dabei eine der zentralen Maßnahmen. Dies hätte zur Folge, dass die Wasserführung der Hochflutrinne ohne künstliche Wassereinleitung direkt vom Wasserstand des Rheins beeinflusst würde. Hochwässer würden sich mit Trockenfallen abwechseln. Mit dieser Maßnahme würde die Entwicklung von auentypischen Vegetationsstrukturen ermöglicht und es könnten sich Arten der nassen Weichholzaue einstellen. Begonnen wurde bereits mit der Umwandlung der Pappelforste in standortgemäße Baumbestände. Entlang des Rheinufers und südlich der Hochflutrinne wurden die etwa 30-jährigen, standortfremden Hybridpappeln behutsam entnommen und je nach Standort durch Arten der Weichholzaue und der Hartholzaue ersetzt. Bei der Durchführung dieser Maßnahmen wird stets darauf geachtet, dass die Bäume nicht großflächig, sondern nur truppweise gefällt werden.

Im Süden der Flittarder Rheinaue wurde die ackerbauliche Nutzung großflächig in eine extensive Grünlandwirtschaft umgewandelt. In Teilbereichen wurden auf Ackerland Obstwiesen angepflanzt. Bei der Auswahl der Bäume wurden nur alte, in der Region heimische Obstsorten verwendet. Insgesamt wurden 230 Apfel-, Birnen-, Pflaumen- und Walnussbäume gepflanzt.

Neben den hier beispielhaft genannten Maßnahmen schlägt der Pflege- und Entwicklungsplan vielfältige Maßnahmen (etwa auch Wegerückbau, Beschilderung, Anlage von Waldmänteln) vor, die alle das bereits genannte Leitbild einer strukturreichen Rheinauen-Kulturlandschaft verwirklichen helfen.

Ein großer Teil dieser Maßnahmen konnte bereits durchgeführt werden oder wurde begonnen. Die Umsetzung aller Maßnahmen erfordert ein großes Maß an Akzeptanz bei den Betroffenen. Trotz anfänglicher Skepsis fanden die Maßnahmen des Pflege- und Entwicklungsplans immer mehr Zustimmung. Für die betroffenen Landwirte war es hilfreich, dass sie in den Umsetzungsprozess mit einbezogen wurden und teilweise an der Pflege der Landschaftsplanmaßnahmen mitwirken.

Informationstafel in der Flittarder Rheinaue

Rechts oben: Beweidung der Grünlandflächen mit Kühen in der Flittarder Rheinaue
Fotos: J. Bauer, 2000

Fazit und Ausblick

Der Landschaftsplan ist die Grundlage für die Umsetzung der Ziele und Grundsätze des Naturschutzes und der Landschaftspflege auf örtlicher Ebene. Sein Ziel ist der Schutz wertvoller Landschaftsbereiche sowie die Pflege und Entwicklung von Natur und Landschaft. Er dient nicht nur der Erhaltung wertvoller Biotope und Landschaften, sondern schützt die natürlichen Lebensgrundlagen des Menschen, wirkt dem Landschaftsverbrauch und der Verarmung des Landschaftsbildes entgegen. Er verbessert das ökologische Gesamtgefüge sowie das optisch ästhetische Gesamtbild der Landschaft.

Der Landschaftsplan ist ein noch junges Planungsinstrument, für das 1975 mit der Einführung des Landschaftsgesetzes Nordrhein-Westfalen der Grundstein gelegt wurde. Er hat als Satzung die Funktion von Ortsrecht mit allgemein verbindlicher Geltung und Wirkung für jedermann.

Der Kölner Landschaftsplan ist 1991 in Kraft getreten und hat die bis dato geltenden ordnungsbehördlichen Verordnungen abgelöst, durch die bereits in Teilbereichen Naturschutzgebiete, Landschaftsschutzgebiete und geschützte Landschaftsbestandteile ausgewiesen waren. Zum einen wurde der bestehende Schutz von Landschaftsteilen durch den Landschaftsplan ausgeweitet, zum anderen konnten mit Inkrafttreten des Landschaftsplans zum ersten Mal Maßnahmen für eine aktive landschaftliche Entwicklung rechtlich verbindlich festgesetzt werden.

Seit 1989, teilweise schon im Vorgriff auf den Landschaftsplan, wurden viele der im Landschaftsplan festgesetzten Entwicklungs- und Pflegemaßnahmen durchgeführt. Für einige Gebiete mit besonderer Bedeutung für den Naturhaushalt wurden Pflege- und Entwicklungspläne erarbeitet, die auf der Grundlage detaillierter Untersuchungen Leitbilder für die weitere Entwicklung beschreiben und die dafür notwendigen Maßnahmen vorschlagen. Auch diese Maßnahmen konnten größtenteils verwirklicht werden.

Der Landschaftsplan ist kein statisches Instrument. Er kann geändert und aktuellen Erfordernissen angepasst werden. Für die Änderung des Landschaftsplans ist allerdings dasselbe förmliche und langwierige Verfahren wie für seine Aufstellung erforderlich. Bisher wurde der Landschafsplan zweimal einem Änderungsverfahren unterworfen. In diesen beiden Verfahren wurden zahlreiche Einzelpunkte (Geltungsbereichsänderungen, Schutzgebietsänderungen, Verbote, Maßnahmen u. a.) geändert.

Anpflanzung von Auwald
in der Flittarder Rheinaue
Foto: J. Bauer, 2000

Die Umsetzung der Landschaftsplanmaßnahmen wird weiter vorangetrieben. Sie hängt einerseits von den zur Verfügung stehenden Fördermitteln des Landes ab, da die Umsetzung von Pflege- und Entwicklungsmaßnahmen zu überwiegenden Teilen durch das Land bezuschusst wird. Andererseits ist die Durchführung der bislang noch nicht realisierten Landschaftsplanmaßnahmen auch von der Akzeptanz der betroffenen Eigentümer abhängig, auf deren Grundstücken Maßnahmen vorgesehen sind.

1 Stadt Köln, Amt für Landschaftspflege und Grünflächen (Hg.): Landschaftsplan der Stadt Köln
2 Verwaltungsbericht der Stadt Köln 1976
3 Viehbahn und Sell (Bearbeiter): Gutachten – Pflege- und Entwicklungskonzept Flittarder Rheinaue. Im Auftrag des Amtes für Landschaftspflege und Grünflächen; Bauer, J.: Entwicklung der Rheinauen – ein Beitrag zum Hochwasserschutz in Köln. In: Stadt Köln (Hg.): Abwasserforum Köln. 9. Ausgabe, Oktober, 2000, S.19-26

8

1993-1997

Neuorientierung

Die Gartenverwaltung – Rezentralisierung der Grünpflege

Heinz Storms

Die Jahre 1974 (Planung der kommunalen Gebietsreform in Köln) und 1975 (Realisierung der organisatorischen Einzelschritte zur Umsetzung der Reform) hatten einen großen Einschnitt in die Organisationsstruktur der gesamten städtischen Verwaltung dargestellt. Aus einer Vielzahl der Einzelaufgaben der Ämter wurden wesentliche Teile auf neu zu schaffende dezentrale Organisationseinheiten übertragen, die diese in eigener Zuständigkeit und Verantwortung durchführen konnten und sollten.[1]

Das galt natürlich auch für den Bereich der Grünflächenverwaltung. Zuvor für alle Fragen des öffentlichen Grüns im Stadtgebiet voll zuständig, blieb es bei der zentralen Zuständigkeit letztlich nur hinsichtlich der Planung und des Ausbaus öffentlicher Grünanlagen. Pflege und Unterhaltung (ohne Forst) einschließlich der Friedhöfe sowie die Durchführung der Bestattungen wurden in die dezentrale Organisation der Bezirksämter überführt. Vorhandene Ressourcen, Personal- und Sachmittel wurden im Rahmen grober Verteilungsschlüssel den neu zu schaffenden neun Bezirksämtern (damals Bezirksverwaltungsstellen) übergeben.

In einzelnen Bereichen auftretende Engpässe in der Pflege und Unterhaltung durch unzureichende materielle Ausstattung waren in ihrer Gesamtheit weniger problematisch, da die Zahl der Mitarbeiter im wesentlichen mit den damaligen Kriterien für die Bedarfsberechnung übereinstimmte.

In den Folgejahren veränderte sich jedoch die Personalbemessung erheblich. Zwar wurden zunächst nach wie vor die Flächen und deren Gewichtungsfaktor als Rechengröße für die Zahl der notwendigen Arbeitskräfte zugrunde gelegt, jedoch wurden für die neu hinzugekommen Flächen keine zusätzlichen Stellen eingerichtet. Auch blieben neue Problemstellungen, zum Beispiel der höhere Personalbedarf für die Kontrolle von Spielplätzen, der extrem gestiegene Aufwand für Reinigung und Abfallbeseitigung in den öffentlichen Grünflächen unberücksichtigt. Ebenso wurden aus Gründen der Haushaltskonsolidierung freie und frei gewordene Planstellen zu diesem Zeitpunkt nicht wieder besetzt. An dieser Stelle ist ein Vergleich angebracht: 1954 betrug die Gesamtfläche der zu pflegenden Anlagen 2 372,5 ha bei einer Personalausstattung mit 897 Arbeitern[2]; 1994 waren es noch 610 Arbeiter, bei einer Fläche von 3 216,9 ha.

Der Einsatz moderner, leistungsfähiger Maschinen und Geräte mit der gleichzeitigen Einführung entsprechend anderer Arbeitsmethoden hätte die personelle Unterdeckung teilweise auffangen können. Doch es fehlte an entsprechenden gezielten Untersuchungen und damit an Grundlagen für neue Pflegekonzepte. Die Aussicht, finanzielle Mittel für eine verbesserte und angemessene Sachausstattung zur Verfügung zu stellen, war aufgrund der Haushaltslage der Kommunen gering. Der Pflegezustand der Grünanlagen verschlechterte sich zusehends.

Was nicht ausbleiben konnte: Nicht nur fachlich urteilende Kräfte, sondern auch Bürger, Ratsmitglieder, Mitglieder der Bezirksvertretungen und die Medien beklagten zunehmend den nicht mehr zu vertretenden schlechten Zustand mit den zu erwartenden und zum Teil schon offensichtlichen Folgeschäden. Gleichzeitig waren einzelne Flächen in den Stadtbezirken bestechend gut gepflegt, da sie aus unterschiedlichen Gründen besondere Aufmerksamkeit erhielten.

Sparzwänge, die im Bereich der Grünflächenunterhaltung und -pflege durch einheitliches Vorgehen hätten bewältigt werden können, sofern hierfür eine zentrale Planung und Führung bestanden hätte, wurden wegen der unzureichenden Einflussmöglichkeit des Grünflächenamtes in den einzelnen Stadtbezirken unterschiedlich umgesetzt. Jeder Bezirk konnte seine Prioritäten im eigenen Zuständigkeitsbereich letztlich selber setzen und zum Beispiel zugunsten einer besseren Personalsituation Ressourcen, die planmäßig ursprünglich für die Grünunter-

Vorhergehende Doppelseite:
Im Inneren Grüngürtel
Foto: J. Bauer, 1999

haltung vorgesehen waren, in einen anderen Teilbereich als den der Pflege verschieben.

Die fachliche Gesamtverantwortung des Grünflächenamtes für das öffentliche Grün in Köln zwang zu neuen Strukturen. In erster Linie ging es darum, aufgrund radikal veränderter Ressourcenausstattung neue Maßstäbe für eine geplante, differenzierte Grünpflege festzulegen, die Rücksicht nimmt auf die Art der Gestaltung, den Nutzungszweck und den Nutzungsdruck, die örtliche Lage und die Bedeutung jeder Grünfläche, auch im Hinblick auf die öffentliche Repräsentation.

947 Grünanlagen, 572 Spielplätze, 1333 Verkehrsgrünanlagen und 95 Maßnahmen der Landschaftspflege bedurften einer Neubewertung des Pflegebedarfs im Rahmen von sechs neu festgesetzten Pflegeklassen. Sie reichen von

- extrem hoher Pflegeaufwand, Qualifikation als Repräsentationsgrün, ständig guter Pflegezustand
- bis hin zu: keine regelmäßige Pflege, nur Maßnahmen der Gefahrenabwehr, Reinigung in mehrjährigen Intervallen.

Im Zusammenhang damit war von vornherein klar, dass diese Neubewertung auch zu Veränderungen der „bezirklichen Personalausstattung" führen musste, weil zum Beispiel die besonderen Repräsentationsflächen sich meist in der Innenstadt befanden, während die großen, vornehmlich pflegeleichteren Grünanlagen eher in den entfernteren Stadtbezirken lagen.

Die 1994 ff. bestehende Organisationsstruktur der Grünflächenverwaltung ließ de facto eine zwingend notwendig gewordene zentrale Steuerung nicht zu, weil die Bezirksämter mit eigener, definierter Zuständigkeit für die unmittelbare Fach- und Dienstaufsicht ausgestattet waren. Dementsprechend bestimmte jeder Stadtbezirk (Bezirksamt) im Rahmen seiner Gesamtressourcen für sich, welche Arbeiten mit welcher Intensität durchgeführt werden. Ein Beispiel mit seinen Folgen: Stadtbezirk A pflegt zu einem bestimmten Zeitpunkt das Straßenbegleitgrün bis an die Grenze seines Zuständigkeitsbereichs optimal, der angrenzende Bezirk B hingegen das unmittelbar anschließende Stück erst Wochen später oder unter Umständen überhaupt nicht. Der Bürger wundert sich.

In den Jahren 1995 und 1996 betrieb das Grünflächenamt deshalb die Rezentralisation der Grünflächenpflege und -unterhaltung, weil nur so die notwendigen Schritte durchführbar erschienen. Neben der schon beschriebenen Einteilung in die vorgesehenen sechs Pflegeklassen mussten eingeleitet und später durchgeführt werden:

1. die Aufstellung einer auf den Pflegebedarf abgestimmten neuen Maschinen- und Gerätekonzeption
2. die Prüfung der tarifrechtlichen Möglichkeiten einer Anpassung der Arbeitszeiten an die vermuteten saisonalen Schwankungen des Arbeitsanfalls
3. die Einführung von Systemen der Leistungserfassung, der Kosten- und Leistungsrechnung und damit die Schaffung der Voraussetzungen für künftige Entscheidungen, welche Arbeiten in Eigenregie und welche durch Fremdvergabe durchgeführt werden.

Die notwendige Entscheidung zur Neuorganisation der Grünpflege und -unterhaltung wurde nach umfangreicher Diskussion und Abstimmung innerhalb der Verwaltung bei gleichzeitiger Änderung der Bezeichnung des Amtes in Amt für Landschaftspflege und Grünflächen am 2.4.1997 durch Oberstadtdirektor Ruschmeier unterzeichnet. Seit diesem Tag werden die vorgesehenen Maßnahmen zur Neugestaltung der Pflege und Unterhaltung nach und nach umgesetzt.

1 Verfügung des Hauptamtes der Stadt Köln vom 10.7.1975
2 Das Organisationsamt der Stadt Köln, das Rationalisierungsorgan einer modernen Großgemeinde-Verwaltung, Februar 1954

Heinz Storms
* 25.12.1931

April 1948 Eintritt bei der Stadt Köln (Ausbildung gehobener Verwaltungsdienst) Diplomprüfung – (Dipl. Verw. Wirt) Hauptamt – 1979 als Leiter der Organisationsabteilung im Hauptamt und Stellvertreter des Amtsleiters – 1963-1986 Dozent an der „Verwaltungs- und Sparkassenschule der Stadt Köln" und zeitweise der „Fachhochschule für öffentliche Verwaltung Nordrhein-Westfalen" – 1976-1986 Mitglied des Gutachterausschusses der KGST (Kommunale Gemeinschaftsstelle) für Organisationsuntersuchungen und Dozent im Rahmen der bundesweiten Organisatoren – Ausbildung der KGST – März 1986-Mai 1993 Leiter des Bezirksamtes Innenstadt – 1.6.1993-31.12.1996 Leiter des Amtes für Landschaftspflege und Grünflächen

(Foto: ALG)

8. Die Gartenverwaltung – Rezentralisierung der Grünpflege

Planungen für den Zoologischen Garten

Jürgen Wulfkühler

Gehege für Okapi (Waldgiraffen)

Als einziger Verwandter der Giraffe wurde das Okapi erst im 20. Jahrhundert in den Wäldern Zaires entdeckt und gehört heute zu den größten Kostbarkeiten in Zoologischen Gärten. Im Rahmen eines Europäischen Erhaltungszuchtprogramms erhielt der Kölner Zoo im Mai 1994 zwei Exemplare.

Zur Unterbringung der beiden Tiere, die den Grundstock einer noch zu bildenden Gruppe darstellen, wurde das ca. 2 500 qm große Wapiti-(Hirsch)-Gehege frei gemacht und vom Grünflächenamt im Auftrag des Zoos grundlegend neu gestaltet. Zur Vorbereitung musste wegen der Gefahr eines parasitären Wurmbefalls zunächst die gesamte Oberfläche abgetragen und anschließend mit einem offenporigen Lava-Oberbodengemisch neu angedeckt werden. Anschließend wurde das Gelände so modelliert, dass eine natürlich wirkende Waldlandschaft entstehen konnte, die nicht von störenden Zaunanlagen durchzogen wird. Dazu wurde in der Mitte des Geheges eine Vertiefung angelegt, die eine verdeckte Trennung durch einen Elektrodraht möglich machte. Ebenso wurden die Bereiche vor den Besucherfenstern zu Gräben abgesenkt, um einen Einblick frei von Zäunen und höherer Vegetation in den neu geschaffenen Lebensraum der Okapi geben zu können. Durch das Anpflanzen weiterer Bäume wurde der waldartige Charakter des Geländes mit seinen schon vorhandenen hohen Platanen und Ahornbäumen verstärkt. Die Neupflanzungen waren jedoch nur in den Randzonen, außerhalb der Reichweite der Tiere, möglich; innerhalb des Geheges haben – abgesehen von einer Rasendecke – Gehölze und auch die meisten krautigen Pflanzen, Farne und Gräser beim „Laubfresser" Okapi keine Chance zur Entwicklung.

Das Stallgebäude – ein Ständerwerk aus Leimholz - wurde von dem Planerteam aus Zoologen, einem Hochbau- und einem Landschaftsarchitekt behutsam in den Landschaftsraum mit seinem alten Baumbestand platziert. Ein begrünter Laubengang führt die Besucher am Gebäude vorbei. Große Fenster ermöglichen von dort einen Einblick in das Gebäude. Die Begrünung des 150 qm großen Daches ist ein weiterer Beitrag zur Gestaltung der Gehegelandschaft.

Okapis im Kölner Zoo, 1994
Foto: Rolf Schlosser/ Bayer AG Leverkusen

Neue Gehege für Persische und Schneeleoparden

Dem Neubau der Gehege für den Persischen Leoparden und den Schneeleoparden lag die Zielsetzung zugrunde, dass der Zoobesuch verstärkt zum „Naturerlebnis" werden sollte und der Besucher die Gehege nicht mehr als Käfig wahrnimmt, sondern vielmehr als Ausschnitt aus den natürlichen Lebensräumen der jeweiligen Tierart.

In enger Zusammenarbeit von Zoologen, Hochbau- und Landschaftsarchitekt entstand so die Anlage für Persische Leoparden als Waldlandschaft mit entsprechender Gehölz- und Krautschicht und die Anlage für Schneeleoparden als karge Felslandschaft

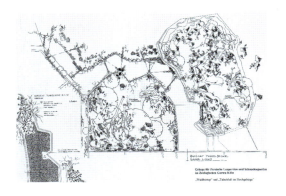 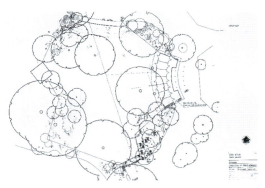

Entwurf für das Leopardengehege (links) und die Okapi-Anlage (rechts)
Entwurf: ALG, 1994

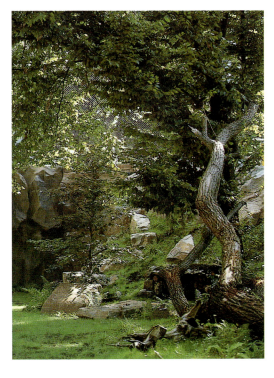

mit Gebirgsbach und Geröllhalde. Die aus Kunstfels (kolorierter Glasfaserbeton) hergestellte Gebirgskulisse hat eine Flächengröße von 1 500 qm. Das Gelände in der Schneeleopardenanlage steigt vom Besucherweg nach hinten an. Zwei unterschiedlich große Felsüberhänge dienen den Tieren als Witterungsschutz. Der große Felsüberhang am Ende des Tals läuft parallel zum Gehegeverlauf in einen erhöhten Pfad aus, der von den Schneeleoparden genutzt wird. Eine große Plattform erlaubt es den Tieren, sich möglichst hoch niederzulegen. Für Reinigungsarbeiten ist der Weg auch für den Tierpfleger begehbar.

Den Mittelpunkt der Anlage bilden mehrere künstliche Wasserfälle mit Bachlauf und einem ca. 150 qm großen Teich, in dem Fische eingesetzt sind. Der Wasserfall wird mit einer Umwälzpumpe betrieben. Beide Anlagen wurden großzügig konzipiert. Die Außenanlage für den Persischen Leoparden ist etwa 400 qm, die für die Schneeleoparden rund 450 qm groß. Dies hat den Effekt, dass der Besucher die Tiere nicht mehr auf dem „Präsentierteller" vorgestellt bekommt, sondern dazu angehalten wird, länger vor dem Gehege zu verweilen und die Tiere zunächst eventuell sogar suchen zu müssen, was für viele sicherlich ein Umdenken erfordert. Beobachtet man aber das Tier in dieser quasi natürlichen Umgebung, ist der Eindruck um so intensiver.

Als Trennung zwischen Zoobesuchern und den Großkatzen dienen Glasscheiben mit Verbundsicherheitsglas von 31 mm Stärke. Dies bewirkt, dass man die Begrenzung zwischen sich und den Tieren kaum wahrnimmt und der Beobachter das Gefühl vermittelt bekommt, mitten in der Landschaft zu stehen. Dieser Eindruck wird noch dadurch verstärkt, dass Naturfelsblöcke bis auf den Besucherweg hinausgezogen wurden. Insgesamt wurden in beiden Anlagen neben den Kunstfelsen auch insgesamt 550 t Naturfels verarbeitet.

Beide Außenanlagen sind mit einem 950 qm großen, überaus stabilen und zugleich transparenten Edelstahlnetz überspannt. In der Anlage für die Persischen Leoparden liegt das Netz auf 3 und in der Schneeleopardenanlage auf 4 Stahlbögen (9 bis 14,5 m hoch).

Die neue Leopardenanlage
Foto: Theo Pagel, 1995

Persischer Leopard im Kölner Zoo
Foto: Zoologischer Garten, 1995

8. Planungen für den Zoologischen Garten

Das Friedhofswesen – Spiegelbild der sich verändernden Gesellschaft

Thomas Kleineberg

Kriegszerstörte Grabstätten auf dem Friedhof Melaten 1945
Quelle: HAStK

Das Friedhofswesen am Ende des Zweiten Weltkrieges war geprägt durch die direkten und indirekten Auswirkungen des Krieges. Der von den Nazis suspendierte und zeitweise in Plötzensee inhaftierte Gartendirektor Josef Giesen, der 1945 zum Beigeordneten für Tiefbau und Grünflächen gewählt wurde, beschreibt die Situation in einer eindrucksvollen Rede am 18.10.1945 vor dem Rat der Stadt: „Es waren keine Fahrzeuge vorhanden, um die Toten zu den Friedhöfen zu bringen. Eine große Anzahl von Fliegeropfern und Verstorbenen war von der Zivilbevölkerung außerhalb der Friedhöfe beigesetzt worden. Hunderte Leichen lagen in den Trümmern und mussten geborgen werden. Um diese Leichenbergung, die früher die Schutzpolizei durchführte, kümmerte sich niemand. Die Leichenhallen und Trauerkapellen konnten nicht benutzt werden. Die Friedhöfe waren zum Teil so stark zerstört, dass es nicht möglich war, an die einzelnen Beerdigungsfelder heranzukommen. Besonders stark zerstört waren der Südfriedhof und der Friedhof Melaten. Auf jedem wurden über 400 Bombentrichter gezählt. Die unbeschädigten Stellen der Friedhöfe befanden sich in einem verwahrlosten Zustand.

Die Gräber der Fliegeropfer und Soldaten waren ungepflegt und glichen einer Wüstenei. Die von den Nazis durch Fallbeil oder Strang Hingemordeten, nachweisbar sind es nur 694, hatte man zum Teil gleich Schutt mit Schiebkarren in Gruben gekippt. Weitere hunderte Leichen der Naziopfer sind den Universitäten im Rheinland und darüber hinaus zur Verfügung gestellt worden, deren Namen und Anzahl nicht mehr feststellbar sind.

Auf dem israelitischen Friedhof Bocklemünd und anderen hatten die Nazis die Bronzebuchstaben abschlagen lassen, Grabsteine umgestürzt und beschädigt. Bis heute wurden die notwendigsten Aufräumarbeiten durchgeführt. Auf den Friedhöfen sind sie soweit gediehen, dass mit wenigen Ausnahmen die Bestattungen durchgeführt werden können ... Bis zum 1.10.945 wurden 2 064 Leichen beerdigt, davon waren 436 Fliegeropfer und Soldaten. Es muss ausdrücklich betont werden, dass trotz aller Schwierigkeiten sämtliche Leichen in Särgen beigesetzt werden konnten ... Es ist vorgesehen, dass ein besonderer Friedhofsteil für die durch den Naziterror Hingerichteten auf dem Westfriedhof errichtet wird."[1]

Unter den von Giesen dargelegten Voraussetzungen begann die Friedhofsverwaltung mit Baurat Intemann und Friedhofsdirektor Hugo Jacobi an der Spitze mit dem Wiederaufbau des Beerdigungswesens und der Beseitigung der Kriegszerstörungen auf den 39 städtischen Friedhöfen. Gleichzeitig begann man aber auch mit ersten Überlegungen zur Neuanlage von Friedhöfen, vor allem im rechtsrheinischen Stadtgebiet, wo ein besonders starkes Bevölkerungswachstum prognostiziert wurde. Für den Stadtteil Rath-Heumar sollte ein neuer Friedhof am Forsbacher Weg im Königsforst und für die Stadtteile Dellbrück, Brück und später Holweide ein neuer Friedhof auf dem Gelände der Iddelsfelder Hardt angelegt werden.[2] Mit der Planung dieses Friedhofs, dem späteren Ostfriedhof, wurde die Planungsabteilung des Garten- und Friedhofsamtes im Spätherbst 1945 beauftragt.[3] Das für den Friedhof ausgewählte Grundstück lag in einem ausgedehnten Waldgebiet an der Grenze zum Bergischen Land. Aufgrund der landschaftlichen Vorgaben und der Tatsache, dass dort neolithische Gräber existieren, wurde die Anlage als

Nordfriedhof
Foto: ALG, 1989

Waldfriedhof geplant. Vor dem Hintergrund, dass Waldfriedhöfe einen sehr hohen Anteil an nicht zur Bestattung nutzbarem Areal aufweisen, war eine Gesamtfläche von ca. 48 ha vorgesehen. Am 12.8.1948 wurde der erste Teilabschnitt des Friedhofs offiziell eingeweiht und seiner Bestimmung übergeben. Der weitere Ausbau des Geländes erfolgte sukzessive, entsprechend des jeweiligen Bedarfs.[4]

Die für ein geregeltes Beerdigungs- und Friedhofswesen erforderlichen rechtlichen Voraussetzungen wurden durch die Neufassung der Bestattungs- und Friedhofsordnung vom 8.8.1958 geschaffen.[5] Die neue Friedhofsordnung war vor allem auch deshalb erforderlich geworden, weil die alten Bestimmungen durch die Einführung des Grundgesetzes für die Bundesrepublik Deutschland und entsprechender gerichtlicher Entscheidungen nicht mehr aufrecht zu erhalten waren. Vor allem musste durch die neuen Regelungen die Gestaltungsfreiheit des Einzelnen stärker gewährleistet werden.[6] So unterlag die Genehmigung zur Aufstellung von Grabmälern zwar weiterhin der Friedhofsverwaltung, die Angehörigen hatten aber nun die Möglichkeit, zwischen Friedhofsfluren mit und ohne besondere Gestaltungsvorschriften zu wählen. Kaufgräber auf Melaten, die nach den Bestimmungen des Beerdigungsreglements von 1829 „auf ewige Zeit vergeben" wurden (Anzahl damals ca. 5 000), wurden Familiengräbern mit beschränkter Nutzungszeit gleichgesetzt. Mit der Neufassung der Gebührenordnung vom 21.12.1959 wurden auch die Beerdigungsgebühren neu geregelt. Durchschnittlich kam es zu einer Erhöhung um 100%.

Zeitgleich mit der Einführung der neuen Bestattungs- und Friedhofsordnung legte die Verwaltung eine Denkschrift zur Erweiterung der vorhandenen und zum Bau neuer Friedhöfe vor.[7] Hintergrund hierfür war die Erschließung umfangreicher Neubaugebiete und die steigende Zahl von Gastarbeitern, auf die auch aus Sicht der Friedhofsverwaltung frühzeitig reagiert werden musste. Neben dem hierdurch zu erwartenden Bevölkerungswachstum zeichnete sich in der Zeit des wachsenden Wohlstands eine weitere Tendenz ab: Das Verhältnis zwischen Reihen- und (großzügigerem) Wahlgrab veränderte sich kontinuierlich in Richtung Wahlgrab. Während direkt nach dem Krieg nur ca. 25% der Gräber Wahlgräber waren, stieg der Anteil bis zum Jahre 1977 auf über 65%. Als Konsequenz aus dieser Entwicklung wurde ein Fehlbedarf von ca. 70 ha Friedhofsfläche ermittelt. Der Rat beschloss daraufhin das „Aufbauprogramm für Friedhöfe", das folgende Erweiterungen vorsah:

Süd- und Nordfriedhof (Erweiterung des neuen Teils, nördlich der Schmiedegasse), Friedhof Kalk, Friedhof Melaten (Einbeziehung eines ehemaligen Gewerbegebiets an der Weinsbergstraße), Westfriedhof (mit ausreichend Erweiterungsgelände am Mühlenweg), Friedhof Deutz sowie acht weitere kleinere Vorortfriedhöfe (Longerich, Stammheim, Worringen, Flittard, Rath-Heumar, Dünnwald, Volkhoven-Weiler, Müngersdorf).

Da jedoch selbst bei Ausnutzung all dieser Möglichkeiten die in der Denkschrift prognostizierte Fläche nicht bereitgestellt werden konnte, sollten neue Friedhöfe gebaut werden. Als erster konnte im Oktober 1966 der Friedhof Chorweiler für die „Neue Stadt" eröffnet werden. In den folgenden Jahren wurden der Friedhof Schönrather Hof (eröffnet im September 1967; Ergänzungsfriedhof zum Friedhof Mülheim) und der Friedhof Lehmbacher-Weg (eröffnet im November 1972; Ergänzungsfriedhof zum Friedhof Kalk) neu angelegt. Der Friedhof Steinneuerhof, der am 16.5.1969 eröffnet wurde, war als Entlastung für den Südfriedhof vorgesehen. Die Anlage dieses Friedhofs wurde zwar von der Kölner Friedhofsverwaltung geplant und ausgebaut, er befand sich jedoch auf dem Gebiet der damals noch selbstständigen Gemeinde Rodenkirchen. Diese Tatsache mag den Handlungsdruck der Friedhofsverwaltung

Friedhof Chorweiler

Oben: Erweiterungsfläche
Foto: J. Bauer, 1998
Rechts: Trauerhalle im Eingangsbereich
Foto: Th. Kleineberg, 1999

verdeutlichen. Eine Sonderrolle in dieser Reihe nimmt der Friedhof Leidenhausen ein, da dieser zwar 1975 von der Stadt Köln eröffnet wurde, die vorherige Planung und der Bau jedoch ausschließlich von der noch selbstständigen Stadt Porz durchgeführt wurde.

Da mit dem massiven Ausbauprogramm der Mangel an Bestattungsfläche nur teilweise behoben werden konnte und die Ausweisung weiterer Flächen auf immer größere Probleme stieß, beschloss der Rat am 20.12.1967 eine neue Bestattungs- und Friedhofssatzung. Durch die Festsetzungen dieser Satzung sollte der Bedarf an Friedhofsfläche verringert werden.[8] Die Neuregelung, von der man sich die stärkste Reduzierung des Flächenbedarfs versprach, war die Einführung so genannter Tiefgräber. In ihnen konnten auf Wunsch zwei Bestattungen übereinander erfolgen. Auf den neu errichteten Friedhöfen oder den Erweiterungsflächen der alten Friedhöfe war es problemlos möglich, Flure mit Tiefgräbern einzurichten, sodass sich schon früh Einspar-Erfolge einstellen konnten. In die gleiche Richtung, aber mit langfristiger Perspektive, zielte die Reduzierung der Nutzungs- und Wiedererwerbszeiten. Die neue Satzung verkürzte die Ruhefristen von 20 auf 15 Jahre.

Mit der kommunalen Gebietsreform im Jahre 1975 wurden die umliegenden Gemeinden nach Köln eingemeindet, was zur Folge hatte, dass sich auch die Gesamtzahl der städtischen Friedhöfe von 39 auf insgesamt 55 erhöhte. Gleichzeitig wurde die Verwaltung des Friedhofswesens neu organisiert und das Stadtgebiet in neue Bestattungsbezirke aufgeteilt. Die Pflege und Unterhaltung der Grünflächen und somit auch der Friedhofsflächen wurde den neu geschaffenen Bezirksämtern in den neun Stadtbezirken zugeordnet. Die Planung von Friedhöfen, insbesondere die Mitwirkung bei der Ausweisung neuer Flächen, der Entwurf von Erweiterungen vorhandener und neu anzulegender Friedhöfe, die Fertigung von Belegungsplänen und die Anfertigung der Planunterlagen für die Friedhofssatzungen verblieben jedoch zentral beim Grünflächenamt. Die Stelle Friedhofsplanung hatte von Mitte der 1950er-Jahre bis 1976 Elisabeth Schulze inne; von 1976 an zeichnet Dipl.-Ing. F. Hofmann als Planer für die 55 kommunalen Friedhöfe der Stadt Köln verantwortlich.

Obwohl durch die Eingemeindung die gesamte Friedhofsfläche erhöht worden war, ging man Ende der 1970er-Jahre weiterhin von einem wachsenden Bedarf an Friedhofsfläche aus. Um die sich daraus ergebenden Konsequenzen aufzuzeigen, beauftragte der Rat 1979 die Verwaltung mit der Erarbeitung eines Friedhofszielplans.[9] Grundlage dieses Zielplans war zunächst eine eingehende Analyse der insgesamt 55 unterschiedlich großen Friedhöfe. Da vor allem die kleineren Ortsfriedhöfe nur mit einem besonders hohen Aufwand zu unterhalten waren, schlug die Verwaltung eine Reduzierung der Gesamtzahl der Friedhöfe vor. Im linksrheinischen sollten demnach noch elf und im rechtsrheinischen Stadtgebiet noch zehn Hauptfriedhöfe erhalten bleiben. Mit der vorgeschlagenen Schließung der kleinen Friedhöfe war der gleichzeitige Ausbau der verbleibenden Friedhöfe geplant. Auf seiner Sitzung am 8.7.1982 beschloss der Rat jedoch einstimmig die Beibehaltung und Weiterbelegung der bisherigen Friedhöfe. Politisch gewollt war eine „wohnungsnahe Versorgung mit Friedhofsfläche", da die Bürger auch emotional

Friedhof Holweide
Foto: J. Bauer, 1994

Stadt Köln: Bestattungen und Friedhofsflächen

Zusammenstellung Th. Kleineberg, 2000

an ihre Friedhöfe gebunden seien. Um den Unterhaltungsaufwand zu reduzieren, wurden jedoch Rationalisierungsmaßnahmen beschlossen, wie etwa die Zusammenlegung von Beerdigungen zu bestimmten Terminen innerhalb der Woche.

Schon zehn Jahre später mußten die Inhalte des ersten Friedhofszielplans überarbeitet werden. Zu diesem Zweck wurde jeder einzelne der 55 Friedhöfe vor allem im Hinblick auf vorhandene Flächenpotentiale sowie mögliche Erweiterungsflächen untersucht. Ein weiterer Ausbau der Friedhofsfläche schien unausweichlich, da die Prognose für die Bevölkerungsentwicklung bis zum Jahre 2000 von einem weiteren Anstieg ausging. Darüber hinaus hatten externe Bodengutachten ergeben, dass für einzelne Friedhöfe die 1967 in der Friedhofssatzung festgelegten Ruhefristen von 15 auf mindestens 20 Jahre, in einigen Fällen sogar auf 30 Jahre, erhöht werden mussten.[10]

Neben konkreten Aussagen zur Entwicklung des Bestattungswesens und der Erweiterung der Friedhofsflächen wurden die Inhalte des Friedhofszielplans den Zielen der Stadtentwicklung sowie den Vorgaben des Umweltschutzes angepasst. Berücksichtigung fanden sowohl die einschlägigen Verordnungen zum Schutz des Grundwassers als auch ökologische Aspekte. Bereits 1983 wurde eine ökologische Studie von Prof. Wolfram Kunick auf den Friedhöfen der Stadt Köln durchgeführt, die ein außerordentlich hohes ökologisches Potential der Friedhöfe für Pflanzen und Tiere belegt.[11]

Hinsichtlich der Aussagen zum künftigen Flächenbedarf und dem vorhersehbaren Bestattungsverhalten muss der Friedhofszielplan heute in wesentlichen Teilen revidiert und den sich abzeichnenden Entwicklungen angepasst werden

So hat sich der schon in den 1960er-Jahren einsetzende Zuzug ausländischer Mitbürger islamischen Glau-

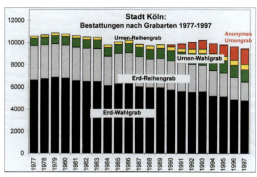
Zusammenstellung Th. Kleineberg, 2000

Rechts: Das zentrale Denkmal von A. Nierhoff auf dem Friedhof Chorweiler
Foto: Th. Kleineberg, 1999

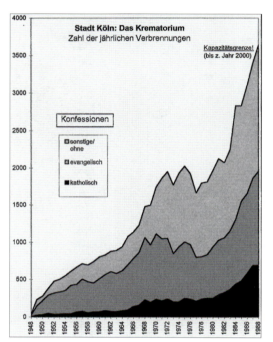
Zusammenstellung Th. Kleineberg

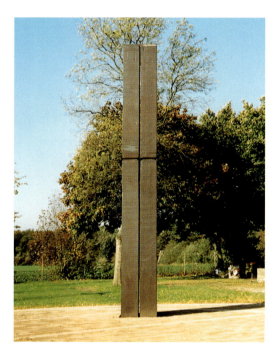

bens verstärkt. Anfangs kehrte der Großteil von ihnen nach dem Erwerbsleben noch zurück in das jeweilige Heimatland, um dort den Lebensabend zu verbringen, wo sie dann auch begraben wurden. Auch die in Deutschland Verstorbenen wurden zumeist in ihr Heimatland überführt. Mit der zweiten, erst recht aber mit der dritten Generation schwächten sich die Bindungen zum Heimatland jedoch ab, sodass hier ein Bedarf an gesonderten Beerdigungsflächen entstand. Im Gegensatz zu den staatlich anerkannten Glaubengemeinschaften (Katholiken, Protestanten, Juden) steht Moslems das Recht auf einen eigenen Friedhof aber nicht zu. Diesbezügliche Anträge moslemischer Gruppe mussten deshalb bisher, nicht nur in Köln, negativ beschieden werden. Auf dem Westfriedhof wurden jedoch schon früh eigene moslemische Grabflure angelegt.

Im Bestattungsverhalten der christlichen Bevölkerung hat sich seit der Aufstellung des Friedhofszielplans Grundlegendes geändert. Hier ist vor allem ein Rückgang der traditionellen Bestattungsweise und eine Zunahme der Urnenbegräbnisse sowie der anonymen Gräber zu verzeichnen. Für das Jahr 1999 weist die Beerdigungsstatistik der Stadt Köln einen Anteil an Urnenbeisetzungen von fast 40% aus.[12] Mit den so genannten anonymen Gräbern ist die in vielerlei Hinsicht einschneidendste Entwicklung im Beerdigungswesen verbunden. Diese Bestattungsform zeichnet sich dadurch aus, dass nach der Kremation die Urne des Toten in ein Urnengemeinschaftsfeld in die Erde gelassen wird. Nur das Gemeinschaftsfeld als Ganzes ist durch ein Denkmal gekennzeichnet, eine namentliche Kennzeichnung des einzelnen Grabes erfolgt nicht, auch eine nachträgliche Kennzeichnung der Grabstelle ist ausgeschlossen. Im Jahre

liegt die Pflege der Gräber ausschließlich bei der Friedhofsverwaltung. Um diese Kosten ebenso wie die Gebühren gering zu halten, hat die Verwaltung für diesen Grabtyp enge Gestaltungsvorgaben machen müssen. So können nur liegende, dem Erdniveau angepasste Grabsteine angebracht werden; Blumenschmuck oder Grableuchten, die eine effektive Pflege der Fläche durch Maschinen behindern würden dürfen nicht aufgestellt werden.

Oben: Gemeinschaftsfeld anonymer Gräber auf dem Friedhof Lehmbacher Weg
Foto: Th. Kleineberg, 1999

Links: Pflegefreie Gräber auf dem Friedhof Melaten
Foto: Th. Kleineberg, 2000

Zusammenfassende Betrachtung

Etwa 1,2% der heutigen Stadtfläche sind der Bestattung der Toten gewidmet, ein im Vergleich mit anderen Städten durchschnittlicher Wert. Auch wenn in der Verteilung über das Stadtgebiet Unterschiede in der räumlichen Zuordnung der Bestattungsfläche zu erkennen sind, so ist die Stadt insgesamt jedoch ausreichend mit Friedhofsfläche versorgt.

Die räumliche Lage und die jeweilige Eigenart der 55 historisch gewachsenen Begräbnisstätten charakterisieren das System der Kölner Friedhöfe. Die 38 gewachsenen Orts- und Stadtteilfriedhöfe, die vier alten Kirchhöfe und die elf großen Haupt- bzw. Bezirksfriedhöfe mit zwei Ergänzungsfriedhöfen sind auf die Bedürfnisse der Kölner Bevölkerung und ihrer Stadtteil- („Veedel"-)Kultur zugeschnitten. Die Struktur der Kölner Friedhöfe ist leistungs- und zukunftsfähig.

Wie die nächsten Generationen denken und welche Ansprüche sie an die Friedhöfe stellen werden, wissen wir nicht. Aber schon heute zeichnet sich eine grundlegende Änderung der Bestattungskultur ab. In ihrem Forschungsbericht über die Entwicklung der gesellschaftlichen Bestattungs- und Trauerkultur beschreibt Barbara Happe zwei sich verstärkende Tendenzen: eine verstärkte Entritualisierung der Bestattung und Totenkultur und eine Zunahme der anonymen Bestattung (und der Bestattung ohne Feier).[13]

1990 wurden auf dem Nordfriedhof und den Friedhöfen Steinneuerhof und Lehmbacher Weg erstmals Flure für anonyme Gräber ausgewiesen. Über die persönlichen Motive für die Wahl eines solchen Grabes kann man nur spekulieren. Die geringen Kosten für die Beisetzung, das Nutzungsrecht und ein Wegfallen der Aufwendungen für die Pflege eines Grabes dürften die Hauptargumente für die Wahl dieser Grabart sein. 1999 hatte diese Form der Beerdigung einen Anteil von ca. 20% an der Gesamtzahl der Bestattungen.

Vor diesem Hintergrund reagierten Rat und Friedhofsverwaltung im Jahre 2000 mit dem Angebot neuer Grabarten: das pflegefreie Reihengrab und das pflegefreie Urnenreihengrab. Beide Grabarten werden als Rasenfläche angelegt. Sie bestehen jeweils aus einer einstelligen Grabstätte und haben ein Nutzungsrecht von 20 Jahren. Für diesen Zeitraum

Friedhof Dellbrück
Foto: J. Bauer, 1994

Diese Tendenzen werden heute noch nicht vorhersehbare Folgen für die Bestattungskultur haben. Ein Blick auf andere Länder und Kulturen zeigt dies. So sind auf vielen Friedhöfen in den Niederlanden, Skandinavien und den USA so genannte „Streuaschenfelder" angelegt. Hier kann die Asche der Verstorbenen von den Angehörigen oder Friedhofsangestellten frei verstreut werden. Ebenso ist es in einigen Ländern möglich, die Asche von Verstorbenen in Urnen mit nach Hause zu nehmen und dort beispielsweise im Wohnzimmerregal aufzustellen. In Deutschland sind diese Entwicklungen bislang gesetzlich untersagt,[14] doch gibt es auch hierzulande Initiativen, die solche Entwicklungen fordern.

Mit dem weiteren Anstieg des Bevölkerungsanteils aus anderen Kulturkreisen wird sich auch das Bild der Friedhöfe weiter ändern. In diesem Zusammenhang stellt sich die Frage, ob es nicht auch moslemische Friedhöfe neben katholischen, evangelischen und jüdischen Friedhöfen geben wird.
Letztendlich muss sich der kommunale Friedhof den Herausforderungen der allgemeinen Liberalisierung, der europaweiten Vereinheitlichung rechtlicher Standards, der weltweiten Migration, der wirtschaftlichen Globalisierung u. ä. Entwicklungen stellen. Die Verwaltung der Kölner Friedhöfe hat diese Herausforderungen angenommen und die ersten Weichen für zukünftige Entwicklungen gestellt.

1. Rede des Beigeordneten Giesen vom 18.10.1945. Manuskript Amt für Landschaftspflege und Grünflächen
2. Verwaltungsbericht der Stadt Köln 1945/47
3. Brief des Gartenbaurats Intemann an Giesen vom 26.7.1947, Hist. Archiv der Stadt Köln, ACC 184/4
4. Schönbohm, Kurt: Köln Grünanlagen 1945-1975, Köln 1988
5. Verwaltungsbericht der Stadt Köln 1959
6. vgl.: Gerichtsurteil des Landesverwaltungsgerichts (LVG) Köln
7. Diese Denkschrift ist in den einschlägigen Archiven der Stadt nicht mehr zu finden, der Inhalt ist jedoch aus einer Reihe interner Aktennotizen und Berichte rekonstruierbar!
8. Verwaltungsbericht der Stadt Köln 1968
9. Stadt Köln, Grünflächenamt; Friedhofszielplan 1979, Köln 1979
10. Gutachten des Geologischen Landesamtes Nordrhein-Westfalen (Krefeld) über die „Eignung der Böden für Bestattungszwecke auf ausgewählten Friedhöfen der Stadt Köln einschließlich geohydrologischer Bewertungen bei Einzelfriedhöfen sowie hierauf gründender Beurteilungen und Festlegungen des Gesundheitsamtes" 1986-1988 und zusätzliche Untersuchungen durch das Büro Prof. Dr. Schneider & Partner (Bielefeld)
11. vgl. auch Landesanstalt für Ökologie, Landschaftsentwicklung und Forsten NRW: Naturschutz auf dem Friedhof. 1989
12. Interne Statistiken der Abteilung Friedhöfe im Amt für Landschaftspflege und Grünflächen der Stadt Köln
13. Happe, Barbara: Anonyme Bestattungen in Deutschland. In: Friedhof und Denkmal 41, Heft 2, 1996, S. 40-52
14. Ausnahme die Stadt Rostock; hier existiert ein Streuaschenrasenfeld (Grundlage: Einigungsvertrag); Fischer, Norbert: Vom Gottesacker zum Krematorium, Hamburg 1996

Kleingärten in der modernen Stadt

Ingrid Römer

Kleingartenanlage am Pfälzischen Ring
Aus „Deutscher Kleingärtner", 1957, 52. Jg., Heft 7, S.123

Als im Jahre 1945 die Bundesrepublik Deutschland gegründet wurde, erhielten die einzelnen Bundesländer die Aufgabe, das Kleingartenwesen ideell und finanziell zu fördern. Das Land Nordrhein-Westfalen verankerte diese Aufgabe in seiner 1945 erlassenen Verfassung. Dort heißt es in Artikel 29: „... die Kleinsiedlung und das Kleingartenwesen sind zu fördern."[1] Das Ministerium für Wiederaufbau des Landes Nordrhein-Westfalen sah in der Bereitstellung von Kleingärten eines der wirksamsten Mittel, die soziale, wirtschaftliche, gesundheitliche und seelische Lage der durch den Krieg geschädigten Bevölkerung zu verbessern und legte spezielle Bestimmungen zur Förderung von Kleingärten fest, die in einem Runderlass am 8.2.1949 veröffentlicht wurden.[2]

Vor diesem Hintergrund galt es in Köln jedoch zunächst, die Folgen des Krieges im Bereich des Kleingartenwesens zu beheben. 1945 waren etwa 10% der Kölner Kleingartenanlagen – 10,2 ha von 104,2 ha – zerstört. Ihre Instandsetzung war im Rahmen der Wiederaufbauarbeiten in den öffentlichen Grün- und Parkanlagen eine der vordringlichsten Aufgaben.[3] Schon 1947/48 war die Hälfte der zerstörten Kleingartenanlagen wiederhergestellt, Ende März 1954 waren die Arbeiten abgeschlossen.[4] Gleichzeitig mit der Instandsetzung der Kleingartenanlagen wurde die Beseitigung der während und nach dem Krieg entstandenen Behelfswohnheime sowie der so genannten „Übergangsanlagen", temporäre Grabelandflächen, in den Grünanlagen durchgeführt. Letzteres war insbesondere in den größeren Park- und Grünanlagen und auf weiten Strecken des Äußeren Grüngürtels erforderlich.[5]

In manchen Kölner Kleingartenanlagen ging der Wiederaufbau über die bloße Instandsetzung hinaus. Auf der Grundlage gut durchdachter Sanierungspläne wurden sie zu so genannten „Kleingartenparks" umgestaltet. Der Leiter der Kleinartenabteilung, Karl Nettekoven, hatte als Vorgabe hierfür 1955 eine Sanierungsrichtlinie aufgestellt. Seiner Meinung nach mussten vor allem die innenstadtnahen alten Kleingartenanlagen auf Dauer gesichert werden, um zu verhindern, dass sie wegen des hohen Bedarfs an Bauland verlorengingen. Durch planvolle Neuordnung und Sanierung sollten sie in „neue Dauergartenanlagen" umgewandelt und somit würdig in das Stadtgrün eingebunden werden. Wegen des großen Vorteils für die Öffentlichkeit, die Liegewiesen, Kinderspielplätze, Ruheplätze und öffentliche Durch-

Oben: Kleingartenlaube Typ „Köln"

Rechts: Kleingartenlaube von Architekt W. Berens, Köln
Abb. aus „Deutscher Kleingärtner", 1957, 52. Jg., Heft 7, S.124

gangswege zur Verfügung gestellt bekam, nahm man den Verlust von etwa 50% der Gartenfläche in Kauf.
Entsprechend der Richtlinien wurden die einzelnen Anlagen zunächst „entrümpelt" und einheitliche Umzäunungen, Gartentore und Gartenlauben bei voller Entschädigung der Kleingärtner errichtet. Die Gemeinschaftswege wurden ausgebaut, Wasserleitungen und Schöpfbecken angelegt und die notwendige Eingrünung der gesamten Anlage durchgeführt. Die Gestaltung des Einzelgartens wurde dem Kleingärtner überlassen, der hierzu einen Gartenplan und einen Bauplan für die Laube überreicht bekam. Zur Finanzierung der Sanierungsmaßnahmen standen außer Landesdarlehen städtische Mittel in erheblichem Umfang zur Verfügung.[6]
Eines der bedeutendsten Sanierungsprojekte war die im Krieg zerstörte Dauerkleingartenanlage „Am Pfälzischen Ring", die zwischen 1926 und 1934 nach Plänen von Giesen und Nußbaum entstanden war. Als erster Kleingartenpark bot die 1951/52 sanierte Anlage[7], die sich harmonisch in die Stadtlandschaft zwischen Deutz und Mülheim einfügte, den Bewohnern eines bis dahin mit Freiräumen unterversorgten Stadtgebiets die Möglichkeit zur Naherholung im Grünen.[8] Das Charakteristische der Anlage ist ein etwa 4 m breiter Promenadenweg mit geschwungenem Verlauf, der sich durch das gesamte Gelände zieht. Breite, ruhig wirkende Rasenbänder und beiderseits eine sorgfältig geschnittene, 1,50 m hohe Hainbuchenhecke säumen diesen Weg. Die Einzelgärten werden von schmalen Wirtschaftswegen erschlossen, die beidseitig von der Hauptachse abzweigen.
Im Zuge der Sanierung wurde ein neuer Laubentyp, die so genannte „Kölner Laube", entwickelt und die Anlage mit 110 Exemplaren davon ausgestattet. Der Architekt Wilfried Berens hat durch die von ihm verwendete Konstruktion – verlattete Wände und ein pergolaartig vorgezogener locker berankter Sitz-

platz – eine Synthese zwischen Baukörper und lebendiger Pflanze hergestellt und damit dem ursprünglichen, mit Laub berankten Gartenhäuschen, das im Laufe der Zeit immer mehr die Form eines verkleinerten Wohnhauses angenommen hatte, zu einer Renaissance verholfen. Insbesondere durch die Präsentation des neuen Laubentyps im Rahmen der Bundesgartenschau 1957 hoffte man, dass er auch über die Grenzen von Köln hinaus richtungsweisend für andere Kommunen sein werde.[9]
Auch wenn in der Nachkriegszeit zunächst die Instandsetzung und Sanierung der zerstörten Kleingartenanlagen im Vordergrund stand, begann man früh auch mit der Errichtung neuer Anlagen.
Die erste Neuanlage nach 1945 war der in den Jahren 1951/52 fertiggestellte 18 200 qm große Lehr- und Versuchsgarten in Köln-Müngersdorf, der sich westlich an die 1949 sanierte Dauerkleingartenanlage „Waldfriede" anschließt. Mit dem Bau dieser Anlage sollte nicht nur die Anlage einer modernen Kleingartenkolonie demonstriert werden, sondern auch das Kleingartenwesen allgemein gefördert werden. Aus diesem Grunde übernahm das Land den größten Teil der Gesamtkosten von 42 500 DM. Am 28.6.1951 erfolgte die Übergabe des Gartens an den Kreisverband Köln der Gartenbauvereine e.V., der ihn in Zusammenarbeit mit der Kleingartenabteilung für die Schulung und fachliche Unterweisung seiner damals rund 25 000 Mitglieder nutzen sollte. Die Stadt verpflichtete sich damals, das Gelände des Gartens keiner anderen Zweckbestimmung zuzuführen.[10]
Der erste Entwurf für den Versuchsgarten von 1948 sah eine rechteckige, symmetrische Grundrissgestaltung der Anlage vor. Umgesetzt wurde jedoch ein etwas modifizierter Plan aus dem Jahre 1950 mit einer Verlängerung der Hauptachse und einer Verkürzung der Südostseite durch Abschrägung des Grundrisses. Der Lehrgarten wurde mit Mustergärten, einem Schulungsgebäude sowie einer Gartenmeisterwohnung ausgestattet.

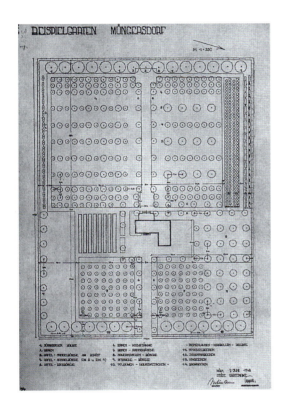

Grundriss des Beispielgartens in Müngersdorf aus dem Jahr 1948
Foto: Archiv ALG

Im Rahmen der Bundesgartenschau 1957 wurden im Süden der Anlage zusätzlich sieben Mustergärten geschaffen, die verschiedene Kleingartentypen demonstrieren: den Typ des „Schattengartens", des reinen Freizeitgartens (mit Rasenflächen und Baumbestand) und den typischen Schrebergarten mit seiner funktionalen Zweiteilung in Nutz- und Erholungsgarten.

Ende der 1940er-Jahre existierte ein weiterer, jedoch wesentlich kleinerer Lehr- und Versuchsgarten, der sich im nördlichen Zipfel des innerstädtisch gelegenen Stadtgarten befand, an der heutigen Stelle von St. Alban. Die vorhandenen Entwurfspläne dieses Beispielgartens zeigen, dass die inhaltliche Ausrichtung der Gärten auf dem Nutzgrün lag.

Zeitgleich mit der Errichtung des Lehr- und Versuchsgartens in Müngersdorf setzte auch der Bau von Dauergartenanlagen ein. In den Jahren 1951/52 entstanden fünf neue Anlagen und zwei Erweiterungen mit insgesamt 271 neuen Gärten und einer Gesamtfläche von 76 000 qm.[11] Im Zeitraum 1953/54 entstanden vier neue Dauergartenanlagen mit insgesamt 205 Kleingärten an der Äußeren Kanalstraße in Bickendorf, Frohnhofstraße, Flughafenstraße und Lent-/Amsterdamer Straße.[12] 1955 entstand in Ehrenfeld ein mustergültiges Beispiel für einen Kleingartenpark, die Anlage Rochuspark/Takufeld. Bereits 1917 waren auf diesem Gelände – einer ehemaligen Ziegelgrube – aus der Kriegsnot heraus die ersten Kleingärten entstanden. Im Zuge des Neuausbaus wurden die vorhandenen Gärten abgeräumt und die Gesamtfläche in etwa 40 Morgen Dauergartenland und 60 Morgen öffentliche Grünanlagen eingeteilt. Insgesamt wurden 159 Gärten von 290 bis 430 qm Grundfläche, verteilt auf fünf Blöcke, parzelliert und durch Zäune abgetrennt. Die Ausgestaltung der Gärten einschließlich Laubenbau blieb den Pächtern überlassen. Ein Vereinshaus wurde nicht errichtet.[13]

Mitte der 1950er-Jahre ist das Kleingartenwesen von einer Trendwende in seiner inhaltlichen Ausrichtung gekennzeichnet. Ernährungspolitisch waren Kleingärten nicht mehr unbedingt notwendig und angesichts der verbesserten konjunkturellen Lage auch als Ergänzung des Einkommens unbedeutend geworden. Hinzu kam die bevorstehende Einführung der 40-Stunden-Woche und damit verbunden eine Erhöhung der Freizeit. Vor diesem Hintergrund konnte die Beschäftigung in einem Garten die durch den Gewinn an Freizeit und Freiheit möglicherweise entstehende Leere und Langeweile auffangen und die Menschen davon abhalten, einem „öden Materialismus" anheimzufallen.[14] Darüber hinaus galt schon 1957 die Arbeit im Kleingarten als probates Mittel gegen die Managerkrankheit und als die richtige Medizin gegen Trübsinn und Ärger.[15]

Dieser hier nur kurz skizzierte Wandel der Bedeutung des Kleingartenwesens fand seinen Nieder-

Oben: Eingebettet in eine großzügige Grüngestaltung - Kleingartenanlage Rondorf-Höningen in den 1960er-Jahren
Foto: Archiv ALG

Rechts: Kleingartenanlage Wiesdorfer Straße Entwurfsplan 1967
Foto: Archiv ALG

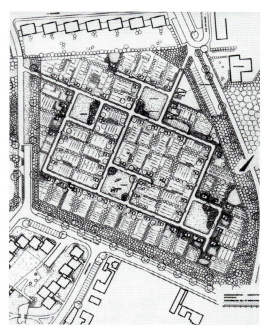

schlag auch in den einschlägigen Gesetzen. So spielte seitens der Bundesregierung die Schaffung von Kleingärten im Rahmen der Förderung des Eigenheims und der Kleinsiedlung eine bedeutende Rolle. In §1 des zweiten Wohnungsbau- und Familienheimgesetzes vom 27.6.1956 war es das erklärte politische Ziel der Regierung, durch Förderung des Eigenheimbaus und des Baus von Kleinsiedlungen die Menschen wieder verstärkt mit Grund und Boden zu verbinden. Für Bürger, die nicht sofort von dieser Förderung profitieren konnten, sollte vorerst der Kleingarten diese Zielsetzung erfüllen. Realistischerweise ging man aber auch davon aus, dass der Geschosswohnungsbau in den Städten nicht zum Erliegen kommen wird und dass im Kleingarten ein gesunder Ausgleich für die fehlende Verbindung des Mieters mit Grund und Boden gefunden werden kann. Ende der 1950er-Jahre bezeichnete der für das Kleingartenwesen zuständige Wohnungsbauminister Lücke es als große Aufgabe der nächsten Jahre, möglichst vielen Familien die Beschäftigung in einem Kleingarten zu ermöglichen.[16]

Dieser Zielsetzung folgend sollten die neuen Anlagen sowohl aus städtebaulicher als auch aus grünplanerischer Sicht planungsrechtlich jeweils als Grünflächen ausgewiesen werden, um somit dauerhaft gesichert zu sein.[17] Im Hinblick auf die städtebauliche Einordnung wurde lediglich die Nähe zur Wohnung und die Vermeidung, Kleingärten zur Abschirmung von baulichen oder technischen Einrichtungen, die Ruß, Staub, Gerüche oder Lärm erzeugen, anzulegen, als allgemeine Regel vorgegeben.[18] Um angemessene Pachtpreise garantieren zu können, sollte das ausgewiesene Dauerkleingartengelände vornehmlich im Besitz der öffentlichen Hand sein bzw. durch Ankauf aus Privatbesitz für die öffentliche Hand erworben werden.

Wurden diese Vorgaben eingehalten, förderte das Land Nordrhein-Westfalen die Schaffung neuer oder die Sanierung bereits bestehender Dauerkleingartenanlagen.[19] Der Ankauf von Land wurde mit Mitteln bis zu 400,- DM je Kleingarten gefördert. Lagen die Grunderwerbskosten höher als 800,- DM pro Kleingarten, wurde ein Darlehensbetrag bis zur Hälfte des Preises gewährt. Die Darlehen waren unkündbar und unverzinst und in spätestens 20 Jahren zu tilgen. Für die Herrichtung und Einrichtung neuer oder bereits bestehender Dauerkleingärten wurden in Anbetracht ihres öffentlichen Charakters nicht rückzuzahlende Zuschüsse bis zu 500,- DM je Kleingarten gewährt.[20] Bei der Förderung von Kleingärten wurde besonderer Wert darauf gelegt, dass die neuen Anlagen und Kleingartenparks nicht nur den Gartennutzern, sondern allen Einwohnern der Gemeinde als Ergänzung der Erholungsgebiete zur Verfügung stehen. Auf eine zu erholsamen Spaziergängen einladende Grüngestaltung der Anlagen wurde deshalb besonderer Wert gelegt.

Vergleichszahlen aus anderen Städten in Nordrhein-Westfalens belegen, dass das Kleingartenwesen in

Kleingartenkolonie Marberg
Abb. aus „Deutscher Kleingärtner", 1965, 60. Jg., Heft 10, S.199

Köln besonders stark gefördert wurde: Hier konnte 1958 jede 12. Familie einen Kleingarten bewirtschaften, in Düsseldorf nur jede 30. und in Essen nur jede 37. Familie.[21]

Trotz der hohen politischen Bedeutung des Kleingartenwesens und der direkten Förderung des Ausbaus durch das Land erreichte der Bestand an Kleingärten in der zweiten Hälfte der 1950er-Jahre infolge starker Bautätigkeit einen Tiefstand.

Pressemeldungen zufolge gingen allein zwischen 1953 und 1958 eine Million Quadratmeter Gartenfläche durch Bauprojekte verloren. „Alarmstimmung bei den Kleingärtnern – Eine Million Quadratmeter Land gingen verloren" und: „Wir verlieren den Glauben an den guten Willen der Stadt – Stirbt der Kleingarten?"[22] Das zur Verfügung gestellte Ersatzland war oft zu weit von der Wohnung der Betroffenen entfernt und damit ungeeignet. Der auf diese Weise erhöhte Bedarf an Kleingärten wurde allein in Köln 1958 auf rund 15 000 Dauergärten geschätzt.[23] Diese Tatsache hatte zur Folge, dass die Kleingärtnerschaft ihre Forderung nach Dauerkleingärten mit Nachdruck verfolgte. An die Stadtverwaltung erging der Appell, „nicht nur in Zement und Steinen, sondern auch in lebendigem Grün zu denken" und nicht die Chance zu verpassen, im links- und rechtsrheinischen Köln Flächen für Gartenkolonien – möglichst in Wohnungsnähe – zu reservieren.[24] Besonders dem städtischen Liegenschaftsamt wurde eine kleingartenfeindliche Politik vorgeworfen, da sogar etablierte Anlagen Gebäuden weichen mussten, die auch an anderer Stelle hätten errichtet werden können. Beispiele hierfür waren die 40 Jahre alte, 137 000 qm große Anlage an der Brühler Strasse mit 327 Gärten, davon 74 Dauergärten, die einem Neubau der Bundeswehr weichen mußten und 60 000 qm Kleingartenland in Ossendorf, das dem Bau des neuen Gefängnisses zum Opfer fiel.[25]

Auf einer Kundgebung des Kreisverbandes Köln der Kleingärtner e.V. in der Flora am 8.5.1956 wurde die „Kleingartenbeschaffung als öffentliche Angelegenheit" deklariert. Dauergartenland müsse in Leitplänen nachgewiesen werden und die Lage der Gärten in Wohnungsnähe gewährleistet sein.[26] Erst zwei Jahre später wurde das Kölner Kleingartenwesen jedoch Gegenstand einer Ratssitzung. Oberbürgermeister und Stadtdirektor wurden dabei zur Stellungnahme zu den Landverlusten und zur Planung

Luftaufnahme der Anlage „Kuchenbuch" in Rondorf
Foto: Rheinische Braunkohlenwerke AG

Kleingartenanlage an der Scheibenstraße
Foto: Stadtkonservator (Ludwigs), 1977

über den endgültigen Bestand an Kleingartenland und dessen Verteilung über das Stadtgebiet aufgefordert.[27]

Die hohen Verluste an Kleingartenflächen ohne Bereitstellung von Ersatzland wurden auf dieser Ratssitzung bestätigt. Allerdings wurde hervorgehoben, dass diese Kleingärten im wesentlichen in Notzeiten während und nach den Weltkriegen entstanden seien und auf Flächen lägen, die rechtlich von jeher als Bauland ausgewiesen waren. Nur auf Grund kurzfristig kündbarer Verträge seien diese Flächen zur kleingärtnerischen Nutzung überlassen worden. Trotz dieser Feststellung legte der Rat den Bedarf an Kleingärten auf insgesamt 16 000 Gärten fest. Diese Zahl orientierte sich an der damaligen Mitgliederzahl der Kleingartenorganisationen (14 997) und der Zahl der Bewerber für einen Kleingarten (1 000). Um jedoch sicherzustellen, dass ständig ein ausreichender Bestand an Dauerkleingärten gewährleistet werden konnte, wurde 1959 in Zusammenarbeit mit dem Liegenschaftsamt und unter Beteiligung der Vertretung der Kölner Kleingärtner erstmals ein Kleingartenzielplan („Zielplan Kölner Gärten") als eigenständiger Fachplan aufgestellt.[28] Indem der Zielplan die Bewertung des Bestandes sowie die Ausweisung potentieller Erweiterungs- und Neubauflächen vornahm, bildete er die Grundlage für die zukünftige Kleingartenentwicklung. Die endgültige Entscheidung über die Ausführung der Planungen sollte jedoch nur im großen Zusammenhang der Stadtplanung und -entwicklung getroffen werden.[29] Nachdem 1959 der erste Zielplan für das Stadtgebiet fertiggestellt war, setzte ein regelrechter Kleingartenboom ein, der bis 1970 andauerte. 1963 verfügte in Köln jede achte Familie über einen Kleingarten.[30]

Die Entwicklung des Kleingartens vom reinen Nutz- zum Erholungsgarten setzte sich auch in den 1960er-Jahren weiter fort. Dies hatte zur Folge, dass man bei der Neuausweisung von Gärten den in der Innenstadt wohnenden Familien einen längeren Anfahrtsweg zu ihren Kleingärten zumutete, da dieser nur noch Erholungszwecken diente.

Kleingartenanlage Boltensternstraße
Foto oben: Rheinische Braunkohlenwerke AG
Foto unten: A. Praßer

Gleichzeitig hielt man weiterhin an der Verbindung von Kleingartenanlagen mit öffentlichem Grün, also der Schaffung von Kleingartenparks fest. Die Kleingartenanlagen wurden in die Grünfläche eingestreut, sodass der Erholungswert der öffentlichen Freiflächen weitgehend erhalten bleibt. Bei einer tatsächlichen Kleingartenfläche von 300 qm ging man von einer Bruttofläche von 500 qm aus, sodass 40% der Gesamtfläche als öffentliche Grünfläche zur Verfügung standen.[31]

Unter diesen Vorgaben wurden zwischen 1959 und 1964 insbesondere in den stadtauswärts gerichteten Bereichen des Äußeren Grüngürtels in Richtung Meschenich großflächige Kleingartenkolonien angelegt.[32] Ebenso entstanden im Bereich des Grünzugs Nord zahlreiche Kleingartengruppen im Wechsel mit großflächigen Gehölzbeständen und Spielwiesen. Eine davon war die in den 1960er-Jahren entstandene Anlage Lohmüllerstraße in Longerich in der Gartenstadt Nord. Die Anlage mit 36 Gärten wurde mit einem Kinderspielplatz ausgestattet und mit Bäumen und Ziersträuchern bepflanzt.[33]

Erwähnenswert ist die 1960 gegründete Kleingartenanlage „An den Büchen" an der Düsseldorfer Straße in Flittard, da diese mit Hilfe einer „Patenschaft" der Bayer-AG Leverkusen verwirklicht wurde. Die Firma Bayer übernahm 85% der Gesamtkosten (324 000 DM), an Landesmitteln wurden lediglich 15% (ca. 50 000 DM) beigesteuert. Die Anlage mit 132 Dauergärten und 50 430 qm Gesamtfläche entstand auf städtischem Boden.[34]

1970 verfügte die Stadt Köln über 7 400 Dauerkleingärten mit einer Nutzfläche von rund 230 ha. Man plante damals einen jährlichen Zuwachs von 300 Gärten mit einer Gesamtfläche von 9 ha.

Eine der herausragendsten Kleingartenanlagen, die in den 1970er-Jahren entstand, ist diejenige an der Boltensternstraße in Köln-Riehl. Ursprünglich 1930 errichtet, wurde sie als Musteranlage für die Bundesgartenschau 1971 umgestaltet. Dem Gesamtentwurf legte der Gartenarchitekt Adolf Schmidt den Grundgedanken „Gartenarbeit – Erholung – gemeinsames Spielen und Feiern in kleinen Gemeinschaften" zugrunde. Durch eine veränderte Anordnung der Lauben in Gruppen, und nicht wie sonst üblich in der Reihe, entstanden „Gartenhöfe", welche die Kommunikation der Gärtner untereinander förderten. Von dem schwungvoll geführten Hauptweg gelangt man über kleine Fußwege zu den individuell gestalteten Gartenhöfen. Alle siebenundneunzig Parzellen haben einen mehrwinkligen Zuschnitt. Es ergeben sich somit unterschiedliche Flächen, die sich verschiedenartig nutzen lassen. Bei der Umgestaltung der Anlage wurde besonderer Wert darauf gelegt, dass nicht nur die Kleingärtner mit ihren Familien hier Erholung finden, sondern auch allen anderen Erholungsuchenden entlang der Hauptwege Möglichkeiten zum Spielen, Ausruhen und Erholen geboten werden.

Für die Neugestaltung dieser Anlage wurden die Stadt Köln und der Kreisverband Köln der Kleingärtner e.V. vom Bundesminister für Städtebau und Wohnungsförderung mit einer Goldmedaille ausgezeichnet.[35]

Auch wenn es gelang, solch herausragende Anlagen anzulegen, ist das Kleingartenwesen seit Mitte der 1970er-Jahre durch einen zunehmenden Bedeu-

8. Kleingärten in der modernen Stadt

Kleingartenanlage zwischen Butzweiler Straße und dem Autobahnzubringer bei Ossendorf
Foto: Stadtkonservator (Ludwigs), 1977

Rechts: Kleingarten im Inneren Grüngürtel an der Aachener Straße
Foto: J. Bauer, 1997

tungsverlust geprägt. Projekte zum Wohnungsbau, zur Gewerbeansiedlung, zum Ausbau der Infrastruktur sowie zur Umsetzung von Großprojekten hatten aus städtebaulicher und politischer Sicht eindeutig eine Vorrangstellung. Für das Kleingartenwesen bedeutete dies, dass die im Kleingartenzielplan formulierten städtebaulichen Anforderungen für die Neuausweisung von Kleingärten – Wohnungsnähe, Einbindung in eine Grünanlage – nicht mehr in vollem Umfang erfüllt werden konnten. Kleingärten konnten nur noch dort entstehen, wo kein anderer Flächenanspruch gegeben war.

Verbunden mit dieser Entwicklung waren auch personelle Veränderungen in der Kleingartenverwaltung. Unmittelbar nach dem Zweiten Weltkrieg war das Kleingartenwesen organisatorisch als eigene Abteilung „Kleingärten" im Garten- und Friedhofsamt angesiedelt, die 1950-1958 von Karl Nettekoven und von 1958 bis Ende der 1950er-Jahre von Heinrich Rupprecht geleitet wurde. Neben den beschriebenen Aufgaben gehörte auch die Unterstützung des seit 1955 bundesweit durchgeführten „Kleingartenwettbewerbs deutscher Städte und Gemeinden und ihrer kleingärtnerischen Organisationen" zu den Tätigkeiten der Kleingartenabteilung.[36] Im Rahmen dieses Wettbewerbs wurde die Stadt Köln 1957 für ihre Leistungen zur Förderung des Kleingartenwesens in den Jahren 1955 und 1956 mit einer Ehrenurkunde ausgezeichnet. Außer der Teilnahme an diesem Wettbewerb führt die Stadt seit 1958 auch einen eigenen Wettbewerb durch, bei dem der beste Kleingärtner bzw. die beste Kleingärtnerin Kölns einen Preis vom (Ober)Bürgermeister erhält, den so genannten „Nettekoven-Preis".[37]

Zwischen 1959 und 1968 wurde die nunmehr „Kleingartenstelle" genannte Abteilung direkt dem Leiter des Gartenamtes zugeordnet. Von Februar 1962 bis Ende 1980 war Hans Günther Prox für die inhaltliche Arbeit der Kleingartenstelle verantwortlich.

Der Boom der 1960er-Jahre spiegelt sich auch in dem hohen Personalbestand der Kleingartenabteilung wider. 1960 waren neben dem Leiter der Abteilung noch sieben weitere Mitarbeiter im Innendienst sowie sechs Personen in den Außenkolonnen beschäftigt. 1970 hingegen war die Anzahl der Mitarbeiter im Innendienst auf zwei zusammengeschrumpft, im Außendienst hingegen auf neun Personen angewachsen. An dieser Situation änderte sich in den 1980er-Jahren mit zwei Gärtnermeistern im Innendienst und zehn Personen im Außendienst wenig. Infolge einer Organisationsüberprüfung des gesamten Amtes wurde die Kleingartenstelle 1968 in die Abteilung Neubau- und Unterhaltung integriert, wo sie bis heute angesiedelt ist. Seit 1981 ist Theo Richter verantwortlich für diese Aufgabe.

Mit dem beschriebenen Rückgang des Neubaus von Kleingartenanlagen verbunden war eine Veränderung der inhaltlichen Zielsetzung des Kleingartenwesens. Diese wurde vor allem durch den in den 1970er-Jahren aufkommenden Aspekt des Umweltschutzes maßgeblich beeinflusst. Die damit verbundenen Auflagen wie das Verbot zur Anwendung von Pestiziden und mineralischen Düngern sowie Bestimmungen zur Abwasserbeseitigung führten zu völlig neuen Aufgaben für die Kleingartenverwaltung.

Die wachsende Bedeutung des Umweltschutzes fand ihren Niederschlag auch im Bundeskleingartengesetz. In der Neufassung von 1994 wird ausdrücklich daraufhin gewiesen, dass die Belange des Umwelt-

Als Ersatz für eine überplante Anlage entstand diese Kleingartenanlage am Heckhofweg.
Foto: J. Bauer, 1996

schutzes, des Naturschutzes und der Landschaftspflege künftig bei der Nutzung und Bewirtschaftung der Kleingärten berücksichtigt werden müssen.[38]

Zur Verbreitung umweltschützender und ökologischer Aspekte im Kleingartenwesen wurde 1990 im Lehrgarten Müngersdorf ein Ökogarten als Naturgartenanlage angelegt. Das rechteckige, ca. 4050 qm große Gelände wird kreuzförmig von einem westöstlich in der Längsachse verlaufenden Mittelweg sowie einem kürzeren nord-südlich verlaufenden Weg im westlichen Teil erschlossen. Die Kreuzung ist als Rondell gestaltet. Die zwölf ca. 200 bis 300 qm großen Gärten der Anlage sind, auf vier Gruppen verteilt, beidseitig des Mittelweges aufgereiht und von diesem aus zugänglich. Am westlichen Rand der Anlage befindet sich ein von den Pächtern errichteter Spielplatz, eine zentrale Toilettenanlage sowie ein zentraler Kompostplatz. Ein Vereinshaus existiert nicht. Die Gartenlauben sind individuell gestaltet und mit Absicht sehr klein bemessen.

Die Anlage ist ein Pionierprojekt, bei der die Pächter – meist junge Familien mit kleinen Kindern – konsequent ökologische Anbaumethoden anwenden. Die Einteilung und Gestaltung des Gartens wird jedem Pächter frei überlassen; es besteht jedoch die Auflage, zwei Drittel der Fläche als Nutzgarten anzulegen. 1999 erhielt die Anlage den „Umweltschutzpreis der Stadt Köln".[39]

Obwohl in den letzten Jahrzehnten nur in geringfügigem Maße neue Anlagen geschaffen werden konnten, hat das Kleingartenwesen „als städtebaulicher, ökologischer und sozialer Auftrag" bis heute nichts an Aktualität verloren.[40] Die Stadt ist weiterhin in der Verantwortung, vorhandene Kleingartenanlagen zu erhalten und die Flächensicherung zukünftiger Kleingartenanlagen zu betreiben – eine Aufgabe, der sie seit 1959 durch Aufstellung und Fortschreibung des Kleingartenzielplans gerecht wird, der zurzeit überarbeitet wird.

Im Stadtgebiet von Köln gibt es derzeit etwa 15 000 Kleingärten, von denen nahezu 83% entweder durch das Bundeskleingartengesetz oder durch Planungsrecht als Dauerkleingärten abgesichert sind. Die im Zusammenhang mit der Überarbeitung des Zielplans durchgeführte Bedarfsprognose hat gezeigt, dass im gesamten Stadtgebiet ein Fehlbedarf von rund 5000-10 000 Kleingärten zu decken ist. Wesentliche Voraussetzung zur Deckung dieses Bedarfes wird jedoch die Bereitstellung entsprechender Flächen und darüber hinaus deren planungsrechtliche Absicherung sein.

In einer Großstadt wie Köln mit einer durchschnittlichen Bevölkerungsdichte von 2 480 Menschen/qkm und einem begrenzten Stadtgebiet gibt es eine Vielzahl von Flächennutzungsansprüchen, die einer Bereitstellung ausreichender Kleingartenflächen entgegenstehen. Darüber hinaus wird der weitere Ausbau von Kleingärten ebenso durch die angespannte Haushaltslage der öffentlichen Hand eingeschränkt, sodass der unverändert hohen Nachfrage nur unzureichend nachgekommen werden kann. Angesichts dieser Situation werden verschiedene Ansätze diskutiert, die auch zukünftig einen kontinuierlichen Ausbau von Kleingärten trotz der ungünstigen Rahmenbedingungen gewährleisten sollen.

In diesem Zusammenhang muss kurz auf das Projekt der Bewohnergärten an der Kriegerhofstraße in Fühlingen eingegangen werden. Im Jahre 1992 hat die Stadtverwaltung Köln in Kooperation mit dem Land Nordrhein-Westfalen ein neues Konzept für die Errichtung von Schrebergärten entwickelt und realisiert. Neu daran war der soziale Ansatz und die Art der Finanzierung. Abweichend von den vorgegebenen Förderrichtlinien wurden die Gärten zu 80% vom Land und nur zu 20% von der Stadt Köln finanziert. Wegen der hohen Landesförderung mussten bei der Verpachtung genaue Vorgaben eingehalten werden. So waren die neu geschaffenen Gärten für eine genau definierte Nutzergruppe (Bewohnergär-

8. Kleingärten in der modernen Stadt

Oben und rechte Seite:
Kleingartenanlage Reiherstraße in Rondorf
Fotos: J. Bauer, 1998

ten) bestimmt: „Die Gärten dürfen ausschließlich an Bewohner der Stadtteile Seeberg-Nord, Chorweiler-Mitte und Chorweiler-Nord verpachtet werden; Voraussetzung ist dabei, dass der Bewerber diesen Wohnsitz nachweist und in einem Geschosswohngebäude in einer Wohnung ohne eigenen Garten wohnt. Weitere Voraussetzung ist die nachgewiesene Zugehörigkeit wenigstens eines minderjährigen Kindes zum Haushalt. Bei der Vergabe werden ausländische Mitbewohner aus den genannten Stadtteilen mit einem Anteil von wenigstens 30% beteiligt, soweit entsprechende Bewerbungen vorliegen. Die Pächter sind zur Rückgabe ihrer Gärten verpflichtet, wenn ihr Hauptwohnsitz in den genannten Stadtteilen wegfällt oder sie ein Haus oder eine Wohnung mit Garten erwerben oder anmieten."[41]

Die Ausgestaltung der Anlage lag in der Hand der Verwaltung. Für den Bau der Lauben wurde eigens ein Architekt im Rahmen eines ABM-Vertrages angestellt. Dieser entwarf in Zusammenarbeit mit den Pächtern verschiedene Laubentypen, sodass die Anlage als besonderes Merkmal eine Vielzahl aussergewöhnlicher und qualitätvoller Laubentypen aufweist. Als Baumaterial wurde überwiegend Holz verwendet. Die Dächer sind begrünt oder mit Tonschindeln gedeckt. Nach der Fertigstellung verpachtete die Stadt Köln die Anlage an die Bundesbahnlandwirtschaft, die seitdem den Verein „Gartennachbarschaft am Eichenwäldchen" betreut.

Ein aktuelles Beispiel setzt ebenfalls bei den Förderrichtlinien des Landes Nordrhein-Westfalen an, jedoch nicht an der Höhe der Förderung, sondern an den inhaltlichen Vorgaben. So werden entsprechend den Förderrichtlinien nur Einzelgärten mit einer Mindestgröße von über 300 qm vom Land gefördert. Aktuelle Umfrageergebnisse und Analysen der einschlägigen Fachliteratur wie auch Beispiele aus vorhandenen älteren Anlagen zeigen jedoch, dass bei einer Beschränkung auf die von der Richtlinie vorgegebene Mindestgröße der Fehlbedarf an Kleingärten in einer Großstadt wie Köln nicht zu decken ist und dass von Seiten der Nutzer auch vermehrt kleinere Gartenparzellen gewünscht werden.[42]

Aus diesem Grund wird im Einvernehmen mit der Bezirksregierung Köln und dem Land Nordrhein-Westfalen am Beispiel der Kleingartenanlage St. Gereon ein Pilotprojekt durchgeführt, bei dem unabhängig von den bestehenden Förderrichtlinien eine stärkere Differenzierung der Gartenflächen vorgesehen ist und Parzellengrößen unter 300 qm ausgewiesen werden.

Der Entwurf verfolgt sowohl das Ziel, eine größere Anzahl von Gärten auf einer vorhandenen Grundfläche auszuweisen als auch eine stärkere Mischung der Parzellengrößen vorzusehen, um den unterschiedlichen Ansprüchen der Bewerber gerecht zu werden. Aufgrund des vorliegenden Entwurfs können anstatt der bisher vorgesehenen 92 Gärten insgesamt 110 Gärten, also 18 Gärten (ca. 20%) mehr auf der gleichen Fläche realisiert werden. Die durchschnittliche Gartengröße beträgt 277,53 qm.

Trotz der hier beschriebenen innovativen Ansätze zur Weiterentwicklung des Kleingartenwesens sind die vergangenen Jahre durch einen anhaltenden Personal- und Aufgabenabbau gekennzeichnet. So wurde 1993 im Zuge der allgemeinen kommunalen Sparmaßnahmen die Außendienstkolonne der Kleingartenstelle aufgelöst; die notwendigen Pflege- und Instandsetzungsarbeiten in den Kleingartenanlagen werden seitdem von Fremdfirmen durchgeführt. Hiermit verbunden war eine Neuformulierung der Prioritäten der zu erfüllenden Aufgaben. Im Vordergrund steht nunmehr die Wahrnehmung der gesetzlichen Pflichtaufgaben wie die Fortschreibung des Kleingartenziel- und Sanierungsprogramms mit dem Schwerpunkt der Verbesserung der Abwasser- und Fäkalienentsorgung bestehender Anlagen. Beratungs- und Servicedienste sind den gesetzlichen Pflichtaufgaben nachgeordnet und werden nur noch im Rahmen verfügbarer Kapazitäten durchgeführt.[43]

1 Landesverfassung Nordrhein-Westfalen: Art. 29, Abs.3
2 Hessing, Dr. Franz-Josef: Die neuen Bestimmungen zur Förderung des Kleingartenwesens in Nordrhein-Westfalen. In: Der Fachberater, Heft 27, März 1958, S.19-24
3 Verwaltungsbericht der Stadt Köln 1948/49, S. 91
4 Verwaltungsbericht der Stadt Köln 1953/54, S.124
5 Verwaltungsbericht der Stadt Köln 1949/50
6 Crzymek: Die Grünflächenpolitik der Stadt Ulm unter weitgehender Berücksichtigung des Kleingartenwesens. In: Der Fachberater, Heft 15, März 1955, S. 8-24, hier: S.17 ff.
7 Verwaltungsbericht der Stadt Köln 1951/52, S. 100
8 Lindemann, Klaus: Die Verwirklichung einer Idee – Eine Dokumentation – 25 Jahre Bundesgartenschau. Karlsruhe 1977 (Hrsg.: Zentralverband Gartenbau e.V.), S. 82 f.
9 Wirth, A.G.: Kölns vorbildliches Sanierungsbeispiel. In: Deutscher Kleingärtner, Heft 7, Juli 1957, S.122-124
10 Verwaltungsbericht der Stadt Köln 1951/52, S.100
11 ebd.
12 Verwaltungsbericht der Stadt Köln 1953/54, S.125
13 Kölner Stadt-Rundschau 1960, 17. Mai (Nr. 115) und Amt für Landschaftspflege und Grünflächen Köln, Kleingartenstelle: Erhebungsbögen Amt für Landschaftspflege und Grünflächen Köln, 1989
14 Süddeutscher Erwerbsgärtner 1957, 15. Juni (Nr. 24), S. 427
15 Kölner Stadtanzeiger 1957, 9. November (Nr. 261), S. 23
16 Der Fachberater, Heft 34, 9. Jahrgang, Dez. 1959: „Die Förderung des deutschen Kleingartenwesen", Rede des Bundesministers für Wohnungbau auf dem XII. Internationalen Kongress der Kleingärtner am 4. September 1959 in Dortmund, S.1-4, Bundeswohnungsminister Lücke, Bonn
17 (vgl. 2) Darin: Erlass vom 17.7.1956, Anlage von Kleingärten
18 Amt für Landschaftspflege und Grünflächen der Stadt Köln, Kleingartenstelle: Ordner Statistik: Briefwechsel zwischen „Dienst der Publieke Werken Amsterdam, O.Z.Voorburgwal (Herr Bruijn) und 67 – Garten- und Friedhofsamt der Stadt Köln (Gartenbaudirektor Schönbohm) aus dem Jahr 1960
19 Der Fachberater, Heft 42, Dezember 1961, S. 1-40, darin: Glocker, Konrad: Veraltete Kleingartenanlagen werden saniert. S.1, 4, 9 und Friedrich, Theo: Kleingartensanierung in Nürnberger Sicht.
20 Der Fachberater, Heft 27, März 1958, S.19-24
21 Kölner Stadtanzeiger 1958, 5. November (Nr. 257) S.13; NRZ 1958, 6. Oktober; Kölner Stadt-Rundschau, 1958, 5. November (Nr. 257)
22 Kölner Stadtanzeiger 1958, 4. Oktober (Nr. 230), S.16, NRZ 1958, 6. Oktober
23 ebd.; und NRZ vom 6.10.1958
24 Kölnische Rundschau 1956, 22. März. (Nr. 70)
25 Kölnische Rundschau 1958, 31. Januar (Nr. 25) und Kölner Stadtanzeiger 1958, 9. April (Nr. 82)
26 Niederschrift vom 9. Mai 1956 über die Teilnahme an der Kundgebung des Kreisverbandes Köln der Kleingärtner e.V. in der Flora, Amt für Landschaftspflege und Grünflächen Köln, Kleingartenstelle
27 Kölner Stadt-Rundschau 1958, 11. Oktober (Nr. 236)
28 Verwaltungsbericht der Stadt Köln 1959/60, S.156
29 Kölner Stadtanzeiger, 1958, 22. August (Nr. 193), S.15
30 von Loesch, Maria: Gartenlandschaft in kleinen Gehegen. In: Deutscher Kleingärtner, Heft 2, 1963, S. 22-23
31 Stadt Köln (Hrsg.): Leitplan der Stadt Köln: Teil 1. Grundlagen 1970, S.163
32 o. A. Das Grün im Städtebau. Der Stadtrand. Berlin 1964, S. 79
33 Kölner Stadtanzeiger 1960, 13. Mai (Nr. 112), S.15
34 ebd. und Akten der Stadt Köln, Ordner Kreisverband
35 Gesamtleitung der Bundesgartenschau Köln 71 (Hrsg.): Bundesgartenschau Köln 1971. Köln 1971, S. 67
36 Deutscher Kleingärtner, Heft 2, Februar 1956, S. 23
37 Verwaltungsbericht der Stadt Köln 1957/58 und S.151
38 Verwaltungsbericht der Stadt Köln 1957/58 und Info-Blatt: „Höhere Pachtzinsen für Kleingärten – Die neuen Regelungen im Bundeskleingartengesetz."
39 Stadt Köln (Hrsg.): Umweltschutzpreis der Stadt Köln 1999
40 Bundesministerium für Verkehr, Bau- und Wohnungswesen (Hrsg.): Zukunft Kleingärten als städtebaulicher, ökologischer und sozialer Auftrag. Bonn 1998
41 Pachtvertrag zwischen der Stadt Köln ... als Verpächterin und dem Bundesbahnlandwirtschaft Bezirk Köln e.V. als Pächter vom 1.12.1992
42 Bundesministerium für Verkehr, Bau- und Wohnungswesen (Hrsg.): Zukunft Kleingärten als städtebaulicher, ökologischer und sozialer Auftrag. Bonn 1998
43 Statistik: Organisation Kleingartenwesen 9/1993

8. Kleingärten in der modernen Stadt

9

1997–2001

Großstadtgrün heute

Perspektiven für die Gartenverwaltung

Werner Adams

Werner Adams
* 2. 3. 1948

Verwaltungsausbildung bei der Stadt Köln (Dipl.Verw.Wirt) – Zusatzausbildung als Organisator und DV-Organisator – Tätigkeit in verschiedenen Bereichen des Hauptamtes und der Stadtvertretung – Leiter des Büros des Stadtdirektors und der Organisationsabteilung – Amtsleiter des Bezirksamtes Innenstadt und des Amtes für Stadtsanierung – seit April 1997 Leiter des Amtes für Landschaftspflege und Grünflächen

(Foto: ALG)

Vorhergehende Doppelseite:
Im Inneren Grüngürtel
Foto: J. Bauer, 1999

Der Zustand

Wir haben – wie umfänglich dargestellt – ein historisches Erbe von hoher Qualität übernommen. Wir haben uns nach Kräften bemüht, dieses Erbe den Anforderungen der Zeit entsprechend zu restaurieren und zu sanieren. Viele neue Freiflächen sind in den letzten zehn Jahren als geplante Einheiten entstanden und haben den Ruf der Stadt als grünes Köln weiter gefestigt. Diese bilden gemeinsam mit den „Altanlagen" einen bedeutenden Freizeitfaktor, der anerkannt ist und in hohem Maße genutzt wird.

Jede Einrichtung, auch jede Grünanlage, löst Folgekosten aus in Form von Fix- und von nutzungsabhängigen Kosten. Je stärker eine Einrichtung genutzt wird, um so höher sind logischerweise die nutzungsbedingten Folgekosten. Und für die Bewältigung genau dieser Folgekosten fehlt das Geld.

Die derzeitige Problematik liegt weniger bei Neubau oder Sanierung der Grünanlagen, sondern eindeutig bei dem laufenden Unterhalt. In den letzten zehn Jahren sind rund 190 ha neuer Grünflächen entstanden, von großflächigen Anlagen wie dem Bürgerpark Nord bis zu kleinen und kleinsten Flächen. Die Finanzierung erfolgt über den Vermögenshaushalt, der in den letzten Jahren eine konstante „grüne Komponente" enthält. Außerdem konnte eine Reihe von Projekten durch die Ausgleichsbeträge (die bei einer Inanspruchnahme von bisherigen Freiflächen für Bebauung anfallen) realisiert werden. Dieser Flächenzuwachs hat jedoch leider nie zu einer Aufstockung der Ressourcen für die Pflege der Anlagen geführt. Im Gegenteil!

Durch die gezwungenermaßen notwendige städtische Sparpolitik sind die für Pflege und Unterhaltung zur Verfügung stehenden Mittel stetig gesunken, mit der Folge eines immer schlechter werdenden Pflegezustandes der Grünflächen, der Kinderspielplätze, der Forstflächen, der künstlichen Wasserflächen.

Ohne Frage ist der Zustand der Grünflächen im Jahre 2000 leider nicht mehr mit dem in den 1960er-Jahren zu vergleichen. Wir müssen zur Kenntnis nehmen, dass die in der unmittelbaren Nachkriegszeit angelegten Anlagen „in die Jahre kommen" und inzwischen einer viel stärkeren Aufmerksamkeit bedürfen als in der Vergangenheit. Wenn in dieser Situation die zur Verfügung stehenden Ressourcen kontinuierlich geringer werden und der Nutzungsdruck auf die Flächen weiter steigt, ist das Ergebnis zwangsläufig am Pflegezustand abzulesen und bedeutet letztendlich einen finanziellen und ökologischen Wertverlust sowie einen noch offensichtlicheren Verlust des Freizeitwertes.

Im Ergebnis führt dies zu verärgerten Bürger/innen, enttäuschten Kindern, meckernden Freizeitsportlern, Beschwerde führenden Anliegern und selbstverständlich empörten Volksvertreter/innen, obwohl gerade bei letzteren die finale Verantwortung für die Mittelzuweisung im städtischen Haushalt liegt.

Warum muss dies so sein? Wie fast alle Städte hat auch Köln erhebliche finanzielle Sorgen. Dies ist aber dem Grunde nach nichts Neues, denn Köln hatte schon immer finanzielle Sorgen, nur hat das über einen langen Zeitraum relativ wenig gestört. Gerade der hartnäckige Glaube an das Kölner Lebensmotto „Et es noch immer jot jejange" hat über Jahre hinweg eine echte Auseinandersetzung mit der Realität verhindert. Letztendlich zwang erst Anfang der 1990er-Jahre der Ernst der Lage zum plötzlichen, harten Ziehen der Notbremse – und allmählich werden die Bremsspuren immer stärker sichtbar! Nur einige Beispiele aus dem Grünbereich:

- Keine Personalneueinstellungen mehr seit 1992, dadurch bedingt ein Abbau von rund 300 Stellen (alleine in der Grünunterhaltung 248 Leute weniger = 38% des Personalbestandes, jährliche Kostenersparnis 16,1 Millionen DM!)
- Budgetierung der Finanzmittel seit 1993

Kölsche Logik — Karikatur: Franziska Becker

Aus dem Kölner Stadtanzeiger 1998

- Festschreibung der Personalkosten auf dem Niveau von 1993 (trotz Zuwachs der Pflegeflächen von mehr als 190 ha!); lineare und strukturelle Mehrkosten sind im Budget aufzufangen.
- Jährlich erforderliche Kürzungen in unterschiedlicher Höhe
- Jährliche Haushaltssperren
- Keine Investitionen bei Maschinen, Fahrzeugen und Geräten

Vom Grundsatz her waren dies nachvollziehbare Maßnahmen, immerhin konnte damit bis zum Jahre 2000 ein Haushaltssicherungskonzept, das den Einfluss der Stadt stark reduziert hätte und aufgrund dessen zumindest die Einscheidungen mit finanzieller Auswirkung nur unter Beteiligung der Bezirksregierung getroffen worden wären, verhindert werden. Natürlich ist es vor diesem Hintergrund menschlich und politisch verständlich, wenn man sich für Spar-

Oben: Klingelpützpark Grünanlagen mit hohem Ausstattungsstandard können angesichts eines reduzierten Personalbestandes nicht mehr angemessen gepflegt werden.
Foto: J. Bauer, 1992

Rechts: Im Zuge des in den letzten Jahren stark geförderten Wohnungsbaus entstanden auch neue Grünflächen.
Foto: J. Bauer, 1996

maßnahmen einen Bereich aussucht, der in nahezu idealer Weise alle Grundanforderungen an ein „kommunales Sparschein" erfüllt:
- vornehmlich freiwillige Aufgabe (also kein gesetzlicher Zwang, demzufolge keine staatliche Aufsichtsbehörde)
- großes Budget (rund 90 Millionen DM, davon aber „leider" ca. 60% Personalkosten)
- keine direkte Zuordnung von Pflegeflächen zu Finanzmitteln, sodass eine unmittelbare Verantwortung nicht festzustellen ist
- großer Personalbestand mit gleichartigen Aufgaben (keine Einzelkämpfer, deren „Nichtvorhandensein" sofort auffällt)
- berechtigte Hoffnung, dass die Sparmaßnahmen als solche nicht oder erst sehr spät auffallen
- Spekulation mit dem scheinbar geringen Stellenwert der Aufgabe in der Bevölkerung

Nun gehört es zum guten Ton der Kommunalpolitik, dass der Stadtkämmerer zu Beginn der Haushaltsplanaufstellung die im kommenden Jahr zu erwartenden Millionenlöcher verkündet. Ein sich jährlich wiederholendes Ritual, dem sich die ebenso rituelle Suche nach dem Haushaltsausgleich anschließt, frei nach dem Motto: „Alle sind gefordert, ihren Beitrag zu leisten"!

Dass die politischen Gremien während der Haushaltsplanberatungen das Ziel eines Haushaltsausgleichs in den Mittelpunkt des Interesses stellen, ist nahezu verständlich. In dieser Phase sind die Chancen, den Kopf aus der Sparschlinge zu ziehen, normalerweise gleich null. Dass es auch anders geht, haben die Haushaltsberatungen des Jahres 2000 für das Grün bewiesen. Zum ersten Mal seit zehn Jahren wurden die geforderten Einsparungen in Höhe von 1,2 Millionen DM durch Beschluss des Rates zurück genommen! Ein deutlicher Hoffnungsschimmer am Horizont! Wird die Hoffnung auf Besserung doch noch zur Realität?

Jammern hilft nicht weiter

Nun kann diese Schilderung nur ein Hilfsmittel sein, um die derzeitigen Probleme zu beschreiben oder sie gar zu entschuldigen. Das allgemeine Jammern hat weder heute noch in der Vergangenheit irgendjemandem geholfen, seine Probleme zu lösen.

Die Zeiten, in denen man bei fehlendem Geld bettelnd zum Kämmerer ging, sind vorbei. Allerorten wird ein modernes Management auch in den Verwaltungen eingefordert. Dies gilt natürlich in ganz besonderem Maß für Bereiche, die durch gesetzliche Vorgaben wenig eingeengt sind und die demzufolge einen weiten Handlungsrahmen haben – zumindest theoretisch.

Leider haben viele Grünflächenämter in der Bundesrepublik dies viel zu spät erkannt. Einige glauben noch heute, man würde – bei der Wichtigkeit der „Aufgabe Grün" – ungerecht behandelt und irgendwann werde ganz bestimmt und ohne eigenes Zutun der Zeitpunkt kommen, wo „die alten Zeiten wieder zurückkehren"! Diese so gelobten alten Zeiten werden wir nie wieder erleben, das steht für mich unumstößlich fest. Ebenso wenig kann es auf Dauer angehen, einerseits zu behaupten, es seien zu wenige Ressourcen vorhanden, und andererseits den Beweis für diese Behauptung schuldig zu bleiben. Diese „Behauptungsmethode" funktioniert bisher nur deshalb, weil niemand das Gegenteil beweisen kann!

Pferdezirkus im Inneren Grüngürtel am Fernsehturm. Der Nutzungsdruck auf die öffentlichen Grünflächen nimmt stetig zu, die Folgen sind meist nach Jahren noch sichtbar.
Foto: J. Bauer, 1996

Also ist das Gebot der Stunde, nicht zu jammern, sondern dafür zu sorgen, dass der Handlungsrahmen voll ausgeschöpft wird und vielleicht sogar erweitert werden kann. Dabei sind nicht nur moderne Managementmethoden gefragt, sondern Phantasie, ein Blick für das Machbare sowie faire und aufgeschlossene Partner im politischen Bereich. Die wesentlichen Ansätze sollen nachfolgend beschrieben werden.

Umbau von Flächen

In der Vergangenheit wurde bei der Planung und dem Bau neuer Grünflächen die Frage nach dem künftigen Pflegeaufwand vielfach ausgeklammert oder zumindest nur sehr nachrangig betrachtet. Im Vordergrund standen häufig Gesichtspunkte der Gartenkunst ebenso wie Gestaltungsanforderungen der Nutzer, die in der Regel nicht unbedingt von Kostenbewusstsein geprägt waren. In dieser Kombination sind viele Anlagen entstanden, deren Folgekosten so hoch sind, dass sie weder durch den Nutzungsgrad noch durch ihre städtebauliche Wirksamkeit zu rechtfertigen sind. Schlicht gesagt: Diese intensive Pflege ist heute nicht mehr bezahlbar!

Also müssen Mut und finanzielle Mittel aufgebracht werden, um – dort, wo es vertretbar ist – durch einen bedarfsgerecht geplanten, konsequenten Umbau die Folgekosten massiv zu senken und die Nutzbarkeit zu verbessern! Öffentliche Grünflächen, die jedermann zu jeder Zeit frei zugänglich sind, können in der heutigen Zeit nicht mehr den Charakter einer eher privat anmutenden Schmuckgartenanlage haben. Die Anforderungen an diese Flächen sind andere, nicht nur aus dem Blickwinkel der Folgekosten betrachtet, sondern auch bei Berücksichtigung aller zu beachtenden Komponenten.

Damit wird aber nicht der Langweile und Phantasielosigkeit das Wort geredet. Auch unter Beachtung der Folgekosten ist es – wie gelungene Beispiele aus der jüngsten Vergangenheit zeigen – möglich, attraktive, interessante, benutzerfreundliche und dennoch pflegeleichte Grünanlagen zu schaffen. Dass unter besonderen städtebaulichen oder architektonischen Bedingungen im Einzelfall auch ein höherer Aufwand bei der Grünausstattung angebracht ist, bedarf keiner besonderen Erwähnung.

Vermarktung von Flächen

Im Gegensatz zu vielen anderen Bereichen der Kommunalverwaltungen haben sich die Grünflächenämter lange Zeit sehr zurückgehalten, wenn es um die Frage von Vermarktung, Sponsoring und Werbung im weitesten Sinne ging.

Heute sind Grünflächen für Events aller Art außerordentlich beliebt und gefragt. Dies geht von dem Wunsch nach „Grüner Kulisse" für Film- und Fernsehproduktionen bis zu hoch publikumsintensiven Veranstaltungen. Dem kann und sollte sich niemand entziehen. Allerdings muss sich auch bei den Veranstaltern die Einsicht durchsetzen, dass öffentliche Flächen nicht zum „Nulltarif" zu haben sind, sondern als Eventfläche ihren Preis haben, der den wirtschaftlichen Wert der Veranstaltung widerspiegelt! Die so erzielten Einnahmen müssen in voller Höhe dem Grünetat zusätzlich zur Verfügung stehen.

Diesen Nutzungen sollte aber ein Vermarktungskonzept zugrunde liegen, das die Qualität der zur Verfügung stehenden Flächen sowie deren Verträglichkeit für bestimmte Veranstaltungen (u.a. gemessen an Zuschauerpotential, Infrastruktur in jeder Hinsicht, ökologischen Nachteilen, usw.) beschreibt. Klar ist aber auch, dass für Flächen, die einen hohen ökologischen Wert haben, eine solche Vermarktung unter keinen Umständen in Frage kommen kann – auch wenn die Einnahmen noch so hoch sind.

Diese Grundsätze sollten übrigens auch für die Zulassung von Werbeanlagen gelten, wenn sie so dis-

Fachlich notwendige Durchforstungsmaßnahmen im Inneren Grüngürtel. Das Verständnis dafür kann bei den Bürgern nur durch gezielte Information erreicht werden.
Foto: J. Bauer, 1999

kret in die Anlagen eingefügt sind, dass sie das Auge nicht allzu sehr beleidigen.

Neue Arbeits- und Maschinenkonzepte

Die Arbeitskonzepte und Arbeitsmethoden der Vergangenheit sind unter Berücksichtigung der heutigen technischen Möglichkeiten restlos veraltet und behindern ein wirtschaftliches und rationelles Arbeiten.

Die bereits kritisch beschriebene Zuständigkeit der Stadtbezirke für die Grünunterhaltung hat eine systematische Weiterentwicklung der Arbeitsmethoden im organisatorischen wie auch fachlichen Sinne über mehr als 20 Jahre massiv beeinträchtigt. Dies war keineswegs böser Wille oder Ignoranz der handelnden Personen, sondern eine organisatorische Fehleinschätzung Anfang der 1970er-Jahre, die zu einem klaren Systemfehler geführt hat. Im Ergebnis hatten sich Theorie und Praxis so weit voneinander entfernt, dass die Kompetenz und die Fähigkeit zu innovativem Denken völlig abhanden gekommen war. Es war eine große Leistung des Amtsleiters Heinz Storms in seiner Amtszeit zwischen 1993 und 1997, dies zu erkennen und mit einem hohen Maß an Durchsetzungskraft die erforderlichen Veränderungen zu betreiben!

Voraussetzung für die Entwicklung detailgenauer, nachvollziehbarer und kostenmäßig erfassbarer Pflegepläne für jeden Quadratmeter Grünanlage sind digitale Pläne sowie deren Verknüpfung mit allen anderen relevanten Daten. Auf dieser Basis muss unter fachlichen Gesichtspunkten und unter Berücksichtigung der Flächennutzung der gewünschte Unterhaltungszustand definiert werden. Die politische

Beschlussfassung durch die Bezirksvertretungen schafft die Legitimation und gleichzeitig die Basis für den Ressourceneinsatz.

Eine solche Zuordnung der Flächen, die nicht nur die Arbeitsplanung auf eine völlig andere Grundlage stellt, lässt es nicht mehr zu, Finanzmittel oder besser gesagt Ressourcen global zu kürzen! Diese Art der Arbeitsgrundlage zwingt zum „Bekenntnis im Einzelfall", zur konkreten Aussage, welche Fläche in welcher Form in ihrem Unterhaltungs- und Pflegestandard verändert werden soll. Damit kann sich niemand mehr vor der unmittelbaren Verantwortung drücken!

Mit modernen Erfassungsmöglichkeiten wie zum Beispiel dem Barcode-Lesesystem (das gleiche Prinzip wie an der Kasse im Supermarkt) ist es möglich, die Durchführung der geplanten Arbeiten zu verzeichnen und zeitgenau zu steuern, um da, wo notwendig, rechtzeitig einzugreifen, damit „Pflegenotstände" von vornherein ausgeschlossen werden können. Dieses System ersetzt die bisherigen, manuellen Aufzeichnungen und sorgt für zeitnahe Informationen, weil die erfassten Daten täglich an ein zentrales System weitergeleitet und dort entsprechend verarbeitet werden können.

Ebenso ist in der Zukunft eine stärkere Arbeitsteilung, d.h. Spezialisierung, erforderlich. Für den Bereich der Straßenbäume ist dies bereits jetzt Realität, weitere Bereiche (Straßenbegleitgrün, Großrasenpflege, Abfallbeseitigung) werden folgen.

Sicherlich gehört auch die Orientierung des Personalbedarfs an den Arbeitsspitzen der Vergangenheit an. In einer sinnvollen Arbeitsplanung führt kein Weg daran vorbei, dass auch die zeitliche Durchführung der Arbeiten einer stärkeren Reglementierung bedarf. Es wird künftig entscheidend darauf ankommen, auf die Ansprüche der Nutzer der Grünanlagen so einzugehen, dass der Grad ihrer Zufriedenheit mit „ihrer Grünanlage" möglichst groß ist. Das in diesem Sinne auch stärker als bisher auf den Einsatz von Privatfirmen zurückgegriffen werden muss, ist zwingend.

Aus den vorgenannten Überlegungen ergibt sich automatisch der Zwang nach modernen technischen Ausstattungen. Die Beschäftigung mit den organisatorischen Grundlagen der Arbeitsabwicklung schafft damit – endlich – die Basis für ein konzeptionelles Beschaffungsverhalten. Dies war in der Vergangenheit durch eine „Ersatzbeschaffungsmentalität" ohne jedwedes Hinterfragen von Nutzen und Zweckmäßigkeit geprägt, was zu einem schleichenden „Vergreisungsprozess" bei Maschinen und Gerät geführt hat. Unter diesen Vorzeichen kann kein Betrieb wirtschaftlich arbeiten!

Die nunmehr vorliegenden Fahrzeug- und Maschinenkonzepte haben die politischen Gremien so überzeugt, dass für die Beschaffung neuer Fahrzeuge und Maschinen für die Jahre 2000 bis 2004 über 25 Millionen DM bereitgestellt wurden. Eine stolze Summe, die ein großes Maß an Vertrauen dem Betrieb gegenüber dokumentiert. Es wird nunmehr an allen Mitarbeiter/innen liegen, dieses Vertrauen mit Leistung zu rechtfertigen!

Zu den unabdingbaren Forderungen der Zukunft gehören Konzepte, die auf eine größere Sauberkeit sowie ein höheres Maß an Sicherheit und Ordnung in den Anlagen zielen! Dies ist eine – zumindest seit den 1970er-Jahren – völlig vernachlässigte Aufgabe, für die seit dieser Zeit keinerlei Ressourcen zur Verfügung standen und stehen. Es zeigt sich aber in zunehmenden Maße, dass die verstärkte Nutzung der Anlagen und die sich daraus ergebenden Konflikte ein regelndes Eingreifen der Verwaltung erfordern. Auch die Unterbindung bzw. Ahndung von Ordnungswidrigkeiten (z.B. illegale Abfallbeseitigung usw.) gehört dazu. Der überwiegende Teil der Nutzer der Grünanlagen erwartet ein solches Eingreifen der Stadt. Demzufolge sind auch dazu in einem überschaubaren Zeitraum Handlungskonzepte zu entwickeln, die diesen Bedürfnissen Rechnung tragen.

Oben: Durch eine starke Spezialisierung in der Baumpflege kann der nötige Spielraum für gestalterische Maßnahmen gewonnen werden. Bahnhofsstraße in Sürth
Foto: J. Bauer, 1994

Links oben: Vermarktung von Grünflächen Biergarten am Aachener Weiher
Foto: J. Bauer, 1997

9. Perspektiven für die Gartenverwaltung

Dellbrücker Heide
Die Pflege und Entwicklung der Biotopflächen auf ehemaligen Militärstandorten hat die Verwaltung vor neue Aufgaben gestellt.
Fotos: J. Bauer, 2000

Neue Organisationsstrukturen

Es ist kein Geheimnis, dass – wie in anderen Bereichen der städtischen Aufgaben auch – über grundlegende neue Organisationsstrukturen nachgedacht werden sollte. Die Zeiten der starren Verwaltungsorganisation in den festen Amts- und Abteilungsstrukturen dürften der Vergangenheit angehören. Die Gründe dafür sind vielfältiger Natur, die hier aus Platzgründen nicht diskutiert werden können. Eine Veränderung dieser Strukturen ist aber ohne Zweifel zu begrüßen, wenn dadurch die Kosten gesenkt werden und ein höheres Maß an Flexibilität und Planungssicherheit erreicht wird. Es bieten sich als Lösungsmöglichkeit drei Grundmodelle an, die gegebenenfalls modifiziert werden können:

- In der Betriebsform des **Eigenbetriebes** ändert sich nicht sonderlich viel, zumindest nicht für die Mitarbeiter und die öffentliche Wahrnehmung der Aufgabenerfüllung. Die Unterschiede zur derzeitigen Einordnung liegen im Bereich einer geänderten Finanzausstattung, einem Wirtschaftsplan statt des Haushaltsplans, einer gebündelten Zuständigkeit beim Werksausschuss statt der verschiedenen Fachausschüsse, sowie einer kaufmännischen Buchführung.

- In der Betriebsform einer **Anstalt des öffentlichen Rechts** sieht dies schon etwas anders aus. Hier wäre der Betrieb rechtlich völlig selbstständig, aber immer noch im hoheitlichen Bereich angesiedelt und könnte ohne Klimmzüge zum Beispiel Satzungen und Ordnungsverfügungen erlassen sowie hoheitlich tätig werden. Insbesondere die steuerrechtlichen Rahmenbedingungen sind zu beachten und im Vergleich zur GmbH günstiger.

- Die Einrichtungen einer **Eigengesellschaft**, zum Beispiel einer GmbH als „Hilfsbetrieb der Verwaltung", wäre ebenfalls möglich. Dies würde auch eine weitestgehende Selbstständigkeit bedeuten, eine Übernahme von hoheitlichen Aufgaben ist allerdings ausgeschlossen. Ebenso ausgeschlossen ist ein Anbieten der Leistungen am Markt.

Die zwingende Grundforderung bei jeder anderen Organisationsform ist aber das Zusammenhalten aller relevanten Grünaufgaben in einer Organisationseinheit, so wie sie heute im Bereich des Amtes für Landschaftspflege und Grünflächen angesiedelt sind. Dazu gehören Planung und Bau von Grünanlagen, Straßenbegleitgrün, Grünflächen an Schulen usw., die Beteiligung an der Bauleitplanung, Vorbereitung und Durchführung des Landschaftsplanes, Grünunterhaltung, Friedhöfe, Forst, Botanischer Garten, Stadtgärtnerei, Kleingartenwesen. Diese Aufgabenbündelung stellt sicher, dass alle grün- oder freiraumrelevanten Grundüberlegungen, Leit- und Einzelfallentscheidungen sowie Planungen aus einem Guss erfolgen und bereits zum frühestmöglichen Zeitpunkt ein koordinierender Einfluss auf die Grundlagen der Planung genommen werden kann. Dies hat besondere Bedeutung für die Gesamtkonzeption der Freiflächen, für den weiteren systematischen Ausbau des Kölner Grünsystems und für die damit verbundenen Folgekosten.

Ein gesamtstädtisches Konzept hat die Grundlage für die Beweidung großer Flächen im Äußeren Grüngürtel und in wertvollen Biotopgebieten geschaffen.
Foto: J. Bauer, 2000

Links: Streetballplatz im Inneren Grüngürtel
Foto: J. Bauer, 1999

Schlussbetrachtung

Auch wenn sie noch nie genau gezählt wurden: Jedes Jahr besuchen Millionen Menschen die Kölner Grünanlagen – mit den unterschiedlichsten Ansprüchen, für die unterschiedlichsten Aktivitäten, unterschiedlich lange, aber immer von dem Wunsch nach Entspannung, Erholung und aktiver Freizeitgestaltung geprägt!

Wenn wir die Kölner fragen, ob sie sich diese Stadt ohne dieses ausgedehnte Grünsystem vorstellen können, ernten wir ein ebenso entsetztes wie auch überzeugendes NEIN!

Wenn nach den weichen Standortfaktoren gefragt wird, liegen Umfang und Qualität der Grünanlagen in der Bewertungsskala immer im oberen Bereich. Welche positive Auswirkung Grünanlagen auf den Immobilienwert haben, glauben wir zu wissen, ohne es belegen zu können; eine Studie wird in Kürze dazu Aussagen treffen.

Wenn also den Kölnerinnen und Kölnern die „grünen Lungen" soviel Wert sind, werden wir, allen widrigen Umständen zum Trotz und mit der ungebrochenen Hoffnung auf Besserung, weiter nach unserem selbstgewählten Motto verfahren:

WIR ARBEITEN FÜR'S STADTGRÜN.

Natürlich bedeutet diese Aufgabenbündelung auch ein gewisses Maß an „grüner Lobby" oder gar „grüner Macht". Dies muss aber eine Großstadtverwaltung ertragen können, zumal sich niemand hinter ideologisch verbohrten Positionen verschanzt. Natürlich sieht das Amt für Landschaftspflege und Grünflächen die Entwicklung der Stadt als Ganzes – aber eben aus der Position seiner Aufgabenstellung. Damit verhält es sich jedoch nicht anders als zum Beispiel die Wirtschaftsförderung oder die Wohnungsbauförderung, um nur zwei Beispiele zu nennen. Köln ist mit dieser Aufgabenzuordnung bisher gut gefahren. Dies trifft auch auf die zentrale Zuständigkeit für den Bau von Grünanlagen und Grüneinrichtungen zu und wird durch die Wiederzuständigkeit für den Betrieb der Friedhöfe sowie die Grünunterhaltung weiter verstärkt.

Es würde keinen Sinn machen, auf dem Altar einer neuen Organisationsform, die sicher für die betrieblichen Teilaufgaben des Amtes anzustreben ist, diese Aufgabenbündelung ohne Not zu opfern. Von daher muss eine Organisationsform angestrebt werden, die allen diesen Gesichtspunkten Rechnung trägt.

Volkswiese im Inneren Grüngürtel
Foto: J. Bauer, 1999

9. Perspektiven für die Gartenverwaltung

Zukunft des Großstadtgrüns

Joachim Bauer

Wie in diesem Buch umfassend dargestellt, blickt die Grünplanung in Köln auf eine 200-jährige Entwicklung zurück. In dieser Zeit sind eine Vielzahl bedeutender Grün- und Platzanlagen entstanden, die im Laufe der Zeit in das gesamtstädtische Grünsystem eingebunden werden konnten. Es mussten jedoch auch Rückschläge in Kauf genommen werden. Letztendlich konnte aber im Wechselspiel von Erfolg und Misserfolg ein Grünsystem gesichert und ausgebaut werden, das in seiner konsequenten und systematischen Ausformung einmalig im deutschsprachigen Raum ist.[1]

Vor diesem Hintergrund muss die heutige Situation mit einer gewissen Gelassenheit betrachtet werden. Die Einführung neuer Verwaltungsstrukturen, die bis an die Grenzen ausgeschöpfte Reduzierung der personellen und finanziellen Ressourcen sowie die sich abzeichnende Diskussion einer wie auch immer strukturierten „Privatisierung" der Gartenverwaltung bremsen zur Zeit eher den Optimismus, aber gerade deswegen müssen auch in dieser Situation alle Anstrengungen unternommen werden, um das Überkommene zu sichern und weiterzuentwickeln.

Das Interesse der Bevölkerung an dem Grün in ihrer Stadt hat in den letzten Jahren erkennbar zugenommen. Die zunehmende Nutzung der Parkanlagen sowie die positive, zum Teil aber auch sehr kritische Resonanz auf die vom Grünflächenamt durchgeführten Maßnahmen belegen dies. Darüber hinaus gewinnt die ökologische und klimatische Bedeutung der Freiflächen in einer Großstadt wie Köln immer stärker an Bedeutung – eine Entwicklung, die nicht zuletzt durch die Ausweisung von Naturschutz- und Landschaftsschutzgebieten durch den Landschaftsplan dokumentiert ist. Überdies sei hier nochmals auf die kulturgeschichtliche Bedeutung der historischen Park- und Platzanlagen als Spiegelbild vergangener städtebaulicher und grünplanerischer Vorstellungen hingewiesen. Zugleich bestimmen Grünanlagen aufgrund ihrer sozialen und ästhetischen Funktionen auch wesentlich die Struktur der Stadt und der jeweiligen Stadtteile und somit nachhaltig die Lebensqualität für die Bewohner.[2]

In diesem Zusammenhang muss jedoch deutlich hervorgehoben werden, dass das bisher Geleistete sowie die anstehenden Aufgaben nur in Zusammenarbeit mit allen beteiligten Ämtern der Stadtverwaltung geschaffen werden konnte und kann. Ebenso von Bedeutung ist der gesellschaftliche und vor allem der politische Konsens. Die besonders von Oberbürgermeister Konrad Adenauer bestimmte Grünpolitik der 1920er-Jahre bestätigt dies.

Trotz des Bewusstseins um ihre wichtige Funktion waren die Grün- und Freiflächen durch die Ausdehnung der Stadt sowie im Konflikt mit anderen Nutzungsansprüchen in der Vergangenheit besonders nachteilig betroffen. Eine erfolgreiche und zukunftsorientierte Grünplanung bedarf deshalb, auch in der heutigen Zeit begrenzter Personal- und Finanzressourcen, der klaren Formulierung eigener Zielvorstellungen. Unterbleibt die Aufstellung informeller und zielorientierter Strategien und Konzepte, können die knappen Mittel nicht gebündelt und die angestrebten Ziele nicht erreicht werden. Die Folgen offenbaren sich meistens erst zu spät. Vor diesem Hintergrund stellt sich die Frage, wie heute mit der „Kölner Grüntradition" umgegangen, mit welchen Mitteln sie gesichert, fortgeführt oder modifiziert wird und ob die eingesetzten Instrumente geeignet sind, das Vorhandene nicht nur zu erhalten, sondern auch weiterzuentwickeln.

Zunächst sei der Blick jedoch auf die maßgeblichen Konzepte und Planwerke gerichtet, die seit der Nachkriegszeit die Entwicklung des städtischen Grüns bestimmt haben. Grundlage war die von Fritz Schumacher 1923 vorgegebene Grundstruktur des Grünsystems mit dem Inneren und Äußeren Grüngürtel sowie den radial ausgerichteten Verbindungszügen (s. S. 150-158). Diese Struktur hat sich als so tragfähig erwiesen, dass sie über die Jahre hinweg und unter

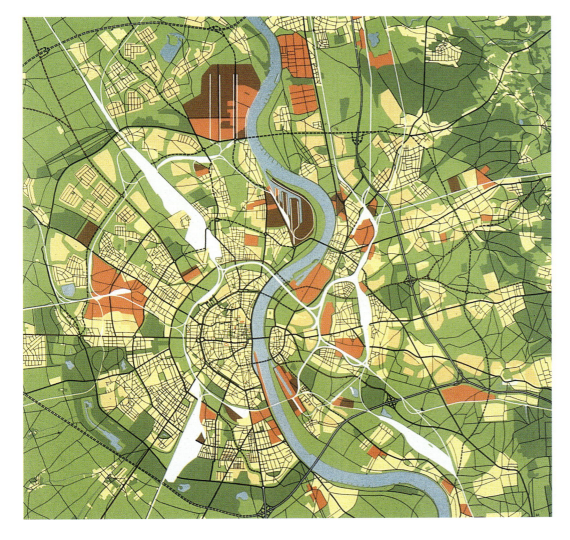

Großraumplan
Städtebauliches Leitkonzept für Köln von Rudolf Schwarz, 1950
Aus: Das neue Köln. 1950, Plan S. 16 gegenüber

wechselnden städtebaulichen und grünplanerischen Vorstellungen bis heute die Basis der Stadt- und Grünplanung bildet.

Auch der Stadtplaner Rudolf Schwarz, der 1950 in der von der Stadt Köln herausgegebenen Schrift „Das neue Köln – Ein Vorentwurf" die Ansätze der städtebaulichen Entwicklungsleitlinien für die im Wiederaufbau begriffene Stadt formuliert hat, baut auf ihr auf.[3] Obwohl aus seinen Ausführungen erkennbar wird, dass sich Schwarz in seinen Vorstellungen nicht mehr dem Idealbild der 1920er-Jahre, sondern vielmehr dem der „gegliederten und aufgelockerten Stadt" verpflichtet sah, legte er seinem Gesamtentwurf das von Schumacher vorgegebene Grünsystem zugrunde. Ebenso wird in dem 1978 vom Rat der Stadt beschlossenen Stadtentwicklungskonzept die gesamtstädtische Grün- und Freiflächenplanung nicht nur zu einem zentralen Anliegen erhoben, sondern

9. Zukunft des Großstadtgrüns

Stadtentwicklungskonzept von 1978 – Freiraumzielplan
Plan: Archiv ALG

diese für die Stadtentwicklung als geradezu substantiell betrachtet.[4] „Es ist wesentliches Ziel der Stadtentwicklungsplanung Köln, an die vor ca. 50 Jahren formulierten Zielvorstellungen für Köln … anzuknüpfen und der Freiraumplanung … eine besondere Priorität einzuräumen."[5] Damit rückt das bestehende Grünsystem automatisch in den Fokus der stadt- und freiraumplanerischen Überlegungen.

Da das Stadtentwicklungskonzept von 1978 der inhaltlichen Vorbereitung des Flächennutzungsplans diente, wurden auch die dort fixierten freiflächenbezogenen Aussagen in die verbindliche Bauleitplanung übernommen. So dokumentiert der 1980 beschlossene und bis heute gültige (wenn auch in Teilen häufig geänderte) Flächennutzungsplan die Sicherung und beabsichtigte Entwicklung des knapp bemessenen Freiraums sowie die Bedeutung vorhandener und geplanter Grünräume, insbesondere die des Inneren und Äußeren Grüngürtels und seiner Radialverbindungen.[6]

Das hier beschriebene Beispiel der Integration informeller Konzepte in die formelle Planung macht deutlich, dass eine konsequente Freiraumsicherung und -entwicklung nur dann erfolgreich sein kann, wenn es gelingt, deren Inhalte und Ziele in die Bauleitplanung zu integrieren. Denn erst in diesem Rahmen können die planungsrechtlichen Vorgaben zur Sicherung und Umsetzung des gesamtstädtischen Grünsystems geschaffen werden. Voraussetzung ist jedoch, dass die Grundstruktur des Grünsystems so robust ist, dass sie über einen langen Zeitraum und über verschiedene städtebauliche und grünplanerische Epochen hinweg als tragfähig anerkannt wird. Bis heute hat das von Schumacher vorgegebene Grünkonzept diese Vorgaben erfüllt. Letztendlich muss der Grundgedanke aber auch durch vorausschauende Stadt- und Grünplaner sowie Kommunalpolitiker weiter getragen werden.[7]

Von Seiten der Gartenverwaltung wurden 1990 hierfür mit dem erstmalig erstellten Konzept „Grün in Köln" die Voraussetzungen geschaffen. In ihm sollten die im Stadtentwicklungskonzept und im Flächennutzungsplan festgelegten Zielvorstellungen dokumentiert und als konkrete Grünmaßnahmen festgeschrieben werden. Darüber hinaus verfolgt das Konzept das Ziel, die weitere Planung der Maßnahmen vorzubereiten und Prioritäten für deren Umsetzung festzulegen. Hierbei wurde verstärkt versucht, von einem multifunktionalen Ansatz auszugehen: zunächst erfolgte eine Funktionszuordnung der jeweiligen Maßnahme im Hinblick darauf, ob sie schwerpunktmäßig der Erholung, dem Landschafts- und Naturschutz, der Verbesserung des Stadtklimas oder dem Lärmschutz dienen soll. Ein Abgleich zwischen den einzelnen Funktionsgruppen untereinander erfolgte jedoch nicht. Dies führte dazu, dass bei den Maßnahmen vornehmlich die Erholungsfunktion in den Vordergrund gestellt wurde.

Eine solche einseitig ausgerichtete Betrachtungsweise konnte jedoch den aktuellen Anforderungen an den Freiraum nicht gerecht werden, da die ökologischen Ausgleichs- und Biotopfunktionen und damit der Aspekt der Sicherung des Naturhaushaltes inzwischen gleichberechtigt neben den der Erholungsfunktion getreten waren. Vor diesem Hintergrund wurden 1995 die Arbeitsziele der Grünverwaltung in Hinblick auf das gesamtstädtische Grünsystem neu formuliert:[8]

- Fortführung der historischen Konzepte hinsichtlich der Grüngürtel und der radialen Grünverbindungen
- Verbesserung der mit Grün unterversorgten Stadtteile
- Verknüpfung von Freiflächen in Hinblick auf eine Biotopvernetzung
- Festlegung eines Kompensationsflächenpools

Diese Vorgaben sowie die Notwendigkeit, die eigenen Tätigkeiten zielorientiert zu lenken, beförder-

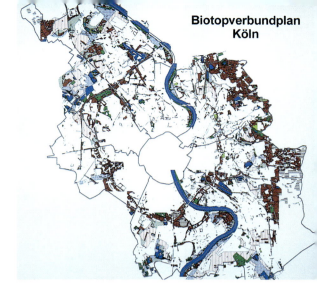

Oben: Konzept für ein gesamtstädtisches Verbundsystem von Biotopen
Entwurf: ALG April 2000

Links: Erfassung der Grünflächen als Grundlage zur Entwicklung eines Zielkonzepts
Entwurf: ALG 1995

Rechts: Zielkonzept mit Darstellung der künftigen Entwicklungsbereiche (blau und rot schraffiert)
Entwurf: ALG 1996

ten das Vorhaben, eine einheitliche, langfristig angelegte Grünentwicklungskonzeption für das gesamte Stadtgebiet zu erarbeiten. Erklärte Absicht war es, hierbei an die historischen Konzepte anzuknüpfen.

Aufgrund des formulierten Anspruchs war es zunächst erforderlich, eine geeignete Datenbasis in Form einer „Grundlagensammlung" zu schaffen. Die Darstellung der bestehenden öffentlichen Grünanlagen, Gewässer, Forstflächen und Naturschutzgebiete wurde durch die Auflistung im Ausbau befindlicher bzw. geplanter öffentlicher Grünanlagen erweitert. Ergänzt durch Hinweise auf zu berücksichtigende naturräumliche Gegebenheiten bzw. auf bestehende Konfliktfelder bildete das Ergebnis die Ausgangsbasis für die Entwicklung der eigentlichen Zielkonzeption und des daraus abgeleiteten Handlungskonzeptes.

Um der Forderung nach einer stärkeren Berücksichtigung ökologischer Belange gerecht zu werden, wurde zudem eine gesamtstädtische Konzeption für ein Biotopverbundsystem erarbeitet. Auf Grundlage einer Bestandserfassung werden darin Aussagen zur Vernetzung wertvoller Biotopstrukturen untereinander und zur inhaltlichen Ausgestaltung der Vernetzungszonen getroffen.

Mit der inhaltlich auf diese Weise angereicherten Gesamtkonzeption stand erstmals seit 1978 wieder eine eigenständige Freiraumzielplanung auf gesamtstädtischer Ebene zur Verfügung, welche die Leitlinien für die künftige Grün- und Freiraumplanung vorgab.

Die wesentlichste Aussage der Zielplanung ist die räumliche Festlegung von Landschaftsräumen bzw. Grünzügen, deren Sicherung und Entwicklung unabdingbar ist, um das eingangs formulierte Ziel der Fortführung des Gesamtgrünsystems zu erreichen. Bei der Ausweisung dieser Grünzüge wurde deutlich, dass die Umsetzung der Vorhaben jedoch sehr unterschiedlich einzuschätzen ist und nur durch unterschiedliche Strategien erreicht werden kann. Das „klassische Instrument" der Grünplanung – der Ausbau von Grünanlagen mit städtischen Haushaltsmitteln – steht hierfür nur noch in sehr begrenztem Maße zur Verfügung. Der Umsetzung der Pläne mit Hilfe des Landschaftsplans sind andererseits eben-

Links: Ausgleichskonzept Rheinauen als Grundlage für die Kompensation von Eingriffen in Natur und Landschaft durch das Hochwasserschutzkonzept
Entwurf: ALG 1997

Rechts: Entwurf Flächennutzungsplan Rondorf-Meschenich-Immendorf. Festlegung von Grünzügen als Kompensationsflächenpool
Entwurf: Stadtplanungsamt 2000

falls Grenzen gesetzt. Das einzig wirkungsvolle Instrument, das zur Zeit zur Verfügung steht, ist die Eingriffsregelung der Naturschutzgesetzgebung und die damit verbundene Verpflichtung zur Schaffung von Ausgleichsflächen. Aus diesem Grunde lag es nahe, die Grünzüge und Landschaftsräume, die vom Äußeren Grüngürtel ausgehend bis an die Stadtgrenze geplant sind, als Schwerpunkträume für Kompensationsmaßnahmen auszuweisen. Die Lenkung in bestimmte Räume ist sowohl aus städtebaulichen Gründen sinnvoll, da hierdurch die Belegung von städtebaulich bedeutenden Flächen verhindert werden kann, zum anderen liegt der Vorteil aus freiraumplanerischer Sicht darin, dass die geplanten Maßnahmen in Räume geleitet werden können, die für die Grünentwicklung und den Biotopverbund von Bedeutung sind.

Verbunden mit der Festlegung dieses Kompensationsflächenpools ist die Aufstellung eines umfassenden Kompensationskonzeptes, auf das in diesem Zusammenhang nicht näher eingegangen werden kann. Hervorzuheben ist jedoch, dass bei der Festlegung der Schwerpunkträume die Belange der Landwirtschaft in besonderer Weise berücksichtigt wurden. Aus diesem Grund wurden die Auenbereiche des Rheins[9], die Naturschutzgebiete sowie großflächige Landschaftsbestandteile als so genannte Aufwertungsbereiche, in denen Ausgleichsmaßnahmen im Sinne einer Biotoppflege durchgeführt werden können, ausgewiesen.

Für die weitere Umsetzung des Poolkonzeptes sowie für die langfristige Sicherung der geplanten Landschaftsräume und Grünzuge ist deren planungsrechtliche Sicherung durch die Bauleitpläne von besonderer Bedeutung. Da von Seiten des Stadtplanungsamtes eine Neuaufstellung des gesamten Flächennutzungsplans von 1980 nicht beabsichtigt war, soll dieser lediglich in den Teilgebieten, in denen die

Oben und Mitte:
Planungskonzept für den
Grünzug West als Vorgabe
für den Bebauungsplan
Entwurf: ALG 1997

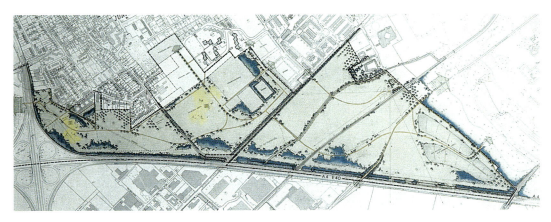

Schwerpunktbereiche vorgesehen sind, geändert werden. Die Aufarbeitung der planerischen Vorgaben findet im Rahmen so genannter „integrierter Raumanalysen" statt. Hierbei werden sowohl die umweltrelevanten und freiraumplanerischen als auch die städtebaulichen Aspekte in dem jeweiligen Planungsraum umfassend aufgearbeitet und bewertet. Die Ergebnisse der Analyse werden in einem Planungskonzept zusammengeführt und als Grundlage für die Flächennutzungsplanänderung politisch diskutiert. Zur Zeit ist die Änderung des Flächennutzungsplans für den Landschaftsraum Meschenich im Verfahren. Für den geplanten Grünzug West ist die Aufstellung eines Bebauungsplans eingeleitet, da hier weiterführende städtebauliche Aspekte zu berücksichtigen sind.

Im rechtsrheinischen Stadtgebiet wird aufgrund der hier beschriebenen Vorgehensweise der seit Mitte der 1980er-Jahre geplante Grünzug Zündorf/Wahn in den nächsten Jahren realisiert. Dies ist möglich, da die gesamten Ausgleichsmaßnahmen für die ICE-Neubaustrecke Köln-Frankfurt in diesem Raum konzentriert wurden. Neben dem Grünzug Zündorf/Wahn sind im rechtsrheinischen Stadtgebiet die Landschaftsräume Brück, Mielenforst und Flittard/Dünnwald als Schwerpunktgebiete für Kompensationsmaßnahmen ausgewiesen.

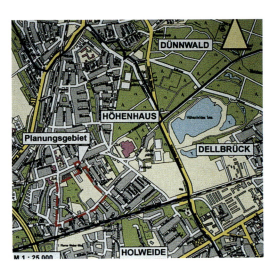

Links: Grünzug Zündorf/
Wahn. Festgelegte Kompensationsflächen (gelb)
Grafik: ALG 1998

Rechts: Über den landschaftspflegerischen Fachbeitrag werden die grünplanerischen Ziele in den Bebauungsplan übernommen, hier im rechtsrheinischen Köln
Foto: Archiv ALG, 1998

9. Zukunft des Großstadtgrüns

Neubaugebiete Oberiddelsfeld (oben) und Donewald (unten). Die im Bebauungsplan festgelegten Grünflächen haben zugleich die Funktion von Ausgleichsflächen. Entwurf 1998
Foto: Archiv ALG

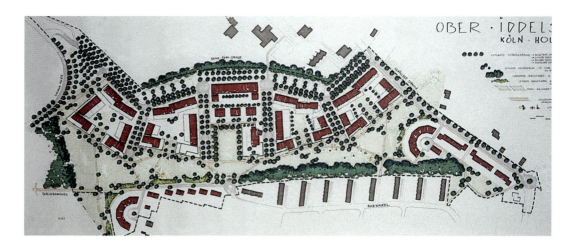

Die Konzentration der künftigen rechtsrheinschen Freiraumentwicklung auf die radial ausgerichteten Landschaftsräume stellt eine Abkehr von der Grünplanung der 1980er-Jahre dar. Diese hatte den Schwerpunkt auf die Entwicklung des Grüngürtels gelegt. Hintergrund für diese Wende ist die Beobachtung, dass die Siedlungsstruktur im rechtsrheinischen Stadtgebiet wesentlich stärker radial ausgerichtet ist als die linksrheinische. Schon Alfred Stooß hatte 1915 im Rahmen einer städtebaulichen Denkschrift auf diese Tatsache hingewiesen.[10] Eine im Jahre 1998 vom Stadtplanungsamt aufgestellte Studie zur weiteren städtebaulichen Entwicklung des rechtsrheinischen Stadtgebietes bestätigt dies.[11]

Ergänzend zur Weiterentwicklung des gesamstädtischen Grünsystems werden weiterhin Ansätze verfolgt, welche die Notwendigkeit aufgreifen, die Grünausstattung in „unterversorgten" Stadtteilen zu verbessern. Als Grundlage wurde hierfür zunächst in Zusammenarbeit mit dem Amt für Statistik und Einwohnerwesen eine Untersuchung des Grünflächenbestandes durchgeführt,[12] um Angaben über die bestehende Freiflächenversorgung der einzelnen Stadtteile zu ermitteln. Da die Funktion von Freiflächen aber nicht allein über deren bloße Existenz erfasst werden kann, erfolgte über eine quantitativ ausgerichtete Beschreibung der Bestandssituation hinaus auch eine Bewertung der Flächen hinsichtlich ihrer tatsächlichen Nutzbarkeit für Freizeit und Erholung.

Die Analyse stützt sich auf die Verknüpfung der digital erfassten Bestandsdaten des Grünflächenamtes mit den Bevölkerungsdaten des Amtes für Statistik und Einwohnerwesen. Die Bewertung der Freiflächenversorgung wird anhand einer Ordinalskala („unter-, über-, durchschnittlich") vorgenommen und ermöglicht so das Aufzeigen von Defiziten in den jeweiligen Stadtgebieten bzw. Bezirken.

Durch die vorliegende Analyse wurde eine Planungsgrundlage geschaffen, mit der sich die künftige Freiraumentwicklung nicht nur fachlich begründen, sondern auch planerisch steuern lässt.

Die Ergebnisse dieser Untersuchung bildeten die Grundlage für ein Projekt, das sowohl stadtstrukturell als auch im Hinblick auf die Verbesserung der Grünsituation in der südlichen Innenstadt von großer Bedeutung ist. Mit dem Vorhaben, die Großmarkthalle in Raderberg mittelfristig an einen anderen Ort zu verlegen, entsteht die einmalige Chance, den Inneren Grüngürtel im Süden bis an den Rhein zu führen. In enger Zusammenarbeit mit dem Stadtplanungsamt wurde deshalb 1998 eine erste städtebauliche Konzeption für das mit dem Arbeitstitel „Grüntangente Süd" bezeichnete Projekt erarbeitet und dem Rat der Stadt vorgelegt. Dieser sprach sich für das Vorhaben aus und beauftragte die Verwaltung mit der Umsetzung im Rahmen der Städtebauförderung des Landes Nordrhein-Westfalen. Aufgrund der vorhandenen baulichen Strukturen kann ein solches „Jahrhundertprojekt" allerdings nicht in einem Zuge umgesetzt werden, sondern bedarf vieler kleiner Schritte. Eine erste Möglichkeit eröffnete sich im Zusammenhang mit der Umnutzung des ehemaligen Straßenbahndepots zwischen der Bonner und der Koblenzer Straße. Das für dieses Gebiet aufgestellte städtebauliche Planungskonzept sah zunächst keine nennenswerten Grünflächen vor, im Zuge des weiteren Planverfahrens konnte jedoch der Gedanke der künftigen Grün-

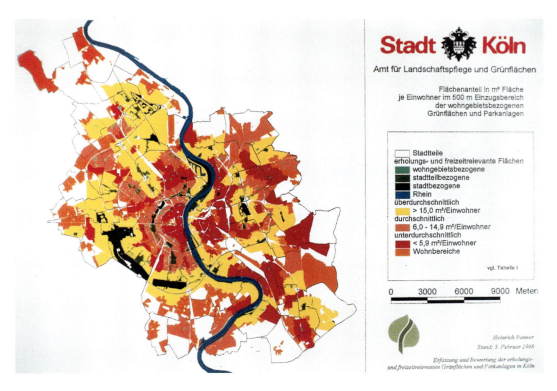

Flächenmäßiger Anteil von wohngebietsbezogenen Grünflächen je Einwohner im Februar 1998
Plan: Archiv ALG

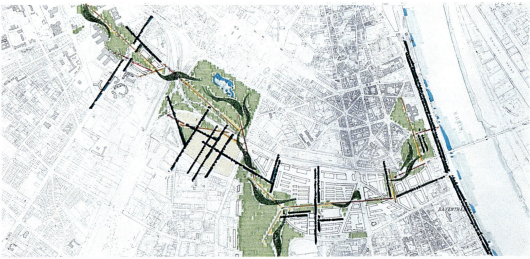

„Grüntangente Süd": Konzept zur Fortführung des Inneren Grüngürtels von 1998
Entwurf: ALG, Stadtplanungsamt

tangente im Bebauungsplan festgesetzt werden. Eine vergleichbare Situation besteht im Bereich des Eifelwalls, wo ebenfalls eine zusammenhängende Fläche zur Umnutzung ansteht. Auch hier weist das städtebauliche Planungskonzept einen Grünzug als Verlängerung des Inneren Grüngürtels aus. Für das unmittelbar anschließende Gelände des Stadion Süd ist die Umsetzung der Grünplanung in Vorbereitung. Das Projekt „Grüntangente Süd" weist gewisse Parallelen zur Entstehung des Inneren Grüngürtels auf. In beiden Fällen waren für das Plangebiet schon gewisse Bodenwerte entweder durch einen vorliegenden Bebauungsplan oder aufgrund der vorhandenen Bebauung vorgegeben. Die langfristig angelegte Umsetzung der Fortführung des Inneren Grüngürtels kann deshalb nur im Rahmen der Bauleitplanung, also im gemeinsamen Konsens mit der Stadtplanung und der kommunalen Politik gelingen.

Das Beispiel der „Grüntangente Süd" unterstreicht die eingangs formulierte These, dass auch in Zeiten knapper Ressourcen informelle bzw. konzeptionelle Planungen unerlässlich sind, selbst wenn eine Realisierung nicht unmittelbar möglich erscheint.[13] Dasselbe lässt sich auch anhand der 1995 vom Rat der Stadt Köln beschlossenen Grünkonzeption für den Stadtteil Deutz verdeutlichen. Im Rahmen dieses Konzeptes wird das Gelände des ehemaligen Straßenbahnbetriebshofes zwischen Kalker und Gummersbacher Straße unter Einbeziehung des alten Deutzer Friedhofes als neuer Stadtteilpark ausgewiesen. Eine Umsetzung dieser Festsetzung mit Hilfe städtischer Finanzen wäre nur langfristig möglich

Oben: Planungskonzept „Grüntangente Süd" zwischen Bonner Straße und Rhein vom November 1998

Rechts: Grünkonzept Deutz – Maßnahmenplan
Entwurf: ALG 1995

gewesen. Mit Hilfe der Stadtsparkasse Köln gelang es aber, die ca. zwei Hektar große Fläche als Grünanlage für die Deutzer Bevölkerung auszubauen. Im Rahmen einer Vereinbarung hat sich die Stadtsparkasse verpflichtet, die Grünanlage auf der ihr zur Verfügung gestellten Fläche zu planen, auszubauen und für einen Zeitraum von zehn Jahren auch zu unterhalten.[14] Die Stadtsparkasse dokumentiert mit diesem Projekt zum einen ihre Verantwortung und ihr Engagement für den Standort Köln, zum anderen aber auch ihre Verantwortung gegenüber der Umwelt. Der inzwischen fertiggestellte Pyramidenpark veranschaulicht dieses neue Bewusstsein.

Schlussbetrachtung

Köln verfügt über ein Grünsystem, das in seiner Ausbildung und konsequenten Weiterentwicklung von seinen Anfängen bis heute in eindrucksvoller Weise die jeweiligen städtebaulichen und grünplanerischen Vorstellungen widerspiegelt. In keiner anderen Großstadt im deutschsprachigen Raum konnte dies in vergleichbarem Umfang umgesetzt werden. Die Ausführungen haben gezeigt, dass die Grünverwaltung über den gesamten Zeitraum hinweg alles daran gesetzt hat, dieses Erbe zu pflegen und weiterzuentwickeln. Auch wenn sich die Inhalte und die zur Verfügung stehenden Instrumente geändert haben, hat sich die Grundstruktur des gesamten Systems bis heute als tragfähig erwiesen.

Mit diesem Grünsystem und seinen einzelnen Bestandteilen verfügt die Stadt Köln über ein Pfund, mit dem sie wuchern kann. Die offensive Darstellung dieses positiven Standortfaktors muss vermehrt Aufgabe der städtischen Werbung nach innen und außen sein.

Die aktuelle öffentliche Diskussion weist auf erste Ansätze einer Veränderung hin, jedoch darf diese Diskussion nicht nur auf den Aspekt der Pflege und Unterhaltung der Grünflächen beschränkt bleiben.

Plakat der Stadtsparkasse Köln zur Eröffnung des Pyramidenparks 2000
Quelle: Archiv ALG

Oben und unten:
Pyramidenpark in Deutz
Fotos: J. Bauer, 2000

Der Schutz und die Entwicklung von Natur und Landschaft sowie die Sicherung und Ausweisung neuer Grünflächen sind in einer stetig wachsenden Stadt wie Köln ebenso von Bedeutung.
Mit der Voraussicht unserer Vorgänger sollte unser Wirken für die kommenden Generationen verbunden sein, „denn sie werden den Segen des heutigen mühevollen Schaffens voll empfinden." [15]

1 vgl. Bauer, J.: Entwicklung städtischer Freiflächensysteme als integraler Bestandteil des Städtebaus, 1850-1930. Schriftenreihe des Fachbereichs Landschaftsarchitektur und Umweltentwicklung der Universität Hannover, Bd. 45, Hannover, 1996
2 vgl. Bauer, J./ Stratmann, U.: Das Kölner Grün- und Freiflächensystem. In: Stadt und Grün, 46. Jg., 1997, Teil 1 – Heft 8, S. 543-551, Teil 2 – Heft 9, S.667-672
3 STADT KÖLN (Hrsg.): Das neue Köln – Ein Vorentwurf. Köln 1950, S. 3-64
4 vgl. STADT KÖLN – Der Oberstadtdirektor (Dezernat für Stadtentwicklung) (Hrsg.): Köln – Stadtentwicklungsplanung – Gesamtkonzept. 1978
5 vgl. STADT KÖLN – Der Oberstadtdirektor (Dezernat für Stadtentwicklung) (Hrsg.): Köln – Stadtentwicklungsplanung – Gesamtkonzept (C 10: 8). 1978
6 STADT KÖLN – Der Oberstadtdirektor (Stadtplanungsamt) (Hrsg.): Flächennutzungsplan 1980-1995. 1995
7 Bauer, J.: Aktuelle Freiraumplanung und deren stadtstrukturelle Bedeutung. In: Fritz-Schumacher-Gesellschaft e.V. (Hrsg.): Fritz Schumacher in Köln. Rückblick und Perspektiven. Schriftenreihe der Fritz-Schumacher-Gesellschaft e.V. Band 8. Hamburg 2000, S.103-116
8 vgl. STADT KÖLN – Verwaltungsbericht 1996
9 Bauer, J.: Entwicklung der Rheinauen – ein Beitrag zum Hochwasserschutz in Köln. In: Stadt Köln (Hrsg.): Abwasserforum Köln. 9. Ausgabe, Oktober, 2000, S.19-26
10 Stooß, A.: Denkschrift zu dem generellen Bebauungsplan des rechtsrheinischen Stadtgebietes. Köln 1915
11 vgl. Stadtplanungsamt der Stadt Köln: Städtebaulicher Orientierungsrahmen für das rechtsrheinische Köln. 1998
12 Landeshauptstadt München (Hg.): Erholungsrelevante Freiflächenversorgung für das Stadtgebiet. Schriftenreihe zur Stadtentwicklung, Bd. C 1. München 1995
13 Bauer, J.: Neue Grünflächen und Kleingärten. In: Architekten- und Ingenieurverein Köln e.V. (Hrsg.): Köln – Seine Bauten 2000. Köln 2000, S.132-137,
14 Im Auftrag der Stadtsparkasse Köln wurde das Landschaftsarchitekturbüro Grüner Winkel / Nümbrecht mit der Planung und Bauleitung des Projektes betraut.
15 Encke, F.: Die Grünanlagen der Stadt Köln. Verkehrsamt der Stadt Köln (Hrsg.) o.D., S. 51

9. Zukunft des Großstadtgrüns

Umgang mit dem historischen Erbe

Joachim Bauer

Im Unterschied zu vielen anderen Großstädten gibt es in Köln keine öffentlichen Parkanlagen, die vor dem 19. Jahrhundert angelegt wurden. Dennoch sind viele der Grünanlagen unter Denkmalschutz gestellt. Hierzu zählen sowohl der Stadtgarten, die älteste Anlage der Stadt, als auch die ausgedehnten Grünflächen des Inneren und Äußeren Grüngürtels, eine Vielzahl von Platzanlagen und Volksparks aus der Amtszeit von Fritz Encke sowie einige Grünanlagen aus den 1950er-Jahren, wie zum Beispiel der Rheinpark.

Der Erhalt und die Sicherung dieser historischen Anlagen ist eine der wesentlichsten Aufgabe der Gartenverwaltung.[1] Eine fachgerechte Pflege und Unterhaltung gewährt ihren Fortbestand über einen langen Zeitraum hinweg. Dennoch unterliegen die baulichen und insbesondere die pflanzlichen Elemente einer Vielzahl von äußeren Einflüssen, die im Laufe der Zeit zu Veränderungen oder zum Zerfall der gesamten Anlage führen.

Mit der Einrichtung des Amtes des Stadtkonservators im Jahre 1912 hat die Stadt schon früh ihre Verantwortung für die historischen Baudenkmale Kölns zum Ausdruck gebracht. Spätestens seit Einführung des Denkmalschutzgesetzes im Jahre 1980 ist auch die denkmalpflegerische Bedeutung historischer Gartendenkmale allgemein erkannt. Das sich in der Folge daraus entwickelnde Aufgabengebiet der Gartendenkmalpflege findet in der Gartenverwaltung erstmals Mitte der 1980er-Jahre seinen konzeptionellen Niederschlag. Im Rahmen einer Arbeitsbeschaffungsmaßnahme wurde 1984 das Programm „Historische Gärten" gestartet. Die ersten Anlagen, die in diesem Zusammenhang untersucht und saniert wurden, waren der Humboldt- und der Klettenbergpark.[2] Besondere Aufmerksamkeit rief die Sanierung des Stammheimer Schlossparks hervor, die auf der Grundlage eines wieder entdeckten Weyhe-Plans von 1831 durchgeführt wurde.[3] Die positive Resonanz in der Öffentlichkeit sowie die sich immer deutlicher abzeichnenden Defizite in der Grünunterhaltung führten zu der Prognose, dass die Pflege der historischen Anlagen ein „Schwerpunkt zukünftiger grünplanerischer und grünpflegerischer Arbeit" werden würde. Die Grundlage für die künftige Pflege der Grünflächen sollte in „Parkpflegewerken" dargestellt werden: „Sie sollen ... alle Vorgaben enthalten, aus denen Pflegerichtlinien in Form von technischen Weisungen abgeleitet werden können."[4]

Dieses ehrgeizige Ziel konnte jedoch nur in Ansätzen erreicht werden. Zum einen zeigte sich, dass die Aufstellung solcher Parkpflegewerke sowie die Aufarbeitung des historischen Grundlagenmaterials nur mit einem hohen personellen oder finanziellen Auf-

Sanierung der Treppenanlage am Karl-Schwering-Platz - Zustand vorher und nachher
Fotos: J. Bauer, 1997

Links: Volkspark Raderthal. Die historische Bausubstanz, die intakt ist, bleibt erhalten.

Rechts: Wiederhergestellte Grundstruktur des Karl-Schwering-Platzes
Fotos: J. Bauer, 1997

wand betrieben werden konnte, zum anderen stellte die stetig zunehmende Reduzierung des Pflege- und Unterhaltungspersonals die Umsetzung der vorgesehenen Maßnahmen in Frage. Gleichzeitig wurde jedoch auch deutlich, dass sich der zeitbedingte Verfall der baulichen und pflanzlichen Elemente historischer Parkanlagen, nicht zuletzt durch einen zunehmenden Nutzungsdruck, weiter fortsetzte.

Unter diesen Voraussetzungen verfolgt das Amt für Landschaftspflege und Grünflächen zwei Ansätze, um seiner Verantwortung gegenüber dem historischen Erbe gerecht zu werden: erstens die Erstellung von Pflege- und Entwicklungskonzepten für große Parkanlagen sowie zweitens die Durchführung von Einzelsanierungen. Für große und zusammenhängende Grünflächen werden Pflege- und Entwicklungskonzepte erarbeitet. Die inhaltliche Ausrichtung dieser Konzepte beschränkt sich nicht nur auf die Betrachtung rein gartendenkmalpflegerischer Aspekte, sondern bezieht auch städtebauliche, grünplanerische, ökologische und nutzungsorientierte Gesichtspunkte mit ein. Das heißt, dass auch der Aspekt der Entwicklung einer Grünanlage sowie deren Anpassung an veränderte Nutzungsansprüche in die Untersuchung mit einfließen.

Diese Vorgehensweise eröffnet zugleich auch ganz andere Finanzierungsmöglichkeiten, denn je nach Gewichtung der einzelnen Aspekte können nun unterschiedliche Finanzmittel eingesetzt werden. So können die nur in geringem Umfang zur Verfügung stehenden Landesmittel der Denkmalpflege gezielt für die Sanierung der historischen Substanz verwendet werden, ökologisch bedeutsame Maßnahmen dagegen über Fördermittel der Landschaftspläne oder mit Ersatzgeldern umgesetzt werden. Darüber hinaus bietet das Pflege- und Entwicklungskonzept die Möglichkeit, die geringen eigenen Haushaltsmittel effektiv für die Maßnahmen einzusetzen, für die keine Finanzierung durch Fremdmittel erfolgt.

Neben den großflächigen Grünanlagen des Äußeren und Inneren Grüngürtels und des Stadtwaldes besitzt Köln eine Vielzahl von Volksparks und kleineren Grünanlagen. Charakteristisch für diese Anlagen ist zumeist deren Aufteilung in einen größeren landschaftlichen und einen kleinräumigeren, meist architektonisch gestalteten Teil. Da in letztgenannten eine Vielzahl von baulichen Elementen wie Mauern, Treppen, Wasserbecken oder Einfassungen vorhanden ist, ist der Sanierungsbedarf hier besonders hoch. Die Aufstellung von umfangreichen und umfassenden Gutachten und Konzepten ist in diesen Fällen nicht angebracht, da die zu berücksichtigenden Aspekte nicht so differenziert und vielschichtig sind. Aus diesem Grund wurde zum Erhalt und zur Sicherung der Anlagen eine andere Vorgehensweise gewählt.

In enger Zusammenarbeit mit dem Stadtkonservator werden nunmehr lediglich konkrete Ausführungspläne für die Sanierung der jeweiligen Anlage erarbeitet. Grundvoraussetzung hierfür ist jedoch, dass ausreichendes Quellenmaterial über den historischen Zustand der Anlage zur Verfügung steht. Der Vorteil dieser Vorgehensweise besteht in dem geringeren Bearbeitungs- und dem reduzierten Zeitaufwand. Die Zielsetzung dieser Ausführungspläne liegt zum einen in der Sicherung und Sanierung der vorhandenen historischen Substanz, zum anderen aber auch darin, dass bei gesicherter Quellenlage die Grundstruktur der Anlage, wie Wegeführung oder Beetaufteilung, wiederhergestellt wird.

Da solche Sanierungsmaßnahmen vornehmlich baulicher Art sind, können zunächst nur die eigenen Haushaltsmittel eingesetzt werden. Trotz der begrenzten finanziellen Ressourcen wurden in den letzten Jahren eine Reihe von Anlagen wie der Karl-Schwering-Platz, der Friedens- und Vorgebirgspark, der Volkspark Raderthal, die Alhambra, der Lortzingplatz sowie der Felsengarten am Fort Deckstein umfassend saniert.

Wiederherstellung der Trockenmauer im Friedenspark
Links: Erste Sicherungsarbeiten 1996
Rechts: Nach der Sanierung, 1998
Fotos: J. Bauer

Sanierung der „Alhambra" im Inneren Grüngürtel
Foto: J. Bauer, 1999

Karl-Schwering-Platz nach der Sanierung
Foto J. Bauer, 1998

Pflege- und Entwicklungskonzept Äußerer Grüngürtel (Süd)

Die Erarbeitung eines Pflege- und Entwicklungskonzeptes wurde erstmals 1991 am Beispiel des Äußeren Grüngürtels (Süd) durchgeführt.[5] Da von vornherein eine übergreifende inhaltliche Ausrichtung des Konzeptes vorgesehen war, wurde das Projekt vom Land Nordrhein-Westfalen und der Bezirksregierung Köln gefördert. Mit der Bearbeitung wurde das Institut für Grünplanung und Gartenarchitektur der Universität Hannover beauftragt.[6]

Ziel der Untersuchung war es, für den zwischen 1927 und 1929 ausgebauten südlichen Bereich des Äußeren Grüngürtels ein Gesamtkonzept zu erarbeiten, das sowohl Anhaltspunkte für die künftige Entwicklung des Grüngürtels als auch konkrete Aussagen zu Wiederherstellungs- und Pflegemaßnahmen aufzeigen sollte.

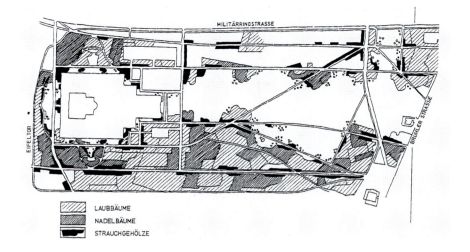

Grafische Auswertung historischer Pflanzpläne – Abschnitt Kalscheurer Weiher. Deutlich erkennbar die Anordnung der Strauchplanzungen.
Quelle: ALG

Äußerer Grüngürtel, Abschnitt Süd: Die Auswertung verschiedener Luftaufnahmen von 1945 bis 1990 zeigt die Flächen, die im Laufe der Jahrzehnte verloren gingen (dunkel) sowie die, die hinzugekommen sind (gelb).
Aus: Pflege- und Entwicklungskonzept des Äußeren Grüngürtels, 1991, Karte 7.1

Die Notwendigkeit zur Erarbeitung einer solchen Konzeption ergab sich vordringlich durch die vielfältigen Eingriffe und Veränderungen, zu denen es seit Fertigstellung des Äußeren Grüngürtels gekommen war. Diese stellen nicht nur funktional und gestalterisch eine Abweichung von dem ursprünglichen Entwurf dar, sondern beeinträchtigen auch das gesamte Untersuchungsgebiet in seiner heutigen Nutzbarkeit. Hinzu kam der Umstand, dass nach mehr als 60-jährigem Wachstum und durch wechselnde Nutzungsansprüche insbesondere die Vegetationsflächen und Gehölzbestände einen Zustand erreicht hatten, der durch die üblichen Pflegemethoden nicht mehr im Sinne der zugrunde liegenden Raumkonzeption erhalten oder angemessen weiterentwickelt werden konnte.

Die erfolgte Ausweisung als Landschaftsschutzgebiet, forstwirtschaftliche Pflegepläne für die Waldbestände sowie denkmalpflegerische Einzelüberlegungen zeigen zwar das Bemühen auf, hier bewah-

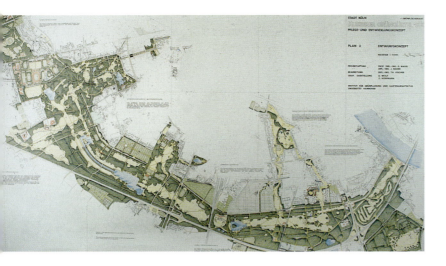

Entwurfskonzept als Grundlage für die weitere Entwicklung des Äußeren Grüngürtels, rechts der Ausschnitt Decksteiner Weiher
Beide Pläne aus: Pflege- und Entwicklungskonzept Äußerer Grüngürtel, 1991

rend und steuernd einzugreifen, doch ist auf diese Weise nur eine Optimierung der jeweils spezifischen Aspekte einzelner Fachbeiträge durchzusetzen. Eine Betrachtung übergreifender und umfassender Bedingungen kann auf diese Weise nicht stattfinden. Für das zu untersuchende Gebiet, das einen wesentlichen Teilbereich des gesamten zusammenhängenden Grünsystems der Stadt Köln darstellt, musste deshalb ein integrativer Ansatz gefunden werden, der sowohl Aspekte der veränderten Nutzungsanforderungen als auch dem Erhalt ökologischer Wirksamkeiten gerecht wird und diese zu einer der Gesamtanlage angemessenen Gestalt verbinden konnte. Einem solchen integrativen Ansatz folgend, konnte sich die Betrachtung nicht ausschließlich auf die eigentliche Grünfläche beschränken, vielmehr wurden auch historische Aspekte sowie übergreifende städtebauliche Gesichtspunkte gleichwertig behandelt und zu einem Gesamtkonzept zusammengeführt.

Da es sich beim Äußeren Grüngürtel um einen Bereich handelt, der nicht nur aufgrund der städtebaulichen Situation, sondern auch wegen der beteiligten Städtebauer und Gartenarchitekten als ein bedeutendes Beispiel der Geschichte des Städtebaus und der Gartenkunst anzusehen ist, ergab sich zunächst die Notwendigkeit einer umfangreichen Literatur- und Quellenanalyse. Diese sollte Aufschluss über die funktionalen und gestalterischen Absichten der jeweiligen Verfasser sowie den genauen Ausbauzustand des Äußeren Grüngürtels nach seiner Fertigstellung im Jahre 1929 geben.

Eine Auswertung der allgemein zugänglichen Literatur erwies sich für einen Einstieg in die Thematik als recht hilfreich, konnte aber die gewünschten detaillierten Erkenntnisse im Ganzen nicht erbringen. Wesentlich aufschlussreicher war hingegen die Auswertung verschiedenen Quellenmaterials, das im Rahmen dieser Untersuchung zum Teil erstmals analysiert werden konnte. Waren die für nahezu das gesamte Gebiet vorhandenen Entwurfspläne im Maßstab 1:2 500 [7] in wesentlichen Aspekten nur bedingt aussagekräftig, konnten durch eine Auswertung von Luftbildaufnahmen verschiedener Jahrgänge präzisere Angaben gewonnen werden. Die frühesten Aufnahmen aus dem Jahre 1928, also noch während der Ausbauphase, sowie erstmals freigegebenes Material aus dem Jahre 1945 bildeten die Basis, auf der die Jahre 1951, 1959, 1970 und 1987 miteinander verglichen wurden.

Mit Hilfe dieser Methode und der grafischen Darstellung der Ergebnisse war es auf eindrucksvolle Weise möglich, die Entwicklung des gesamten Untersuchungsgebietes von seiner Fertigstellung bis heute aufzuzeigen und gleichzeitig die Substanzverluste und Ergänzungen zu verdeutlichen. Es wurde sichtbar, dass es zum Teil zu wesentlichen Eingriffen in die räumliche Struktur der historischen Anlagen und zu erheblichen Flächenverlusten gekommen war, insbesondere in den Bereichen der für Schumacher so wichtigen radialen Grünverbindungen. Aus dieser Rekonstruktion ergab sich nicht nur die Forderung nach Erhalt und einem weiteren Ausbau der radialen Grünverbindungen, sondern es konnten daraus auch konkrete Maßnahmen zur Wiederherstellung der ursprünglichen Raumstruktur, zum Beispiel durch Öffnen zugewachsener Sichtschneisen oder Ergänzung der Waldränder, abgeleitet werden.

Neben diesen Luftaufnahmen waren es besonders die erstmals ausgewerteten Ausbau- und Pflanzpläne

im Maßstab 1:1000, die zu genaueren Aussagen über die ursprüngliche Gestaltung des Äußeren Grüngürtels führten. Vor allem durch die Auswertung der Pflanzpläne gelang es zum ersten Mal, die ursprüngliche Konzeption und die Zusammensetzung der Gehölzpflanzungen zu verdeutlichen, gleichzeitig aber auch die Veränderungen zur heutigen Situation aufzuzeigen. So wurde nachgewiesen, dass die Zusammensetzung der Waldbestände nicht nur nach gestalterischen Gesichtspunkten, sondern in besonderem Maße in Abhängigkeit zu den jeweiligen Bodenverhältnissen erfolgt war. Der ursprüngliche Charakter der Nadel- und Laubwaldbestände ist im Großen und Ganzen bis heute erhalten geblieben, die zum Teil umfangreichen Strauchpflanzungen dagegen sind nur noch in Relikten vorhanden. Dieser Verlust bedeutet nicht nur eine Reduzierung des Blüh- und Schmuckaspektes in den intensiver gestalteten Bereichen, sondern wirkt sich zum Teil auch räumlich durch das Fehlen von „inneren Rändern" entlang der Wege in den Waldbeständen aus. Hieraus abgeleitet stellt sich die Forderung nach einer gezielten Wiederherstellung einzelner Partien, aber auch nach einer stärkeren Berücksichtigung und Umsetzung dieser Gestaltungsintentionen im Rahmen der forstlichen Pflegepläne.

War die eingehende Analyse der denkmalpflegerischen Aspekte sowohl zum Verständnis der gesamten Anlage als auch zur Begründung konkreter Wiederherstellungsmaßnahmen unbedingt notwendig, konnte die Untersuchung im Sinne des integrativen Ansatzes hierauf jedoch nicht beschränkt bleiben. Es bedurfte vielmehr einer Konzeption, die sowohl die vorhandenen als auch die aus denkmalpflegerischer Sicht wiederherzustellenden historischen Strukturen in Einklang mit den heutigen Nutzungsanforderungen bringt. Die hierfür notwendige Erfassung der heutigen Situation sowie der relevanten Rahmenbedingungen erforderte zunächst eine Unterteilung in zwei Maßstabsebenen: eine städtebauliche Ebene (M 1:25 000 bzw. 1:10 000) und eine Bestandsebene (M 1:5 000), die sich auf die eigentlichen Grünflächen bezog.

Die städtebauliche Bedeutung ergibt sich vor allem aus der Tatsache, dass der Äußere Grüngürtel wesentlicher Bestandteil des gesamten Kölner Grünsystems ist, das nicht nur vielfältige Verflechtungen mit der angrenzenden Bebauungsstruktur, sondern auch mit dem weiteren Umland aufweist. Diese Verflechtungen galt es zunächst aufzuzeigen, darüber hinaus aber auch auf die schwächsten Glieder des Systems aufmerksam zu machen und für diese einen verstärkten Schutz zu fordern.

Auf die Aspekte der städtebaulichen Untersuchung kann in diesem Zusammenhang nicht einzeln eingegangen werden, es wurde aber deutlich, dass die Verwirklichung einer Pflege- und Entwicklungskonzeption für das engere Untersuchungsgebiet nur im Rahmen der gesamten Stadtplanung sinnvoll zu verwirklichen ist. Ohne die Einbindung in den gesamtstädtischen Zusammenhang sind auch die im folgenden darzustellenden strukturellen und funktionalen Verbesserungen der eigentlichen Grünfläche nur bedingt wirksam.

Bei der Erarbeitung konkreter Maßnahmen und Konzepte auf dieser Ebene zeigte sich, wie auch schon bei der denkmalpflegerischen Analyse, dass aufgrund der eingehenden Analyse der vorgefundenen Situation neue Erkenntnisse gewonnen werden konn-

Zugewachsene und wieder geöffnete Sichtschneisen im Äußeren Grüngürtel
Fotos: J. Bauer, 1995 und 1998

Nachpflanzung von Robinien am Decksteiner Fort, Foto: J. Bauer, 2000

Blick durch eine geöffnete Sichtschneise an der Hitzeler Straße in Richtung Bonner Verteiler Foto: J. Bauer, 2000

ten, die für das Verständnis der gesamten Anlage von großer Bedeutung sind.

So machte eine grafische Darstellung der im Bereich des Äußeren Grüngürtels vorhandenen Reliefsituation nicht nur die naturräumlichen Gegebenheiten deutlich, sondern veranschaulichte auch erhebliche Bodenmodellierungen, die vornehmlich aus gestalterischen Absichten heraus vorgenommen wurden. Diese für Kölner Verhältnisse stark strukturierte Reliefsituation wird zum einen durch den Übergang von der Nieder- zur Mittelterrasse, der zum Teil einen Höhenunterschied von bis zu 10 m aufweist, hervorgerufen, zum anderen aber auch durch die Senken der ehemaligen Hochflutrinnen des Rheins. Auffallend ist, dass diese Senken gleichzeitig die Bereiche der radial ins Stadtinnere verlaufenden Grünzüge darstellen.

Neben diesen naturräumlichen Höhenunterschieden fallen vor allem diejenigen ins Auge, die aufgrund ihrer Lage und Ausformung bewusst unter gestalterischen Gesichtspunkten angelegt wurden. Diese zum Teil 5-8 m hohen, langgestreckten und auch annähernd kreisrunden Aufschüttungen sind vornehmlich aus dem Aushub der Wasserbecken entstanden und finden sich an besonders exponierten Stellen. Ein Vergleich mit den historischen Pflanz- und Ausbauplänen machte deutlich, dass diese heute vollkommen mit Gehölzen bewachsenen Erhebungen ursprünglich durch die Anlage von Wegen und Sichtschneisen als erhöhte Aussichtspunkte in die Gesamtgestaltung einbezogen worden waren.

Im Vergleich mit den Bodenverhältnissen konnten aus der Reliefsituation konkrete Forderungen für die künftige Entwicklung der Gehölzbestände abgeleitet werden. So zeigte sich, dass auf den vorherrschenden Braunerden der Niederterrasse der Anteil der Nadelgehölze in den Waldbeständen relativ hoch ist, auf den Parabraunerden der Mittelterrasse hingegen die Buche dominiert. Die Untersuchung der Gehölzbestände hinsichtlich ihrer Zusammensetzung und ihrer Altersstruktur, aber auch ihres Pflegezustandes nahm aufgrund der oben genannten

Aufforstung zur Wiederherstellung der ursprünglichen Raumstruktur im Äußeren Grüngürtel am Kalscheurer Weiher

Links: Unterpflanzung einer Birkengruppe in Nähe der Hitzeler Straße
Fotos: J. Bauer, 1999

Zielsetzung des Gutachtens einen breiten Rahmen ein. Aufbauend auf der schon erwähnten Auswertung der historischen Pflanzpläne, einer Erfassung des gesamten Bestandes als auch einer intensiven Auseinandersetzung mit vorhandenen Pflegekonzepten wurde ein Ziel- und Maßnahmenkatalog erarbeitet, der nicht nur der Bedeutung der Gehölzbestände für die Erholungsnutzung gerecht wird, sondern auch ihre vielfältigen Funktionen, wie den Lärm- und Immissionsschutz, sowie ihre Bedeutung für die Denkmalpflege berücksichtigt. Grundlegend für diese Zielsetzung sind die aus den historischen Pflanzplänen gewonnenen Gestaltungskriterien, die in Anpassung an die veränderten Nutzungs- und Pflegebedingungen die Leitlinien für die künftige Entwicklung der Gehölzbestände vorgeben.

In diesem Zusammenhang ist auf die Bedeutung des gesamten Grüngürtels und der Gehölzbestände für den Arten- und Biotopschutz hinzuweisen. Der auf ehemals intensiv genutzten landwirtschaftlichen Flächen angelegte Grüngürtel ist heute als eine ökologisch wertvolle Grünanlage einzustufen, deren Wert neben der Erhaltung und Sicherung von Boden, Wasser, Klima und Luft insbesondere in der Arten- und Strukturvielfalt sowie in der großräumigen Ausdehnung der Gesamtanlage zu sehen ist. Die Festsetzungen im Landschaftsplan, aber auch erste Versuche zur Biotopanreicherung und Extensivierung von Flächen müssen jedoch mit denkmalpflegerischen und nutzungsorientierten Aspekten abgestimmt werden, denn als große zusammenhängende Grünfläche ist der Äußere Grüngürtel vor allem Erholungsraum für die Kölner Bevölkerung.

Unter diesem Gesichtspunkt wurde die Bedeutung der fußläufigen Erreichbarkeit für die im Nahbereich wohnende Bevölkerung untersucht. Hierbei zeigte sich, dass einzelne Bereiche des Grüngürtels in günstiger Entfernung zu den Wohnquartieren liegen, andere dagegen schlechter zu erreichen sind. In Relation zu der Einwohnerzahl der angrenzenden Stadtteile lassen sich daraus Belastungen für bestimmte Bereiche ableiten, die Ansatzpunkte für planerische Maßnahmen bieten.

So wurde in Verbindung mit der Kartierung des gesamten Fuß-, Rad- und Reitwegenetzes deutlich, dass besonders in den wohnungsnahen Bereichen eine übergroße Dichte des Wegenetzes besteht und es dort aufgrund von Funktionsüberlagerungen und mangelnder Trennung zu erheblichen Konflikten kommt. Hieraus stellt sich die Forderung, dass neben einer Verbesserung der Wegeführung und des Ausbaustandards vordringlich die Funktionen Radfahren und Reiten in Bereiche verlagert werden müssen, die zu Fuß nicht so günstig zu erreichen sind. Dies kann jedoch nur umgesetzt werden, wenn gleichzeitig eine Verbesserung der Querbarkeit der radialen Straßen- und Schienentrassen in Form von Lichtsignalanlagen oder Brückenüberführungen geschaffen werden kann.

Die Nutzung des Grüngürtels für sportliche Aktivitäten war von vornherein integraler Bestandteil des Gesamtkonzeptes. Noch heute ist die räumliche Anordnung der einzelnen Sportanlagen im Sinne Schumachers und Nußbaums deutlich zu erkennen, doch sind sowohl die einzelnen Einrichtungen entlang der Militärringstraße als auch der zentrale Komplex des Sportparks Müngersdorf in ihrer Nutzbarkeit und der Durchlässigkeit inzwischen stark eingeschränkt. Vereinsgebundene Nutzung der Sportflächen und damit verbundene Folgebelastungen, zum Beispiel durch den ruhenden Verkehr, widersprechen nicht nur dem ursprünglichen Konzept, sondern führen auch zu starken Beeinträchtigungen der gesamten Erholungsnutzung.

Außer durch diese fest eingerichteten Sportstätten ist das Untersuchungsgebiet aber insbesondere durch die weiten, offenen Wiesenflächen geprägt, die Raum für Aktivitäten unterschiedlichster Art bieten. Bedingt durch die große Ausdehnung dieser Grünflächen können sich die verschiedenen Nutzungen

Frühling im Inneren Grüngürtel
Foto: J. Bauer, 2000

so verteilen, dass es weder zu sichtbaren Übernutzungserscheinungen noch zu Nutzungskonflikten kommt.

Im Rahmen dieser Ausführung ist es nicht möglich, auf die gesamte Bandbreite der inhaltlichen Ausrichtung des Gutachtens einzugehen; es sollte aber besonders auf die Notwendigkeit des verfolgten integrativen Ansatzes hingewiesen werden. Auf diesem Ansatz und der Analyse sowohl der denkmalpflegerischen, der städtebaulichen als auch der grünplanerischen Aspekte aufbauend, konnte ein Zielkonzept formuliert werden, das die Leitlinien für die künftige Entwicklung des Äußeren Grüngürtels vorgibt. Eine Unterteilung in Ziele unterschiedlicher Ordnung und Priorität weist auf die jeweilige Bedeutung für den Erhalt und die Funktionsfähigkeit des gesamten Grüngürtels hin. Hierdurch werden räumlich lokalisierbare Maßnahmenschwerpunkte festgelegt, die als Ansatzpunkte für die weitere Vorgehensweise dienen. Daraus entwickelt sich ein umfangreicher Maßnahmenkatalog, der ein praktikables Instrumentarium für konkrete Umsetzungen darstellt.

Abschließend werden die Aussagen des Zielkonzeptes sowie die Umsetzung der Maßnahmenvorschläge in einem Entwurfskonzept graphisch dargestellt. Dieses Entwurfskonzept bildet die Diskussionsgrundlage für die weitere Entwicklung des Äußeren Grüngürtels Süd.

Pflege- und Entwicklungskonzept Innerer Grüngürtel

Der Innere Grüngürtel, als zusammenhängendes Grünband vom Rhein bis zur Luxemburger Straße reichend, ist die größte Grünfläche in der Kölner Innenstadt.[8] Aufgrund seiner Lage zwischen dem Stadtzentrum und den Stadtteilen Nippes, Ehrenfeld und Lindenthal kommt ihm eine entscheidende Funktion zur Gliederung und Durchlüftung des verdichteten Stadtkörpers zu. Gleichzeitig ist der Grüngürtel Ausgangspunkt und zentrales Element des gesamtstädtischen Grünsystems.

Seine historische Bedeutung für die gesamte Stadtentwicklung sowie für die Entwicklung des Grüns begründen die Eintragung in die Denkmalschutzliste des Stadtkonservators. Die gleichzeitige Ausweisung als Landschaftsschutzgebiet weist auf die Bedeutung des zusammenhängenden Grünzugs für Flora und Fauna und den Naturhaushalt in der Stadtlandschaft hin. In erster Linie ist der Innere Grüngürtel aber eine Freifläche für die Bewohner der Innenstadt und der angrenzenden Stadtteile, die hier vielfältige Möglichkeiten zur Erholung und individueller Entfaltung im Grünen finden.

Die folgende Abhandlung über das im Jahre 1998 erarbeitete Pflege- und Entwicklungskonzept beschränkt sich im wesentlichen auf den historischen Teil des Inneren Grüngürtels zwischen Bachemer Straße und Herkulesberg. Der nördlich anschließende Bereich bis an den Rhein ist bis auf die Teilbereiche der Alhambra und des Forts X vornehmlich Anfang der 1980er-Jahre als Grünanlage ausgebaut worden, sodass die Aufstellung eines Sanierungsplans zur Zeit nicht erforderlich ist.

Für den Untersuchungsabschnitt dagegen bestand aufgrund des hohen Nutzungsdrucks sowie veränderter Pflege- und Unterhaltungsmöglichkeiten 73 Jahre nach seiner Fertigstellung die Notwendigkeit zur Erarbeitung einer Pflege- und Entwicklungskon-

Nachpflanzung von Säulenpappeln am Kalscheurer Weiher
Foto: J. Bauer, 2000

Planungskonzept für die Umgestaltung des Inneren Gürtels aus dem Jahre 1949
Nachzeichnung: ALG

Die Auswertung von Luftbildern aus den Jahren 1928 und 1945 zeigt, dass die Grünflächen des Grüngürtels nach den Plänen Schumachers im gesamten Umlegungsgebiet realisiert wurden.
Grafik: ALG

zeption. Entsprechend der komplexen Aufgabenstellung lag die Zielsetzung dabei auf folgenden Schwerpunkten:

- Bewertung und Sicherung der historischen Substanz
- Erhalt und Wiederherstellung der räumlichen Strukturen
- Erhalt der vielfältigen Nutzbarkeit und gegebenenfalls Anpassung an die heutigen Ansprüche
- Schutz und Entwicklung der ökologischen Wertigkeit des Grüngürtels.

Dieser Zielsetzung folgend war die Ausarbeitung von der Erkenntnis getragen, dass neben der Betrachtung gartendenkmalpflegerischer Belange der Erhalt und gegebenenfalls die Weiterentwicklung der Nutzbarkeit des Inneren Grüngürtels von besonderer Bedeutung ist. Die primäre Zielsetzung der vorgeschlagenen Maßnahmen lag daher in der Sicherung der vorhandenen historischen Substanz und der Entwicklung des Grüngürtels als Erholungsraum der Kölner Bürger.

Grundlage für das Pflege- und Entwicklungskonzept war zunächst die Erfassung und Bewertung des Bestandes sowie eine Analyse der wesentlichen Entwicklungsphasen des Inneren Grüngürtels. Nach Auswertung der vorliegenden Verwaltungsberichte, Literaturangaben sowie der Pläne und Luftbilder wurde deutlich, dass im wesentlichen zwei Zeiträume abgegrenzt werden können, die für die Gestalt des heutigen Grüngürtels entscheidend waren.

Der erste Abschnitt ist geprägt durch den Bebauungsplan von Fritz Schumacher, der aus dem 1919 durchgeführten beschränkten Wettbewerb für den inneren Festungsrayon als prämierter Entwurf hervorging. Auf den allgemein bekannten Entwurf soll in diesem Zusammenhang nicht näher eingegangen werden, von Interesse ist vielmehr, ob bzw. in welchem Umfang die Planungen Schumachers für das Rayongebiet umgesetzt worden sind. Zur Beantwortung dieser Frage konnten Luftbilder aus den

Darstellung der Pflege- und Entwicklungsmaßnahmen im Luftbild
Abb.: ALG, 1997

Zu einem Weg ausgebauter Trampelpfad
Foto: J. Bauer, 1998

Jahren 1928 und 1945 herangezogen werden. Die Auswertung dieser Aufnahmen belegte die Hinweise aus der Literatur und die Ergebnisse der Bestandsanalyse, dass die Grünanlagen in nahezu vollem Umfang entsprechend Schumachers Vorstellungen realisiert worden sind.

Die zweite Entwicklungsphase beginnt nach dem Ende des Zweiten Weltkrieges. Sie ist gekennzeichnet durch die Abkehr von der Konzeption Schumachers und die Überplanung der schon ausgebauten Grünanlagen zu einem breiten, durchgängigen und landschaftlich gestalteten Grüngürtel.

Nachdem durch Analyse des vorliegenden Quellenmaterials diese beiden wesentlichen Phasen in der Entwicklung des Inneren Grüngürtels abgegrenzt werden konnten, bestand der nächste Schritt in einem Abgleich der jeweils bestimmenden Planungen mit der heutigen Situation. Hierbei zeigte sich, dass der Innere Grüngürtel in seiner bestehenden Ausdehnung und räumlichen Gestaltung vornehmlich durch die Planung der Nachkriegszeit geprägt ist. Gleichzeitig hat die Auswertung aber auch gezeigt, dass trotz dieser Neugestaltung in den 1950er-Jahren gerade die wesentlichen Strukturelemente wie Baumreihen und somit auch räumliche Strukturen aus der ursprünglichen Planung Schumachers bis heute erhalten geblieben sind.

Dieses Wissen zugrunde gelegt, werden im Rahmen des Pflege- und Entwicklungskonzeptes zunächst konkrete Maßnahmen zum Erhalt der jeweils raumprägenden Elemente vorgeschlagen. Darüber hinaus werden jedoch auch solche aufgeführt, die eine Ergänzung bzw. Wiederherstellung der raumbildenden Baumreihen aus der Zeit der 1920er-Jahre zum Ziel haben.

Neben diesen gartendenkmalpflegerischen Vorschlägen werden zugleich Maßnahmen formuliert, die den Inneren Grüngürtel als zentralen Erholungs- und Landschaftsraum für alle Schichten der Kölner Bevölkerung sichern und weiterentwickeln. Im Vordergrund stehen hier Vorkehrungen, welche die Nutzbarkeit des Grüngürtels sowohl für die aktive als auch für die ruhige Erholung gewährleisten.

Durch die Umgestaltung in den 1950er-Jahren wurde der Grüngürtel als ein durchgängiges Grünband mit großen offenen Wiesenflächen gestaltet, die im Sinne der Kölner Volksparktradition Raum für vielfältige Aktivitäten bieten. Einer Reglementierung oder Einschränkung dieser „Freiräume" wird ausdrücklich entgegengewirkt. Ergänzung finden diese Nutzungsmöglichkeiten in den vorhandenen Sport- und Spieleinrichtungen, die instand gesetzt und in geeigneten Bereichen zum Teil auch erweitert werden sollen. Für die ruhige Erholung und zur Erschließung der Grünanlage werden die vorhandenen Wege in Ordnung gebracht sowie fehlende Wegeverbindungen und Trampelpfade ausgebaut. Die Wegebeläge werden einheitlich in wassergebundener Decke mit einer seitlichen Pflastereinfassung hergestellt. Mit diesen Maßnahmen einher geht der Rückbau der in den 1970er-Jahren großflächig mit Verbundpflaster befestigten Sitz- und Aufenthaltsbereiche. Diese Entsiegelung dient sowohl dem ökologischen Ausgleich als auch der gestalterischen Aufwertung der Teilbereiche.

Entlang der Wege und an besonderen Aufenthaltsbereichen werden Sitzbänke in Stahlgitterkonstruktion aufgestellt. Hierdurch wird nicht nur die Aufenthaltsqualität im Grüngürtel verbessert, sondern

auch ein einheitliches Gestaltungselement im Grüngürtel, im MediaPark sowie im Bereich des Lindenthaler Kanals verwendet. Ein Schwerpunkt der Konzeption liegt in der Sicherung und zum Teil auch Wiederherstellung der räumlichen Ausprägung des Grüngürtels. Aus diesem Grund werden in einzelnen Abschnitten Baumpflanzungen durchgeführt, die sich entsprechend der Analyse der Entwicklungsphasen vor allem an der Konzeption Schumachers orientieren. Außerdem werden die Waldbestände des Herkules- und des Aachener Bergs zum Erhalt und zum Aufbau eines stabilen, mehrstufigen Bestandes durchforstet. Diese Maßnahme dient sowohl der Sicherung des Erholungswaldes als auch der Entwicklung und Sicherung eines vielfältigen Lebensraums für Flora und Fauna inmitten der Innenstadt. Neben diesen allgemeinen Maßnahmen, die den gesamten Bereich des Inneren Grüngürtels betreffen, werden für die einzelnen Teilabschnitte gesonderte Maßnahmen aufgeführt, die aus der jeweiligen konkreten Situation abgeleitet sind.

Der Abschnitt zwischen Bachemer und Aachener Straße ist geprägt durch den in der Nachkriegszeit aufgeschütteten Aachener Berg und den in den 1920er-Jahren angelegten Aachener Weiher. In besonderer Weise ist hier die Zusammenführung der oben beschriebenen beiden Entwicklungsphasen dokumentiert. So sind am nördlichen und am westlichen Rand des nahezu quadratischen Weihers die streng architektonischen Lindenreihen der ursprünglichen Planung noch vorhanden. Nach Süden und Osten dagegen sind diese durch einzelne, locker angeordnete Solitärpappeln ersetzt, wodurch ein Übergang von den landschaftlich modellierten Höhen des Aachener Bergs zu dem streng geometrisch geformten Wasserbecken geschaffen wurde.

Schon im Vorfeld des Pflege- und Entwicklungskonzeptes konnte die Mauereinfassungen des Aachener Weihers grundlegend saniert werden, sodass sich die nun vorgeschlagenen Maßnahmen auf die teilweise Wiederherstellung der Lindenreihen an den südlichen Ecken des Beckens und auf die Anlage einer freien Treppenanlage zum Übergang auf die Dürener Straße beschränken. Die vom Verkehr freigestellte Dürener Straße wird an den Einmündungen auf die Hälfte der Fahrbahnbreite zurück gebaut. Auf der Höhe des Aachener Weihers bleibt die Fahrbahn als nutzbare Fläche für Aufenthalt und Sportaktivitäten erhalten.

Neben den schon erwähnten Durchforstungsmaßnahmen sind im Bereich des Aachener Bergs vornehmlich die Sanierung vorhandener Mauern und die Durchführung von Wegebaumaßnahmen vorgesehen. Der Sitzbereich auf der westlichen Erhebung wird durch eine neue Wegeverbindung und Treppenanlage an den westlichen Rand des Aachener Weihers angebunden und somit aus seiner unzu-

Oben: Wiederherstellung der Ufereinfassung und Treppen am Aachener Weiher, 1996

Links: Neu angelegte Treppenanlage am Aachener Weiher, 1998
Fotos: J. Bauer

9. Umgang mit dem historischen Erbe

Ufereinfassung am Aachener Weiher vor und nach der Sanierung
Fotos: J. Bauer, 1994 und 1996

gänglichen Randlage befreit. Der nördlich an den Aachener Weiher bis zur Vogelsanger Straße anschließende Abschnitt ist überwiegend durch die Überplanung der 1950er-Jahre geprägt. Lediglich Reste ehemals geschnittener Platanen und Lindenreihen, die von der Aachener und Vogelsanger Straße in die Grünanlage führen, blieben erhalten. Diese Strukturen der Schumacherschen Planung sollen im Bereich des ehemaligen Albrecht-Dürer-Platzes an der Vogelsanger Straße durch Anpflanzung einer Lindenreihe vor dem Gymnasium Kreuzgasse ergänzt werden. Hierdurch wird das verlorengegangene Raumgefüge unter Berücksichtigung der gegebenen Situation wiederhergestellt und ein Aufenthaltsbereich aufgewertet, der vornehmlich von ausländischen Mitbürgern genutzt wird. Verbunden hiermit wird die gesamte Wegeführung in diesem Bereich neu geordnet, um somit Gefahrenpunkte zu beheben.

Der anschließende Abschnitt zwischen Vogelsanger und Venloer Straße ist ebenso wie der vorgenannte vorwiegend durch die Nachkriegsplanung geprägt. Aus der Ausbauphase der 1920er-Jahre sind lediglich Reste von Lindenreihen erhalten, die von den Radialstraßen in die Grünanlage führen. In Anlehnung an die ursprüngliche Planung sollen diese Baumreihen zur Wiederherstellung der räumlichen Struktur in den Randbereichen ergänzt werden.

Der durch diese Maßnahme räumlich gefasste große Binnenraum wird heute in vielfältiger Weise intensiv genutzt. Der Wasserspielplatz, die Tennisplätze sowie der auf dem 1953 angelegten Hubschrauberlandeplatz eingerichtete Basketballplatz und die große Wiesenfläche ziehen vor allem Kinder und Jugendliche an. Aufgrund der hohen Akzeptanz dieser Einrichtungen soll das Angebot an festen Sport- und Spielmöglichkeiten vor allem im östlichen Bereich ergänzt werden.

Der nördlich an die Venloer Straße bis zur Subbelrather Straße angrenzende Abschnitt des Grüngürtels ist in seinem ursprünglichen Grundriss nahezu unverändert erhalten geblieben. Die große hufeisenförmige Spiel- und Liegewiese ist von einer Platanenreihe eingefasst, die zur Venloer und Subbelrather Straße in geometrisch angeordnete Baumraster übergeht. Die vorgesehenen Maßnahmen beschränken sich in diesem Abschnitt auf die Verlagerung des Spielplatzes und die Wiederherstellung einer Wegeführung.

Die hier dargestellten Ausführungen zum Pflege- und Entwicklungskonzept Innerer Grüngürtel konnten nur die wesentlichen Aspekte der Analysephase und der daraus abgeleiteten Maßnahmen wiedergeben. Sie beschränken sich, ebenso wie das Konzept, auf den historischen Teil des Inneren Grüngürtels zwischen Bachemer und Subbelrather Straße. Die hier nicht berücksichtigten historischen Abschnitte im Bereich der Universität, der Alhambra und des Fort X konnten durch gezielte Einzelmaßnahmen ebenso in ihrem Bestand gesichert und saniert werden. Die im Rahmen des Pflege- und Entwicklungskonzeptes vorgeschlagenen Maßnahmen dienen dem Schutz und der Entwicklung des Inneren Grüngürtels aus Sicht der Gartendenkmalpflege, der Grünplanung und der Landschaftspflege. Unberücksichtigt blieben bestimmte Phasen und Planungen, die heute nicht mehr sichtbar sind und nur von geringem Einfluss auf die Gestaltung des Inneren Grüngürtels waren.[9] Städtebauliche Aspekte konnten nur in Ansätzen behandelt werden, diese finden durch die Aufstellung von Bebauungsplänen Berücksichtigung.

Köln besitzt mit dem Inneren Grüngürtel ein städtebauliches und grünplanerisches Element, dass aufgrund seiner Entstehung und seiner Entwicklung einmalig ist. Seine Sicherung und Weiterentwicklung ist ein wesentliches Ziel des Städtebaus und der Grünplanung. Dies belegen auch die Bestrebungen, den Inneren Grüngürtel von der Luxemburger Straße bis zur Südbrücke fortzuführen.

Gerd Bermbach

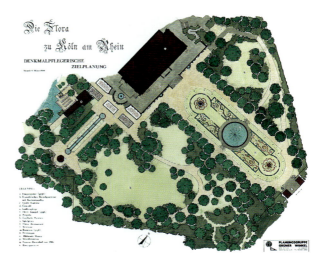

Entwurf für die denkmalpflegerische Zielplanung in der Flora, 1988
Foto: Planungsgruppe Grüner Winkel, Nümbrecht

Eine „Alte Dame" wird geliftet

Die denkmalpflegerische Zielplanung für die Flora und ihre Umsetzung

Als eine der ältesten Kölner Gartenanlagen konnte die Flora 1988 ihr 125-jähriges Bestehen feiern. Die Entstehungs- und Entwicklungsgeschichte des von Peter Joseph Lenné im Stil des Historismus geplanten „botanischen Zier- und Lustgartens" ist auf den Seiten 76-79 nachzulesen. Nachfolgend soll beschrieben werden, wie es zur Restaurierung der Flora Mitte der 1980er-Jahre kam und welche Ziele damit einhergingen.

Nachdem die Flora praktisch seit Beginn des 20. Jahrhunderts nicht mehr im Sinne der Erhaltung ihres ursprünglichen Erscheinungsbildes gepflegt und entwickelt worden war, hatten die Kriege, der sich wandelnde Zeitgeschmack, veränderte Nutzungsansprüche, Vereinfachungen und vor allem mangelnde Pflege ihre negativen Spuren im Garten hinterlassen. Mitte der 1980er-Jahre erinnerte man sich an das Versprechen des Alt-Oberbürgermeisters Theo Burauen, „dass die Stadt Köln ihre Flora niemals vernachlässigen und alles tun werde, ihre Schönheit und ihre Bedeutung auch in Zukunft zu erhalten, wenn möglich zu mehren".[10]

Im Oktober 1983 beschloss die Verwaltungskonferenz, „einen Entwicklungsplan für Flora und Botanischen Garten durch die Dienststellen der Stadtverwaltung erstellen zu lassen. Dieser Zielplan soll Leitlinien aufzeigen für die Erhaltung und Förderung der lebenden Pflanzenkollektionen und für die Entwicklung des Botanischen Gartens Köln in den nächsten Jahrzehnten, nach zeitgemäßen und neuesten gärtnerischen, botanischen und biologischen Erkenntnissen unter Berücksichtigung der Wirtschaftlichkeit und der Folgekosten."[11]

Die Rahmenplanung wurde bis Herbst 1985 erarbeitet und umfasste vier Bauabschnitte. Hierzu gehörten die Sanierung der alten und der Bau neuer Schauhäuser, der Neubau des Verwaltungsgebäudes, Modernisierung der Installation sowie Anschluss an das Fernwärmenetz und mit höchster Priorität im Rahmen des ersten Bauabschnitts die Umsetzung der denkmalpflegerischen Zielplanung. Die lange vernachlässigte historische Dimension dieses denkmalgeschützten gartenkulturellen Erbes sollte wieder deutlich gemacht werden.

Mit den Stimmen aller Fraktionen nahm der Rat der Stadt Köln 1985 den Entwicklungsplan zustimmend zur Kenntnis. Gleichzeitig gab er von den vier Bauabschnitten den ersten und zweiten zur Realisierung frei und stellte 5,5 Millionen DM zur Verfügung, von denen 1,35 Millionen für die denkmalpflegerische Zielplanung veranschlagt wurden. Die für die Planung und Umsetzung der denkmalpflegerischen Maßnahmen unabdingbare Analyse und Bewertung von Parkgeschichte und -entwicklung war 1984 durch die Diplomarbeit des Autors am Fachbereich Landespflege der Universität Hannover erarbeitet worden.

Weitere Grundlage der Arbeiten war ein vom Vermessungsamt der Stadt Köln erstellter Bestandsplan, der alle wichtigen Daten wie Lage der Bauwerke, Baumstandorte, Abgrenzung von Strauchbeständen und Rasen, Wegeführung usw. exakt darstellt. Die Aussagen der Pläne wurden durch ein Höhenaufmaß, durch Grabungen im Gelände, Bewertung der Bäume nach ihrer Zugehörigkeit zum historischen Inventar und Vergleich des Bestands mit den Aussagen historischer Pläne und Fotos sowie der Archivalien erhärtet. Alle gesammelten Erkenntnisse gingen in den Entwurf als Rahmenkonzept der denkmalpflegerischen Zielplanung ein, der im Herbst 1984 abgestimmt und von den Denkmalbehörden und durch die beteiligten Ämter genehmigt wurde. In ihm sind die Schwerpunkte der geplanten Restaurierungsmaßnahmen umrissen. Sie beziehen sich vor allem auf den östlichen Teil der Flora mit den Teilbe-

Oben: Die Bandeisen für die Ornamente des Parterres werden verlegt.

Oben rechts: Bauarbeiten zur Restaurierung der Terrassenmauer
Abb.: Grüner Winkel, Nümbrecht, 1987

reichen Terrassenmauer/Freitreppe, Französisches Parterre/Fontäne, Kaskade/Laubengänge und auf Teile der Englischen Partien. Flächenmäßig ist dies mit 2,8 ha etwa die Hälfte des ursprünglichen Flora-Geländes.

1986 und 1987 erfolgte die ausführungsreife Überarbeitung der Rahmenplanung und die Ausschreibung der Arbeiten, deren Ausführung parallel im Januar 1987 anlaufen konnte. Begonnen wurde mit dem Bauabschnitt, der mit den größten Unwägbarkeiten behaftet war: Die Restaurierung der Terrassenmauer entwickelte sich zu einem großen, den vorgegebenen finanziellen Rahmen sprengenden Problem. Bei der Entfernung der rund 1 m hohen asphaltierten Aufschüttung im Vorfeld der Mauer wurden neben erheblichen kriegsbedingten Bauschäden auch solche festgestellt, die auf die Wurzeltätigkeit der auf der Terrasse wachsenden Bäume bzw. des an der Terrassenwand wuchernden Efeus zurückzuführen sind. Das hatte zur Folge, dass fast 200 qm Mauerwerk saniert und rund 60 qm komplett neu hergestellt werden mussten. Da gelbe Handbrandziegel als Altmaterial in der erforderlichen Menge von 9 500 Stück nicht zu erhalten waren, wurde die stark beschädigte südöstliche Terrassenecke abgebrochen. Die hierdurch gewonnenen Ziegel dienten zum Ausflicken der vielen beschädigten Stellen im alten Mauerwerk. Mit speziell für dieses Bauvorhaben in den Niederlanden neu angefertigten gelben Ziegeln wurde die fehlende Mauerfläche wiederhergestellt. Dabei konnten die in den kriegszerstörten Teilen damals nicht berücksichtigten Pilaster und vertieft liegenden rechteckigen Mauerfelder wieder hergestellt werden. Die vom Parterre zur Terrasse herauf führende Freitreppe mit ihren Basalt-Blockstufen war durch einen einfachen Nachkriegsbehelf ersetzt worden; sie wurde in ihrer ursprünglichen Form mit den vasengeschmückten Wangen neu errichtet. Komplettiert wurde die Mauersanierung durch feingliedrige hölzerne Spaliere, die der Berankung zwischen

den Pilastern dienen und nun wieder den Charakter der ehemals „Blühenden Mauer" vermitteln.

Ein wesentliches schmückendes Element der Terrassenmauer sind die beiden Löwenbrunnen, die als Wandbrunnen mit sprudelndem Wasser heute wieder das Bild beleben. Sie wurden unter der Aufschüttung durch Grabungen gefunden, waren jedoch so marode, dass sie durch Kopien ersetzt werden mussten.

Im Sommer begannen die Arbeiten am Französischen Parterre selbst. Die Wiedergewinnung seiner äußeren Grobstruktur war relativ einfach, da mit dem noch in den Originalabmessungen vorhandenen Fontänenbassin, der Terrassenmauer und dem Eingangsbereich, ferner den Standorten der alten Bäume eine Vielzahl von Fixpunkten gegeben waren. Schwieriger gestaltete sich die Neuausformung der Feinstrukturen des neobarocken Teppichbeets. Die Ornamente sind zwar den Musterzeichnungen barocker Broderien des Gartenkunst-Theoretikers Dezaillier d'Argenville nachempfunden, wiesen jedoch in ihrer historischen Umsetzung nicht mehr deren Feingliedrigkeit auf.

Nach Vergleich historischer Pläne und Fotos wurden die Ornamente ausführungsreif in den Maßstab 1:10 übertragen. Danach fertigte eine Schlosserei aus 1 850 m Bandeisen die Ornamentfassungen an, die auf einem Sandbeet provisorisch verlegt und schließlich nach exakter Ausrichtung mit 3 100 Halteklammern fixiert wurden. Jahr für Jahr wird in diesen Formen nun auf dem Rasengrund des Parterres die Frühlingspracht aus rund 20 000 Zwiebeln und der Sommerflor mit seinen bunten, leuchtenden Farben ausgepflanzt.

Nach langem Ringen war es auch möglich, die das Parterre rahmende Allee aus 24 rotblühenden Rosskastanien wiederherzustellen. Das Wagnis, eine gemischte Ulmen-/Rosskastanienpflanzung neu zu begründen, wurde aufgrund der Ulmenkrankheit zum damaligen Zeitpunkt noch nicht unternommen. Mit-

telpunkt des Parterres ist die große Fontäne, die wieder aus dem zentralen Becken mit seinem geschwungenen Rand aufsteigt. Der für Anlagen des 19. Jahrhunderts charakteristische Parterrerand mit seiner Folge von Postamenten mit gusseisernen Vasen, Hochstammrosen und Blumengirlanden konnte u.a. durch Spenden des „Freundeskreis Botanischer Garten" wieder in seine ursprüngliche Form gebracht werden.

In der Längsachse des Flora-Restaurants liegt die Kaskade, die mit den Laubengängen und dem ehemaligen Flora-Tempel die Gartenkunst der Italienischen Renaissance zitiert. Der antikisierende Rundtempel als *point de vue* der Achse war nach dem Krieg abgerissen worden und kann nicht wieder hergestellt werden. An der Kaskade selbst fehlten die originalen Rundbecken der Endpunkte und sie war in einem baulich derart desolaten Zustand, dass eine Renovierung unter dem Aspekt einer längerfristigen Funktionssicherung bautechnisch nicht zu verantworten war. Daher wurde die denkmalpflegerisch schwierige Entscheidung getroffen, die aus fünf Rechteck- und zwei Rundbecken bestehende Wassertreppe durch einen Neubau zu ersetzen.

Die Entscheidung für das technische Verfahren ging dahin, dass die Einzelbecken in wasserundurchlässigem Beton hergestellt und die Rand- und Postamentabdeckungen als Fertigteile in einem Sichtbeton hergestellt wurden, der in seiner Oberflächenstruktur und Farbe dem ursprünglichen „Cement-Putz" angenähert ist. Die Teile wurden auf das Fundament aufgesetzt und die Seitenwände mit entsprechendem Material verputzt. Mit diesem Verfahren sollte im Sinne der Denkmalpflege dokumentiert werden, dass es sich nicht mehr um die Originalsubstanz, sondern um einen Nachbau handelt.

Auch das gesamte Wegenetz im vorderen Teil der Flora wurde einer grundlegenden Erneuerung unterzogen, da auf weiten Strecken weder Verlauf noch Breite dem Lennéschen Konzept entsprachen. Es galt, verlorengegangene Wegeverbindungen wie die um das Fontänenbassin, die Wege beidseits der Kaskade und wesentliche Wege in den Englischen Partien wiederherzustellen. Schließlich erhielten die Parkwege in den Englischen Partien den eleganten Schwung und die einheitliche Breite der Gründungszeit zu-

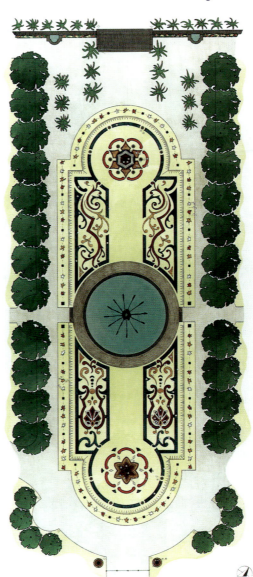

Neben der großen Freitreppe sind die Spaliere und Löwenbrunnen die wesentlichen Gestaltungsmerkmale der „Blühenden Terrassenmauer", 1988

Links: Entwurf für das Französische Parterre
Fotos: Grüner Winkel, Nümbrecht

9. Umgang mit dem historischen Erbe

Das wiederhergestellte Französische Parterre im Sommerflor
Abb.: Grüner Winkel, Nümbrecht, 1990

rück, da sie seitlich teilweise bis zu fünf Metern ausgetreten waren. Basierend auf den historischen Plänen und bestätigt durch Suchgräben im Gelände wurde die ursprüngliche Breite mit 11 Rheinischen Fuß, also rund 3,45 m festgelegt und im Gelände abgesteckt. Alle neuen Wege erhielten eine Bandeiseneinfassung, um erneutes Ausufern zu verhindern. Die Deckschicht besteht aus feinem Rheinkies.

Zur Bepflanzung der an das Parterre anschließenden Bereiche und der Englischen Partien können im Rahmen der denkmalpflegerischen Zielplanung nur sehr allgemeine Aussagen gemacht werden. Die Bestände düsterer Taxusanpflanzungen und uniformer Strauchgruppen sollen in den nächsten Jahren schrittweise stark zurückgenommen werden. Dies soll zugunsten einer größeren Pflanzenvielfalt, die Bäume, Sträucher und Stauden mit zierendem Blütenschmuck und Blattwerk in großer Gattungs-, Arten- und Sortenvielfalt umfasst, geschehen.

Im Februar 1988 waren die im Rahmen des ersten Bauabschnitts vorgesehenen Maßnahmen abgeschlossen. Die Zeit, in der die Flora als Großbaustelle nicht eben die Zustimmung der Bevölkerung gefunden und oft genug Anlass für heftige Kritik gegeben hatte, war vorbei. Am 6.3.1988 wurde das 125-jährige Jubiläum der Flora mit einer Festveranstaltung gefeiert. Im „Festkleid" wurde der Garten den Bürgern zurückgegeben und erfreute sich bald noch größerer Beliebtheit als zuvor.

Auch in den folgenden knapp anderthalb Jahrzehnten konnten durch das Engagement des langjährigen Leiters des Botanischen Gartens, Eugen Moll, weitere wesentliche Maßnahmen der Gartendenkmalpflege aus dem Leit- und Zielplan umgesetzt werden.

So wurde der noch durch Bombenschäden in Mitleidenschaft gezogene Flora-Weiher neu gedichtet und saniert. In diesem Zusammenhang setzte man an seinen Ufern auch die Wege, die Halbinsel und die Aussichtsplätze wieder instand. Die aus Frankreich stammende Neptunskulptur wurde restauriert und ist nun wieder ein prachtvoller Blickpunkt im Weiher. Nach Sanierung der Ufermauern des 1906 entstandenen Frauen-Rosenhofs von Joseph Maria Olbrich konnte 1998 der Rote Garten als Schöpfung des Jugendstils mit seinen Treppen, Mauern, der Pergola und den rotblühenden Pflanzen nach Originalplänen, die sich in der Berliner Nationalbibliothek finden, wiederhergestellt werden.

Schließlich entstand von 1998-2000 das festliche Entrée zur Flora neu. Hierzu hatte die Kölner Zimmerer-Innung die Initiative ergriffen und die beiden Torhäuser in akribischer, zeitaufwendiger Eigenarbeit neu angefertigt, um sie der Stadt Köln zum Geschenk zu machen. Der Förderverein „Freundeskreis Botanischer Garten Köln" ergänzte die Anlage durch Stiftung des Innenausbaus und der prächtigen guss- und schmiedeeisernen Flügeltore.

Durch all diese Maßnahmen zur Umsetzung der denkmalpflegerischen Zielplanung hat die Flora wieder ihre Individualität in Anlehnung an die Opulenz der Gartenkunst des 19. Jahrhunderts zurückgewonnen.

Heute nun, in Zeiten, in denen langjähriger Personalabbau, Vakanz in der Leitung des Botanischen Gartens und vielleicht neue Träger und Ziele für Flora und Botanischen Garten zu Verwerfungen führen können, ist die Kontinuität im zurückgewonnenen Erscheinungsbild des Parks umso wichtiger. Die bislang durchgeführten Planungen dienten allein der Vorbereitung des gartendenkmalpflegerischen Rahmens und der fachgerechten Ausführung der Restaurierungsarbeiten. Hinweise auf die mittel- und langfristige Entwicklung und Pflege sind hieraus nicht abzuleiten.

Dies wäre Aufgabe eines Parkpflegewerks. Knapp formuliert lässt sich der Inhalt eines Parkpflegewerkes wie folgt umreißen: Es werden langfristig verbindliche Handlungsvorschläge zur Erhaltung einer historischen Grünanlagen formuliert, damit sowohl

Links: Neubau der Kaskade

Rechts: Der wieder instandgesetzte Weiher 1997 mit der von der Fa. A. Justen restaurierten Neptun-Skulptur, die 1856 in den Werkstätten von J. J. Ducel geschaffen wurde.

Die Mauern und die Pergola des Roten Gartens am Frauen-Rosenhof wurden 1998 nach den Plänen von Joseph Maria Olbrich wiederhergestellt. *Fotos:* Grüner Winkel, Nümbrecht, 1997 und 2000

deren Besitzer als auch die Gärtner vor Ort vorbildliche Pflege, Unterhalt und nötigenfalls Restaurierungen gewährleisten können. Wesentliche Grundlage für diese, weit in die Zukunft hinausgreifende Aussagen ist die Schaffung einer soliden Wissensbasis, die den Lebensstrang eines Parks in der Vergangenheit aufnimmt, ihn am aktuellen Zustand misst und bewertet, um ihn dann wiederum weit in die Zukunft hinein zu transponieren.

Hiermit wäre ausblickend umrissen, welche Richtung aus Sicht der Gartendenkmalpflege eingeschlagen werden müsste, um Flora und Botanischen Garten in ihrer kulturhistorischen Bedeutung als wertvolle Gartendenkmäler und in ihrer jetzigen Erlebnisqualität für die Besucher zu erhalten, und in welcher Form sie gegebenenfalls behutsam neuen Zielen anpasst werden könnten.

Denn Flora und Botanischer Garten sind mehr als nur austausch- und umnutzbare „grüne Flächen". An Erhaltung und Nutzung des historischen Gartenensembles besteht ohne Zweifel ein entschiedenes öffentliches Interesse. Sie sind ein unverwechselbarer Bestandteil des Erlebnisreichtums unserer städtischen Umwelt.

Pflege- und Entwicklungskonzept Stadtwald

Ein weiteres Pflege- und Entwicklungskonzept für den 100 ha großen und 100 Jahre alten Stadtwald wird noch in diesem Jahr vergeben werden. Da bei diesem Konzept die ökologische Bedeutung und historische Zusammensetzung der Waldbestände im Vordergrund steht, wird die Aufstellung des Gutachtens von der Bezirksregierung Köln gefördert.

1 Bauer, J.: Erhalt und Entwicklung historischer Parkanlagen in Zeiten begrenzter Budgets. In: Landschaftsarchitektur. 30. Jg., Heft 1, 2000, S.16-18
2 Verwaltungsbericht der Stadt Köln 1984
3 Verwaltungsbericht der Stadt Köln 1986
4 Verwaltungsbericht der Stadt Köln 1989, S.141
5 Nagel, G./ Bauer, J./ Fischer, Th.: Pflege- und Entwicklungskonzept Äußerer Grüngürtel (Süd). Gutachten im Auftrag der Stadt Köln. Grünflächenamt Hannover 1991
6 Der vorliegende Text basiert auf Bauer, J.: Pflege- und Entwicklungskonzept Äußerer Grüngürtel. In: Architekten- und Ingenieurverein Köln e.V. (Hrsg.): Köln – Seine Bauten 2000. Köln 2000, S. 329-332
7 Hist. Archiv d. Stadt Köln
8 Der vorliegende Text basiert auf Bauer, J.: Pflege- und Entwicklungskonzept Innerer Grüngürtel. In: Architekten- und Ingenieurverein Köln e.V. (Hrsg.): Köln – Seine Bauten 2000. Köln 2000, S. 325-328
9 vgl. Münzel, Ch.: Relief und Realnutzung Kölns im Inneren Grüngürtel und im Radialgrünzug Süd von 1945 bis 1995. Diplomarbeit am geographischen Institut der Universität Köln, Köln 1996.
10 Festansprache Th. Burauens anläßlich des 100-jährigen Bestehens der Flora am 8.9.1963. Redemanuskript, Hist. Archiv d. Stadt Köln 106 Acc. 321-106.
11 Stadt Köln. Grünflächenamt/Hochbauamt: Beschluss der Verwaltungskonferenz in der Sitzung vom 25.10.1983. In: Entwicklungsplan – Leit- und Zielplan für „Flora und Botanischer Garten der Stadt Köln". Köln 1985.

Städtische Gartendenkmalpflege

Henriette Meynen

1998 wurden die beiden historischen Torhäuser der Flora rekonstruiert, im Jahr 2000 das eiserne Portal.
Foto: Grüner Winkel, Nümbrecht

Öffentliche Grünanlagen in der Stadt sind nicht nur irgendwelche Grünräume, die jeder durchschreiten kann, sondern im allgemeinen Anlagen, die auf die Konzeption einzelner Personen zurückzuführen sind. Als solche können sie historische Kulturgüter sein, die es zu erhalten gilt. Jede Anlage hat aufgrund ihrer spezifischen Entstehungsgeschichte ein individuelles Aussehen, das auch analog zu Bauten die Stilepochen mit regionalen und individuellen Differenzierungen widerspiegelt. Bald ist es eine weite, offene geometrisch oder unregelmäßig begrenzte Rasenfläche, von Buschwerk oder Baumbestand gesäumt, bald ist sie von mehr oder weniger geregelter, gleich- oder verschiedenartiger heimischer oder gar exotischer Bepflanzung durchsetzt, dann wieder ist es eine Abfolge von verschiedenartig gestalteten und genutzten Freiräumen.

Einen wesentlichen Anteil an der Gestalt der Grünanlagen haben die Pflanzenarten, ihre Häufung und Gruppierung. Das Altern von Sträuchern und Bäumen hat zudem einen sich stetig verändernden zusätzlichen Einfluss auf das Erscheinungsbild. Die Geländegestaltung und Wegeführungen schaffen wichtige Gliederungselemente. Hinzu kommen weitere künstliche Einbauten wie die bauliche Ausgestaltung von Wegebegrenzungen, Mauern, Treppen, Skulpturen oder gar ein künstlicher Wasserfall wie im Volksgarten, aber auch integrierte Bauten wie Pavillons oder Cafés oder auch die für Köln typischen, ins Grün integrierten Festungswerke.

Die Verteilung und Auswahl der pflanzlichen und baulichen Elemente in Grünanlagen erzeugen Räume, die weniger fest umrissen sind als solche in Bauten und im allgemeinen fließend ineinander übergehen. Von den verschiedenen Standorten aus ergeben sich unterschiedliche Durchblicke und Ausblicke. Die sich mit jedem Schritt wandelnden Ansichten und der gewissermaßen durch die Bepflanzung dirigierte Blick auf einzelne *points de vue* bestimmen die Qualität der Anlagen.

Die von Menschenhand geschaffene Natur bedarf nicht zuletzt schon wegen der lebenden Denkmalsubstanz Pflanze anderer denkmalpflegerischer Maßnahmen. Die Pflanzen verändern sich stetig und bilden selbst daher nicht so sehr das Erhaltenswerte, vielmehr gilt es die Konzeption, die der Anlage zugrunde liegt, der Nachwelt zu überliefern.

Ein weiteres nicht zu unterschätzendes Element, das gebaute Umfeld, ist für Wirkung und somit den Charakter der Grünanlage in der Stadt beachtenswert. Die Einbindung des Grüns in die Stadt ist Zeugnis der Stadtbaugeschichte. So hat der in Köln tätige Städtebauer Josef Stübben gezielt an einzelnen Stellen des Stadtgebietes Baumgrün oder ganze Grünanlagen eingebracht. Diese Gebiete waren damit für ein anspruchsvolles Wohnen festgelegt, das wiederum in seiner Gestaltung auf dieses Grün ausgerichtet wurde. Das historische Stadtgrün ist demnach nicht für sich allein gemäß seiner Binnengestalt zu werten. An einzelnen Stellen öffnet sich die Parkanlage, gewährt einerseits Einblick in die Parkgestalt oder gar auf zentrale Höhepunkte und schafft andererseits einen Ausblick auf umliegende Gärten oder sonstige städtebauliche Akzente. Das städtebauliche Umfeld prägt das Erscheinungsbild des Grüns und somit dessen Wert wesentlich mit. Deutlicher ausgedrückt ist die Umgebung des grünen Denkmals in gewissem Sinne Bestandteil des Denkmals. Bei einer qualitätvollen städtebaulichen Einbindung eines Gartendenkmals ist Gartenkunst damit ein abgestimmtes Zusammenspiel von Natur und Architektur.

Vorgebirgspark
Foto: J. Bauer, 1999

Der städtische Park ist in Verbindung mit einem bestimmten Umfeld geplant oder allmählich entstanden. Das Wechselspiel von Park und seiner Umgebung besteht u.a. darin, dass die Wege innerhalb des Parks so eingerichtet sind, dass sie in den Achsen der auf den Park zulaufenden Straßen enden oder beginnen. Zusätzlich kann die übrige Parkanlage zum Umfeld hin geöffnet sein und so allmählich, wie im Stadtwald oder Volksgarten, zu dessen Gartengrün überleiten. Andererseits kann aber auch der Park eine scharfe Zäsur beispielsweise durch dichte Strauchbepflanzung oder gar einen Mauerzug entlang der Straße besitzen. In ersterem Fall sollte die Durchgrünung eines Villenviertels möglichst umfangreich sein, im anderen Fall sollte der Park wiederum eine in sich geschlossene grüne Insel innerhalb eines dicht bebauten Stadtgebietes bilden. Nach innen in einen solchen Park hinein sollte umgekehrt nichts von der städtischen Bebauung zu sehen sein. So ließ beispielsweise der damalige Kölner Gartenamtsleiter Fritz Encke um den Vorgebirgspark, der als grüner Erholungsraum für die damals erwartungsgemäß dicht bebauten südlichen Arbeitervororte Zollstock, Raderberg und Raderthal dienen sollte, entlang des Parkrandes einen dichten Gehölzstreifen als Abschirmung anlegen. Der aus dem 1950er-Jahren stammende Rheinpark lässt den Besucher aufgrund der dichten Bepflanzung im Osten nichts von dem anliegenden Eisenbahn-, Industrie- und Gewerbegelände ahnen. Der zur gegenüberliegenden Seite offene Ausblick auf den Rhein und das Stadtpanorama macht einen wesentlichen Teil des Reizes des Rheinparks aus.[1]

1 H. Meynen: Öffentliche Grünanlagen: Gestalt und städtebauliche Einbindung. In: Denkmalpflege im Rheinland, Jg. 16, 1999, S. 37-39 (gekürzte Fassung)

9. Städtische Gartendenkmalpflege

Anhang

Autoren

Werner Adams

Dipl.-Verwaltungswirt, Jahrgang 1948. Verwaltungsausbildung bei der Stadt Köln, Zusatzausbildung als Organisator und DV-Organisator, Tätigkeit in verschiedenen Bereichen des Hauptamtes und der Stadtvertretung, Leiter des Büros des Stadtdirektors und der Organisationsabteilung, Amtsleiter des Bezirksamtes Innenstadt und des Amtes für Stadtsanierung. Seit April 1997 Leiter des Amtes für Landschaftspflege und Grünflächen.

Joachim Bauer

Dr. Ing., Jahrgang 1957. Studium der Landespflege an der TU Hannover, dort Promotion im Fachbereich Architektur. Von 1978-1980 Lehre im Garten- und Landschaftsbau, nach dem Studium 1987-1989 Landschaftsplaner bei Raderschall, Möhrer und Peters in Bonn/Bad Godesberg. Von 1989-1993 Wissenschaftlicher Mitarbeiter bei Prof. G. Nagel am Institut für Grünplanung und Gartenarchitektur der Universität Hannover. Seit 1993 Leiter der Planungsabteilung im Amt für Landschaftspflege und Grünflächen der Stadt Köln. Seit 1998 Lehrauftrag am Institut für Grünplanung und Gartenarchitektur der Universität Hannover.

Johannes Ralf Beines

Dr. phil., Jahrgang 1950. Studium der Fächer Kunstgeschichte, Geschichte, Katholische Theologie und christliche Archäologie an der Rheinischen Friedrich-Wilhelms-Universität in Bonn (mit Unterbrechung u.a. durch Wehrdienst) von 1969 bis 1978; davor und dazwischen Praktika beim Rheinischen Amt für Denkmalpflege und bei einem Bauunternehmer sowie eine mehrmonatige Ausbildung bei einem Buchrestaurator. 1978 Staatsexamen in Geschichte, 1979 Abschluss des Kunstgeschichtsstudiums als Dr. phil. mit dem Thema: „Beiträge zur Geschichte der Glasmalerei auf dem Gebiete der heutigen Bundesrepublik Deutschland von 1780 bis 1914". Danach Beginn der Tätigkeit beim Stadtkonservator Köln, zunächst mit dem Schwerpunkt „Inventarisation der historischen Grabstätten auf den Kölner Friedhöfen" und der praktischen Denkmalpflege dort; später auch Betreuung aller Baudenkmäler in den Stadtbezirken Ehrenfeld und Nippes bzw. Chorweiler und der historischen plastischen Werke Kölns. 1984 Mitbegründer der „Friedrich Carl Heimann-Gesellschaft" zur Unterstützung denkmalpflegerischer Arbeiten u. a. auch an historischen Friedhofszeugnissen. 1989 Mitbegründer vom „Förderkreises Köln – DDR", einem Zusammenschluss von Kölner Architekten, Sanierungsträgern und Denkmalpflegern zur spontanen Hilfe für DDR-Städte und -Gemeinden. 1995 bis 2000 Mitglied des Vorstandes der AFD in Kassel.

Gerd Bermbach

1956 in Köln geboren und aufgewachsen; Gärtnerlehre im Garten- und Landschaftsbau und bis 1984 Studium der Landespflege in Hannover. Anschließend Tätigkeit als freischaffender Landschaftsarchitekt und Teilhaber der Planungsgruppe Grüner Winkel in Nümbrecht; Arbeitsschwerpunkte sind Grünplanung und Gartendenkmalpflege. In diesem Zusammenhang hat der Autor auch alle seit 1984 in der Flora durchgeführten gartendenkmalpflegerischen Arbeiten planerisch betreut.

Markus Bouwman

Oberforstrat, 1959 in Hildesheim geboren. Nach der Schulzeit in Düsseldorf Studium der Forstwissenschaft an der Universität Freiburg. Im Anschluss an das Diplom Vorbereitungsdienst für den höheren Forstdienst im Land Nordrhein-Westfalen in Arnsberg und beim Staatlichen Forstamt Ville in Brühl. Nach dem Staatsexamen erste Berufstätigkeit als Kreisforstrat bei der Kreisverwaltung Neuss. Im Oktober 1989 Wechsel zur Stadt Köln, seit 1992 Leitung der städtischen Forstverwaltung.

André Dumont

Dipl.-Geograph, 1966 in Bergisch Gladbach geboren. 1987-1995 Studium der Fächer Geographie, Ethnologie und Städtebau an den Universitäten Köln und Bonn, seit 1995 Promotionsstudium der Fächer Geographie, Kunstgeschichte und Städtebau, Dissertationsthema „Die Verwirklichung der Gartenstadtidee in Köln". 1996-2000 Studentischer Mitarbeiter im Käthe-Kollwitz-Museum Köln, 1998-1999 Erarbeitung der Sonderausstellung EINBLICKE 3: „Der Simplicissimus in der Kaiserzeit – Käthe Kollwitz und die Satire zur sozialen Frage". 3.9.-4.9.1999 Teilnahme am Fritz-Schumacher-Kolloquium 1999 in Köln, Vortrag des Themas „Fritz Schumacher und die Gartenstadtidee in Köln – Vom idealistischen Reformgedanken zum pragmatischen Siedlungsbau". Seit 1999 freier Führungsmitarbeiter in der Kunst- und Ausstellungshalle der Bundesrepublik Deutschland in Bonn und im Kunstmuseum Bonn. März-September 2000 Koordination und Mitorganisation der Veranstaltungsreihe „Rheinpark – Mein Park" des Arbeitskreises „Denkmal des Monats" im Ortsverband Köln des Rheinischen Vereins für Denkmalpflege und Landschaftsschutz.

Alexander Hess

Dipl.-Geograph, 1970 in Köln-Lindenthal geboren. Studium der Geographie, Geologie, des Städtebaus sowie der Historischen Geographie an der Rheinischen Friedrich-Wilhelms-Universität Bonn. Promotion über die (städte-)bauliche Entwicklung des Kölner Südwestens. Entwurf der Kulturgüterschutzkarte und Kulturhistorischer Fachbeitrag zur Integrierten Raumanalyse Köln-Porz-Zündorf/Wahn für das Stadtplanungsamt Köln. Entwurf und Bearbeitung der Denkmälerkarte des Stadtbezirks Lindenthal für den Stadtkonservator Köln.

Bernd Kittlass

Jahrgang 1941. Nach dem Abitur gärtnerische Ausbildung - Botanischer Garten Berlin - Baumschule von Ehren, Hamburg; 1964-1969 Studium am Lehrstuhl für Garten- und Landschaftsgestaltung der Technischen Universität Berlin, 1969-1971 Sonderbeauftragter des Zentralverbandes Gartenbau für die Bundesgartenschau Köln 1971, 1972-1974 Sonderbeauftragter des Zentralverbandes Gartenbau für die Internationale Gartenbauausstellung Hamburg 1973. Seit 1.4.1974 im Amt für Landschaftspflege und Grünflächen, damals Grünflächenamt, von 1977-1980 Leiter des Amtes.

Thomas Kleineberg

Dipl.-Geograph, Jahrgang 1964. Nach dem Studium der Geographie Dozent an der Westfälischen Wilhelms-Universität, Münster, für Projekte der Raumplanung und Kartographie. Anschließend Technischer Angestellter im Stadtplanungsamt Münster; danach Referent für städtebauliche Fragen eines Projektentwicklers und Wissenschaftlicher Mitarbeiter in einem Gutachterbüro im Rheinland. In zweijähriger Projektarbeit im Amt für Landschaftspflege und Grünflächen erarbeitete er die Dokumentation „Die städtischen Friedhöfe der Stadt Köln – vom Kirchhof zur Selbstverwaltungsaufgabe und kommunalen Dienstleistung Friedhof".

Carmen Kohls

M.A., Jahrgang 1960. Studium der Geographie. Mitarbeit im Dept. of City Planning, New York (USA); Spezialgebiete Umweltrecht, Umweltmanagement und Abfallwirtschaft, Abfallberatung im Bergischen Abfallwirtschaftsverband (BAV) und derzeit Stadt Bergheim. Projektgebundene Mitarbeit im Amt für Landschaftspflege und Grünflächen der Stadt Köln.

Henriette Meynen

Dr. phil., Jahrgang 1940. Ausbildung und Tätigkeit als Diplombibliothekarin. Studium der Geographie, Kartographie und Kunstgeschichte in Bonn und Köln. 1975-1978 Forschungsstipendium der Fritz-Thyssen-Stiftung (Thema: Das Kölner Grünsystem von Fritz Schumacher). Seit 1978 wissenschaftliche Referentin beim Stadtkonservator der Stadt Köln (u.a. zuständig für die Betreuung der historischen Grünanlagen).

Bernd Pniewski

Jahrgang 1954, Studium der Landespflege an der Universität Essen und der Gesamthochschule Kassel (Architektur, Stadt- und Landschaftsplanung, Schwerpunkt Landschaftsplanung). Anschließend Mitarbeiter an der GH Kassel, freiberufliche Tätigkeit und im Stadtplanungsamt der Stadt Troisdorf. Seit 1990 im Amt für Landschaftspflege und Grünflächen der Stadt Köln, seit 1992 dort zuständig für die Landschaftsplanung.

Sabine Reichwein

Dipl.-Ing., geb. 1969 in Köln. 1988-1990 Gärtnerlehre bei der Baumschule Bruns, Bad Zwischenahn, 1990-1996 Studium der Landschafts- und Freiraumplanung an der Universität Hannover, Diplomarbeit über Kölner Parkgewässer. Seit 1997 Wissenschaftliche Mitarbeiterin und Lehrauftrag am Institut für Grünplanung und Gartenarchitektur, Universität Hannover. Forschungsschwerpunkt: Baumwurzeln unter Verkehrsflächen. Seit 1997 Kontakt zu Eleonore Schönbohm, Studium der Biografie Kurt Schönbohms.

Ingrid Römer

Jahrgang 1955. 1973-1980 Studium der Biologie und Geographie an der Universität Köln. 1980-1981 geographische Untersuchung des Citywachstums in Amsterdam. 1983-1985 Referendardienst für das Lehramt an Gymnasien. Tätigkeiten bei Ämtern der Stadtverwaltung Köln: Baubeschreibungen (Stadtkonservator), Betriebskataster des Umweltinformationssystems (Amt für Umweltschutz), Spielumfeldverbesserungen (Amt für Kinderinteressen), Historische Entwicklung des Kleingartenwesens in Köln (Amt für Landschaftspflege und Grünflächen).

Gertrud Scholz

Dr. phil., Historikerin. Seit 1990 wissenschaftliche Referentin beim Stadtkonservator der Stadt Köln.

Heinz Storms

Dipl.-Verwaltungswirt, Jahrgang 1931. Von April 1948 bis 31.12.1996 im Dienst der Stadt Köln: nach umfassender Ausbildung in vielen Ämtern der Stadt und Diplomprüfung im Hauptamt mit vielfältigen Organisationsaufgaben tätig als Sachbearbeiter, Gruppenleiter und schließlich seit 1979 als Leiter der Organisationsabteilung und Stellvertreter des Amtsleiters. Während der Tätigkeit im Hauptamt (1963 bis 1986) nebenamtlicher Dozent an der „Verwaltungs- und Sparkassenschule der Stadt Köln" und zeitweise der „Fachhochschule für öffentliche Verwaltung Nordrhein-Westfalen" für Beamte und Angestellte des mittleren und gehobenen Dienstes. Von 1976 bis 1986 Mitglied des Gutachterausschusses der KGST (Kommunale Gemeinschaftsstelle) für Organisationsuntersuchungen und Dozent im Rahmen der bundesweiten Organisatoren-Ausbildung der KGST. Von März 1986 bis Mai 1993 Leiter des Bezirksamtes Innenstadt und vom 1.6.1993 bis zum Eintritt in den Ruhestand im Dezember 1996 Leiter des Amtes für Landschaftspflege und Grünflächen.

Peter Strunden

1931 geboren in Köln-Kalk. 1949 Eintritt bei der Stadt Köln, Ausbildung zum gehobenen Verwaltungsdienst; 1953-1972 Personalamt - Sachbearbeiter, Abteilungsleiter; 1961-1986 Dozent für Staatsrecht (Verwaltungsschule), 1969-1974 Mitglied des Rates der Stadt Porz, 1972-1973 Referent des Personal- und Organisationsdezernenten Dr. Lehmann-Grube. 1974 - 31.10.1975 Hauptamt. Vom 1.11.1975 bis 31.5.1982 Bezirksamtsleiter Stadtbezirk Kalk, vom 1.6.1982 bis 31.5.1993 Leiter des Grünflächenamtes.

Petra Weingarten

1965 in Köln in geboren, zwei Kinder. Nach einer kaufmännischen Lehre studierte sie zwischen 1988-1995 in Köln und Bonn Kunstgeschichte, Archäologie und Pädagogik. Untersuchte in ihrer Magisterarbeit den Kölner Volksgarten als Beispiel der Gartenkunstentwicklung am Ende des 19. Jahrhunderts. Nach einer Erziehungspause qualifizierte sie sich

2000 durch einen zweijährigen Aufbaustudiengang zur Kulturmanagerin. Sie arbeitete 1998/99 als freie Mitarbeiterin im Londoner Auktionshaus Bonhams im Bereich Organisation und Öffentlichkeitsarbeit, installierte am Rheinischen Bildarchiv Köln 1999/2000 eine Access-Datenbank zur Erstellung eines Findbuches und ist zur Zeit im Management einer englischen Sprachschule tätig. Eine Doktorarbeit im Bereich Gartenarchitektur ist in Planung.

Heinz Wenz

Dipl.-Ing. der Landespflege. Studium an der Fachhochschule Osnabrück. Abschnittsleiter für Entwurf, Neubau, Baumangelegenheiten und Kleingartenwesen im Amt für Landschaftspflege und Grünflächen.

Heinz Wiegand

Dr. rer. hort., Jahrgang 1936. Studium der Landespflege an der TH Hannover 1959-1965, Dissertation über die Arbeit Fritz Enckes in Köln und Verleihung des Doktortitels durch die TH Hannover 1975; Referent bei der Senatsverwaltung für Bau- und Wohnungswesen bzw. Stadtentwicklung und Umweltschutz in Berlin ab 1971; Leitung des Referats für die Freiraumentwicklung und Freiraumgestaltung 1979-1999 in der für das öffentliche Grün, die Landschaftsplanung und den Naturschutz zuständigen Fachabteilung, darin 1978-1994 verantwortlich für die Berliner Gartendenkmalpflege und die Restaurierung historischer Parkanlagen und Stadtplätze; 1981-2000 stellv. Vorsitzender des Landesverbandes Berlin bzw. Berlin-Brandenburg der Deutschen Gesellschaft für Gartenkunst und Landschaftskultur (DGGL).

Jürgen Wulfkühler

Dipl. Ing. Landschaftsarchitekt, Studium an der Gesamthochschule Paderborn und Universität Hannover. Seit 1986 im Amt für Landschaftspflege und Grünflächen der Stadt Köln tätig.

REGISTER

Aachener Berg 153, 183, 191, 365
Aachener Weiher (s.a. Maifeld) 134, 147, 152, 175, 186, 188, 202, 365f.
Abel, Adolf 136, 223
Adams, Werner 336
Aden, Herbert 189, 244, 252, 254, 256, 271
Adenauer, Konrad 114, 133, 139, 143, 147, 150f., 153, 155, 174, 211, 214, 224, 251, 344
Adenauer, Max 188, 219, 248
Adenauer-Weiher 135, 188
Albermann, Wilhelm 146
Albertus Magnus 72
Albrecht-Dürer-Platz 366
„Alhambra" (Inn. Grüngürtel) 134, 152, 205, 220, 355, 362, 366
Allinger, Gustav 182, 198
Appellhofplatz 36
Arndt, Ernst Moritz 205
Arntz, Wilhelm 156
Aufdermauer, Severin 111
Augusta, Kaiserin 76
Augustinerplatz 36
Äußerer Grüngürtel 120, 123, 134ff., 142f., 150, 154-158, 174, 179f., 186, 188, 247ff., 251ff., 263ff., 273, 277, 293, 297, 303, 348, 354, 356-362

Balke, Heinrich 198
Band, H. 99
Barth, Erwin 121, 198, 205
Baschet, François 232
Bauer, Friedrich 121
Baum, Peter 47
Beethovenpark 170, 191f.
Beinlich, Joachim 235
Beitz, Georg 88
Bensel, Friedrich 189
Berens, Wilfried 324
Berens/Reinders/Firma Strabag 290
Berge, Hans 251-257, 262
Berger, Anton 232
Bergmann (Beigeordneter) 92, 118
Berkenkamp, Wilhelm Anton 21, 23, 72, 81
Bermbach, Gerd 274
Bermut, Fritz 227
Berndorff, Max 90
Berrenrather Straße 191
Bingen, Gerhard 271
Bingen, Hardy 274

Birkigt, Hermann 249
Blücherpark 122, 125f., 188, 220, 285f., 290
Boeck, Wilhelm 198
Böhle, Lis 77
Bolte, Friedrich 101
Bonatz, Paul 223
Botanische Gärten
- am Dom 20ff., 25, 51f., 72ff., 76
- an der Flora (Riehl) 76, 78f., 188, 229, 271, 274, 371
- an der Vorgebirgsstraße 39f., 74f., 78, 250
- im Äuß. Grüngürtel (nicht realisiert) 175, 178f.

Brantzky, Franz 101, 123
Braun, Franz 189
Bromme, Max 90, 121
Brücker Hardt 260
Brüggemann, Hans 229
Bundesgartenschau 1957 203, 210, 222-230,
Bundesgartenschau 1971 203, 222, 231-236, 248f.
Burauen, Theo 367
Burger, Norbert 259
Bürgerpark Nord 272, 290f.
Bussmann, Peter 215

Calleen, H. 99, 103
Calles, Victor 230
Cassel, Professor 72
Chlodwigplatz 57
Chorbusch 303
„Commission für öffentliche Anlagen und Verschönerungen der Stadt" 21, 22, 26, 52
Cranach-Wäldchen 213
Cremer (Garteninspektor) 164

D'Argenville, Dezaillier 368
Decksteiner Fort s. Fort Deckstein
Decksteiner Weiher 188, 265
De-Noël-Platz 130, 132
Deutscher Ring s. Theodor-Heuss-Ring
Deutz - Grünanlage Deutz-Kalker Straße (alter Friedhof Deutz) 84, 86, 107f., 351
Dietrich, Verena 289
Domizlaff, H. 97
Domumgebung 36
Dumont (Dompfarrer) 82
Dunkel, A. 103
Dünnwald (Wildpark) 252, 260

Eberlein, Georg 101
Echt, Johannes 72
Echtermeier, C. F. 101
Eicken, Heinz 275
Eigelstein-Glacis 20, 23, 29, 36
Encke, Fritz 53, 65, 70, 75, 90, 115, 119, 121-143, 151, 153, 156, 166, 189, 194f., 199f., 204, 223, 264, 266, 354
Engelke, Ludwig 167, 188
Erbe, Johannes 90
Esser, Peter 40, 74f., 78

Färber, M. 103
Fasbender, Sigismund 105
Festungswerke
- Anlagen auf dem ehem. inneren Befestigungsring 127ff.
- Anlagen auf dem ehem. äußeren Befestigungsring 139-142
- Fort I (Friedenspark) 19, 128f.
- Fort II 175
- Fort IV (Bocklemünd) 140
- Fort VI (Deckstein) 140ff., 157, 355
- Fort IX 175
- Fort X (Neusser Wall) 19, 128f., 152, 362, 366
- Fort XII (später Fort XV) (Deutzer Aue) 223
- Fort XII (Stammheim) 141
- Zwischenwerk III b (Mengenich) 141f.
- Zwischenwerk V a (Müngersdorf) 142
- Zwischenwerk V b (Müngersdorf) 136, 140

Finken, Ernst 44f.
Finkens Garten 246
Flittarder Rheinaue 306f.
Flora 76-79, 206, 212, 229, 271, 274, 365, 367-371
Forstbotanischer Garten 254-259
„Freundeskreis Botanischer Garten" 369f.
Friedenspark 19, 128, 355
Friedenswald 258f.

Friedhöfe
Zentralfriedhöfe:
- Melatenfriedhof 20, 23, 25, 36, 42, 80-96 passim, 98f., 100, 151, 316f.
- Nordfriedhof 39, 87- 91, 100, 317, 320
- Ostfriedhof 103, 316
- Südfriedhof 39, 87-91, 93, 95, 101f., 247, 316f.
- Westfriedhof 90ff., 102, 317

Ortsfriedhöfe:
- jüd. Friedhof Bocklemünd (Vogelsang) 316
- Brück 89
- Buchheim 82, 104
- Chorweiler 317
- Deckstein 82
- Dellbrück 89, 91
- Deutz 87, 91, 95, 317
- Deutz (alter Friedhof, heute Grünanlage) 84, 86, 107f., 230, 351
- Dünnwald 82, 89, 317
- Esch 97
- Flittard 82, 89, 91, 317
- Fühlingen 92
- Holweide 89, 109-111
- Kalk 89, 91, 317
- Lehmbacher Weg 317, 320
- Leidenhausen 318
- Longerich 86, 317
- Lövenich 82
- Merheim 82, 86, 89
- Merkenich 82, 92
- Mülheim 89, 91, 104ff. 317
- Müngersdorf 317
- Niehl 82
- Nippes 86
- Rath-Heumar 82, 89, 91, 317
- Rheinkassel 82, 92
- Rodenkirchen 82
- Schönrather Hof 317
- Stammheim 89, 317
- Steinneuerhof 317, 320
- Vingst 89
- Volkhoven-Weiler 92, 317
- Worringen 82, 91f., 317
- Zündorf 80

Friedrich Wilhelm III. 19, 84, 107
Fuchs, Georg Karl Maria 89
Fühlinger See 181, 294, 303

Gatz, Jean 111
Genzmer, Felix 46
Gereonsdriesch 25
Giesen, Josef 119f., 167, 174, 223, 316, 324
Ginsterpfad 181, 303
Glacisanlagen 21, 29, 38, 68
Gleisdreieck („Nippeser Schweiz") 134, 219

Grasegger, Georg 148
Grässel, Hans 90, 102
Grebe, Reinhard 242
Greis, Theodor 111
Greiß, Jakob 22f., 35, 52, 72f., 84
Gremberger Wäldchen 40, 71, 175, 186, 261, 277
Grohé, Josef 94, 174
Groov (Zündorf) 214, 273
Grüntangente Süd 350f.
Grünzug Chorweiler 195, 293-299
Grünzug Deutz 236
Grünzug Nippes 195
Grünzug Nord 195, 285-292
Grünzug Rheinufer (s.a. Rheinuferpromenade) 209-217
Grünzug Rodenkirchen 259
Grünzug Süd 123, 195, 219f., 231, 247-250
Grünzug West 349
Grünzug Zündorf/Wahn 273, 349
Grüttefien, Helmut 193
Günther, Albert Georg 40

Haas (Beigeordneter) 118
Haberer, Gottfried 215
Habsburgerring (s.a. Ringstraße) 36, 56
Hackspiel 22
Hammerbacher, Herta 203, 223, 232f.
Hansaplatz 39, 288
Hansaring (s.a. Ringstraße) 36, 38, 55
Harperath, Bernhard Wilhelm 36
Heimann, Friedrich Carl 46, 98, 100ff.
Heiming, Otto 271
Heinemann, Gustav 231
Heinrich-Böll-Gesamtschule 296f.
Helenenwall (Grünanlage) 127
Henrich, Otto 188
Henrici, Karl 34
Hensel, Alfred 198
Herkenrathweg (Grünanlage) 273
Herkulesberg 153, 191, 289f., 362, 365
Herkulespark s. Blücherpark
Heuss, Theodor 224
Hildebrand, A. von 101
Hindenburgpark s. Friedenspark
Höntgesberg, Joseph 103
Hofmann, Friedrich 318
Hohenlind (Park) 22
Hohenstaufenring (s.a. Ringstraße) 36, 56

Homann, Richard 198
Hoppe, Eduard 44f.
Horst-Wessel-Platz (s. Rathenauplatz) 63
Humboldtpark 274, 354

Ibach, Johannes 87, 90f., 102
Imhoff, Peter Josef 98
Innerer Grüngürtel 134, 150-154, 156, 186, 191, 194, 218-221, 230, 273, 289f., 303, 350f., 354, 362-366
Institut für Grünplanung und Gartenarchitektur der Universität Hannover 356

Jacobi, Hugo 186, 188, 316
Jaeckel, Josef 226
Jaekel, Willi 193
Jahnwiese 135
Jansen, Hermann 151
Janssen, K. 98
Jensen, Adolf 39f.
Josvai, Lydia 274
Jugendpark (i. Rheinpark) 210, 229, 233
Jung, Hermann Robert 40, 50, 69, 71, 115, 164

Kaesen, Wilhelm 43
Kaiser-Friedrich-Ufer 39
Kaiser-Wilhelm-Park 223
Kaiser-Wilhelm-Ring (s.a. Ringstraße) 39, 55, 58-62, 65, 188, 276
Kalker Stadtgarten 149
Kalscheuerer Weiher 188, 265
Karl der Große 80
Karl-Schwering-Platz 148, 355
Keil, Wolfgang 270
Kirchhof Esch 97f.
Kitschburg (Parkanlage) 22, 25, 68f.
Kittlass, Bernd 231, 242
Kleefisch, Johannes 67
Klein, Karl 111
Kleingartenwesen 160-171, 323-333
Kleingartenanlagen:
- Am Pfälzischen Ring 170, 230, 324
- An den Büchen/Flittard 329
- Boltensternstraße/Riehl 235, 329
- Kriegerhofstraße/Fühlingen 331
- Lohmüllerstraße/Longerich 329
- Müngersdorf (Lehr- und Versuchsgarten) 324, 331
- Nibelungenstraße 162f.
- Rochuspark/Takufeld 325

- St. Gereon 332
- Subbelrather Straße 163

Kleingartenvereine
- Ehrenfeld-Süd 163
- Gartennachbarschaft am Eichenwäldchen 332
- Kletterrose 169
- Kreisverband Köln der Gartenbauvereine e.V. 167, 324
- Kreisverband Köln der Kleingärtner e.V. 327
- Lindenthal 1920 e.V. 167, 169f.
- Zollstock e.V. 167

Kleppe, Heinrich 188f.
Klettenbergpark 122f., 188, 274, 354
Klingelpützpark 285-288
Knop, Albert 234
Kokenge, Hermann 271, 274
Kölner Zimmerer-Innung 371
Königsforst 303
Königsplatz s. Rathenauplatz
Konrad von Hochstaden 98
Kowallek, Adolf 36f., 39f., 42-50, 52, 54, 63, 65, 67-70, 74, 88, 100, 115, 122, 129, 135, 160, 162, 251
Kreis, Wilhelm 223, 228
Kribben, P. 100
Kühn, Gottfried 234
Kunick, Wolfram 319
Kurz, Otto 198

Lamertz (Stadtverordneter) 149
Langer und Stolzenberg 231
Lederer, H. 98
Lederhagen 193
Lehmann, Karl 103
Leidenhausen (Gut) 260
Leinpfad (Westhoven) 214, 272f.
Leipziger Platz 130, 133
Lemmer, Werner 271
Lenné, Peter Joseph 20, 76, 78, 121, 135, 204, 367, 369
Leupin, Herbert 224
Lichhof 36
Lindelauf, L. 100, 103
Lindenthaler Kanal 147f., 151, 188, 365
Linne, Otto 121
Linnekuhl, Ferdinand 90
Lohmer, Gerd 229
Longericher Höhe 191

Lortzingplatz 131, 355
Lüttgen, Hans Heinz 95, 103
Lutz, Paul + Partner 215

Maifeld (Fest- und Aufmarschplatz) 152f., 175, 181ff., 186
Manderscheider Platz 130f.
Mann, Karl Erich Walter 87
Mannebach, J. 98
Marienburg (Park) 22
Mattern, Hermann 199
MediaPark 285, 288f., 365
Meinardus, D. 98
Meindorfner, Xaver 88
Mense, Wilhelm 252, 256
Merheimer Heide 120, 159, 175, 186, 220, 264, 277
Metternich, Xaver 83, 98
Meyer, F. 99
Meyer, Hans 188
Mielenforst (Gut) 261
Minoritenplatz 36
Moest, J. 99, 101
Mohr, Christian 98
Moll, Eugen 271, 370
Mülheimer Stadtgarten 146, 188
Müller, Max 198
Müngersdorf (Sportanlagen) 134ff., 140, 142, 157, 361
Muschard & Walk 101
Mutzbach 274

Napoleon I. 81
Nettekoven, Karl 188, 323, 330
Neuhöffer, Wilhelm Franz 107
Neumarkt 25
Niepraschk, Julius 76
Nilgen, Carl 88
Nohl, Max 76
Nolte Ernst 182
Nußbaum, Theodor 117, 143, 146, 151, 156f., 159, 169, 174, 182f., 188, 210, 223, 324, 361
Nüssenberger Busch 142, 302
Nüssenberger Hof 175

Olbrich, Joseph Maria 77, 371
Olof-Palme-Park 295
Op Gen Oorth, Josef 223
Oppenheim Eduard 76
Ossendorfer Brache 291

Ostertag, Jakob 91, 106
Otto, Frei 229, 232

Paffendorf, L. 101
Paolozzi, Eduardo 215
Paulsmaar 303
Penker, Erika u. Georg 214
Peters, B. 101
Pflaume, Hermann 99
Piene, Otto 232
Polak, Walter 232
Poller Wiesen 115, 135, 210
Praßer, Arthur 188, 248
Preußer 230
Prox, Hans Günther 330
Pückler-Muskau, Fürst Hermann von 42, 135, 205
Pyramidenpark 352

Raderschall, Möhrer und Peters 213
Raderthaler Brache 220, 250
Raderthaler Volkspark s. Volkspark Raderthal
Raschdorff, Julius 36, 52
Rathenauplatz 27, 37, 39, 63f.
Rehorst, Carl 123, 127, 150f., 153
Reichsarboretum 175, 178-181
Reidemeister, Leopold 228
Rheinau-Anlage s. Werthchen
Rheinauen (s.a. Flittarder Rheinaue, Riehler Aue) 230, 302, 348
Rheingarten 214f.
Rheinpark 127, 206, 210, 212, 222-236 passim, 354
Rheinufer 209-217
Rheinuferpromenade 195, 203, 209-217, 230f.
Richter, Theo 330
Riehler Aue 212, 222, 231, 233ff., 274
Riesen, Günter 174
Ringstraße 27, 34, 54-62
Römerpark 27, 37, 39, 65f.
Rossa, Kurt 270, 272f., 275, 281
Rothe, Hermann 198
Rothschild, Paul 95
Rotter, Georg 234
Ruempler, Fritz 228
Rupprecht, Heinrich 330
Ruschmeier, Lothar 313

Sachsenring (s.a. Ringstraße) 28, 38f., 56
Salierring (s.a. Ringstraße) 56
Sarda, Alexander 232
Schaefer, Manfred 274
Scheideler, Clemens 189, 251ff., 262
Schilling, Hans 228
Schlömer, Christoph 88
Schlössersche Gärten 163
Schmidt, Adolf 234f.
Schmitz, Peter 21, 81
Schneider, Camillo Karl 180
Schneider-Wesseling, Erich 214
Schönbohm, Kurt 70, 158, 188f., 192, 194ff., 198-208, 210, 223ff., 231, 234f.
Schönwald, Franz 88
Schubert, Jürgen 244, 288
Schulze, Elisabeth 318
Schulze, Günther 223, 225, 227
Schulze-Winkler (Architekturbüro) 203
Schumacher, Fritz 133f., 142, 147, 151-154, 156, 159, 169, 195, 247, 285f., 293, 344f., 361, 363f.
Schumacher, Karl-Heinz 271
Schütte, Karl 186, 188, 195f.
Schwarz, Rudolf 200, 293, 345
Seifert, Alwin 180, 191
Seiwert, Franz W. 100
Sicherheitshafen 20, 23, 25, 29
Sierp, Hermann 78
Simonis, J. 100
Smeets/Damaschek 245
Sollmann, Wilhelm 114
Spaziergänge 21, 25, 27
Spiegel, Everhart 83
Spiegel, Heinrich 83, 86
Spiegel, J. 83
Spielplätze 38, 130, 132f., 175, 193f., 229, 233
Stadtgarten 22, 36, 38f., 42f., 52f., 74, 122, 354
Stadtwald 22, 39, 40, 68ff., 118, 124, 135, 147, 151, 186, 188f., 206f., 251, 277, 371
- Erweiterung 70, 134f., 142
Stammheimer Schlosspark 21, 51, 210, 274, 354
Statz, Vincenz 98
Stegerwald-Siedlung 230
Steinberger, Johann 84
Steinbüchel-Rheinwall, Rambald von 228
Stöckheimer Hof 245, 285, 292, 296
Stoll, Johann Prof. 20f., 72
Stooß, Alfred 151, 153, 350

Storms, Heinz 313
Straßenbäume 38, 192, 274f., 276-284
Strauß, Anton 26, 35f., 37-40, 52, 54
Strotmeyer, Everhard 91
Strunden, Peter 270
Strunder Bach 274
Stübben, Josef 33f., 37f., 43, 54, 63
Südpark 67
Suth, Willi 188

Tanzbrunnen 229, 232, 235f.
Theodor-Heuss-Ring (s.a. Ringstraße) 29, 39, 54, 188
Thielenbruch 303
Thome, Otto Wilhelm 74
Thurner Wald 303
Thyssen, Paul 94, 120, 174f., 177ff., 186
Tivoli 222, 234f.
Tomaszewski, Brigitte 274
Trümmerberge 153, 190ff.

Ubierring (s.a. Ringstraße) 58
Ungers, Oswald 249
Universität (Grünanlage) 153, 186, 366

van Dorp und Schmid/Hansjakob 61
Verbeek, Hans 98, 100, 102
Viehbahn und Sell 306
Vincentz, Johann Josef 89, 104, 146, 165
Vingster Berg 191
Vive, Rudolf 274
Volksgarten 36f., 39, 42-50, 122ff., 188, 219, 247, 249
Volkspark Raderthal 134, 137f., 142f., 194, 249, 355
von Altenstein (Minister) 22
von Arnim (Hofbaurat) 76
Vorgebirgspark 115, 122-126, 138, 205, 247, 249, 355

Wach, Karl 90, 102
Wahner Heide 303
Wald, Städtischer 251- 267
Wall- und Glacispromenaden (s.a. EigelsteinGlacis) 27
Wallraf, Ferdinand Franz 72, 82, 98
Wallraf, Max 90, 117
Wasserwerkswäldchen 295ff.
Weidenpescher Park 193
Weißer Bogen 253, 258f., 263
Wenz, Heinz 274
Werthchen 22, 26f., 36, 38, 65
Westhovener Aue 273

Weyer, Hermann 46
Weyer, Johann Peter 21
Weyhe, Maximilian Friedrich 20-23, 29, 51, 72, 84
Wilhelm I. 76
Wilhelm II. 223
Wings & Iltgen 100
Winkler, Joachim 223, 225, 227, 233
Winter, Hans-Georg 281
Worringer Bruch 261

Zadkine, O. 103
Zeidler, Eberhard H. 288
Ziegler, John van Nes 244
Zoologischer Garten 36, 188, 206, 212, 314f.

Firmenverzeichnis

Wir bringen Sie auf Touren.

Ganz gleich, was und wie viel Sie transportieren wollen, Ihr Iveco-Partner hat die Lösung. Von 2,8 bis 40 Tonnen. Vom Daily, dem „Van of the Year 2000", über EuroCargo bis zum EuroStar. Nach Ihren Wünschen in jeder Variation. Und für alle gilt: hohe Wirtschaftlichkeit, dauerhafte Zuverlässigkeit.

IVECO

Iveco Rhein-Ruhr Nutzfahrzeuge GmbH
Betrieb Köln

Mathias-Brüggen-Straße 108
50829 Köln-Ossendorf

Telefon 0221 95 64 07- 0
Telefax 0221 95 64 07-64

Unternehmergeist trifft Innovation

Industriestandort Köln. *Handelsstadt Köln.* Top-Adresse der *europäischen Medienwirtschaft.* Die Metropole im *Herzen Europas,* idealer *Standort* für *Innovationen.* Hauptsitz *vieler internationaler Unternehmen.* Nutzen Sie die *einzigartige Infrastruktur* Kölns für die *zukünftigen Erfolge* Ihres Unternehmens.

KÖLN
macht Zukunft.

Stadt Köln **Der Oberbürgermeister** Amt für Wirtschafts- und Beschäftigungsförderung
Willy-Brandt-Platz 2 · 50679 Köln · Tel.: 0221/221-25765 · Fax: 0221/221-26686 · http://www.koeln.de

HUBMEISTER®   Hubarbeitsbühnen

zuverlässig • robust • wartungsarm • servicefreundlich

Vorteile, die nicht nur die Stadt Köln zu nutzen weiß

(der 2-jährige Einsatz von vier Bühenn veranlasste die Stadt Köln zur kompletten Umstellung des Bühnenparks)

Blumenbecker Technik GmbH • Bahnhofstrsse 10 • D - 06255 Schafstädt
Fon: +4934636-7140 • Fax: +4934636-71429 • email: ekorb@blumenbecker.de

Unter 10 Meter hohen Palmen wandeln – den Farbreichtum der Natur zu allen Jahreszeiten erleben – an Schönem sich erfreuen – Neues entdecken – Entspannung tanken ...

Dinger's. Hier wächst die Freude.

Köln-Vogelsang an der Militärringstraße

Goldammerweg 361 | 50829 Köln
zwischen Aachener und Venloer Straße,
Autobahnabfahrt Köln-Bocklemünd.

Täglich 9-19.30 Uhr | Samstag 9-16 Uhr
Telefon 02 21.95 84 73-0 | www.dingers.de

Schön, dass alles geregelt ist...

Dauergrabpflege -
Verantwortung
in guten Händen.

ans Leben erinnern

Friedhofsgärtner - Genossenschaft Köln eG

Weinsbergstraße 138
50823 Köln
Internet: www.friedhofsgaertner.de

Telefon: (0221) 52 56 58
Telefax: (0221) 51 56 62
E-mail: koelner.fried@t-online.de

Bruns setzt auch in Köln Akzente!

Neven Dumont 1, 2
Köln-Bonn, Flughafen 3
Grubo, Köln 4
Beethovenpark 5

BRUNS PFLANZEN EXPORT GmbH
POSTFACH 1165 · 26146 BAD ZWISCHENAHN · TEL: 0 44 03 / 60 10 · FAX: 0 44 03 / 60 11 35
Internet: www.bruns.de · E-mail: bruns@bruns-pflanzen.de

KÖLNER ARCHITEKTUR IM ÜBERBLICK

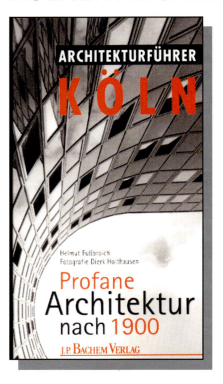

Helmut Fußbroich:
Architekturführer Köln
Profane Architektur nach 1900

Fotos der Bauten, Übergreifende Texte und der umfangreiche Anhang machen das Buch zu einem wertvollen Nachschlagewerk - nicht nur für Architekten. Mit Fotografien von Dierk Holthausen
416 Seiten, 266 Abbildungen und 11 Karten, kartoniert

ISBN 3-7616-1305-9
58,- DM / 29,95 €

J.P. BACHEM VERLAG

Das Multitalent in Stadt und Kommune!

Mit einer Vielzahl von An-, Auf- und Vorbauten ist der Multicar ein wahrer Alleskönner. Mit Hilfe des Wechselnutzungssystems werden alle Arbeitsgebiete abgedeckt.

Der Clou:
In wenigen Minuten steht der Multicar für neue Aufgaben bereit.

multicar
Mehr als ein Transporter

Multicar Spezialfahrzeuge GmbH
Postfach 102
99875 Waltershausen/Thüringen
Tel.: 0 36 22 / 640-0   Fax: 0 36 22 / 640-304
eMail: info@multicar.de
www.multicar.de

Multicar 26

GBK Gemeinsame Betriebskrankenkasse

... die Krankenkasse für die ganze Familie

So finden Sie uns
Jakordenstraße 18 - 20
Jakordenhaus
50668 Köln
Telefon (0221) 9 16 41 - 0
Telefax (0221) 9 16 41 - 189

Unsere Öffnungszeiten
Montag	7.30 - 16.00 Uhr
Dienstag	7.30 - 16.00 Uhr
Mittwoch	7.30 - 17.00 Uhr
Donnerstag	7.30 - 16.00 Uhr
Freitag	7.30 - 12.00 Uhr

 ... ganz besonders krankenversichert

Über 50 Ferienziele in aller Welt.

Bei Anruf fort!
01805-11 8000

Wenn die Zeit schon wie im Flug vergeht, dann bitte auf direktem Weg zum Ziel. Und nicht in der Warteschleife. Deshalb können Sie Ihren Flug ab Köln/Bonn telefonisch buchen. Über die Hotline des Flughafens versorgen wir Sie mit allen Angeboten, die hier so abgehen. Und kaum, dass Sie gewählt haben, sind Sie schon gestartet. Mehr Infos gibt's im Internet unter www.airport-cgn.de und über Faxabruf 0190/21 320 100 (max 1,21 DM/Min.).

KÖLN/BONN ...und ab geht's.

(max. 0,24 DM/Min.)

Terminal 2. Willkommen in der Zukunft.

Grabmalpflege
&
Grabmalvorsorge

Unser Service-Angebot:

der Grabmalpflege- und Grabmalvorsorgevertrag

Fachgerecht ausgeführt durch Ihren Steinmetz und treuhänderisch abgesichert über die

INFO-TELEFON
02 21 / 4 30 17 28

STEINMETZ UND BILDHAUER GENOSSENSCHAFT KÖLN EG

zusammengetragen von
Heinrich Gräfen
überarbeitet und erweitert von
Ingeborg Nitt
Zeichnungen von
Ursula Gräfen

11 DM nur in der
Akademie för uns kölsche Sproch/
SK Stiftung Kultur

Im Mediapark 7, 50670 Köln,
Tel.: 0221 226 5792

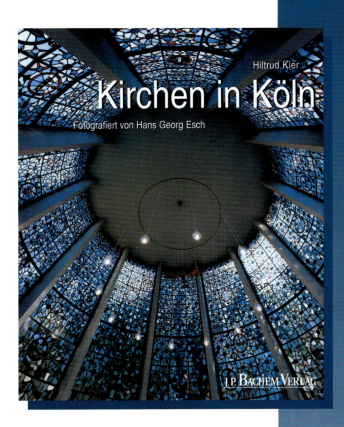

Die schönsten Kirchen in faszinierenden Bildern

Ein Buch über die wichtigsten Kölner Sakralbauten: 57 Kirchen die Kölns bestimmende Rolle in wichtigen Epochen der Architekturentwicklung zeigen.

Die Fotos von Hans Georg Esch sind faszinierende und ungewöhnliche Blicke auf diese Kunstwerke Kölns.

Die allgemein verständlichen Texte von Hiltrud Kier geben den aktuellen Stand der Baugeschichte wieder.

Hiltrud Kier:
Kirchen in Köln
Fotografiert von Hans Georg Esch

216 Seiten, mit zahlreichen farbigen und schwarz/weiß Fotografien, gebunden mit Schutzumschlag, Großformat

ISBN 3-7616-1395-4
78,- DM / 39,95 €

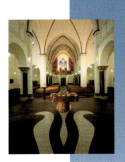

J.P. BACHEM VERLAG

**Fachbetriebe im Garten- und Landschaftsbau
Bezirksverband Großraum Köln
Partner für die Gestaltung
und Pflege von Kölner Grünanlagen
im öffentlichen und privaten Bereich**

Verzeichniss der Fachbetriebe mit Kompetenz:

BECKER
Inh.: Heinz Becker jun. + M. Becker
Gartenhof Becker
Garten- und Landschaftsbau
Venloer Str. / Gut Rosenhof
50259 Pulheim-Stommeln
(0 22 38) 24 27
Fax (0 22 38) 1 44 16
info@gartenhof-becker.de
www.gartenhof-becker.de

BOCK, WALTHER
Garten- und Landschaftsbau
Inh.:Friedrich Bock
Platzer Höhenweg 9
51429 Bergisch Gladbach-Moitzfeld
(0 22 04) 8 53 18
Fax (0 22 04) 8 31 36

BODENSTEIN JÜRGEN
Garten- und Landschaftsbau
Fühlinger Kirchweg 93
50769 Köln-Rheinkassel
(02 21) 7 08 77 55
Fax (02 21) 7 00 33 81

BOES, ARNO
Garten- und Landschaftsbau
Sürtherstr. 2
50996 Köln-Rodenkirchen
Postfach 50 11 07
(02 21) 39 11 54
(02 21) 39 53 00
Fax (02 21) 39 61 95

BOSMAN GMBH
Garten- und Landschaftsbau
Beutelshufe 30
42929 Wermelskirchen
(0 21 96) 73 16 61
(0 21 96) 8 11 53
Fax (0 21 96) 9 21 01
(01 71) 1 91 53 20
bosmanbaumschulen@t-online.de

BREUER, UDO
Garten- und Landschaftsbau
Dornierstr. 2-4
51381 Leverkusen-Opladen
(0 21 71) 5 60 22
(0 21 71) 5 60-23/24
Fax (0 21 71) 8 41 30
(01 78) 5 61 22 01

BRÜLS, FRANZ JOSEF
Garten- und Landschaftsbau
Villenweg 1
50374 Erftstadt-Köttingen
(0 22 35) 8 52 67
Fax (0 22 35) 8 65 96
(01 71) 7 85 87 97

CONRAD, GEBRUEDER
Garten- und Landschaftsbau
Am Giezenbach 24
50374 Erftstadt-Köttingen
(0 22 35) 98 58 28
Fax (0 22 35) 98 58 30

CURT, KARL
Garten- und Landschaftsbau
Niederweg 30
50374 Erftstadt-Friesheim
(0 22 35) 95 23 46
Fax (0 22 35) 95 23 48

DEDERICHS
Erwin Dederichs
GaLaBau GmbH
Schillingsrotter Str. 31
50996 Köln-Rodenkirchen
(02 21) 39 47 18
(02 21) 39 46 74
Fax (02 21) 39 12 61
(01 77) 3 94 71 81
Dederichs.cologne@t-online.de

DEMEL, HERBERT
Garten- und Landschaftsbau
Carl-Friedrich-Gauß-Str. 3
50259 Pulheim-Brauweiler
(0 22 34) 98 68 83
Fax (0 22 34) 98 68 84
(01 77) 8 22 27 46/26
demelgalabau@gmx.de

DINGER'S GALABAU
Garten- und Landschaftsbau GmbH
Girlitzweg 22c
50829 Köln-Vogelsang
Goldammerweg 361
50829 Köln-Vogelsang
(02 21) 9 47 19 - 0
Fax (02 21) 9 47 19 - 19
galabau@dinger.de www.dinger.de

DÜSSELDORF, EDITH
Baumpflege
Geyener Str. 1
50259 Pulheim
(0 22 38) 5 10 23
Fax (0 22 38) 5 10 24
(01 72) 2 60 49 46

ESKEN, JÖRG GÜNTER
Gartenplan
Esken + Hindrichs GmbH
Stöcken 10
42799 Leichlingen
(0 21 75) 7 17 70
(0 21 75) 95 75
Fax (0 21 75) 7 26 90
(01 72) 6 48 43 98
info@gartenplan.de
www.gartenplan.de
www.schwimmteich.org
www.lust-auf-garten.de

FRITZ, W. & V. GMBH
Garten- und Landschaftsbau
Hamburger Straße 16
50321 Brühl-Vochem
(0 22 32) 94 32 54
(0 22 32) 94 32 56
Fax (0 22 32) 94 32 55
(01 72) 2 96 41 73

FUNKE, MICHAEL
Garten- und Landschaftsbau
Heidestr. 13
51381 Leverkusen-Fixheide
(0 21 71) 8 22 70
Fax (0 21 71) 8 22 70
(01 71) 5 23 45 60

GFL
Gesellschaft für Garten- und
Landschaftsbau mbH
Nußbaumer Berg 20
51467 Bergisch Gladbach-Paffrath
(0 22 02) 5 93 77
(0 22 02) 2 21 61

HAMBURGER & SCHUMACHER GBR
Garten- und Landschaftsbau
Sülztalstraße 13
51491 Overath-Brombach
(0 22 07) 79 80
(01 71) 5 16 45 71
Fax (0 22 07) 26 91
(01 61) 6 22 28 54

HANSES-KETTELER, GERHARD
Garten- und Landschaftsbau
Johannesstr. 1-2
50181 Bedburg
(0 22 72) 73 93
(0 22 72) 8 26 12

HERZIG, SIEGFRIED
Garten- und Landschaftsbau
Greesberger Str. 7 b
50765 Köln-Chorweiler
(02 21) 5 90 15 62
Fax (02 21) 5 90 41 45
(01 77) 3 12 87 29

HOFFMANN, PETER
Garten- und Landschaftsbau
Häuser Dombach 19a
51465 Bergisch Gladbach-Sand
(0 22 02) 3 33 66
Fax (0 22 02) 4 43 97
(01 72) 2 56 27 30
galabau-hoffmann@t-online.de

HOVEN, DETLEF
Garten- und Landschaftsbau
Baumschulenstraße 35
50226 Frechen-Neufreimersdorf
(0 22 34) 6 13 75
(0 22 34) 6 54 50
(01 72) 2 96 47 02

INGENILLEM, H.-JUERGEN
Garten- und Landschaftsbau
Großhecken 42
51503 Rösrath
(0 22 05) 40 96
(0 22 05) 90 78 12

JANSEN H.J. + ARENS, CH. GBR
Garten- und Landschaftsbau
Jägerstr. 52
50997 Köln-Hönningen
(0 22 33) 28 03 65
Fax (0 22 33) 28 03 66
(01 72) 2 99 81 31

JANSSEN, CHRISTA
Gartengestaltung
Inh.: Bert Schlautkötter
Stöckheimer Straße 11
50259 Pulheim
(0 22 38) 96 55 30
(0 22 38) 9 65 53 55

KEREN, MATTHIAS GMBH
Garten- und Landschaftsbau
Rotdornweg 24
51107 Köln-Rath-Heumar
(02 21) 86 17 48
Fax (02 21) 86 63 01
www.keren-gartenbau.de

KERKHOFF, ALEXANDER, DIPL.-ING.
Garten- und Landschaftsbau
Breniger Str. 6
50969 Köln-Zollstock
(02 21) 3 60 30 17
Fax (02 21) 3 60 30 17
(01 72) 9 79 35 19

KIRFEL, WERNER
Garten- und Landschaftsbau
Hüchelner Str. 120
50226 Frechen
(0 22 34) 2 33 59
Fax (0 22 34) 92 34 59

KÖNIG, MANFRED
Garten-, Landschafts- und Straßenbau
Alleestraße 14
50354 Hürth-Knapsack
(0 22 33) 4 28 00
(0 22 33) 4 69 63
Fax (0 22 33) 4 62 34
(01 71) 9 95 94 15

KRÄMER, H.-P., GMBH & CO. KG
Recycling + Compostierungs KG
An der Ronne 59
50859 Köln-Lövenich
(0 22 34) 7 41 01
(0 22 34) 7 55 49
Fax (0 22 34) 7 47 61

KRAEMER, H.-P. GALABAU GMBH
Garten- und Landschaftsbau
An der Ronne 59
50859 Köln-Lövenich
(0 22 34) 7 41 01
(0 22 34) 9 46 92-0
Fax (0 22 34) 7 47 61
(01 72) 2 96 25 12

KUTH, MATTHIAS
Garten- und Landschaftsbau
Rheinstraße 88
50389 Wesseling-Urfeld
(0 22 36) 25 59
Fax (0 22 36) 5 93 78
(01 72) 6 01 14 88
tkuth@aol.com
www.m-kuth.de

LANDT, THOMAS
Garten- und Landschaftsbau
Berrischstr. 1 a
50769 Köln-Roggendorf
(02 21) 78 20 31
(02 21) 78 20 32
Fax (02 21) 78 20 81

LIESENBERG, MICHAEL
Gartengestaltungs GmbH
Balduinstr. 4
50676 Köln-Altstadt / Süd
(02 21) 23 08 40
Fax (02 21) 21 63 04
(01 72) 2 52 93 63

LORENZ, GALABAU GMBH
Garten- und Landschaftsbau
Gierather Straße 182
51469 Bergisch Gladbach-Gronau
(0 22 02) 5 40 69
Fax (0 22 02) 5 09 23

MANZKE, HORST
Garten- und Landschaftsbau
Gierather Str. 247
51469 Bergisch Gladbach-Gronau
(0 22 02) 5 50 22
Fax (0 22 02) 2 26 28
www.manzke-gartengestaltung.de

MATHIES GMBH
Garten- und Landschaftsbau
Braunsberger Feld 9
51429 Bergisch Gladbach-Herkenrath
(0 22 04) 80 18
(0 22 04) 80 19
Fax (0 22 04) 8 55 88
(01 71) 6 72 59 34
www.mathies.de

MOHR, DIEDRICH
Garten- und Landschaftsbau
Pastoratsstraße 19
50997 Köln-Rondorf
(0 22 36) 6 61 66
(0 22 33) 2 36 93
Fax (0 22 36) 6 89 53

MOHR, JÖRG
Garten- und Landschaftsbau
Rondorfer Hauptstr. 80
50997 Köln-Rondorf
(0 22 33) 2 36 77
Fax (0 22 33) 2 37 95
(01 72) 2 16 60 66

MUNKLER, HANS DIETER, DIPL.-ING.
Garten-, Landschafts-, Sport- und
Spielplatzbau
Thujaweg 28
50765 Köln-Weiler
(02 21) 79 50 85
Fax (02 21) 79 46 10

NAGELSCHMITZ GÄRTEN GMBH
Garten- und Landschaftsbau
Behrensstr. 31
50374 Erftstadt-Liblar
(0 22 35) 92 70 60
Fax (0 22 35) 92 70 66
(01 78) 6 92 70 61
nagelschmitz-gaerten@t-online.de

NIENABER GMBH
Garten- und Landschaftsbau
Weißer Hauptstraße 63
50999 Köln-Weiß
(0 22 36) 94 66 31
Fax (0 22 36) 94 66 32
(0 22 36) 94 66 33

PANKRAZ, MICHAREL
Garten- und Landschaftsbau
Cliev 1
51515 Kürten-Herweg
(0 22 07) 27 77
Fax (0 22 07) 42 95

PAWLAS, W. F.
Garten- und Landschaftsbau
Am Hochkreuz 11
51149 Köln-Porz-Gremberghoven
(0 22 03) 3 53 23
Fax (0 22 03) 30 77 23

PILOT
Garten-, Landschafts-,
Straßen- und Sportplatzbau GmbH
Kirschbaumweg 28 c
50996 Köln-Rodenkirchen
(0 22 36) 3 10 73
Fax (0 22 36) 6 95 32

POENSGEN, KASPAR
Garten- und Landschaftsbau
Inh.: Hans Paul Poensgen
Industriestr. 70
50389 Wesseling-Berzdorf
Postfach 14 43
50378 Wesseling
(0 22 32) 9 45 73 - 0
Fax (0 22 32) 9 45 73 - 33
info@poensgen-online.de
www.poensgen-online.de

RADEMACHER, BERND
Garten- und Landschaftsbau
St. Heribert 1
42799 Leichlingen
(0 21 75) 68 69
Fax (0 21 75) 7 13 13

RAMMS & GILLEN
Garten- und Landschaftsbau
An der Refrather Heide 10
51427 Bergisch Gladbach-Refrath
(0 22 04) 2 14 62
Fax (0 22 04) 2 12 73

REUDENBACH & WAANDERS GMBH
Garten- und Landschaftsbau
Wikingerstr. 48
51107 Köln-Rath
(02 21) 86 62 97
Fax (02 21) 86 49 49

RIESE, FRANK
Garten- und Landschaftsbau
Alfred-Delp-Straße 27
50374 Erftstadt-Lechenich
(0 22 35) 7 31 00
Fax (0 22 35) 68 09 79

RÖTTGER, MICHAEL
Garten- und Landschaftsbau
Neckarstr. 3
51149 Köln-Porz-Westhoven
(0 22 03) 91 39 48
Fax (0 22 03) 91 39 49
roettger-galabau@t-online.de

SAUBERT, ALBERT
Garten- und Landschaftsbau
Hugo-Junkers-Str. 19 a
50739 Köln-Longerich
(02 21) 5 99 23 52
Fax (02 21) 5 99 55 61

SCHEER, HEINZ-JUERGEN
Garten- und Landschaftsbau
Alte Landstraße 135 a
50129 Bergheim-Erft-Niederaußem
(0 22 71) 5 44 89
Fax (0 22 71) 5 27 21
(01 71) 9 55 10 26

SCHEERER, ALFRED KG
Garten- und Landschaftsbau
Neuenhaus 21a
42929 Wermelskirchen
(0 21 96) 44 20
Fax (0 21 96) 8 42 36

SCHLÄGER GMBH
Garten- und Landschaftsbau
Donatusstr. 159 b
50259 Pulheim-Brauweiler
(0 22 34) 8 20 35-36
Fax (0 22 34) 8 93 51
(01 70) 9 30 53 54
galabauschlaeger@aol.com

SCHMAUSER GMBH
Garten- und Landschaftsbau
Kalkstraße 49
51377 Leverkusen-Manfort
(02 14) 7 46 66
(02 14) 7 85 55

SCHMIDT, STEFAN, DIPL.-ING.
Garten- und Landschaftsbau
Zypressenstr. 39
50767 Köln-Heimersdorf
(02 21) 97 94 14 10
Fax (02 21) 97 94 14 14
(01 71) 7 73 10 80

SCHMITZ GMBH
Garten- und Landschaftsbau
Inh.: Bernd Mierow
Kippekofen 27
51399 Burscheid-Hilgen
(0 21 74) 6 07 11
Fax (02 21) 3 31 92 10
(0 21 74) 6 07 12

SEUFER, HELMUT
Garten- und Landschaftsbau
Fridolinstr. 33
50823 Köln-Neuehrenfeld
(02 21) 55 37 36
Fax (02 21) 5 50 58 76

SIEG + PARTNER GMBH & CO. KG
Garten- und Landschaftsbau
Handelsstraße 22
42929 Wermelskirchen
(0 21 96) 30 29
Fax (0 21 96) 88 76 60
(0 21 96) 16 57

SIEMENS, ROLF
Garten- und Landschaftsbau
Am Springborn 12
51063 Köln-Mülheim
(02 21) 60 51 09

SIPPEL, NORBERT
Garten- und Landschaftsbau
Am kleinen Busch 5
51147 Köln-Porz
(0 22 03) 69 63 12
Fax (0 22 03) 69 63 12
(01 71) 2 71 02 75

SPONER, MATHIAS GMBH
Garten- und Landschaftsbau
Horbeller Straße 200
50354 Hürth-Stotzheim
(0 22 33) 3 38 70
Fax (0 22 33) 3 65 95

SPÜRCK
Garten- und Landschaftsbau GmbH
Weiherhofstr. 17
50321 Brühl-Schwadorf
(0 22 32) 93 23 10
Fax (0 22 32) 93 23 11
(01 72) 9 27 25 52
info@spuerck.com
www.spuerck.com

STEINCKE, ACHIM
Garten- und Landschaftsbau
Humboldtstr. 21
50126 Bergheim-Zieverich
(0 22 71) 6 29 29
Fax (0 22 71) 6 14 69
steincke@t-online.de

STRICK, CHRISTIAN
Garten- und Landschaftsbau
Chr.-Dahmen-Str. 3
50374 Erftstadt-Friesheim
(0 22 35) 7 46 33
Fax (0 22 35) 6 77 36

STURMBERG, BERND
Garten- und Landschaftsbau
Baumpflege
Buchholzer Hof
51491 Overath-Untereschbach
(0 22 04) 7 25 14
Fax (0 22 04) 7 26 43

SYDOW, VOLKER
Garten- und Landschaftsbau
Jan-Wellem-Str. 15
51429 Bergisch Gladbach-Bensberg
(0 22 04) 5 68 51
Fax (0 22 04) 5 77 19

TEITSCHEID, ADOLF
Garten- und Landschaftsbau
Hubertusstraße 30
51061 Köln-Flittar
(02 21) 66 37 12
Fax (02 21) 66 75 15

TERLINDEN, PAUL GMBH
Garten- und Landschaftsbau
Neusser Wall 85
50668 Köln-Neustadt Nord
(02 21) 91 24 96 12
Fax (02 21) 91 24 96 13
(01 71) 7 70 44 13

TERSCHÜREN, GEREON
Garten- und Landschaftsbau
Höninger Weg 132
50969 Köln-Zollstock
(02 21) 43 48 62
Fax (02 21) 43 48 62
galabau.terschueren@t-online.de

TIEDEMANN, HERMANN
Garten- und Landschaftsbau
Zülpicher Str. 37
50374 Erftstadt-Friesheim
(0 22 35) 7 23 14
Fax (0 22 35) 6 73 81
hermann.tiedemann@t-online.de
www.gartendesign-tiedemann.de

VESEN GMBH
Garten- und Landschaftsbau
Vorgebirgsstraße 40
50321 Brühl-Pingsdorf
(0 22 32) 3 19 74
Fax (0 22 32) 3 27 62

WALTER GALABAU GMBH
Garten- und Landschaftsbau
Konrad-Adenauer-Straße 1
50996 Köln-Rodenkirchen
(02 21) 35 41 62
Fax (02 21) 35 30 52

WERKER & LEVEN
Garten- und Landschaftsbau
Sporrenberger Mühle 16
51381 Leverkusen-Lützenkirchen
(0 21 71) 8 43 05
Fax (0 21 71) 5 11 80
(01 72) 2 12 43 27

WESKOTT, HERBERT
Garten- und Landschaftsbau
Gartenweg 23
50859 Köln-Weiden
(0 22 34) 7 52 17
Fax (0 22 34) 7 62 71
(01 71) 6 92 42 58
info@weskott.de
www.weskott.de

WILCZEK, GARTENGESTALTUNGS GMBH
Garten- und Landschaftsbau
Brüsseler Str. 89
51149 Köln-Porz
(0 22 41) 40 71 43
(0 22 03) 3 39 44
Fax (0 22 03) 30 19 81
(01 72) 2 91 05 08

WISDORF
Garten- und Landschaftsbau GmbH
Etzweilerstr. 22
50189 Elsdorf-Giesendorf
(0 22 74) 38 54
Fax (0 22 74) 53 80

WOLFF, WILHELM GMBH
Garten- und Landschaftsbau
Asperschlagstr. 3
50129 Bergheim-Niederaußem
(0 22 71) 5 20 20
Fax (0 22 71) 5 50 39

ZAHN, BERNHARD ING.
Garten- und Landschaftsbau
Kölner Straße 105
51149 Köln-Ensen
(0 22 03) 1 56 51
Fax (0 22 03) 1 42 22
(0 22 03) 1 67 38

ZAJBER, FRANZ
Garten- und Landschaftsbau
Bodestr. 2
51371 Leverkusen-Rheindorf
(02 14) 2 22 20
Fax (02 14) 2 23 22

BACHEM

Touren durch den Kölner Dom

Ute Kaltwasser
Csaba Peter Rakoczy

DER KÖLNER DOM ZU FUSS
Mit einem Vorwort von Frau Dombaumeisterin Barbara Schock-Werner
48 Seiten mit zahlreichen Abbildungen, kartoniert, 14,5 x 21,5 cm
9,80 DM/ 5,00 €
ISBN: 3-7616-1475-6

J.P. BACHEM VERLAG

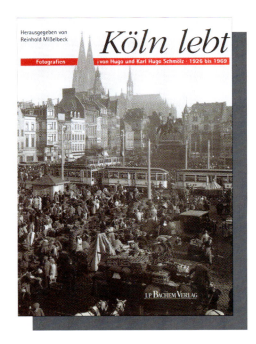
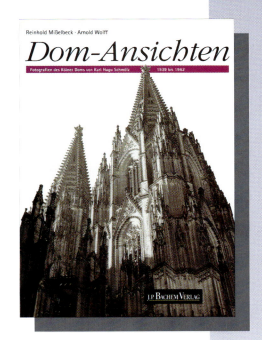
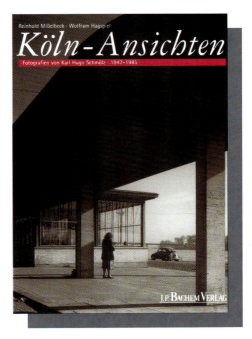

SCHMÖLZ – PAKET
3 Bände
statt einzeln je
58,00 DM/ 29,90 €
jetzt zusammen nur
78,00 DM/ 39,90 €
ISBN 3-7616-1511-6

KÖLN LEBT
Fotografien von
Karl Hugo Schmölz
1929–1969
ISBN 3-7616-1157-9

DOM-ANSICHTEN
Fotografien des Kölner
Doms von Karl Hugo
Schmölz, 1939 - 1962
ISBN 3-7616-1308-3

KÖLN-ANSICHTEN
Fotografien von
Karl Hugo Schmölz
1947–1985
ISBN 3-7616-1403-9

Architekturfotografie im Dreier-Pack

Für alle Freunde hervorragend reproduzierter Architekturfotografie haben wir die drei Bände mit Fotografien aus dem Schmölz-Archiv zu einem handlichen, preiswerten Gesamtpaket geschnürt.
Der erste Band „Köln lebt", seit Jahren vergriffen, ist nun wieder lieferbar.

J.P. BACHEM VERLAG

STADTSPUREN
DENKMÄLER IN KÖLN

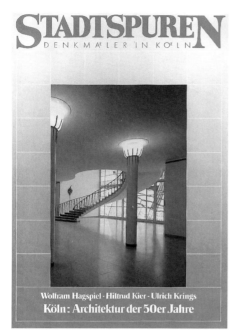

Bereits erschienen:

Band 1 – H. Kier/U. Krings (Hrsg.)
Köln: Die Romanischen Kirchen von den Anfängen bis zum Zweiten Weltkrieg
714 Seiten, 333 Abbildungen
Eine ausführliche Darstellung der Entstehungsgeschichte der zwölf romanischen Altstadtkirchen.

Band 3 – H. Kier/U. Krings (Hrsg.)
Köln: Die Romanischen Kirchen im Bild
Architektur – Skulptur – Malerei – Graphik – Photographie
482 Seiten, 892 Abbildungen
Ein absolutes »Muß« für jeden, der sich mit dem Thema der Romanischen Kirchen befaßt.

Band 4 – H. Kier/U. Krings (Hrsg.)
Köln: Die Romanischen Kirchen in der Diskussion 1946/47 und 1985
552 Seiten, 193 Abbildungen
Die kontroversen Meinungen zum Wiederaufbau und zur Restaurierung der Kirchen.

Band 6 – W. Hagspiel/H. Kier/U. Krings
Köln: Architektur der 50er Jahre
In historischen Aufnahmen und neuen Fotos
316 Seiten, 258 Abbildungen
Die erste denkmalpflegerische Aufarbeitung dieser Architekturepoche in Deutschland mit einer Bestandsaufnahme der wichtigsten Bausubstanz.

Band 7 – Henriette Meynen
Köln: Kalk und Humboldt-Gremberg
726 Seiten, 1372 Abbildungen
Hunderte von Bürgern haben ihre privaten Fotoalben geöffnet. Eine erinnerungsreiche Fundgrube für jeden Kölner und Kalker und alle an einem Industrievorort Interessierten. (Titel vergriffen)

Band 8 – Wolfram Hagspiel
Köln: Marienburg
Bauten und Architekten eines Villenvorortes
1052 Seiten, 2143 Abbildungen (2 Bde.)
Umfassendstes Werk zur neueren Kölner Architekturgeschichte mit ca. 700 Architektenbiographien.

Band 9.I – Stadtkonservator Köln (Hrsg.)
Köln: 85 Jahre Denkmalschutz und Denkmalpflege 1912–1997
Band 9.I Texte von 1912–1976
400 Seiten, 522 Abbildungen

Band 9.II – Stadtkonservator Köln (Hrsg.)
Köln: 85 Jahre Denkmalschutz und Denkmalpflege 1912–1997
Band 9.II Texte von 1980–1997
656 Seiten, 650 Abbildungen

Band 10.I – W. Heinen/A.-M. Pfeffer
Köln: Siedlungen 1888–1938
328 Seiten, 190 Abbildungen

Band 10.II – W. Heinen/A.-M. Pfeffer
Köln: Siedlungen 1938–1988
271 Seiten, 175 Abbildungen
100 Jahre Kölner Siedlungsbau – erstmals systematisch erfaßt und dokumentiert.

Band 12 – Hiltrud Kier (Hrsg.)
Köln: Dörfer im linksrheinischen Süden
512 Seiten, 621 Abbildungen
Godorf, Immendorf, Meschenich, Rodenkirchen, Sürth und Weiß in ihrer geschichtlichen Entwicklung. Ein eindrucksvoller Rundgang durch den Kölner Süden.

Band 15 – Eva-Christine Raschke
Köln: Schulbauten 1985–1964
Geschichte – Bedeutung – Dokumentation

Band 16 – Kurt Schönbohm
Köln: Grünanlagen 1945–1975
164 Seiten, 144 Abbildungen
Die großzügigen Parks und Grünflächen der Stadt Köln waren nach der Zerstörung im Zweiten Weltkrieg ein wesentlicher Bestandteil des Wiederaufbaus.

Band 17 – Fried Mühlberg
Köln: St. Pantaleon
und sein Ort in der karolingischen und ottonischen Baukunst.
243 Seiten, 157 Abbildungen
Die Baugeschichte von St. Pantaleon im Zusammenhang mit der Stadtplanung des 10. Jahrhunderts. Seine Bedeutung für die karolingische und ottonische Baukunst.

Band 18 – Ralf Krombholz
Köln: St. Maria Lyskirchen
336 Seiten, 120 Abbildungen
Die Baugeschichte der einzigen romanischen Pfarrkirche Kölns wird in bisher noch nicht veröffentlichten Skizzen, Stichen und historischen Fotos dargestellt.

J. P. Bachem Verlag
Überall im Buchhandel

STADTSPUREN
DENKMÄLER IN KÖLN

Band 19 – Gottfried Stracke
Köln: St. Aposteln
624 Seiten, 510 Abbildungen
Erstmals präsentiert sich die bedeutende mittelalterliche Kirche in ihrer kompletten Baugeschichte.

Band 21 – Hiltrud Kier/Bernd Ernsting/Ulrich Krings (Hrsg.)
Köln: Der Ratsturm
Seine Geschichte und sein Figurenprogramm
704 Seiten, 782 Abbildungen
50 Jahre nach seiner Zerstörung zeigt sich der gotische Ratsturm wieder im Schmuck von 124 größtenteils neugeschaffenen Figuren.

Band 22 – Angela Pfotenhauer
Köln: Der Gürzenich und Alt St. Alban
214 Seiten, 225 Abbildungen
Umfassende Dokumentation zu dem neben dem Rathaus wichtigsten gotischen Profanbau und zu einem der bedeutendsten Gesamtkunstwerke der Architektur der 50er Jahre in Köln.

Band 24 – Klaus Gereon Beuckers
Köln: Die Kirchen in gotischer Zeit
425 Seiten, 340 Abbildungen
Die Bau- und Kunstgeschichte aller 82 Kloster-, Stifts- und Pfarrkirchen des spätmittelalterlichen Köln (Titel vergriffen).

Band 25 – Lothar Hammer
Köln: Die Hohenzollernbrücke
und die deutsche Brückenarchitektur der Kaiserzeit
332 Seiten, 327 Abbildungen

Band 26 – Walter Geis/Ulrich Krings (Hrsg.)
Köln: Das gotische Rathaus und seine historische Umgebung

Band 28 – Emanuel Gebauer
Fritz Schaller.
Der Architekt und sein Beitrag zum Sakralbau im 20. Jahrhundert

Band 30 – Werner Adams / Joachim Bauer (Hrsg.)
Köln: Vom Botanischen Garten zum Großstadtgrün
200 Jahre Kölner Grünanlagen

In Vorbereitung:

Band 2 – Ulrich Krings (Hrsg.)
Köln: Die Romanischen Kirchen von der Zerstörung zum Wiederaufbau
Mit Beiträgen von Wilhelm Schlombs und Otmar Schwab

Band 5 – Sabine Czymmek
Köln: Die Romanischen Kirchen und ihre Ausstattung

Band 11 – Henriette Meynen
Köln: Die Festungsanlagen

Band 13 – Regine Schlungbaum
Köln: Das Martinsviertel

Band 14 – Käthe Menne-Thomé
Köln: Die Altstadt im 19. Jahrhundert

Band 20 – Wolfram Hagspiel
Köln: Architektur der 60er/70er Jahre

Band 23 – Wolfram Hagspiel/Barbara Becker-Jákli
Köln: Jüdische Architekten im 19. und 20. Jahrhundert

Band 27 – Uwe Griep
Köln: Lövenich, Weiden, Junkersdorf
Die Gemeinde Lövenich – vom Dorf zum Vorort

Band 29 – Dagmar Hötzel
Köln: Worringen und Roggendorf-Thenhoven
Siedlungsgeschichte bis 1914

Band 31 – Ralf Beines / Walter Geis / Ulrich Krings (Hrsg)
Köln: Das Denkmal für König Friedrich Wilhelm III. von Preußen auf dem Heumarkt

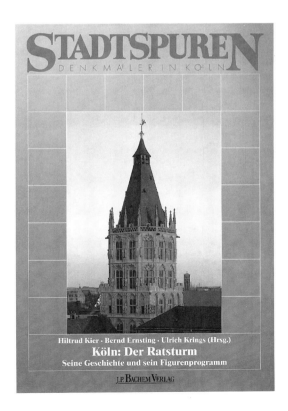

J.P. BACHEM VERLAG

BACHEM

Neuerscheinungen der Stadtspuren

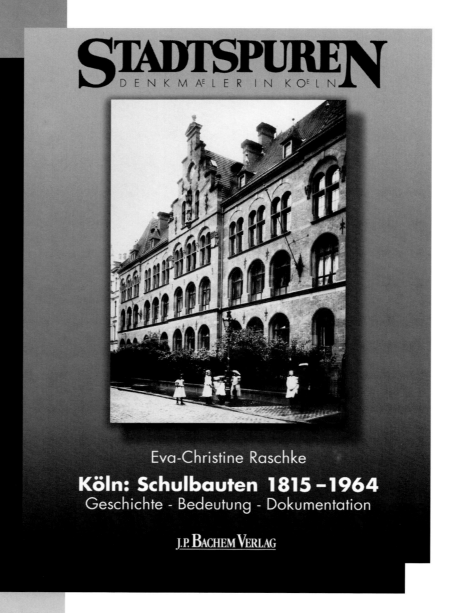

Stadtspuren Band 15
Eva Christine-Raschke (Hrsg.)

Köln: Schulbauten 1815 – 1964

Geschichte - Bedeutung - Dokumentation
ISBN 3-7616-1471-3
544 Seiten, mit ca. 800 Abbildungen
Großformat, gebunden
78,– DM / 39,95 €

LUST
auf was Frisches?

Wir fahren Sie hin! Die Kurzstrecke

Schauen Sie auf die Kurzstrecken-Liste
an der Haltestelle, ob Ihr Ziel dabei ist!
Dann Taste K* wählen, 2,30 DM* einwerfen,
Ticket nehmen und los!

* Änderung vorbehalten

Mobil sein in Köln.